# Das

# Allgemeine Berggesetz

für die

## Preußischen Staaten

vom 24. Juni 1865,

nebst Einleitung und Kommentar

von

R. Klostermann,
Oberbergrath.

Berlin,
Verlag von J. Guttentag.
1866.

# Inhaltsverzeichniß.

## Dritter Titel.



## Vierter Titel.



## Fünfter Titel.



## Sechster Titel.



## Siebenter Titel.

## Achter Titel.



## Neunter Titel.



## Zehnter Titel.



## Elfter Titel.



## Zwölfter Titel.

# Berichtigungen.

| | | | | |
|---|---|---|---|---|
| S. 21 | Z. 7 | v. u. | statt: | Bergwerkseigenthum lies: Grundeigenthum. |
| = 24 | = 8 | = = | = | Bergbauverbänden lies: Bergbautreibenden. |
| = 31 | = 13 | = o. | = | Ufficii lies: Uffizii. |
| = 56 | = 16 | = = | = | 1814 lies: 1815. |
| = 56 | = 21 | = = | lies: | vom 21. April 1810. |
| = 57 | = 7 | = u. | statt: | Verhütung lies: Verhüttung. |
| = 66 | = 6 | = o. | = | waren lies: war. |
| = 71 | = 9 | = = | = | 22. März lies: 22. Mai. |
| = 71 | = 18 | = = | lies: | vom 12. Mai 1851. Vom 17. Juni 1863. |
| = 89 | = 12 | = u. | statt: | Entschädigung lies: Beschädigung. |
| = 125 | = 4 | = = | = | 1805 lies: 1865. |
| = 154 | = 7 | = o. | = | Berechtigung lies: Berichtigung. |
| = 281 | = 1 | = u. | = | Anm. 253 lies: Anm. 255. |
| = 308 | = 23 | = o. | lies: | in der Rheinprovinz nach der Verordnung vom 24. November 1843 (G.S. S. 351), in der Provinz Westfalen nach der Verordnung vom 30. Juni 1845 (G.S. S. 444). |
| = 350 | Anm. 402 | | = | Auch hier ist das Oberbergamt an die Stelle des Bergamtes getreten. Es entscheidet daher mit der Regierung in erster Instanz. Der Rekurs richtet sich an die beiden Ressortminister. (Erlaß vom 3. Juli 1863.) |

# Einleitung.

## §. I.

## Das Bergrecht und seine Stellung im Rechtssysteme.

Das Recht ist eine Schranke für unsre Einwirkung auf die Außenwelt. Es beherrscht unsre Beziehungen zu den außer uns befindlichen Personen und Sachen — nicht durch das physische Gesetz der Kräfte, nicht durch das Vernunftgesetz der Moral, sondern durch eine selbstständige von beiden verschiedene Regel, welche unsern Willen nur beschränkt, insofern er sich in Handlungen äußert und unsre Handlungen nur beherrscht, insofern sie Äußerungen unsres Willens sind. Diese Regel entspringt aus dem Zusammenleben der Menschen, welches eine gegenseitige Beschränkung der Einzelthätigkeit zur nothwendigen Voraussetzung hat. Sie äußert sich in dem aus dem Bewußtsein von dieser Nothwendigkeit erzeugten Gesammtwillen, welcher jedem Einzelnen eine begrenzte Sphäre der Willensherrschaft anweist und seiner Willensäußerung außerhalb dieser Sphäre Schranken setzt.

Das Recht ist daher eine gemeinsame Ueberzeugung der in Gemeinschaft lebenden Menschen (Puchta). Und diese Gemeinschaft muß so beschaffen sein, daß in ihr eine gemeinsame rechtliche Ueberzeugung sich sowohl bilden, als Geltung verschaffen kann. Die Grundlage des Rechts ist also das organisirte Gemeinwesen, der Staat. Der Staat, d. h. der Inbegriff der Formen, in welchen der rechtliche Wille der Gesammtheit sich äußert, ist aber selbst ein Rechtsverhältniß, ein Product jenes Gesammtwillens, der sich selbst Inhalt und Form gibt.

Hieraus entspringt die Haupteintheilung des Rechtsbegriffs in das öffentliche und in das Privatrecht. Zu den natürlichen Beziehungen der Personen und Sachen, welche kraft der Anerkennung des Gesammtwillens die Eigenschaft von Rechtsverhältnissen annehmen, tritt eine Gruppe von Rechtsverhältnissen, welche keine natürliche Grundlage haben, sondern lediglich auf die Formen der rechtlichen Gemeinschaft sich beziehen. Es sind dies die Rechtsverhältnisse, in denen der Mensch nicht als Einzelner, sondern als Glied der staatlichen Gemeinschaft steht. Sie bilden das öffentliche Recht im Gegensatze zu dem Privatrechte, d. h. zu der Summe der rechtlichen Beziehung der einzelnen Menschen. Beide Rechtsgebiete erleiden eine fernere Eintheilung nach dem Inhalte der von ihnen beherrschten Rechtsverhältnisse. Auf dem Gebiete des Privatrechtes unterscheiden wir die rechtlichen Beziehungen des Einzelnen zu den leblosen Dingen der Natur und zu den Gliedern seiner Familie: das Vermögensrecht und das Familienrecht. Die Vermögensrechte enthalten wieder theils eine unmittelbare Herrschaft über die Sachen, theils eine durch Handlungen anderer Personen vermittelte Beziehung. Sie zerfallen daher in Rechte an Sachen und in Rechte an Handlungen oder Forderungsrechte. Ebenso unterscheidet man verschiedene Zweige des öffentlichen Rechtes, von denen das Staatsrecht die allgemeinen Formen der rechtlichen Gemeinschaft, das Prozeßrecht die Verfolgung der Privatrechte, das Strafrecht den Rechtsschutz gegen Störungen der öffentlichen Rechtsordnung begreift.

Untersucht man die Stellung, welche in dem so gegliederten Rechtssysteme das B e r g r e c h t einnimmt, so ergibt sich, daß das Bergrecht als der Inbegriff der auf den Bergbau bezüglichen Rechtsnormen sowohl Gegenstände des öffentlichen Rechtes, als des Privatrechtes, sowohl Rechte an Sachen als Forderungsrechte umfaßt, daß es nicht bloß materielle Rechtsgrundsätze, sondern auch Prozeßregeln und selbst Strafvorschriften enthält. Das Bergrecht ist also keiner der Abtheilungen des allgemeinen Rechtssystemes untergeordnet, sondern allen diesen Zweigen als ein selbstständiges S p e z i a l r e c h t coordinirt.

Der Begriff der Spezialrechte beruht auf einem andern als dem vorhin angenommenen Eintheilungsgrunde, nämlich auf einer Unterscheidung der Gegenstände der Rechtsverhältnisse. Für die oben erwähnte Eintheilung des Rechtsbegriffes waren nicht die verschiedenen Objecte der Rechte maßgebend, sondern theils die verschiedene Stellung des Subjectes als private oder öffentliche Person, theils der verschiedene Inhalt der rechtlichen Beziehung. Das Recht nimmt auch im Allgemeinen auf die Verschiedenheit der Objecte keine Rücksicht. Die natürlichen Eigenschaften der Sachen sind nur insofern auch für das Recht wichtig, als sie auf den Inhalt der rechtlichen Beziehungen Einfluß haben. Man unterscheidet daher zwischen beweglichen und unbeweglichen, verbrauchbaren und dauernden Sachen, zwischen bloßen Stoffmengen oder Quantitäten und selbstständigen Sachindividuen. Diese Unterscheidungen sind juristisch erheblich, weil das Recht an einer beweglichen Sache seinem Inhalte nach verschieden ist von dem gleichen Rechte an einer unbeweglichen Sache, weil die Forderung einer bloßen Stoffmenge (Geld, Getreide) einen andern Inhalt hat, als die Forderung eines individuell bestimmten Stückes. Dennoch können auch die juristisch relevanten Verschiedenheiten der Sachen keinen allgemeinen Eintheilungsgrund für das Rechtssystem abgeben, weil diese Unterschiede nur einzelne Abweichungen in den Wirkungen der Rechtsverhältnisse und in den Bedingungen ihrer Entstehung oder ihres Unterganges bewirken, ohne das Wesen der Rechtsverhältnisse selbst zu verändern. Das Eigenthum, der Nießbrauch, selbst das Pfandrecht ist an beweglichen und unbeweglichen, an verbrauchbaren und dauernden Sachen zwar verschieden gestaltet, doch dem Wesen nach gleichartig. Wollte man also ein Recht der Grundstücke und ein Recht der Mobilien, der verbrauchbaren Sachen oder der Quantitäten unterscheiden, so würde man in jeder Abtheilung das ganze Sachenrecht mit wenigen Besonderheiten wiederholen.

Anders verhält es sich mit gewissen Klassen von Gegenständen, welche die Objecte eines besonders gearteten Verkehrs sind, wie dies bei der Schifffahrt, beim Handel und vor allem beim Bergbau der Fall ist. Die Eigenthümlichkeit dieser Verkehrszweige und die besondere Beschaffenheit ihrer Objecte hat die Entstehung eigenthümlicher Rechtsverhältnisse zur Folge, welche von denjenigen des gewöhnlichen bürgerlichen Verkehrs nicht bloß in einzelnen Voraussetzungen und Wirkungen, sondern ihrem ganzen Inhalte nach verschieden sind. Es ist daher möglich, diese Rechtsverhältnisse in ein System zu bringen, welches dem Systeme des allgemeinen bürgerlichen Rechtes als ein selbstständiger Zweig gegenübersteht und in diesem Sinne unterscheidet man eine beschränkte Zahl von Spezialrechten, wie das Seerecht, das Handelsrecht mit dem Wechselrechte und das Bergrecht von dem allgemeinen bürgerlichen oder dem Civilrechte. Der unbeschränkte Gebrauch dieses Eintheilungsgrundes erscheint indeß bedenklich. Man kann nicht, oder doch nur in einem beschränkten Sinne von einem Forstrechte, einem Gewerbe- oder Landwirthschaftsrechte sprechen. Die Berechtigung zur Aufstellung eines solchen Spezialrechtes wird nicht durch eine Anzahl rechtlicher Besonderheiten, sondern allein durch die durchgreifende Eigenthümlichkeit der Rechtsverhältnisse, durch die Selbstständigkeit der Rechtsbildung gegeben, welche das

Product als ein geschlossenes, von dem Civilrechte unabhängiges Ganzes erscheinen läßt.

Keines der erwähnten Spezialrechte besitzt diese Eigenthümlichkeit und Geschlossenheit in demselben Grade, wie das Bergrecht. Der Bergbau ist das einzige Gewerbe, welches nicht an der Oberfläche haftet, sondern seine Thätigkeit in das Innere der Erdrinde erstreckt. Die zufälligen Grenzen, welche die Configuration der Oberfläche und der Verkehr dem Grundeigenthume gegeben haben, können nicht wohl die Grenzen für die Ausdehnung des unterirdischen Bergbaues abgeben. An einem Punkte in das Innere eingedrungen, findet er seine Schranke nur in der Erstreckung der unterirdischen Lagerstätten. Der Bergbau hat sich daher schon in vorhistorischer Zeit als ein selbstständiges Gewerbe von den übrigen Bodennutzungen abgesondert. Er wird weder in denselben Grenzen, noch von denselben Personen betrieben, wie der Ackerbau. Unter dem Einflusse dieser Sonderung haben sich in Deutschland schon in früher Zeit, wahrscheinlich mit den Anfängen eines kunstgerechten Bergbaues eigenthümliche Rechtsverhältnisse entwickelt, welche unabhängig von den Besitzverhältnissen des Grundeigenthums die unterirdischen Lagerstätten zum Gegenstande haben. Es wurde zuerst in der Gestalt einer localen Gewohnheit, der wir indeß in übereinstimmender Form an allen den ältesten Pflanzstätten des deutschen Bergbaues begegnen, der Grundsatz der Bergbaufreiheit herrschend, welcher die Aufsuchung der bergmännisch nutzbaren Mineralien Jedem gestattete und dem Finder einer solchen Lagerstätte das Eigenthum an derselben innerhalb fester Grenzen verlieh.

Dieser Grundsatz der Bergbaufreiheit wanderte mit den deutschen Bergleuten an alle die Orte, nach welchen die zunehmende Ausdehnung des Bergbaues ihren Kunstfleiß berief. So wurde die ursprünglich locale Gewohnheit zum herrschenden Rechte Die Lagerstätten, welche Gegenstand des Bergbaues sind, schieden aus dem Rechte des Grundeigenthümers aus und wurden zum Gegenstande eines Bergwerkseigenthumes von selbstständigem Inhalte und mit selbstständiger Begrenzung erhoben.

In dieser Existenz eines von dem Grundbesitze unabhängigen Bergwerkseigenthumes liegt der unterscheidende Character des deutschen Bergrechtes. Und da die dinglichen Rechtsverhältnisse und vor allem das Eigenthum die Grundlage bilden, auf welcher das ganze System der Vermögensrechte sich aufbaut, so folgt aus der Eigenthümlichkeit der dinglichen Rechtsverhältnisse beim Bergbau zugleich der besondere Character des gesammten Bergrechtes, welcher noch schärfer dadurch ausgeprägt wird, daß auch die übrigen Rechts- und Lebensverhältnisse beim Bergbau, insbesondere die Bergwerksgesellschaft eine eigenthümliche, von den entsprechenden Formen des Civilrechtes abweichende Gestalt angenommen haben. Das Bergrecht ist daher ein Spezialrecht im eminenten Sinne. Es enthält nicht etwa eine bloße Uebertragung der Grundsätze des allgemeinen bürgerlichen Rechtes auf die Bergwerke. Es lehrt nicht bloß die Anwendung der Kategorien des Civilrechtes auf die dem gewöhnlichen Leben fremden Gegenstände und Verkehrsbeziehungen des Bergbaues. Seine Regeln und Lehrsätze sind vielmehr die selbstständige Schöpfung einer eigenthümlichen Rechtsbildung, die dem Civilrechte nicht untergeordnet, sondern coordinirt und nur insofern von dem letztern abhängig ist, als sie die allgemeinen Kategorien des Rechtes und die Regeln der auch in dem Bergrechte in Betracht kommenden allgemeinen Lebensverhältnisse dem Civilrechte entlehnt.

Das Unterscheidende, wodurch das Bergrecht als ein Spezialrecht von dem Gebiete des allgemeinen Civilrechtes abgesondert wird, liegt in der Eigenthümlichkeit der dinglichen Rechtsverhältnisse, in der Unabhängigkeit des Rechtes zum Bergbau von dem Rechte des Grundeigenthümers. Wo diese Bergbaufreiheit nicht besteht, wo der Grundeigenthümer wie in England das ausschließliche Recht zur Gewinnung der in seinem Grund und Boden enthaltenen Mineralien besitzt, da kann von einem Bergrecht als Spezialrecht nicht die Rede sein. Und auch für unser einheimisches Recht scheiden alle Rechtsverhältnisse aus dem Gebiete des Bergrechtes aus, welche bloß von dem Rechte des Grundeigenthümers abgeleitet sind, nicht auf einem selbstständigen Bergbaurechte beruhen.

Der Eisenerzbergbau in Schlesien, obgleich vom technischen Standpunkte völlig gleichartig den übrigen Zweigen des Bergbaues, ist vom Standpunkte des Bergrechtes betrachtet, wesentlich davon verschieden, weil er von dem Grundeigenthümer als solchem oder von demjenigen betrieben wird, welchem der Grundeigenthümer das Recht zum Bergbau eingeräumt hat, weil er nicht auf Grund eines selbstständigen Bergbaurechtes betrieben wird. Dasselbe gilt von allen übrigen Mineralien, welche der Benutzung des Grundeigenthümers überlassen sind, mag ihre Gewinnung durch einen technisch sogenannten Bergbau erfolgen oder nicht. Das Bergrecht bezieht sich also nur auf die Gewinnung derjenigen Mineralien, welche der Benutzung des Grundeigenthümers entzogen und der Bergbaufreiheit unterworfen sind. Die Bergbaufreiheit ist daher das wesentlich characteristische Rechtsinstitut unsres Bergrechtes, welches sowohl die Grundlage für seine Existenz als selbstständiges Spezialrecht bildet, als auch die Grenze abgibt, bis zu der sich seine Geltung erstreckt.

---

## §. II.
## Die Bergbaufreiheit und das Recht des Grundeigenthümers.

Man hat vielfach versucht, den Grundsatz der Bergbaufreiheit von allen historischen Voraussetzungen abgelöst, lediglich vom Standpunkte des sogenannten Naturrechtes zu begründen und dieser Versuch hat auf der andern Seite das Bestreben hervorgerufen, die Trennung des Bergbaues von den übrigen Bodennutzungen als dem Naturrechte zuwiderlaufend mit rechtsphilosophischen Gründen zu bekämpfen. Man hat auf der einen Seite behauptet, daß die Unabhängigkeit des Bergbaues von dem Grundeigenthume in dem Naturrechte begründet sei, von der andern, daß sie eine unzulässige Beschränkung der Rechte des Grundeigenthümers enthalte. Dieser Streit ist zuerst in der französischen constituirenden Nationalversammlung bei der Berathung des Bergwerksgesetzes vom 28. Juli 1791 zwischen den Vertheidigern der Bergbaufreiheit und des Grundeigenthums geführt worden und die Beredsamkeit Mirabeau's hat diesem ersten Versuche einer rechtsphilosophischen, gewissermaßen aprioristischen Begründung des Grundsatzes der Bergbaufreiheit einen bestechenden Glanz verliehen.

Die Vertheidiger der Bergbaufreiheit sowohl als ihre Gegner nahmen in diesem Streite die Autorität Turgots für sich in Anspruch, welcher schon im Jahre 1769 in einem Aufsatze über den Bergbau (Mémoire sur l'exploitation des mines) den Versuch einer rechtsphilosophischen Definition des Bergbaurechtes gemacht hatte. Turgot gelangte zu dem Resultate, daß die Mineralien zwar nicht dem Grundeigenthümer, sondern dem ersten Occupanten gehören, daß aber nur der Grundeigenthümer befugt sei, die Lagerstätten von seiner Oberfläche aus aufzusuchen. Dem Grundbesitzer oder demjenigen, welcher mit dessen Erlaubniß eine Lagerstätte aufgeschlossen hat, stehe dann frei, diese Lagerstätte bis an ihre natürlichen Grenzen zu verfolgen und die Mineralien auch unter fremdem Grund und Boden als erster Occupant zu gewinnen.

Der Ausschuß der Nationalversammlung, welcher den Entwurf des Bergwerksgesetzes vom 28. Juli 1791 vorlegte, verfolgte den

Grundsatz von der ursprünglichen Herrenlosigkeit der Mineralien mit größerer theoretischer und practischer Consequenz, indem er dem Grundeigenthümer die Gewinnung derselben ganz untersagte und dem Staate, oder wie man damals zu sagen liebte, der Nation die Verfügung über dieselben zu Gunsten desjenigen vorbehielt, welcher das Bergwerkseigenthum durch die Concession des Staates erlangte. Zur Vertheidigung dieses Vorschlages bemerkte der Berichterstatter Regnauld d'Epercy in der Sitzung vom 20. März 1791 [1]):

„Glauben Sie nicht, meine Herren, daß ihre Ausschüsse diesen Grundsatz auf den Glauben an unsere ältere Gesetzgebung und an die der übrigen Völker angenommen haben. Wie wichtig auch die Stimme aller Nationen sein mag, so hielten es doch ihre Ausschüsse für möglich, daß der Irrthum allgemein für Wahrheit gegolten haben könnte, sie haben deshalb die Grundsätze des Natur- und Staatsrechtes dabei zu Rathe gezogen. Sie sind bis zur Quelle allen Eigenthums hinauf gestiegen; sie haben es im Principe hervorgehen sehen aus einer Theilung oder einer Arbeit, welche von dem ersten Occupanten ununterbrochen auf einen Gegenstand ohne allen Widerspruch gerichtet war.

Dieses so erworbene Eigenthum konnte nur durch die Bürgschaft der Gesellschaft an Andere überlassen werden; Privatpersonen besitzen also nichts ohne durch das Gesetz, und da alle ihre Rechte die Wirkung dieses Schutzes sind, so können sie dieselben nur auf eine Art genießen, welche dem Staate zuträglich ist.

Wenn bei dem Ursprunge der bürgerlichen Gesellschaft das Eigenthum nur durch Theilung oder Arbeit gegründet werden konnte, so steht fest, daß nur die Oberfläche der Erde, deren Anbau den Individuen und ihren Heerden Nahrung verhieß, ein Gegenstand desselben sein konnte. Es konnte sich nicht bis auf die Fossilien erstrecken, welche die Erde in ihrem Schooße verbarg und welche noch lange nach der Gründung der bürgerlichen Gesellschaft unbekannt blieben, weil das Bedürfniß ihre Ausbeutung noch nicht verlangt hatte.

Wenn das so erworbene Eigenthum sich nicht auf die Fossilien erstreckte, deren Dasein der Mensch nicht kannte, so sind dieselben nicht mit getheilt worden; und blieben sie ungetheilt, auf welches Resultat führt dies? — Sehen Sie nicht, meine Herren, daß dieselben keinen besonderen Eigenthümer erhalten haben, daß sie daher im Ganzen ein Eigenthum jedes Staates geblieben sind, und daß ein jeder Staat also das Recht hat, darüber, meine Herren, zu verfügen? Da es ferner anerkannt ist, daß Fossilien im Schooße der Erde der Art gelagert sind, daß ihre Gewinnung im Ganzen geschehen muß und sie nur durch eine solche Ausbeutung Werth erlangen, und da ferner ihre ganze Lagerung niemals oder doch sehr selten einem einzelnen Grundstücke entspricht, so können sie kein Accessorium des Eigenthums eines Einzelnen sein, sie sind vielmehr ein Eigenthum Aller, sie stehen zur Verfügung der Gesellschaft, weil es gewiß ist, daß dasjenige, was keinen besonderen Eigenthümer hat, der Nation verbleibt.

---

1) Nach der Uebersetzung von Dr. Achenbach, Zeitschrift für Bergrecht Bd. I S. 604 ff.

Nach diesen Principien kann sich Niemand Eigenthümer eines Bergwerkes nennen; es kann Niemand ein anderes Recht auf ein Bergwerk haben, als ein solches, welches eine von der Nation ertheilte Concession giebt.

Diejenigen, welche die Bergwerke von dem Grundeigenthume abhängig machen möchten, gründen ihre Meinung auf ein Project Turgots, welches im Jahre 1769 in einer Zeitschrift erschien.

Aber Turgot dachte nicht daran, daß die Fossilien als Privateigenthum betrachtet werden sollten; denn wenn er in seinem Systeme auf der einen Seite vorschlug, daß Jeder das Recht haben sollte, dieselben auf seinem Felde zu gewinnen, so brachte er auf der anderen Seite in Vorschlag, daß Jedem das Recht zugestanden werden möchte, sie auf dem Felde des Anderen ohne dessen Einwilligung auszubeuten, und endlich daß die Mineralien dem ersten Occupanten angehören sollten, dergestalt daß man durch Eröffnung eines Bergwerkes auf eigenem Boden und Fortsetzung desselben unter dem eines Anderen erster Occupant war.

Sie werden fühlen, meine Herren, wie sehr dieses System von dem abweicht, nach welchem die Fossilien den Grundeigenthümern angehören sollen, denn bei letzterem könnte Niemand als der Eigenthümer die Fossilien unter der Oberfläche seines Bodens abbauen und die Nachbaren hätten gar kein Recht darauf.

Turgot hielt dafür, und auf diesen einzigen Punkt muß man sein Project zurückführen, daß die Mineralien dem ersten Occupanten angehören, d. h. daß sie keinen besonderen Eigenthümer haben, sondern Allen zustehen. Haben sie aber keinen besonderen Eigenthümer, so befinden sie sich noch in ungetheilter Masse in den Händen der Nation und stehen daher zu deren Verfügung.

Das ist eine unmittelbare und die einzige Folge, welche sich aus Turgots System ziehen läßt. Dieser Minister-Philosoph, den der Einfluß des Hofes nie von der Sorge für das allgemeine Beste abhalten konnte, gab daher auch mehreren Gesellschaften Bergwerksconcessionen."

Der Gesetzentwurf des Ausschusses wurde von verschiedenen Seiten bekämpft und rief mehrere Gegenvorschläge hervor, welche dem Grundeigenthümer das ausschließliche Recht zum Bergbau unter seiner Oberfläche vindizirten. Vor allem war es Heurtault-Lamerville, welcher in der Sitzung vom 21. März 1791 die Vorschläge der Kommission auf demselben rechtsphilosophischen Boden angriff, von welchem aus der Berichterstatter den Gesetzentwurf vertheidigt hatte. Er verwarf die Berufung auf die bisherige französische Berggesetzgebung, weil dieselbe aus despotischen Grundsätzen und aus feudalen Gesichtspunkten hervorgegangen sei und fuhr fort[1]):

„Was geht das Sie an, meine Herren, was unter den ebenso oft zertrümmerten als aufgerichteten Regierungen gesagt oder gethan ist? Die Lichtmasse, welche sich in dem Tempel, worin Sie Gesetze schaffen, findet, ist hinlänglich, um Ihre Berathschlagungen zu erleuchten. Unwissenheit, Verführung und Schwäche werden nicht mit eindringen; das Gesetz, welches Sie in

1) a. a. O. S. 611 ff.

Ansehung der Bergwerke geben, sei ein solches, welches mit der Constitution am Meisten übereinstimmt und sich mit Ihren Principien vereinigt, um jene zu befestigen.

Zur Erlangung unseres Zweckes müssen wir, glaube ich, drei Fragen aufwerfen.

Verträgt es sich mit der Freiheit und dem Privat=Eigenthume, wenn die Nation sich für die Eigenthümerin der Bergwerke erklärt?

Ist das Souveränetätsrecht der Nation allein zur Ausbeutung der Bergwerke hinreichend?

Gibt es eine Vermittelung zwischen dem Eigenthume der Nation und dem Privat=Eigenthume an den Bergwerken? —

Wie kann man die Fossilien von der Oberfläche, von dem Grundeigenthume absondern? können diese in den Zwischenräumen der Erde verbreiteten und von der Natur damit gemengten festen Theile ein besonderes Eigenthum abgeben? Wird die Nation sich für die Eigenthümerin der Fossilien ausgeben können, ohne alle Augenblicke Eingriffe in das Eigenthum und in die Freiheit der Einzelnen vorzunehmen, ohne sie in ihrer Ruhe unaufhörlich zu stören?

Wenn die Nation sich für die Eigenthümerin der Fossilien erklärt, so würde sie nicht nur den Grundeigenthümer vertreiben, sondern auch unaufhörlich beunruhigen und ohne dies zu wollen verfolgen.

Die Nation würde ein willkürlicher Sachwalter werden, statt ein unparteiischer Souverän zu sein. Es ist eine andere Sache, dem Wohl des Staates ein ganzes Eigenthum zu unterwerfen, und ein anderes Ding, das Eigenthum unbewohnbar und zum Opfer des allgemeinen Besten zu machen. Die Nation nehme mein ganzes Eigenthum gegen Zahlung an sich, wenn es ihr nützlich ist; allein sie werfe sich nicht auf eine für uns beide gefahrvolle Weise zum Miteigenthümer in ein und demselben Raume auf, wo sie die Fossilien wählt, mir die Oberfläche überläßt. Fern müssen von uns die exaltirten Ideen eines Lykurg und die Träume eines Plato bleiben. Es kann niemals im öffentlichen Interesse liegen, das Privat=Eigenthum zu vermengen und zu einer Gemeinheit zu machen. Nur Licht, Wasser und Luft, diese flüchtigen Elemente und unerschöpflichen Reichthümer können es sein, und sind, uns zum Trotz, ein allgemeines Eigenthum.

In der That, jedes Gesammt=Eigenthum schränkt die Freiheit des Einzelnen ein, schadet dem allgemeinen Vortheil und ist eine Quelle der Zwietracht.

Wer sollte bei der Gewinnung der Fossilien im Namen der Nation für ihren Eigenthümer gehalten werden? Sehen Sie, meine Herren, alle Bedrückungen und Feindseligkeiten vorher, welche daraus entspringen würden? Kennen Sie alle Verbrechen gegen den Ackerbau, ja, selbst gegen die Person des Landmannes, deren sich die Unternehmer oder ihre Untergebenen oft erlaubt haben? Von vorn herein handelt der Unternehmer mit Mißachtung gegen den Grundeigenthümer oder Pächter, zumal wenn diese arm sind. Hat er sich auf dem Grundeigenthume festgesetzt, so bedient er sich desselben fast als seines persönlichen Eigenthumes: gibt er dasselbe auf, so hinterläßt er es in dem traurigsten Zustande der Verwüstung, und oft hat er dem Grundeigenthümer oder Pächter nicht die mindeste Entschädigung von Anfang des Baues an gegeben.

Das einzige Mittel, meine Herren, das Interesse der Nation mit dem der Grundeigenthümer zu versöhnen (ich sage nicht mit dem der Concessionäre oder Unternehmer, da diese hier nur in zweiter Reihe in Betracht kommen), bestehet in der Vereinigung und dem Zusammenschmelzen dieser Interessen, indem bestimmt erklärt wird, daß die Fossilien zu dem Grundeigenthume gehören, daß das allgemeine Beste ihre Benutzung unter der unmittelbaren Ueberwachung der Staatsverwaltung erfordert, daß der Grundeigenthümer verpflichtet ist, die Fossilien zu gewinnen oder die Anwendung des Gesetzes zu erleiden, welches ihn im Interesse Aller entsetzt, vorbehaltlich jedoch einer vorausgehenden Entschädigung.

Glauben Sie, meine Herren, daß dies die wahren Grundsätze für die Dauer der Reiche sind, und daß der Ackerbau, dem ich diene und welchen ich liebe, nur darum meine Leidenschaft geworden ist, weil er auf ewig die Quelle aller Glückseligkeit, die Pflanzschule der Menschen und ihre Zuflucht im Unglücke sein wird.

Jetzt sind wir zur letzten Frage gelangt: gibt es eine Vermittelung zwischen dem Privat- und Nationaleigenthume? Turgot hat die gefährliche Meinung angenommen, daß die Fossilien dem ersten Finder gehörten. Ich gebe zu, daß ein ausgezeichneter Mann die Meinung aufrecht erhalten kann, wenn er neue Principien über das Recht des Eigenthumes schafft. Es wird, sagt man, demjenigen Redner möglich sein, welcher stets die beiden Hauptmittel der Rede, die Beredsamkeit und das Wort zur rechten Zeit anzuwenden versteht. Ich bekenne, daß diese Meinung sich meinem Principe nähert. Ich sehe, daß diese sonderbare Idee, welche sich zugleich auf die Unabhängigkeit der Natur, auf die Souveränetät der Nation und das sociale Eigenthum gründet, mehr für das Eigenthum als für die Souveränetät spricht. Der erste Finder muß wenigstens ein wenig Land auf der Oberfläche haben, um das Recht zu bekommen, eine Vertiefung zu machen, welche ihn zu einem in den Eingeweiden der Erde befindlichen Eigenthume führt, das seinen Herrn erwartet. Ich frage aber, ob es in einer den Gesetzen unterworfenen Gesellschaft möglich und zuträglich sei, daß ein solches Recht existirt, und ob es existiren könne, ohne das Eigenthumsrecht sich selbst zu entfremden.

Die Gesellschaft hat nur ein einziges Mal das Vorrecht des ersten Occupanten anerkannt, nämlich bei ihrer Entstehung; seitdem muß für immer das Recht aus dem gesetzlich gerechtfertigten Besitze fließen. Dazu kommt, daß der Zusammenstoß von zwei Bergleuten, welche sich um ein und dieselbe Lagerstätte streiten, Schwierigkeiten und Kämpfe erzeugen würde. Es ist schon genug die Geißel der Kriege auf der Oberfläche der Erde verbreitet zu wissen; es bedarf der noch schrecklicheren Geißel eines immerwährenden unterirdischen Krieges nicht, zu dessen Schlichtung das Schwert der Gesetze wenig Mittel in Händen hat. Sie würden durch das Recht des ersten Finders den Armen kein Eigenthum schaffen; es würde einen Streit unter den Reichen veranlassen und der Chicane ein Feld eingeräumt werden."

Die vorstehenden Auszüge aus den Berathungen über das französische Bergwerksgesetz vom 28. Juli 1791 gewähren das characteristische Bild einer gesetzgebenden Versammlung, welche eine Frage von tief einschneidender practischer Bedeutung, die Entscheidung über Eigenthums- und Nutzungsrechte von dem größten Umfange nicht an der Hand des bestehenden Rechtszustandes, nicht aus dem Gesichtspunkte der durch die Erfahrung als nützlich oder nothwendig erkannten Abänderung dieses Zustandes, sondern vornehmlich vom Standpunkte der rechtsphilosophischen Erörterung zu lösen bemüht war. Und in der That, wenn irgend ein Umstand der Annahme der Vorschläge des Ausschusses Gefahr drohte, so war es der, daß sein Gesetzentwurf dem bestehenden, durch schwere Mißbräuche der Verwaltung nur zu drückend gewordenen Rechtszustande am nächsten kam. Es bedurfte zu ihrer schließlichen Annahme der Autorität und der Vermittelung Mirabeau's, welcher in seiner denkwürdigen Rede vom 21. März für die principielle Trennung des Bergbaurechtes vom Grundeigenthume eintrat, zugleich jedoch den Interessen des Grundbesitzes durch seine in sieben Artikeln formulirten Abänderungsvorschläge erhebliche Zugeständnisse machte. Zur Vertheidigung des Princips der Unabhängigkeit des Bergbaues von dem Eigenthume der Oberfläche bemerkt Mirabeau [1]:

„Will man prüfen, ob die Fossilien wesentlich ein von der sie bedeckenden Oberfläche abhängiges Privateigenthum sind, so sage ich, daß die Gesellschaft den Boden nur unter der Bedingung des Anbaues eigenthümlich weggegeben hat und in dieser Rücksicht verstehet man unter dem Boden nur die Oberfläche. Ich sage, daß man bei Gründung der bürgerlichen Gesellschaft nur das als Gegenstand des Eigenthumes ansehen konnte, dessen Erhaltung der Staat damals zu garantiren vermochte. Oder wie würde man es verhütet haben, daß nicht 1200 Fuß unter dem Rasen eines Ackerbesitzers Jemand hätte Bergbau auf eine Lagerstätte treiben können, welche der Eigenthümer des Bodens für sich in Anspruch nahm. Ich sage, daß, wenn das allgemeine Beste und die Gerechtigkeit die beiden Grundpfeiler des Eigenthumes sind, weder das öffentliche Wohl noch die Billigkeit fordern, daß die Fossilien ein Accessorium der Oberfläche bilden. Ich sage, daß der innere Erdboden keiner Theilung fähig ist; daß die Fossilien es durch ihre unregelmäßige Lagerung noch weniger sind, daß das Beste des Staates in Ansehung der Oberfläche ein getheiltes Eigenthum, in Ansehung des Inneren der Erde dagegen eine Vereinigung desselben fordert, und daß daher die Gesetzgebung, welche zwei Arten des Eigenthumes als von einander abhängig zulassen und wovon die eine gerade deswegen unnütz würde, weil ihr die andere zur Grundlinie und zum Maßstabe gegeben wäre, absurd sein würde. Ich sage, daß mir die Idee, Herr eines Stromes oder Flusses deswegen zu sein, weil sie unter der Oberfläche unserer Felder weglaufen, eben so sonderbar vorkommt, als wenn Jemand einem Ballon den Durchflug in der Luft verweigern wollte, welche sich ebenfalls sicherlich über dem Boden eines Privateigenthumes befindet. Ich sage, daß die Anmaßung, die Fossilien als ein Accessorium der Oberfläche und als ein wirkliches Privateigenthum ansehen zu wollen, gewiß etwas sehr Neues ist; denn ich möchte wohl wissen, ob es irgend einem

1) a. a. O. S. 623 ff.

Käufer eingefallen wäre, jemals eine Verminderung des Preises oder Aufhebung des Kaufes zu verlangen, weil er entdeckt hätte, daß eine Lagerstätte unter dem erkauften Grundstücke abgebauet sei; er könnte ja behaupten, daß er ein Recht auf Alles hätte und bei dem Ankaufe die Absicht gehabt habe, den Boden in der Tiefe zu untersuchen. Endlich sage ich, daß es fast keine einzige Lagerstätte gibt, welche in physischer Hinsicht mit dem Grund und Boden eines Eigenthümers übereinstimmt. Die schiefe Neigung einer Lagerstätte von Osten nach Westen, macht, daß sie auf einem sehr kurzen Raume 100 verschiedene Besitzungen trifft.

Wir wollen inzwischen untersuchen, ob das System, nach welchem man die Fossilien für ein vom Grunde und Boden abhängiges Eigenthum erklären wollte, nicht den gänzlichen Verfall des Bergbaues nach sich ziehen würde und dieses wird nützlicher für die Gesetzgebung sein, als eine bloß metaphysische Theorie.

Man kann nicht leugnen, daß die Fossilien ihrer ganzen Ausdehnung nach abgebauet werden müssen, aber dazu würde man durch die Erklärung derselben für Privateigenthum allein nichts beitragen, denn es wäre fast immer nöthig, daß alle Eigenthümer eines sehr ausgedehnten Feldes mit daran Theil nehmen wollten, weil außerdem das Eigenthum eines Jeden in der That Niemandem eigentlich zuständig wäre. Was auch unsere Gesetze über diese Materie enthalten mögen, so werden wir doch nie durch sie die Natur umschaffen können. Aber ist es nicht einleuchtend, daß man sich bei jedem Schritte, welcher zur näheren Untersuchung einer Lagerstätte geschieht, genöthigt siehet, die gewöhnlichen Vorschriften des Eigenthumes zu verlassen? Mit einer einzigen Oeffnung ist ein Bergwerk nicht auszubeuten. Ich teufe einen Schacht auf meiner Besitzung ab; kaum habe ich einen Strahl von Hoffnung, so befinde ich mich unter dem Boden eines Anderen. Erlaubt mir dieser nicht eine zweite Oeffnung zu veranstalten, so muß ich auf meine Arbeit Verzicht thun; ist er genöthigt sie mir zuzugestehen, so ist es denn wahr, daß dies Recht des Eigenthumes dem allgemeinen Besten weichen mußte.

Wie kann man aber nur glauben, daß, selbst dieser ersten Schwierigkeit nicht zu gedenken, ein Grundeigenthümer die zu dieser Unternehmung erforderlichen großen Kosten daran wagen werde. Kann man dies von einzelnen Eigenthümern erwarten? Der größte Theil hat nicht einmal Vermögen genug, um die Oberfläche des Bodens anzubauen, wie sollten sie daher so viel besitzen, um es bei so gefährlichen Unternehmungen wagen zu können? Will man, daß sie die Oberfläche verkaufen sollen, um sich Mitttel zu verschaffen, das Innere untersuchen zu können?

Wird man sagen, daß die Eigenthümer eine Societät bilden werden? Werden sie aber zu gleicher Zeit ihren Boden und ihr Vermögen vereinigen? Ihren Boden, so müßte man oft, um ein Bergwerk von 2 Meilen im Umkreis in Betrieb zu setzen, 2000 Eigenthümer vereinigen; und wie sollte das Verhältniß ihrer Antheile bestimmt werden? Wie würde eine so große Zahl von Theilnehmern einstimmig handeln? Ihr Vermögen, aber dies würde wohl fast immer unzureichend sein; denn man hat Bergwerke, deren Betriebskosten zehnmal größer sind als der Werth des Bodens, der sie bedeckt. Bei der ehemaligen Verfassung war die Vereinigung möglich. Man führe aber ein einziges Beispiel an, wo mehrere Eigenthümer sich vereiniget hätten! Laſsen Sie uns übrigens nicht vergessen, daß man mehr dergleichen Unternehmungen findet, bei welchen man sich ruinirte, als deren, bei welchen man die Auslagen wieder gewann. Diese Schattenseite verschlägt wenig, wenn es Capitalisten trifft; ihr Geld ist nur in andere Hände gekommen, und die bürgerliche Gesellschaft hat selbst bei Versuchen ohne Erfolg gewonnen. Aber ist es nicht gegen das Staatsinteresse, wenn die Grundeigenthümer in Armuth gerathen?

Würde man sagen, daß die Bergwerks-Gesellschaften alle Ländereien, welche sie abbauen wollten, kaufen, und so Grundeigenthümer werden könnten, so frage ich, ob die Vereinigung einer so großen Menge von Grundstücken leicht und nach den Grundsätzen unserer neuen Constitution nützlich sein würde? Kann man übrigens hoffen, daß eine Gesellschaft, die so große Vorschüsse zu machen hat, ehe sie das entdeckt, was vielleicht gar nicht da ist, zu allen den Widerwärtigkeiten, welche sie zu bekämpfen hat, noch einen Ankauf von Grundstücken hinzufügen wird, der eine Quelle zu neuem Verluste sein würde?

Sollte man einwenden, daß an Stelle von beträchtlicheren Unternehmungen dann eine größere Menge von kleinen Gewinnungen entstehen würden? Aber es ist schon bemerkt, daß man ein Bergwerk nicht wie den Anbau eines Ackers eintheilen kann. Geringer sind die Kosten bei großen Unternehmungen und das gewonnene Fossil kann um einen niederen Preis verkauft werden. Verwendet man große Summen, so verfolgt man die Lagerstätte bis wo sie aufhört; die Menge des geförderten Fossils ist daher viel größer, und auch in dieser Hinsicht ist der Preis geringer. 2000 Eigenthümer werden 2000 Schächte behufs einer Ausbeutung vorrichten, für welche bei einer einzigen Gesellschaft 4 hinreichend waren. Die ersteren werden bei ihren Arbeiten nur Menschenkräfte anwenden; die letztere wird dieselben durch Maschinen ergänzen."

Der Streit der Meinungen, welcher in den angeführten Verhandlungen der constituirenden Nationalversammlung zwischen den Vertheidigern der Bergbaufreiheit und den Anhängern des Grundbesitzes geführt und durch das Bergwerksgesetz vom 28. Juli 1791 in der Hauptsache zu Gunsten der Bergbaufreiheit ausgetragen wurde, ist seitdem in wissenschaftlichen Erörterungen, namentlich unter den deutschen Bergrechtslehrern, bis in die neueste Zeit fortgesetzt worden. Die Theorie von der ursprünglichen Bergbaufreiheit wird insbesondere vertheidigt in Rottecks und Welckers Staatslexicon s. v. Bergbau, in den Bemerkung'en über die neuesten Berggesetzentwürfe von Dr. Martins S. 14 und in dem Bergwerksfreund. Band XX S. 243 ff. Für das ursprüngliche Recht des Grundeigenthümers an den bergmännisch zu gewinnenden Mineralien erklären sich dagegen Dr. Schomburg in den Betrachtungen über die neuere deutsche Berggesetzgebung S. 71 ff. und Dr. Achenbach in der Zeitschrift für Bergrecht Bd. I S. 162. Die Gründe, welche von der einen und von der andern Seite für die streitenden Meinungen vorgeführt werden, fügen den oben mitgetheilten Ausführungen Regnauld d'Epercy's und Mirabeau's und der Gegenausführung Heurtault Lamerville's nichts wesentlich Neues hinzu. Es ist den Anhängern der einen wie der andern Meinung trotz des lange und eifrig geführten Streites nicht gelungen, weder ihre Gegner zu sich hinüber zu ziehen, noch einen Einfluß auf die practische Gestaltung des Bergrechtes auf die Gesetzgebung und auf die Rechtspflege zu gewinnen.

Beide Meinungen müssen auch bei richtiger Auffassung der Aufgabe der Rechtsphilosophie gleichmäßig verworfen werden. Das Naturrecht, wenn es ein solches gibt entscheidet weder für die Nothwendigkeit der Trennung des Bergbaues von dem Grundeigenthume, noch auch für die Nothwendigkeit ihrer Verbindung. Das Recht ist ein durchaus positives Product des nationalen Lebens dessen Gestalt durch die concreten Bedürfnisse und durch die Geschichte jedes Volkes bedingt wird. Allerdings ist die Rechtsbildung wie jedes Product des menschlichen Geistes den allgemeinen Vernunftgesetzen unterworfen und hieraus folgt die Berechtigung der Rechtsphilosophie, wenn es auch der richtigen Meinung nach durchaus unzulässig ist, aus diesen Vernunftgesetzen ein von allen concreten Voraussetzungen unabhängiges sogenanntes Naturrecht abzuleiten. Die Rechtsphilosophie aber muß der concreten Rechtsbildung und dem positiven Rechte alle die Freiheit und all den Spielraum gestatten, welchen die Mannigfaltigkeit der natürlichen Verhältnisse nothwendig erheischt. Die Rechtsphilosophie ist daher zwar wohl befugt Einrichtungen des positiven Rechtes zu verurtheilen wenn sie den Gesetzen der Vernunft und insbesondere der Moral zuwiderlaufen allein mit dieser Maßgabe ist sie gehalten das Wirkliche auch als vernünftig gelten zu lassen und nicht berechtigt den Werth des aus dem Leben und der Geschichte des Volkes erzeugten positiven Rechtes nach dem Maße bloßer Abstractionen zu messen.

Tritt man von diesem Gesichtspunkte aus in die Erörterung der oben dargestellten Meinungsverschiedenheit ein so ergibt sich die Ansicht derjenigen welche die Bergbaufreiheit als ein Postulat aus dem Naturrechte ableiten wollen von vorn herein als unhaltbar. Es ist unzulässig die Wirkung der Occupation des Grund und Bodens von dem speziellen Zwecke der ersten Besitzergreifung abhängig zu machen. Der unmittelbare Gebrauch welchen der erste Besitznehmer von der Sache zu machen beabsichtigte gibt nicht das Maß der Befugnisse, welche ihm und seinen Rechtsnachfolgern an dem occupirten Eigenthume zustehen. Die Grenze dieser Befugnisse ist vielmehr allein in der Rechtsregel zu finden, welche den Inhalt des Eigenthums bestimmt. Ebenso unzutreffend ist es aber, daß das Eigenthum nothwendig alle an der Sache erdenklichen Gebrauchsarten umfassen müsse. Dies trifft als Regel allerdings zu. Die Regel erleidet indeß nach allen positiven Rechten Ausnahmen in Bezug auf solche Sachen, welche ihrer Natur nach verschiedene Nutzungsarten zulassen, die von verschiedenen Berechtigten nebeneinander ausgeübt werden können, ohne daß die eine Benutzung die andere ausschließt. So unterscheiden die neueren Gesetzgebungen übereinstimmend bei den Werken der Literatur und der Kunst das Recht der Vervielfältigung oder das geistige Eigenthum von den übrigen an der Sache denkbaren Befugnissen, welche in dem körperlichen Eigenthume enthalten sind. Dieselbe Unterscheidung wird von der großen Mehrzahl der modernen Gesetzgebungen in Bezug auf den Bergbau und die übrigen Bodennutzungen gemacht. Ja! diese Unterscheidung ist noch in der jüngsten Eroberung der Civilisation und des Bergbaues in Kalifornien ohne die Intervention eines Gesetzgebers, allein durch die zwingende Macht der Verhältnisse und durch die Gewohnheit durchgedrungen und gegen das gemeine Recht der Vereinigten Staaten, welchem die Trennung des Bergbaues von dem Grundeigenthume fremd ist, zum geltenden Rechte geworden. Es ist ebenso unzulässig, eine solche aus dem Leben des Volkes entsprungene und noch heute unter unsern Augen aus demselben hervorgehende Unterscheidung als den Regeln des Naturrechtes zuwiderlaufend zu bezeichnen, als es unstatthaft ist, diese Unterscheidung, weil sie bei uns und zur Zeit geltenden Rechtens ist, als ein Postulat des Vernunftrechtes aufzustellen.

Die Gesetzgebung hat sich daher auch seit den Tagen der constituirenden Nationalversammlung um diesen Streit der Meinungen nicht gekümmert. Auch die Verfasser des Allgemeinen Preußischen Berggesetzes haben die Frage, ob der Bergbau an den Grundbesitzer zurückzugeben, oder aber die Bergbaufreiheit, da wo sie bisher nicht zu Recht bestand, einzuführen sei, von vorn herein von der Hand gewiesen und den einfachen Grundsatz aufgestellt (Motive S. 24), daß die Bergbaufreiheit in Bezug auf diejenigen Mineralien, welche bisher dem Bergregal unterworfen gewesen, bis auf einzelne geringfügige Ausnahmen beizubehalten, jede Ausdehnung der Bergbaufreiheit aber abzulehnen sei. Sie haben das bisherige Gebiet der Bergbaufreiheit mit allen seinen Einschränkungen und Ausnahmen unverändert als ein abgeschlossenes Product der bisherigen

Rechtsbildung übernommen und das mit vollem Rechte. Wenn die Bergbaufreiheit ursprünglich aus der erkannten Nothwendigkeit hervorging, den Bergbau aus den Händen des Grundbesitzers zu nehmen und ihn in andere unternehmendere Hände zu legen, ihm zweckmäßigere Grenzen anzuweisen, unabhängig von der willkürlichen Begrenzung des Eigenthums an der Oberfläche, so läßt sich bezweifeln, ob das Bedürfniß einer solchen Trennung noch jetzt in gleichem Maße vorhanden sei. Die Gründe, welche Mirabeau für die Nothwendigkeit dieser Trennung anführt, sind zum Theil nicht mehr vorhanden. Der Grundbesitz ist nicht mehr so verarmt, so belastet, so ungeschickt zu gewerblichen Unternehmungen und zur Association, wie beim Beginne der ersten französischen Revolution. Der Bergbau, welcher im Königreich Sachsen von den Grundeigenthümern oder deren Pächtern auf Steinkohlen geführt wird, steht keinem andern in Bezug auf Reichthum der Mittel, auf Intelligenz und Rührigkeit in der Betriebsleitung nach. Wenn also die Bergbaufreiheit, die ursprünglich nur den Erzbergbau zum Gegenstande hatte, im Laufe der Jahrhunderte auf neue wichtige Klassen von Mineralien ausgedehnt wurde, die neben den Erzen und allmälig vor ihnen ihren Platz in der Reihe der nationalökonomisch wichtigen Bergwerksproducte einnahmen, wie die Steinkohlen und die Braunkohlen, so ist eine solche Ausdehnung auf neu entdeckte Gegenstände der Bergwerksindustrie nach dem heutigen Stande der Volkswirthschaft nicht mehr geboten und nicht mehr zulässig. Die Gesetzgebung ist vielmehr auf dem Punkte angelangt, wo sie den Umfang der Bergbaufreiheit als abgeschlossen betrachten und es der künftigen Entwickelung der socialen Verhältnisse überlassen muß, ob in einer kommenden Zeit die rechtliche Absonderung des Bergbaues von den übrigen Bodennutzungen wiederum aufzugeben sei.

Wenn die Aufhebung der Bergbaufreiheit schon jetzt von einer Seite nicht sowohl im Namen des Grundbesitzes als vielmehr im Namen der nationalökonomischen Theorie verlangt wird [1]), so ist dagegen zu erinnern, daß die Bergbaufreiheit noch in dem letzten Jahrzehnt unserem einheimischen Bergbau sehr bedeutende Kapitalien zugeführt hat, welche ihm die Mittel gewährt haben, seine Production zu verdreifachen. Auch haben die Grundbesitzer kaum irgend wo von der doch ihnen zunächst gewährten factischen Möglichkeit Gebrauch gemacht, die unter ihrer Grundfläche aufsetzenden Lagerstätten aufzusuchen und das Bergwerkseigenthum an denselben

1) Nationalzeitung 1865 Nr. 152.

zu erwerben. Sie haben diesen Theil der Bodennutzung freiwillig andern Unternehmern überlassen. Das Gesetz der Trennung des Bergbaues von den übrigen Bodennutzungen ist also innerhalb der hergebrachten Grenzen der Bergbaufreiheit noch heute nicht bloß als ein juristisches sondern auch als ein wirthschaftliches Gesetz zu bezeichnen. Und die Aufhebung der Bergbaufreiheit muß so lange als verfrüht bezeichnet werden, so lange nicht der Grundbesitz das Verlangen und die Fähigkeit zur Uebernahme dieses Zweiges der Bodennutzung an den Tag legt.

---

## §. III.
## Der Ursprung der Bergbaufreiheit.

Das Rechtsinstitut der Bergbaufreiheit ist deutschen Ursprungs. Im griechischen und römischen Alterthume war das Recht zum Bergbau mit dem Grundeigenthume, da wo dieses zu vollen Rechten besessen wurde, verbunden. In den eroberten Ländern, wo der Staat kraft des Rechtes der Eroberung als der alleinige Grundeigenthümer galt, und den Privaten nur Besitzrechte am Grund und Boden zugeschrieben wurden, war die Nutzung des Bergbaus häufig dem Staate vorbehalten. Die Silbergruben von Laurion und die thracischen Goldbergwerke, welche eine reiche Finanzquelle des athenienssischen Staates bildeten, waren an Private gegen einen Antheil am Rohertrage ($^1/_{24}$) in Erbpacht gegeben [1]). Eine flüchtige Aehnlichkeit zwischen diesem Pachtverhältnisse und der mit dem Zehnten belasteten Bergwerksverleihung des deutschen Rechtes und die Erwähnung besonderer Gesetze und Behörden über Bergwerksangelegenheiten bei Demosthenes in der Rede wider Pantänetus hat zu der ganz unbegründeten Vermuthung Veranlassung gegeben, daß das deutsche Bergrecht aus einer wie immer vermittelten Aneignung des griechischen oder des thracischen Bergrechtes hervorgegangen sei.

Im römischen Rechte galt bis zum vierten Jahrhundert unsrer Zeitrechnung das unbeschränkte Recht des Grundeigenthümers in Bezug auf jede Art des Bergbaues, wie dies in den Pandekten an verschiedenen Stellen anerkannt wird [2]). Aus dem vierten Jahrhundert sind uns dagegen einige Kaisergesetze erhalten, welche eine

1) Böckh, Staatshaushalt der Athener I 332.

2) L. 7 §. 14 D soluto matrimonio (24. 3) — L. 13 §§. 5. 6 de usufr. et quemadmodum (7. 1).

gesetzliche Einschränkung des Grundeigenthums in Bezug auf den Bergbau und gewissermaßen den Keim der Bergbaufreiheit enthalten. Diese Gesetze finden sich im Codex Theodosianus oder in der vom Kaiser Theodosius dem Jüngern im Jahre 438 veranstalteten Sammlung kaiserlicher Edicte und zwar im neunzehnten Titel des zehnten Buches, welcher von den Bergwerken und Bergleuten (de metallis et metallariis) handelt. Die erste dieser Verordnungen, ein Rescript Constantins an den Rentmeister der Provinz Afrika (320), gestattete allen Bergbaulustigen aus irgend welchen Bergwerken Erze zu gewinnen, sie zu verarbeiten und zu verkaufen [1]). Julian dehnte im Jahre 363 diese Verordnung auf den ganzen Orient aus [2]). Valens, Gratian und Valentinian nehmen in einer Verordnung vom Jahre 376 auf die für Macedonien und Illyrien früher ertheilte Erlaubniß zur Gewinnung von Erzen aus Privatgrundstücken Bezug [3]).

Wenn diese Verordnungen in ihrer unbestimmten Fassung Zweifel darüber bestehen lassen, ob der Gesetzgeber eine gesetzliche Einschränkung des Privateigenthums zu Gunsten des freien Bergbaues beabsichtigte oder ob es sich um die Aufhebung eines unbekannten Verbotes des Privatbergbaues, oder endlich um die Freigebung kaiserlicher Bergwerke handelte, so entscheiden zwei weitere Verordnungen aus den Jahren 382 und 393 auf das Bestimmteste für die erste Annahme. Im Jahre 382 verordnen nämlich die Kaiser Gratian, Valentinian und Theodosius, daß jeder, der auf fremdem Grund und Boden Erzgänge mit kunstgerechtem Bergbau verfolgt, den Zehnten an den Fiskus und an den Grundeigenthümer zahlen soll, während der übrige Ertrag seiner Verfügung anheimfällt [4]). Im Jahre 393 endlich erließen die Kaiser Theodosius, Arkadius und Honorius ein Verbot gegen den Mißbrauch des Rechtes zum Schürfen auf fremdem Grund und Boden, welches beweist, daß ein solches Recht in fast unbeschränktem Umfange geübt wurde.

„Es ist zu unsrer Kenntniß gekommen," sagt die Verordnung, „daß Leute unter dem Vorgeben, es seien Erze in der Erde verborgen, tiefe Schächte abteufen, um dadurch die Fundamente fremder Gebäude zu Bruche zu bauen. Deshalb soll, so oft angegeben wird, daß solche Erze unter Gebäuden anstehen, die Erlaubniß zum Auf-

1) L. 1 Cod. Theod. X. 19.

2) L. 2 Cod. Theod. l. c.

3) L. 8 Cod. Theod. l. c

4) L. 10 Cod. Theod. l. c.: Cuncti qui per privatorum loca saxorum venam laboriosis effossionibus persequuntur, decimas fisco, decimas autem domino repraesentent; caetero modo suis desideriis vindicando.

suchen verweigert werden, damit dieselbe nicht dazu mißbraucht wird, um den angeblichen Mehrwerth der erlogenen Mineralschätze im Vergleich mit dem Werthe des Hauses als Preis für die Verschonung des letzteren zu erpressen, und statt auf die Förderung des öffentlichen Wohles auf die Beschädigung fremden Eigenthums zu speculiren [1])."

Es ist zu bemerken, daß in dem vorausgesetzten Falle die Erze unter dem bedrohten fremden Gebäude aufgesucht werden sollen (sub aedificiis latere dicantur), daß also nicht an Schürfarbeiten auf eigenem Grund und Boden, etwa in gefährlicher Nähe von benachbarten Gebäuden gedacht ist, daß ferner eine Schürferlaubniß (copia perquirendi) erwähnt wird, die versagt werden kann und als deren Zweck die Beförderung des Gemeinwohles (publicae rei studium) durch Auffsuchung der Erzlager bezeichnet wird. Es wird hier folglich ein Recht zum Schürfen auf fremdem Grund und Boden in derselben Ausdehnung anerkannt, wie solches nach deutschem Bergrechte stattfand und da die angeführte Verordnung noch in das Gesetzbuch des westgothischen Königs Alarich II vom Jahre 506, das sogenannte Breviarium Alaricianum, aufgenommen ist [2]), so hat durch zwei Jahrhunderte hindurch in dem ganzen Gebiete des römischen Reiches von Macedonien und Afrika bis nach Frankreich hin eine gesetzliche Einschränkung des Grundeigenthums zu Gunsten des freien Schürfens bestanden.

Allein diese Rechtsentwickelung ist nicht bis zur ausgebildeten Bergbaufreiheit fortgeschritten. Sie hat sich nicht zu der Gestaltung eines selbstständigen und eigenthümlich begrenzten Bergwerkseigenthums erhoben. Die Schürffreiheit, welche die angeführten Kaisergesetze gewährten, bestand in einer bloßen gesetzlichen Einschränkung des Bergwerkseigenthums, die jeder sich zu Nutzen machen konnte, ohne vorher ein Recht auf die Mineralgewinnung zu erwerben. Sie wurde an den einzelnen Grundstücken als Legalservitut ausgeübt, ohne daß ein Grubenfeld mit eigener Begrenzung als selbstständiges Rechtsobject bestanden hätte. Vielleicht war diese Schürffreiheit, wie Dr. Bluhme in der Zeitschrift für Bergrecht Bd. II S. 49 bemerkt, auf die Provinzialgrundstücke beschränkt, an

1) L. 14 Cod. Theod. l. c.: Quosdam operta humo saxa dicentes id agere cognovimus ut defossis in altum cuniculis alienarum aedium fundamenta labefactent. Qua de re si quando hujusmodi marmora sub aedificiis latere dicantur, perquirendi eadem copia denegetur, ne dum cautium ementita nobilitas cum aedificiorum qualitate taxatur et pretium, domus ne diruatur, offertur, non tam publicae rei studium, quam privati causa videatur dispendii.

2) L. 1 Breviar. Alaric. de metall. et metallar. (10. 11).

welchen dem römischen Staate damals noch das Obereigenthum zustand. Die angeführten Gesetze enthalten freilich nichts davon, daß die zu vollem quiritarischen Eigenthum besessenen Grundstücke, zu denen doch auch außerhalb Italien die Gebiete der mit italischem Rechte beliehenen Provinzialstädte gehörten, von dieser Schürffreiheit ausgenommen seien. Allein es kann vielleicht auch stillschweigend unterstellt werden, daß der Gesetzgeber eine solche Beschränkung des Eigenthums nur dem unfreien Provinzialboden habe auferlegen wollen und auferlegen können. Daraus würde folgen, daß Justinian, indem er durch seine Verordnung vom Jahre 530 (L. 1 Cod. de nudo jure Quiritium tollendo, 7. 25) den Unterschied zwischen quiritarischem und bonitarischem Eigenthume aufhob und den Provinzialboden dem italischen Grund und Boden gleichstellte, stillschweigend auch die Schürffreiheit aufgehoben habe, welche nach den älteren kaiserlichen Constitutionen auf den Provinzialgrundstücken bestand. Jedenfalls ist diese Schürffreiheit untergegangen, bevor das römische Recht durch Justinian in derjenigen Gestalt codificirt wurde, in welcher dasselbe später in Deutschland Aufnahme gefunden hat. In dem Justinianeischen Codex finden sich nämlich in dem Titel de metallariis et metallis (lib. 11 tit. 6) nur Verordnungen über die Besteuerung der Goldwäschen und gegen das Auswandern der hörigen Bergleute. Von den oben angeführten Gesetzen des Theodosianischen Codex sind nur die beiden letzten Verordnungen aus den Jahren 382 und 393 wiedergegeben [1]), die letztere nur im Auszuge. Es sind also diejenigen Verordnungen weggelassen, welche die Erzgewinnung auf fremdem Grund und Boden gestatten, und nur diejenigen Gesetze aufgenommen, welche die Abgaben von dem Bergbau auf fremdem Grund und Boden und das polizeiliche Verbot der Unterfahrung fremder Gebäude betreffen — anscheinend mit Rücksicht auf die unter der früheren Gesetzgebung auf fremdem Grund und Boden eröffneten und noch in Betrieb befindlichen Bergwerke. Eine andere als diese transitorische Bedeutung kann den beiden angeführten Gesetzen in demjenigen Zusammenhange, in welchem sie in die Justinianeische Sammlung aufgenommen sind, namentlich mit Rücksicht auf die oben angeführten Pandektenstellen, nicht beigelegt werden und ist ihnen auch niemals beigelegt worden. Das Recht zum Schürfen auf fremdem Grund und Boden ist also der Justinianeischen Gesetzgebung fremd und nicht mit dieser nach

1) L. 4. L. 6 Cod. Justin. (11. 6).

Deutschland übertragen. Die Anfänge der Bergbaufreiheit, denen wir in den letzten Jahrhunderten der römischen Kaiserzeit begegnen, sind spurlos und ohne Einwirkung auf die Entwickelung des deutschen Bergrechtes vorübergegangen.

In Deutschland läßt sich der Ursprung der Bergbaufreiheit bis zum Ausgange des zwölften Jahrhunderts zurück verfolgen. Vor diesem Zeitraume findet sich keine urkundliche Nachricht, welche Zeugniß gäbe von dem Bestehen eines selbstständigen Rechtes zum Bergbau unabhängig von dem Rechte und dem Willen des Grundeigenthümers. Allerdings sind schon aus dem elften und dem zwölften Jahrhundert Urkunden vorhanden, laut welchen die Kaiser das Recht zum Bergbau auf edle Metalle für sich in Anspruch nahmen und an ihre Vasallen, die Landesherren, verliehen. Abgesehen von diesem Anspruche wurden aber die Bergwerke als Zubehör der Grundstücke und des Grundbesitzes angesehen[1]). Und diese Zugehörigkeit des Bergbaues zum Grundbesitze wird noch im dreizehnten Jahrhundert und sogar in Bezug auf den Silberbergbau in einer der wichtigsten Aufzeichnungen des älteren deutschen Bergrechtes erwähnt, nämlich in dem Sachsenspiegel, welcher, im Jahre 1235 von dem Magdeburger Schöffen Eike von Repgow verfaßt, eine Aufzeichnung der damals geltenden gemeinen Sachsenrechte enthält. In diesem Rechtsbuche findet sich im Buch II Art. 35 die folgende Stelle:

> „Al schat under der erde begraven deper den ein pfluch ga, die hort to der koningliken gewalt. S i l v e r ne mut ok neman breken up enes anderen mannes gude ane des willen, des de stat is; gift he's aver orlof, de vagedie is sin dar over."

In dieser Stelle wird im directen Gegensatze zu dem kaiserlichen Regale an dem vergrabenen Schatze (liber Feud. II 56) das ausschließliche Recht des Grundeigenthümers an den Fossilien anerkannt. Letztere darf niemand gewinnen ohne den Willen des Grundbesitzers und dieser behält, auch wenn er einem Fremden die Erlaubniß zum Bergwerksbetriebe gibt, die V o g t e i über das Bergwerk, d. h. er bleibt der alleinige rechtliche Vertreter der Gewere oder des Immobiliarbesitzes.

Allein um dieselbe Zeit, als ein rechtskundiger Mann, dessen Sachkenntniß und Glaubwürdigkeit keinem Zweifel unterliegt, die Tradition des gemeinen Rechtes in dieser Gestalt bezeugte, bestanden

1) E i c h h o r n, deutsche Staats- und Rechtsgeschichte. Fünfte Ausg. II S. 412 Anmerk. 1.

schon in großer Ausdehnung an den verschiedensten und zwar an den wichtigsten Punkten des deutschen Bergbaues locale Gewohnheiten von ganz entgegengesetztem Inhalte. Wir finden schon in der Mitte des dreizehnten Jahrhunderts die Bergbaufreiheit als ein weit verbreitetes Recht in Meißen, Mähren und Niederungarn und es ist nicht zu zweifeln, daß dieses ursprünglich locale Gewohnheitsrecht sich schon zu Ende desselben Jahrhunderts zum gemeinen deutschen Rechte erhoben hatte. Ein solcher Gang der Rechtsbildung steht nicht vereinzelt da. Fast um dieselbe Zeit verbreitete sich von den Städten der Hansa das lübische Recht mit seinem Rechte der Mobilien und des Erwerbes über ganz Norddeutschland und über die Ostseeländer, und die ursprünglich ganz localen Willküren der Kaufleute verdrängten das alte deutsche Recht mit seinem ausschließlichen Immobiliarrechte.

Die älteste Aufzeichnung bergrechtlicher Gewohnheiten ist der Bergwerksvertrag zwischen Bischof Albrecht von Trient und den Gewerken daselbst vom 24. März 1185 [1]). In Trient wurde im zwölften Jahrhundert ein lebhafter Silberbergbau auf dem benachbarten Calesberge betrieben, von dessen Bedeutung die Umschrift des alten Stadtsiegels Zeugniß gibt. Sie lautet: „Montes argentum mihi dant, nomenque Tridentum“ [2]). Dieser Bergbau wurde meist von eingewanderten Deutschen betrieben, deren Namen [3]) in den Bergwerksverträgen von 1185 und 1208 neben denjenigen der einheimischen lombardischen Adelsgeschlechter figuriren und deren bergmännische Kunstausdrücke in den lateinischen Text der Urkunden verwebt sind [4]). Mit diesen Bergbauverbänden, welche argentarii oder silbrarii oder auch werchi d. h. Gewerken genannt werden, schloß Bischof Albrecht von Trient am 24. März 1185 einen Vertrag, durch welchen jeder Gewerke (werche), jeder Erzwäscher (wassar) und jeder Schmelzer (smelzer) sich zu einer Abgabe von zwei Talenten verpflichtete, wogegen ihnen der freie Bergbau gestattet wurde, mit der Maßgabe, daß, sobald eine Grube in Ausbeute komme, eine Abgabe von derselben nach besonderer Vereini-

1) Sperges, Tyrolische Bergwerksgeschichte. Wien 1765. S. 263.

2) Der Name Tridentum wird von den drei zackigen Bergen abgeleitet, an denen die Stadt gelegen ist. Sperges a. a. O. S. 38.

3) Hainricus Ersingar, Trentinus Snitersac, Anzius Crotenpach, Damianus Gottzcalcus u. a. m.

4) Xurfus Schurf, Carrowegum s. garoegum Karrenweg d. i. Grundsohle des Stollens, xengare senken, abteufen, Xenklochum Senkloch), Dorslacum Durchschlag, waso Rasen ꝛc.

gung mit dem Bischof entrichtet werden solle. Den Bergleuten wurde Schutz und Freiheit von allen Auflagen zugesichert, wogegen sie versprachen, den Bischof in dringenden Verlegenheiten durch Vorschüsse zu unterstützen [1]).

Unter Bischof Friedrich von Trient kam dann im Jahre 1208 die erste Aufzeichnung der Bergwerksgebräuche zu Stande, welche von den Gewerken und andern verständigen Männern nach gemeinem Rathschlage entworfen und von dem Bischofe bestätigt und als Gesetz verkündet wurden [2]). Diese Aufzeichnung führt den Titel: Carta Laudamentorum et postarum Episcopi facta in facto Arzenterie [3]).

Nach dieser Verordnung mußten alle Gewerken in der Stadt Trient wohnen und daselbst das Bürgerrecht gewinnen. Die Bergrichter (gastaldiones) sollten alle vorkommenden Streitfälle durch einige aus der Mitte der Gewerken erwählte geschworene Männer untersuchen und durch deren Ausspruch entscheiden lassen. Es ist noch ein derartiges bergrichterliches Urtheil aus dem Jahre 1213 von Sperges (Tyrolische Bergwerksgeschichte S. 272) überliefert, welches die Streitigkeiten zwischen den Besitzern eines Erbstollens (actufus) und der vorliegenden Gruben (laboreria) betrifft und die Pflichten des Stollens in Bezug auf den Forttrieb sowohl, als auch seine Rechte in Bezug auf den Stollenhieb im fremden Grubenfelde und in Bezug auf den Sicherheitspfeiler festsetzt [4]).

---

1) Henricus Ersingar et Riprandus de Telve et Trentinus Govalat ab argentariis, qui solent appellari silbrarii electi nomine et vice ipsorum silbrariorum et una cum tota universitate vel majori parte silbrariorum promiserunt domino venerabili Alberto Tridentine sedis episcopo omni anno per duos terminos in electione episcopi, quod quilibet hominum dabit sibi duo talenta der Werche, duo talenta der Xaffar, duo talenta der Wassar, qui sibimet ipsi lavat, der Wassar, qui suo magistro lavat, unum talentum, quilibet Smelzer duo talenta, quilibet Kener tam carbonariorum quam aliorum qui in monte laboraverint decem solidos dare debeat: quibus solutis omnibus mons ipsis omnibus tam pauperi quam diviti communis esse debeat, excepto eo, quod si eorum aliquis foveam foderit et ad lucrum devenerit ipse se cum Episcopo aut cum gastaldione ejus pacisci debeat melius quam potuerit.

2) Sperges a. a. O. S. 52.

3) Sperges a. a. O. S. 267.

4) Illi de Actufo cum passata fuerit aqua, debeant recte procedere ante se cum garowego et deinde plus quam potuerint per voidum et per plenum et in majori altura quam potuerint, debeant eciam ire. Item laborerium Gandi et Odolrici et societatis sue non debeat laborare Fentam, que venit versus Actofum, vel dorslacum.

Item si domini de Actufo emerint unum Xurfum seu Xincarum a wasone zosum et venirent in laborerium alicujus in voido, illi de laborerio illo debeant concedere illis de actufo, quod possint venam suam et montem foras conducere et illi de actufo non debeant ibi aliquid de monte dimittere quod

Wenn Gruben durchschlägig werden, so sollen beide Theile die Arbeit einstellen, bis der Streit von den Bergrichtern beigelegt ist. Wer fremde Grubengebäude zerstört, wird mit dem Verluste der Hand bestraft. Wer eine Grube durch funfzehn Tage ungebaut läßt, verliert sein Recht, und wer sich zuerst in den Besitz der Grube setzt und sie fortbetreibt, soll sie behalten und nicht im Besitze gestört werden. Wenn jemand einen Antheil an einer Erzgrube hat und die Mehrheit der Mitbetheiligten will die Grube betreiben, so sind alle Betheiligten der Grube gehalten beizusteuern (bareitare), und wenn einer binnen 15 Tagen nicht beigesteuert hat, so verliert er sein Antheilrecht und sein Theil fällt an die andern Gewerken derselben Grube [1]).

Das Iglauer Bergrecht bildet einen Anhang zu dem Stadtrechte der Bergstadt Iglau in Mähren. Es ist in lateinischer Sprache verfaßt und mit einer Bestätigungsurkunde durch den König Wenzel I von Böhmen und den Markgrafen Ottokar von Mähren versehen, deren Datum nach der sehr wahrscheinlichen Vermuthung des Grafen Caspar v. Sternberg (Umrisse der Geschichte des Bergbaues und der Berggesetzgebung in Böhmen, Prag 1838 Bd. II S. 14) in die Jahre 1249 bis 1251 zu setzen ist.

Der Inhalt des Iglauer Bergrechtes ist nach dieser ältesten Fassung der folgende [2]):

„Wir bestimmen, daß, was immer die Urburer [3]) mit Beirath der Geschwornen von Iglau auf dem Bergwerke oder in den Stollen verliehen

---

noceat illis, quorum erit illud laborerium et non debeant eos impedire cum monte neque cum alia aliqua re, ne ante per rectam viam ire debeant.

Item nullus homo nec debet xengare supra carowego nullum xurfum. Item nullus xurfus seu laborerium a quinque passibus per latum tam ab una quam alia vel ante non debeant xengare seu laborare supra carowegium.

1) Item omnes Werchi — debeant habitare in civitate et amodo cives Tridentini esse

Item si aliquis partem habeat in monte arzenterie et major pars sociorum suorum voluerit ibi laborare precipimus, quod omnes socii illius laborerii teneantur bareitare, et si quis eorum per quindecim dies non bareitaverit, ipso jure cadat ille a sua parte laborerii illius et pars illa tota ad alios socios ipsius laborerii omnes deveniat.

Item si quis partem vel puteam ceperit et illam per unum passum vel minus duxerit, et postea illam per quindecim dies dimiserit, quod eam non laboret, exinde quicunque illam intromiserit, et laboraverit sua sit, sine placito et molestatione aliqua

2) Nach der Uebersetzung von Graf v. Sternberg a. a. O. S. 17 ff.

3) Als königliche Bergbeamte werden in dem Iglauer Bergrechte und in den Const. jur metall. erwähnt: 1) der Urburer, Steuererheber und Vorsitzender des Berggerichts; 2) die Bergrichter; 3) die Bergmeister, welche die Polizei in der Grube und über die Bergleute handhaben. Die Geschwornen sind die für jeden Fall besonders erwählten Gerichtsschöffen, deren mindestens zwei sein sollen.

und unter dem gemeinen (städtischen) Siegel oder jenem der Urburer ertheilt haben, soll ohne Widerrede anerkannt werden; und wo immer ein Bergwerk entdeckt, oder ein Stollen ausgebaut worden, soll ihm rechtlich gebühren im Hangenden drei und eine halbe Lane [1]) und im Liegenden eine Lane, Höhe und Tiefe in gleichem Maße. Wenn aber jemand ein neues Bergwerk entdeckt, so sollen ihm 7 Lanen zu beiden Seiten zugemessen werden, dem König eine Lane zu beiden Seiten, den Bürgern eine; die Finder des Bergwerks haben dem Vermesser 7 kleine Solidi zu bezahlen.

Wer an einem Gang in einem Stollen arbeitet und das Metall gefunden hat, dem sollen 7 Lanen von der Stelle, wo er das Metall entblößt, mit dem Rechte der anderen Bergwerke zugemessen werden. Wenn aber mit Vorwissen des Richters und desjenigen, der die Bergwerke verleiht, jemand in einem Stollen zu arbeiten anfängt und das Metall findet, so soll ihn niemand $3^1/_2$ Lanen vor und $3^1/_2$ Lanen nach jener Stelle, wo er das Metall entblößt hat, in der Arbeit stören.

Wenn ein Bergwerk oder Stollen, der gemessen und belegt war, verlassen gesehen wird, so soll er durch 6 Sonntage nach einander öffentlich ausgerufen werden, damit diejenigen, deren Eigenthum er ist, zur Arbeit zurückkehren. Wenn aber nach dem siebenten Sonntag niemand in der Arbeit gefunden wird, so sollen die Urburer und die Geschwornen sich dahin verfügen und wenn sie die proclamirten Bergbaue verlassen finden, so können die Urburer diese Zechen wem sie wollen verleihen.

Wenn eine Zeche durch eine andere wassernöthige Zeche zu arbeiten behindert wird, so ist es durch 3 Tage von dem Richter auszurufen; nach drei Tagen wird nach Gerechtigkeit die hindernde wassernöthige Zeche der andern überlassen.

Wenn jemand mit Einwilligung des Richters und der Bürger in einem Stollen arbeitet und zu einem gemessenen Berge, oder der Bürgerlane gelangt und dort Arbeiter trifft, so darf er ohne ihre Einwilligung nicht fortschreiten. Wenn sie es aber zugestehen, so darf er im Maß von einer Klafter hindurch gehen mit Vorbehalt seines Rechtes, soviel er nämlich im Durchgehen mit seinem Stollen über sich hauen wird, zu seinem Nutzen zu behalten. Wenn früher in dieser Lane gebaut worden, so kann er auch in der Mitte der Lane was er mit einem mittelmäßigen Eisen vom Liegenden zu erreichen vermag, zu seinem Nutzen verwenden. Wenn in der Folge die Bürger oder wer sonst einen Stollen nöthig haben sollten, sollen sie ihm den vierten Theil seiner Auslagen beisteuern.

Wenn bei einer Vermessung die Bürgerlane hindern sollte, daß $3^1/_2$ Lane zu beiden Seiten zugemessen werden können, so soll das neue Maß an den Grenzen der Bürgerlane anfangen, um so das vorgeschriebene Maß der 7 Lanen zu erlangen [2]). Dann sind 2 Lanen für den König und 2 Lanen für die Geschwornen zu vermessen. Wenn aber zwischen zwei vermessenen Zechen ein neues Maß gelegt werden soll und dieses das vorge-

1) Laneus = 7 Lachter. „Quivis autem laneus septem mensuras quae vulgo dicuntur Lachter in se continet.“ Const. jur. metall. de montium mensuratione (II 2)

2) Was auf der einen Seite wegen mangelnden freien Feldes nicht eingebracht werden kann, soll auf der andern zugemessen werden.

schriebene Maß aller Lanen erhalten kann, so ist es zu vermessen, und wenn über das gelegte Maß noch Raum erübrigt, nämlich von 2 Lanen, welche Ueberschaar genannt werden, so fallen diese den Bürgern anheim.

Wenn jemand, wie schon früher gesagt worden, mit Erlaubniß des Richters, der Bürger und desjenigen, der die Gänge verleihet, einen Stollenbau unternommen, ein Anderer aber vor ihm außerhalb der gebührenden Maß von $3^1/_2$ Lanen [1]) durch einen andern Stollen oder durch was immer für einen Schacht das Metall früher gefunden hätte, so sollen nach Aussage der Zeugen und genauer Untersuchung diesem die 7 Lanen auch früher ertheilt werden. Wir wollen auch, daß ein jeder erster Entdecker eines Bergwerkes, der das Metall und den Gang zuerst dem Richter oder Bergverleiher vorgezeigt haben wird, das Recht habe, daß an einer Strecke von einer Lane vor und hinter ihm niemand zu arbeiten sich unterfange [2]). Wer dagegen handelt, soll alles Gewinnes verlustig sein und der erste Finder in seinem Rechte und der Gerechtigkeit bleiben.

Was immer die Urburer mit Vorwissen der Iglauer Berggeschworenen über die Bergrechte bestimmen werden, soll für Recht erkannt werden."

In dieser Aufzeichnung bergrechtlicher Gewohnheiten begegnen wir zuerst einer bestimmten Anerkennung der Bergbaufreiheit und festen Regeln über die Begrenzung des Bergwerkseigenthums und über den Umfang des Finderrechtes. Die Bestimmungen über die Freifahrung, den Stollenhieb und den vierten Pfennig, über Vermessung und Ueberschaar sind im Principe dieselben, wie sie sich in der späteren deutschen Berggesetzgebung bis auf unsere Zeit erhalten haben. Das Iglauer Bergrecht nimmt auch dadurch eine hervorragendere Stellung vor den älteren tridentinischen Bergwerksgebräuchen ein, daß seine Geltung nicht auf einen einzelnen Ort beschränkt war, daß es vielmehr trotz seines localen Ursprunges schon in der Mitte des dreizehnten Jahrhunderts als geltendes Recht für ganz Böhmen und Mähren erscheint, da Wenzel I in der angeführten Bestätigungsurkunde diese Bergordnung für sämmtliche Bergwerke seiner Staaten (dilectis civibus nostris in Iglavia et montanis ubique in regno nostro constitutis singulis et universis) als Gesetz publicirt hat. Es geht auch aus andern urkundlichen Nachrichten hervor, daß der Iglauer Schöppenstuhl diejenige Autorität in Rechtssachen, welche ihm der Schlußsatz des Bergrechtes mit den Worten beilegt: „Was immer die Urburer mit Vorwissen der Iglauer Berggeschwornen über die Bergrechte bestimmen werden, soll für Recht erkannt werden,"

---

1) Um $3\frac{1}{2}$ Lanen mußte der Andere von dem älteren Stollenbetrieb entfernt bleiben (siehe oben).

2) Der Finder soll noch vor erfolgter Zumessung der 7 Lane, die erst erfolgte, wenn der Gang maßwürdig befunden war, innerhalb eines Feldes von 2 Lanen, der späteren Fundgrube im Besitze geschützt werden.

in der That in sehr großer Ausdehnung selbst bis über die Grenzen von Böhmen und Mähren hinaus besaß. Im Iglauer Stadtarchive befindet sich ein Verzeichniß unter dem Titel: „Index locorum qui ad Iglavienses vel provocare vel informationis causa mittere soliti sunt", in welchem außer zahlreichen böhmischen und mährischen auch ungarische und schlesische Städte, wie Schneeberg, Kupferberg und Reichenstein, als solche aufgeführt werden, die bei dem Iglauer Schöppenstuhle in Bergwerksangelegenheiten Recht nahmen.

Die Iglauer Geschwornen machten auch von der ihnen beigelegten Befugniß, durch ihre Schöppensprüche über das Bergrecht zu bestimmen, Gebrauch. Sie vermehrten das von Wenzel I bestätigte Bergrecht noch durch eine Anzahl späterer Weisthümer, welche die Maßwürdigkeit, die Erbstollengerechtigkeit und die Vierung betreffen. Das so vermehrte Iglauer Bergrecht, welches bis in die neueste Zeit für die von Wenzel bestätigte Originalurkunde gehalten wurde, existirt in lateinischer Sprache[1]) und in einer deutschen Uebersetzung von Johann Geilnhausen aus dem vierzehnten Jahrhundert[2]), sowie ferner in einer deutschen freien Bearbeitung aus demselben Jahrhundert unter dem Titel: „Ditz sind die recht, die von allererst, seint perchwerk funden wart in Beheim und in merhern, von den purgern von der Igla unt von den eldisten Perchleuten bestetet und beschrieben sind" 2c.[3]). Es hat namentlich in dieser letzteren Bearbeitung eine frühe Verbreitung gefunden und einen ausgedehnten Einfluß auf die Entwickelung des deutschen Bergrechtes ausgeübt.

Das Schemnitzer Bergrecht ist ebenfalls als ein Anhang zu dem Stadtrechte der deutschen Bergstadt Schemnitz in Niederungarn in deutscher Sprache unter dem Titel: „Gemaine Statt- und Perckrechtt der Erbern und löblichen Stat Schebnitz" aufgezeichnet. Die erhaltene Urkunde ist aus dem vierzehnten Jahrhundert. Die Bezugnahme auf die Bestätigung der Stadt- und Bergrechte durch König Bela von Ungarn ergibt aber, daß dieses Bergrecht unter der Regierung Bela's IV (1235—1275) verfaßt ist. Es stimmt mit dem Iglauer Bergrechte von Satz zu Satz überein und ist wie dieses mit

---

1) Abgedruckt von Franz Anton Schmidt (Chronologisch-systematische Sammlung der Berggesetze von Böhmen, Mähren und Schlesien. Bd. I. Wien 1832. S. 1—5).

2) Friedr. Aug. Schmidt, Archiv für Bergwerksgeschichte und Bergrecht. II. Heft. Altenburg 1829. S. 201—209.

3) Abgedruckt von Schmidt im Archiv für Bergwerksgeschichte II S. 187 ff. und bei Klotzsch, Ursprung der Bergwerke in Sachsen, S. 204 ff.

nachträglichen Erläuterungen durch Weisthümer des Schemnitzer Schöppenstuhles versehen [1]).

Das **Freiberger Bergrecht** ist nach einer alten Aufzeichnung aus dem dortigen Rathsarchive von **Klotzsch** (Ursprung der Bergwerke in Sachsen. Chemnitz 1764. S. 250) mitgetheilt worden. Die Zeit der Abfassung ist nicht bekannt, doch wurde schon im Jahre 1255 der Bergschöppenstuhl in Freiberg und das hergebrachte Bergrecht durch Markgraf Heinrich von Meißen bestätigt [2]) und es ist möglich daß dieser Bestätigung schon eine Aufzeichnung des Freiberger Bergrechtes zu Grunde gelegen hat. Schon die Kulmische Handfeste vom Jahre 1232 verweist übrigens auf das jus fribergense [3]), wodurch sowohl das hohe Alter als auch die weite Verbreitung dieses Bergrechtes bezeugt wird.

Die Freiberger Bergwerke sollen in der Mitte des zwölften Jahrhunderts durch einwandernde Bergleute aus **Goslar** aufgenommen sein und der Silbererzbergbau am Rammelsberge bei Goslar blühte nach urkundlichen Nachrichten schon zur Zeit Otto's I um das Jahr 968. Allein die Aufzeichnung der Harzischen Berggewohnheiten fällt, wie **Wagner** in der Einleitung zum Corpus juris metallici S. XXX nachgewiesen hat in eine weit spätere Zeit wahrscheinlich in das 14. Jahrhundert. Wenn also wie manche vermuthen eine Uebertragung des Bergrechtes aus dem Harze nach dem Erzgebirge stattgefunden hat so ist diese Uebertragung wahrscheinlich nicht in der Gestalt einer schriftlichen Aufzeichnung sondern in den im Gedächtnisse der einwandernden Bergleute lebenden Regeln, in der Form von Rechtssprichwörtern und Weisthümern erfolgt. Die Annahme einer solchen mündlichen Ueberlieferung, älter als jede Aufzeichnung der Bergrechte, ist am meisten geeignet die häufig überraschende Uebereinstimmung zwischen den ältesten Aufzeichnungen der deutschen Bergrechte in den entlegensten Gebieten unter einander zu erklären. So enthält das Freiberger Bergrecht neben einer Anzahl von Stellen, die ganz mit dem Iglauer und dem Schemnitzer Bergrechte übereinstimmen andere welche fast wörtlich aus dem Tridentiner Bergwerksvertrage von 1185 entlehnt scheinen. Während z. B. der letztere be-

---

1) **Wenzel**, Handbuch des österreichischen Bergrechtes. Wien 1855. S. 72 f.

2) **Klotzsch** a. a. O. Anhang S. 282. Notum facimus universis quod talia jura burgensibus nostris et **montanis** de Vriberc relinquere volumus omni parte, qualia habuerunt temporibus patris nostri. — Volumus praeterea ut si quid in Vriberc vel **in montibus** judicandum sit vel tractandum, quod hoc fiat coram Advocato et illis viginti quatuor burgensibus nostris de Vriberc

3) **Spangenberg**, Beiträge zu den deutschen Rechten im Mittelalter S. 210.

stimmt, daß das Gebirge allen, dem Armen wie dem Reichen zu gleichen Rechten gehöre (mons ipsis omnibus, tam pauperi quam diviti communis esse debeat), heißt es in dem Freiberger Bergrechte „Dy burgern von Friberg haben ouch daz recht, beide arm und riche uf allem Gebirge in myns herrn lande."

Eine weitere auffallende Bestätigung der frühzeitigen Uebertragung der deutschen Bergrechte und der Bergbaufreiheit durch auswandernde Bergleute in fremde Lande gibt das Bergrecht der Stadt Massa marittima in Toskana welches in dem Archivio storico italiano (dispensa XLIII. 1853) und im Auszuge von L. Simonin in den Annales des mines. Partie administrative. Paris 1859. S. 1—16 mitgetheilt ist. Das Manuscript welches in der Bibliothek der Ufficii in Florenz aufbewahrt wird, enthält ein Stadt- und Bergrecht der Stadt Massa (statuta et ordinamenta civitatis Massae) nebst Anhängen und späteren Zusätzen aus den Jahren 1273, 1289 und 1294 bis 1324. Die Zeit der ersten Abfassung kann also füglich in die Mitte des 13. Jahrhunderts gesetzt werden. Der Kupfererzbergbau von Massa, der bereits von den Etruskern betrieben wurde war im 12. Jahrhundert durch deutsche Bergleute (angeblich von der Markgräfin Mathilde von Toskana † 1115 herbeigezogen) wieder aufgenommen und der deutsche Ursprung des dortigen Bergbaues und Bergrechtes ist in den deutschen Kunstausdrücken ausgeprägt, welche in die lateinisch abgefaßten Urkunden verwebt sind [1]).

Der Inhalt des Bergrechtes von Massa stimmt nach der Analyse von Simonin mit den deutschen Bergrechten desselben Zeitraumes in allen wesentlichen Grundzügen überein. Der Finder erwirbt das Bergwerkseigenthum an der Lagerstätte. Ueber die Betriebsleitung entscheiden die Betheiligten durch Stimmenmehrheit aber jeder einzelne Betheiligte ist berechtigt die Fortsetzung des Betriebes zu fordern. Der Podesta der Stadt und der Bergrichter entscheiden in allen Streitigkeiten der Bergbautreibenden. Sie dürfen keine Bergwerksantheile besitzen. Wenn Gruben mit einander durchschlägig werden, so sollen die Arbeiter jeden Streit vermeiden und die Ankunft der Bergmeister erwarten welche die Grenze der Grubenfelder über Tage ermitteln und nach unten übertragen sollen. Der Nichtbetrieb der Gruben während fünf Jahren und drei Tagen hat den Verlust des Eigenthums zur Folge. Der Mitgewerke, welcher seine Zubuße innerhalb

1) Annales des mines 1858 tome XIV p. 66 Die Gewerken heißen guerchi.

8 Tagen nach geschehener Aufforderung zu entrichten versäumt, verliert seinen Antheil zu Gunsten der übrigen Betheiligten.

Das Bergrecht von Massa erscheint in manchen Punkten ausgebildeter und weiter entwickelt, als die gleichzeitigen Bergordnungen von Iglau und Schemnitz. Der Einfluß der italienischen Jurisprudenz, welche seit dem Anfange des 12. Jahrhunderts in Bologna wieder aufblühte, auf die Abfassung desselben ist nicht zu verkennen. Auch auf das deutsche Bergrecht in Böhmen äußerte die italienische Rechtswissenschaft einen gewissen Einfluß. Im das Jahr 1300 ließ Wenzel II von dem italienischen Juristen Getius von Orvieto ein Rechtsbuch nach dem Muster der Institutionen unter dem Titel Constitutiones juris metallici [1]) verfassen und als Gesetz für den Kuttenberger Bergbau publiciren [2]).

Diese Constitutionen enthalten eine gelehrte Bearbeitung des Iglauer Bergrechtes, welche in vielen Kapiteln verräth, daß der Verfasser in die Kenntniß des deutschen Bergrechtes nur oberflächlich eingedrungen ist. Sie haben auch weder eine ausgedehntere practische Geltung, noch einen nennenswerthen Einfluß auf die weitere Entwickelung des deutschen Bergrechtes ausgeübt. Vielmehr blieb in Böhmen wie in Mähren das Iglauer Bergrecht in allgemeiner Geltung, ebenso wie sich in Meißen und Thüringen das Freiberger Recht durch drei Jahrhunderte behauptete, bis im 16. Jahrhundert sich mit dem Erlasse der sächsischen und der Joachimsthaler Bergordnungen die zweite Periode der Geschichte unsres Bergrechtes eröffnete und an die Stelle der von den Schöppenstühlen bewahrten Gewohnheitsrechte die kunstmäßige Gesetzgebung der Landesherren trat.

Die Frage, welches von den Bergrechten des dreizehnten Jahrhunderts als das älteste und als die Quelle der übrigen anzusehen sei, ist in dem verschiedensten Sinne beantwortet worden und es ist thatsächlich für jede der fünf Bergstädte Trient, Iglau, Schemnitz, Freiberg, Goslar und selbst für Massa [3]) der Ruhm in Anspruch genommen, daß aus ihr die älteste Bergordnung hervorgegangen sei. Für Iglau wird geltend gemacht, daß keines der andern Bergrechte nachweislich früher aufgezeichnet worden, als das Iglauer. Klotzsch (Ursprung der Bergwerke S. 64 ff.) versucht sogar auf Grund von aller-

---

1) Sternberg, Urkundenbuch S. 149.

2) Die Wenzeslavischen Constitutionen sind zwar bestimmt gewesen, für alle böhmischen Bergwerke (montanis suis per regnum Bohemiae universis) als Gesetz zu gelten, aber nur in Kuttenberg publicirt. Sternberg, Umrisse S. 71.

3) Simonin a. a. O. S. 14.

hand unbeglaubigten Nachrichten die directe Uebertragung des Iglauer Bergrechtes nach Freiberg zu beweisen und dem Böhmischen Bergbau ein fabelhaftes, bis ins 8. Jahrhundert zurückreichendes Alter beizulegen. Karsten (Ueber den Ursprung des Bergregales in Deutschland. Berlin 1844. S. 12) spricht die Ansicht aus, „daß der Bergstadt Schemnitz die Ehre gebührt, Deutschland seine Bergwerksgebräuche und die ersten gesetzlichen Bestimmungen gegeben zu haben.“ Es steht aber fest, daß Iglau und Schemnitz Kolonien von deutschen Bergbautreibenden und Bergleuten waren. Schemnitz hatte wie Kremnitz seinen Namen von den gleichnamigen Orten an der Pleiße im sächsischen Erzgebirge [1]).

Das Iglauer Bergrecht enthält in seinem lateinischen Texte zahlreiche deutsche Kunstausdrücke (Hangendez, Liegendez, Wasserseige) ebenso wie dies von den Tridentiner Bergwerksgebräuchen und von dem Bergrechte von Massa oben bemerkt ist. Slavische Benennungen finden sich in dem Iglauer und in dem Schemnitzer Bergrechte welches letztere in deutscher Sprache verfaßt ist fast nur da, wo von den Verhältnissen der Arbeiter die Rede ist. Ihren Ursprung aus dem Lande Meißen würden auch weder die „Purger und Perchleute von der Igla“ noch auch die Verfasser der „Gemainen Statt und Perckrechtt der Erbern und löblichen Stat Schebnitz“ verleugnen können. Ebenso deuten die Namen Crotenbach, Gottzcalcus (Gottschalk), Snitersac (Schneidersack) u. a. in den Tridentiner Bergwerksverträgen deutlich auf einen sächsischen Ursprung. Daß aber diese sächsischen Auswanderer ihr Recht wie ihre Sprache aus der Heimath mitgenommen und nicht erst in den von ihnen aufgeschlossenen und kolonisirten auswärtigen Bergwerksdistricten angenommen haben bedarf für denjenigen, der mit den Gesetzen der Kulturgeschichte nur einigermaßen vertraut ist, keines Beweises. Allerdings kann keine Aufzeichnung des sächsischen oder des harzischen Bergrechtes nachgewiesen werden welche älter wäre, als das Iglauer Bergrecht. Allein alle Anzeichen weisen auf einen gemeinsamen Ursprung der Bergrechte des 13. Jahrhunderts aus einer deutschen Quelle zurück. Agricola, welcher jenem Zeitraum um drei Jahrhunderte näher stand bezeugt sogar ausdrücklich nicht bloß das höhere Alter des erzgebirgischen Bergbaues vor dem böhmischen, sondern auch die Uebertragung der sächsischen Bergrechte nach Böhmen [2]).

1) Berg- und Hüttenmännisches Jahrbuch der Bergakademieen zu Schemnitz und Leoben 1865 S. 1.

2) Agricola Bermannus sive de re metallica dialogus. Basel 1530.

Es würde sicher vergeblich sein nach einer ältesten deutschen Aufzeichnung des Bergrechtes zu forschen, in welcher die gemeinsame Quelle der Iglauer, Schemnitzer und Tridentiner Bergrechte nachgewiesen werden könnte, da gerade die Aufzeichnung dieser Gewohnheitsrechte höchst wahrscheinlich erst durch die Auswanderung der deutschen Bergleute, durch die Berührung mit fremdem Recht und Volksleben und durch die Trennung von der gemeinsamen Heimath veranlaßt worden ist, in welcher jene Rechte ungeschrieben im Gedächtnisse Aller lebten. In den Anfängen des staatlichen Lebens ist die gemeinsame Volksüberzeugung, auf welcher alles Recht beruht, noch eine unmittelbare. Die Rechtsregel ist jedem Mitgliede der Volksgemeinde bekannt und der Beweis ihrer Gültigkeit besteht nicht darin, daß sie in einem bestimmten Gesetzbuche geschrieben steht, sondern lediglich darin, daß sie in dem Gedächtnisse und in der Gewohnheit des Volkes lebt. Die Rechtssätze nehmen schon in diesem Stadium der Rechtsbildung häufig eine scharf ausgeprägte und bleibende Form des Ausdrucks an, indem sie dem Gedächtnisse in der Form von Sprichwörtern oder in der Gestalt von Weisthümern d. h. Aussprüchen der Schöffengerichte über einzelne streitig gewordene Fragen überliefert werden. Später, wenn die wachsende Mannigfaltigkeit der Verkehrsverhältnisse diese allgemeine Bekanntschaft mit dem geltenden Rechte nicht mehr gestattet, oder wenn die Continuität der Ueberlieferung durch andere Ereignisse wie die Auswanderung in ein fremdes Land gefährdet wird, werden die Rechtsvorschriften in dieser überlieferten Form aufgezeichnet und daraus erklärt sich, daß in weit entlegenen Districten und in verschiedenen Zeiträumen Aufzeichnungen gleichen Inhaltes und zum Theil von gleichem Wortlaute über das deutsche Bergrecht verfaßt werden konnten.

Das deutsche Bergrecht ist also nach dem Ergebnisse der vorstehenden historischen Untersuchung aus einer allgemeinen Gewohnheit entsprungen, die zu einer unbekannten Zeit an den Ursprungsstätten des deutschen Bergbaues entstand und sich mit dem deutschen Bergbau allmälig über das ganze Deutschland und über die Nachbarländer verbreitete. Die Entwickelung dieses Rechtes entzieht sich der Beobachtung, so lange dasselbe ungestört in der Uebung der Bergbautreibenden lebt. Erst in der Berührung mit fremden und ungleichartigen Rechtsbildungen werden diese Gewohnheiten durch schriftliche Aufzeichnung fixirt und eine solche Berührung erlitt die deutsche Berg-

cap. VIII p. 861: Sed et Igla ipsa Freibergum subsecuta est, quantum ex legibus potest colligi, quas ab illis se sumsisse aperte fatentur.

baufreiheit nicht bloß durch die Auswanderung deutscher Bergleute nach Ungarn, Mähren und Toscana, sondern auch in ihrer Heimath durch den Anspruch der Kaiser und der Territorialherren auf das Bergregal, welcher vom Ausgange des zwölften Jahrhunderts ab geltend gemacht wurde und aus dessen Berührung und Verschmelzung mit der Bergbaufreiheit das deutsche Bergrecht hervorgegangen ist, wie dasselbe von der goldenen Bulle (1356) bis auf unsre Zeit als gemeines deutsches Recht gegolten hat.

---

## §. IV
## Das Bergregal.

Schon die fränkischen Könige haben wie früher die römischen Kaiser Abgaben von dem Bergbau erhoben. König Dagobert errichtete im Jahre 635 eine Stiftung für die Mönche von St. Denis, von welcher es heißt „Plumbum quod ei ex metallo censitum in secundo semper anno solvebatur, libros octo mille ad cooperiendam ecclesiam contulit.“ Karl der Große bestimmte in dem capitulare de villis, daß jeder Richter regelmäßig über die kaiserlichen Einkünfte von den Eisen- und Bleibergwerken berichten solle. Allein diese Besteuerung der Bergwerke beweist nicht für die Existenz eines Bergregals. Sie fließt aus der Steuerhoheit des Staates, kraft deren das Bergwerkseigenthum und der Bergbau wie jeder andere Besitz und jedes andere Gewerbe zu den Staatslasten contribuiren muß. Unter den Regalien versteht man gewisse Rechte des Staates welche ihm nicht von Natur zukommen sondern ihm vermöge einer positiven Erweiterung seiner natürlichen Rechtssphäre beigelegt sind. Dergleichen Rechte sind von Haus aus Privatrechte, welche nur durch ausdrückliche Bestimmung dem Staate vorbehalten sind wie das z. B. beim Briefpostmonopol bei der Salzregie und bei ähnlichen Einrichtungen der Fall ist. Von einem Bergregal kann hiernach nur da die Rede sein, wo das Recht zum Bergbau entweder unbedingt dem Staate vorbehalten ist oder doch in der Weise daß niemand ohne besondere Erlaubniß des Staates Bergbau treiben darf. Von einem solchen Bergregal ist auch in den Bergrechten des 13. Jahrhunderts nirgend die Rede. Dem König wird eine Abgabe, die Urbure entrichtet und ihm als eine Art von Mitbaurecht bei jedem Felde die Königslane zugemessen. Allein die Erwerbung des Rechts zum Bergbau ist von der Verleihung oder der Erlaubniß des

Staates ganz unabhängig. Das Bergwerkseigenthum wird von dem Finder kraft der bloßen Occupation erworben.

Man ist gegenwärtig darüber einverstanden, daß das Bergregal sich weder auf die bergrechtlichen Gewohnheiten von Iglau, Schemnitz und Freiberg, noch auf die Kapitularien Karl des Großen zurückführen läßt, daß der erste Anspruch dieser Art von den hohenstaufischen Kaisern erhoben worden ist. Es wird in der Regel behauptet, daß dieser Anspruch durch den Beschluß des von Friedrich Barbarossa im Jahre 1158 auf den roncalischen Feldern abgehaltenen Reichstags über die Regalien zum Gesetze erhoben sei. Dieser Reichstagsbeschluß ist in den sogenannten liber Feudorum d. h. in die Sammlung des longobardischen Lehnrechts aufgenommen, welche der Mailändische Bürgermeister Jacobus ab Orto gegen Ende des zwölften Jahrhunderts verfaßt hat. Er bildet in dieser Sammlung den 56. Titel des zweiten Buches unter dem Titel Quae sint regaliae und lautet[1]):

Feud. II Tit. 56. Regaliae: armandiae, viae publicae, flumina navigabilia et ex quibus fiunt navigabilia, portus, ripatica, vectigalia quae vulgo dicuntur telonia, moneta, multarum poenarumque compendia, bona vacantia et quae ut ab indignis legibus auferuntur, nisi quae specialiter quibusdam conceduntur, bona contrahentium incestas nuptias, condemnatorum et proscriptorum secundum quod in novis Constitutionibus cavetur, angariarum, parangariarum et plaustrorum et navium praestationes et extraordinaria collatio ad felicissimam regalis numinis expeditionem, potestas constituendorum magistratuum ad justitiam expediendam, a r g e n t a r i a e et palatia in civitatibus consuetis, piscationum reditus et s a l i n a r u m et bona committentium crimen majestatis et dimidium thesauri in loco Caesaris inventi, non data opera vel loco religioso, si data opera totum ad eum pertinet.

Diese Stelle wird von sämmtlichen Schriftstellern über das deutsche Bergrecht als das erste Reichsgesetz über das Bergregal citirt, sie pflegt jedoch in der Regel nicht abgedruckt zu werden und dieser Umstand ist ihrer Autorität unzweifelhaft sehr zu statten gekommen. Man kann nämlich zweifelhaft darüber sein, ob in diesem Beschlusse überhaupt von dem Bergregal die Rede ist. Allerdings sind unter den Regalien die reditus salinarum aufgeführt.

1) Der Text des Reichstagsbeschlusses selbst ist abgedruckt bei P e r t z, Monum. German. historica. Legum tom. II p. 111.

Allein es leidet keinen Zweifel, daß das Salzregal sich in Deutschland schon frühzeitig und unabhängig von dem Bergregal ausgebildet hat, daß in Bezug auf das Salz schon in früher Zeit ein eigentliches Gewinnungsmonopol bestand, von dem nur einzelne auf Privilegien beruhende Ausnahmen vorkommen [1]). Die argentariae, welche in Verbindung mit den kaiserlichen Pfalzen in den gewohnten Residenzstädten genannt werden, bedeuten zwar Silberbergwerke, insofern als Substantivum fodinae ergänzt wird. Die unmitelbare Verbindung mit den kaiserlichen Pfalzen (argentariae et palatia) hat jedoch Zweifel über diese Auslegung hervorgerufen und es werden unter den argentariae von mehrern Erklärern die kaiserlichen Silberkammern in den Residenzen (argentariae sc. cellae) verstanden. Abgesehen von diesem Zweifel und von dem Umstande, daß außer den Salinen jedenfalls nur die Silberbergwerke namhaft gemacht sind, ist jedoch der roncalische Reichstagsbeschluß kein deutsches Reichsgesetz, sondern ein Gesetz des longobardischen Königreiches, welches nichts anderes bezweckte, als die Rechte des Kaisers gegenüber den lombardischen Freistädten festzusetzen. Dieser Beschluß ist zwar in den liber Feudorum aufgenommen und mit letzterem als Bestandtheil des Corpus juris civilis in Deutschland recipirt worden. Allein die Reception der in dem Corpus juris vereinigten Rechtsbücher hat sich nur auf diejenigen Materien erstreckt, in welchen nicht die einheimische deutsche Rechtsbildung das Uebergewicht behauptet hat, wie dies unter andern bei dem Bergrechte unzweifelhaft der Fall ist. So wenig die Pandektenstellen, die dem Grundeigenthümer das Recht zum Gold- und Silbererzbergbau beilegen, bei uns recipirt sind und das deutsche Bergrecht verdrängt haben, ebensowenig ist dies mit der fraglichen Stelle des liber Feudorum über das Bergregal der Fall. Es fehlt also soviel wie alles zu der behaupteten Gültigkeit des roncalischen Reichstagsbeschlusses als deutsches Reichsgesetz über das Bergregal. Es muß vielmehr behauptet werden, daß vor der goldenen Bulle kein solches Reichsgesetz zu finden ist.

Gleichwohl ist es eine geschichtlich beglaubigte Thatsache, daß Friedrich I das Bergregal in Deutschland in Anspruch nahm. Dies wird zunächst bestätigt durch die Verleihung des Rechtes zum Bergbau an Bischof Conrad von Trient vom Jahre 1189. In Trient wurde nach dem oben (S. 24) angeführten Bergwerksvertrage von 1185 ein freier Bergbau auf Silber geführt, von welchem der Bi-

1) Dr. Boehlau, De regalium notione et de salinarum jure regali. Halae 1856.

schof gewisse Abgaben erhob. Friedrich I nahm diesen Bergbau als ein kaiserliches Regal in Anspruch und zwang den Bischof eine Verleihung darüber von ihm anzunehmen [1]). In den Rechten der Tridentiner Bergwerksunternehmer und in ihrem Verhältnisse zu dem Bischofe ist durch diese Verleihung offenbar nichts geändert worden, wie die oben angeführte Aufzeichnung der Bergwerksgebräuche (Carta laudamentorum et postarum etc.) von 1208 ergibt. Die kaiserliche Belehnung erscheint gewissermaßen als eine vorläufige Besitzergreifung, um ein künftiges Recht zu begründen [2]). Dieser ersten octroyirten Verleihung folgten bald andere kaiserliche Verleihungen des Bergbaues an Reichsstände namentlich an geistliche Fürsten, so an den Bischof von Brixen durch Friedrich II vom Jahre 1214 [3]). Auch Heinrich VI nahm in einem Schreiben an die Bischöfe zu Minden, Paderborn und Osnabrück vom Jahre 1189 den Silbererzbergbau als kaiserliches Regal in Anspruch [4]).

Allein dieser Anspruch ist weder durch einen Act der Reichsgesetzgebung bestätigt, noch zur allgemeinen thatsächlichen Geltung gelangt. Aus dem Iglauer und den gleichzeitigen Bergrechten ergibt sich, daß die böhmischen und die sächsischen Bergleute zwar dem Landesherrn Steuern zahlten (die Urbure) und ihm die Königslane bei jeder Grube zumaßen. Aber ihr Bergwerkseigenthum nahmen sie von niemandem zu Lehen. Es wurde dem Finder kraft der Occupation zu Theil und von dem Urburer als Verwahrer der richterlichen Gewalt nur zugemessen. Dem Landesherrn wurden außer den Befugnissen welche aus der Steuerhoheit, der richterlichen und polizeilichen Gewalt fließen, keine Rechte auf den Bergbau, namentlich kein Eigenthumsrecht an den noch im Freien liegenden Lagerstätten eingeräumt. Diese gehörten vielmehr „den Bürgern, so Armen als Reichen insgemein" d. h. sie waren herrenlos und der Occupation unterworfen.

1) Sperges, Tyrolische Bergwerksgeschichte S. 265. Die bezügliche Stelle der Verleihungsurkunde lautet Perseverante actione nostra de argentifodinis aput Episcopatum Tridentinum quas juri nostro tam ibi quam in aliis imperii finibus repertas antique consuetudinis celebritas adjudicavit Dei intuitu et respectu honestatis dilecti nostri Cunradi Tridentini Episcopi ad preces et laudabilem ejus devocionem argentifodinas in Ducato Tridentino Episcopatuve, que nunc sunt vel in posterum argenti, cupri ferrive, omnisque metalli ibidem reperientur — Ecclesie Tridentine Imperiali largicione tradimus et presentis privilegii nostri auctoritate presenti Episcopo et suis successoribus perpetuo confirmamus.

2) Casp. v. Sternberg, Umrisse 2c. Bd. II S. 4.

3) Sperges a. a. O. S. 277

4) Cum omnis argentifodina ad jura pertineat Imperii et inter Regalia nostra sit computata, nullum venit in dubium quin ea que nuper in episcopatu Mindensi dicitur inventa ad nostram totaliter spectet distributionem.

Auch das bürgerliche Recht jener Tage, obgleich in ihm die Bergbaufreiheit nicht zur Anerkennung gelangt ist, ist doch weit entfernt, ein kaiserliches Regal auf den Bergbau zu statuiren. Die oben (S. 23) angeführte Stelle des Sachsenspiegels gedenkt im Eingange des kaiserlichen Regales an den vergrabenen Schätzen [1]) und diese Erwähnung ist anscheinend gerade aus dem oben (S. 36) angeführten roncalischen Reichstagsbeschlusse entnommen [2]), da wir eine andere Quelle dieses sowohl dem römischen als dem heutigen gemeinen Rechte ganz unbekannten Regales nicht kennen. Im unmittelbaren Gegensatze dazu wird dann aber das Recht, Silber zu brechen, von dem Willen des Grundbesitzers abhängig gemacht, ein kaiserliches Regal in Bezug auf den Silberbergbau also gewissermaßen ausdrücklich verneint. Auch Graf Caspar von Sternberg, der ausgezeichnete Geschichtsschreiber des böhmischen Bergbaues, bestätigt, daß sich vor dem 13. Jahrhundert in Böhmen von einem Kronrechte auf Metalle fremder Besitzungen nicht die geringste Spur findet, daß namentlich in keiner der zahlreichen Stiftungsurkunden von Klöstern, deren doch im 12. Jahrhundert so viele gestiftet und von den Königen, Herzogen und Dynasten reich mit Gütern beschenkt worden, von irgend einem Bergwerke, selbst nicht von unedlen Metallen Meldung geschehe [3]). Es geht auch aus den Verleihungsbriefen der hohenstaufischen Kaiser hervor, daß sie weder beabsichtigten, dem Grundbesitzer die bergmännischen Nutzungen, noch auch den Bergleuten den freien Bergbau streitig zu machen. Sie ließen in dieser Hinsicht das Recht bestehen, wie sie es vorfanden. Ihr Augenmerk war auf die von dem Bergbau seitens der Territorialherren erhobene Steuer gerichtet. Die Besteuerung des Bergbaues war es, welche sie als kaiserliches Regal dem Reiche vindizirten und den Reichsständen zu entwinden trachteten. Dies geht unter anderm aus Friedrichs II Bestätigungsbrief der Bergwerksfreiheit für Bischof Conrad von Brixen von 1214 [4]) hervor, in welchem es heißt: Concedimus ipsi Chunrado Episcopo et successoribus suis ut — in illis argentifodinis argentum fodi faciat et exquiri — — ita tamen ut nos in proventibus siqui inde proveniunt, secum ad medium debeamus participare.

Noch bestimmter ist dieser Anspruch ausgedrückt in dem Verlei-

1) Al schat under der erde begraven deper den ein pfluch ga, die hort to der koningliken gewalt.

2) dimidium thesauri in loco Caesaris inventi non data opera, vel loco religioso, si data opera totum ad eum pertinet.

3) Umrisse Bd. II S. 2.

4) Sperges a. a. O. S. 277.

hungsbriefe Friedrichs II für Herzog Ludwig von Baiern, in welchem dem Herzog die Erhebung der Urbure nachgelassen wird mit dem Zusatze: „quam nos et imperium percipere deberemus." In einem Decret König Ludwigs I von Ungarn von 1351 wird sogar der Ausdruck Jus regale und Urbura geradezu synonym gebraucht. (Jus regale seu urburas jure regio pertinentes recipere faciat.)

Auch Kaiser Albrecht I verstand das kaiserliche Bergregal in diesem Sinne. Er verlangte im Jahre 1303 von Wenzel II von Böhmen 80,000 Mark Silber als die angeblich dem Kaiser zustehende rückständige Urbure, oder die Verpfändung der Kuttenberger Bergwerke auf sechs Jahre. Die Verweigerung dieser Forderung gab die Veranlassung oder den Vorwand zu einem Kriege, der jedoch zum Nachtheil des Kaisers ausfiel [1]).

Ueberhaupt wußten sich die Territorialherren mit oder ohne kaiserliche Verleihung im Besitze der Einkünfte aus der Besteuerung der Bergwerke zu erhalten und sie waren einsichtig genug, die von den Kaisern gegen sie zur Anwendung gebrachte Theorie von der Regalität des Bergbaues zu ihrem eigenen Vortheil in Anwendung zu bringen.

Die Könige von Böhmen waren die Ersten, welche nach dem Vorgange der Hohenstaufen sich das Recht der Verfügung über den Bergbau auf fremdem Grund und Boden beilegten. Ottokar I schenkte bereits durch die Urkunde von 1227 [2]) dem Kastellan von Böttau, Erbauer der Stadt Jamnitz, den Nutzen und die Urbure von den Goldbergwerken in der Umgegend von Jamnitz und das Einkommen aller Bergwerke daselbst, die noch in Zukunft entdeckt werden würden, es sei Gold, Silber, Blei, Eisen oder was immer für Metalle. Zugleich wird dem Bergmeister in Iglau und allen Bergmeistern, Urburern und Geschwornen im Königreiche Böhmen und im Markgrafenthum Mähren aufgetragen, den Begabten gegen Jedermann in seinen Rechten zu schützen.

Während so die Landesherrn in Böhmen und anderwärts bald durch Bestätigung der alten Bergrechte die Bergbaufreiheit anerkannten [3]), bald ein ihnen von den Kaisern verliehenes oder bestrittenes Bergregal ausübten, scheint gleichzeitig auch das Recht des Grund-

---

1) Sternberg, Umrisse Bd. II S. 139.

2) Sternberg, Urkundenbuch Nr. 4 S. 7.

3) Dies geschah nicht bloß durch die Bestätigung der Gewohnheitsrechte, sondern auch durch eigene Verordnungen, wie die Constitut. jur. metall. von Wenzel II, in welcher nicht die geringste Spur eines Bergregals zu entdecken ist.

eigenthümers zum Bergbau noch in einem gewissen Grade, nämlich in Bezug auf die unedlen Metalle Anerkennung gefunden zu haben, wie dies aus verschiedenen Urkunden des 13. Jahrhunderts hervorgeht, in welchen Güter, Dörfer und Höfe mit Eisenerz- und andern Bergwerken verschenkt werden, die wie die Mühlsteinbrüche als Zubehör zum Grund und Boden behandelt werden [1]).

Das Bergrecht befand sich also im 13. Jahrhundert in einer Fermentation, indem die Bergbaufreiheit, das Regal und das Recht des Grundeigenthümers um die Herrschaft kämpften und nur so wird es erklärlich, wie gleichzeitig in dem Iglauer Bergrechte, im Sachsenspiegel und in den kaiserlichen Verleihungsbriefen geradezu entgegengesetzte Grundsätze als geltendes Recht für den Bergbau proclamirt werden.

Dieser Kampf entgegengesetzter Principien erhielt einen vorläufigen Abschluß durch das unter dem Namen der Goldenen Bulle bekannte Reichsgesetz Karls IV vom 9. Januar 1356, welches auf dem Reichstag zu Regensburg beschlossen wurde und die gegenseitigen Rechte des Kaisers und der Kurfürsten zu regeln bestimmt war. Im Cap. IX dieses Gesetzes heißt es nämlich: Declaramus, quod successores nostri Boemiae Reges nec non universi et singuli Principes Electores, Ecclesiastici et Seculares, qui perpetuo fuerint, universas auri et argenti fodinas atque mineras stanni, cupri, plumbi, ferri et alterius cujusque generis metalli ac etiam salis tam inventas quam inveniendas imposterum quibuscumque temporibus in regno praedicto aut terris et pertinenciis eidem Regno subjectis nec non supradicti Principes in Principatibus, terris, dominiis et pertinentiis suis tenere juste possint et legitime possidere, cum omnibus juribus, nullo prorsus excepto, prout possunt seu consueverunt talia possidere.

Durch dieses Gesetz leistete Kaiser Karl IV, der mehr die Stärkung seiner böhmischen Hausmacht, als die kaiserliche Machtvollkommenheit im Auge hatte, auf das Bergregal zu Gunsten der Kurfürsten Verzicht, und diese Verzichtleistung hatte zur thatsächlichen Folge, daß auch die übrigen Territorialherren zur Ausübung des Bergregales gelangten. Von den verschiedenen Prätendenten, welche im 13. Jahrhundert um das Recht zum Bergbau kämpften, schied also durch die goldene Bulle der eine, nämlich der Kaiser, aus. Aber noch ein zweiter Prätendent wurde durch dieses Gesetz ausgeschlos-

---

1) Sternberg, Urkundenbuch Nr. 2. 3. 6. 7. 17.

sen, nämlich der Grundeigenthümer, denn die angeführte Stelle der goldenen Bulle stellt alle Metalle, auch die niederen dem Golde und Silber gleich und unterwirft dieselben nebst dem Salze derselben gesetzlichen Regel, nämlich dem Rechte der Kurfürsten als Landesherrn in denjenigen Grenzen, in welchen dieses Recht bisher bestanden hatte.

Es blieben also von den bisherigen streitenden Ansprüchen nur zwei bestehen, das jetzt zuerst reichsgesetzlich anerkannte Bergregal der Landesherren und die Bergbaufreiheit, welche auf einem von diesen Landesherren selbst bestätigten allgemeinen Gewohnheitsrechte beruhte. Ueber das Verhältniß dieser beiden Principien bestimmt die goldene Bulle nichts weiter, als daß die Kurfürsten das Bergregal in dem Umfange besitzen sollen, als sie es ausüben können und bisher auszuüben pflegten. Es ward also auf der einen Seite der bisherige Rechtszustand aufrecht erhalten, andrerseits den Landesherren erlaubt, ihr Regal auszudehnen soweit sie können. Die Ausgleichung der streitenden Principien wurde also der Zukunft überlassen und diese Ausgleichung vollzog sich in der Art, daß im Allgemeinen die Bergbaufreiheit überwog. Die Landesherren erkannten das Recht des freien Schürfens, das Recht des ersten Finders auf das Bergwerkseigenthum an und behielten sich nur die hergebrachten Abgaben (die Urbure, an deren Stelle später der Zehnte trat) und die Rechte der Polizeihoheit und Gerichtsbarkeit über den Bergbau vor.

Es fehlt nicht an dem ausdrücklichen Anerkenntnisse, daß den Landesherren andere als die vorstehenden Befugnisse nicht zustehen, insbesondere nicht das Recht der willkürlichen Verfügung über die Bergwerke oder der Beschränkung der Bergbaufreiheit. So heißt es in einem Rezesse zwischen Balthasar, Landgraf von Thüringen, und Henrich, Grafen von Stolberg vom Jahre 1392: „daß wir uns geteidingt und vereint haben umb alle Bergwerk an goltgengen und erzsilbergengen die gelegen sind in der Herrschaft zu Stolberg — also was goltgenge und erzsilbergenge in denselbigen Herrschaften erbulbet wird, wer das bulbet, nymant ausgeschlossen — daß sie auch nymant weren sollen eine Grube — da sollen dieselbien grave Henrich von Stolberg und sine Erbin einen halben Zehnden ewiklichen an haben und uns und unsere Erbin soll der ander halbe Zehnde sein und blieben — und unser Bergmeister soll richten jeden, welcher die Bergwerk bulben uf Goltgenge oder erzsilbergenge in ören Herrschaften nach Bergwerksrechten, als wir zu Friborg Bergwerksrecht haben.“

Allein ungeachtet die Bergbaufreiheit von dem Bergregale nicht verdrängt wurde, sondern als gesetzliche Regel bestehen blieb, so blieben doch auch neben dieser Regel die Ausnahmefälle einer willkürlichen Vergabung von Bergwerken ohne Finderrecht und auf ganze Districte, wie solche bereits im dreizehnten Jahrhundert stattgefunden hatten. Und solche ausnahmsweise Vergabungen bekamen jetzt auf der Grundlage des Bergregals ihren anerkannten Platz im Bergrechte unter dem Namen der Spezialverleihungen [1]).

Auch die Formen der Erwerbung des Bergwerkseigenthums veränderten sich unter dem Einflusse des Bergregales. Das Bergwerkseigenthum wurde nicht mehr durch die bloße Occupation von dem Finder erworben, sondern es mußte bei dem Regalinhaber oder der von ihm bestellten Bergbehörde gemuthet und von demselben verliehen werden. Dabei blieb die Regel bestehen: Der erste Finder ist der erste Muther. Aber der Schwerpunkt der Erwerbung des Bergwerkseigenthums wurde in die Muthung verlegt, so daß man muthen und Verleihung erhalten konnte, ohne selbst gefunden und vorher Besitz ergriffen zu haben. Die Landesherren machten auch von dem Rechte der Gesetzgebung zur Verbesserung des Bergrechtes einen ausgedehnten Gebrauch, so daß an die Stelle der alten Gewohnheitsrechte, namentlich vom sechszehnten Jahrhundert ab, zahlreiche von den Landesherren erlassene Bergordnungen traten.

War hiernach der Einfluß, welchen das Aufkommen des Bergregales auf das practische Bergrecht äußerte, ein sehr bedeutender, so gewann der Begriff des Bergregals eine noch weit umfassendere Geltung in der älteren Theorie des deutschen Bergrechtes. Die Schriftsteller der beiden vorigen Jahrhunderte stellten, gestützt auf die Ansprüche der hohenstaufischen Kaiser, den Satz auf, daß die Erze ursprünglich ein Eigenthum des Landesherrn seien und daß nur durch die von diesem ausgegangene sogenannte Freierklärung ein Recht für den Finder und den Muther auf die Erwerbung des Bergwerkseigenthums begründet werde. Diese Theorie leitete alle Rechte des Staates gegenüber dem Bergbau, sowohl die Besteuerung als die Verleihung, sowohl die Polizei als die Jurisdiction über die Bergwerke aus einem vermeintlichen Eigenthumsrechte an den unverliehenen Mineralien ab und daraus entwickelte sich die Folgerung, welche auch in unsre Berggesetzgebung Aufnahme fand [2]),

---

1) Vergl. Dr. Achenbach, die Rechtsgültigkeit der Districtsverleihungen. Köln 1859.

2) Allg. Landrecht Th. II Tit. 16 §§. 106. 107.

daß das Bergregal mit Inbegriff aller dem Staate in Bezug auf den Bergbau zustehenden Rechte auch von Privatpersonen besessen werden könne. Es entstand das dem älteren Rechte ganz fremde Institut des Privatregalbesitzes[1]).

Der Theorie von dem ursprünglichen Bergregale und der folgenden Freierklärung ist in unserem Jahrhundert auf Grund des geschichtlichen Herganges die Theorie von der ursprünglichen Bergbaufreiheit gegenüber gestellt worden, und es hat sich auf dem Felde der Literatur der Kampf erneuert, welcher im dreizehnten Jahrhundert im Gebiete der practischen Rechtsentwickelung ausgekämpft wurde.

Unter den Schriften, welche diese Streitfrage behandeln, sind folgende namhaft zu machen:

Freiesleben, der Staat und der Bergbau. Leipzig 1839.

Dr. Karsten, über den Ursprung des Bergregals in Deutschland. Berlin 1844.

Dr. Weiske, der Bergbau und das Bergregal. Eisleben 1848.

Bauer, das Eigenthumsrecht an den unterirdischen Mineralschätzen. Freiberg 1849.

Wenzel, Handbuch des Oesterreichischen Bergrechts. Wien 1855. S. 176 ff.

Otto, Studien auf dem Gebiete des Bergrechtes. Freiberg 1856.

Schomburg, Betrachtungen über die neuere deutsche Berggesetzgebung. Leipzig 1857. S. 12—65.

Dr. Achenbach, die Rechtsgültigkeit der Districtsverleihungen. Köln 1859.

Derselbe, Bergregalität und Berghoheit. In der Zeitschrift für Berg-, Hütten- und Salinenwesen Bd. VIII S. 1. Berlin 1859.

Der Streit der beiden Meinungen, welcher auf beiden Seiten mit Scharfsinn und Gründlichkeit geführt ist, hat nicht zu einem Einverständnisse in Bezug auf den rechtshistorischen Theil der Streitfrage geführt. Während Otto (Studien S. 16) das Bergregal als eine leere Prätension der Landesherren bezeichnet, die niemals rechtliche Geltung erhalten habe, hält Dr. Achenbach (Zeitschrift für Berg-,

1) Allerdings bietet auch die ältere Geschichte des Bergrechtes Beispiele davon, daß Dynasten, welche nicht die Rechte der Landeshoheit besaßen, das Bergregal ausübten, wie die schlesischen Piasten und die Stolbergischen Grafen. Allein diese Erscheinung steht im Zusammenhange damit, daß nach der deutschen Reichsverfassung eine beschränkte Territorialherrschaft stattfand, deren Inhaber gewisse Hoheitsrechte verwalteten, ohne die volle Landeshoheit zu besitzen, in der Verwaltung dieser Hoheitsrechte aber keineswegs als Privatpersonen galten.

Hütten- und Salinenwesen a. a. O.) dafür, daß der ganze Kreis der staatlichen Befugnisse in Bezug auf den Bergbau nach deutschem Bergrechte auf der vermögensrechtlichen Grundlage der Regalität beruhe und daß es erst eines Actes der Gesetzgebung bedürfe, um das Recht der Verleihung, der Besteuerung u. s. w. von dieser Grundlage abzulösen und auf die natürlichen Hoheitsrechte des Staates zurückzuführen.

Die Mehrzahl der Juristen unterscheidet in dem Begriffe des Bergregals nach gemeinem deutschen Bergrechte mit Eichhorn (Einleitung 4. Aufl. §. 274) zwei verschiedene Bestandtheile, nämlich einen Complex von Befugnissen, welche dem Privatrechte angehören, wie das Recht des Staates, selbst ohne Verleihung Bergbau zu treiben, das Vorkaufsrecht an den edlen Metallen; und die natürlichen Hoheitsrechte der Besteuerung, der Polizei und der Gerichtsbarkeit [1]). Als Ausfluß dieser natürlichen Hoheitsrechte wird auch das Recht der Verleihung bezeichnet, weil durch diesen Act der Staat nicht einen Bestandtheil seines Vermögens veräußert, sondern den kraft der rechtsgültigen Muthung erworbenen Anspruch auf das Bergwerkseigenthum nach den Regeln des Gesetzes verwirklicht.

Man ist ferner darüber einverstanden, daß die heutige Gesetzgebung keine Veranlassung hat, den Begriff des niederen Regals festzuhalten, da die rein vermögensrechtlichen Befugnisse in Bezug auf den Bergbau keinen Werth für den Staat haben und da der Staat unbedenklich sich in Bezug auf den Bergbau denselben Gesetzen unterwerfen kann, wie die Privaten. Alle übrigen staatlichen Rechte aber, namentlich das der Besteuerung und der Verleihung, lassen sich ohne Zuhülfenahme des Begriffes der Regalität aus den natürlichen Hoheitsrechten ableiten und finden in diesen Hoheitsrechten eine rationellere und angemessenere Grundlage.

Das allgemeine Preußische Berggesetz hat deshalb den Begriff der Regalität ganz ausgeschlossen. Zur Rechtfertigung dieser Neuerung wird in den Motiven zu dem vorläufigen Entwurfe (Berlin 1862) S. 10 ff. Folgendes bemerkt:

„Nach der gegenwärtigen Berggesetzgebung in Preußen und zwar übereinstimmend nach der links- wie der rechtsrheinischen sind gewisse Mineralien der rechtlichen Disposition des Grundeigenthümers entzogen und nur von Seiten des Staates kann über dieselben verfügt werden. Der Rechtsgrund für die Ausscheidung aus dem Dispositionsbereiche des Grundeigenthümers liegt rechtsrheinisch in dem Bergregale und der sogenannten

1) Vergl. m. Uebersicht der bergrechtl. Entscheidungen des Obertribunals. Berlin 1861. S. 7. 130 ff.

Freierklärung des Bergbaues, linksrheinisch in den positiven Festsetzungen des Bergwerksgesetzes vom 21 April 1810. Diese Verschiedenartigkeit im Rechtsgrunde hebt der Entwurf unter Beseitigung der Bergregalität auf, hält dagegen an dem bestehenden gemeinsamen Grundsatze der Trennung des Bergbaues von dem Grundeigenthume fest. Der Entwurf steht in letzterer Beziehung auf dem Boden einer vollendeten, durch einen mehrhundertjährigen Bestand unumstößlich gewordenen Thatsache und ist deshalb auch der Aufgabe überhoben, in seinen Motiven die anderweitig schon oft dargelegten volkswirthschaftlichen Gründe für die Ausschließung der Grundeigenthumsrechte hinsichtlich gewisser Mineralschätze nochmals wiederholen zu müssen.

Ebenso unumstößlich, wie die rechtliche Trennung gewisser Mineralien von dem Grundeigenthume, erscheint auch das zweite Grundprinzip des seitherigen rechts- und linksrheinischen Bergrechts, wonach diese Mineralien keiner monopolistischen Benutzung von Seiten des Staates unterliegen, sondern unter bestimmten gesetzlichen Voraussetzungen für den freien industriellen Verkehr bestimmt sind und die Grundlage eines auf den wirthschaftlichen Kräften des Volkes fußenden, großartigen Gewerbebetriebes bilden. Diese allgemeine Bergbaufreiheit ist auf der rechten Rheinseite durch einzelne, aus dem Bergregal fließende Befugnisse des Regalinhabers oder Staates modifizirt und auf der linken Rheinseite durch die Ausschließung des Rechtsanspruches auf die Verleihung abgeschwächt. Der vorliegende Entwurf will aber das Prinzip von den beiderseitigen Einschränkungen befreien und in seiner Reinheit hinstellen.

Daß der Staat als solcher bei der Aufsuchung und Gewinnung gewisser Mineralien insoweit einzugreifen hat, als es sich um Wahrung allgemein staatlicher Interessen und um Vermittelung des natürlichen Conflictes zwischen Bergbauunternehmung und Grundeigenthum handelt, und daß daher nur mit Genehmigung des Staates Bergbau betrieben werden darf, findet seine Begründung nicht nur in dem bisherigen Rechtszustande, sondern auch in denselben volkswirthschaftlichen Rücksichten, welche überhaupt die Emanzipation des Bergbaues vom Grundeigenthume nothwendig gemacht haben. Die hier zu erörternde Frage ist daher nur die, wie jenes factische Verhältniß des Staates zum Bergbau in Zukunft rechtlich aufzufassen und festzustellen sei, nachdem die Beseitigung des Regalitätsprinzips ausgesprochen worden ist. Denn daß die Bergregalität in dem zu erlassenden Berggesetze nicht beibehalten werden kann, bedarf keiner näheren Darlegung mehr, seitdem das neue Berg- und Staatsrecht die rechtliche wie practische Unhaltbarkeit dieses Begriffes entschieden anerkannt hat. Von den seitherigen Entwürfen eines allgemeinen preußischen Berggesetzes hat zwar nur der vorletzte von 1848 das Regal vollständig aufgegeben, und selbst die neueren deutschen Berggesetze haben größtentheils wenigstens den Namen und zum Theil auch einzelne Ausflüsse der Bergregalität beibehalten. Gleichwohl erscheint für Preußen die Beseitigung der Regalität nicht allein nothwendig, sondern auch ohne irgend welche Schwierigkeiten ausführbar.

In ersterer Beziehung kommt schon der Umstand in Betracht, daß, nachdem das Bergregal mit allen seinen Consequenzen in den linksrheinischen Landestheilen seit länger als einem halben Jahrhunderte beseitigt gewesen ist, dort nicht wieder zu veralteten Rechtsanschauungen zurückgekehrt werden kann. Weiter hat aber auch das Bergregal, welches bereits durch das Allgemeine Landrecht seinen ursprünglichen, mehr privatrechtlichen Character abgelegt und die Bedeutung eines Hoheitsrechtes angenommen hatte, eine noch entschiedenere Umgestaltung in dieser Richtung durch die Novellengesetzgebung der letzten zehn Jahre erfahren. Endlich würden aber auch die Befugnisse des Regalinhabers, wie solche früher aus dem Bergregal hergeleitet zu werden pflegten, in ihrem ganzen Umfange nicht mehr mit der jetzigen Staatsverfassung in Einklang zu bringen sein. Außerdem wird weder der Staat noch der Bergbau durch das Aufgeben des Bergregals mit Nachtheilen bedroht. Denn was in dieser Beziehung zunächst das Recht des Staates zur Reservation gewisser Districte für den eigenen Bergbau betrifft, so hat es keinerlei Bedenken, die unmittelbare Erwerbung von Bergwerken für Rechnung des Staates von denselben gesetzlichen Vorschriften abhängig zu machen, welche für den Privatbergbau maßgebend sind. Ferner wird das Recht des Staates zur ausnahmsweisen Verleihung sogenannter Districtsfelder seine sachgemäße Erledigung durch die über die Verleihung im Allgemeinen in das Gesetz aufzunehmenden Bestimmungen finden. Ebensowenig liegt ein Bedürfniß vor, das Recht des Staates zur Erhebung von Bergwerksabgaben noch fernerhin mit dem Bergregale in Verbindung zu bringen. Endlich geschieht dem Staats- und dem Bergbauinteresse auch dadurch keinerlei Abbruch, daß die Uebertragbarkeit der im Bergregal enthaltenen Rechte des Staates an Privatpersonen in Wegfall kommt. In Vorstehendem ist aber im Wesentlichen der Kreis der besonderen Ausflüsse des Bergregals, soweit dieselben für Preußen noch practische Bedeutung haben, erschöpft.

Um der Einwirkung des Staates auf den Bergbau nach Beseitigung des Bergregals eine neue rechtliche Unterlage zu geben, bedarf es der Aufstellung eines dem preußischen Staatsrechte bis jetzt unbekannten besonderen Berghoheitsrechtes nicht, indem die gesetzlich bereits anerkannten Hoheitsrechte ausreichen, um die dem Staate bezüglich des Bergbaues einzuräumenden Befugnisse unter dieselben zu ordnen. Sieht man nämlich von der Justizhoheit ab, welche auf den Bergbau ebenso und nicht anders Bezug hat, wie auf alle übrigen, dem rechtlichen Verkehre unterworfenen Gegenstände, so kommen noch die Polizeihoheit und die Finanzhoheit in Betracht.

Auf das in der Finanzhoheit liegende Recht des Staates, gewisse Dinge als directe Einnahmequelle selbst zu benutzen und das Vermögen des Volkes, die Gewerbe, Producte 2c. mit Abgaben zu belegen, muß gegenwärtig auch das Recht zum Bergbaubetriebe für Rechnung des Staates und das Recht zur Besteuerung des Privatbergbaues zurückgeführt werden, ganz abgesehen davon, daß den Bergwerksabgaben schon gegenwärtig trotz der Regalität des Bergbaues die Bedeutung eigentlicher Staatssteuern nicht füglich abgesprochen werden kann.

Die außerdem dem Staate bezüglich des Bergbaues zustehenden Rechte lassen sich unter den Gesichtspunkt der Polizeihoheit bringen, da letztere nach preußischem Staatsrechte die Befugniß und Verpflichtung des Staates umfaßt, „die die Sicherheit und die Wohlfahrt des Ganzen und der Einzelnen bedrohenden Gefahren zu verhüten und zu beseitigen, nicht minder aber auch alle diejenigen Anstalten und Maßregeln zu verwirklichen, welche geeignet sind, die materielle und geistige Wohlfahrt der Staatsbürger zu fördern." Hiernach kann das Recht des Staates, den Privatbergbau im bergpolizeilichen und staatswirthschaftlichen Interesse zu beaufsichtigen, so wie die Berechtigung zum Bergbaubetriebe zu verleihen, unbedenklich aus der Polizeihoheit hergeleitet werden.

In den vorerwähnten Rechten des Staates sind zugleich die hoheitsrechtlichen Ausflüsse der Staatsgewalt, soweit es sich um den Bergbau handelt, erschöpft. Weiter gehende Befugnisse des Staates würden sich weder auf das Hoheitsrecht zurückführen, noch mit den Grundsätzen der neueren Gesetzgebung, namentlich des Gesetzes über die Beaufsichtigung des Bergbaues ꝛc. vom 21. Mai 1860 in Einklang bringen lassen [1])."

Der Gesetzgeber wollte durch die Beseitigung des Regalitätsbegriffes die Zweifel und die Controversen beseitigen, welche sich in unserem bisherigen Bergrecht an diesen Begriff gehängt haben. Er hat indeß schon in den Stadien der legislativen Berathung des Gesetzes die Erfahrung machen müssen, daß sein Zweck nicht vollständig erreicht worden ist und daß es der Regalitätstheorie auch nach der förmlichen Beseitigung dieses Instituts nicht ganz an Vertheidigern fehlen wird. In dem Kommissionsberichte des Herrenhauses wird nämlich gegen die vorstehende Motivirung der Regierungsvorlage bemerkt:

„In den Motiven des Entwurfs ist ausgeführt, daß das bisherige Bergregal nach dem vorliegenden Entwurf inhaltslos werde, daß in Zukunft die Rechte des Staates, welche ihm in Bezug auf den Bergbau vorbehalten bleiben, nicht von dem Standpunkt des bisherigen Regals aus, sondern von dem Standpunkt des allgemeinen Staatshoheitsrechts, insbesondere der Justiz-, Finanz- und Polizeihoheit zu beurtheilen sei.

Der Richtigkeit dieser Ansicht wurde aus dem Schooße der Kommission widersprochen.

Man wies darauf hin, daß diejenigen Rechte, welche dem Staat in Bezug auf die Verleihung der Befugniß zur Gewinnung der in §. 1 gedachten Mineralien zustehen, aus dem allgemeinen Hoheitsrechte nicht zu rechtfertigen sein dürften.

Der Staat könne nicht für befugt erachtet werden, kraft seines Hoheitsrechts diese Mineralien von den Rechten des Grundeigenthümers auszuschließen. Nur in Folge des ihm bisher unzweifelhaft bestandenen Regals habe er dies Recht und dasselbe bleibe auch fernerhin ein Ausfluß der Regalität, wenn man auch für die Zukunft dieselbe in ihrem wesentlichen Inhalt als erloschen betrachten wolle.

Ursprünglich habe das Regal den Umfang gehabt, daß der Staat allein ein Recht auf die in Rede stehenden Mineralien hatte. Dieses Recht sei demnächst wesentlich durch die sogenannte im Landrechte durchgeführte

---

1) Dieselbe Ausführung ist mit einigen Abkürzungen wiederholt in den Motiven der Regierungsvorlage von 1865 (S. 21 f.).

Bergbaufreiheit verringert und der gegenwärtige Entwurf gehe noch einen Schritt weiter, indem er den Staat, der zur Zeit noch ein gewisses Vorrecht in der Ausnutzung des Regals habe, dem Privatmann gleichstelle.

Von einer Seite wurde behauptet, daß es wichtig sei, festzustellen, ob in Zukunft ein Bergwerksregal noch bestehe oder nicht, da die sich ergebenden Konsequenzen des einen und des anderen Falles verschieden und von erheblichem Einfluß auf einzelne Bestimmungen des vorliegenden Entwurfes sein dürften.

Die Majorität der Kommission war der Ansicht, daß die hervorgehobene Meinungsverschiedenheit nur eine theoretische Bedeutung habe. Nur die Motive des Entwurfs berührten diese Frage. Dieser selbst schlage den zweckmäßigen Weg ein, nur positive Bestimmungen zu geben. Man könne es der Jurisprudenz überlassen, aus welcher Theorie sie diese Bestimmungen herleiten wolle."

Der Urheber der fraglichen Erinnerung hat unterlassen, seine Ansicht darüber zu entwickeln, ob auch im Gebiete des französischen Bergrechtes gegen die erklärte Absicht der Verfasser der Bergwerksgesetze von 1791 und 1810 dem Staate ein Bergregal beizulegen sei, oder wie in diesem Rechtsgebiete die Gesetzgebung es vermocht habe, ohne die Annahme eines solchen Regales die Mineralien von den Rechten des Grundeigenthümers auszuschließen.

Gleichwohl läßt sich an die vorstehende Deduction der eine richtige Satz anschließen, daß der Gesetzgeber durch die Aufhebung der Bergregalität sich nicht von der historischen Grundlage des deutschen Bergrechtes abgelöst hat, daß die Trennung der bergmännischen Nutzungen von dem Eigenthume am Grund und Boden noch heute auf derselben Grundlage beruht, auf der sie vor sechs Jahrhunderten zu Stande kam. Und deshalb ist es gerechtfertigt und nothwendig, auch bei der Interpretation des Berggesetzes vom 24. Juni 1865 auf diese Grundlage zurückzugehen und zu zeigen, wie dies im Vorigen versucht worden ist, daß die Bergbaufreiheit weit entfernt ein Regal oder ein ursprüngliches Eigenthum des Staates an den Mineralien zur nothwendigen Voraussetzung zu haben, ursprünglich ohne jede solche Voraussetzung existirt hat, daß das Bergregal erst neben der fertig ausgebildeten Bergbaufreiheit Platz gefunden und nicht vermocht hat sie zu verdrängen und daß die Aufhebung der Bergregalität weit entfernt der Bergbaufreiheit ihre Grundlage zu entziehen, sie vielmehr in ihrer ursprünglichen Uneingeschränktheit wieder hergestellt hat.

## §. V.
## Die deutsche Berggesetzgebung.

Bis zum Erlasse des Allgemeinen Berggesetzes vom 24. Juni 1865 bestanden in Preußen in Bezug auf die Berggesetzgebung drei Rechtsgebiete, das Gebiet des preußischen, des gemeinen deutschen und des französischen Bergrechtes. Das preußische Bergrecht galt in dem Rechtsgebiete des Allgem. Landrechts, also in den östlichen Provinzen mit Ausnahme von Neu-Vorpommern und Rügen, in der Provinz Westfalen und in den Kreisen Rees, Essen und Duisburg der Rheinprovinz. Das gemeine deutsche Bergrecht galt in Neu-Vorpommern und Rügen, in dem rechtsrheinischen Theile der Rheinprovinz mit Ausnahme der Kreise Rees, Essen und Duisburg und in den hohenzollernschen Landen. Das französische Bergrecht endlich galt in dem linksrheinischen Theile der Rheinprovinz [1]). Sowohl im Gebiete des preußischen als des gemeinen deutschen Bergrechtes galten zahlreiche Provinzial-Bergordnungen neben dem Landrechte und dem gemeinen Rechte.

Das Allgemeine Berggesetz beseitigt diese Rechtsverschiedenheit gänzlich, es tritt an Stelle der bisherigen preußischen Berggesetzgebung sowohl, als des gemeinen deutschen Bergrechtes und der französischen Bergwerksgesetze, und beseitigt die sämmtlichen Provinzial-Bergordnungen (§. 244). Das Allgemeine Berggesetz schließt sich also an die drei bisher bestandenen Systeme der Berggesetzgebung als Fortsetzung jeder derselben an. Es hat aus jedem derselben Bestandtheile in sich aufgenommen und die Geschichte unsres heutigen Bergrechtes umfaßt daher die Geschichte der drei verschiedenen bisher bestandenen Rechtsgebiete.

Das gemeine deutsche Bergrecht enthält das allen deutschen Stämmen gemeinsame Recht. Sein Begriff beruht auf dem früheren Reichsverbande, unter welchem sich die deutschen Lande in einer Rechtsgemeinschaft befanden. Diese Rechtsgemeinschaft war indeß weniger eine formale, denn Deutschland hat auch vor der Auflösung des Reichsverbandes niemals eine allgemeine, für das ganze Reich gültige Bergordnung besessen. Es ist seit der goldenen

1) Die Grenzen der drei Rechtsgebiete waren dieselben, wie sie noch jetzt auf dem Gebiete der Civilgesetzgebung bestehen, nur daß das französische Bergrecht auf das linke Rheinufer beschränkt blieb, während in dem rechtsrheinischen Bezirke des Appellationsgerichtshofes zu Köln das gemeine deutsche Bergrecht neben dem französischen Civilrechte gilt.

Bulle überhaupt kein Reichsgesetz über den Bergbau zu Stande gekommen. Die deutsche Berggesetzgebung besteht vielmehr in lauter particularen Bergordnungen, deren Gültigkeit auf die einzelnen Reichslande beschränkt war, für welche sie erlassen waren. Allein in diesen Bergordnungen begegnet man überall denselben Rechtsgrundsätzen und Regeln. Sie enthalten gemeines, nicht particulares Recht (Brassert), welches in verschiedenen Bergordnungen nur einen verschiedenen bald vollständigeren bald unvollständigeren Ausdruck gefunden hat und hier und dort mit provinziellen Eigenthümlichkeiten versetzt worden ist. Diejenigen Rechtsgrundsätze und Regeln, welche nicht einen solchen eigenthümlichen Charakter tragen, sondern in allen deutschen Bergordnungen oder doch in der Mehrzahl derselben angenommen sind, werden als gemeinrechtliche bezeichnet. Das deutsche Bergrecht ist also ein Product der Wissenschaft und seine Aufgabe war die Vorschriften der Landes- und Provinzialgesetze, da wo sie lückenhaft oder unbestimmt waren, zu ergänzen.

Die Geschichte des gemeinen deutschen Bergrechtes schließt mit der Auflösung des deutschen Reiches ab, nicht bloß weil mit derselben das formale Band der Rechtseinheit aufgelöst wurde, das bis dahin die deutschen Stämme verknüpfte, sondern noch mehr deshalb, weil die neuere Berggesetzgebung in den deutschen Staaten sich zum Theil sehr weit von den Grundlagen des deutschen Bergrechtes entfernt hat. Das Oesterreichische Berggesetz von 1854, das Königl.-Sächsische Berggesetz von 1851, und das Großherzogl.-Sächsische Berggesetz von 1856 enthalten nicht wie die älteren Bergordnungen gemeines Recht, sondern jedes dieser Gesetze hat ein neues eigenthümliches Landesrecht geschaffen, und es ist nicht mehr möglich aus diesen Gesetzen ein den verschiedenen Staaten gemeinsames Recht abzuleiten. Dies gilt auch von dem Allgemeinen Berggesetze für die Preußischen Staaten vom 24. Juni 1865, obgleich dasselbe strenger an den überlieferten Grundsätzen und Formen des deutschen Bergrechtes festhält, als seine oben genannten Vorgänger. Die Menge des neuen Rechtsstoffes, welche durch die materiellen Reformen geschaffen ist, die das Bergrecht im Laufe dieses Jahrhunderts erfahren hat und durch den Umschwung der Verhältnisse erfahren mußte, ist so groß, daß auch das Allgemeine Berggesetz nicht mehr in den seit dem vorigen Jahrhundert abgeschlossenen Rahmen des gemeinen deutschen Bergrechtes gebracht werden kann. Gleichwohl hält es in allen Stücken, in welchen eine Aenderung nicht nothwendig geworden ist, an dem überlieferten deutschen Bergrechte mit Vermeidung aller willkürlichen Neuerung fest und bildet deshalb den geeigneten Ausgangspunkt für die Wiederherstellung der deutschen Rechtseinheit auf dem Gebiete des Bergrechtes, möge dieselbe nun in der Gestalt eines allgemeinen deutschen Berggesetzes oder auch nur dadurch erreicht werden, daß die einzelnen deutschen Staaten bei der Erneuerung ihrer Berggesetze auf die thunlichste Uebereinstimmung mit den in dem Preußischen Berggesetze angenommenen Grundsätzen Bedacht nehmen.

Anders als die gegenwärtige Berggesetzgebung verhielt sich das Bergrecht des Allgeinen Landrechts zu dem gemeinen deutschen Bergrechte. Es war zwar bestimmt die Geltung der letztern auszuschließen und an seine Stelle als letztes Subsidiarrecht zu treten. Allein es erreichte diesen Zweck, indem es das deutsche Bergrecht in sich aufnahm, ohne etwas Anderes und Neues an dessen Stelle zu setzen. Das Bergrecht des Allgem. Landrechts ist nichts Anderes als eine Codification des gemeinen deutschen Bergrechts für die Preußischen Staaten. Vom Standpunkte der Theorie des gemeinen Bergrechts aus betrachtet, steht also das landrechtliche Bergrecht auf gleicher Linie mit den älteren deutschen Bergordnungen. Es ist selbst eine Quelle des gemeinen Bergrechtes und zwar eine der vorzüglichsten und wird als solche von den neueren Schriftstellern des deutschen Bergrechtes vorzugsweise benutzt [1]). Die Gleichartigkeit beider Rechte wurde auch practisch dadurch documentirt, daß beide als Subsidiarrecht für ein und dieselbe Provinzial-Bergordnung galten, so oft das Rechtsgebiet der letztern sich über das Gebiet des Allg. Landrechts in den Bereich des gemeinen Rechtes erstreckte, wie dies bei der Kursächsischen und der Jülich-Bergischen Bergordnung der Fall war. Auch die wichtige und tief eingreifende Novellengesetzgebung unseres Jahrhunderts, insbesondere die Gesetze vom 1. Juli 1821 und vom 12. Mai 1851 erstreckten sich gleichmäßig über beide Rechtsgebiete, welche dadurch gleichsam zu einem einzigen verschmolzen wurden.

Wenn auf dem Gebiete der Wissenschaft das gemeine deutsche Bergrecht als das allgemeinere dem Bergrechte des Allg. Landrechts gegenübersteht, so war das Verhältniß der practischen Geltung beider Rechte im Preußischen Staate das umgekehrte, da das gemeine Recht auf wenige Districte, von denen nur der rechtsrheinische für den Bergbau von Bedeutung ist, sich erstreckt. Da überdies die Gesetzgebung des Allg. Landrechts das gemeine Bergrecht vollständig in sich aufge-

1) Vergl. Hake, Kommentar über das deutsche Bergrecht. Sulzbach 1834.

nommen hat, so liegt es außerhalb der Grenzen dieser Einleitung eine vollständige Geschichte der deutschen Berggesetzgebung, wie solche sich in den Bergordnungen der Bergbau treibenden deutschen Lande darstellt, zu geben. Die äußere Rechtsgeschichte des deutschen Bergrechtes ist überdies ebensowenig belangreich für die wissenschaftliche Darstellung unsres heutigen Rechtes, als sie bei der übergroßen Zahl der deutschen Bergordnungen, die sich in ein und demselben Lande oft in Zwischenräumen von wenigen Jahren oder Jahrzehnten folgen, von ermüdendem und unfruchtbarem Detail erfüllt ist. Wenn es also geboten war in die Geschichte der materiellen Entwickelung des deutschen Bergrechtes und seiner beiden Grundprincipien ausführlicher einzugehen, so muß die Aufzählung der geschichtlichen Daten der äußeren Rechtsgeschichte auf die allgemeinsten Umrisse beschränkt bleiben.

Den Constitutiones juris metallici, oder der sogenannten Kuttenberger Bergordnung Königs Wenzel II von Böhmen folgten im Laufe des 14. und 15. Jahrhunderts sowohl Aufzeichnungen von Gewohnheitsrecht, als auch landesherrliche Bergordnungen in verschiedenen andern deutschen Ländern. In die erste Kategorie gehören: der Schladminger Bergbrief von 1307 (Steiermark), die Hüttenberger Bergordnung von 1494 (Kärnthen), die Schwatzer Bergordnung von 1490 (Tyrol), die Rammelsberger Bergordnungen von 1467 und 1494 (Harz). In die Kategorie der landesherrlichen Bergordnungen gehören: die Zeiringer Bergordnung von 1326 (Steiermark), die Rattenberger Bergordnung von 1463 (Tyrol), die sächsischen Bergordnungen für Schneeberg 1479 und Schenkenberg 1498, die sämmtlich für die Fortbildung des Bergrechtes von geringer Bedeutung sind.

Erst mit dem 16. Jahrhundert entfaltete die landesherrliche Berggesetzgebung eine Thätigkeit, welche nicht bloß das Gewohnheitsrecht verdrängte, sondern auch eine Epoche in der materiellen Entwickelung des deutschen Bergrechts bezeichnet. Die Annaberger Bergordnung Herzog Georgs von Sachsen (1509), die Joachimsthaler Bergordnungen von 1518, 1525 und 1548, von welchen die erste durch den Grafen Schlick erlassene eine Copie der Annaberger, die dritte von König Ferdinand I von Böhmen promulgirte aber eine wesentliche Verbesserung derselben enthält, eröffneten die Reihe der zahlreichen Bergordnungen des 16. Jahrhunderts, und dienten den meisten derselben als zum Theil wörtlich wieder gegebenes Muster. Es folgten 1521 (revidirt 1548) die Kurpfälzische, 1528 die Tarnowitzer, 1532 die Gottesberger, 1533 die Schwarz=

burgische, 1536 die Silberberger, 1539 die Kupferberger und die Baireuther, 1542 die Kleve-Bergische, 1544 die Goßlarische, 1554 die Zellerfelder, 1559 die Nassauische, Kurkölnische und neue Tarnowitzer, 1563 die Thüringische, 1564 die Kurtrierische, 1565 die Pfalz-Zweibrückische, 1560 die Hennebergische, 1568 die Altenberger Zinnordnung, 1570 die Homburgische, 1589 die Kursächsische, 1593 die Braunschweigische, 1597 die Würtemberger Bergordnung.

Von diesen Bergordnungen des 16. Jahrhunderts sind die Nassauische, die Kurtriersche, die Hennebergische, die Homburgische und die Kursächsische im Preußischen Staate bis zum Erlasse des Berggesetzes vom 24. Juni 1865 als Provinzialgesetze in Geltung verblieben. Außerdem enthält die Jülich-Bergische Bergordnung von 1719 eine fast wörtliche Wiederholung der alten Kleve-Bergischen Bergordnung von 1542.

Im 17. Jahrhundert läßt die Thätigkeit der Gesetzgebung nach und nicht bloß die Zahl der Bergordnungen, sondern auch ihr Gehalt steht gegen das vorige Jahrhundert zurück. Neben den Oberpfälzischen Bergordnungen von 1604 und 1694, der Hessen-Kasseler von 1617, der Brandenburgischen (Baireuth) von 1619, ist vor allem die Kurkölnische Bergordnung von 1669 zu erwähnen, welche sich dadurch auszeichnet, daß sie nicht wie die meisten andern die Bestimmungen der Joachimsthaler oder der Kursächsischen Bergordnung wörtlich wiedergibt, sondern auf einer selbstständigen Redaction beruht [1]).

Im 18. Jahrhundert sind endlich neben den revidirten Bergordnungen Friedrich des Großen, von denen bei der Preußischen Gesetzgebung die Rede sein wird, die Anhalt-Bernburgische von 1706, die Jülich-Bergische von 1719, die Vorder-Oesterreichische von 1731, die kursächsische Stollenordnung von 1749 zu nennen.

Von den literarischen Hülfsmitteln für das Studium des gemeinen deutschen Bergrechtes sind hier folgende zu erwähnen:

Th. Wagner, Corpus Juris metallici recentissimi et antiquioris. Leipzig 1791. (Eine reichhaltige Sammlung der deutschen Berggesetze mit vergleichenden Registern.)

H. Brassert, Bergordnungen der Preußischen Lande. Köln 1858. (Diese Sammlung enthält nur die in Preußen bisher gültigen Bergordnungen, jedoch in vortrefflicher kritischer Bearbeitung.)

Joseph von Sperges, Tyrolische Bergwerksgeschichte. Wien 1765.

1) Brassert, Bergordnungen der Preußischen Lande. Köln 1858. S. 522.

Ursprung der Bergwerke in Sachsen von J. F. Klotzsch. Chemnitz 1764.

Fr. J. Fr. Meyer, Versuch einer Geschichte der Bergwerksverfassung und des Bergrechtes des Harzes im Mittelalter. Eisenach 1817.

Caspar Graf von Sternberg, Umrisse der Geschichte des Bergbaues und der Berggesetzgebung in Böhmen. Prag 1837. 1838.

H. Brassert und Dr. Achenbach, Zeitschrift für Bergrecht. Jahrgang I — VI. Bonn 1860 — 1865.

C. A. G. Hacke, Kommentar über das Bergrecht. Sulzbach 1834.

Dr. Karsten, Grundriß der deutschen Bergrechtslehre. Berlin 1828.

Freiherr von Hingenau, Handbuch der Bergrechtskunde. Wien 1855.

Dr. G. Wenzel, Handbuch des Oesterreich. Bergrechts. Wien 1855.

P. M. Kreßner, Systematischer Abriß der Bergrechte in Deutschland. Freiberg 1858.

---

## §. VI.
## Die linksrheinische (französische) Berggesetzgebung.

Die linksrheinischen Landestheile des Preußischen Staates waren bis gegen Ende des vorigen Jahrhunderts Bestandtheile des deutschen Reiches und zwar der Kurstaaten Köln, Trier und Pfalz, der Herzogthümer Kleve und Berg und einer Anzahl von kleineren Fürstenthümern. Es galt in denselben das gemeine deutsche Recht und als Bestandtheil desselben das deutsche Bergrecht mit den für die einzelnen Staaten erlassenen Bergordnungen: der Kurkölnischen, Kurtrierischen, Kleve-Märkischen und Jülich-Bergischen, wie solche in den Ländern rechts des Rheines noch bis heute galten. Alle diese Landestheile wurden nach dem Lüneviller Frieden (1802) in Frankreich einverleibt und nahmen seitdem bis zum ersten und zweiten Pariser Frieden (1814 — 1815) an den Schicksalen und an der Gesetzgebung der französischen Republik und des Kaiserreiches Antheil. Das gemeine deutsche Recht wurde durch das französische Civilgesetzbuch, den Code Napoléon (1803—1804) verdrängt. Mit demselben wurde das schon vor der Incorporation erlassene französische Bergwerksgesetz vom 28. Juli 1791 in die eroberten Landestheile eingeführt. Schon im

Jahre 1810 wurde indeß das Bergwerksgesetz von 1791 durch das umfassendere Gesetz über die Bergwerke, Gräbereien und Steinbrüche vom 21. April 1810 ersetzt, welches das ältere Gesetz von 1791 zwar nicht formell aufhob, aber in dem größten Theile seiner Bestimmungen dadurch außer Kraft setzte, daß es neue Vorschriften an deren Stelle gab. Nach dem Gesetze vom 21. April 1810 ergingen noch drei kaiserliche Decrete vom 18. November 1810 über die Organisation der Bergwerksverwaltung, vom 6. Mai 1811 über die Besteuerung der Bergwerke und vom 3. Januar 1813 über die Bergwerkspolizei, von welchen die zuerst genannten beiden durch die Preußische Gesetzgebung, namentlich durch das Gesetz vom 10. Juni 1861 über die Kompetenz der Oberbergämter und durch das Gesetz vom 20. October 1862 über die Bergwerksabgaben, noch vor dem Erlaß des allgemeinen Berggesetzes vom 24. Juni 1865 außer Kraft gesetzt sind.

Durch die beiden Pariser Friedensschlüsse vom 30. Mai 1814 und vom 20. November 1814 wurde der größere Theil der von Frankreich abgetretenen Gebiete auf der linken Rheinseite mit Preußen vereinigt. Diese Abtretung ließ jedoch die während der französischen Zwischenherrschaft eingeführte Civilgesetzgebung und Bergwerksgesetzgebung unberührt. Die Gesetze vom 28. Juli 1791 und vom 21. April bildeten daher bis zum Erlaß des allgemeinen Preußischen Berggesetzes die Quellen des linksrheinischen Bergrechtes. Sie bildeten auch bis in die neueste Zeit fast die einzigen Quellen des Bergrechtes für dieses Gebiet. Denn während in den übrigen Ländern des französischen Rechtes das Bergrecht eine vielseitige Umbildung und Fortbildung erfahren hat, ließ die preußische Gesetzgebung dieses Gebiet fast ganz unberührt und erst die Gesetze vom 10. April 1854 über die Knappschaftsvereine, vom 26. März 1856 über die unbefugte Mineralgewinnung, vom 10. Juni 1861 über die Kompetenz der Oberbergämter und vom 20. October 1862 über die Bergwerksabgaben, welche für den ganzen Umfang der Monarchie erlassen wurden, führten eine Ergänzung und eine Modifikation des linksrheinischen Bergrechtes in einigen Punkten herbei.

Die französische Berggesetzgebung beruht wie das deutsche Bergrecht auf der Grundlage der Bergbaufreiheit und des von dem Grundeigenthume getrennten und unabhängigen Bergwerkseigenthums. Sie unterscheidet sich von dem deutschen Bergrechte dadurch, daß sie die Erwerbung des Bergwerkseigenthums nicht von dem Rechte des ersten Finders und des ersten Muthers, sondern lediglich von der Concession der Staatsbehörde abhängig macht, in deren Ermessen gestellt ist, ob Bergwerkseigenthum verliehen und welchem Bewerber es zu Theil werden soll [1]).

Die so beschränkte Bergbaufreiheit beruht nach den beiden Gesetzen von 1791 und 1810 auf einer verschiedenen theoretischen Grundlage. Während jenes die Mineralschätze als herrenlose Sachen unmittelbar der Verfügung des Staates unterwarf, erkennt das neuere Gesetz theoretisch die Lagerstätten als Substanztheile des Grundeigenthumes an und statuirt nur eine Einschränkung der Rechte des Grundeigenthümers, welche allerdings soweit geht, daß sie diese Mineralschätze seiner Einwirkung ganz entzieht. Obgleich aber das Gesetz von 1810 die unverliehenen Lagerstätten theoretisch als im Eigenthume des Grund und Bodens begriffen ansieht, so constituirt es doch an den verliehenen Mineralien ein wirkliches Bergwerkseigenthum, welches nicht ein aus dem Grundeigenthume abgeleitetes Recht, ein Recht an fremder Sache, sondern ein Recht von selbstständigem und neuem Inhalte ist. Zu diesem Zwecke legt es dem Concessionsacte und der durch diesen Act dem Grundbesitzer ausgesetzten Rente, dem sogenannten Grundrecht, die Wirkung einer Expropriation in Bezug auf die verliehenen Mineralien bei, welche nunmehr aus dem Eigenthume des Grundbesitzers ausscheiden und Objecte eines neuen Rechtes des Bergwerkseigenthums werden [2]).

Das französische Bergrecht hat also mit dem deutschen das characteristische Rechtsinstitut eines selbstständigen in seiner Begrenzung und Dauer von dem Grundeigenthume unabhängigen Bergwerkseigenthumes gemein. Es unterscheidet jedoch neben den Gegenständen dieses Bergwerkseigenthums und den der freien Benutzung des Grundbesitzers anheimfallenden Mineralien (carrières) noch eine Klasse nutzbarer Mineralien (minières, Gräbereien), welche zwar im Eigenthume des Grundbesitzers verbleiben, aber mit einer Einschränkung zu Gunsten desjenigen, der eine Permission zur Gewinnung oder Verhütung solcher Mineralien (Raseneisenerz, Vitriol- und Alaunerze) von der Staatsbehörde erlangt [3]).

Die Grundsätze des französischen Bergrechtes in Bezug auf diese Eintheilung der Mineralien und in Bezug auf die Erwerbung des Bergwerkseigenthumes haben in dem Allgemeinen Preußischen Berggesetze keine Aufnahme gefunden. Dagegen sind die Bestimmungen des Gesetzes vom 21. April 1810 über das Verhältniß des Berg-

1) Gesetz vom 21. April 1810 Artt. 13—16.

2) Ebend. Artt. 6. 7. 17.

3) Ebend. Artt. 3. 57—80.

werksbesitzers zum Grundeigenthümer und zum Staate, welche auf einer freisinnigeren Grundlage und auf richtigerer volkswirthschaftlicher Erkenntniß beruhen, als die entsprechenden Regeln des bisherigen preußischen und des gemeinen Bergrechtes, in vielen Punkten in das neue Berggesetz aufgenommen. nachdem schon durch die Novellengesetzgebung der beiden letzten Jahrzehnte die Grundsätze des französischen Bergrechts in Bezug auf das Verhältniß des Bergbaues zum Staat und zur Aufsichtsbehörde auch in den übrigen Landestheilen practische Geltung erlangt hatten.

An einer deutschen wissenschaftlichen Bearbeitung des französischen Bergrechtes fehlte es, bis vor kurzem Dr. Achenbach eine solche in der Zeitschrift für Bergrecht (Bonn 1860—1864, Jahrgang I—V) unternommen, jedoch noch nicht zu Ende geführt hat. Eine Sammlung der linksrheinischen Berggesetze in deutscher Uebersetzung ist unter dem Titel: Die in der Königlich Preußischen Rheinprovinz gültigen Französischen Bergwerksgesetze ꝛc. ꝛc. Koblenz 1836 von H. Martins veröffentlicht. Aus der Literatur des französischen und des belgischen Bergrechtes sind folgende Werke namhaft zu machen.

Locré, Législation sur les mines, et sur les expropriations pour cause d' utilité publique. 1 vol. Paris 1828.

Richard, Législation francaise sur les mines. Paris 1838. 2 voll.

Delebecque, Traité sur la législation des mines. Bruxelles et Liège 1836. 1838. 2 voll.

Chicora et Dupont, Nouveau Code des mines annoté. Bruxelles 1846. 1 vol. Supplement Bruxelles 1852. 1 vol.

Dupont, Traité pratique de la jurisprudence des mines. 2 voll. Bruxelles 1850.

Chicora, Jurisprudence du conseil des mines en Belgique. Bruxelles 1850. 1 vol.

De Fooz, Points fondamentaux de la législation des mines. Paris et Tournay 1858. 1 vol.

Dufour, Lois des mines. Paris 1857. 1 vol.

Bury, Traité de la legislation des mines. Bruxelles 1859. 2 voll.

## §. VII.
## Die Preußische Berggesetzgebung.

Die Geschichte des Preußischen Bergrechtes wird eröffnet durch die drei revidirten Bergordnungen, welche Friedrich der Große in den Jahren 1766 bis 1772 für Kleve und Mark, für Schlesien und für Magdeburg-Halberstadt erlassen hat. Zwar sind schon früher Verordnungen über bergrechtliche Verhältnisse für einzelne Theile der Monarchie ergangen, so für Kleve und Mark die renovirte Bergordnung Friedrich-Wilhelms I vom 18. Juli 1737 und für Magdeburg das Privilegium vom 12. Dezember 1691 und die Interimsordonnanz vom 22. Mai 1696 von Kurfürst Friedrich III. Allein Friedrich der Große unternahm zuerst, die Berggesetzgebung in den verschiedenen Bergwerksdistricten nach einem gemeinschaftlichen Plane einzurichten und zwar durch drei in den meisten Stücken wörtlich übereinstimmende Provinzialbergordnungen.

Bis zu den schlesischen Kriegen konnte überhaupt eine selbstständige und gleichförmige Rechtsbildung für den Umfang der Preußischen Monarchie sich in keinem Zweige des bürgerlichen Rechtes gestalten. Die Appellationen an die Reichsgerichte, welche in verschiedenen Landestheilen in verschieden begrenztem Umfange stattfanden, erhielten die Landesgerichte und mittelbar die Landesgesetzgebung in einer gewissen Abhängigkeit von den Organen und von dem Entwickelungsgange des gemeinen Rechtes. Erst als nach dem Dresdener Frieden ein allgemeines privilegium de non appellando für alle Landestheile von Franz I am 31. März 1746 ertheilt wurde, konnte ein gemeines Landesrecht für die Preußische Monarchie, gegenüber den Provinzialrechten der einzelnen Landestheile und unabhängig von dem gemeinem deutschen Rechte entstehen. Friedrich der Große ordnete denn auch schon durch die Constitution vom 31. December 1746 die Abfassung eines allgemeinen Landrechtes an, „damit einmal ein gewisses Recht im Lande etablirt werden möge".

Das Project des Corporis juris Fridericiani, welches auf diese Anweisung von Cocceji verfaßt wurde (1749—1751), läßt das Bergrecht ganz unberücksichtigt. Allein weit früher, als jene Versuche einer Codification des bürgerlichen Rechtes in dem Allgemeinen Preußischen Landrecht von 1794 zum Abschluß gelangten, wurde auf dem Gebiete des Bergrechtes die angekündigte Verbesserung der Gesetzgebung zur Ausführung gebracht, nach einem veränderten Plane allerdings, indem drei Provinzial-Bergordnungen statt eines allgemeinen Landesgesetzes publizirt wurden, aber in dem Geiste der durch die Constitution von 1746 proclamirten Rechtseinheit, indem nur die der ganzen Provinz angehörigen Besonderheiten aufrecht erhalten, das übrige Bergrecht aber durch gleichlautende Bestimmungen gleichförmig für alle drei Provinzen geregelt wurde.

Die erste der Revidirten Bergordnungen erging unter dem 29. April 1766 für die aus der Jülichschen Erbfolge erworbenen Klevischen Lande, in denen schon am 19. April 1542 von Herzog Wilhelm IV von Kleve eine Bergordnung publizirt worden war. An die Stelle dieser Bergordnung von 1542, welche Kurfürst Georg Wilhelm bei der Besitznahme der Klevischen Lande im Jahre 1639 aufs Neue publiziren ließ, hatte dann Friedrich Wilhelm I unter dem 18. Juli 1737 die „Renovirte Bergordnung für die Klevischen und angehörigen Lande, besonders die Grafschaft Mark" erlassen. Letztere wurde durch die Revidirte Bergordnung für das Herzogthum Kleve, Fürstenthum Meurs und für die Grafschaft Mark vom 29. April 1766 ersetzt, bei deren Abfassung außer der Renovirten Bergordnung vorzüglich die Kursächsischen Berggesetze und die Joachimsthaler Bergordnung von 1548 als Quelle benutzt sind. Die Revidirte Bergordnung von 1766 enthält in 88 Kapiteln ausführliche Festsetzungen über alle bergrechtlichen Verhältnisse, welche auf dem Gebiete des Privatrechtes — abgesehen von wenigen provinziellen Besonderheiten — sich den Grundsätzen des gemeinen deutschen Bergrechtes auf das Engste anschließen. Auf dem Gebiete des öffentlichen Rechtes dagegen schlägt die Revidirte Bergordnung eine ganz neue den ältern Bergordnungen fremde Richtung ein, indem sie die Gewerkschaften der Verwaltung ihres Bergwerkseigenthums fast vollständig entsetzt und den Betrieb und den Haushalt der Gruben unter specieller Leitung des Bergamtes den von Letzterem angestellten und ihm allein verantwortlichen Schichtmeistern und Steigern überträgt, welche weder aus der Zahl der Gewerken, noch aus deren Söhnen, Knechten und Verwandten gewählt werden dürfen. (Cap. 43—47.) Diese Neuerung blieb auch für die spätere provinzielle und allgemeine Berggesetzgebung maßgebend, die sich auf das engste an die Kleve-Märkische revidirte Bergordnung anschloß.

Zunächst wurde nach ihrem Muster die Revidirte Bergordnung für das souveräne Herzogthum Schlesien und für die Grafschaft Glatz vom 5. Juni 1769 ausgearbeitet, welche an die Stelle der Rudolfinischen Bergordnungen von 1577 und 1578 und der zahlreichen in den schlesischen Mediatherrschaften erlassenen und recipirten Spezial-Bergordnungen trat. Sie unterscheidet sich von der Kleve-Märkischen hauptsächlich nur in den Bestimmungen über die Gegenstände des Bergregals (Cap. 1, §. 1), das Mitbaurecht (Cap. 1, §. 3, und Declaration v. 1. Febr. 1790), die Kuxeintheilung (Cap. 31), über die Quatember- und Rezeßgelder (Cap. 36, 37) und in der Benennuug der Behörden, indem dem Bergamte das Oberbergamt substituirt wurde.

Die Revidirte Bergordnung für das Herzogthum Magdeburg, Fürstenthum Halberstadt, die Grafschaften Mansfeld, Hohenstein und Reinstein, auch incorporirte Herrschaften vom 7. Dezember 1772 endlich stimmt mit der schlesischen fast durchgehends wörtlich überein. Die einzig bemerkenswerthen Abweichungen betreffen die Gegenstände des Bergregales (Cap. 1, §. 1) und die Feldesgröße (Cap. 3, §. 1).

Als durch die Kabinetsordre v. 14. April 1780 die Wiederaufnahme der seit dreißig Jahren ruhenden Arbeiten für die Codification des Preußischen Rechtes angeordnet wurde, konnte man für die Bearbeitung des Bergrechtes die Revidirten Bergordnungen für Schlesien und Magdeburg unmittelbar zu Grunde legen. Man beschränkte sich in dem ersten Entwurfe darauf, „die Materien in eine dem Plane des Ganzen angemessenere Ordnung zu rangiren, sowie die dem gemeinen Leser nicht verständlichen Stellen und Ausdrücke gemeinfaßlicher einzurichten,“ ohne in den Dispositionen der Bergordnungen etwas Wesentliches zu ändern. (Brassert, das Bergrecht des Allgem. Preuß. Landrechts in seinen Materialien. Bonn 1861. S. 39, 98.) Die Mittheilung dieses Entwurfes an die Bergbehörden und demnächst die Veröffentlichung desselben in dem Entwurfe eines allgemeinen Gesetzbuches für die preußischen Staaten (1784—1788), in welchem das Bergrecht in zwei Abschnitten: Th. I, Abth. 3, Tit. 4, Abschn. 4: Vom Bergwerksregal, und Th. II, Abth. 3, Tit. 14, Abschn. 4: Von den Rechten und Pflichten der Bergwerksgesellschaften, abgehandelt wurde, rief jedoch eine große Anzahl von gutachtlichen Bemerkungen und Abänderungsvorschlägen hervor, aus deren eingehender Erörterung dann das Bergrecht des Allgemeinen Landrechts in derjenigen Gestalt hervorging, wie dasselbe in dem Th. II, Tit. 16, Absch. 4 dieses Gesetzbuchs vorliegt.

Die Vorzüge dieses in dem Allgemeinen Landrechte enthaltenen Berggesetzes sind durch eine siebzigjährige Geltung glänzend bewährt worden, und es dürfen demselben nur wenige Bergordnungen der vorhergehenden oder der nachfolgenden Zeit an die Seite gestellt werden, soweit die formalen Vorzüge einer correcten Fassung und einer zweckmäßigen Anordnung der Vorschriften in Betracht kommen. Auch in materieller Hinsicht steht die Berggesetzgebung des Allgemeinen Landrechts ganz auf der Höhe der damaligen Rechtswissenschaft und der damals geltenden volkswirthschaftlichen Politik. Aber der Standpunkt dieser Volkswirthschaft war noch derselbe und ihr Horizont eben so eng begrenzt wie zur Zeit der Abfassung der Revidirten Bergordnungen. Man fand auch in dem Allgemeinen Landrecht für gut, den Bergbau der Direction des Bergamtes zu unterwerfen (§. 82). Dem Bergamte war die Festsetzung der Preise der Bergwerksproducte (§. 315), die Bestimmung der zu zahlenden Zubuße oder der zu vertheilenden Ausbeute (§§. 274, 300), die Annahme der Arbeiter, der Schichtmeister und der Steiger (§§. 307 ff.) vorbehalten.

Dieses sogenannte Directionsprinzip wurde schon bei der Redaction des Allgemeinen Landrechts von Grolmann und Eggers bekämpft (Brassert a. a. O. S. 75, 147) jedoch vergebens. Die Praxis der Bergbehörden war sogar viele Jahrzehnte hindurch auf die möglichste Ausdehnung des sogenannten Directionsprinzipes und auf die vollständige Unterwerfung des Privatbergbaues unter die Leitung der Behörden gerichtet.

Die Instruction für das Kleve-Märkische Bergamt zu Wetter vom 24. Mai 1783 enthielt im §. 5, Nr. 2 die Bestimmung:

„Es sollen keine neuen Steinkohlenwerke in Betrieb gesetzt werden, bis daran sich ein Kohlenmangel ereignet."

Nach dieser Vorschrift wurde der Betrieb eines verliehenen Steinkohlenbergwerks von einer besonderen Erlaubniß des Bergamtes abhängig gemacht, dessen Beurtheilung anheim gegeben war, ob ein Bedürfniß zur Eröffnung einer neuen Grube vorhanden sei oder nicht. Auf Grund dieser Vorschrift wurde unter andern der Gewerkschaft der Grube Schölerpad bei Essen zehn Jahre lang von 1816 bis 1826 die nachgesuchte Erlaubniß zur Eröffnung eines Tiefbaues verweigert, weil der Tiefbau der Grube Sälzer und Neuack zur Versorgung des dortigen Kohlenmarktes genüge und ein Bedürfniß zur Anlage eines zweiten Tiefbaues im Essener Reviere nicht vorhanden sei. „Die Verleihung der Grube Schölerpad gebe der Gewerkschaft nicht das Recht, der Erlaubniß zum Betriebe zu verlangen. Das Allgem. Landrecht Th. II, Tit. 16, §§. 188, 189 spreche zwar die Verpflichtung zum ununterbrochenen Betriebe aus, ohne indeß ein Recht auf den Betrieb des verliehenen Bergwerkes zu begründen. Die in den neuen Gewerbegesetzen ausgesprochene Gewerbefreiheit sei auf den Bergbau ausdrücklich nicht erstreckt worden. Die Schätze, welche die Natur in ihrem Schoße verberge, erzeugen sich einmal verschwendet nicht wieder und aller Betriebsvorschriften letzter Zweck müsse also eine nachhaltige, mithin eine ökonomische Benutzung jener Reichthümer sein. Diese Benutzung dürfe nicht über das Maß des Bedürfnisses hinaus gestattet werden, da der Bergbau nur alsdann solide Unternehmer finden werde, wenn dieselben des consequenten Schutzes von Seiten des Staates gewiß seien und von einer auf bloßer Speculation beruhenden Concurrenz nichts zu fürchten haben. Die Bewilligung des für die Grube Schölerpad beabsichtigten Tiefbaues würde aber den Untergang dieses Betriebes auf der Grube Sälzer & Neuack zur Folge haben, weil diese Grube eine halbe Stunde entfernter für den Debit ins Klevische liege, als Schölerpad. Die Gewerkschaft von Sälzer & Neuack würde also den größten Theil ihres Kohlenabsatzes und damit die Aussicht auf Verzinsung und Erstattung des auf ihren Tiefbau verwendeten bedeutenden Anlagekapitals verlieren. Das Publikum aber würde aus der Concurrenz zweier Tiefbau-Anlagen keinen Nutzen ziehen, namentlich auf keine Ermäßigung der Kohlenpreise rechnen dürfen. Vielmehr würde zu befürchten sein, daß die Preise nach und nach höher gestellt würden, um die Kosten der doppelten Tiefbauanlage zu decken [1])."

Der letztere Grund, auf welchen ausdrücklich als auf ein Hauptargument besonderes Gewicht gelegt wurde, beweist, zu welchen Folgewidrigkeiten ein System führen mußte, das nach Beseitigung der natürlichen Hebel des Verkehrs, den Bedarf des Kohlenmarktes und seine Versorgung von Amtswegen zu regeln unternahm, wie etwa den Etat eines Armenhauses. Wenn von der Vermehrung der Betriebspunkte eine Erhöhung der Kohlenpreise befürchtet wurde, wenn dem Besitzer der eine halbe Stunde dem Absatzpunkte näher gelegenen Grube der Betrieb untersagt wurde, obgleich oder vielmehr weil er die Nachfrage billiger befriedigen konnte, als sein entfernter gelegener Concurrent, so sind das nur Beispiele der unrichtigen Voraussetzungen und der verkehrten Anordnungen, zu denen die Beseitigung der freien Concurrenz von Nachfrage und Angebot nothwendig führen mußte. War doch z. B. der Tarif der Ruhrschifffahrtsgefälle so regulirt, daß die der Mündung zunächst gelegenen Gruben höhere Abgaben für die Benutzung einer kurzen Stromstrecke zahlten, als die oberhalb gelegenen für die längere Fahrt, damit der Vortheil, welchen erstere durch ihre natürliche Lage in Bezug auf den Absatz der Kohlen behaupteten, zu Gunsten der Letzteren einigermaßen ausgeglichen werde. Nach demselben Grundsatze wurden auch bei den amtlichen Preisregulirungen den günstiger gelegenen Gruben höhere

1) Vergl. die von Freiherr v. Hallberg herausgegebene Zeitschrift „Hermann" 22. Stück. Hagen. 16. März 1819.

Preise, gewissermaßen Prohibitivpreise vorgeschrieben, um den Absatz ihrer ungünstiger gelegenen Nachbarn zu schützen.

Dieses System der vormundschaftlichen Verwaltung war berechnet auf den unentwickelten und hülflosen Zustand, in welchem die Gesetzgebung Friedrich des Großen den Bergbau vorfand. Die Zersplitterung der Production unter eine große Zahl unbedeutender Gruben, unter einer ganz unzureichenden technischen und kaufmännischen Leitung, die Beschränkung des Absatzgebietes durch zahlreiche Binnenzölle, durch den Mangel fahrbarer und schiffbarer Straßen, die Belastung des Bergbaues mit Abgaben, die nach dem damaligen Stande der Preise auf 20 % des Bruttowerthes der Production berechnet wurden [1]), bildeten vereinigt eine Schranke für die Entwickelung des Bergbaues, zu deren Uebersteigung dem Einzelnen die Mittel, dem Zeitalter der Unternehmungsgeist und der Gemeinsinn fehlten. Alle Anregung zu gemeinnützigen Unternehmungen wurde damals von der Regierung erwartet und ihr unbedenklich das Recht eingeräumt, zu diesen Zwecken die Einzelnen nach ihrem Ermessen polizeilich zu beschränken und zu besteuern. Als daher durch die Declaration zur Kleve-Märkischen Bergordnung vom 18. Mai 1786 die Steinkohlengruben revierweise unter die gemeinschaftliche Verwaltung von Oberschichtmeistern und Obersteigern gestellt wurden, als durch die Einrichtung der schlesischen Bergbau-Hülfskassen (Hofrescript vom 12. November 1779) die Steinkohlengruben zur Anlegung von Bergwerksstraßen u. dgl. besteuert wurden, entsprachen dergleichen Maßregeln sowohl dem Bedürfnisse als auch dem Geiste der Zeit.

Die Ursache, daß an diesen Einrichtungen auch dann noch festgehalten wurde, als die Bevormundung des Bergbaues seiner Entwickelung nicht mehr förderlich, sondern in hohem Grade schädlich geworden war, lag aber in der Finanzpolitik der Verwaltung. Die Abgaben, welche auf dem preußischen Bergbau lasteten, betrugen noch in den Jahren 1843—1847 zwölf Prozent des rohen Ertrages. Sie erhoben sich in einzelnen Landestheilen bis auf 14,3 % und 16,7 % des Productionswerthes. (v. Carnall, die Bergwerke in Preußen und ihre Besteuerung. Berlin 1850. Tabelle XX.) Eine solche Besteuerung konnte nicht aufrecht erhalten werden ohne solche Einrichtungen, die eine künstliche Steigerung des Preises der Bergwerksproducte zum Zwecke hatten.

Die Production der wichtigsten Bergwerksproducte, namentlich der Steinkohlen kann fast ohne alle Begrenzung gesteigert werden,

---

1) Nach einer Schätzung des Freiherrn von Stein, damals Bergamtsdirector in Wetter.

so daß sie bei freier Concurrenz im Stande ist, jeder Nachfrage zu genügen. Bei freier Concurrenz kann daher nur unter vorübergehenden Conjuncturen ein Mißverhältniß zwischen Nachfrage und Angebot und eine dadurch bedingte Preissteigerung eintreten. In der Regel wird der Preis der Bergwerksproducte gegen die Erzeugungskosten nicht erheblich differiren, so daß, wie schon Adam Smith bemerkt, der Bergwerksbesitzer nur die landesüblichen Zinsen seines Anlagecapitals gewinnt. Soll ein solches Product eine Besteuerung von 12 % seines Bruttowerthes tragen, so muß der Staat dem Bergwerksbesitzer die Möglichkeit geben, diese Steuer als einen Theil der Selbstkosten zu dem Preise zu schlagen und auf den Consumenten überzuwälzen. Dies war nur möglich bei einer Monopolisirung der Production zu Gunsten einer beschränkten Anzahl von Unternehmern und bei einer amtlichen Festsetzung der Verkaufspreise, welche die Concurrenz zwischen diesen Unternehmern so gut wie ausschließt. Hätte der Staat die freie Concurrenz beim Steinkohlenbergbau zugelassen, so würde diese die Tendenz gehabt haben, den Verkaufspreis unter die durch den Steuerbetrag erhöhten Selbstkosten zu drücken, der Bergwerksbesitzer hätte die Steuer zum Theil aus dem eigenen Vermögen zulegen müssen, und der Staat würde auf die Dauer es nicht möglich gefunden haben, die Steuer auf der Höhe von 12 % zu behaupten.

Der Kampf um die Reform der Berggesetzgebung hatte also ein doppeltes, jedoch eng verbundenes Ziel, die Freigebung des Bergbaues und die Erleichterung der Steuern. Anträge auf eine Revision der Berggesetze nach diesen beiden Gesichtspunkten wurden im Jahre 1828 von den Rheinischen und den Schlesischen Provinzialständen gestellt. Schon im Jahre 1826 war indeß gleichzeitig mit der angeordneten allgemeinen Gesetzrevision auch eine neue Bearbeitung des Bergrechtes unternommen, welche zunächst eine Verbesserung des formellen Zustandes der Berggesetzgebung bezweckte.

Das Allg. Landrecht hatte nach Artikel III des Publikationspatentes vom 5. Februar 1794 nur subsidiarische Gültigkeit erlangt, so daß alle Rechtsangelegenheiten zunächst nach den Vorschriften der Provinzialgesetze und erst in deren Ermangelung nach denjenigen des Landrechts beurtheilt werden sollten. Die Revidirten Bergordnungen blieben also, obgleich ihr ganzer, nicht ausschließlich provinzialrechtlicher Inhalt in das Allg. Landrecht aufgenommen war, in Kraft und zwar nicht bloß in Bezug auf die darin enthaltenen provinziellen Besonderheiten, sondern auch in allen denjenigen Bestimmungen, welche gemeinen Rechtens waren und deren verbesserte Wiedergabe eben das Allg. Landrecht in seinem Abschnitte vom Bergwerksregale beabsichtigt hatte.

Die Umarbeitung der Provinzialgesetze bei der nach Artikel IV—VI des Publikationspatents nur die wirklich erheblichen und begründeten Abweichungen aufrecht erhalten werden sollten waren nicht zu Stande gekommen. Man hatte daher statt eines unvollkommenen Gesetzbuches wie man es früher in den Revidirten Bergordnungen besaß nunmehr deren zwei für jeden District eine weit größere Unvollkommenheit.

Das Staatsgebiet hatte seit dem Erlaß des Allg. Landrechts große und wechselnde Veränderungen erfahren. In die bei der zweiten Theilung Polens (1792) einverleibten Provinzen und in die durch den Reichsdeputationshauptschluß (1803) erworbenen sogenannten Entschädigungslande hatte man durch die Patente vom 7 April 1793 vom 5. April und vom 9. April 1803 die Revidirte Bergordnung des zunächst benachbarten Landestheiles als prinzipales Berggesetz neben dem subsidiarisch geltenden allgemeinen Landrecht eingeführt und so die äußere Gleichförmigkeit des Rechtszustandes gewahrt. Anders verhielt es sich mit den im Jahre 1814 neu erworbenen Landestheilen in welchen nach den Publikationspatenten vom 15. November 1816 und vom 21 Juni 1825 nur das Allg. Landrecht als Subsidiarrecht eingeführt worden ist, während die daselbst vorgefundenen Provinzialbergordnungen als Prinzipalrecht in Kraft verblieben sind. Dazu kamen die Landestheile, in welchen das französische Civilrecht in Geltung verblieb und zwar auf der linken Rheinseite mit dem während der Fremdherrschaft dort eingeführten französischen Bergwerksgesetze vom 21 April 1810, auf der rechten Rheinseite mit den daselbst in Geltung verbliebenen deutschen Bergordnungen endlich die Gebiete des gemeinen deutschen Rechtes nebst den verschiedenen in demselben geltenden Provinzialbergordnungen.

In dem Gebiete des Allg. Landrechts und des Gemeinen Rechtes, welchen nur eine subsidiarische Geltung zukam, galten als Prinzipalrechte folgende zwölf Provinzialbergordnungen [1])

1. die Nassau-Catzenelnbogische vom 1. Mai 1559,
2. die Churtrierische vom 22. Juli 1564,
3. die Hennebergische vom 18. Dezember 1566,
4. die Homburgische vom 25. Januar 1570,
5. die Kursächsische vom 12. Juni 1589 nebst der Stollen-

---

1) Sie sind gesammelt in Brassert's Bergordnungen der Preußischen Lande. Köln 1858.

ordnunng vom 12. Juni 1749 und dem Steinkohlenmandate vom 19. August 1743,

6. die Wildenburgische vom Jahre 1607,
7. die Kurkölnische vom 4. Januar 1669,
8. die Eisleben-Mansfeldische vom 28. October 1673,
9. die Jülich-Bergische vom 21. März 1719,
10. die Kleve-Märkische vom 29. April 1766,
11. die Schlesische vom 5. Juni 1769,
12. die Magdeburg-Halberstädtische vom 7. Dezember 1772.

Allein die Anzahl der örtlichen Verschiedenheiten in der bisherigen preußischen Berggesetzgebung wurde durch die Anzahl der geltenden Bergordnungen keineswegs erschöpft, sondern durch die mannigfaltigsten Kombinationen der verschiedenen Landesgesetzgebungen mit den einzelnen Partikularrechten noch erheblich vervielfacht. So fällt z. B. die Grenze des gemeinen und des französischen Civilrechtes nicht mit der Grenze des deutschen und des französischen Bergrechtes zusammen. Es galt daher in einem Theile der Rheinprovinz das gemeine deutsche, in einem andern das französische Berg- und Civilrecht, in einem dritten Theile aber das deutsche Bergrecht neben dem französischen Civilrechte. Ebenso galten manche Provinzialbergordnungen sowohl im Gebiete des gemeinen als des preußischen Rechtes, so die Kurkölnische, die Kursächsische und die Jülich-Bergische Bergordnung, von denen also jede ein doppeltes Rechtsgebiet repräsentirte. So wie die Grenzen dieser Partikularrechte die längst vergangenenen politischen Eintheilungen verewigten, die zur Zeit ihrer Einführung bestanden, so hatten auch die späteren oft ganz ephemeren Staatenbildungen für das Gebiet des Bergrechtes dadurch Bedeutung behalten, daß durch Spezialgesetze wichtige Neuerungen in den Bereich der älteren Bergordnungen, oder vielmehr in einzelne Theile ihres Rechtsgebietes eingeführt wurden. So hatte das Westfälische Decret vom 27. Januar 1809 die Magdeburg-Halberstädtische Bergordnung durch die Aufhebung des Mitbaurechtes, die Kursächsische Bergordnung durch die Einführung des Steinkohlenregals modificirt, jedoch nur in den zu dem Königreich Westphalen abgetretenen Landestheilen, während in den übrigen Theilen ihres Rechtsgebietes die beiden Bergordnungen in unveränderter Geltung verblieben. So galt ferner die Kursächsische Bergordnung in einigen Landestheilen mit dem sogenannten Steinkohlenmandate vom 19. August 1743, in anderen ohne dieses Spezialgesetz, welches seinerseits wieder ohne die Kursächsische Bergordnung in denjenigen Landestheilen Geltung erhalten hatte, welche wie die Ober- und Nieder-Lausitz erst nach dem sechszehnten Jahrhundert vorübergehend mit dem sächsischen Kurstaate verbunden wurden.

Es kann daher keineswegs befremden, wenn in manchen Landestheilen erhebliche Zweifel darüber bestanden, ob daselbst bei dem mannigfaltigen Wechsel der Gesetzgebung eine bestimmte Bergordnung Geltung erhalten hat, oder in Geltung verblieben ist, so in Posen wegen der schlesischen Bergordnung, in der Lausitz wegen der böhmischen Bergwerksvergleiche von 1534 und 1575, im Grunde Seel- und Burbach wegen der nassauischen Bergordnung.

Der bisherige Rechtszustand war hiernach schon in Bezug auf die örtliche Geltung der verschiedenen Berggesetze ein höchst verwickelter und zweifelhafter. Und diese Rechtsunsicherheit wurde noch in hohem Grade gesteigert durch die Beschaffenheit der Rechtsquellen, welche sämmtlich einer längst vergangenen Periode angehören und auf die Verhältnisse eines noch unentwickelten Bergbaues berechnet sind. Die häufig dunkeln und lückenhaften Vorschriften der älteren Bergordnungen bereiteten daher der Rechtsanwendung große Schwierigkeiten.

Das Ziel der im Jahre 1826 begonnenen Gesetzrevision war die Beseitigung aller jener prinzipalen und subsidiarischen Gesetze und die Herstellung eines allgemeinen Berggesetzes für den ganzen Staat, in welches die beizubehaltenden provinziellen Besonderheiten als solche aufgenommen werden sollten. Der Entwurf eines solchen gemeinen preußischen Bergrechtes nebst einer Instruction zur Verwaltung des Bergregales wurde im Jahre 1833 als Pensum XI der Gesetzrevision gedruckt, jedoch nicht zum Gesetz erhoben, sondern einer nochmaligen Berathung in den Fachministerien unterworfen, aus welcher der wenig veränderte Entwurf von 1835 hervorging. Dieser Entwurf wurde jedoch im Jahre 1841 durch einen wesentlich veränderten Berggesetzentwurf ersetzt, welcher nach erfolgter Begutachtung durch die Provinzialstände im Jahre 1845 einer Kommission zur weiteren Berathung überwiesen wurde, die unter dem Vorsitze des damaligen Gesetzgebungsministers von Savigny zusammentrat und im Jahre 1846 einen vierten Gesetzentwurf zur Begutachtung durch den Staatsrath vorlegte. Die Auflösung des Staatsraths im Jahre 1848 unterbrach die weitere Berathung dieses Entwurfes und der damalige Handelsminister Milde berief zur Ausarbeitung eines neuen Entwurfs eine aus Beamten und Bergwerksbesitzern zusammengesetzte Kommission, welche ihre Arbeit im October 1848 beendigte. Allein statt des vorgelegten Entwurfs wurde im Handelsministerium ein neuer, der sechste Entwurf (1849) ausgearbeitet und aus ihm ging nach weiterer Berathung in den Ministerien die Gesetzvorlage hervor, welche in der Sitzungsperiode 18$\frac{49}{50}$ den beiden Kammern als Entwurf eines Allgemeinen Berggesetzes gemacht wurde, jedoch bis zum Schlusse der Session nicht erledigt wurde.

Der Grund, weshalb keiner dieser sieben Entwürfe die gesetzliche Sanction erlangt hat, ist nicht sowohl in äußeren Umständen, als vielmehr darin zu suchen, daß keiner dieser Entwürfe den Interessen des Bergbaues, den Bedürfnissen des Verkehrs und den Anforderungen der Wissenschaft Genüge leistete. Dieser Vorwurf trifft im geringeren Grade die beiden ersten Entwürfe von 1833 und 1835, welche den Plan verfolgten, das Bergrecht des Allg. Landrechts nach den Grundsätzen des freien Verkehrs umzugestalten und in dieser Beziehung mit den Prinzipien des linksrheinischen Bergrechtes in Einklang zu setzen. Dennoch wurde nach beiden Entwürfen der Bergbautreibende der Aufsicht der Bergbehörden nicht bloß nach den Grundsätzen der Bergpolizei, sondern auch in Bezug auf die Beobachtung der Regeln der Bergbaukunde unterworfen. Die Annäherung an die Verwaltungsgrundsätze des linksrheinischen Rechtes erfolgte nur zaghaft und nur unter erheblichen Vorbehalten. Allein auch die beabsichtigten gelinden Einschränkungen des Directionsprinzips erfuhren den lebhaftesten Widerspruch, nachdem inzwischen ein Wechsel in den leitenden Persönlichkeiten eingetreten war; und der dritte Entwurf von 1841 kehrte vollständig zu den Grundsätzen des Allg. Landrechts zurück, indem er den Bergbehörden nicht bloß die Aufsicht, sondern die unmittelbare Leitung des Privatbergbaues übertrug. Dieser Entwurf, sowie auch der vierte von 1846, welcher dieselbe Richtung verfolgte, schloß deshalb die linksrheinischen Landestheile von der beabsichtigten Reform des Bergrechtes gänzlich aus. Beide Entwürfe hielten zugleich mit Vorliebe an der kasuistischen Form des Allg. Landrechts und an der Erhaltung provinzieller Besonderheiten fest.

Im geraden Gegensatze zu beiden Entwürfen verfolgten die drei letzten Entwürfe von 1848, 1849 und 1850 das Ziel, das französische Bergrecht in seinen Singularitäten, mit der Eintheilung der Mineralgewinnungen in Bergwerke, Gräbereien und Steinbrüche, mit seinem Concessionsverfahren u. dgl. auf den rechtsrheinischen Boden zu verpflanzen.

Die bewegenden Fragen, welche die juristische Praxis und Theorie während der letzten Jahrzehnte beschäftigt haben, die Fragen nach der Natur des von dem Muther erworbenen Rechtsanspruchs auf Verleihung, nach den Regeln über die Kollision solcher Ansprüche, nach der zweckmäßigsten Gestalt der gewerkschaftlichen Verfassung, nach der rechtlichen Natur des gewerkschaftlichen Antheilrechtes, nach den Grundlagen des gewerkschaftlichen Realcredits fanden in keinem dieser Entwürfe eine genügende Lösung, und es war der Gesetzgebung anderer deutscher Staaten, von denen zunächst Sachsen und Oesterreich die in Preußen unterbrochene Reform der Berggesetzgebung aufnahm, vorbehalten, nach diesen Richtungen hin neue legislatorische Gesichtspunkte zu eröffnen.

In Preußen beschritt man nach so vielen vergeblichen Versuchen einer neuen Codification des Bergrechtes mit Erfolg den Weg der Novellengesetzgebung. Schon im Jahre 1821 war durch das Gesetz vom 1. Juli über die Verleihung des Bergeigenthums auf Flötzen dem wichtigen Steinkohlenbergbau eine wesentliche Förderung zu Theil geworden, indem statt der bisherigen kleinen und unzweckmäßig begrenzten Geviertfelder, Felder von angemessener Ausdehnung mit der unbegrenzten Erstreckung in die ewige Teufe gewährt wurden.

Im Jahre 1851 endlich wurde eine durchgreifende Reform der bisherigen Gesetzgebung in Angriff genommen und durch die beiden Gesetze vom 12. Mai 1851 über die Besteuerung der Bergwerke und über die Verhältnisse der Miteigenthümer die Axt an die Wurzel des bisherigen Verwaltungssystems gelegt und der Bergbau von der vormundschaftlichen Direction der Behörden, sowie von einem Theile des übermäßigen Steuerdruckes befreit. Es folgten nunmehr in kurzen Zwischenräumen Verbesserungen der Gesetzgebung in verschiedenen Zweigen und neue Steuerermäßigungen.

So wurden seit der Publikation des Allg. Landrechts die folgenden 16 Novellen auf dem Gebiete der Berggesetzgebung erlassen:

1) die Declaration wegen Ueberlassung des Grund und Bodens an die Bergbau treibenden Gewerke zur Anlage der Abfuhrwege und Niederlagen vom 27. October 1804;
2) das Gesetz über die Verleihung des Bergeigenthums auf Flötzen, vom 1. Juli 1821;
3) die Gesetze über die Besteuerung der Bergwerke, vom 12. Mai 1851;
4) das Gesetz über die Verhältnisse der Mit-Eigenthümer eines Bergwerks, von demselben Tage;
5) über die Vereinigung der Berg-, Hütten- und Salinenarbeiter in Knappschaften, vom 10. April 1854;
6) über die Abtretung von Grund und Boden zu bergbaulichen Zwecken in dem außerlandrechtlichen Theile des vormaligen Bergamtsbezirks Essen, vom 26. Februar 1855;

7) über die Befugniß der Bergämter zur Führung der Berg-Hypothekenbücher, vom 18. April 1855;
8) über die Bestrafung unbefugter Aneignung von Mineralien, vom 23. März 1856;
9) über die Aufhebung der Bergamtssporteln, vom 21. Mai 1860;
10) über die Beaufsichtigung des Bergbaues durch die Bergbehörden und das Verhältniß der Berg- und Hüttenarbeiter, von demselben Tage;
11) über die Ermäßigung der Bergwerks-Abgaben, vom 22. März 1861;
12) über die Anlegung von Hypothekenfolien für Kohlenbaugerechtigkeiten in den vormals Sächsischen Landestheilen, vom 1. Juni 1861;
13) über die Kompetenz der Ober-Bergämter, vom 10. Juni 1861;
14) über die Bergwerks-Abgaben, vom 20. Oktober 1862;
15) über die Verwaltung der Bergbau-Hülfskassen, vom 5. Juni 1863;
16) über die Abänderung des §. 13 des Gesetzes vom 12. Mai 1854.

Der Gesetzentwurf wegen der Verleihung der Grubenfelder und der Gesetzentwurf wegen Mobilisirung der Kuxe, welche in den Jahren 1860 und 1861 den beiden Häusern des Landtags vorgelegt wurden, gelangten nicht zur Erledigung, weil sich bei den legislatorischen Berathungen eine Meinungsverschiedenheit nicht sowohl in Bezug auf das Prinzip der angestrebten Reformen, als vielmehr in Bezug auf die Art ihrer Durchführung zeigte, welche ein Einverständniß nicht zu Stande kommen ließ.

Nachdem durch diese Thätigkeit der Novellengesetzgebung die wichtigsten materiellen Fragen, welche auf dem Gebiete der Berggesetzgebung einer Lösung bedurften, theils gelöst, theils für die endgültige Lösung vorbereitet waren, blieb noch die formale Aufgabe der angestrebten Reform, nämlich die Codification des Bergrechtes übrig, welche durch das vorliegende allgemeine Berggesetz vom 24. Juni 1865 gelöst ist.

Der erste Entwurf dieses Gesetzes wurde von dem Oberbergrath, jetzigen Berghauptmann H. Brassert zu Bonn verfaßt und nach vorheriger Berathung in dem Handelsministerium unter dem Titel: Vorläufiger Entwurf eines allgemeinen Berggesetzes für die Preußischen Staaten. Berlin 1863 veröffentlicht. Nachdem über diesen Entwurf zahlreiche Gutachten von den Behörden, Handelskammern, bergmännischen Vereinen, sowie von einzelnen Juristen abgegeben worden, erfolgte die Zusammenstellung der sämmtlichen Monita durch

H. Brassert und unter Berücksichtigung derselben die nochmalige Berathung des Entwurfs durch eine aus Kommissarien des Handelsministeriums und des Justizministeriums gebildete Kommission unter dem Vorsitze des Handelsministers Grafen von Itzenplitz und des Oberberghauptmannes Krug von Nidda. Die aus diesen Berathungen hervorgegangene Gesetzesvorlage wurde in der Sitzungsperiode von 1865 den beiden Häusern des Landtages und zwar zunächst dem Herrenhause vorgelegt. Die Kommission des Herrenhauses gestaltete die Regierungsvorlage durch zahlreiche Abänderungsvorschäge um, welche jedoch meist redactioneller Art waren und nur in wenigen Punkten eine materielle Aenderung des Entwurfes involvirten. Auf Grund des Kommissionsberichtes vom 16. März 1865 nahm dann das Herrenhaus in seiner Sitzung vom 30. März den Gesetzentwurf mit den von der Kommission vorgeschlagenen Abänderungen an und das Haus der Abgeordneten trat diesem Beschlusse auf den von seiner Kommission am 8. Mai erstatteten Bericht in der Sitzung vom 31. Mai ebenfalls bei. Das Gesetz, welches den Zeitpunkt, mit welchem es in Kraft tritt, im §. 243 auf den 1. October 1865 bestimmt, ist unter dem 24. Juni 1865 vom Könige vollzogen und durch das 30. Stück der Gesetzsammlung publizirt.

Aus der bisherigen Literatur des Preußischen Bergrechtes mögen zum Schlusse dieses Abschnittes folgende Schriften Erwähnung finden:

H. Brassert, das Bergrecht des Allgemeinen Landrechts in seinen Materialien nach amtlichen Quellen bearbeitet. Bonn 1861.

Derselbe, Bergordnungen der Preußischen Lande. Köln 1858.

H. Gräff, Handbuch des Preußischen Bergrechts. 2. Auflage. Breslau 1856.

R. Klostermann, Uebersicht der bergrechtlichen Entscheidungen des Obertribunals. Berlin 1861. Fortsetzung (1860—63) Berlin 1863.

Zeitschrift für das Berg-, Hütten- und Salinen-Wesen im Preußischen Staate. Bd. I—XIII. Berlin 1853—1865.

Zeitschrift für Bergrecht, herausgegeben von H. Brassert und Dr. Achenbach. Bd. I—VI. Bonn 1860—1865.

Strohn, Bemerkungen über den vorläufigen Entwurf eines allgemeinen Berggesetzes. Berlin 1863.

Klostermann, Bemerkungen über denselben Entwurf. Berlin 1863.

v. Beughem, Bemerkungen ꝛc. ꝛc. Neuwied 1863.

# Allgemeines Berggesetz

## für die Preußischen Staaten

vom 24. Juni 1865

nebst

## Kommentar in Anmerkungen.

**Wir Wilhelm**, von Gottes Gnaden König von Preußen &c. verordnen, mit Zustimmung beider Häuser des Landtages für den ganzen Umfang der Monarchie, was folgt[1]):

---

1) Die Entstehungsgeschichte des Allgemeinen Berggesetzes ist in der Einleitung S. 68 ff. dargestellt worden. Das Gesetz ist in dem dreißigsten Stück der Gesetzsammlung (ausgegeben den 19. Juli 1865) unter Nr. 6125 publizirt und tritt nach §. 243 im ganzen Umfange der Monarchie mit dem 1. October 1865 in Kraft. Mit diesem Zeitpunkte treten nach §. 244 alle allgemeinen und besondern Gesetze, Verordnungen und Gewohnheiten über Gegenstände, auf welche das gegenwärtige Gesetz sich bezieht, außer Kraft, insbesondere §. 9, §§. 69—480 des Allg. Landrechts Th. II Tit. 16, das Gemeine deutsche Bergrecht, die Declaration vom 27. October 1804, das Gesetz über die Verleihung des Bergeigenthums auf Flötzen vom 1. Juli 1821, das Gesetz über die Verhältnisse der Miteigenthümer eines Bergwerks vom 12. Mai 1851, das Knappschaftsgesetz vom 10. April 1854, das Gesetz über die Beaufsichtigung des Bergbaues und das Verhältniß der Berg- und Hüttenarbeiter vom 21. Mai 1860, mit Ausschluß der §§. 16, 17 und 18 und des §. 19, soweit derselbe sich auf §. 18 bezieht, das Gesetz über die Competenz der Oberbergämter vom 10. Juni 1861, das linksrheinische Bergwerksgesetz vom 21. April 1810, das Decret über die Organisation des Bergwerkscorps vom 18. November 1810, das Bergwerks-Polizeidecret vom 3. Januar 1813, welche sämmtlich im §. 244 namentlich als aufgehoben bezeichnet sind. Von den bisherigen Berggesetzen bleiben außer den von der Aufhebung ausdrücklich ausgeschlossenen §§. 16—19 des Gesetzes vom 21. Mai 1860 nur diejenigen in Kraft, welche Gegenstände berühren, auf welche das Allgemeine Berggesetz sich nicht bezieht, nämlich:

I. Die Bergwerkssteuergesetze und zwar für die rechtsrheinischen Landestheile:

Das Gesetz über die Besteuerung der Bergwerke vom 12. Mai 1851 (G.S. S. 261) und das Gesetz, betreffend die Bergwerksabgaben, vom 20. October 1862 (G.S. S. 351).

Für die linksrheinischen Landestheile:

Das Decret über die Bergwerkssteuern vom 6. Mai 1811; die Cabinetsorder, betreffend das Verfahren bei der sogenannten verhältnißmäßigen Bergwerkssteuer in den Rheinlanden (links des Rheins), vom 30. August 1820 (G.S. S. 167), die Verordnung zur Ausführung der vorgedachten Cabinetsorder vom 21. Januar 1857 (G.S. S. 85) und das Gesetz, betr. die Bergwerksabgaben, vom 20. October 1862.

II Die Strafgesetze, nämlich:

Das Gesetz über die Bestrafung unbefugter Gewinnung oder Aneignung von Mineralien, vom 26. März 1856 (G.S. S. 203); das

# Erster Titel.

## Allgemeine Bestimmungen [2]).

### §. 1.

Die nachstehend bezeichneten Mineralien sind von dem Verfü-

---

Regulativ, betr. die Beschäftigung jugendlicher Arbeiter, vom 9. März 1839 (G.S. S. 156); das Gesetz, betr. einige Abänderungen dieses Regulativs vom 10. Mai 1853 (G.S. S. 225).

III. Die besonderen Vorschriften über die Einrichtung und Führung der Berghypothekenbücher (§. 246), nämlich:

Das Gesetz, betr. die Einrichtung des Berghypothekenwesens in dem Herzogthum Westfalen, dem Fürstenthum Siegen rc., vom 28. Februar 1845 (G.S. S. 100); das Gesetz, betr. die Befugniß der Bergämter zur Führung des Berggegen- und Hypothekenbuchs und zur Aufnahme von Handlungen der freiwilligen Gerichtsbarkeit, vom 18. April 1855 (G.S. S. 221); das Gesetz, betr. die Anlegung von Hypothekenfolien für Gerechtigkeiten zur Gewinnung von Braun- und Steinkohlen in den vormals Königl. Sächsischen Landestheilen, vom 1. Juni 1861 (G.S. S. 353).

IV Das Gesetz wegen der Verwaltung der Bergbauhülfskassen vom 5. Juni 1863 (G.S. S. 365) (§. 245).

V Die provinziellen Gesetze über die Besitz- und Rechtsverhältnisse bei Stein- und Braunkohlen in den vormals zum Königreich Sachsen gehörigen Landestheilen (§. 212), nämlich:

Das Kursächsische Mandat vom 19. August 1743 und das Regulativ vom 19. October 1843 (G.S. für 1861 S. 356 ff.).

Alle diese Gesetze werden gehörigen Ortes eingeschaltet und erläutert werden.

2) Die allgemeinen Bestimmungen des ersten Titels haben den doppelten Zweck, die Gegenstände der Bergbaufreiheit zu bestimmen und die Ausschließung dieser Gegenstände aus dem Rechte des Grundeigenthümers gesetzlich zu definiren. Der eine Theil dieser Aufgabe ist durch die Aufzählung der Mineralien, welche Gegenstand der Bergbaufreiheit sind, im §. 1 in sehr bestimmter Weise gelöst. Dagegen ist der Grundsatz der Bergbaufreiheit, kraft deren sie aus dem Eigenthume des Grundbesitzers ausscheiden und zu Gegenständen eines unabhängigen Bergwerkseigenthumes erhoben werden, in minder bestimmten Worten in den ersten beiden Sätzen des §. 1 ausgesprochen. Der Gesetzgeber hat nicht bloß und zwar absichtlich, wie aus den Motiven S. 23 hervorgeht, vermieden, sich mit Bestimmtheit auf den Boden einer der streitenden Theorien über die Natur der Bergbaufreiheit und den rechtlichen Inhalt des Bergwerkseigenthumes zu stellen, sondern er hat auch unterlassen, die Veränderungen, welche er in dem früheren Rechtszustande einführt, ausdrücklich auszusprechen. Diese Veränderungen bestehen in der Aufhebung des rechtsrheinischen Bergregales und linksrheinisch in der Aufhebung des Eigenthumes, welches nach Art. 552 Code Napoleon und nach Art. 6 des Bergwerksgesetzes vom 21. April 1810 dem Grundeigenthümer bis zur Erthei-

gungsrechte des Grundeigenthümers ausgeschlossen [3]).

lung der Concession an den Mineralien zustand. Die Trennung der bergfreien Mineralien von dem Grundeigenthume bestand linksrheinisch vor der Concession nicht, der Grundbesitzer war Eigenthümer derselben und in der Verfügung über dieselben nur beschränkt. Erst der Concessionsact entzog ihm das Eigenthum gegen eine Entschädigung das sogenannte Grundrecht. Rechtsrheinisch beruhte diese Trennung zwar auf der ursprünglichen Bergbaufreiheit, allein diese Bergbaufreiheit war verbunden mit dem Bergregale, kraft dessen dem Staate gewisse Vermögensrechte an den unverliehenen Mineralien beigelegt wurden.

Das Allgemeine Berggesetz hebt beide Institute, das rechtsrheinische Bergregal wie das linksrheinische Eigenthumsrecht des Grundbesitzers auf, wie dies in den Motiven S. 21 ausgesprochen ist. Die Bergbaufreiheit, welche bisher nur mit gewissen Beschränkungen in beiden Rechtsgebieten bestanden hat, soll nach dem Allgemeinen Berggesetze von allen diesen Einschränkungen befreit als die alleinige Grundlage der Trennung des Bergbaues von dem Grundeigenthume und der Erwerbung des Bergwerkseigenthumes bestehen. Dem Staate insbesondre soll künftig keine andere Einwirkung auf die Erwerbung und Benutzung des Bergwerkseigenthumes zukommen, als durch den Inhalt seiner natürlichen Hoheitsrechte, insbesondre der Justiz-, Finanz- und Polizeihoheit bedingt wird. Man hat erinnert, daß diese Veränderungen des bestehenden Rechtszustandes, namentlich die Aufhebung des Bergregales, in dem Gesetze selbst ausgedrückt werden müsse. Allein es unterliegt keinem Zweifel, daß es dessen nicht bedurft hat, daß vielmehr sowohl das Bergregal des Staates als auch die dem Grundeigenthümer links des Rheines früher zugestandenen Rechte implicite dadurch aufgehoben sind, daß dieselben in dem Allgemeinen Berggesetze keine Erwähnung gefunden haben und daß statt ihrer in den §§. 1 und 2 der Grundsatz der allgemeinen Bergbaufreiheit Anerkennung gefunden hat. Die Behauptung, daß das Bergregal des Staates in Ermangelung einer ausdrücklichen Aufhebung noch fortbestehe, würde die Folgerung nach sich ziehen, daß auch auf der linken Rheinseite die unverliehenen Mineralien noch im Eigenthume des Grundbesitzers begriffen und nur seiner Verfügung entzogen seien. Es würde daraus die ganz unhaltbare Folgerung sich ergeben, daß der §. 1, welcher für den ganzen Staat gleichlautende Bestimmungen trifft, dennoch für die rechtsrheinischen Provinzen einen andern Rechtszustand begründe, als für die linksrheinischen Landestheile. Die Aufhebung des früheren Rechtszustandes ist in der allgemeinen Klausel des §. 244 ausgesprochen, welche die bezüglichen rechtsrheinischen und linksrheinischen Gesetze namentlich aufhebt und außerdem alle Gesetze und Gewohnheiten über Gegenstände, auf welche sich das Allgemeine Berggesetz bezieht, für aufgehoben erklärt.

Mit dem Bergregale sind auch dessen Ausflüsse beseitigt, namentlich jede Art der willkürlichen Verfügung über die Mineralien durch den Staat mit Ausschluß der Bergbaufreiheit, wie sie bisher in der Reservation von Feldern für den eigenen Bergbau des Staates geübt wurde (§. 2), das Recht zur Ertheilung sogenannter Specialverleihungen ohne die gesetzlichen Bedingungen der Erwerbung des Bergwerkseigenthums und ohne Beobachtung der vorgeschriebenen Feldesgröße, das Vorkaufsrecht an den edlen Metallen (A. L.R. II 16 §. 95) und die Veräußerung des Bergregales selbst an Privatpersonen (a. a. O. §. 106).

3) Das Allg. Landrecht rechnete im Th. II Tit. 16 das Bergwerksregal zu den

Die Aufsuchung und Gewinnung derselben unterliegt den Vor-

---

Rechten des Staates auf herrenlose Güter und Sachen. Es bezeichnete die Gegenstände desselben im §. 6 a. a. O. als unterirdische Schätze der Natur, auf welche noch Niemandem ein besonderes Recht verliehen worden.

Das linksrheinische Bergrecht betrachtete zwar die unverliehenen Mineralien als im Eigenthumsrechte des Grundbesitzers begriffen. Das Bergwerksgesetz von 1810 bestimmte aber im Art. 19:

> Du moment où une mine sera concedée, cette propriété sera distinguée de celle de la surface et desormais considerée comme propriété nouvelle.

Im Gegensatze zu diesen Bestimmungen der bisherigen positiven Gesetzgebung machte sich eine Meinung geltend welche den Mineralien oder den Lagerstätten die Eigenschaft von Sachen geradezu absprach und sie als integrirende und juristisch untrennbare Bestandtheile des Grund und Bodens bezeichnete. Diese Ansicht war insbesondre vertreten in den Motiven des vorläufigen Entwurfes von 1862 (S. 13). Diese Auffassung begegnete jedoch vielseitigem Widerspruch (Strohn, Bemerkungen S. 7 ff. Klostermann, Bemerkungen S. 16 ff.). Das Allgemeine Berggesetz hat weder die Auffassung des vorläufigen Entwurfes beibehalten, noch auch die entgegengesetzte Meinung ausdrücklich adoptirt. Der §. 1 ist vielmehr absichtlich so gefaßt worden, daß er seinem Wortlaute nach sowohl als eine bloße gesetzliche Einschränkung des Grundeigenthums verstanden werden kann, welche dem Grundbesitzer nur die Verfügung über gewisse Bestandtheile seines Eigenthums entzieht, als auch dahin, daß die bergfreien Mineralien aus der Rechtssphäre des Grundeigenthümers ganz ausgeschieden und bis zur Verleihung als herrenlose Sachen anzusehen sind. Die Motive S. 22 f. bemerken hierüber

„Lediglich der wissenschaftlichen Thätigkeit muß überlassen bleiben, die den Vorschriften des Berggesetzes zum Grunde liegenden Theorieen zu entwickeln, die Begriffe und das System aus diesen Vorschriften zu construiren. Das Berggesetz selbst hat um so weniger Veranlassung, sich auf dieses Gebiet theoretischer Erörterungen zu begeben, als gerade hier die Meinungen sich noch nicht geeinigt haben, und namentlich darüber auseinander gehen, wie der Act der Erwerbung des Bergwerkseigenthumes und letzteres selbst rechtlich aufzufassen und ob davon auszugehen sei, daß die dem Berggesetze unterworfenen Mineralien als herrenlose Sachen oder so lange sie sich noch ungewonnen auf ihren natürlichen Lagerstätten befinden, als Bestandtheile des Grund und Bodens angesehen werden müssen. Das Berggesetz als solches hat keine von den sich widerstreitenden wissenschaftlichen Ansichten zu vertreten, vom Standpunkte desselben genügt es vielmehr, daß die zu ertheilenden positiven Vorschriften einestheils ihre auf den rechtlichen und wirthschaftlichen Bedürfnissen des Bergbaues beruhende Berechtigung in sich tragen und anderentheils so abgefaßt sind, daß den theoretischen Erörterungen zwar freier Spielraum gelassen, jedoch hierdurch keine Rechtsunsicherheit und sonstige Nachtheile für das praktische Leben hervorgerufen werden. Für die Handhabung des Berggesetzes ist es das Wichtigste, daß darüber kein Zweifel bestehen bleibt, welche Befugnisse und Verpflichtungen sich für den Bergbautreibenden aus der vom Staate verliehenen Bergbauberechtigung ergeben und in welchem Umfange ferner die allgemeinen Grundsätze über das civilrechtliche und speciell das Grundeigenthum auf diese Bergbauberechtigung Anwendung erleiden sollen.“

Gleichwohl ist die Frage, ob die Mineralien als herrenlose Sachen oder bis zu ihrer Gewinnung als in dem Eigenthumsrechte des Grundbesitzers begriffen anzuse-

schriften des gegenwärtigen Gesetzes.

---

hen sind, auch für die Handhabung des Berggesetzes von Wichtigkeit, zumal in Verbindung mit der Frage über die rechtliche Natur des Bergwerkseigenthumes, deren Beantwortung (siehe unten zu §. 50) von der Lösung der vorliegenden Frage unmittelbar abhängt. Die Jurisprudenz darf also bei dem ungelösten Probleme der Motive nicht stehen bleiben. Sie muß das System entwickeln, welches den Vorschriften des Berggesetzes zu Grunde liegt. Selbst die Motive weisen ihr diese Aufgabe zu und erkennen an, daß den Vorschriften des Berggesetzes eine Theorie und ein System zu Grunde liegen muß, daß der Gedanke des Gesetzgebers nicht in dem ungelösten Zweifel ausgedrückt ist, bei welchem die Motive stehen bleiben. Da aber auch der Wortlaut des Gesetzes keinen bestimmten Aufschluß über die Absicht des Gesetzgebers gibt, da der Gesetzgeber absichtlich vermieden hat, durch eine bestimmtere Formulirung seines Gedankens den Widerspruch der entgegengesetzten Meinung hervorzurufen, so muß zunächst auf den früher bestandenen Rechtszustand zurückgegangen werden, welcher sowohl im Gebiete des deutschen und preußischen als des französischen Bergrechtes den Lagerstätten, die Gegenstand des Bergbaues sind, die Eigenschaft von Sachen im rechtlichen Sinne unzweifelhaft beilegt. Das linksrheinische Bergrecht zählt sie allerdings bis zur Concession zu den integrirenden Bestandtheilen des Grundeigenthumes, scheidet sie jedoch nach der Concession ebenso bestimmt von denselben aus und erkennt so in diesem Stadium ihre Eigenschaft als selbständige, von dem Grund und Boden rechtlich unterschiedene Sachen (propriété nouvelle — distinguée de la surface) ausdrücklich an. Da nun das Allgemeine Berggesetz das Recht, welches dem Grundeigenthümer an den nicht verliehenen Mineralien nach linksrheinischem Rechte zustand, aufgehoben hat, so müssen die verleihbaren Mineralien nach dem Allgemeinen Berggesetze als herrenlose Sachen betrachtet werden.

Gegen diese Annahme könnte eingewendet werden, daß §. 1 dem Grundeigenthümer ausdrücklich nur das Verfügungsrecht über diese Mineralien entzieht, allein das Verfügungsrecht wird in einer eingeschränkten Bedeutung nur im Gegensatze zu dem Nutzungsrechte gebraucht, welches dem Grundeigenthümer an den im §. 1 benannten Mineralien durch den zweiten Satz dieses Paragraphen ebenmäßig entzogen ist. Es unterliegt daher keinem Zweifel, daß diese Mineralien der Rechtssphäre des Grundeigenthümers ganz entzogen, daß sie nicht Bestandtheile seines Eigenthumes sind.

Der zweite Einwurf beruht auf der Behauptung, daß die Lagerstätten wegen ihrer unzertrennlichen Verbindung mit dem Grund und Boden nicht Sachen im rechtlichen Sinne, sondern nur integrirende Bestandtheile des Grund und Bodens darstellen könnten. Diese Auffassung überträgt die Kategorien des römischen Rechtes auf einen wesentlich anderen Rechtszustand. Es muß sogar behauptet werden, daß bei richtiger Anwendung dieser Kategorien sich aus der Bergbaufreiheit auch die Nothwendigkeit ergibt, die Lagerstätten als Sachen im rechtlichen Sinne zu betrachten.

Der Begriff der Sache wird übereinstimmend definirt als ein räumlich begrenztes Stück der körperlichen Welt. Diese Begrenzung kann durch die Natur oder durch die menschliche Willkür gegeben sein. Die willkürliche Begrenzung findet ihre Schranken in der Theilbarkeit der Sachen. Die rechtliche Theilbarkeit ist aber davon abhängig, daß die verbundenen Theile ohne eine wesentliche Veränderung ihrer Natur getrennt und daher während ihrer Verbindung als selbständige

Diese Mineralien sind [4]):

---

Sachen behandelt werden können. (Puchta.) In Uebereinstimmung hiermit definirt das Allg. Landrecht im Th. I Tit. 2 §. 3 den Begriff der Sache als einen Gegenstand, welchem entweder von Natur oder durch die Uebereinkunft der Menschen eine Selbständigkeit zukommt, vermöge deren er Object eines dauernden Rechtes sein kann. Wendet man diese Begriffsbestimmung auf die Lagerstätten an, so wird man denselben die Möglichkeit einer räumlichen Begrenzung nicht absprechen können, denn diese ist theils in den natürlichen Grenzen der Lagerstätten — dem Hangenden und Liegenden, dem Ausgehenden und der ewigen Teufe — gegeben, theils wird dieselbe durch die künstlichen Feldesgrenzen hergestellt. Werden diese auf der Lagerstätte selbst abgemessen, so ist ein allseitig begrenztes Stück des Erdkörpers unzweifelhaft vorhanden. Wird dagegen das Feld auf der Erdoberfläche bestimmt und durch die von den Grenzlinien nach dem Mittelpunkte der Erde gelegten Ebenen begrenzt, so bilden die von diesen Ebenen begrenzten Stücke der verschiedenen in dem Felde vorkommenden Lagerstätten ein Begriffsganzes, einen Inbegriff von körperlich getrennten, aber durch ihre gemeinsame Bestimmung verbundenen Sachen.

Aber auch die Selbständigkeit, welche gestattet, die anstehenden Mineralien als Sachen im rechtlichen Sinne zu betrachten, fehlt den Mineralien nicht, wie Strohn in seinen Bemerkungen S. 8 treffend im Folgenden ausführt:

„Den noch im Schooße der Erde ruhenden Mineralien fehlt allerdings die äußere Selbständigkeit, indem sie mit fremden Sachen körperlich zusammenhängen. Dieser Mangel steht aber dem Begriffe einer Sache im rechtlichen Sinne, welche Gegenstand des Eigenthums sein kann, nicht entgegen. Die äußere Selbständigkeit in dem angegebenen Sinne fehlt jedem Bestandtheile der Erdoberfläche, weshalb, wenn sie Bedingung von Sache und Eigenthum wäre, auch an irgend einem Theile der Erdoberfläche Eigenthum nicht möglich sein würde, und somit von unbeweglichen Sachen und Eigenthum an ihnen gar nicht die Rede sein könnte. Nach §. 3 Th. I Tit. 2 A. L.R. ist Sache im engern Sinne des Worts Alles, was entweder von Natur oder durch Uebereinkunft der Menschen eine Selbständigkeit hat, vermöge deren es Gegenstand eines dauernden Rechts sein kann. Diese von Puchta, Vorlesungen §. 144, im Gegensatz der erwähnten äußeren als innere Selbständigkeit bezeichnete Bedingung einer Sache ist nun aber in Beziehung auf ein Grubenfeld davon nicht abhängig, daß dessen Begrenzung im Erdkörper selbst bezeichnet und sichtbar sei, wenn nur die Verleihungsurkunde die Grenzen dergestalt angibt, daß sie an Ort und Stelle ermittelt werden können. Diese Bestimmbarkeit der Begrenzung erzeugt die zum Wesen der Sache nöthige Selbstständigkeit, welche die Existenz eines dauernden Rechts ermöglicht."

Bei unbeweglichen Sachen beruht die zum Begriffe einer Sache erforderliche Selbstständigkeit nicht in der Möglichkeit einer mechanischen Trennung, also einer Ortsveränderung, deren sie überhaupt nicht fähig sind, sondern in der getrennten Benutzung. Sowie also das Haus und der Baum nothwendig einen untrennbaren Bestandtheil des Grundeigenthumes bilden, weil das Haus nur mit der Sohlstätte benutzt und von dem Baume nur die Früchte des Bodens gezogen werden können, so muß andererseits die Lagerstätte als eine selbstständige Sache betrachtet werden, weil nach dem geltenden Rechte der Bergbau auf derselben von dem Nutzungsrechte an dem Grund und Boden getrennt ist.

4) Die Mineralien, welche der Bergbaufreiheit unterliegen, sind nach den

Gold, Silber, Quecksilber, Eisen mit Ausnahme der Raseneisen-

---

Vorgange des französischen Bergwerksgesetzes von 1810 (Art. 2) einzeln namhaft gemacht und die Gattungsbezeichnungen (Metalle, Inflammabilien, Salzarten), welche das Allgem Landrecht Th. II Tit. 16 §§. 69 ff. zur Bestimmung der Gegenstände des Bergwerksregales gebrauchte, so viel wie möglich vermieden worden (vgl. unten Anm. 7). Diese Aufführung der einzelnen Mineralspecies beseitigt zahlreiche Zweifel, welche früher durch die Entdeckung neuer Metalle (Nickel, Aluminium) oder durch die ungewisse Bedeutung der Gattungsbezeichnungen: Inflammabilien und Salzarten hervorgerufen wurden. Die aufgeführten Mineralien waren schon nach dem bisher geltenden Rechte Gegenstände des freien Bergbaues in allen drei Rechtsgebieten. Einzelne provinzielle Ausnahmen, wie das Recht des Grundeigenthümers zum Eisenerzbergbau in Schlesien, Neuvorpommern und Hohenzollern zur Gewinnung von Stein- und Braunkohlen in den vormals zum Königreich Sachsen gehörigen Landestheilen, endlich die gänzliche Ausschließung der Bergbaufreiheit in der Provinz Westpreußen, in welcher nur Steinsalz und Soolquellen den Bestimmungen des Berggesetzes unterliegen, sind in den §§. 210—212 aufrecht erhalten.

Dagegen sind eine Anzahl von Mineralien, welche früher theils nach allgemeinem, theils nach provinziellem Rechte zu den Gegenständen des Bergwerkseigenthumes zählten, der Benutzung durch den Grundeigenthümer zurückgegeben. Die Motive S. 24 ff. bemerken hierüber Folgendes:

„Zu denjenigen seither dem Bergregal unterworfenen Mineralien, welche nicht wieder in den Entwurf aufgenommen sind, gehören, abgesehen von einigen Metallen, wie Platin, Wolfram, Kadmium, Wismuth, Selen und Molybdän, die in den §§. 70 und 71 Th. II Tit. 16 A. L.R. erwähnten Edelsteine und andere Steinarten, desgleichen die in der Kurkölnischen resp. Kleve-Märkischen Bergordnung genannten Marmor-, Alabaster-, Dachschiefer-, Mühlstein-, und Kalksteinbrüche und ebenso der nur in der Schlesischen und Magdeburg-Halberstädtschen Bergordnung aufgeführte Flußspath. Bei allen diesen Mineralien sind die oben angegebenen Voraussetzungen für die Unterordnung unter das Berggesetz nicht vorhanden.

Außerdem sind aber auch, abweichend von dem seitherigen Bergrechte der rechten Rheinseite, die Raseneisenerze der Disposition des Grundeigenthümers überlassen, weil dieselben auf dem linken Rheinufer schon jetzt nicht zu den Gegenständen der Bergwerke gehören, weil ferner die Gewinnung derselben wegen ihres Vorkommens an der Oberfläche keine bergmännischen Kenntnisse und Veranstaltungen, wohl aber einen unmittelbaren Eingriff in die Benutzung des Oberflächenterrains erforderlich macht; weil außerdem aber auch der Grundeigenthümer durch sein eigenes, selbst das landwirthschaftliche Interesse darauf hingewiesen ist, für die Beseitigung der Raseneisenerze aus dem Boden und deren Verwerthung zu sorgen, mithin die Ueberlassung an den Grundeigenthümer dem bergbaulichen Interesse nicht entgegensteht; weil endlich die Ausdehnung des Berggesetzes auf die Raseneisenerze weder durch bergpolizeiliche Gründe, noch durch das fiskalische Abgabeninteresse bedingt wird."

Das Erdpech, welches sowohl im Allgem. Landrechte als in dem linksrheini-

erze, Blei, Kupfer, Zinn, Zink, Kobalt, Nickel, Arsenik, Man-

schen Bergwerksgesetze als Gegenstand des Bergwerkseigenthums aufgeführt war, ist übergangen, weil es in Preußen nicht bergmännisch gewonnen wird.

Der Bernstein ist auch nach dem früheren Rechte niemals Gegenstand der Berggesetzgebung gewesen. (Vgl. Entscheidungen des Obertribunals Bd. 42 S. 59*). Seine Gewinnung ist ausschließlich durch provinzialrechtliche Bestimmungen geregelt. Sie steht in den Provinzen Pommern und Posen dem Grundeigenthümer zu. In der Provinz Preußen ist die Bernsteingewinnung dem Staate vorbehalten (Ostpreußisches Provinzialrecht Zusatz 228, Westpreußisches Provinzialrecht §. 73) und zwar als ein Ausfluß der Rechte des Staates an dem Meeresufer, wie die in beiden Provinzialgesetzen enthaltene Bezugnahme auf §. 80 Allgem. Landrecht Th. II Tit. 15 ergibt.

Erbstollen und Wassergefälle, welche bisher nach rechtsrheinischem Rechte einen Gegenstand der Verleihung bildeten, scheiden nach dem Allgem. Berggesetze aus. Ebenso alte Halden (Motive S. 26), welche nach deutschem Berggrechte als Gegenstand besonderer Muthung angesehen wurden (Karsten, Bergrechtslehre §. 61, Hake, Kommentar §. 146), nach den drei revidirten Bergordnungen aber der Knappschaftskasse gehörten. (Kleve-Märk. B.O. Cap. 56 §. 3. Schlesische B.O. Magdeb.-Halberstädt. B.O Cap. 57 §. 3.) Solche alte Halden gehören jetzt im verliehenen Felde nach §. 54 dem Bergwerkseigenthümer, im unverliehenen Felde sind sie nach §. 1 herrenlose Sachen, deren Ausbeutung die vorherige Erwerbung des Bergwerkseigenthumes zur Voraussetzung hat. Da die alten Halden selbst nach §. 15 nicht Gegenstand der Muthung und Verleihung sein können so bleiben sie im Freien liegen, bis das Mineral auf seiner natürlichen Ablagerung entdeckt und gemuthet wird. Daß der Staat befugt sei, die Ausbeutung solcher Halden im unverliehenen Felde zu gestatten, wie die Motive S. 26 annehmen, muß in Ermangelung einer gesetzlichen Bestimmung dieses Inhaltes bestritten werden, ebenso wie der zur Begründung angeführte Satz, daß der Staat nach den allgemeinen Grundsätzen des Berggesetzes auch ohne spezielle gesetzliche Vorschrift über die vorkommenden Mineralien zu verfügen befugt sei. Wo die Knappschaftskasse, jetzt der Knappschaftsverein des Bezirkes einen Bergwerksbetrieb auf solche alte Halden bereits eröffnet hat, verbleibt ihm das auf Grund der oben angeführten Bestimmungen der revidirten Bergordnungen erworbene Bergwerkseigenthum.

Hüttenwerke und Aufbereitungsanstalten, insofern letztere nicht als Pertinenz eines Bergwerks zu betrachten, sind bereits durch das Gesetz vom 10. Juni 1861 §§. 6 und 12 der Berggesetzgebung entzogen und den Bestimmungen der Gewerbegesetze unterworfen.

Auflässige Bergwerke werden nach §§. 14 und 15 in derselben Weise gemuthet wie das noch unverliehene Mineralvorkommen. Sie bilden nicht mehr einen besondern Gegenstand der Erwerbung des Bergwerkseigenthums.

Die Bergwerke, welche vor dem Eintritt der Gesetzeskraft des Allgem. Berggesetzes auf solche Mineralien verliehen sind, die künftig nicht mehr Gegenstand des Bergwerkseigenthums sind, werden von dieser Aufhebung nicht berührt. Ueber die Rechtsverhältnisse dieser Bergwerke und der vor dem 1. October 1865 auf solche Mineralien eingelegten und noch nicht zur Verleihung gelangten Muthungen vergl. die Anmerkung zu §. 222.

gan, Antimon und Schwefel, gediegen und als Erze[5]),
Alaun- und Vitriolerze,
Steinkohle[6]), Braunkohle und Graphit,
Steinsalz nebst den mit demselben auf der nämlichen Lagerstätte

---

5) Unter Erzen werden die natürlich vorkommenden Verbindungen der Metalle mit andern Stoffen verstanden. Um indeß als ein Erz im Sinne des Berggesetzes und als ein Object der Bergbaufreiheit zu gelten, muß das Mineral nicht bloß eines der im §. 1 benannten Metalle als Bestandtheil enthalten, sondern es muß auch zur Darstellung dieses Metalles technisch verwendet werden können. Das Vorkommen einzelner Metalle, z. B. des Eisens, ist so verbreitet, daß es sich in der Mehrzahl der Mineralien, welche Gegenstand der ökonomischen Nutzung sind, als Bestandtheil vorfindet, ohne daß jedoch diese Mineralien zur Eisenproduction verwendet werden können. Solche Mineralien werden nicht zu den Erzen im technischen Sinne und im Sinne des Gesetzes gerechnet und bilden keinen Gegenstand des Bergwerkseigenthumes, sondern einen Bestandtheil des Grundeigenthumes.

Das Allg. Landrecht sprach diese Beschränkung im §. 69 cit. ausdrücklich aus, indem es alle Fossilien, woraus Metalle oder Halbmetalle gewonnen werden können, dem Bergwerksregale unterwarf. Dieselbe Einschränkung findet sich in dem Oesterreichischen Berggesetze (§. 3) und dem Sächsischen Berggesetze (§. 1) ausgesprochen, welche übereinstimmend die Mineralien, nur insofern sie wegen ihres Gehaltes an Metallen nutzbar sind, dem Berggesetze unterwerfen. Es bedarf indeß einer solchen Einschränkung nicht, da dieselbe schon in dem Begriffe der Erze, d. h. der zur Metallproduction geeigneten Mineralien, nach dem gemeinen sowohl als dem gesetzlichen Sprachgebrauche gegeben ist. Eisenhaltige Mineralien, welche an sich zur Metallproduction ungeeignet sind, bilden auch dann keinen Gegenstand der Erwerbung des Bergwerkseigenthumes, wenn sie zufällig wegen ihres anderweitigen Gehaltes, z. B. an Kalk, als Zuschlag zur Beschickung des Hohofens verwendet werden sollen. (Vergl. Rekursbescheid des Handelsministers vom 13. Januar 1862, Zeitschrift für Bergrecht Bd. III S. 264.)

Eine weitere Einschränkung der im §. 1 gegebenen Definition der Gegenstände des Bergwerkseigenthumes geht aus §§. 3, 15 und 24 hervor, nach welchen nur die Mineralien auf ihren natürlichen Ablagerungen Gegenstand des Schürfrechtes, des Finderrechtes und der Muthung, folglich auch des Bergwerkseigenthumes sind. Auf die von ihren natürlichen Lagerstätten losgelösten Mineralien finden also die Bestimmungen des Berggesetzes überhaupt keine Anwendung, und dies gilt sowohl von den durch bergmännische Arbeit gewonnenen, aber in der Erde zurückgelassenen Erzen, als von den durch Naturkräfte gelösten, z. B. von dem in dem Sande der Flüsse fortgeführten Waschgolde. Eine Ausnahme machen allein nach §. 54 die Halden eines früheren Bergwerks, insofern als deren Ausbeutung im verliehenen Felde dem Bergwerkseigenthümer zusteht. Ferner kann das Vorhandensein einer natürlichen Ablagerung da nicht geleugnet werden, wo in den jüngeren Erdschichten die Trümmer einer älteren durch die Erdrevolutionen zerstörten Formation auf secundären Lagerstätten, in sogenannten Geschieben oder Seifenwerken abgelagert sind.

6) Zu den Steinkohlen wird auch der Anthrazit als eine Species derselben gerechnet. (Motive S. 25.)

vorkommenden Salzen 7) und die Soolquellen 8).

Gesetz über die Bestrafung unbefugter Gewinnung oder Aneignung von Mineralien, von 26. März 1856 (G.S. S. 293).

Wir Friedrich Wilhelm, von Gottes Gnaden, König von Preußen rc. rc. verordnen mit Zustimmung beider Häuser des Landtages Unserer Monarchie, was folgt

§. 1 Wer ohne Befugniß bergbauliche Anlagen zur Gewinnung von Mineralien macht, welche der Staat sich vorbehalten hat, oder zu deren Gewinnung es einer Verleihung, einer Concession, oder einer Erlaubniß der Behörde bedarf 9), wird mit Geldbuße bis zu zweihundert Thalern oder Ge-

---

7) Außer dem Steinsalze sind die mit dem Steinsalze auf der nämlichen Lagerstätte vorkommenden Salze für Gegenstände des Bergwerkseigenthums erklärt. Die Veranlassung zu dieser Bestimmung liegt in dem fiskalischen Steinsalzbergbau bei Staßfurth, mit welchem außer dem Steinsalze die über demselben abgelagerten Kali-, Magnesia- und Boraxsalze (Kieserit, Carnallit, Staßfurthit u. s. w.) gewonnen werden. Aehnliche Ueberlagerungen des Kochsalzes durch andere leichter lösliche Salze finden sich auch anderwärts. Es entspricht lediglich der Natur der Sache, daß diese Begleiter des Kochsalzes, weil sie nur mit demselben gemeinschaftlich gewonnen werden können, derselben gesetzlichen Regel unterworfen werden. Zu selbständigen Objecten des Bergwerkseigenthumes sind sie dagegen nicht erhoben. Es war deshalb auch zulässig, diese begleitenden Salze, deren Auftreten ein wechselndes ist, ohne Benennung der einzelnen Species, bloß mit dem Gattungsnamen zu bezeichnen, da durch das Vorkommen mit dem Steinsalze auf derselben Lagerstätte die hieher gehörenden Mineralien genügend bestimmt sind.

8) Unter den Soolquellen werden die kochsalzhaltigen Quellen verstanden, aus denen durch Gradirung und Siedung das Siedesalz dargestellt wird. Die übrigen Mineralquellen fallen nicht unter die Bestimmungen des Berggesetzes. Dagegen wird der rechtliche Charakter der Soolquellen durch die Art ihrer Benutzung nicht verändert, so lange sie überhaupt wegen ihres Salzgehaltes nutzbar gemacht werden können. Der Beliehene ist daher ebenso befugt, die Quelle zu Bädern oder zur Darstellung von Mutterlauge zu benutzen als zur Production von Siedesalz.

9) Die Terminologie des Gesetzes vom 26. März 1856 schließt sich an das damals geltende Bergrecht an, indem der Gesetzgeber unter den Mineralien, welche der Staat sich vorbehalten hat und zu deren Gewinnung es einer Verleihung bedarf, die Gegenstände des rechtsrheinischen Bergregales, unter den Mineralien, zu denen es einer Concession oder Erlaubniß der Behörde bedarf, die linksrheinischen Bergwerke und Gräbereien verstand. An die Stelle dieser Mineralien treten die im §. 7 des Allgem. Berggesetzes bezeichneten. Doch sind unter den Mineralien, zu deren Gewinnung es einer Erlaubniß der Behörde bedarf, auch die Stein- und Braunkohlen in den vormals zum Königreich Sachsen gehörigen Landestheilen der Provinz Sachsen zu rechnen, da der Grundeigenthümer zu ihrer

fängniß bis zu drei Monaten bestraft. Die Strafe ist Geldbuße bis zu fünfhundert Thalern oder Gefängniß bis zu sechs Monaten, wenn die mittelst der Anlagen gewonnenen Mineralien weggenommen sind.

§. 2. Wer ohne Befugniß, jedoch ohne Errichtung bergbaulicher Anlagen, anstehende Mineralien, welche der Staat sich vorbehalten hat, oder zu deren Gewinnung es einer Verleihung, einer Concession, oder einer Erlaubniß der Behörde bedarf, in der Absicht wegnimmt, dieselben sich zuzueignen, wird mit Geldbuße bis zu fünfzig Thalern oder mit Gefängniß bis zu sechs Wochen bestraft. Der Versuch, die Theilnahme, die Hehlerei und die Begünstigung wird mit gleicher Strafe bestraft.

§. 3. Wer bei Benutzung seines Bergeigenthums fahrlässigerweise die Grenzen seines Grubenfeldes überschreitet, hat Geldbuße bis zu fünfzig Thalern oder Gefängniß bis zu sechs Wochen verwirkt. Geschieht eine solche Ueberschreitung der Grenze vorsätzlich, so finden die in dem §. 1 angedrohten Strafen Anwendung.

§. 4. Die rechtswidrige Zueignung schon gewonnener Mineralien ist nach den Bestimmungen des Strafgesetzbuchs über Diebstahl und Unterschlagung zu bestrafen.

## §. 2.

**Der Erwerb und Betrieb von Bergwerken für Rechnung des Staates ist den Bestimmungen des gegenwärtigen Gesetzes ebenfalls unterworfen** [10]).

**An den Rechten des Staates bezüglich des Salzhandels wird durch dieses Gesetz nichts geändert** [11]).

---

Gewinnung nach §§. 6, 12 des Regulativs vom 19. October 1843 einen Erlaubnißschein des Oberbergamtes einholen muß.

10) Der Fiskus behauptete nach dem früher geltenden Rechte in den rechtsrheinischen Landestheilen das Privilegium, daß er zur Erwerbung des Bergwerkseigenthums nicht die gesetzlichen Bedingungen des Fundes und der Muthung zu erfüllen brauchte, sondern daß eine durch die Bergverwaltungsbehörden erklärte Reservation eines beliebig großen Feldes zum fiskalischen Bergwerksbetriebe genügte, um das Bergwerkseigenthum für den Fiskus zu erwerben. (Plenarbeschluß des Obertribunals vom 3. October 1849, Präjudiz 2144, Entscheid. Bd. XIX S. 44 — Erkenntniß des Obertribunals vom 15. Mai 1865 III 483/65 ungedruckt.) Dieses Privilegium, welches auf der linken Rheinseite nicht bestand, ist durch §. 2 aufgehoben.

11) Nach dem bisherigen Rechte stand dem Staate außer dem Salzhandelsmonopole in einigen Landestheilen auch ein Salzgewinnungsmonopol zu, nämlich in den Rechtsgebieten der drei revidirten Bergordnungen, von welchen die Kleve-Märkische BO. in Cap. I §. 5, die Schlesische BO. und die Magdeburg-Halberstädtische BO. in Cap. I §. 1 alles Steinsalz und alle Soolquellen dem Staate zur Nutzung vorbehalten. Auch das gemeine Bergrecht behält dem Staate das

# Zweiter Titel.
# Von der Erwerbung des Bergwerkseigenthums.

## Erster Abschnitt.
## Vom Schürfen[11a]).

### §. 3.

Die Aufsuchung der im §. 1 bezeichneten Mineralien auf ihren

Monopol der Salzgewinnung vor (vergl. oben S. 37). Das Allg. Landrecht zählt dagegen in Th. II Tit. 16 §. 71 das Steinsalz nebst den Salzquellen zu den Gegenständen des freierklärten Bergbaues. Deshalb wurden auch früher da, wo das Allgem. Landrecht als Principalrecht galt, von den Bergbehörden Schürfscheine auf Steinsalz und Salzquellen ertheilt, Muthungen angenommen und Verleihungen über Soolquellen ausgefertigt, wobei indeß die Salzgewinnung im Interesse des fiskalischen Handelsmonopoles von einer Erlaubniß der Salzdebitsverwaltung abhängig gemacht wurde.

Gegenwärtig ist das Salzgewinnungsmonopol durch §. 2 allgemein aufgehoben und nur das Salzhandelsmonopol des Staates aufrecht erhalten. Dieses Handelsmonopol ist von altem Ursprunge (vergl. die betreffenden älteren Verordnungen in Borowski's Abriß des Kameral und Finanzwesens Bd. II S. 314). Die neueren Edicte vom 9. Mai und 10. Juni 1816 (G.S. S. 140, 183) verbieten die Einfuhr fremden Salzes außer für Rechnung der Staatsregierung und den Verkauf andern als des aus den Königlichen Factoreien erkauften Salzes. Der Detailhandel mit dem letztern ist ein völlig freies Gewerbe. Die Privatsalinen haben ihre Production, die auf ein bestimmtes Quantum limitirt ist, an die Monopolverwaltung zu einem festen Preise abzuliefern. Eine Ueberschreitung dieses Productionsquantums darf nur zum Absatze in das Ausland stattfinden. Die im §. 2 erwähnten Rechte des Staates bezüglich des Salzhandels beschränken also niemanden in Bezug auf die Erwerbung von Bergwerkseigenthum an Steinsalzlagern und Soolquellen. Dagegen unterliegt der Bergwerks- oder Salinenbesitzer beim Betriebe denjenigen Beschränkungen, welche aus dem Handelsmonopole des Staates entspringen. Er darf nur an den Staat oder in das Ausland verkaufen und muß sich bei der Production und bei der Abfuhr in das Ausland denjenigen Controlen unterwerfen, welche die Monopolverwaltung zur Verhütung von Defraudationen anordnet. Die Einfuhr des Salzes in die Staaten des Zollvereines und die Durchfuhr durch dieselben ist durch die Zollvereinsverträge beschränkt.

Die Aufhebung des Salzmonopoles, welche schon auf dem Vereinigten Landtage von 1847 in Antrag gebracht wurde, ist auf der letzten Zollvereins-Conferenz (5. April bis 19. Mai 1865) Gegenstand eines von Preußen und Sachsen gestellten gemeinschaftlichen Antrages gewesen, welcher die Einführung einer gleichförmigen für gemeinschaftliche Rechnung zu erhebenden Productionssteuer zum Gegenstande hat. Die weitere Verhandlung über diesen Antrag ist auf einer der nächsten Zollvereins-Conferenzen zu erwarten.

11a) Die Bestimmungen des ersten Abschnittes stehen mit der Erwerbung des

natürlichen Ablagerungen — das Schürfen — ist unter Befolgung der nachstehenden Vorschriften einem Jeden gestattet [12]).

---

Bergwerkseigenthumes in keinem nothwendigen Zusammenhange. Sie betreffen das Recht zum Schürfen auf fremdem Grund und Boden und correspondiren mit dem ersten Abschnitte des fünften Titels, welcher von der Grundabtretung zu Zwecken des Bergbaues handelt. Die Erwerbung des Bergwerkseigenthumes setzt aber nach §. 15 voraus, daß eine Lagerstätte entdeckt, also entweder zufällig entblößt oder erschürft ist. Der Finder, welcher die Lagerstätte erschürft hat, erhält ferner nach §. 24 den Vorzug vor andern Muthern. Deshalb ist das Schürfen, wenn auch keine Erwerbshandlung, doch eine vorbereitende Handlung zur Erwerbung des Bergwerkseigenthumes, und die Bestimmungen über das Recht zum Schürfen müssen daher, wie dies auch in den früheren Berggesetzen der Fall war, den Vorschriften über die Erwerbung des Bergwerkseigenthums durch Muthung und Verleihung vorausgehen.

12) Schürfen heißt das Aufsuchen der unterirdischen Lagerstätten zum Zwecke der Erlangung des Bergwerkseigenthums. Da das Schürfen im rechtlichen Sinne mit dem Funde der Lagerstätte abschließt, die Handlungen aber, durch welche die Erwerbung des Bergwerkseigenthums sich vollzieht, einen bereits gemachten Fund zur Voraussetzung haben, so würde das Schürfen an sich kein Gegenstand berggesetzlicher Bestimmungen sein. Das Recht zum Schürfen würde lediglich nach den Regeln des Civilrechts zu beurtheilen sein, zumal da das bloße Aufsuchen der unter die Bestimmung des Berggesetzes fallenden Lagerstätten keine Verfügung über dieselben enthält, also kein an diesen Lagerstätten erworbenes Recht zur Voraussetzung hat. Dennoch ist das Schürfen Gegenstand bergrechtlicher Normen geworden, welche das Schürfen auf fremdem Grund und Boden betreffen.

Das Schürfen auf fremdem Grund und Boden würde nach den Regeln des Civilrechts lediglich von der Bewilligung des Grundeigenthümers abhängig sein. Die unbeschränkte Befugniß des Grundeigenthümers, das Schürfen nach den verleihbaren Mineralien zu untersagen, würde aber eine mittelbare Beschränkung der Bergbaufreiheit enthalten, da der Grundeigenthümer in der Lage wäre, die Verleihung der nicht unmittelbar zu Tage ausgehenden Lagerstätten ganz zu verhindern. Das gemeine deutsche Bergrecht hebt diese Beschränkung dadurch auf, daß es kraft der allgemeinen Bergbaufreiheit Jedermann gestattet, auf fremdem Grund und Boden zu schürfen, ohne daß es der Einwilligung des Grundeigenthümers oder der Erwerbung eines besondern Schürfrechtes bedarf.

Das preußische Bergrecht machte dagegen das Recht zum Schürfen von der Einholung eines Schürfscheines und von der Einwilligung des Grundeigenthümers abhängig, welche im Falle der Weigerung durch die Entscheidung des Bergamtes ersetzt wurde. (A. L.R. II 16 §§. 141, 145, 146.) Das linksrheinische Bergrecht endlich machte nur die Einwilligung des Grundeigenthümers zur Bedingung und ließ nur im Falle der Weigerung des letztern eine amtliche Schürfermächtigung eintreten. (Berggesetz vom 21. April 1810 Artt. 10 f.)

Das Allgem. Berggesetz schließt sich in den §§. 3—11 eng an die Vorschriften des linksrheinischen Berggesetzes an. Es macht das Recht zum Schürfen nicht von dem Besitze eines Schürfscheines, sondern von der Einwilligung des Grundeigenthümers abhängig und fordert eine amtliche Schürfermächtigung nur für den

§. 4.

Auf öffentlichen Plätzen, Straßen und Eisenbahnen, sowie auf Friedhöfen ist das Schürfen unbedingt untersagt.

Auf anderen Grundstücken ist das Schürfen unstatthaft, wenn nach der Entscheidung der Bergbehörde überwiegende Gründe des öffentlichen Interesses entgegenstehen [13]).

---

Fall, daß der Grundeigenthümer diese Einwilligung versagt. Die Motive bemerken hierüber:

„In den Reformen, welche die Lehre vom Schürfen in der neueren Berggesetzgebung anderer Staaten erfahren hat, tritt eine gemeinsame Richtung hervor, welche sich darin kennzeichnet, daß zwar die Schürfunternehmungen von der Willkür des Grundeigenthümers unabhängig erhalten, jedoch die Interessen und natürlichen Rechte des letzteren mehr berücksichtigt, und daß ferner den Schürfern gewisse Vortheile zugestanden sind, um zu Schürfarbeiten aufzumuntern und die Aufwendung von Arbeit und Kapital auf solche Versuche zu belohnen, womit dann Modificationen des älteren Finderrechts zusammenhängen.

Für den Entwurf mußten diese allgemeinen Gesichtspunkte ebenfalls maßgebend sein. Andererseits kam es aber auch darauf an, die Schürfunternehmungen von jeder lästigen Ueberwachung durch die Bergbehörde zu befreien und deshalb nicht von einer besonderen Genehmigung der letzteren abhängig zu machen. Zwar sind mit einer solchen Genehmigung nach neueren, namentlich dem Sächsischen und Oesterreichischen Berggesetze, gewisse Vorzugsrechte auf die Verleihung verknüpft. Allein es konnte nicht unberücksichtigt gelassen werden, daß die volkswirthschaftlichen Gesichtspunkte, welche einer derartigen Bevorzugung rationeller Schürfunternehmungen an und für sich zur Seite stehen, doch erfahrungsmäßig durch die Uebelstände überwogen werden, welche regelmäßig mit einer fortgesetzten amtlichen Kontrole der Schürfunternehmungen verbunden sind.

Vollends entbehrlich ist der ältere Schürfschein, wie solcher seither nach den revidirten Bergordnungen und dem Allgemeinen Landrechte auf einseitigen Antrag jedes Schürflustigen und ohne Anhörung der Grundeigenthümer auf ausgedehnte Schürffelder ertheilt zu werden pflegte. Denn nach dem Begriffe der allgemeinen Bergbaufreiheit bedarf es im einzelnen Falle ebenso wenig einer besonderen amtlichen Autorisation zur Vornahme von Schürfarbeiten, wie einer amtlichen Legitimation gegenüber dem Grundeigenthümer. Noch weniger ist es gerechtfertigt, von dem Grundeigenthümer selbst die Lösung eines Schürfscheines zu verlangen.

Die allgemeine Bergbaufreiheit führt zu dem einfachen Rechtsgrundsatze, daß ein Jeder, er sei Grundeigenthümer oder nicht, Schürfarbeiten unternehmen darf, berechtigt aber andererseits nicht zu der Folgerung, daß der Schürfer eigenmächtig fremden Grund und Boden für seine Arbeiten in Besitz nehmen dürfe. Wie bei jeder anderen Benutzung eines fremden Grundstücks zu bergbaulichen Zwecken muß vielmehr auch hier der Grundbesitzer angegangen werden, die Benutzung seines Grundstücks zu gestatten, und erst im Falle ungesetzlicher Weigerung desselben ist eine Ermächtigung der Bergbehörde am Platze, durch welche die von dem Grundbesitzer verweigerte Erlaubniß auf Grund eines desfallsigen Verfahrens ersetzt wird."

13) Das Recht zum Schürfen wird im §. 4 durch drei Bestimmungen von

**Unter Gebäuden und in einem Umkreise um dieselben bis zu zweihundert Fuß, in Gärten und eingefriedigten Hofräumen darf**

verschiedener Tragweite eingeschränkt, welche überdies von verschiedenen rechtlichen Gesichtspunkten ausgehen.

Der erste Satz enthält ein absolutes Polizeiverbot, welches sich gegen jeden Schürfer ohne Ausnahme richtet, auch wenn er von dem Grundeigenthümer, z. B. der Gemeinde, die Erlaubniß zur Vornahme von Schürfarbeiten erhalten haben sollte. Solche Polizeiverbote können auch außer den im Alinea 1 namhaft gemachten Fällen durch besondere Verordnung getroffen werden, z. B. zum Schutze der Deiche, der Mineralquellen, der Sicherheitspfeiler oder bei Grubenbränden zur Absperrung des Brandfeldes. Es wäre vielleicht auch entbehrlich gewesen, im §. 4 die Verkehrsanstalten und die Friedhöfe zu erwähnen, da es eigentlich Sache der zum Schutze des öffentlichen Verkehrs bestimmten Polizeigesetze ist, Arbeiten auf öffentlichen Straßen und Plätzen zu verbieten, die den Verkehr gefährden oder hemmen; denn hierin allein liegt der Grund des Verbotes, nicht darin, daß diese Arbeiten zur Aufsuchung von Mineralien bestimmte Schürfarbeiten sind.

Der zweite Satz enthält nicht, wie die Motive der Regierungsvorlage S. 29 annehmen, ebenfalls ein absolutes Verbot, welches auch den Besitzer des Grundstückes trifft, sondern er enthält, wie aus §§. 5 und 8 unzweifelhaft hervorgeht, nur eine Einschränkung des Rechtes zum Schürfen auf fremdem Grund und Boden. Er schränkt dieses Recht zwar ebenfalls im öffentlichen Interesse ein, aber nur insofern gegen den Willen des Grundbesitzers auf Grund einer amtlichen Schürfermächtigung geschürft werden soll. Will der Grundbesitzer selbst oder ein Anderer mit seiner Genehmigung schürfen, so findet eine Entscheidung der Bergbehörde nicht statt. Die Behörde ist auch nicht befugt, solche Schürfarbeiten von Amtswegen anders zu untersagen, als durch bergpolizeiliche Vorschriften, und aus den im §. 196 bestimmten Gründen, also nur im Interesse der öffentlichen Sicherheit, zur Vermeidung gemeinschädlicher Einwirkungen und zum Schutze fremden Eigenthumes. Wesentlich verschieden hiervon sind die Fälle, in denen der Grundeigenthümer nach §. 4 Al. 2 und §. 5 befugt ist, wegen der ihm zur Seite stehenden Gründe des öffentlichen Interesses die Erlaubniß zum Schürfen zu versagen und nach §. 8 die amtliche Schürfermächtigung von dem Oberbergamte aus denselben Gründen versagt werden muß. Es sind dies die Fälle, in welchen der Nachtheil, den der Grundbesitz durch die Schürfarbeit erleidet, nicht durch die Geldentschädigung für Minderwerth und entzogene Nutzung (§. 6) aufgewogen werden kann, wo vielmehr im öffentlichen Interesse daran gelegen ist, daß die Entschädigung des Grundeigenthumes durch die Schürfarbeit vermieden werde. Dies ist z. B. der Fall, wenn ein für die Landwirthschaft unentbehrlicher Brunnen oder Teich abgegraben werden soll, oder wenn eine Forstkultur, deren Erhaltung im öffentlichen Interesse liegt, zerstört werden soll. In diesen Fällen geben die §§. 4 und 5 dem Grundeigenthümer einen Einspruch gegen die beantragte amtliche Schürfermächtigung, über welche die Bergbehörde nach §. 8 zu entscheiden hat, während sie keineswegs befugt sein würde, von Amtswegen dem Grundeigenthümer selbst derartige Schürfarbeiten zu untersagen, ebensowenig als demselben irgend eine andere Devastation seines Grundbesitzes, falls dieselbe nicht gegen ein Polizeiverbot verstößt, aus Gründen des öffentlichen Interesses untersagt werden kann.

nicht geschürft werden, es sei denn, daß der Grundbesitzer seine ausdrückliche Einwilligung hierzu ertheilt hat [14]).

§. 5.

Wer zur Ausführung von Schürfarbeiten fremden Grund und Boden benutzen will, hat hierzu die Erlaubniß des Grundbesitzers nachzusuchen.

Mit Ausnahme der im §. 4 bezeichneten Fälle muß der Grundbesitzer, er sei Eigenthümer oder Nutzungsberechtigter [15]), das Schürfen auf fremdem Grund und Boden gestatten [16]).

---

Das Alinea 2 des §. 4 enthält also kein absolutes Verbot, sondern es gibt dem Grundeigenthümer eine Einwendung gegen die Gestattung der Schürfarbeiten. Diese Einwendung correspondirt mit der im §. 136 dem Grundbesitzer beigelegten Befugniß, aus Gründen des öffentlichen Interesses die Abtretung seines Grundstücks zum Bergwerksbetriebe zu versagen. Natürlich ist es in beiden Fällen nicht der Grundbesitzer, welcher das öffentliche Interesse wahrzunehmen berufen ist. Seine Einwendungen bezwecken nur den Schutz seiner Privatrechte, aber sie finden bei der Entscheidung durch die Behörde nur insofern Berücksichtigung, als sie mit dem öffentlichen Interesse zusammenfallen.

Das dritte Alinea endlich betrifft die Fälle, in welchen der Grundbesitzer zum unbedingten Widerspruch gegen die Gestattung von Schürfarbeiten befugt ist und diesen Einspruch nicht bloß in dem Verfahren vor dem Oberbergamte (§. 8), sondern auch im Rechtswege geltend machen kann. (Vergl. Anm. 18.)

14) Das Gesetz erfordert nur die Einwilligung des Grundbesitzers, nicht auch des Besitzers der Gebäude. Daher kann der Besitzer der Gebäude seinen Widerspruch gegen die in dem Umkreise von 200 Fuß unternommenen Schürfarbeiten nur soweit geltend machen, als sie auf seinem Grund und Boden vorgenommen werden sollen. Er ist nicht befugt, dem Nachbar das Schürfen innerhalb dieses Rayons zu untersagen, oder gegen die amtliche Schürfermächtigung auf einem Nachbargrundstücke innerhalb dieses Umkreises zu opponiren. Ebensowenig kann der Grundbesitzer der amtlichen Schürfermächtigung deshalb widersprechen, weil Gebäude des Nachbars in einem Umkreise von 200 Fuß belegen sind. Das Gesetz gibt ihm den Einspruch nur zum Schutze der eigenen Gebäude. Diese Sätze ergeben sich nicht bloß aus dem Wortlaute des §. 4, sondern sie entsprechen auch der Anwendung, welche Art. 11 des Französischen Bergwerksgesetzes vom 21. April 1810, aus welchem die fragliche Bestimmung entnommen ist, bisher bei der Mehrzahl der Französischen Gerichtshöfen gefunden hat. (Richard vol. I no. 121, Bury vol. I no. 583 ss.)

15) Der Commissionsbericht des Herrenhauses erörtert die Frage, ob in allen Fällen die Erlaubniß des Grundbesitzers zum Schürfen zu derjenigen des Nutzungsberechtigten hinzukommen müsse, oder ob und wann die letztere allein ausreiche? und gelangt zu dem gewiß richtigen Resultate, daß diese Frage nicht gleichförmig für alle Fälle beantwortet werden kann. Der Nutzungsberechtigte kann eben nur solche Schürfarbeiten gestatten, die er selbst kraft seines dinglichen oder contractlichen Rechtes vorzunehmen berechtigt ist. Zu solchen Arbeiten bedarf es einer Genehmigung des Eigenthümers alsdann nicht. Die Genehmigung des Nutzungs-

§. 6.

Der Schürfer ist verpflichtet, dem Grundbesitzer für die entzogene Nutzung jährlich im Voraus vollständige Entschädigung zu leisten und das Grundstück nach beendigter Benutzung zurückzugeben, auch für den Fall, daß durch die Benutzung eine Werthverminderung des Grundstücks eintritt, bei der Rückgabe den Minderwerth zu ersetzen.

Für die Erfüllung dieser letzteren Verpflichtung kann der Grundbesitzer schon bei der Abtretung des Grundstücks die Bestellung einer angemessenen Kaution von dem Schürfer verlangen [17]).

§. 7.

Die dem Grundeigenthümer im letzten Satze des §. 137 und in den §§. 138, 139 und 141 eingeräumten Rechte stehen demselben auch gegen den Schürfer zu.

---

berechtigten ist ferner stets neben derjenigen des Eigenthümers erforderlich, sofern der Nutzungsberechtigte den juristischen Besitz des Grundstückes hat, oder ein dingliches Recht ausübt, welches mit der beabsichtigten Schürfarbeit collidirt. Die Anwendung dieser Regeln auf die einzelnen Fälle gestaltet sich verschieden, je nachdem das preußische, das französische oder das gemeine Civilrecht zur Anwendung kommt. So kann nach gemeinem Civilrechte der Nießbraucher jede Schürfarbeit gestatten, weil er selbst befugt ist, sowohl vorhandene unterirdische Mineralgewinnungen zu betreiben, als neue zu eröffnen. (L. 13 §§. 5, 6 Dig. de usufr. et quemadmod. [7. 1].) Nach französischem Civilrechte dagegen (Code Nap. Art. 598) ist dem Nießbraucher die Eröffnung neuer unterirdischer Mineralgewinnungen untersagt, folglich auch die Ertheilung der Schürferlaubniß. Nach preußischem Rechte endlich (A. L.R. I, 21 §§. 30 ff.) ist der Nießbraucher zu beidem ermächtigt, falls die Schürfarbeit ohne eine bleibende Verringerung des Bodenwerthes ausgeführt werden kann.

16) Das Recht zum Schürfen auf fremdem Grund und Boden, mag es von dem Grundeigenthümer gestattet (§. 5), oder durch amtliche Schürfermächtigung eingeräumt sein (§. 8), gehört zu der Klasse der Personalservituten. Es kann als ein dingliches Recht auch dem Besitznachfolger des bestellenden Eigenthümers gegenüber geltend gemacht und im Wege der Cession veräußert werden. Das Schürfrecht ist nur insoweit ausschließlich, als dem Schürfer eine bestimmte Grundfläche zur Benutzung eingeräumt ist. Der Grundeigenthümer bleibt übrigens befugt, auf seinem Grund und Boden beliebig nach denselben Mineralien sowohl selbst zu schürfen, als durch Andere schürfen zu lassen. Diese Regeln, welche sich aus dem Inhalte des Rechtes zum Schürfen und aus der für die Freiheit des Eigenthumes sprechenden Vermuthung ergeben, können bei der freiwilligen Gestattung des Schürfens durch Vertrag beliebig modificirt werden. Ebenso versteht sich von selbst, daß die bloß von dem Nutzungsberechtigten ertheilte Erlaubniß zum Schürfen kein dingliches Recht begründet.

17) Die Gegenleistung des Schürfers ist nach denselben Regeln bestimmt, wie diejenige des Bergwersbesitzers bei der Grundabtretung zum Bergwerksbetriebe (§§. 137 ff.).

§. 8.

Kann der Schürfer sich mit dem Grundbesitzer über die Gestattung der Schürfarbeiten nicht gütlich einigen, so entscheidet das Oberbergamt durch einen Beschluß darüber, ob und unter welchen Bedingungen[18]) die Schürfarbeiten unternommen werden dürfen.

Das Oberbergamt darf die Ermächtigung nur in den Fällen des §. 4 versagen.

Dasselbe setzt beim Mangel einer Einigung unter den Betheiligten die Entschädigung und die Kaution (§. 6) in Gelde fest. Gegen diese Festsetzung findet der Rekurs nicht statt[19]).

Wegen der Kosten kommt der §. 147 zur Anwendung[20]).

§. 9.

Durch Beschreitung des Rechtsweges wird, wenn dieselbe nur wegen der Festsetzung der Entschädigung oder der Kaution erfolgt, der Beginn der Schürfarbeiten nicht aufgehalten, vorausgesetzt, daß die Entschädigung an den Berechtigten gezahlt oder bei verweigerter Annahme gerichtlich deponirt, desgleichen die gerichtliche Deposition der Kaution geschehen ist[21]).

---

18) Unter den hier erwähnten Bedingungen sind nicht die Gegenleistungen des Schürfers zu verstehen — auf welche sich der dritte Satz bezieht, — sondern die Bestimmungen über die Zeit und den Ort der Schürfarbeit, über die zum Schutze der Oberfläche zu treffenden Vorkehrungen und über die Modalitäten der Rückgewähr.

19) Gegen die Entscheidung des Oberbergamtes über die Gestattung der Schürfarbeiten findet theils der Rekurs an den Handelsminister (§§. 191 ff.), theils die Beschreitung des Rechtsweges statt. Im Wege des Rekurses kann nur die Beschwerde über die Ertheilung und Versagung der Schürfermächtigung oder über die Bedingungen derselben in Bezug auf Zeit, Ort und Einrichtung der Arbeiten verfolgt werden. Ueber die Gegenleistung des Schürfers findet nur der Rechtsweg statt. Die gerichtliche Klage steht ferner dem Grundeigenthümer offen, wenn die Ermächtigung zum Schürfen auf einem der im §. 4 Alinea 8 bezeichneten Grundstücke ertheilt ist. Sie wird auch in diesem Falle gegen den Schürfer, nicht gegen das Oberbergamt gerichtet und der Antrag auf Untersagung des Rechtes zum Schürfen gestellt. Die Gründe des öffentlichen Interesses, wegen deren nach §. 4 Al. 2 außerdem die Schürferlaubniß versagt werden kann, unterliegen dagegen ausschließlich der Beurtheilung der Bergbehörde und begründen nicht die gerichtliche Klage.

20) Der §. 147, welcher von dem „Bergwerksbesitzer" redet, kann nur analog angewendet werden. Hiernach fallen die Kosten der ersten Instanz dem Schürfer, die der Rekursinstanz dem unterliegenden Theil zur Last.

21) Daß im Bezirke des Appellationsgerichts zu Köln die gerichtliche Deposition bei der durch das Gesetz vom 24. Juni 1861 errichteten Depositalkasse zu erfolgen hat, ergibt sich schon aus dem in diesem Gesetze ausgesprochenen Zwecke der

§. 10.

In den Feldern fremder Bergwerke darf nach denjenigen Mineralien geschürft werden, auf welche der Bergwerkseigenthümer Rechte noch nicht erworben hat.

Bedrohen jedoch solche Schürfarbeiten die Sicherheit der Baue oder den ungestörten Betrieb des Bergwerks, so hat die Bergbehörde dieselben zu untersagen [22]).

Der Bergwerksbesitzer kann verlangen, daß der Schürfer ihm vor Beginn der Schürfarbeiten eine angemessene Kaution für die etwa zu leistende Entschädigung bestellt.

Auf diese Kaution finden die §§. 8 und 9 Anwendung [23]).

§. 11.

Der Schürfer ist befugt, über die bei seinen Schürfarbeiten geförderten Mineralien (§. 1) zu verfügen [24]), insofern nicht bereits Dritte Rechte auf dieselben erworben haben.

Hinsichtlich der Entrichtung der Bergwerksabgaben kommen die für die Bergwerke maßgebenden Vorschriften zur Anwendung.

---

Depositalkasse und braucht deshalb im Berggesetze nicht besonders hervorgehoben zu werden. (Motive S. 31.)

22) Der Schürfer bedarf keiner Erlaubniß von Seiten des Bergwerkseigenthümers, in dessen Felde er schürft. Es ist Sache des Letztern, die Untersagung der Schürfarbeit oder die sonstigen bergpolizeilichen Anordnungen zur Sicherheit seiner Baue bei der Bergbehörde in Antrag zu bringen.

23) Das Verfahren zur Regelung der für den Bergwerksbesitzer zu bestellenden Kaution unterscheidet sich von dem Verfahren zur Ertheilung der amtlichen Schürfermächtigung (§. 8) dadurch, daß in dem vorliegenden Falle der Bergwerksbesitzer als Provocant auftritt, während dem Schürfer die Rolle des Provocaten zufällt. Zweifelhaft erscheint die Bezugnahme auf die Schlußbestimmung des §. 8, welche wegen der Kosten des Verfahrens auf §. 14 verweist. Nach §. 147 soll nämlich der „Bergwerksbesitzer" die Kosten der ersten Instanz tragen, während §. 8 auf diese Bestimmung nur in dem Sinne Bezug nimmt, daß der zur Kautionsbestellung und Entschädigung Verpflichtete, also der Schürfer, die Kosten trägt (vergl. Anm. 20). Hiernach wird man auch im vorliegenden Falle annehmen müssen, daß die Kosten des Verfahrens nicht dem Bergwerksbesitzer zur Last fallen, der ja die Stelle des Entschädigungsberechtigten, also die Rolle des Grundeigenthümers einnimmt, sondern dem Schürfer.

24) Er erwirbt das Eigenthum der Mineralien durch die Perception, also durch die Förderung. Die Bezugnahme auf §. 1 beschränkt diese Erwerbung auf die der Verfügung des Grundeigenthümers entzogenen Mineralien. Die übrigen bei der Schürfarbeit gewonnenen Mineralien werden in Folge der Lostrennung vom Grund und Boden Eigenthum des Grundeigenthümers.

## Zweiter Abschnitt.
## Vom Muthen[25]).

§. 12.

**Das Gesuch um Verleihung des Bergwerkseigenthums in einem gewissen Felde — die Muthung[26]) — muß bei dem Oberbergamte angebracht werden.**

---

25) Die auf die Erwerbung des Bergwerkseigenthums bezüglichen Vorschriften des zweiten Titels sind in zwei Abschnitte: Vom Muthen und: Vom Verleihen getheilt, von denen der eine die Bedingungen einer rechtsgültigen Muthung, der andere die Wirkungen derselben und das Verfahren bei der Feststellung des erworbenen Rechtes durch die Verleihung behandelt. Die Motive bemerken über diese Anordnung:

„Der gegenwärtige Abschnitt behandelt die Muthung, soweit dieselbe als Gesuch um Verleihung des Bergwerkseigenthums in einem gewissen Felde erscheint und zur Begründung dieses Gesuches gewisse formelle und materielle Erfordernisse gehören. Auf die zweite Seite der Muthung, nämlich den durch sie begründeten Rechtsanspruch auf Verleihung des Bergwerkseigenthums in einem gewissen Felde, beziehen sich dagegen die mit der Verleihung selbst zusammenhängenden Vorschriften des dritten Abschnitts. Mit Rücksicht auf die in diesem Rechtsanspruche beruhende charakteristische Eigenthümlichkeit des Verleihungsgesuchs ist für letztere die im Deutschen Bergrechte hergebrachte Bezeichnung „Muthung" beibehalten.

Im Allgemeinen waren in diesem und dem folgenden Abschnitte nur die materiellen Rechtsgrundsätze über die Muthung und Verleihung, Vorschriften über das Verfahren aber nur in so weit aufzustellen, als zur Sicherung der Rechte der Betheiligten und eines geordneten Rechtszustandes nothwendig erscheint.

Im Uebrigen ist, um die Ertheilung der Verleihung zu beschleunigen und dadurch rechtlichen Verwickelungen und Streitigkeiten zwischen benachbarten Muthern zu begegnen, das Instructionsverfahren wesentlich abgekürzt. Dies war namentlich dadurch zu erreichen, daß von dem seither geforderten Nachweise der Bauwürdigkeit und der Verbreitung des gemutheten Mineralvorkommens abgesehen und in Folge dessen die Bewilligung ausgedehnter Aufschließungsfristen vor der Verleihung in Wegfall gekommen ist."

26) Nach dem ältesten deutschen Bergrechte erfolgte die Erwerbung des Bergwerkseigenthumes an den im Freien liegenden Lagerstätten, ebenso wie nach den Regeln des Civilrechtes die Occupation herrenloser Sachen, durch das bloße Finden, d. h. durch die Besitzergreifung mit der Absicht der Aneignung (Einleitung S. 27). Die Feldesgrenzen waren durch das Gesetz absolut bestimmt und durften nur zugemessen werden. Die Erwerbung des Bergwerkseigenthumes war daher mit der Handlung des Findens vollendet. In der zweiten Periode des deutschen Bergrechtes trat nach den Bergordnungen des 16. Jahrhunderts eine neue Bedingung der Erwerbung hinzu: die Muthung, d. h. die förmliche Erklärung der Besitznahme vor der Bergbehörde, welche darüber eine Bestätigung oder Verlei-

**Das Oberbergamt hat die Befugniß, für bestimmte Reviere die Annahme der Muthungen den Revierbeamten zu überweisen.**

---

hung ertheilte. Diese Veränderung hatte zunächst darin ihren Grund, daß dem Finder neben dem ursprünglichen beschränkten Felde, der jetzt sogenannten Fundgrube, eine Anzahl Maaßen zugelegt wurden, deren Lage von seiner Wahl abhängig war. Es wurde deshalb zur Erwerbung des Bergwerkseigenthumes innerhalb bestimmter Grenzen neben der bloßen Besitzergreifung noch eine wörtliche Erklärung nothwendig. Hierzu kam die aus dem Begriffe des Bergregales fließende Annahme, daß dem Landesherrn an den im Freien liegenden Lagerstätten gewisse Rechte zukommen, deren Uebertragung behufs der Erwerbung des Bergwerkseigenthumes durch die Muthung nachgesucht und durch die Verleihung ertheilt werden müsse.

Das französische Bergrecht, obgleich es dem Staate keinerlei Rechte an den unverliehenen Mineralien vindicirte, verließ in seinen Vorschriften über die Erwerbung des Bergwerkseigenthumes ganz den Boden der Occupation und ließ dieselbe nach den Regeln der civilrechtlichen Adjudication erfolgen. Der Concessionssucher erlangte keinerlei Anspruch auf Erwerbung des Bergwerkseigenthumes und erst durch die Concession der Behörde, welche unter mehreren Bewerbern willkürlich auswählte, wurde das Bergwerkseigenthum erworben.

Das Allgemeine Berggesetz ist auf den Boden des deutschen Bergrechtes zurückgekehrt, der auch in der rechtsrheinischen Gesetzgebung durch das Gesetz vom 1. Juli 1821, welches die Begrenzung und die Ausdehnung des Feldes dem Ermessen der verleihenden Behörde überließ, zum Theil verlassen worden war. Es läßt die Erwerbung des Bergwerkseigenthums lediglich nach Maßgabe der Muthung erfolgen. Wenn diese den gesetzlichen Erfordernissen entspricht (§. 22) und nicht mit den älteren oder besseren Rechten Dritter collidirt (§§. 30 — 32), so wird die Verleihung nach dem Antrage des Muthers ertheilt und auch die Begrenzung des Feldes erfolgt ausschließlich durch die Erklärung des Muthers, welche entweder in der Muthung selbst, oder in einem Nachtrage (§. 18) abgegeben wird. Das Verfahren, welches über die eingelegte Muthung eröffnet wird und mit der Ausfertigung der Verleihungsurkunde abschließt, hat nur den Zweck, das Vorhandensein der gesetzlichen Erfordernisse festzustellen und collidirende Ansprüche verschiedener Muther auf dem Wege der contradictorischen Verhandlung zur Entscheidung zu bringen. Der Muther kann das erworbene Recht, auch wenn ihm die Verleihung von dem Oberbergamte versagt ist, im Wege der gerichtlichen Klage gegen den beliehenen Bergwerkseigenthümer verfolgen (§§. 31, 35), und erst wenn er die Frist von drei Monaten nach der Zurückweisung seiner Muthung, oder falls diese nicht erfolgt ist, nach der Bekanntmachung der entgegenstehenden Verleihung verstreichen läßt, wird er des Rechtes aus der Muthung verlustig.

Die Muthung begründet daher ein dingliches Recht an dem gemutheten Bergwerke, welches auf Grund der bloßen Muthung gegen jeden Dritten verfolgt werden kann. Dieses Recht ist seinem Objecte nach von dem wirklichen Bergwerkseigenthume nicht verschieden. Es ist jedoch resolutiv bedingt durch die Verpflichtung, die Verleihung des Bergwerkseigenthumes in dem durch Abschnitt 2 und 3 geordneten Verfahren von der Bergbehörde zu erlangen, und es erlischt durch die Zurückweisung des Anspruchs seitens der Bergbehörde, und durch den Ablauf der für die gerichtliche Verfolgung gestellten dreimonatlichen Frist. Bis

Dieser Auftrag muß durch das Regierungsamtsblatt und den Staatsanzeiger bekannt gemacht werden [27]).

§. 13.

Die Muthung ist schriftlich in zwei gleichlautenden Exemplaren einzulegen [28]).

Jedes Exemplar wird mit Tag und Stunde der Präsentation

---

zur erlangten Verleihung ist dem Muther auch die Disposition über das gemuthete Bergwerk untersagt. Das dingliche Recht des Muthers verhält sich also zu dem Bergwerkseigenthume, welches erst durch die Verleihung erworben wird, etwa wie das Recht des Erben an der angefallenen Erbschaft zu dem durch die Antretung der Erbschaft erworbenen Eigenthume.

Nach dem bisherigen rechtsrheinischen Bergrechte war es streitig, ob die Muthung ein dingliches Recht, oder nur ein Recht zur Sache, d. h. ein auf das gemuthete Bergwerk gerichtetes Forderungsrecht gegen den Staat begründe. (Vergl. meine Uebersicht S. 103 ff.) Die Annahme eines Forderungsrechtes mußte schon nach dem bisherigen Rechte als verwerflich bezeichnet werden, weil das Recht des Muthers unbestritten, wie jedes dingliche Recht, gegen jeden Dritten, dagegen nicht gegen den Staat, das Subjekt der angeblichen Obligation verfolgt werden konnte. Jetzt hat diese Meinung jeden Boden verloren, da von einem Rechte des Staates an den unverliehenen Mineralien, dessen Uebertragung durch die Muthung gefordert und durch die Verleihung bewirkt werden könnte, nicht mehr die Rede ist.

27) Die Annahme der Muthungen war bisher nur in dem rechtsrheinischen Theile des Oberbergamtsbezirks an die Revierbeamten delegirt, während in den übrigen Bezirken auch nach dem bisherigen Rechte die Muthungen bei den Oberbergämtern eingelegt wurden.

Der §. 12 behält diese Kompetenz der Oberbergämter allgemein bei, gibt denselben aber zugleich die Befugniß zur Delegation der Revierbeamten bei Annahme der Muthungen. Hierdurch ist die Möglichkeit gewährt, die bestehende Einrichtung, je nachdem es den besonderen Verhältnissen der einzelnen Bezirke entspricht, entweder beizubehalten oder abzuändern.

Uebrigens ist kaum zu erwarten, daß außerhalb des früheren Siegener Bergamtsbezirks, in welchem die Annahme der Muthungen durch die Revierbeamten hergebracht ist, sich ein Bedürfniß zu einer solchen Delegation herausstellen werde, da die Muthungen schriftlich eingelegt werden können und da die Einrichtungen einer collegialischen Behörde weit besser für dieses Geschäft geeignet sind, als ein einzeln stehender Beamter, welcher durch seine Amtsgeschäfte oft während mehrerer Tage von seinem Wohnorte entfernt gehalten wird.

28) Die Einreichung des zweiten Exemplars ist nicht bei Strafe der Nichtigkeit vorgeschrieben. Wenn das Duplum fehlt oder die Muthung zu Protokoll erklärt wird, so wird nach dem seitherigen Verfahren, auf welches die Motive S. 34 Bezug nehmen, die Abschrift auf Kosten des Muthers bei der Behörde angefertigt. Das Hauptexemplar der Muthung unterliegt nach dem Tarif zum Stempelgesetze vom 7. März 1822 dem Gesuchsstempel von 5 Sgr., der Präsentationsvermerk auf dem für den Muther bestimmten Nebenexemplare dem Stempelsatze von 15 Sgr. für Atteste von Behörden.

versehen und sodann ein Exemplar dem Muther zurückgegeben.

---

Es fragt sich, ob die Muthung auch telegraphisch eingelegt werden kann, und diese Frage ist von einiger praktischer Wichtigkeit, da bei der großen Ausdehnung der Oberbergamtsdistricte die Benutzung des Telegraphen einen Vorsprung von mehr als einem Tage vor der Beförderung der Muthung durch die Post gewähren kann, mithin für die Wahrung des Finderrechtes (§. 24) und für die Priorität der Muthung (§. 25) von erheblichem Belange sein kann. Die Frage ist zu bejahen. Daß die telegraphische Correspondenz bei der Vertragschließung die schriftliche Form erfüllt, wenn die Aufgabe-Depeschen von den Contrahenten selbst unterschrieben sind, ist durch die Entscheidung des Obertribunals (IV Senat) vom 2. Mai 1861 (Entscheidungen Bd. 45, S. 58) angenommen, und wie folgt motivirt

„Die schriftliche Erklärung existirt. Der Erklärende hat von ihr, um sich durch sie zu verpflichten, gegen den, dem er sich verpflichten wollte, Gebrauch gemacht. Die Erkärung ist dem Letztern zwar nicht ausgehändigt, aber als für ihn amtlich niedergelegt anzusehen. Alle Erfordernisse einer verpflichtenden schriftlichen Willenserklärung sind hiernach in diesem Falle vorhanden."

Diese Deduction kann indeß auf die vorliegende Frage nicht angewendet werden. Denn für die Muthung ist es nach §. 12 wesentlich, daß sie bei dem Oberbergamte angebracht wird und es genügt nicht daß sie für das Oberbergamt bei der Telegraphen-Station niedergelegt wird. Das Requisit der schriftlichen Form muß daher nicht bloß durch die Aufgabe-Depesche sondern durch die an das Oberbergamt gelangende Ausfertigung des Telegramms erfüllt werden. Dies ist indeß der Fall. Die Regel, daß zur schriftlichen Form einer Willenserkärung die eigenhändige Unterschrift des Erklärenden gehöre (Allg. Landrecht Th. I Tit. 5, §. 116), gilt nur für das Gebiet des Obligationenrechtes also nur für Verträge und für solche einseitige Erklärungen, durch welche Verpflichtungen übernommen oder acceptirt werden sollen. Die im §. 13 vorgeschriebene Schriftlichkeit der Muthung ist dagegen nach dem gewöhnlichen Wortsinne dahin zu verstehen, daß der Muther sein Gesuch entweder in schriftlicher Fassung bei dem Oberbergamte einreichen, oder vor dieser Behörde zu Protokoll erklären muß. Die schriftliche Muthung kann aber unbeschadet ihrer Gültigkeit auch von einem Andern für den Muther und in dessen Namen geschrieben und unterschrieben sein, wie dies bei dem Telegramm der Fall ist. Für diese Auslegung ist zur Unterstützung anzuführen das Präjudiz 2165 des Obertribunals (Entscheidungen Bd. 19, S. 435), welches sich mit der Auslegung des §. 16 der Verordnung vom 21. Juli 1846 beschäftigt, der über die Anmeldung von Rechtsmitteln bestimmt

„Für die Anmeldung genügt die Erklärung, daß der Anmeldende sich über das ergangene Erkenntniß beschwert. Sie ist an keine Form gebunden und kann demzufolge mündlich zu Protokoll oder schriftlich ohne Zuziehung eines Justizkommissars erfolgen."

Die Form welche hier für die Anmeldung von Rechtsmitteln vorgeschrieben wird, stimmt genau mit der im §. 13 für die Muthung vorgeschriebenen Form überein. Darauf, daß in jenem Falle gesagt wird, die Anmeldung sei an keine Form gebunden ist kein Gewicht zu legen. Es hat damit nur gesagt werden sollen, daß außer der bestimmt vorgeschriebenen schriftlichen oder protokollarischen Einlegung keine weitere Förmlichkeit, namentlich nicht die für andere Prozeßschriften erforderte

**Es ist statthaft, die Muthung bei der zur Annahme derselben befugten Behörde zu Protokoll zu erklären [29]).**

---

Unterschrift eines Rechtsanwaltes verlangt werde. Zu dieser Vorschrift nun bemerkt das angeführte Präjudiz 2165:

„Die Anmeldung eines Rechtsmittels braucht nicht von der Partei selbst, oder von einem bei den Acten legitimirten Bevollmächtigten, sondern sie kann auch von einem Andern für die Partei und in deren Namen ge- und unterschrieben sein."

Dasselbe gilt unzweifelhaft auch von der Muthung, auch von der telegraphisch eingelegten, zumal da die Aechtheit des Inhalts oder die Thatsache, daß das Gesuch von dem Muther wirklich herrührt, hinlänglich durch das folgende Instructionsverfahren, insbesondere durch die nach §§. 15 u. 17 von dem Muther abzugebenden nachträglichen Erklärungen constatirt wird.

29) Der Präsentationsvermerk muß den Namen und den Amtscharakter des eröffnenden Oberbergamtsdirectors oder Revierbeamten enthalten. Er stellt eine außergerichtliche öffentliche Urkunde dar, gegen welche nur der directe Gegenbeweis zulässig ist. (Allg. Gerichtsordnung Th. I, Tit. 10, §§. 128 — 131, Code Napoléon Art. 1317.) Ueber das Verfahren bei der Annahme der Muthungen gibt die Bonner Instruction für die Revierbeamten — welchen laut der Bekanntmachung des Oberbergamtes vom 31. August 1865 die Annahme der Muthungen in den auf der rechten Rheinseite gelegenen Bergrevieren mit Ausnahme der Hohenzollernschen Lande überwiesen ist, — folgende Vorschriften:

§. 6.

„Annahme der Muthungen."

„Die Annahme schriftlicher Muthungen sowie die protokollarische Aufnahme von Muthungen darf nur im Amtslocale des Revierbeamten erfolgen.

Der Revierbeamte hat jede Muthung sofort bei dem Empfange auf beiden Exemplaren mit Tag und Stunde der Präsentation zu versehen und in das Muthungsregister einzutragen.

Wird eine Muthung bei dem Revierbeamten zu Protokoll erklärt, so fällt Tag und Stunde der Präsentation mit dem Zeitpunkte der Aufnahme zusammen.

Gleichzeitig eingegangene Muthungen sind zur gleichen Stunde zu präsentiren.

Das zweite Exemplar der schriftlich eingelegten Muthungen ist, mit dem Präsentationsvermerke versehen, dem Muther sofort zurückzugeben.

Wird die Muthung nur in einem Exemplare eingereicht, so hat der Revierbeamte das Duplicat einzufordern und bis zum Eingange desselben je nach Lage der Sache die weitere Instruction der Muthung auszusetzen.

Ist die Muthung zu Protokoll erklärt, so wird dem Muther eine beglaubigte Abschrift des Protokolls als Duplicat zugefertigt.

Zu dem einen Exemplar der Muthung muß ein Stempel von 5 Sgr., zu dem Duplicate ein Stempel von 15 Sgr. verwandt werden."

Zu dieser Geschäftsanweisung findet sich nur zu erinnern, daß es nicht unbedenklich scheint, die Instruction der Muthung bis nach Eingang des fehlenden Duplums auszusetzen. Es kann in vielen Fällen dem Muther daran gelegen sein, die Instruction der Muthung hinauszuschieben, so z. B. um die amtliche Untersuchung des Fundes (§. 15) zu verzögern. Unterbleibt ferner die Einreichung des Duplums auch aus bloßer Nachlässigkeit des Muthers, nachdem im Uebrigen den

## §. 14.

Jede Muthung muß enthalten:

1) den Namen und Wohnort des Muthers;
2) die Bezeichnung des Minerals, auf welches die Verleihung des Bergwerkseigenthums verlangt wird;
3) die Bezeichnung des Fundpunktes;
4) den dem Bergwerke beizulegenden Namen.

Wird eine Muthung auf das Mineralvorkommen eines verlassenen Bergwerks eingelegt, so muß dieselbe statt des Erfordernisses unter 3) eine Angabe über die Lage dieses Bergwerks enthalten.

Fehlt der Muthung die eine oder andere dieser Angaben, so hat der Muther dem Mangel auf die Aufforderung der Bergbehörde innerhalb Einer Woche abzuhelfen. Geschieht dies nicht, so ist die Muthung von Anfang an ungültig [30]).

---

§§. 13—18 genügt ist, so würde bei Beobachtung der angeführten Vorschrift das gemuthete Feld unverliehen und dennoch wegen der fortdauernden Gültigkeit der Muthung für alle andern Muther geschlossen bleiben (§. 19). Es empfiehlt sich daher wie bisher die fehlende Abschrift der Muthung auf Kosten des Muthers anfertigen zu lassen.

Das Muthungsregister, welches nach dem bisherigen Herkommen auch bei den Oberbergämtern über die bei ihnen eingelegten Muthungen geführt wird, dient als Repertorium für die Muthungsacten. Es kann unter Umständen als Beweismittel für eine verloren gegangene Muthung, oder gegen einen irrthümlichen Präsentationsvermerk dienen. (Zeitschr. f. Bergr. V, 134.)

30) Um den Muther bei seinem Rechte möglichst zu schützen, ist die absolute Ungültigkeit der Muthung wegen eines Mangels in den formellen Erfordernissen davon abhängig gemacht, daß der Muther zur Abstellung des Mangels aufgefordert, aber der Aufforderung binnen der präclusivischen Frist von einer Woche nicht nachgekommen ist. (Motive S. 34.) Da indeß Zweifel darüber entstehen können, ob in einem vorliegenden Falle überhaupt eine Muthung eingelegt ist, so müssen auch die wesentlichen Erfordernisse einer Muthung bestimmt werden und als solche sind in Uebereinstimmung mit der bisherigen rechtsrheinischen Jurisprudenz die Bezeichnung des Fundes nach der Mineralgattung und nach der Oertlichkeit, der Name des Muthers und der Antrag auf Verleihung zu bezeichnen, welcher übrigens in der Bezeichnung: muthen oder Muthung hinlänglich ausgedrückt ist. Fehlt eine dieser drei Angaben (§. 14, Nr. 1, 2, 3) gänzlich, so liegt offenbar keine rechtsgültige Muthung vor, welche geeignet wäre ein Recht auf Verleihung zu begründen, während bloße Ungenauigkeiten in der Bezeichnung des Fundes nach Ort und Gattung, (2. 3), die Angabe des Wohnortes (1) oder der Name des Bergwerks (4) unbeschadet des Alters der Muthung nachträglich ergänzt werden können. Eine Muthung, in welcher eins der wesentlichen Erfordernisse, entweder der Name des Muthers oder das gemuthete Mineral oder die Angabe des Fundortes gänzlich fehlt, kann auch bei nachträglicher Ergänzung kein Vorrecht vor einer den gesetzlichen Erfordernissen entsprechenden Muthung begründen, die in der Zwischenzeit zwischen der

## §. 15.

Die Gültigkeit einer Muthung ist dadurch bedingt, daß das in derselben bezeichnete Mineral an dem angegebenen Fundpunkte (§. 14) auf seiner natürlichen Ablagerung vor Einlegung der Muthung entdeckt worden ist [31]) und bei der amtlichen Untersuchung nachgewiesen wird [32]), und daß außerdem nicht bessere Rechte Dritter auf den Fund entgegenstehen.

---

unvollständigen Muthung und deren Ergänzung eingelegt ist, weil die unvollständige Muthung entweder das Object oder das Subject des Anspruches ganz unbestimmt läßt. Der Versuch, die heilbaren und unhe lbaren Nichtigkeiten des Muthungsgesuches dadurch gleich zu stellen, daß sie sämmtlich für heilbar erklärt werden, führt also nicht zum Ziele. Wie sollte auch die Bergbehörde im Stande sein die Ergänzung der unter Nr. 1 aufgeführten Angabe zu verlangen, wenn in der Muthung der Name oder auch nur der Wohnort des Muthers nicht angegeben ist? Solche Muthungen müssen nach wie vor als von vorn herein nichtig zu den Acten geschrieben werden und die etwaige Ergänzung muß lediglich als neue Muthung behandelt werden.

31) Das Requisit der Fündigkeit ist aus dem bisherigen rechtsrheinischen Bergrechte entnommen. Der Grund dieses Erfordernisses liegt darin, daß die förmliche Handlung der Muthung bei der Erwerbung des Bergwerkseigenthumes die Stelle der körperlichen Besitzergreifung vertritt, durch welche sich die Occupation herrenloser Sachen nach dem Civilrechte vollzieht. Die Lagerstätte muß also in dem Augenblicke der Muthung der Besitznahme zugänglich sein und die Fündigkeit besteht eben in der gegenwärtigen Möglichkeit der Besitznahme.

Die Möglichkeit des Besitzes ist bedingt durch die Entblößung der Lagerstätte, ohne die eine physische Einwirkung auf dieselbe nicht stattfindet. Es genügt also nicht, daß die Lagerstätte einmal entblößt gewesen ist, sondern sie muß gegenwärtig zugänglich sein. Ihr Dasein muß nicht aus deu Acten, sondern aus dem offenen Schürfe ersichtlich sein. Es genügt nicht, daß der Fund auf der Karte gezeigt werden kann, man muß ihn mit der Hand oder mit dem Bohrgestänge berühren und unmittelbar physisch auf ihn einwirken können.

Die bloße Gewißheit, daß an einem Punkte vor Jahren ein Steinkohlenflötz erbohrt worden ist, gewährt nicht die Möglichkeit der Apprehension. Ein Besitz kann an einem solchen nicht mehr aufgeschlossenen Lager uicht bestehen. Eine solche historische Nachricht begründet daher auch nicht die Fündigkeit. Sollte nach der Absicht des Gesetzes die bloße Gewißheit der Existenz der Lagerstätte zur Gültigkeit der Muthung ausreichen, so ist nicht ersichtlich, weshalb nicht der Nachweis dieser Existenz auch nachträglich geführt werden sollte. Es müßte dann auch zulässig sein, die zwischen zwei bekannten Aufschlußpunkten mit Sicherheit projectirte Fortsetzung eines Flötzes zu muthen, ohne daß es dazu eines Fundes bedurfte, weil die auf Schlußfolgerungen beruhende Gewißheit oft mindestens denselben Werth hat als die historische. Allein das Bergrecht verlangt nicht die bloße Gewißheit der Existenz, sondern die der Muthung vorhergehende Entdeckung der Lagerstätte als Bedingung einer rechtsgültigen Muthung. (Vergl. m. Uebersicht 1860 — 1863 S. 27 ff. und die daselbst mitgetheilten Erkenntnisse.)

32) Das Gesetz sieht von den Beweisregeln ab, welche die früheren Berg-

§. 16.

Wird eine Muthung auf das Mineralvorkommen eines verlasse-

---

rechte für den Nachweis der Fündigkeit aufstellten. (Vorzeigen in vollem frischen Anbruche — Entblößen zwischen rechtem Hangenden und Liegenden u. s. w.). Maßgebend ist die Ueberzeugung der untersuchenden Behörde, von deren Ermessen abhängig ist, durch welche Beweismittel der Nachweis geführt werden soll. Unter diesen Beweismitteln nimmt wie bisher der Augenschein die erste Stelle ein und nur in denjenigen Fällen, wo der Fund nicht unmittelbar ersichtlich gemacht werden kann, wie bei Bohrfunden, wird sowie bisher eine indirecte Beweisführung durch Zeugen, Bohrtabellen, Bohrpfropfen u. dgl. zugelassen werden müssen. (Instruction vom 30. September 1861 §. 3.)

In Bezug auf das Verfahren gibt die Bonner Instruction für die Revierbeamten folgende Bestimmungen:

§. 8.

„Kostenvorschuß."

„Ist die Zahlungsfähigkeit eines Muthers zweifelhaft, so hat der Revierbeamte demselben die Einzahlung eines angemessenen Vorschusses an die Oberbergamtskasse zur Deckung der entstehenden Kosten aufzugeben. Hierbei sind zunächst nur die Kosten für einen Localtermin zu berücksichtigen.

Dem Muther ist in der Zahlungsaufforderung zu eröffnen, daß die weitere Instruction der Muthung bis nach Einzahlung des Vorschusses und Vorlegung der Kassenquittung ausgesetzt bleiben müsse."

§. 9.

„Untersuchung des Fundes."

„Entspricht eine Muthung den Erfordernissen im §. 14 des B.G., so hat der Revierbeamte die Untersuchung der Fündigkeit und Feldesfreiheit nach §. 15 des B.G. baldigst vorzunehmen.

Bei einem neuen Funde ist regelmäßig für diese Untersuchung ein Termin an Ort und Stelle anzusetzen und der Muther zu demselben mit dem Eröffnen vorzuladen, daß, wenn infolge seines Ausbleibens der Fund nicht nachgewiesen werden könne, die Muthung als von Anfang an ungültig behandelt werde.

Unter Umständen kann der Revierbeamte die Ansetzung des Termins bis nach Einreichung des Situationsrisses (§. 18 des B.G.) verschieben.

In dem Termine ist der Fundpunkt so festzulegen, daß derselbe jederzeit ermittelt werden kann.

Ueber das Ergebniß des Termines hat der Revierbeamte ein von dem anwesenden Muther mit zu unterzeichnendes Protokoll aufzunehmen. Dasselbe muß insbesondere eine genaue Beschreibung des Fundes, die Festlegung des Fundpunktes und die Ermittelungen über die Feldesfreiheit am Fundpunkte enthalten.

Ist eine Muthung auf einen infolge einer früheren Muthung bereits constatirten, noch nicht abgebauten Fund eingelegt, so bedarf es einer abermaligen örtlichen Untersuchung des Fundes nicht; es genügt, wenn der Revierbeamte die Identität des in der neuen Muthung bezeichneten Fundpunktes mit dem schon früher festgelegten Fundpunkte, nöthigenfalls unter Zuziehung des Muthers, außer Zweifel stellt."

Die Gesetzmäßigkeit der im §. 8 dieser Instruction vorgeschriebenen Verwar-

nen Bergwerks eingelegt (§. 14), so bedarf es zur Gültigkeit derselben keiner vorherigen neuen Aufschlüsse.

War jedoch das Mineral erwiesenermaßen bereits bei dem Verlassen des Bergwerks gänzlich abgebaut, so ist eine solche Muthung von Anfang an ungültig [33]).

## §. 17.

Der Muther hat die Lage und Größe des begehrten Feldes (§. 27), letztere nach Quadratlachtern, anzugeben und einen von einem concessionirten Markscheider oder Feldmesser angefertigten Situationsriß in zwei Exemplaren einzureichen, auf welchem der Fundpunkt, die Feldesgrenzen, die zur Orientirung erforderlichen Tagesgegenstände und der Meridian angegeben sein müssen [34]).

---

nung unterliegt keinem Bedenken. In Bezug auf die Zweckmäßigkeit eines solchen Präjudizes aber muß auf das oben (Anm. 29) Gesagte Bezug genommen werden.

33) Die Fündigkeit beruht bei der Muthung eines schon früher gebauten Bergwerks in der Notorietät. Ein neuer Mineralfund braucht daher nur in dem Falle nachgewiesen zu werden, wo das früher gebaute Mineralvorkommen notorisch abgebaut ist.

34) Die Feldesstreckung kann bereits in der Muthung enthalten sein. Da jedoch die zweckmäßige Bestimmung des Feldes in der Regel eine genauere Untersuchnng des Verhaltens der gemutheten Lagerstätte voraussetzt, während die Muthung zur Erhaltung des Vorzugsrechtes unverzüglich oder im Falle des §. 24 doch binnen 8 Tagen eingelegt werden muß, so ist dem Muther nach §§. 17, 18 gestattet, die Feldesstreckung in einer besonderen Erklärung nachzuholen, welche innerhalb 6 Wochen nach der Präsentation der Muthung eingereicht werden muß. Die Feldesstreckung muß in doppelter Gestalt, nämlich in Form einer schriftlichen Angabe der Feldesgrenzen und des Flächeninhaltes und einer bildlichen Darstellung des begehrten Feldes eingereicht werden. Die Motive S. 34 bemerken:

„Die Erklärung des Muthers über die Lage und Größe des begehrten Feldes gehört zur Begründung seines Verleihungsantrages und bildet die Grundlage für die Beurtheilung der Muthung in ihrem Verhältnisse zu benachbarten Interessenten und für die Entscheidung der Bergbehörde über die Verleihung.

Zur genauen Bezeichnung der Lage und Größe des Feldes bedarf es eines Situationsrisses in der durch §. 17 vorgeschriebenen Beschaffenheit. Dieser Riß soll die Zwecke der beiden, nach dem seitherigen rechtsrheinischen Verfahren getrennten Risse, des Muthungs- und des Verleihungsrisses, in ähnlicher Weise vereinigen, wie schon jetzt der nach Artikel 30 des Französischen Bergwerksgesetzes dem Concessionsgesuche beizufügende Riß.

Damit die Vorlegung unbrauchbarer Situationsrisse vermieden und in dieser Hinsicht auch das Interesse dritter Muther und Bergwerksbesitzer wahrgenommen werde, muß die Anfertigung dieser Risse durch einen concessionirten Markscheider oder Feldmesser gefordert werden. Den Feldmessern ist die Befugniß zur Aufnahme dieser Risse aus dem Grunde beizulegen, weil in manchen Theilen der östlichen Provinzen den Bergbautreibenden keine Markscheider zur Verfügung stehen.

Da die bei den Situationsrissen anzuwendenden Maßstäbe zu den verschiede-

Der bei Anfertigung dieses Situationsrisses anzuwendende Maßstab wird durch das Oberbergamt festgesetzt und durch die Regierungsamtsblätter bekannt gemacht[34a]).

---

nen Maßstäben der großentheils schon vorhandenen allgemeinen Uebersichtskarten passen müssen, so ist den Oberbergämtern die Festsetzung und öffentliche Bekanntmachung jener Maßstäbe überlassen.

Die Einreichung des Situationsrisses in zwei Exemplaren hat den Zweck, dem Muther mit der Verleihungsurkunde ein Beweisexemplar zurückzugeben (cfr §. 33)."

34a) Der Maßstab für den von dem Muther einzureichenden Situationsriß ist von den vier Oberbergämtern durch die nachfolgenden Bekanntmachungen festgestellt:

1. Bekanntmachung des Oberbergamtes zu Bonn vom 31. August 1865.

Der Maßstab, welcher bei Anfertigung des von dem Muther in zwei Exemplaren einzureichenden Situationsrisses anzuwenden ist, wird auf Grund des §. 18 des Allgemeinen Berggesetzes und unter Berücksichtigung des §. 27 desselben in nachstehender Weise festgesetzt:

1) für die Kreise Siegen, Olpe, Altenkirchen und Neuwied auf 1 : 2000 der wirklichen Länge;

2) für den übrigen rechtsrheinischen Theil des Bezirkes, einschließlich der Hohenzollernschen Lande, sowie für die ganze linke Rheinseite auf 1 : 10000 der wirklichen Länge.

Der unter 1 resp. 2 festgesetzte Maßstab ist auch bei Anfertigung desjenigen Situationsrisses anzuwenden, welcher gemäß §. 215 des Allgemeinen Berggesetzes bei einem Antrage auf Feldesumwandlung oder Feldeserweiterung in zwei Exemplaren eingereicht werden muß.

Situationsrisse, welche in einem anderen als den vorstehend festgesetzten Maßstäben angefertigt sind, werden zurückgegeben werden.

Für Consolidationsrisse, bei welchen die Wahl des Maßstabes nach §. 42 des Allgemeinen Berggesetzes dem Bergwerkseigenthümer überlassen ist, wird sich der Regel nach ebenfalls der vorstehend unter 1 resp. 2 angegebene Maßstab empfehlen.

2. Bekanntmachung des Oberbergamts zu Halle vom 11. September 1865.

Zur Ausführung des am 1. Oktober d. J. in Kraft tretenden Allgemeinen Berggesetzes für die Preußischen Staaten vom 24. Juni d. J. (G.S. S. 705) verordnen wir für unseren Verwaltungsbezirk, was folgt:

I. Als Maßstab für die von dem Muther nach §. 17 des Gesetzes einzureichenden Situationsrisse und für diejenigen Risse, welche gemäß §. 215 des Gesetzes bei einem Antrage auf Feldesumwandlung oder Feldeserweiterung einzureichen sind, wird 1 : 6400 der natürlichen Länge (80 Ltr. = 1 Zoll) festgesetzt.

Für Consolidationsrisse (§. 42 des Gesetzes) ist derselbe Maßstab oder ein zu diesem in einem einfachen Verhältnisse ($^1/_2$, $^1/_4$ u. s. w.) stehender zu wählen.

Ferner empfehlen wir, alle genannten Risse so einzurichten, daß beim Anschauen derselben Norden nach oben gerichtet ist, die Schrift also von

## §. 18.

**Die Angabe der Lage und Größe des Feldes, sowie die Einreichung des Situationsrisses (§. 17) müssen binnen sechs Wochen nach Präsentation der Muthung bei der zur Annahme der letzteren befugten Bergbehörde erfolgen[35].**

---

West nach Ost läuft, und daß mit Rücksicht auf die Anheftung an die Urkunden die Risse wo möglich in Einer ihrer beiden Dimensionen mit der Höhe eines Stempelbogens übereinstimmen.

3. Bekanntmachung des Oberbergamts zu Dortmund vom 16. September 1865.

In Ausführung des mit dem 1. Oktober a. c. in Kraft tretenden Allgemeinen Berggesetzes vom 24. Juni 1865 bestimmt das unterzeichnete Bergamt für seinen Verwaltungsbezirk:

1) Der zeither für die Muthungsrisse vorgeschriebene Maßstab von 40 Ltr. = 1 Zoll, oder das Verhältniß von 1 : 3200 der natürlichen Länge wird auch für die nach §. 17 des erwähnten Gesetzes von den Muthern in zwei Exemplaren einzureichenden Situationsrisse beibehalten;

2) derselbe Maßstab findet auch für die den Anträgen auf Felderweiterung nach §. 215 desselben Gesetzes in zwei Exemplaren beizufügenden Situationsrisse Anwendung;

3) Situationsrisse, welche in einem anderen Maßstab, als den vorgeschriebenen, angefertigt sind, werden zurückgegeben und hat die dadurch nach §. 18 des Gesetzes etwa entstehenden Nachtheile der Muther sich selbst zuzuschreiben.

4. Bekanntmachung des Oberbergamts zu Breslau vom 20. September 1865.

Auf Grund des §. 17 des Allgemeinen Berggesetzes für die Preußischen Staaten vom 24. Juni 1865 (G.S. S. 705) wird hierdurch als Maßstab der Muthungssituationsrisse (§. 18 u. §. 215 a. a. O.) für den District des unterzeichneten Oberbergamtes das Verhältniß 1 : 4000 der natürlichen Größe, oder funfzig Lachter gleich einem Zoll rheinländisch Maß festgesetzt, was dem bergbautreibenden Publicum hierdurch bekannt gemacht wird.

35) Die Feldesstreckung und der Situationsriß muß wie die Muthung bei dem Oberbergamte — in den rechtsrheinischen Theilen des Bonner Districtes bei dem Revierbeamten eingereicht werden. Eine Aufforderung dazu findet nicht statt, vielmehr läuft die im §. 18 bestimmte Präclusivfrist unmittelbar von dem Tage der Präsentation der Muthung. Sie wird auch nicht unterbrochen, wenn das Oberbergamt, ohne die Feldesstreckung zu erwarten, die Muthung wegen mangelnder Fündigkeit oder Feldesfreiheit (§. 15) zurückweist. Auch der zurückgewiesene Muther, wenn er seine Rechte im Wege des Recurses an den Handelsminister (§. 191) verfolgen will, muß den Situationsriß innerhalb der im §. 18 bezeichneten Frist einreichen.

Situationsrisse, die nicht in dem vorgeschriebenen Maßstabe oder nicht von einem concessionirten Markscheider oder Feldmesser angefertigt sind, werden zurückgegeben, ohne daß zur Einreichung des vorschriftsmäßig angefertigten Risses eine neue Frist gesetzt wird. Die Nachbringung kann vielmehr nur innerhalb der 6 Wochen vom Tage der Muthung erfolgen.

Geschieht dies nicht, so ist die Muthung von Anfang an ungültig [35 a]).

Unterläßt der Muther die Einreichung eines zweiten Exemplars des Situationsrisses, so kann die Bergbehörde dasselbe auf Kosten des Muthers anfertigen lassen [36]).

## §. 19.

Die Lage und Größe des begehrten Feldes können nur innerhalb der auf dem Situationsrisse (§. 17) angegebenen Grenzen abgeändert werden [37]).

---

35 a) Das Präjudiz im zweiten Satze des §. 18 rechtfertigt sich dadurch, daß ohne die Erklärung des Muthers über Lage und Größe des begehrten Feldes und ohne den Situationsriß die Grundlage für die Entscheidung über die Verleihung und über etwaige Collisionen mit Dritten fehlt. (Motive S. 36.) Auch abgesehen von etwaigen Collisionen rechtfertigt sich das Präjudiz dadurch, daß die Muthung ohne Feldesstreckung überhaupt keine Rechte begründen kann. (Vgl. Anm. 39 a. E.)

36) Kommt der Muther seiner Verpflichtung zur Einreichung eines zweiten Rißexemplars nicht nach, so kann deshalb zwar nicht der Verlust der Muthung erfolgen, die Behörde muß aber die Befugniß haben, das Duplicat auf Kosten des Muthers anfertigen zu lassen. (Motive a. a. O.)

37) Im §. 19 werden den formellen Vorschriften dieses Abschnittes wichtige materielle Bestimmungen über das Recht des Muthers angeschlossen. Diese Bestimmungen betreffen die Wirkung der Muthung gegenüber andern collidirenden Muthungen und regeln diese nach dem bisherigen rechtsrheinischen Rechte bisher so verwickelte und so controverse Frage in der zweckmäßigsten Weise durch die Vorschrift, daß 1) der Umfang des Rechtes aus der Muthung durch die Grenzen der ersten Feldesstreckung (§. 19) unabänderlich bestimmt ist; 2) der Zeitpunkt der Erwerbung dieses Rechtes auf die Präsentation der Muthung zurückbezogen wird, auch wenn die Feldesstreckung erst später innerhalb der im §. 18 bestimmten sechswöchentlichen Frist erfolgt ist; 3) die Wirkung der Muthung eine unbedingt ausschließende ist, welche die collidirende Muthung nach §. 15 für immer ungültig macht.

Der erste dieser Grundsätze ist im Alinea 1 dahin ausgesprochen, daß die Lage und Größe des begehrten Feldes nur innerhalb der im Situationsrisse angegebenen Grenzen abgeändert werden kann, das heißt also, daß das gestreckte Feld nur durch Abschneidung einzelner Theile verkleinert, nicht aber auf das außerhalb seiner Grenzen belegene Feld ausgedehnt werden kann. Diese Vorschrift schließt sich an die frühere Bestimmung der Circularverfügung vom 31. März 1852 §. 40 und an das Präjudiz des Obertribunals vom 11. Juni 1852 (Striethorst's Archiv Bd. 5, S. 312) an, welche übereinstimmend die Veränderung der Feldesstreckung zum Nachtheil eines jüngeren Muthers für unzulässig erklärten. Das Allgem. Berggesetz geht einen Schritt weiter, indem es jede Veränderung, die bloße Verzichtleistung auf Theile des begehrten Feldes allein ausgenommen, im §. 19 untersagt. Die erste Feldesstreckung (§. 17) bildet daher, wie dies auch im französischen Bergrechte der Fall ist, die unabänderlichen Grenzen, in denen sich die Instruction des Muthungsgesuches bis zur Verleihung bewegt.

Gegen Muthungen Dritter ist das gesetzlich begehrte, auf dem Situationsrisse angegebene Feld einer Muthung für die Dauer ihrer Gültigkeit geschlossen [38]).

Diese Wirkung tritt mit dem Zeitpunkte der Präsentation der Muthung ein und wird auf diesen Zeitpunkt auch dann zurückbezogen, wenn der Situationsriß erst später innerhalb der im §. 18 vorgeschriebenen Frist eingereicht worden ist [39]).

---

Außerhalb dieser Grenzen kann nur durch eine neue Muthung Bergwerkseigenthum erworben werden.

38) Wie das Recht des Muthers durch die erste Feldesstreckung endgültig begrenzt wird, so daß nur innerhalb dieser Grenzen die Verleihung erfolgen kann, so soll auch das Recht des Muthers innerhalb dieser Grenzen als ein ausschließliches gelten. Es findet weder eine unbedingte Concurrenz statt, wie nach dem französischen Bergrechte, noch eine bedingte Concurrenz für den Fall, daß die ältere Muthung nicht zur Verleihung gelangen möchte. Der Muther erwirbt sofort ein dingliches Recht auf den ganzen Umfang des innerhalb der gesetzlich zulässigen Ausdehnung (§. 27) begehrten Feldes, und dieses dingliche Recht bleibt bestehen, bis die Verleihung durch den Beschluß des Oberbergamtes (§§. 30. 31) entweder ertheilt oder versagt wird. Im ersteren Falle tritt an die Stelle des dinglichen Rechtes aus der Muthung das verliehene Bergwerkseigenthum innerhalb der durch die Verleihungsurkunde bestimmten Grenzen.

39) Die Zurückbeziehung der Feldesschließung auf den Zeitpunkt der Muthung wird in den Motiven S. 37 durch die Rücksicht theils auf das praktische Bedürfniß, theils auf die rechtliche Bedeutung der Muthung gerechtfertigt. Beide Gründe sind in gleichem Maße als zutreffend zu erkennen. Die Bestimmung des §. 19, Al. 3 beseitigt zunächst, vom praktischen Gesichtspunkte betrachtet, die früher bestandene fast unlösbare Controverse über die Wirkungen der vorübergehenden Ueberdeckung. Es ist dies der Fall, wenn zuerst A Muthung einlegt, dann B einen benachbarten Fund im freien Felde muthet, dann aber durch die nun folgende Feldesstreckung des A überdeckt wird, während später A den Theil seines Feldes, in welchem der Fund des B belegen ist, wieder ins Freie fallen läßt. Die widersprechenden Entscheidungen, welche unter der früheren Gesetzgebung über diesen Rechtsfall ergangen sind, sind in meiner Uebersicht S. 109 ff. mitgetheilt. Nach der einen Ansicht blieb die Muthung des B für alle Zeiten ungültig, weil die Wirkung der Feldesstreckung auf den Zeitpunkt der Muthung zurückbezogen wurde, nach der andern lebte sie durch die Veränderung in der Feldesstreckung wieder auf, weil auch die spätere Feldesstreckung auf denselben Zeitpunkt der Einlegung der Muthung zurückzubeziehen sei. Beide Ansichten führten unter dem damaligen Stande der Berggesetzgebung zu einer erheblichen Unsicherheit des Besitzes. Da nämlich der Muther die Feldesstreckung meist willkürlich hinausschieben konnte, so war er nach der ersten Meinung in der Lage, benachbarte Funde, auf die große Kosten verwendet und große Hoffnungen gebaut waren, zuerst zu überdecken, dann durch die Verlegung des Feldes frei zu machen und für sich zu muthen. Die entgegengesetzte Praxis vermied diesen oft in gewissenloser Weise ausgebeuteten Uebelstand, allein sie stellte die Rechtsgültigkeit der Muthungen und der Verleihungen in weitem Umfange in Frage. Da nämlich

§. 20.

**Das Feld einer jeden Muthung wird gleich nach Einreichung des Situationsrisses (§. 17) von der Bergbehörde auf die Muthungs-Uebersichtskarte aufgetragen**[40].

---

nur zu häufig eine ganze Reihe von Muthungen in dem Verhältnisse stand, daß der Fund des B von der Feldesstreckung des ältern Muthers A überdeckt wurde, dann nach dieser Ueberdeckung C in dem von B begehrten Felde gefunden und gemuthet hatte und so weiter (vergl. den in meiner Uebersicht S. 114 ff. mitgetheilten Rechtsfall), so mußte jede Veränderung in den Rechten oder in der Feldesstreckung der älteren Muthung eine Reihe jüngerer Muthungen in ihrer Gültigkeit afficiren. Hatte nämlich der Untergang der Muthung A das Wiederaufleben der Muthung B zur Folge, so bewirkte dies nun die Ungültigkeit der überdeckten Muthung C, während eine von deren Felde überdeckte Muthung D wieder auflebte.

Wenn aber beide Auslegungen der früheren Gesetze über die Collision der Muthungen zu einem unbefriedigenden Resultate führten, so wurde die Rechtsunsicherheit noch dadurch wesentlich erhöht, daß die Praxis, selbst die des höchsten Gerichtshofes, zwischen beiden Meinungen schwankte. Eine Abhülfe war also vom praktischen Gesichtspunkte dringend geboten, und diese ist in den §§. 18. 19 in der zweckmäßigsten Weise erfolgt, indem für die Feldesstreckung eine kurze Frist bestimmt, zugleich aber ihre Wirkung auf den Zeitpunkt der Muthung zurückbezogen ist, so daß alle in der Zwischenzeit in dem begehrten Felde eingelegten Muthungen ungültig sind und ungültig bleiben, auch wenn später die Verleihung der überdeckenden Muthung nicht erfolgt oder der überdeckende Feldestheil wieder frei wird.

Daß diese Lösung auch der rechtlichen Bedeutung der Muthung entspricht, ist unzweifelhaft. Denn das Recht aus der Muthung ist ein dingliches Recht an dem gemutheten Bergwerke (Anm. 26), und ein solches Recht kann nur innerhalb bestimmter Grenzen existiren. Die Muthung ohne die folgende Feldesstreckung kann kein solches dingliches Recht begründen. Wenn also die Feldesstreckung zur Erwerbung des Mutherrechtes wesentlich gehört, so hatte der Gesetzgeber nur die Wahl, entweder diese Erwerbung erst mit dem Tage der Feldesstreckung eintreten zu lassen, oder — wenn er an dem alten Satze des deutschen Bergrechtes festhalten wollte, daß die Präsentation der Muthung über den Vorzug concurrirender Ansprüche entscheidet — die Wirkung der Feldesstreckung auf den Tag der Muthung zurückzubeziehen, sofern sie binnen der gesetzlich bestimmten Frist erfolgt.

40) Ueber die Einrichtung der Uebersichtskarte bestimmt die Bonner Instruction für die Revierbeamten im §. 20 Folgendes:

„1. Auf die Uebersichtskarte sind sowohl die Felder der Muthungen, als auch die durch Umwandlungs- und Erweiterungsanträge (§§. 215—218 des B.G.) begehrten Felder aufzutragen.

2. Die Auftragung liegt dem Revierbeamten ob, kann aber unter specieller Aufsicht desselben auch durch den Revierdiätar ausgeführt werden. Sie muß gleich nach Eingang des betreffenden Situationsrisses erfolgen.

3. In Fällen, wo der Maßstab des Situationsrisses nicht mit demjenigen der Uebersichtskarte übereinstimmt, ist die Reduction der Maßstäbe sorgfältig auszuführen.

Die Einsicht dieser Karte ist einem Jeden gestattet.

§. 21.

Versuchsarbeiten, welche der Muther etwa noch vor der Verleihung ausführt[41]), unterliegen denselben Vorschriften, wie die Arbeiten des Schürfers (§§. 3 bis 11).

---

4. Zur Schonung der Uebersichtskarte sind die Grenzen der begehrten Felder nur mittelst eines weichen Bleistifts aufzutragen. In derselben Weise ist in das Feld der Namen der Muthungen einzuschreiben, beziehungsweise bei Umwandlungs- und Erweiterungsanträgen ersichtlich zu machen, für welche Bergwerke dieselben eingelegt sind.

5. Sobald eine Muthung, ein Umwandlungs- oder Erweiterungsantrag gelöscht ist, muß das Feld von der Uebersichtskarte durch Wegwischen entfernt werden.

6. Erfolgt die Verleihung, so ist der Tag der Verleihungsurkunde vorläufig mit Bleistift in das Feld einzuschreiben, auch die etwaige Veränderung der Grenzen in gleicher Weise ersichtlich zu machen. Die definitive Auftragung des Feldes bleibt dem Oberbergamts-Markscheider vorbehalten.

7. Gemäß §. 20 des B.G. hat der Revierbeamte die Einsicht der Uebersichtskarte einem Jeden während der Dienststunden im Amtslocale zu gestatten. Die Anfertigung von Copien oder Auszügen aus der Karte ist nur mit besonderer Genehmigung des Oberbergamts zuzulassen."

In den übrigen Bezirken wird die Uebersichtskarte bei dem Oberbergamte von dem Königlichen Markscheider geführt. Als Maßstab der Uebersichtskarten dient in der Regel der gemäß §. 17 von dem Oberbergamte für die Situationsrisse vorgeschriebene Maßstab. In denjenigen Revieren, für welche eine Uebersichtskarte in diesem Maßstabe noch nicht vorhanden ist, muß die Reduction des Maßstabes bei der Uebertragung als ein nothwendiges Uebel hingenommen werden. Uebrigens würde eine Uebersichtskarte für den Preußischen Staat in dem für den Breslauer District vorgeschriebenen Maßstabe (1 : 4000) etwa $1^1/_8$ Quadratmeile groß werden. Es darf daher nur für die eigentlichen Bergreviere auf die Ausführung von Uebersichtskarten in diesem Maßstabe gerechnet werden. Für andere Gegenden müssen die Generalstabs- oder die Grundsteuerkarten aushelfen.

41) Die Ausführung solcher Versuchsarbeiten ist dem Ermessen des Muthers überlassen. Die früheren Vorschriften, nach welchen vor der Verleihung der Nachweis der Bauwürdigkeit und der Verbreitung der Lagerstätte durch Aufschlußarbeiten zu führen war, sind aufgehoben. Die amtliche Untersuchung (§. 15) beschränkt sich auf den Nachweis, daß die Lagerstätte vor Einlegung der Muthung gefunden ist. Etwas anderes wird demnach auch durch die Verleihungsurkunde nicht constatirt. Die Vertretung dafür, daß das gefundene Mineral im dem begehrten Felde in bauwürdiger Ablagerung verbreitet sei, bleibt dem Muther überlassen, und die amtliche Beglaubigung der Bauwürdigkeit und der Mineralverbreitung, über deren wesentlich formale Bedeutung früher häufig Irrthümer bestanden und selbst Täuschungen verbreitet wurden, fällt künftig fort.

Da der Muther nicht die Rechte des beliehenen Bergwerksbesitzers gegenüber dem Grundeigenthümer hat, so muß er dem Letztern gegenüber ebensso wie der Schürfer behandelt werden.

# Dritter Abschnitt.

## Vom Verleihen[42]).

### §. 22.

De den gesetzlichen Erfordernissen entsprechende Muthung begründet einen Anspruch auf Verleihung des Bergwerkseigenthums in dem im §. 27 bestimmten Felde[43]).

---

42) „Dieser Abschnitt beruht auf folgenden Grundprinzipien:

Die rechtsgültige Muthung begründet einen Rechtsanspruch auf Verleihung des Bergwerkseigenthums in einem den Vorschriften des Gesetzes entsprechenden Felde.

Klagbar ist dieser Anspruch nur gegen denjenigen, welcher dem Muther einen privatrechtlichen Anspruch entgegensetzt, nicht aber gegen die das Hoheitsrecht ausübende Staatsbehörde.

Collidirende Muther rangiren in der Weise, daß der jüngere Muther, wenn er im Sinne des Gesetzes Finder ist, auf Grund des Erstfinderrechts dem älteren Muther vorgeht, in allen übrigen Fällen aber die ältere Muthung das Vorrecht vor der jüngeren hat.

Form und Größe des Feldes sind gewissen gesetzlichen Regeln unterworfen, im Uebrigen aber lediglich von der Bestimmung des Muthers abhängig.

Die Entscheidung über die Verleihung und die Verleihung selbst erfolgen durch die Bergbehörde nach einem gesetzlich geregelten Verfahren.

Ueber Collisionen mit den Rechten dritter Muther oder Beliehener findet vor der Verleihung ein contradictorisches Verfahren vor der Bergbehörde statt. Diese entscheidet darüber durch einen Beschluß, gegen welchen dem abgewiesenen Theile der Rechtsweg binnen einer Präclusivfrist von drei Monaten offen steht.

Erst nach Beseitigung der Collisionen wird die Verleihungsurkunde ausgefertigt und publicirt. Die Publication hat für Muther (und in einem bestimmten Falle auch für bereits Beliehene), welche noch Vorzugsrechte auf das publicirte Feld zu haben glauben, ohne in dem Verleihungsverfahren hierüber gehört zu sein, die Wirkung, daß die vermeintlichen Vorzugsrechte bei Vermeidung des Verlustes derselben binnen drei Monaten gegen den Beliehenen gerichtlich verfolgt werden müssen. Durch erfolglosen Ablauf der Frist wird das verliehene Bergwerkseigenthum von allen etwaigen An- und Einsprüchen der vorbezeichneten Art frei.

Diese Grundsätze enthalten eine Reihe ebenso nothwendiger wie eingreifender Verbesserungen des seitherigen Bergrechts." (Motive S. 37.)

43) Im §. 22 wird der Fundamentalgrundsatz des deutschen Bergrechtes aufrecht erhalten, daß die Muthung ein Recht auf die Erwerbung des Bergwerkseigenthumes begründet, welchem sich in den §§. 24 und 25 die weitere Regel anschließt, daß unter mehreren Muthern der Finder, und wenn ein solcher nicht vorhanden ist, der ältere Muther vorgeht. Diese Regeln, welche dem bisherigen Gebiete des französischen Rechtes fremd sind, sind aus dem bisherigen deutschen und preußischen Bergrechte unverändert übernommen, eine Modification hat nur in Bezug auf die Erwerbung und Ausübung des Finderrechtes stattgefunden. (Anm. 45 u. 46.)

## §. 23.

Dieser Anspruch kann jedoch auf dem Rechtswege nicht gegen die verleihende Bergbehörde, sondern nur gegen diejenigen Personen verfolgt werden, welche dem Muther die Behauptung eines besseren Rechts entgegensetzen[44]).

---

44) Diese Bestimmung ist durch die von dem Gesetzgeber gebrauchte Terminologie nothwendig geworden. Faßt man den Inhalt der §§. 22, 23, 30—32 und 35 kurz zusammen, so läßt er sich in den folgenden Sätzen wiedergeben:

1. Die den gesetzlichen Erfordernissen entsprechende Muthung begründet ein Recht auf die Erwerbung des Bergwerkseigenthums.

2. Das Bergwerkseigenthum wird von dem Oberbergamte verliehen, welches auf die eingelegte Muthung durch einen Beschluß über die Ertheilung oder Versagung der begehrten Verleihung entscheidet. Gegen diesen Beschluß findet der Recurs an den Handelsminister statt.

3. Der Muther, welchem die begehrte Verleihung durch den Beschluß des Oberbergamtes oder den Recursbescheid des Handelsministers versagt wird, ist gleichwohl berechtigt, sein Recht auf die Erwerbung des Bergwerkseigenthumes im Wege der gerichtlichen Klage gegen Jeden geltend zu machen, welcher dasselbe in Anspruch nimmt.

4. Die gerichtliche Klage muß jedoch

a) wenn der Anspruch des Muthers wegen eines entgegenstehenden besseren Rechtes durch den Beschluß des Oberbergamtes oder den Recursbescheid zurückgewiesen ist, innerhalb drei Monaten nach der Zustellung dieses Bescheides,

b) wenn die Verleihung über das begehrte Feld einem Dritten ertheilt ist, innerhalb drei Monaten nach der Bekanntmachung der Verleihungsurkunde durch das Amtsblatt

eingelegt werden.

5. Ist die Verleihung nicht wegen eines entgegenstehenden besseren Rechtes versagt worden und das begehrte Feld noch nicht anderweitig verliehen, so kann das Recht aus der Muthung innerhalb der gewöhnlichen Verjährungsfrist gegen Jeden verfolgt werden, der das begehrte Feld für sich in Anspruch nimmt.

6. Die rechtskräftige richterliche Entscheidung über das Vorzugsrecht zur Erwerbung des Bergwerkseigenthumes in einem bestimmten Felde ist für die Verleihung maßgebend. Die bereits von der Bergbehörde ertheilten Verleihungen müssen daher auf Grund eines solchen gegen den Beliehenen ergangenen Urtheiles von dem Oberbergamte abgeändert oder aufgehoben werden.

Dabei ist die Klage gegen das Oberbergamt auf Ertheilung der Verleihung von selbst ausgeschlossen. Da nämlich die Bergbehörde über den Anspruch des Muthers durch Ertheilung oder Versagung der Verleihung zu entscheiden berufen ist, so ist selbstverständlich, daß der Muther keinen privatrechtlichen Anspruch auf Ertheilung der Verleihung gegen die Bergbehörde besitzen und im Wege der Klage verfolgen kann. Das Allg. Berggesetz definirt aber im §. 22 das Recht aus der Muthung als einen Anspruch auf die Verleihung des Bergwerkseigenthumes und sieht sich deshalb genöthigt, im §. 23 gewissermaßen berichtigend hinzuzu-

## §. 24.

Wer auf eigenem Grund und Boden oder in seinem eigenen Grubengebäude oder durch Schürfarbeiten, welche nach Vorschrift der §§. 3 bis 10 unternommen worden sind, ein Mineral (§. 1) auf seiner natürlichen Ablagerung entdeckt, hat als Finder das Vorrecht vor anderen, nach dem Zeitpunkte seines Fundes eingelegten Muthungen [45]).

---

fügen, daß kein privatrechtlicher Anspruch auf Ertheilung der Verleihung gemeint sei.

Der §. 23 hat bei der Berathung des Allg. Berggesetzes zu vielen unerheblichen Bedenken Veranlassung gegeben. Es bedarf doch sicher nicht der Bemerkung, daß die Entscheidung der verleihenden Behörden in den Fällen, in welchen der Rechtsweg wegen Mangels eines Verklagten nicht stattfindet, ebenso an das Gesetz gebunden ist, wie sonst, und daß sie nicht durch §. 23 zu einer willkürlichen gestempelt wird. Ebenso versteht es sich von selbst, daß der §. 23 die Regreßklage gegen die Beamten der verleihenden Behörde nicht ausschließt, nur daß zur Begründung derselben nicht die Behauptung ausreicht, die Verleihung sei zu Unrecht — also irrthümlich verweigert worden, vielmehr bewiesen werden muß, daß die Verleihung in rechtswidriger Absicht versagt worden sei.

45) Die Motive (S. 37) bemerken zu §. 24:

„Das Finderrecht — Recht des ersten Finders —, welches ebenso wie der Rechtsanspruch des Muthers auf den ältesten Grundanschauungen des deutschen Bergrechts beruht, besteht darin, daß der Finder als solcher mit seiner Muthung denjenigen Muthungen vorgeht, welche in der Zeit zwischen seinem Funde und der Einlegung seiner Muthung zur Präsentation gelangen.

Zur Begründung des Finderrechtes erfordert der §. 24 zunächst einen bergrechtlichen Fund, also die Entdeckung eines unter das Berggesetz fallenden Minerals auf seiner natürlichen, bis dahin unbekannten Ablagerung.

Das Berggesetz hat indeß nicht jeden Finder, welcher den vorerwähnten Erfordernissen nachkommt, als bergrechtlich bevorzugten Finder anzuerkennen, sondern dieses Vorrecht nur gewissen Findern zuzusprechen und namentlich den zufälligen Fund nur in bestimmten Fällen dem beabsichtigten Funde gleichzustellen. Da nämlich das Finderrecht zur Belebung und Förderung von Aufsuchungsarbeiten dienen soll, so kann ein Anspruch auf dasselbe zunächst nur demjenigen zugesichert werden, welcher in der Absicht, ein Mineralvorkommen zu entdecken, rationelle, den Vorschriften des Gesetzes nicht zuwiderlaufende Schürfarbeiten unternimmt. Dagegen trifft dieser Gesichtspunkt bei dem zufälligen Finder nicht zu, vielmehr muß das Finderrecht bei diesem durch anderweitige besondere Gründe motivirt werden.

Hiernach sind im §. 24 als bevorrechtete Finder behandelt:

1. Wer durch Schürfarbeiten, welche nach Vorschrift des Gesetzes unternommen sind, ein Mineral auf seiner natürlichen Ablagerung entdeckt. Ausgeschlossen ist hierdurch derjenige, welcher gegen die Vorschrift des Gesetzes, also namentlich an Orten, wo nicht geschürft werden darf, oder auf fremdem Grund und Boden wider Wissen und Willen des Grundbesitzers und ohne Ermächtigung der Behörde Schürfarbeiten ausgeführt und auf diese Weise einen Fund gemacht hat. Denn

Der Finder muß jedoch innerhalb Einer Woche nach Ablauf

---

es erscheint unangemessen, die Erfolge solcher gesetzwidriger Handlungen mit einem Vorzugsrechte zu belohnen. Ein solcher Finder würde nur wie jeder andere Muther als solcher aus einer gültigen Muthung Rechte erwerben können.

2. Wer auf eigenem Grund und Boden findet, ohne Rücksicht darauf, ob sein Fund sich auf vorgängige Schürfarbeiten gründet oder ein zufälliger ist. Denn der Grundeigenthümer bewegt sich in jedem Falle in den Grenzen seines Rechtes, und überdies würde hier die Scheidung zwischen beabsichtigtem und zufälligem Funde schon deshalb unthunlich sein, weil die Absicht, in welcher der Grundeigenthümer Arbeiten auf oder unter seinem Grundstücke unternommen hat, häufig gar nicht nachzuweisen ist.

3. Wer in seinem eigenen Grubengebäude findet, also namentlich eine Minerallagerstätte mit seinem Grubenbau anfährt, auf welche noch kein Bergwerkseigenthum erworben ist. Das Finderrecht des Bergwerkseigenthümers beruht auf denselben Erwägungen, welche für dasjenige des Grundeigenthümers sprechen, sowie darauf, daß durch dieses Finderrecht der Schutz des Bergwerkseigenthümers bei dem Betriebe seines Bergwerks erhöht wird. Das Finderrecht tritt hier an die Stelle des nach der rechtsrheinischen Gesetzgebung mit dem „Ueberfahren" verbundenen Vorzugsrechts, welches zwar auch auf dem Finderrechte beruht, zu dessen Ausübung aber der Ueberfahrende erst auf ein desfallsiges „Angebot" verpflichtet ist. Dieses Angebot beizubehalten, erscheint nicht nothwendig, da das Finderrecht auch für diesen Fall ausreichenden Schutz gewährt. (Ueber das Vorzugsrecht der bereits bestehenden Erbstöllen vgl. unten zu §. 223.)

Anderen zufälligen Findern als denjenigen, welche unter den Fällen 2 und 3 mit begriffen sind, räumt der Entwurf das Finderrecht nicht ein, weil nach dem Obigen ein innerer Grund hierzu nicht vorliegt, zumal der zufällige Finder, sobald er muthet, jedenfalls den Rechtsanspruch als Muther ungeschmälert behält. Außerdem fallen die Fälle, in welchen der Beweis des Fundes mit Schwierigkeiten verknüpft zu sein pflegt und zu Streitigkeiten Anlaß gibt, im Wesentlichen weg, sobald das Finderrecht auf die vorbezeichneten zufälligen Funde beschränkt wird."

Die Voraussetzungen, an welche §. 24 die Erwerbung des Finderrechtes knüpft, sind in diesen Sätzen sehr treffend erläutert. Wenn dagegen der Grund des dem Finder beigelegten Vorzugsrechtes zur Muthung in einer Aufmunterung zur Aufsuchung der Mineralien und in einer Belohnung rationell unternommener Schürfarbeiten gesucht wird, so muß dieser Auffassung entgegengetreten werden, weil sie historisch unrichtig ist und praktisch zu falschen Schlußfolgerungen führt. Das Finderrecht ist ebensowenig eine aufmunternde Prämie für den Fleiß des Schürfers, als das geistige Eigenthumsrecht eingeführt ist, um den Fleiß des Schriftstellers anzuspornen und die Production unserer einheimischen Literatur zu steigern. Das eine und das andere Recht ist eingeführt, weil sich die rechtliche Ueberzeugung Bahn gebrochen hat, daß dem Finder das Eigenthum an seinem Funde, dem Schriftsteller an seinem Werke gebühre. Das Finderrecht ist so wenig ein Product vorsorgend planvoller Gesetzgebung, daß es vielmehr mit der Bergbaufreiheit zugleich entstanden ist. Die Unabhängigkeit des Bergbaues vom Grundeigenthum findet sich zuerst in dem Satze ausgesprochen, daß dem ersten Finder der Bau auf der Lagerstätte zusteht (oben S. 23 ff.). Im ältesten Berg-

des Tages der Entdeckung Muthung einlegen, widrigenfalls sein Vorrecht erlischt[46]).

## §. 25.

In allen übrigen Fällen geht die ältere Muthung der jüngeren

---

rechte genügte das Finden allein, um das Eigenthum an der Lagerstätte innerhalb der gesetzlichen Grenzen der Fundgrube zu erwerben. Später trat die Bedingung der Muthung, d. h. der förmlichen und symbolischen Besitzergreifung hinzu. Allein auch für die Muthung blieb das Requisit der Fündigkeit, d. h. der Möglichkeit einer körperlichen Besitzergreifung bestehen (oben Anm. 31). Das Finden, d. h. die wirkliche körperliche Besitzergreifung an der Lagerstätte, begründete fortan nicht mehr Bergwerkseigenthum, sondern bloßen Besitz. Allein dieser Besitz schloß die Möglichkeit einer Besitzergreifung durch Andere, folglich auch die Muthung durch Andere aus. Daher war nach deutschem Bergrechte der erste Finder der erste Muther, d h. niemand konnte ihm in der Ausübung seines Rechtes zur Muthung zuvorkommen, solange er sein Finderrecht besaß.

Das Finderrecht ist in den verschiedenen Berggesetzgebungen an verschiedene Bedingungen geknüpft worden. Man hat statt der bloßen körperlichen Besitzergreifung mit der Absicht der Aneignung noch den Besitz eines Schürfscheines, also statt des bloßen vollständigen Besitzes einen titulirten Besitz verlangt. Allein immer ist das Finden der Lagerstätte dasjenige geblieben, was sein Name besagt, nämlich die Besitzergreifung an einer herrenlosen Sache. Und von dieser Begriffsbestimmung, die auch für §. 24 maßgebend bleibt, lassen sich allein die Regeln für die Erwerbung des Finderrechtes ableiten, die schon unter der früheren rechtsrheinischen Gesetzgebung mehrfach Gegenstand der juristischen Erörterung geworden sind. (Vergl. m. Uebersicht 1860 — 1863 S. 36 f.) Zur Erwerbung des Finderrechtes gehört außer den im §. 24 ausgedrückten Voraussetzungen ein vollständiger Besitz, es ist also objectiv die gänzliche Entblößung der Lagerstätte und subjectiv die Absicht der Aneignung nothwendig. Der Besitz muß redlicher Weise erworben sein. Das Finderrecht kann also weder durch eine unerlaubte Handlung noch durch Verletzung eines entgegenstehenden fremden Rechtes erworben werden. Endlich gelten auch für die Erwerbung des Besitzes durch Stellvertreter (z. B. Arbeiter) dieselben Regeln wie für den civilrechtlichen Besitz.

46) Auch der **Verlust des Finderrechtes** wurde nach gemeinem deutschen Bergrechte lediglich nach den Regeln vom Verluste des Besitzes beurtheilt, da die Bergordnungen keine Frist für die Ausübung des Finderrechtes durch Einlegung der Muthungen bestimmten. Das Finderrecht dauerte also so lange fort, als die Möglichkeit der physischen Einwirkung und die Absicht der Aneignung. Es ging verloren, wenn der Schürf verbrach, ohne daß der Finder nach erhaltener Kenntniß Anstalt machte, ihn wieder aufzuwältigen, wenn er oder seine Arbeiter von fremdem Schürfern verdrängt wurden oder wenn der Finder den Schürf verließ, in der Absicht, sein Recht nicht weiter zu verfolgen. So lange der Besitz des Finders dauerte, so lange konnte er das Recht des ersten Finders gegen jeden Muther geltend machen, indem er selbst Muthung auf seinen Fund einlegte. Das Allg. Landrecht band dagegen das Vorzugsrecht des Muthers an eine Frist von vier Wochen, innerhalb deren die Muthung eingelegt werden mußte (§. 155). Das Allg. Berggesetz hat sich dieser Norm angeschlossen, jedoch die Frist zur Ausübung des Finderrechtes auf eine Woche bestimmt.

vor. Das Alter wird durch das Präsentatum der zur Annahme befugten Bergbehörde (§. 12) bestimmt[47]).

§. 26.

Das Bergwerkseigenthum wird für Felder verliehen, welche, soweit die Oertlichkeit es gestattet, von geraden Linien an der Oberfläche und von senkrechten Ebenen in die ewige Teufe begrenzt werden.

Der Flächeninhalt der Felder ist nach der horizontalen Projection in Quadratlachtern festzustellen[48]).

---

47) Zwei zu gleicher Zeit präsentirte Muthungen begründen gleiche Rechte. Sind dieselben auf denselben Fund gerichtet, so kann nur ein Feld begehrt werden, und die beiden Muther, welche zu gleichen ideellen Theilen an dem zu verleihenden Bergwerkseigenthume participiren, sind gehalten, sich über eine gemeinschaftliche Feldesstreckung zu vereinigen. Sind verschiedene Funde gemuthet und fallen die von beiden Muthern begehrten Felder ganz oder theilweise zusammen, so werden die Muther, falls sie sich nicht über eine reelle Vertheilung einigen, Miteigenthümer je zur Hälfte an dem von beiden begehrten Felde. Gleichzeitige Funde begründen gleiche Finderrechte, also auch gleiche Rechte aus der Muthung, wenn beide Finder innerhalb der folgenden Woche Muthung einlegen. Auf die Priorität der Muthung kann es hier nicht ankommen, weil die rechtzeitig eingelegte Muthung des Finders das Alter des Fundes hat. Es gelten also hier dieselben Regeln wie für gleichzeitig eingelegte Muthungen.

48) Schon der Gesetzentwurf vom 16. Dezember 1856, betreffend „die Bergeigenthumsverleihung und Bestimmung der Grubenfelder", verfolgte den Zweck, die Vermessungsweise nach gestrecktem oder Längenfelde wegen der hiermit verknüpften vielfachen Uebelstände für die Zukunft ganz zu beseitigen, dagegen die gevierte Vermessung mit senkrechten Ebenen in die ewige Teufe als allgemeine Regel beizubehalten, zugleich aber das zulässige Feldesmaß wesentlich zu erweitern, die Feldesgröße nicht mehr nach Fundgrube und Maaßen, sondern nur nach Quadratlachtern zu bestimmen und die allmähliche Umwandlung der bestehenden Längenfelder in gevierte Felder herbeizuführen.

Im §. 26 sind diese Principien, welche mit den im französischen Bergrechte angenommenen Regeln der Vermessung übereinstimmen, beibehalten. Die einfachste und sicherste Art Grubenfelder zu bestimmen ist, nämlich, wie die Motive S. 41 bemerken, die, daß das Feld auf der Oberfläche durch feste Grenzen bezeichnet wird, und daß der prismatische Raum, welcher senkrecht unter diesem Terrain liegt und nach der Tiefe hin nicht beschränkt ist (ewige Teufe), das Grubenfeld bildet. Da die Technik des Bergbaues im Allgemeinen gradlinige Grenzen erfordert, so muß die Begrenzung der Felder durch gerade Linien an der Oberfläche die Regel bilden. Von dieser Regel darf nur abgewichen werden, wo die Oertlichkeit — Landesgrenzen, Flüsse, schon bestehende Grubenfelder rc. — Berücksichtigung erheischt, damit z. B. die Ausschließung von Feldestheilen, welche für sich nicht zu benutzen sein würden, vermieden oder der Anschluß an benachbarte Felder erreicht wird.

Die Feststellung des Flächeninhalts kann nur nach der horizontalen Projection geschehen, so daß der Querschnitt des Grubenfeldes in jeder Tiefe denselben Flächeninhalt besitzt.

## §. 27.

Der Muther hat das Recht[49]),

1) in den Kreisen Siegen und Olpe des Regierungsbezirks Arnsberg und in den Kreisen Altenkirchen und Neuwied des Regierungsbezirks Coblenz ein Feld bis zu 25,000 Quadratlachtern[50]),

---

49) Während das ältere deutsche Bergrecht den Umfang des dem Muther zu verleihenden Feldes fest bestimmte, überließ das französische Bergrecht die Bestimmung über den Umfang des Concessionsfeldes dem Ermessen der Bergbehörde. Das Gesetz vom 1. Juli 1821 näherte sich in seinen Bestimmungen dem französischen Gesetze, indem es beim Längenfelde eine Vierung einführte, „welche nach dem Ermessen der verleihenden Behörde bestimmt werden soll, jedoch nicht über 500 Lachter hinausgehen darf". Ebenso wurden beim Geviertfelde „soviel Maaßen zugestanden, als zu einem zusammenhängenden Bau erforderlich ist, jedoch nicht über 1200 Maaßen hinaus". Diese Vorschriften, welche die Feldesgröße von dem „unliebsamen Ermessen" der Bergbehörde abhängig machten, wurden indeß nicht recht praktisch. Die verleihende Behörde gewährte überall, wo soviel freies Feld im Zusammenhange vorhanden war, das volle Feldesmaximum. Die Gerichte erkannten sogar den obsiegenden Muthern das Vorzugsrecht zur Verleihung für das Feldesmaximum von einer Fundgrube und 1200 Maaßen unbedingt zu. Als nun in dem oben erwähnten Gesetzentwurfe vom 16 Dezember 1856 und in dem vorläufigen Entwurfe zum Allgem. Berggesetze §§. 31, 32 der Versuch gemacht wurde ein Minimalfeld festzusetzen, auf welches dem Muther ein Rechtsanspruch eingeräumt werden sollte, und daneben ein Maximalfeld einzuführen, welches nach dem Ermessen der Bergbehörde gewährt und versagt und ohne stricte Rücksicht auf die Priorität der Muthung zugetheilt werden konnte, erhob sich gegen diese dem deutschen Bergrechte fremde und mit dem Grundsatze der Bergbaufreiheit unverträgliche Neuerung die allgemeine Stimme. Das Allg. Berggesetz ging daher im §. 27 von der Unterscheidung des Minimalfeldes und Maximalfeldes gänzlich ab und bestimmte statt dessen nur ein Feldesmaximum, welches dem Muther bei Erfüllung der gesetzlichen Bedingungen gewährt werden muß. Dadurch ist eine wünschenswerthe Vereinfachung des Muthungswesens ermöglicht, indem von den zeitraubenden und kostspieligen Versuchs- und Aufschlußarbeiten abgesehen werden kann, durch welche die Bergbehörde in den Stand gesetzt werden müßte, die Verbreitung und sonstige Beschaffenheit des Mineralvorkommens zu beurtheilen und hiernach die Legung und Ausdehnung des Feldes zu bestimmen. Besonders wichtig aber ist die Beseitigung einer Anzahl verwickelter und streitiger Rechtsfragen, welche damit zusammenhingen, daß früher der Muthung verschiedene Wirkungen beigelegt wurden, je nachdem das begehrte Feld als schon feststehend oder noch von dem Ermessen der Behörde abhängig betrachtet wurde (Vergl. m. Uebersicht S. 92 ff. $18^{60}/_{63}$ S. 43 ff.) Sobald aber nur ein einziges Feld und ein Rechtsanspruch des Muthers auf dieses ganze Feld besteht, ergeben sich einfache Grundsätze für die Rechte des Muthers und insbesondere für sein Verhältniß zu dritten, mit seinem Felde collidirenden Muthungen, indem es keinem Bedenken mehr unterliegt, die vorläufige Schließung des Feldes (§. 19) mit ihren rechtlichen Wirkungen für die ganze Ausdehnung des Feldes eintreten zu lassen.

50) Sowie das ältere deutsche und preußische Bergrecht verschiedene Vermes-

2) in allen übrigen Landestheilen ein Feld bis zu 500,000 Quadratlachtern

zu verlangen[51]).

In dieser Ausdehnung kann dem Felde jede beliebige, den Bedingungen des §. 26 entsprechende Form gegeben werden. Jedoch

---

sungsarten und Feldesgrößen für verschiedene Arten des Mineralvorkommens (Gänge und Flötze) oder auch für verschiedene Mineralien (z. B. Raseneisenerze) unterschied so hielt auch der Gesetzentwurf von 1856 und der vorläufige Entwurf zum Allg. Berggesetze im §. 31 an der Unterscheidung von zwei Feldesgrößen fest. Man beschloß jedoch die Unterscheidung von Flötzen und Gängen wegen der Unsicherheit in der Anwendung zu verlassen und statt dessen nach den Mineralspezies zu unterscheiden. Der Entwurf von 1856 wollte nur für Steinkohlen und Braunkohlen das größere Feld gewähren. Auf vielfache Reclamationen fügte der vorläufige Entwurf im §. 31 noch den Kupferschiefer in der Zechsteinformation und die Eisenerze in der Braunkohlenformation hinzu. Allein die Zahl der Anträge auf Einreihung noch anderer Mineralvorkommen in die Klasse der größeren Felder mehrte sich so sehr, daß sich bald die Unmöglichkeit ergab, ohne eine ganz unverhältnißmäßige Kasuistik, welche die größten Schwierigkeiten für die Anwendung bot, an der beabsichtigten Unterscheidung festzuhalten. Man überzeugte sich auch, daß kein Bedenken obwaltete, das Feldesmaximum von 500,000 Quadratlachtern für alle Arten den Vorkommens zuzulassen und eventuell dem Muther zu überlassen sich seinem Bedürfnisse gemäß zu beschränken.

Nur für die oben unter 1 bezeichneten Landestheile — die vier zum rechtsrheinischen Theile des Ober-Bergamtsbezirks Bonn gehörenden Kreise Siegen, Olpe, Altenkirchen und Neuwied ergab sich mit Rücksicht auf die bestehenden Besitz- und Rechtsverhältnisse und die weitere Entwickelung des dortigen Bergbaues die Nothwendigkeit, das Maximum der Feldesgröße auf das erheblich geringere Maß von 25,000 Quadratlachtern zu beschränken.

Zur Begründung dieser Ausnahmebestimmung wird in den Motiven S. 44 ausgeführt, daß das eigenthümliche Vorkommen der nutzbaren Mineralien in den gedachten vier Kreisen zur Folge habe, daß sehr ausgedehnte Geviertfelder dort nicht angebracht seien. Dieselben würden, weit entfert einem wirklichen Bedürfnisse zu entsprechen, nur zum Nachtheile des vorhandenen Bergwerkseigenthums gereichen. Neue Funde von Bedeutung stehen dort nämlich kaum noch zu erwarten. Dagegen werde es stets leicht sein, in einem nach allen Richtungen hin von Gangtrümmern durchschwärmten Gebirge fündig zu werden. Voraussichtlich würden daher in Folge der Einführung ausgedehnter Geviertfelder die bereits vorhandenen Längenfelder sehr bald von Geviertfeldern umstrickt werden und zwar auf Grund von Funden, welche für die Entwickelung des Bergbaues völlig bedeutungslos sind Für die bestehenden Bergwerke würden hieraus aber Besitzstörungen, Rechtsstreitigkeiten und Verminderung des Kredits erwachsen.

Die vier Kreise Siegen, Olpe, Altenkirchen und Neuwied umfassen die Bergreviere Olpe, Müsen, Siegen II (Eisern), Siegen I (Gosenbach), Burbach, Daaden, Kirchen, Hamm, die Standesherrschaften Wildenburg und Wied und der südlichen schmalen Streifen des Bergreviers Unkel längs dem Rheine zwischer Honnef und Leutesdorf.

muß der Fundpunkt (§. 15), beziehungsweise der frühere Aufschluß des Mineralvorkommens eines verlassenen Bergwerks (§. 16) stets in dieses Feld eingeschlossen werden. Auch dürfen je zwei Punkte der Begrenzung bei 25,000 Quadratlachtern (Nr. 1) nicht über 500 Lachter, und bei 500,000 Quadratlachtern (Nr. 2) nicht über 2000 Lachter von einander entfernt liegen [52]).

§. 28.

Ehe die Verleihung des Bergwerkseigenthums erfolgt, hat der Muther in einem vor der Bergbehörde anzusetzenden, ihm mindestens vierzehn Tage vorher bekannt zu machenden Termine seine Schlußerklärung über die Größe und Begrenzung des Feldes, sowie über etwaige Einsprüche und collidirende Ansprüche Dritter abzugeben.

Auf den Antrag des Muthers kann der Termin verlegt, auch kann zur Fortsetzung des Verfahrens ein fernerer Termin angesetzt werden [53]).

---

51) Soll das Feld einer Muthung, deren Fund in den unter 2 bezeichneten Landestheilen liegt, über die Grenze der im §. 27, Nr. 1 bezeichneten Kreise hinausgestreckt werden, so ist dies zulässig. Der Muther darf auch das unter Nr. 2 bestimmte Maximalfeld von 500,000 Lachtern in Anspruch nehmen, doch dürfen davon nur 25,000 Quadratlachter und eine Feldeslänge von nur 500 Lachter innerhalb der Grenzen der unter 1 bezeichneten Feldestheile liegen. (Vergl. Berggeist 1865 Nr. 86 Beilage.)

52) Wenn das begehrte Feld die im §. 27 bestimmten Maxima der Größe und der Länge übersteigt, so wird der Muther aufgefordert im Schlußtermine (§. 28) das Feld auf das gesetzlich zulässige Maximum zu begrenzen. Kommt er dieser Aufforderung nicht nach, so muß die Muthung zurückgewiesen werden.

Den Besitzern der bisher nach gestrecktem oder nach gevierten Felde verliehenen Bergwerke ist im §. 215 die Möglichkeit gewährt, ihre Felder in gevierte Felder umzuwandeln und beziehungsweise auf das im §. 27 bestimmt Maximum zu erweitern.

53) Ueber das Verfahren bei Anberaumung und Abhaltung des Schlußtermines bestimmt die Bonner Instruction für die Revierbeamten Folgendes:

§. 16.

„Weitere Instruction der Muthung."

„Eine Frist zur weitern Aufschließung des Mineralvorkommens hat der Revierbeamte von Amtswegen nicht zu ertheilen, da ein den Bedingungen des §. 15 des B.G. entsprechender Fund schon genügt, um die Verleihung zu erwirken. Will indeß der Muther nach Constatirung des Fundes zunächst noch Versuchsarbeiten ausführen, um sich über die Lagerungsverhältnisse, die zweckmäßigste Feldeslegung u. s. w. zu orientiren, so ist der Revierbeamte befugt, auf desfallsigen Antrag des Muthers den Schlußtermin (§. 28 des B.G.) noch auszusetzen. Hierdurch darf jedoch die Instruction anderer Muthungen nicht aufgehalten und überhaupt die Abhaltung des Termines der Regel nach nicht über sechs Monate hinausgeschoben werden."

Erscheint der Muther im Termine nicht, so wird angenommen, derselbe beharre bei seinem Anspruche auf Verleihung des Berg-

---

§. 17.

„Ansetzung des Schlußtermines."

„Sobald es nach Lage der Sache geschehen kann, hat der Revierbeamte den Termin zur Schlußverhandlung über die Muthung (§. 28 des B. G.) anzusetzen, wobei es dem pflichtmäßigen Ermessen desselben überlassen bleibt, ob dieser Termin an Ort und Stelle abzuhalten ist.

Es ist gestattet, diesen sogenannten Feldesbesichtigungstermin auf Antrag des Muthers sofort mit dem Termine für die erste Untersuchung des Fundes (§. 9) zu verbinden. In der Regel wird dies in einfachen Fällen, insbesondere dann geschehen können, wenn es der Zuziehung dritter Interessenten zu dem Termine nicht bedarf.

Die Vorladungen zu dem Termine sind nach den §§. 28 und 29 des B. G. zu bewirken. Die Zustellung an den Muther muß mindestens vierzehn Tage vor dem Termine erfolgen, es sei denn, daß der Muther mit der Abkürzung dieser Frist ausdrücklich einverstanden ist.

Auch die dritten Interessenten sind so zeitig vorzuladen, daß sie sich vor dem Termine über den Gegenstand der Verhandlung informiren können.

Wer im gegebenen Falle zu den im §. 29 des B. G. bezeichneten dritten Interessenten gehört, muß aus den Acten, den Situationsrissen und der Muthungsübersichtskarte sorgfältig ermittelt werden. Im Allgemeinen empfiehlt es sich, die Zuziehung Dritter soweit auszudehnen, daß nachträglichen Einsprüchen auf Grund des §. 35 des B. G. vorgebeugt wird.

Es hängt von dem verständigen Ermessen des Revierbeamten ab, auf Antrag des Muthers den Termin zu verlegen; jedoch dürfen hierdurch unmotivirte Verzögerungen nicht herbeigeführt werden.

Ebenso steht dem Revierbeamten zu, zur Fortsetzung des Verfahrens einen ferneren Termin zu bestimmen, namentlich wenn der Muther nicht sofort in der Lage ist, sich über die ihm bis dahin unbekannten Auslassungen Dritter zu äußern, oder wenn sich die Nothwendigkeit herausstellt, noch andere Interessenten über die Feldeslegung 2c. zu hören."

§. 18.

„Verhandlungen im Termine."

„In dem Termine hat der Revierbeamte zunächst die Legitimation der erschienenen Personen zu prüfen und auf Grund der von Interessenten abgegebenen Erklärungen oder beigebrachten Urkunden festzustellen, für welche Personen die Verleihung zu erwirken ist.

Die Schlußerklärung des Muthers über die Größe und Begrenzung des begehrten Feldes ist von dem Revierbeamten mit Rücksicht auf die §§. 19, 26 und 27 des B.G. zu prüfen, auch die Richtigkeit der beiden Exemplare des Situationsrisses anzuerkennen.

Die im Termine erschienenen dritten Interessenten sind über die Anträge des Muthers zu hören. Werden Einsprüche erhoben, so sind dieselben zwischen den Parteien zur Erörterung zu ziehen.

Collidiren die Anträge des Muthers mit Rechten oder Ansprüchen von Personen, welche im Termine nicht erschienen sind, so ist der Muther auch hierüber zu hören.

werkseigenthums in dem auf dem Situationsrisse (§. 17) angegebenen Felde und erwarte die Entscheidung der Bergbehörde über seinen Anspruch, sowie über die etwaigen Einsprüche und Ansprüche Dritter[54]).

§. 29.

Zu dem Termine (§. 28) werden

1) diejenigen Muther, deren Rechte vermöge der Lage ihrer Fundpunkte oder Felder mit dem begehrten Felde bereits collidiren oder doch in Collision gerathen können,

2) die Vertreter der durch das begehrte Feld ganz oder theilweise überdeckten und der benachbarten Bergwerke

zur Wahrnehmung ihrer Rechte mit dem Eröffnen vorgeladen, daß im Falle ihres Ausbleibens die Bergbehörde lediglich nach Lage der Verhandlungen entscheiden werde[55]).

§. 30.

Liegen Einsprüche und Collisionen mit den Rechten Dritter nicht vor und findet sich auch sonst gegen die Anträge des Muthers gesetz-

---

Ueberhaupt hat der Revierbeamte im Termine sein Augenmerk darauf zu richten, daß Collisionen mit den Rechten Dritter wo möglich auf gütlichem Wege beseitigt werden.

Besondere Beachtung erfordern für die sechsmonatliche Uebergangszeit vom 1. October 1865 bis zum 1. April 1866 die Vorschriften des §. 218 des B.G. Die Instruction von Muthungen in der Nähe gestreckter Felder, auf welche diese Vorschriften Anwendung finden, ist erst nach Ablauf der vorbezeichneten sechsmonatlichen Frist durch Abhaltung des Schlußtermines abzuschließen.

Ueber die Verhandlungen im Termine ist ein ausführliches Protokoll aufzunehmen, aus welchem sich die vorstehenden, sowie alle übrigen, durch den Zweck des Termines angezeigten Gegenstände ergeben müssen.

Das Protokoll ist im Termine von sämmtlichen, am Rande desselben aufzuführenden Anwesenden zu unterschreiben. Wird die Unterschrift verweigert, so sind die Weigerungsgründe am Schlusse des Protokolls anzugeben."

54) „Das für die Vorladung des Muthers im §. 28 vorgeschriebene Präjudiz rechtfertigt sich dadurch, daß der Muther bereits durch Einlegung der Muthung und Einreichung des Situationsrisses seinen Anspruch auf Verleihung in einem bestimmten Felde geltend gemacht hat und daher aus seinem Ausbleiben im Termine nicht eine Verzichtleistung auf diesen Anspruch, sondern nur die Annahme hergeleitet werden kann, der Muther erwarte die Entscheidung der Bergbehörde nach Lage der Verhandlungen." (Motive S. 46.)

55) „Auch die dritten Interessenten können nach §. 29 nur unter dem Präjudiz vorgeladen werden, daß im Falle ihres Ausbleibens die Bergbehörde lediglich nach Lage der Verhandlungen entscheiden werde. Denn es muß denselben unbenommen bleiben, ob sie sich auf eine Erörterung ihrer An- und Einsprüche vor der Verwaltungsbehörde einlassen oder nur deren Entscheidung abwarten wollen, um eventuell den Rechtsweg zu betreten." (Motive S. 46.)

lich nichts zu erinnern, so fertigt das Oberbergamt ohne Weiteres die Verleihungsurkunde aus[56]).

## §. 31.

Liegen Einsprüche oder Collisionen mit den Rechten Dritter vor, oder kann aus anderen gesetzlichen Gründen den Anträgen des Muthers gar nicht oder nicht in ihrem ganzen Umfange entsprochen werden, so entscheidet das Oberbergamt[57]) über die Ertheilung oder

56) In diesem Falle bedarf es eines vorherigen Beschlusses über die Ertheilung der Verleihung (§. 31) nicht.

57) Die Vorschriften über das Verleihungsverfahren sind, was die Beschlußfassung durch das Oberbergamt betrifft, ganz conform dem Gesetze vom 10. Juni 1861 §. 4, welches das contradictorische Verfahren vor dem Oberbergamte in Muthungssachen zuerst einführte. Es können daher die auf Grund jenes Gesetzes ergangenen Verwaltungsnormen auch zur Erläuterung des §. 31 herangezogen werden. (Vergl. Anm. 62.) Hierher gehört namentlich der Erlaß des Handelsministers an das Oberbergamt zu Bonn, welcher die Vernehmung von Zeugen durch Requisition der Gerichte für zulässig erklärt, wenn das Oberbergamt eine solche Beweisaufnahme zum Zwecke der Entscheidung für nothwendig hält. Der Minister führt aus:

„Nach §. 179, Titel 10 der Prozeßordnung ist in der Regel Jeder schuldig, in einer Sache, worin sein Zeugniß gefordert wird, dasselbe abzugeben. Diese Regel gilt nicht bloß für den gerichtlichen Prozeß, sondern in jedem andern durch die Gesetze geordneten Verfahren zur Entscheidung streitiger Rechtsangelegenheiten. Deshalb ist nicht bloß der ordentliche Prozeßrichter, sondern auch der Schiedsrichter und ebenso die Verwaltungsbehörde berechtigt, in den nach Vorschrift des Gesetzes zu ihrer Entscheidung gelangenden Sachen die Ablegung eines Zeugnisses zu verlangen. Letztere muß sich zu diesem Zwecke, falls ihr nicht wie in den Disciplinar-Untersuchungssachen, ausnahmsweise die Befugniß zur eidlichen Zeugenvernehmung beigelegt ist, der Vermittelung der Gerichte bedienen, welche nach §. 38 der Verordnung vom 2. Januar 1849 und nach §. 50 der Verordnung vom 26. December 1808 verpflichtet sind, dieser Requisition Folge zu leisten. Vergl. die Entscheidung des Obertribunals vom 12. Februar 1862. Oppenhoff, Rechtssprüche II, S. 250 und die Rescripte des Justizministers vom 20. Januar und 21. März 1834, vom 12. Februar und 24. April 1841. Jahrb. 43, S. 241, 45, S. 320. Jahrb. der Gerichtsverfassung 1851 S. 320. Da nun die Oberbergämter nach §. 4 des Gesetzes vom 10. Juni 1861 über die Muthungsgesuche und die erhobenen Einsprüche nach vorheriger Erörterung derselben unter den streitenden Theilen zu entscheiden haben und dieselbe Entscheidung dem Minister in der Recursinstanz zusteht, so folgt daraus auch die Befugniß, die eidliche Vernehmung von Zeugen durch Requisition der zuständigen Gerichte zu veranlassen, wenn dies zum Behufe der zu treffenden Entscheidung nothwendig erscheint. Dies ist auch durch die Praxis in den übrigen Oberbergamts-Districten in zahlreichen Fällen anerkannt.

In der Regel ist es jedoch nicht Zweck des durch §. 4 cit. geregelten Verfahrens, die Behauptungen der streitenden Theile im Wege des gerichtlichen Beweises festzustellen, noch haben die Parteien das Recht, die Erhebung der von ihnen produ-

Versagung der Verleihung durch einen Beschluß, welcher dem Muther und den betheiligten Dritten in Ausfertigung zugestellt wird[58]).

Einsprüche und Ansprüche, welche durch den Beschluß des Oberbergamts[59]) abgewiesen werden, müssen, insofern wegen derselben der Rechtsweg zulässig ist, binnen drei Monaten[60]), vom Ablaufe des Tages, an welchem der Beschluß beziehungsweise der Recursbescheid (§. 191) zugestellt ist, durch gerichtliche Klage verfolgt werden.

Wer von dieser Frist keinen Gebrauch macht, ist seines etwaigen Rechts verlustig[61]).

---

cirten Beweismittel zu verlangen. Es ist vielmehr ausschließlich dem Ermessen des Oberbergamtes überlassen, wie dasselbe sich die zur Entscheidung nothwendige Ueberzeugung verschaffen will und es liegt in der Natur der Sache, daß dies in der Regel nicht auf dem Wege der gerichtlichen Beweiserhebung geschehen wird, weil es sich nicht um eine Definitiv-Entscheidung handelt und der Behörde meistens einfachere Mittel zur Ermittelung des Sachverhältnisses zu Gebote stehen. Die Requisition der Gerichte und die eidliche Vernehmung eines Zeugen ist daher auf diejenigen Fälle zu beschränken, wo die außergerichtliche und unbeeidigte Aussage desselben vor dem Revierbeamten nicht ausreichend erscheint, um die zur Entscheidung nothwendige Ueberzeugung zu begründen."

58) Gegen diesen Beschluß steht dem unterliegenden Theile der Recurs an den Handelsminister (§. 191) zu, welcher binnen vier Wochen nach der Zustellung bei dem Oberbergamte eingelegt werden muß. (§§. 192, 193.) Die Rechtfertigung muß mit der Einlegung verbunden werden. Die Recursschrift wird der Gegenpartei zur Beantwortung binnen einer vierwöchentlichen Frist mitgetheilt. Nach Ablauf dieser Frist werden die Acten zur Entscheidung an den Handelsminister eingereicht.

59) Die Worte: „oder durch den Recursbescheid des Handelsministers" sind zu ergänzen.

60) Ueber die Berechnung der dreimonatlichen Frist vergl. §. 242.

61) Der Verlust des Anspruches trifft Jeden, welcher in dem Verleihungsverfahren mit seinem Anspruche oder Einspruche durch den Beschluß des Oberbergamtes oder des Handelsministers zurückgewiesen, also nicht bloß concurrirende Muther, sondern auch diejenigen Bergwerksbesitzer, welche gegen die beantragte Verleihung zum Schutze ihrer Rechte Einspruch erhoben haben und mit diesem Einspruche namentlich zurückgewiesen sind. Dagegen trifft die Präclusion der nicht namentlich zurückgewiesenen Ansprüche, welche nach §§. 35 u. 36 eintritt, wenn nicht wegen derselben innerhalb 3 Monaten nach der Publication der Verleihungsurkunde gerichtliche Klage gegen den Verleihungsbesitzer erhoben wird, nur die Muther (§. 35) und diejenigen Bergwerkseigenthümer, welche ein Vorzugsrecht auf ihnen nicht verliehene Mineralien auf Grund des §. 55 geltend machen wollen.

Zur Rechtfertigung des im §. 31 den Bergwerksbesitzern gestellten Präjudizes bemerkten bei den Berathungen der Kommission des Hauses der Abgeordneten die Regierungskommissarien (Komm.-Bericht S. 23):

„Es habe sich im allgemeinen Interesse als unabweisbares Bedürfniß heraus-

Die in dem Verleihungsverfahren durch unbegründete Ein-

---

gestellt, dem Bergwerkseigenthümer eine größere Sicherheit zu schaffen, als das bestehende Recht gewähre. Gegenwärtig erfolge die Beleihung des Bergwerkseigenthums nur unter Vorbehalt der Rechte Dritter. Dies führe zu den bedenklichsten wirthschaftlichen Nachtheilen. Dem Bergwerkseigenthümer, dem auf vorgängige Untersuchung und Entscheidung der beleihenden Bergbehörde eine Beleihung ertheilt sei, bleibe noch während der gewöhnlichen Verjährungsfristen dreißig Jahre lang von den Prozessen der im Beleihungsverfahren abgewiesenen Muther und Bergwerksbesitzer bedroht. Diesem Uebelstande solle durch die Bestimmung in §. 31 dahin abgeholfen werden, daß der im Verleihungsverfahren unterliegende Theil seine vermeintlichen Rechte bei Vermeidung des Verlustes derselben, binnen drei Monaten durch gerichtliche Klage zu verfolgen habe, und wenn diese Bestimmung auch auf die bei Eintritt der Gesetzeskraft des Berggesetzes bereits bestehenden Bergwerke und Muthungen Anwendung finde, so sei darin eine Verletzung der Rechte derselben keineswegs enthalten.

Es werde nur für die gerichtliche Geltendmachung eine kurze Frist bestimmt. Der hier in Betracht zu ziehende Fall sei wesentlich nur der, wo ein Muther mit einem Längenfelde in Conflict gerathe, und wo von dem Besitzer des letzteren ein Eingriff in seine Berechtsame behauptet werde. Die Zahl auch dieser Fälle werde sich erheblich reduciren durch die in den §§. 215 ff. den Längenfeldern gestattete und durch Vorzugsrechte begünstigte Umwandlung in Geviertfelder. In den noch übrig bleibenden Feldern sei der Besitzer eines Längenfeldes, welcher einen Eingriff in seine Rechte behaupte, in der Lage, binnen der dreimonatlichen Frist die gerichtliche Klage anstellen zu können. Die Bergbehörde werde auch bei ihren Entscheidungen darauf Bedacht nehmen, die Rechte eines solchen Längenfeldes sicher zu stellen, wenn der Besitzer seinen Anspruch nur einigermaßen wahrscheinlich mache. Schon gegenwärtig werde die Vorsicht beobachtet, die Rechte eines Längenfeldes, welches mit einem neu zu verleihenden Geviertfelde collidire, in der Verleihungsurkunde demselben ausdrücklich vorzubehalten. Dem stehe auch künftig der §. 31 nicht entgegen. Bringe der Besitzer eines solchen Längenfeldes in dem Verfahren wegen Verleihen eines neuen Feldes gar nichts zur Begründung seiner Gegenansprüche vor, so sei kein Billigkeitsgrund vorhanden, auf seine Rechte weiter Rücksicht zu nehmen. Ueberhaupt sei aber bei der kurzen Frist des §. 31 zu berücksichtigen, daß derselben schon ein gesetzlich geordnetes, contradictorisches Verfahren mit zwei Verwaltungsinstanzen voraufgehe."

Uebrigens ist zu bemerken, daß der Verlust des Anspruchs nach §. 31 nur denjenigen Bergwerksbesitzer trifft, dessen Einspruch durch des Beschluß des Oberbergamtes oder durch den Recursbescheid zurückgewiesen ist. Die Zurückweisung kann aber nur den Einspruch treffen, welcher ausdrücklich erhoben worden ist. Betheiligt sich daher der Bergwerksbesitzer bei dem Verfahren nicht, so kann ihn die Präclusion des §. 31 nicht treffen, auch wenn das Oberbergamt von Amts wegen die aus der früheren Verleihung herzuleitenden Einwendungen in Betracht gezogen und verworfen hat. Die Bergwerksbesitzer, deren Felder von dem begehrten Felde überdeckt werden oder sonst mit demselben collidiren, handeln daher im Interesse der Wahrung ihrer Rechte, wenn sie der nach §. 29 an sie zu richtenden Vorladung nicht Folge leisten. Erheben sie nämlich zur Wahrung ihrer Rechte Einspruch ge-

sprüche entstehenden Kosten hat der Widersprechende zu tragen [62]).

§. 32.

Sind die der Verleihung entgegenstehenden Hindernisse (§. 31) durch die Entscheidung der Bergbehörde oder durch Richterspruch beseitigt, so fertigt das Oberbergamt die Verleihungsurkunde aus [63]).

§. 33.

Bei Ausfertigung der Verleihungsurkunde werden die beiden Exemplare des Situationsrisses (§. 17) von dem Oberbergamte beglaubigt, erforderlichen Falls aber vorher berichtigt und vervollständigt [64]).

Das eine Exemplar des Risses erhält der Bergwerkseigenthümer, das andere wird bei der Bergbehörde aufbewahrt.

---

gen die beantragte Verleihung oder beanspruchen sie die Aufnahme eines Vorbehaltes zu Gunsten ihres überdeckten Bergwerkes, so laufen sie Gefahr für den Fall der möglichen Zurückweisung ihres Einspruches oder Anspruches die Rolle des Klägers übernehmen und ihre Klage binnen drei Monaten ausführen zu müssen. Schweigen sie dagegen und überlassen sie die Berücksichtigung ihrer Rechte der Bergbehörde, welche über dieselben unterrichtet ist und sie bei Ertheilung neuer Verleihungen von Amts wegen wahrzunehmen hat, so bleibt ihnen als Besitzern für alle Fälle die Rolle des Verklagten oder wenn sie klagen wollen, die freie Wahl des Zeitpunktes der Klage.

62) Die Kosten werden im Wege der Verwaltungsexecution beigetrieben. (§. 194.) Der Anspruch auf Erstattung der dem obsiegenden Theile entstandenen Kosten ist im Rechtswege gegen den unterliegenden Theil zu verfolgen, da die Verwaltungsbehörde zu einer Entscheidung über die Ersatzverbindlichkeit nicht berufen ist (Erlaß des Handelsmin. v. 16. April 1862 an das O.B.A. zu Bonn).

63) Die Ausfertigung der Verleihungsurkunde bleibt hiernach in den streitigen Fällen bis drei Monate nach der Zustellung des Beschlusses resp. des Recursbescheides an den unterliegenden Theil ausgesetzt. Geht innerhalb dieser Frist die Bescheinigung über die Einlegung der gerichtlichen Klage ein, deren Beibringung dem unterliegenden Theile überlassen bleibt, so wird die Ausfertigung bis nach rechtskräftiger Beendigung des Prozesses ausgesetzt. Im andern Falle erfolgt dieselbe nach Ablauf der dreimonatlichen Frist. Wird die Klage rechtskräftig in angebrachter Art abgewiesen, so tritt die Präclusion des Anspruches gemäß §. 31, Al. 3 ein, da eine neue Klage nach Ablauf der dreimonatlichen Frist nicht angestellt werden kann.

64) Die Beglaubigung der Situationsrisse hat die Bedeutung, daß die beiden Rißexemplare als diejenigen Urkunden beglaubigt werden, welche bei der Feldesstreckung (§. 17) von dem Muther eingereicht nnd bei der Verhandlung und Entscheidung über das Muthungsgesuch (§§. 28—31) zu Grunde gelegt sind. Für die Richtigkeit der Ortsangaben dagegen bürgt der Vermerk durch den anfertigenden Markscheider oder Feldmesser. Die Berichtigung und Vervollständigung bezieht sich auf den Fall, wo das begehrte Feld nicht in dem ganzen begehrten Umfange verliehen wird, oder wo Längenfelder, die von dem verliehenen Felde umschlossen sind, bei der Verleihung vorbehalten werden.

§. 34.

Die Verleihungsurkunde muß enthalten:

1) den Namen, Stand und Wohnort des Berechtigten,
2) den Namen des Bergwerks,
3) den Flächeninhalt und die Begrenzung des Feldes unter Verweisung auf den Situationsriß (§. 33),
4) den Namen der Gemeinde, des Kreises, des Regierungs- und Oberbergamts-Bezirks, in welchen das Feld liegt,
5) die Benennung des Minerals oder der Mineralien, auf welche das Bergwerkseigenthum verliehen wird,
6) Datum der Urkunde,
7) Siegel und Unterschrift des verleihenden Oberbergamts.

§. 35.

Die Verleihungsurkunde ist binnen sechs Wochen nach der Ausfertigung durch das Amtsblatt der Regierung, in deren Bezirk das Bergwerk liegt, unter Verweisung auf diesen und den folgenden Paragraphen zur öffentlichen Kenntniß zu bringen.

Muther, welche auf das in der Bekanntmachung bezeichnete Feld oder auf Theile desselben ein Vorzugsrecht zu haben glauben, können dieses Recht, insofern über dasselbe nicht bereits in dem Verleihungsverfahren verhandelt und in dem Beschlusse des Oberbergamts (§. 31) entschieden worden ist, noch binnen drei Monaten vom Ablaufe des Tages, an welchem das die Bekanntmachung enthaltende Amtsblatt ausgegeben worden ist, durch gerichtliche Klage gegen den Bergwerkseigenthümer verfolgen[65]).

65) Die im §. 35 bestimmte Präclusivfrist von drei Monaten trifft alle diejenigen Ansprüche auf das verliehene Feld, welche nicht durch den der Verleihung vorhergehenden Beschluß (§. 31) namentlich zurückgewiesen sind, jedoch nur die Ansprüche der Muther und die Ansprüche der Bergwerksbesitzer auf solche Mineralien, die ihnen noch nicht verliehen sind und auf welche sie ein Vorzugsrecht zur Muthung nach §. 55 behaupten. Im Uebrigen werden nach §. 36, Al. 2 die Rechte des verliehenen Bergwerkseigenthümers durch die Aufforderung und Präclusion des §. 35 nicht betroffen. Die Präclusion der älteren Muthungen wird in den Motiven S. 47 f. wie folgt gerechtfertigt:

„Nach der mit den deutschrechtlichen Grundsätzen übereinstimmenden Vorschrift im §. 352, Thl. II, Tit. 16 A. L.R. geschehen alle Bergwerksbelehnungen „älteren Rechten unbeschadet" und „die jüngeren müssen den älteren weichen". Hiermit stehen die zu vielen Verwickelungen führenden Grundsätze über das „Alter im Felde" im Zusammenhange, in Folge deren das Bergwerkseigenthum niemals ausreichend sicher gestellt ist, sondern der Beliehene trotz einer nach Erfüllung aller gesetzlichen Bedingungen ausgefertigten Verleihungsurkunde stets der Gefahr ausgesetzt bleibt, seine Rechte nachträglich an irgend einen dritten Muther

Wer von dieser Frist keinen Gebrauch macht, ist seines etwaigen Vorzugsrechts verlustig [66]).

Wird das Vorzugsrecht des Widersprechenden durch Richterspruch anerkannt, so hat das Oberbergamt die Verleihungsurkunde je nach Lage des Falles gänzlich aufzuheben oder abzuändern.

---

oder Bergwerkseigenthümer zu verlieren, welcher innerhalb der gewöhnlichen Verjährungsfristen ein älteres Recht auf das Feld oder auf Theile desselben nachweist.

Die Nachtheile dieses Systems, das mit der seitherigen Längenvermessung und mit der Beschränkung der Verleihung auf eine bestimmte Lagerstätte zusammenhängt, springen in die Augen; mit einem unanfechtbaren Rechtstitel fehlt die wesentlichste Bedingung für ein gesichertes, creditfähiges Bergwerkseigenthum. Das Berggesetz hat daher die Aufgabe, die Lehre vom „Alter im Felde" in einer den Bedürfnissen des heutigen Bergbaues entsprechenden Weise umzugestalten.

Ein wichtiger Schritt zu diesem Ziele geschieht schon durch die Bestimmung des §. 31, wonach alle im Instructionsverfahren zur Sprache gebrachten An- und Einsprüche Dritter binnen einer bestimmten Frist zur Erledigung gelangen. Allein diese Vorschrift führt nur theilweise zum Ziele, weil von derselben die unbekannten und überhaupt alle Muther unberührt bleiben, welche aus irgend einem Grunde nicht zum Instructionsverfahren zugezogen worden sind. Damit aber der Bergwerkseigenthümer den etwaigen Ansprüchen solcher Interessenten nicht während der Dauer der gewöhnlichen Verjährungsfristen ausgesetzt bleibt, ist die Anordnung eines Publicationsverfahrens und einer damit verknüpften kürzeren (dreimonatlichen) Verjährungsfrist erforderlich.

Die Vorschriften des französischen Bergwerksgesetzes über die Publication der Concessionsgesuche können hierbei nicht zum Anhalte dienen, weil dieses Publicationsverfahren wesentlich andere Voraussetzungen und Zwecke hat. Ebenso wenig erscheint es zweckmäßig, das Publicationsverfahren schon in irgend ein der Verleihung vorhergehendes Stadium der Instruction zu verlegen. Hiermit würde ein unverhältnißmäßiger Arbeits- und Kostenaufwand und eine nachtheilige Verzögerung der Instruction verknüpft sein, der Schwierigkeiten nicht zu gedenken, an welchen ein solcher Versuch schon wegen der jährlich wiederkehrenden großen Zahl von Muthungen scheitern müßte.

Nach dem Vorschlage im §. 35 soll deshalb erst die ausgefertigte Verleihungsurkunde publicirt und dieser Publication die Wirkung beigelegt werden, daß dritte Muther, welche auf das publicirte Feld oder auf Theile desselben ein Vorzugsrecht zu haben glauben, über das nicht bereits in dem Instructionsverfahren verhandelt und entschieden ist, dieses Recht, bei Vermeidung des Verlustes desselben, noch binnen drei Monaten gerichtlich verfolgen können. Auf diese Gesetzesvorschrift soll das Publicum in jedem einzelnen Falle bei der Publication der Verleihungsurkunde zur Vermeidung von Rechtskränkungen noch ausdrücklich hingewiesen werden."

66) Die Uebergangsbestimmung des §. 221 führt eine gleiche Präclusion zu Gunsten der vor dem 1. October 1805 verliehenen Bergwerke ein, und verfügt, daß alle Ansprüche, welche aus vor dem 1. October eingelegten Muthungen auf solche Felder erhoben werden, bis zum 1. October 1866 durch gerichtliche Klage gegen den Bergwerkseigenthümer verfolgt werden müssen.

§. 36.

Der §. 35 findet auch auf solche Bergwerkseigenthümer Anwendung, welche nach §. 55 ein Vorzugsrecht auf die in der publicirten Verleihungsurkunde bezeichneten Mineralien zu haben glauben, insofern dieses Recht nach §. 55 nicht schon erloschen, auch über dasselbe nicht bereits in dem Verleihungsverfahren verhandelt und in dem Beschlusse des Oberbergamts (§. 31) entschieden worden ist.

Im Uebrigen werden die Rechte des verliehenen Bergwerkseigenthums durch die Aufforderung und Präclusion des §. 35 nicht betroffen.

§. 37.

Während der dreimonatlichen Frist des §. 35 ist die Einsicht des Situationsrisses (§. 33) bei der Bergbehörde einem Jeden gestattet.

§. 38.

Die Kosten des Verleihungsverfahrens hat mit Ausschluß der durch unbegründete Einsprüche entstandenen (§. 31) der Muther zu tragen[67]).

## Vierter Abschnitt.

## Vom Vermessen[68]).

§. 39.

Der Bergwerkseigenthümer ist befugt, die amtliche Vermessung

67) Die Verhandlungen in dem Verleihungsverfahren sind stempelpflichtig und unterliegen den im Stempeltarif vom 7. März 1822 vorgeschriebenen Stempelsätzen für Gesuche, Protokolle und Ausfertigungen.

68) Das Vermessen ist das Verfahren, durch welches die in der Verleihungsurkunde (§. 34) und in dem Situationsrisse (§. 33) beschriebenen und bezeichneten Feldesgrenzen nach den Regeln der Markscheidekunst (Feldmeßkunst) auf die Erdoberfläche übertragen und daselbst durch Lochsteine bezeichnet werden. Nach dem deutschen Bergrechte hatte die Vermessung und Verlochsteinung einestheils den polizeilichen Zweck, die Auffindung der in der Verleihungsurkunde bestimmten Feldesgrenzen zu erleichtern. Andererseits war mit der Vermessung die Wirkung einer Grenzregulirung verknüpft, so daß nach geschehener Vermessung die aufgerichteten Lochsteine als einziger Beweis für die Lage der Feldesgrenzen galten. (Hake, Commentar, §. 209, Span, Bergurtheile, Nr. 278.) Die Vermessung erfolgte daher sowohl von Amts wegen, als auf Antrag des Bergwerksbesitzers oder der Feldesnachbarn (Allg. Landrecht Th. II, Tit. 16, §§. 172 ff.). Das Allg. Berggesetz hat die Vermessung von Amts wegen abgeschafft. Auch ist der Vermessung auf Antrag des Besitzers oder der Feldesnach-

und Verlochsteinung [69]) des durch die Verleihungsurkunde bestimmten Feldes zu verlangen.

Dieselbe Befugniß steht den Eigenthümern angrenzender Bergwerke zu.

Dieses Geschäft wird unter Leitung der Bergbehörde durch einen concessionirten Markscheider oder Feldmesser ausgeführt [70]).

Die Kosten hat der Antragsteller zu tragen.

---

barn nicht die Wirkung einer Grenzregulirung beigelegt worden. Das Verfahren dient nur noch zur Information des Bergwerksbesitzers und der Feldesnachbarn über die Lage der Feldesgrenzen. Die Motive bemerken hierüber (S. 49):

„Bei dem seitherigen, von dem wechselnden Verhalten der Lagerstätte abhängigen Längenfelde hatte die Vermessung und Verlochsteinung auf der Oberfläche in der Regel keinen praktischen Werth. Das Gevierfeld wird dagegen vermöge seiner senkrechten Begrenzungsebenen durch die Vermessung und Absteinung in einer Weise erkennbar gemacht, daß der Bergwerkseigenthümer sich jederzeit sowohl auf der Oberfläche, als auch in der Grube mit Leichtigkeit die Ueberzeugung verschaffen kann, ob sein eigener Betrieb sich innerhalb der Feldesgrenzen bewegt und ob Grenzüberschreitungen seitens Dritter stattgefunden haben. Es ist deshalb zunächst Sache des Bergwerkseigenthümers, ob er zu seiner Sicherstellung die amtliche Vermessung seines Feldes vornehmen lassen will.

Indeß haben auch die Eigenthümer angrenzender Bergwerke in sofern ein wesentliches Interesse an der Vermessung, als sich bei derselben ergiebt, ob etwa die Grenzen des neu verliehenen Feldes in ihr Feld hinübergreifen. Es scheint daher gerechtfertigt, auch den Eigenthümern angrenzender Bergwerke die Befugniß zu dem Antrage auf Vermessung beizulegen. Dieselben müssen jedoch die Kosten tragen, da sie Antragsteller sind und das Geschäft zunächst in ihrem Interesse vollzogen wird."

69) Bei den Feldern, welche gemäß §. 26 von geraden Linien an der Oberfläche und von senkrechten Ebenen in die ewige Teufe begrenzt werden, geschieht die Verlochsteinung so, daß nach vorheriger Uebertragung der Grenzlinien auf die Oberfläche an allen Eckpunkten des Feldes Lochsteine eingesenkt werden, welche mit dem Namen der Grube und mit fortlaufenden Zahlen bezeichnet werden. Damit der unveränderte Stand des Lochsteins controlirt werden kann, werden in gewissem Abstande von den vier Ecken vier sogenannte Testes (bezeichnete Steine) so tief eingesenkt, daß sie von der Pflugschaar nicht erreicht werden können. Kann ein Lochstein auf dem Eckpunkte des Feldes selbst wegen eines Terrainhindernisses nicht errichtet werden, so wird derselbe bis zu einer geeigneten Stelle in der zuletzt gemessenen Grenzlinie zurückverlegt und der Abstand von dem wirklichen Eckpunkte auf dem Situationsrisse und in dem Protokolle vermerkt. (Instruction für die Berggeschwornen im Districte des Oberbergamtes zu Breslau vom 6. Juli 1858 §. 11.) Dieselben Regeln der Vermessung gelten für alle gevierten Grubenfelder, insbesondere auch für die nach dem Gesetze vom 1. Juli 1821 (G.S. S 106) verliehenen Felder, die ebenfalls von geraden Linien an der Oberfläche und senkrechten Ebenen begrenzt werden. Anders verhält es sich bei den Längenfeldern, welche nach dem früheren Rechte bei der Verleihung auf Gängen ausschließlich Anwendung fanden. Hier schließt sich das Feld dem Ver-

## §. 40.

Zu der Vermessung und Verlochsteinung werden außer dem

---

halten der Lagerstätte an und wird durch den Körper der letzteren gebildet. Die Begrenzung des Längenfeldes ist eine lineare, durch zwei Endpunkte gegebene, deren Entfernung von dem Fundpunkte in Längenmaaßen angegeben wird. Bei der Verlochsteinung der Längenfelder geht die Messung von dem Mittelpunkte des Fundschachtes aus, es wird in der Streichungslinie des Ganges nach jeder Seite die halbe Länge der Fundgrube und sodann die Länge der auf jeder Seite der Fundgrube liegenden Maaßen abgemessen. Sowohl die Endpunkte der Fundgrube, als auch die Endpunkte des ganzen Feldes werden durch Lochsteine bezeichnet.

70) Der Antrag wird nach §. 189 an die Revierbeamten gerichtet. Für das Verfahren ertheilt die Dienstinstruction für die Revierbeamten im Oberbergamtsbezirk Bonn vom 29. September 1865 folgende Vorschriften:

§. 25.

„Ansetzung des Termines."

„Wird von einer der im §. 39 d. B.G. bezeichneten Person die amtliche Vermessung und Verlochsteinung eines Feldes beantragt, welche sich auch auf einen Theil der Feldesgrenzen beschränken kann, so hat der Revierbeamte dieses Geschäft zu leiten. Ihm liegt die Ansetzung des Termines und die Vorladung der nach §. 40 d. B.G. zu demselben zuzuziehenden Personen ob. Die Besitzer der Grundstücke, auf welchen Lochsteine gesetzt werden sollen, sind nöthigenfalls vorher von dem Antragsteller namhaft zu machen.

Die Wahl und Gestellung des concessionirten Markscheiders oder Feldmessers, welcher das Geschäft ausführen soll, ist dem Antragsteller zu überlassen.

Der Antragsteller ist unter dem Eröffnen vorzuladen, daß im Falle seines Ausbleibens das Vermessungsgeschäft nicht werde vorgenommen werden. Den Vertretern der angrenzenden Bergwerke und den betreffenden Grundbesitzern ist in der Vorladung zu eröffnen, daß das Vermessungsgeschäft, auch wenn sie nicht erscheinen, unbeschadet ihrer Rechte vor sich gehen werde.

Bezüglich der Vermessung der gestreckten Felder verbleibt es, was deren Zulässigkeit betrifft, bei den seitherigen Grundsätzen."

§. 26.

„Verhandlungen im Termine."

„In dem Termine hat der Revierbeamte dahin zu wirken, daß der in der Regel nur geringe Betrag der Entschädigung, welche den Grundbesitzern für das Betreten ihrer Grundstücke und das Setzen der Lochsteine zusteht, zwischen den Parteien sofort vereinbart wird. Vor Erledigung der Entschädigungsfrage hat der Revierbeamte das Betreten der Grundstücke nicht zu gestatten.

Der Revierbeamte hat darauf zu halten, daß die Vermessung und Verlochsteinung von dem hiermit beauftragten Markscheider oder Feldmesser genau nach den hierfür ertheilten Vorschriften ausgeführt wird. Ueber den Hergang des Geschäftes hat der Revierbeamte ein ausführliches Protokoll aufzunehmen und von den betheiligten Personen mit unterschreiben zu lassen.

Stellen sich bei der Vermessung Unrichtigkeiten des Situationsrisses oder sonstige Unstimmigkeiten heraus, oder werden gegen das Ergebniß der Vermessung Widersprüche erhoben, so sind dieselben im Protokolle anzugeben und zu erörtern.

Das Protokoll ist dem Oberbergamte einzureichen."

Bergwerkseigenthümer die Vertreter der angrenzenden Bergwerke [71]) und die Besitzer derjenigen Grundstücke, auf welchen Lochsteine zu setzen sind, zugezogen.

Die Grundbesitzer sind verpflichtet, das Betreten ihrer Grundstücke und das Setzen der Lochsteine [72]) gegen vollständigen Ersatz des Schadens zu gestatten [73]).

---

71) Die Zuziehung der hier bezeichneten Personen zu dem Vermessungstermine rechtfertigt sich durch das Interesse derselben zur Sache. Ein Rechtsnachtheil kann indeß mit der Vorladung der Vertreter angrenzender Bergwerke nicht verbunden werden. Der Extrahent der Vermessung muß im Termine die Urkunden beibringen, nach welchen die Vermessung erfolgt, also die Verleihungsurkunde (§. 34) und den Situationsriß (§. 33). Geschieht die Vermessung auf Antrag eines Feldesnachbarn, so muß derselbe die Uebersendung der bei den Acten des Oberbergamtes befindlichen Conceptverleihung und des bei der Bergbehörde aufbewahrten Rißexemplares an den Berggeschwornen behufs der Vermessung in Antrag bringen. Außer dem Extrahenten können auch die zugezogenen Feldesnachbarn und der Eigenthümer des zu vermessenden Bergwerks, wenn er nicht Extrahent ist, Anträge in Bezug auf die Lage der zu vermessenden Grenzen stellen. Die Lage der mit Lochsteinen zu bezeichnenden Grenzpunkte wird durch den Revierbeamten bestimmt, welcher die Vermessung leitet. Die Festsetzung des Revierbeamten entscheidet jedoch nur über die Setzung der Lochsteine, sie präjudizirt weder den Rechten des Eigenthümers, noch der Feldesnachbarn in Bezug auf die Lage der streitigen Grenzen. Es kann daher auch zu jeder Zeit die Wiederholung und Rectification der vorgenommenen Vermessung gemäß §. 39 von jedem Theile in Antrag gebracht werden.

72) Die Wegnahme oder Verrückung von Lochsteinen zum Nachtheile eines Anderen wird nach §. 243, Nr. 6 des Strafgesetzbuches als Betrug mit Gefängniß nicht unter 3 Monaten und Geldbuße von 50 bis 1000 Thlrn., sowie mit zeitiger Untersagung der Ausübung der bürgerlichen Ehrenrechte bestraft.

73) Die Verpflichtung der Grundeigenthümer, das Betreten ihrer Grundstücke und das Setzen der Lochsteine zu gestatten, bedarf nicht der vorherigen Feststellung in dem für die Grundabtretung im Tit. V, Abschn. 1 vorgeschriebenen Verfahren. Vielmehr hat der Revierbeamte, welcher die Vermessung leitet, ohne Weiteres die Aufstellung der Lochsteine an den ermittelten Grenzpunkten anzuordnen. Er wird allerdings die vorherige Regulirung des Entschädigungsanspruches zwischen dem Extrahenten der Vermessung und dem erschienenen Grundbesitzer verlangen, wozu ihn die Bonner Instruction (vergl. Anm. 70) ausdrücklich anweist. Wird indeß die Einigung durch offenbar übertriebene Anforderungen des Grundbesitzers vereitelt, so hat der Revierbeamte die Vermessung fortzusetzen und dem Grundbesitzer die Verfolgung seines Schadensanspruches im Rechtswege zu überlassen, da sonst jeder Grundbesitzer in der Lage wäre, die Vermessung willkürlich zu vereiteln.

# Fünfter Abschnitt.

## Von der Consolidation[74]).

### §. 41.

Die Vereinigung zweier oder mehrerer Bergwerke zu einem einheitlichen Ganzen[75]) — Consolidation — unterliegt der Bestätigung

---

74) Die Consolidation zweier Bergwerke zu einem Ganzen und die reale Theilung eines Bergwerkes, von der im folgenden Titel (§. 51) die Rede ist, sind dem Bergrechte eigenthümliche Rechtsgeschäfte, welche auf dem gemeinsamen Grunde der beschränkten Theilbarkeit des Bergwerkseigenthumes beruhen. Es ist im öffentlichen Interesse nothwendig, daß die Grenzen der Bergwerke nicht ohne Vorwissen der Bergbehörde verändert werden dürfen, da namentlich die sicherheitspolizeiliche Ueberwachung des Bergbaues von einer genauen Kenntniß der früheren Baugrenzen sowohl, als der gegenwärtigen bedingt ist. Deshalb ist jede Veränderung der Feldesgrenzen, sei es durch Zusammenlegung, sei es durch Theilung, von der Bestätigung durch das Oberbergamt abhängig gemacht (§. 41, §. 51). Es muß aber ferner dafür Sorge getragen werden, daß die von dem Eigenthümer mit der Genehmigung der Bergbehörde einmal vorgenommene Veränderung der Feldesgrenzen nicht durch die Ansprüche dritter Personen wieder rückgängig gemacht werden kann, weil sonst durch die Wiederherstellung der alten Feldesgrenzen die Sicherheit gefährdet, oder gar die Fortsetzung des Bergbaues unmöglich gemacht werden würde. Daher die Wirkungen, welche der Consolidation und dem Austausche von Feldestheilen in Bezug auf die Rechte der Hypothekengläubiger und der Realberechtigten beigelegt ist (§. 48, §. 51). Die Consolidation bewirkt den Uebergang der an den realen Theilen des neugebildeten Bergwerks früher bestandenen Hypotheken- und Realrechte auf ideelle Theile des neugebildeten Ganzen, und diese Wirkung ist nothwendig, weil sonst durch die Ausübung der Hypotheken- und Realrechte die Consolidation wieder aufgehoben werden und dadurch der in den erweiterten Grenzen unternommene zusammenhängende Bau unmöglich gemacht werden würde. Ebenso zieht nach §. 51 der Austausch von Feldestheilen zwischen zwei Bergwerken den Uebergang der Hypotheken- und Realrechte auf das eingetauschte Feldesstück nach sich, während das ausgetauschte von denselben frei wird, weil sonst die Ausübung dieser Rechte die alten Feldesgrenzen wieder herstellen und den in den veränderten Grenzen unternommenen Bau unmöglich machen würde. Die Nothwendigkeit, daß jeder Bergbau in sich zusammenhängend und nach außen abgeschlossen betrieben werde, bedingt diese Einschränkungen der realen Theilbarkeit des Bergwerkseigenthumes und die davon abhängigen eigenthümlichen Wirkungen der Consolidation und des Feldesaustausches. Bergwerkseigenthum wird übrigens durch die Consolidation nicht erworben. Die Vorschriften des fünften Abschnitts gehören daher streng genommen in den dritten Titel zu den entsprechenden Bestimmungen über die Feldestheilung.

75) „Nicht hierher gehörig ist der Fall, wo von benachbarten Bergwerken nur die gemeinschaftliche Ausführung gewisser Betriebsanstalten oder der gemeinschaftliche Abbau eines gewissen Feldestheiles bezweckt wird, im Uebrigen aber je-

des Oberbergamts (§. 49)[76].

§. 42.

Zur Consolidation ist erforderlich:

1) ein notariell oder gerichtlich beglaubigter Consolidationsact[77]) —

---

des Werk selbstständig für sich bestehen bleibt, indem derartige Betriebs- und Verwaltungsmaßregeln lediglich von der Vereinbarung der Betheiligten und dem Betriebsplane abhängen.

Die hier in Rede stehende Consolidation ist dahin gerichtet, daß zwei oder mehrere, auf selbstständigen Berechtigungsmitteln beruhende Bergwerke zu einem einheitlichen Ganzen vereinigt und in jeder Beziehung als Ein Werk behandelt werden sollen. Sie schafft somit ein neues Rechtsobject an Stelle der früheren einzelnen Werke. Diese Veränderung giebt sich namentlich darin zu erkennen, daß die Consolidation ein in der Regel über das gesetzliche Maximum hinaus gehendes Feld schafft, daß ein neues Betheiligungsverhältniß eintritt, wenn die Betheiligung an den einzelnen Werken eine ungleiche war, daß ferner das consolidirte Werk nach Löschung der einzelnen Werke ein neues Folium im Berg-Hypothekenbuche erhält und die Rechte der Hypothekengläubiger und anderer Realberechtigten eine Veränderung hinsichtlich des Objects erleiden, daß endlich das consolidirte Werk hinsichtlich des Betriebes, der Verwaltung, der Besteuerung ꝛc. nur als eins behandelt wird." (Motive S. 52.)

76) „Die Consolidation kann nicht unbedingt von der freien Entschließung der Betheiligten abhängig gemacht werden. Derselben dürfen vielmehr Gründe des öffentlichen Interesses nicht entgegenstehen, und sie ist deshalb namentlich unstatthaft, wenn sie eine Feldessperre herbeiführen und dadurch wohlthätige Concurrenzunternehmungen verhindern würde. Ferner ist es erforderlich, daß die zu consolidirenden Felder aneinander grenzen und zwar muß diese Begrenzung bei Geviertfeldern auf der Oberfläche stattfinden, während bei Längenfeldern genügt, daß dieselben, wenn auch nicht in der Tagesprojection, so doch in einer tieferen Sohle mit einander in Berührung kommen. Es ergiebt sich dieses Erforderniß theils aus dem Zwecke dar Consolidation, theils daraus, daß freies Feld ohne vorgängige Verleihung nicht mit in die Consolidation eingeschlossen werden kann.

Die Zulässigkeit der Consolidation von Längenfeldern mit Geviertfeldern muß im einzelnen Falle nach den vorstehenden Gesichtspunkten und den allgemeinen Grundsätzen des Berggesetzes beurtheilt werden.

Ein Gleiches gilt für solche Fälle, wo es sich um die Consolidation von Bergwerken handelt, welche nicht auf dieselben Mineralien berechtigt sind. Hier die Konsolidation principiell auszuschließen, würden namentlich die Verhältnisse des Gangbergbaues nicht gestatten." (Motive S. 52.)

77) Der Consolidationsact ist die Erklärung des oder der Bergwerkseigenthümer über die künftige Vereinigung der einzelnen Bergwerke zu einem Ganzen. Diese Erklärung steht entweder für sich allein da, wenn die zu vereinigenden Bergwerke sämmtlich einem Eigenthümer gehören, oder sie ist in einem gewerkschaftlichen Beschlusse ausgesprochen, wenn eine Gewerkschaft die Consolidation mehrerer ihr gehörigen Bergwerke beabsichtigt, wozu nach §. 114 eine Mehrheit von drei Vierteln sämmtlicher Kuxe erfordert wird, oder endlich, sie ist mit einem

je nach Beschaffenheit des Falles ein Vertrag oder Beschluß der Mitbetheiligten oder eine Erklärung des Alleineigenthümers [78]),

2) ein von einem concessionirten Markscheider oder Feldmesser in zwei Exemplaren angefertigter Situationsriß des ganzen Feldes [79]),

3) die Angabe des dem consolidirten Bergwerke beigelegten Namens.

§. 43.

Kann das durch die Consolidation entstehende (consolidirte) Werk nur als Ganzes mit Hypotheken und dinglichen Lasten beschwert werden [80]) (vergl. §. 98), so muß für den Fall, daß auf den einzel-

---

Gesellschaftsvertrage verbunden, den die verschiedenen Eigenthümer oder Gewerkschafter der zu consolidirenden Bergwerke über ihre künftige Vereinigung mit einander abschließen. Für alle diese Fälle schreibt §. 42, Nr. 1 gleichmäßig die gerichtliche oder notarielle Form der Erklärung vor.

78) Man hat unter dem früheren Rechte darüber gestritten, ob auch Muthungen consolidirt werden können. Dr Achenbach in d. Zeitschr. für Berg-, Hütten- und Salinenwesen Bd. VI, B. S. 133 verneint diese Frage, theils weil die Muthung eine Forderung an den Staat auf Beleihung mit der Lagerstätte enthalte und solche Forderungen nicht ohne Zuziehung und Genehmigung des Schuldners consolidirt, d. h einer Novation unterzogen werden dürften, theils weil vor der Verleihung keine Muthung fixirte Feldesgrenzen besitzt. Wenn nun auch nach heutigem Rechte die Ansicht, welche die Muthung in das Obligationenrecht verweist, keinen Boden mehr findet, so bleibt gleichwohl der eigentlich entscheidende zweite Grund bestehen. Der Consolidationsact ist ein lediglich auf das Object des Bergwerkseigenthums gerichtetes Rechtsgeschäft, welches aus bisher getrennten Theilen ein ungetheiltes Ganzes machen, die einzelnen Bergwerke zu einem Bergwerke vereinigen soll. Dieses Rechtsgeschäft setzt die Existenz von Bergwerken voraus, welche bereits definitiv durch die Verleihung aus dem allgemeinen Begriffe der verleihbaren Mineralien (§. 1) ausgesondert und zu selbstständigen Rechtsobjecten erhoben sind. Vor der Verleihung können zwar Verträge über die künftige Consolidation gemutheter Bergwerke geschlossen werden. Der Consolidationsact hat aber die erfolgte Verleihung zur Voraussetzung.

79) Für diesen Situationsriß ist nicht der im §. 17 gedachte Maßstab vorgeschrieben. Das Oberbergamt zu Halle empfiehlt in seiner Bekanntmachung vom 11. September 1865 die Anwendung eines Maßstabes, welcher zu dem für die Muthungsrisse vorgeschriebenen in einem einfachen Verhältnisse ($\frac{1}{1}$, $\frac{1}{2}$, $\frac{1}{4}$ u. s. w.) steht.

80) In den §§. 43 u. 44 bis 48 werden die Rechte der Hypothekengläubiger und Realberechtigten in Bezug auf den Consolidationsact bestimmt und zwar mit Unterscheidung des Falles, in welchem das consolidirte Bergwerk einer auf Grund der §§. 94 ff. gebildeten Gewerkschaft (einer Gewerkschaft im neueren Sinne) gehört (§. 43), mithin nur als Ganzes mit Hypotheken und dinglichen Lasten beschwert werden kann, von den übrigen Fällen, in denen das consolidirte Bergwerk einer Gewerkschaft des alten Rechtes oder einem einzigen Eigenthümer gehört, wo mithin die

nen Bergwerken [81]) Hypotheken oder andere Realrechte oder daß auf denselben Privilegien des Rheinischen Rechts haften, außer dem Consolidationsacte eine mit den Berechtigten vereinbarte Bestimmung darüber beigebracht werden, daß und in welcher Rangordnung die Rechte derselben auf das consolidirte Werk als Ganzes übergehen sollen [82])

---

auf den einzelnen Bergwerken haftenden Hypotheken und Lasten auf Idealantheile des consolidirten Bergwerkes übertragen werden können (§§. 44—48). Im ersteren Falle ist die Einwilligung der Hypothekengläubiger und Realberechtigten zur Ausführung der Consolidation insofern erforderlich, als eine Bestimmung darüber mit ihnen vereinbart werden muß, in welcher Rangordnung ihre Rechte an den Einzelwerken auf das consolidirte Werk als Ganzes übergehen sollen. In den übrigen Fällen ist den Realberechtigten nur ein Einspruch gegen den Consolidationsact gestattet (§. 46) und sie haben für den Fall, daß der Einspruch unterbleibt oder verworfen wird, den Uebergang ihrer Rechte auf die durch den Consolidationsact festgestellten Idealantheile des consolidirten Werkes zu erleiden.

„Die Behandlung des ersteren Falles beruht," wie die Motive S. 53 sagen, „darauf, daß bei der neuen Gewerkschaft des Entwurfes keine Idealantheile am Bergwerke selbst mehr bestehen, welche gleich den seitherigen immobilen Kuxen Gegenstand von Hypothekenrechten ꝛc. sein könnten, daß vielmehr das Bergwerk nur noch als Ganzes mit Hypotheken und dinglichen Lasten beschwert werden kann (cf. §§. 101 und 98). Hier kann deshalb der Uebergang von Realrechten auf die entsprechenden Antheile an dem consolidirten Werke nicht mehr stattfinden, sondern nur noch auf das consolidirte Werk als Ganzes erfolgen. Wie dies aber geschehen soll, läßt sich bei der Verschiedenartigkeit der Fälle durch gesetzliche Vorschriften nicht regeln. Es ist daher eine Vereinbarung zwischen der Gewerkschaft und den Realberechtigten darüber erforderlich, daß und in welcher Rangordnung der Uebergang stattfinden soll. Ohne diese Zuziehung der Realberechtigten würde die Consolidation um so weniger zulässig sein, als das Object des Realrechts und die Sicherheit nothwendiger Weise wesentliche Veränderungen erleiden."

81) Haften nur auf einem der zu consolidirenden Bergwerke Hypotheken- oder Realrechte, so bedarf es der Vereinbarung mit den Berechtigten nicht, da durch den Uebergang ihrer Rechte auf das consolidirte Werk als Ganzes weder ihre Rangordnung verändert, noch von dem Objecte ihres Rechtes etwas weggenommen wird.

82) Es entsteht die Frage, ob bei einer Consolidation von Bergwerken, welche verschiedenen Gewerkschaften des alten Rechtes gehören, der §. 43 oder die §§. 44 — 48 Anwendung finden, mit andern Worten: ob die Gewerkschaft, welche aus dem zwischen den Gewerkschaften der Einzelbergwerke abgeschlossenen Gesellschaftsvertrage hervorgeht, als eine neu gebildete Gewerkschaft nach den §§. 94 f. oder wie die Einzelgewerkschaften nach den §§. 226 ff., also nach altem Rechte zu beurtheilen ist. Die letztere Alternative ist zu bejahen und die Anwendbarkeit des §. 43 zu verneinen. Die §§. 22 ff. schützen das beim Eintritt der Gesetzeskraft des Allg. Berggesetzes bestehende Miteigenthum an Bergwerken nicht bloß in der Person des Besitzers, sondern auch für alle Veräußerungsfälle und für alle Rechtsnachfolger so lange, bis die Gewerkschaft gemäß §. 235 beschließt, sich den

## §. 44.

In allen übrigen Fällen[83]) muß in dem Consolidationsacte eine Bestimmung des Antheilsverhältnisses, nach welchem jedes einzelne Bergwerk in das consolidirte Werk eintreten soll, enthalten sein[84]).

---

Bestimmungen der §§. 94 ff. zu unterwerfen. Der in dem Consolidationsacte enthaltene Gesellschaftsvertrag oder die Veräußerung eines Theiles der sämmtlichen Kuxe an die andere Gewerkschaft schließt also die Anwendbarkeit der §§. 226 ff. nicht aus. Ebensowenig bewirkt die Zusammenschlagung der Bergwerke die Entstehung einer neuen Gewerkschaft an Stelle der früheren Einzelgewerkschaften. Jede Gewerkschaft erwirbt vielmehr durch die Consolidation zu ihrem ursprünglichen Bergwerke die damit vereinigten Gruben und nimmt zugleich die Mitglieder der andern Gewerkschaften in ihren Verband auf. Die Gewerkschaft des consolidirten Bergwerkes ist also Rechtsnachfolgerin jeder der früheren Einzelgewerkschaften. Sie bleibt mithin den §§. 226 ff. unterworfen und der §. 43, welcher die Anwendbarkeit der §§. 94 ff. voraussetzt, findet auf den Fall einer Consolidation zwischen mehrern Gewerkschaften des alten Rechtes nicht Anwendung. Dasselbe gilt, wenn eine Gewerkschaft des alten Rechtes ihr Bergwerk mit dem eines Alleineigenthümers consolidirt. Hier erwirbt die bereits bestehende Gewerkschaft ein neues Bergwerk und veräußert einen Theil der Kuxe an einen neuen Gewerken. Wollte man überdies hier die §§. 43 u. 94 ff. anwenden, so würde ihre Anwendung schon dadurch umgangen werden, daß der Consolidationsact erst nach der Ausführung des Tausch- resp. Gesellschaftsvertrages vorgenommen wird. Wenn indeß diese beiden Acte getrennt keine Veränderung in dem Charakter der Gewerkschaft bewirken, so hat auch der mit dem Gesellschaftsvertrage verbundene Consolidationsact diese Wirkung offenbar nicht. Die Anwendbarkeit des §. 43 beschränkt sich daher auf die Consolidation von Bergwerken, die verschiedenen Alleineigenthümern angehören, oder von denen eines oder mehrere einer Gewerkschaft des neuen Rechtes gehört.

83) Diese Fälle sind folgende:

1. Ein Bergwerksbesitzer consolidirt mehrere ihm gehörige Gruben.

2. Eine Gewerkschaft des alten Rechtes beschließt die Consolidation mehrerer ihr gehörigen Gruben.

3. Mehrere Gewerkschaften des alten Rechtes consolidiren ihre Bergwerke.

4. Ein Alleineigenthümer und eine Gewerkschaft des alten Rechtes consolidiren ihre Bergwerke.

Actiengesellschaften stehen den Alleineigenthümern gleich. Die Kommission des Herrenhauses war im Irrthum, wenn sie annahm, daß §. 43 und §. 98 auf die Bergwerke der Actiengesellschaften Anwendung fänden. (Kommissionsbericht S. 23.)

84) Das Gesetz verlangt diese Feststellung zur Regelung der Rechte der Hypothekengläubiger und Realberechtigten. Es fordert die Bestimmung des Antheilverhältnisses jedoch in allen Fällen, auch wenn eingetragenene Hypotheken und Lasten nicht vorhanden sind und zwar mit Rücksicht auf die gesetzlichen Hypotheken: die sogenannten Vorzugsrechte des preußischen und die Privilegien des rheinischen Rechtes, und auf die Freikuxberechtigten. (Vergl. Zeitschr. f. Bergr. Bd. III, S. 391.)

Auf diese Fälle finden alsdann die besonderen Vorschriften der §§. 45 bis 48 Anwendung.

§. 45.

Der wesentliche Inhalt des Consolidationsactes, insbesondere die Bestimmung des Antheilsverhältnisses (§. 44) wird durch das Oberbergamt den aus dem Hypothekenbuche ersichtlichen Hypothekengläubigern und anderen Realberechtigten, insofern deren ausdrückliches Einverständniß mit dem Antheilsverhältnisse nicht beigebracht ist, unter Verweisung auf diesen und die beiden folgenden Paragraphen bekannt gemacht.

Außerdem erfolgt diese Bekanntmachung durch das Amtsblatt der Regierung, in deren Bezirk das Bergwerk liegt.

§. 46.

Hypothekengläubiger und andere Realberechtigte, sowie privilegirte Gläubiger des Rheinischen Rechts, welche durch die Bestimmung des Antheilsverhältnisses (§. 41) [85]) an ihren Rechten verkürzt zu sein glauben, sind befugt, gegen diese Bestimmung Einspruch zu erheben.

Dieses Einspruchsrecht muß binnen drei Monaten nach Ablauf des Tages, an welchem die Bekanntmachung zugestellt, beziehungsweise das die Bekanntmachung enthaltende Amtsblatt ausgegeben worden ist (§. 45), durch gerichtliche Klage [86]) geltend gemacht werden.

---

85) Nur gegen die Bestimmung des Antheilverhältnisses findet der Einspruch statt. Wenn daher ein in Ausbeute befindliches Bergwerk mit einem andern noch unaufgeschlossenen Felde consolidirt wird, dessen Vorrichtung die aufkommende Ausbeute für viele Jahre verschlingen wird, so kann der Realberechtigte, welchem als Nießbraucher oder sonst der Bezug jener Ausbeute zustand, gegen diese Verkürzung seiner Rechte keinen Einspruch erheben. Sein Recht geht künftig auf die Ausbeute von einem ideellen Theile des consolidirten Bergwerkes. Es erleidet mithin unter Umständen eine doppelte Verkürzung. In Bezug auf diesen nicht gerade seltenen Fall sind also die Härten der früheren Gesetzgebung, welche den Realberechtigten überhaupt keinen Einspruch gegen die Consolidation gestattete (Ges. v. 12. Mai 1851 §. 14), bestehen geblieben.

86) Die Klage muß gegen den Besitzer des belasteten Bergwerks und wenn das Recht nur auf einem Bergwerksantheile haftet, gegen die Gewerkschaft des belasteten Bergwerks gerichtet werden. Denn die Gewerkschaft, welche den Consolidationsact beschließt, nicht der Besitzer des belasteten Antheils verkürzt die Rechte des Realgläubigers. Vom praktischen Gesichtspunkte möchte es plausibel erscheinen, daß die Klage gegen den Besitzer oder die Gewerkschaft nicht des belasteten Bergwerks, sondern des oder der andern damit zu consolidirenden Bergwerke gerichtet würde. Wenn nämlich zwei belastete Gruben A und B sich unter

Wer von dieser Frist keinen Gebrauch macht, ist seines Einspruchsrechtes verlustig.

§. 47.

Statt diese Klage zu erheben, können die vorbezeichneten Gläubiger und anderen Realberechtigten ihre Befriedigung vor der Verfallzeit verlangen [87], soweit dies die Natur des versicherten Anspruchs gestattet.

Dieses Recht muß jedoch ebenfalls bei Vermeidung des Verlustes desselben innerhalb der im §. 46 bestimmten Frist geltend gemacht werden [88].

§. 48.

Mit der Bestätigung der Consolidation (§. 49) geht das Realrecht ohne Weiteres auf den entsprechenden, nach Maßgabe der vorstehenden Bestimmungen (§§. 44 bis 46) festgestellten Antheil an dem consolidirten Werke über.

§. 49.

Sind Hypothekengläubiger und andere Realberechtigte, sowie

---

einem Antheilsverhältnisse consolidiren, welches den beiderseitigen Hypothekargläubigern ungerecht erscheint und zur Klage Anlaß gibt, so würde nach der im Eingange gegebenen Regel der Besitzer der Grube A seinem Hypothekargläubiger gegenüber ausführen müssen, daß seine Grube A nicht mehr werth sei, als der ausgeworfene Idealantheil der vereinigten Gruben, während ebenso der Besitzer von B die Behauptung eines höhern Werthes in Bezug auf seine eigene Grube zu widerlegen hätte. Würde dagegen der Gläubiger der Grube A gegen den Besitzer der Grube B und der Gläubiger von B gegen den Besitzer von A klagen, so würde jeder der Verklagten den Minderwerth der andern Grube zu behaupten und zu vertheidigen haben, und das würde äußerlich betrachtet als eine zweckmäßigere Vertheilung der Parteirollen erscheinen. Allein der Gläubiger von A steht zu dem Besitzer von B in keiner rechtlichen Beziehung, da jeder der beiden Grubenbesitzer durch die verabredete Consolidation nur über sein eigenes Bergwerk disponirt. Da auch eine Gewerkschaft des consolidirten Bergwerks vor der Bestätigung des Consolidationsactes nicht existirt, so kann auch nicht gegen diese geklagt werden.

Der Klageantrag muß dahin gerichtet werden, den Consolidationsact dem Kläger gegenüber, wegen Verkürzung seines Realrechtes durch das festgesetzte Betheiligungsverhältniß, für unwirksam zu erklären.

87) Sie dürfen ihre Befriedigung aus dem Pfandobjecte vor der Verfallzeit verlangen. Dieser Anspruch muß im Wege der hypothekarischen Klage gegen den Besitzer des belasteten Bergwerksantheiles verfolgt werden. Der persönliche Schuldner, wenn er nicht zugleich Besitzer des Pfandobjectes ist, wird von der über das Pfandobject getroffenen Disposition nicht berührt, also auch nicht zur Zahlung vor der Verfallzeit verpflichtet.

88) Die Anstellung der Klage auf Befriedigung vor der Verfallzeit suspendirt die Bestätigung der Consolidation, wie das Allegat des §. 47 im §. 49 ergibt.

privilegirte Gläubiger des Rheinischen Rechts nicht vorhanden[89]), oder ist in den Fällen des §. 13 die dort bezeichnete Vereinbarung beigebracht, oder sind in den Fällen des §. 44 Einsprüche nicht erhoben oder die erhobenen Einsprüche (§§. 46, 47)[90]) erledigt, so entscheidet das Oberbergamt über die Bestätigung der Consolidation.

Die Bestätigung darf nur versagt werden, wenn die Felder der einzelnen Bergwerke nicht an einander grenzen, oder wenn Gründe des öffentlichen Interesses entgegenstehen.

Der Bestätigungsurkunde werden die Verleihungsurkunden der einzelnen Bergwerke beigefügt.

Hinsichtlich der Beglaubigung, Aushändigung und Aufbewahrung der Risse finden die Bestimmungen des §. 33 Anwendung[91]).

---

89) Hierzu tritt der Fall, wenn dergleichen Realberechtigte nur bei einem der zu consolidirenden Bergwerke vorhanden sind und dieselben nach dem Consolidationsacte in unveränderter Rangordnung auf das consolidirte Bergwerk als Ganzes übergehen sollen. Hier bedarf es im Falle des §. 43 nicht der Zustimmung der Realberechtigten, wie oben (Anm. 81) gezeigt ist. Im Falle der §§. 44—46 kann die Bestätigung ebenfalls vor Ablauf der dreimonatlichen Frist erfolgen, weil durch diese Stipulation eine Verkürzung der Realberechtigten durch Bestimmung des Antheilverhältnisses ganz ausgeschlossen wird.

90) Unter den Einsprüchen wird, wie das Allegat des §. 47 ergibt, auch die Klage auf Befriedigung vor der Verfallzeit verstanden (vergl. Anm. 88). Das Oberbergamt wird den Besitzern oder den Repräsentanten der zu consolidirenden Bergwerke aufgeben, nach Ablauf der im §. 46 bestimmten Frist Anzeige zu machen, ob von einem Realberechtigten auf Grund der §§. 46 u. 47 gegen sie Klage erhoben ist, widrigenfalls die Entscheidung über die Consolidation auf ihre Gefahr und Kosten erfolgt. Doch bleibt es auch den klagenden Realberechtigten unbenommen von der Erhebung der Klage zur Wahrung ihrer Rechte dem Oberbergamte Anzeige zu machen.

91) Die früher übliche Publication der Bestätigungsurkunde ist nach den Motiven S. 55 deshalb nicht vorgeschrieben, weil der Zweck derselben künftig schon durch das Instructionsverfahren erreicht werde. Dies ist indeß wohl nicht richtig, weil im Falle des §. 43 gar keine Publication im Instructionsverfahren stattfindet. In den Fällen der §§. 44 ff. ferner wird zwar der Consolidationsact gemäß §. 45 vor der Bestätigung publizirt. Ob indeß die Bestätigung erfolgt und die Consolidation zur Ausführung kommt, erfährt nur der im Hypothekenbuche eingetragene Realberechtigte, nicht der Freikuxberechtigte, der privilegirte Gläubiger des rheinischen Rechtes und nicht der Grundbesitzer und das Publicum im Allgemeinen, welchem an der Kenntniß von den eintretenden Veränderungen in der Begrenzung und in den Namen der verliehenen Bergwerke gelegen ist.

Die Bergbehörden werden also den Wünschen und dem Bedürfnisse der Betheiligten entgegen kommen, wenn sie die erfolgte Bestätigung der Consolidation nachrichtlich durch das Amtsblatt bekannt machen.

# Dritter Titel.

# Von dem Bergwerkseigenthume.

## Erster Abschnitt.

## Von dem Bergwerkseigenthume im Allgemeinen.

### §. 50.

Das durch die Verleihungsurkunde begründete Bergwerkseigenthum [92]) gehört zu den unbeweglichen Sachen.

---

92) Der vorläufige Entwurf zum Allgemeinen Berggesetze hatte an die Stelle des Bergwerkseigenthums ein Bergbaurecht gesetzt und diese Veränderung der im deutschen wie im französischen Bergrechte hergebrachten Terminologie wie folgt gerechtfertigt:

Es müsse die Annahme verlassen werden, als ob die im Schooße der Erde ruhenden Mineralien herrenlose Sachen seien, als ob das Eigenthum an den Mineralien durch das Finden erworben, oder als ob die Verleihung Eigenthumsrechte an denselben gewähre. Zur rationellen Begründung eines den Bedürfnissen des heutigen Bergbaues entsprechenden Bergrechtes erscheine es unerläßlich, jene Anschauung aufzugeben und statt dessen anzuerkennen, daß die Mineralien in Wirklichkeit Bestandtheile des Grund und Bodens seien, daß sie bis zur Gewinnung nicht als Sachen im rechtlichen Sinne, mithin nicht als herrenlose Sachen betrachtet werden können. Hiernach könne von einem Eigenthume an den Mineralien, der Lagerstätte, dem Grubenfelde oder dem Bergwerke nicht mehr die Rede sein. Die Verleihung gewähre vielmehr ein bloßes Bergbaurecht, d. h. das ausschließliche und objectiv dingliche Recht zur Gewinnung und Benutzung der Mineralien in dem verliehenen Felde. Dieses Bergbaurecht sei eine Art der Gerechtigkeiten und zwar ein Gewerbeberechtigung. Zum Begriffe des Eigenthums fehle der Gegenstand, da das Bergbaurecht nicht die rechtliche Herrschaft über bestimmte Sachen zum Inhalte habe, sondern einen Inbegriff verschiedener Befugnisse, als welche namhaft gemacht werden: die Gewinnung der Mineralien, die Aufbereitung derselben, die Anlage von Hülfsbauen, der Mitgebrauch fremder Grubenbaue und das Recht zur Expropriation des zum Bergbau erforderlichen Grund und Bodens (Motive S. 13 ff.).

Diese Veränderung der Terminologie und die zu Grunde liegende Begriffsbestimmung fand vielfachen Widerspruch. (Vergl. Meine Bemerkungen S. 40 ff. Strohn, Bemerkungen S. 8 ff.). Das Allgem. Berggesetz ist auch im Titel 3 zu der bisherigen Terminologie zurückgekehrt. Die Motive bemerken hierüber (S. 19):

„Um sich nicht ohne dringende Veranlassung von dem seitherigen geläufigen Sprachgebrauche zu entfernen, behält der Entwurf zur Bezeichnung der Bergbauberechtigung den Ausdruck „Bergwerkseigenthum" bei, läßt aber im Uebrigen keinen Zweifel darüber zu, daß es sich bei dieser zu den unbeweglichen

§. 51.

Die reale Theilung des Feldes eines Bergwerks in selbststän-

Sachen zählenden Bergbauberechtigung, wie auch gegenwärtig allgemein anerkannt wird, um einen Inbegriff sehr verschiedenartiger, zum Theil singulärer Rechte handelt, durch welche dieselbe sich von dem civilrechtlichen Eigenthume charakteristisch unterscheidet." —

Ein näheres Eingehen auf den Begriff des Bergwerkseigenthumes lehnen die Motive ab, da die theoretische Erörterung des Begriffes nicht Aufgabe des Gesetzgebers, sondern der Rechtswissenschaft sei. Mit Rücksicht auf das oben Anm. 3 Gesagte wird auch hier ein näheres Eingehen auf die streitige Natur des Bergwerkseigenthums nicht umgangen werden können, da diese Streitfrage nicht bloß theoretisches Interesse, sondern große praktische Wichtigkeit besitzt und eine Anzahl für die Anwendung des Gesetzes wichtiger Folgerungen nach sich zieht. Sowohl das preußische als auch das gemeine und das französische Civilrecht stellt wesentlich verschiedene Regeln auf für den Besitz, die Erwerbung und die Veräußerung von Sachen und von Rechten. Auch die abgeleiteten Rechte (jura in re), welche an den Bergwerkseigenthume bestellt werden, haben einen andern Charakter, je nachdem sie als Rechte an fremder Sache betrachtet werden, oder als Realrechte an einer bloßen Gerechtigkeit angesehen werden. Mit der Aufhebung der Jagdgerechtigkeit und der Patrimonialgerichtsbarkeit gingen alle an solchen Gerechtigkeiten bestellten Pfandrechte und Realansprüche ohne Weiteres unter, während die gleichen Rechte an einer körperlichen Sache bestellt nur mit der letzteren untergehen und einmal gültig erworben von dem Rechtstitel des Bestellers ganz unabhängig sind. Auch der Besitz wird nach andern Regeln an bloßen Rechten erworben und ausgeübt, als an Sachen. Alle diese wichtigen practischen Unterschiede zwischen dem Sacheigenthum und einer bloßen Gerechtigkeit haben schon unter der früheren preußischen Gesetzgebung zu häufigen Controversen darüber Anlaß gegeben, ob in einem bestimmten Falle das Bergwerkseigenthum nach der einen oder der andern Regel zu beurtheilen sei. (Vergl. m. Uebersicht S. 35 ff.) Das französische Bergrecht hatte jeden Zweifel darüber abgeschnitten, daß das Bergwerkseigenthum als ein wirkliches Sacheigenthum an den concedirten Lagerstätten behandelt werden müsse, indem es in den Artikeln 7 und 19 das Eigenthum an dem Bergwerke ausdrücklich jedem andern Eigenthume gleichstellt. Im früheren preußischen und im deutschen Bergrechte verhielt es sich dagegen anders. Die Bergordnungen und das Allgem. Landrecht begrenzten das Grubenfeld nach dem unbekannten Streichen und Fallen des Ganges. Sie räumten bei einer Theilung des Ganges dem älter Beliehenen ein Wahlrecht zwischen den verschiedenen Trümmern ein. (A. L.R. II, 16, §§. 177 ff. 187.) Das Bergwerkseigenthum des ältern Rechtes hatte also zum Gegenstande nicht ein in bestimmte körperliche Grenzen eingeschlossenes Feld, sondern ein nicht bloß von dem unbekanten Verhalten der Lagerstätte, sondern auch von künftigen Entschließungen des Besitzers in seinem räumlichen Umfange bedingtes Recht. Das ältere preußische und deutsche Bergrecht stellte auch darin das Bergwerkseigenthum auf eine von dem Sacheigenthum verschiedene Grundlage, daß es den Verlust des Bergwerkseigenthums durch den bloßen Nichtgebrauch oder in Folge unterlassener Zahlung der Receßgelder eintreten ließ (a. a. O. §. 105, §. 201). Da diese Bestimmungen mit der Annahme eines Sacheigenthums nicht verträglich waren, so mußte nach dem älteren Rechte das Berg-

dige Felder, sowie der Austausch von Feldestheilen zwischen angren-

---

werkseigenthum wegen der Unbestimmtheit seiner Begrenzung und wegen der Ungewißheit seiner Dauer als eine bloße Gerechtigkeit bezeichnet werden, obgleich die Natur dieses Rechtes an und für sich, abgesehen von den angeführten Bestimmungen des positiven Rechtes, ebensowohl die Annahme eines Sacheigenthumes zugelassen haben würde (M. Uebersicht S. 33).

Das Allg. Berggesetz hat nun diese unbestimmte Begrenzung und die ungewisse Dauer des Bergwerkseigenthums beseitigt. Es hat das Grubenfeld in feste körperliche Grenzen eingeschlossen (§. 26) und seine Aufhebung nur in Folge einer ausdrücklichen oder einer vermutheten Verzichtleistung zugelassen (§§. 156 ff. §. 161). Es hat ferner den Realberechtigten die Befugniß eingeräumt, der Aufhebung des Bergwerkseigenthums durch die Ausübung ihres Realrechtes zuvor zu kommen (§. 159, §. 161). Hiernach sind die früher bestandenen Verschiedenheiten zwischen dem rechtsrheinischen und dem linksrheinischen Bergrechte im Sinne des von der französischen Gesetzgebung angenommenen Sacheigenthums an den Bergwerken erledigt. Es steht folglich dieser durch die Natur der Sache gerechtfertigten Auffassung in den Bestimmungen des positiven Rechtes ferner kein Bedenken entgegen und sie muß deshalb als entscheidend für die auf der rechtlichen Natur des Bergwerkseigenthumes beruhenden Folgerungen angenommen werden.

Wenn in den Motiven zum vorläufigen Entwurfe das Bergwerkseigenthum als eine Gewerbeberechtigung aufgefaßt wird, so wird dadurch sowohl dem Begriff des Bergwerkseigenthums als dem der Gewerbegerechtigkeit Zwang angethan. Die oben angeführte Definition würde auf eine Berechtigung zum Lachs- oder Drosselfang allerdings vollständig passen. Denn hier beruht die Aneignung der durchziehenden Fische oder Vögel nicht auf einem Eigenthum an diesen herrenlosen Thieren, sondern auf einem ausschließlichen Rechte der Occupation an denselben, welches dem Berechtigten innerhalb seines Bezirkes zusteht. Er erwirbt an den Objecten seines Rechtes nur insofern Eigenthum, als er an denselben Besitz ergreift, und die Thiere hören auf Objecte seines Rechtes zu sein, wenn sie ungefangen seinen Vogelheerd oder seine Reusen passiren.

Seine Gewerbeberechtignng äußert sich nur in der Untersagung fremder Gewerbethätigkeit, in der Beschränkung der übrigen Bewohner des Bezirkes in ihrer persönlichen Freiheit. Ganz anders ist das Recht des Bergwerksbesitzers nach seinem gegebenen Inhalte gestaltet. Er schließt dritte Personen von dem Bergwerksbetriebe innerhalb seines Feldes nicht kraft einer Beschränkung ihrer persönlichen Freiheit, sondern lediglich durch den Umstand aus, daß ihm die ausschließliche Verfügung über die Gegenstände dieses Bergwerksbetriebes, über die unterirdischen Lagerstätten zusteht.

Die verliehenen Mineralien gehören nicht bloß ihm, in sofern sie aus seiner Grube gefördert werden, sondern schon deshalb weil sie in seinem Felde anstehen. Mit demselben Rechte, mit welchem man das Bergwerkseigenthum als die ausschließliche Gewerbeberechtigung zur Gewinnung und Aufbereitung der in einem Felde anstehenden Mineralien definirt, könnte man das Eigenthum an einem Acker als die Gewerbeberechtigung zum Ackerbau definiren, vorausgesetzt daß eine andere Kulturart durch die Natur der Sache oder durch gesetzliche oder vertragsmäßige Festsetzungen ausgeschlossen wäre.

Auch das Verhältniß des Bergwerksbesitzers zum Grundeigenthümer würde

zenden Bergwerken [93]) unterliegt der Bestätigung des Oberbergamts [94]).

Dieselbe darf nur versagt werden, wenn überwiegende Gründe des öffentlichen Interesses entgegenstehen [94a]).

---

der Gefahr einer vollkommen irrigen Rechtsauffassung preisgegeben werden, wenn das Wesen seines Rechtes in die Vornahme bergmännischer Arbeiten unter und über Tage verlegt und seine unmittelbare rechtliche Herrschaft über die unterirdischen Mineralien ignorirt würde, aus welcher alle seine Befugnisse zu den Anlagen über und unter Tage sich ableiten.

In dieser rechtlichen Herrschaft ist also der Inhalt des Bergwerkseigenthums zu suchen und wenn nach der oben (Anm. 3) versuchten Ausführung die juristische Begriffseintheilung gestattet und der Grundgedanke des deutschen Bergrechtes: die Unabhängigkeit des Bergbaues vom Grundeigenthum folgerichtig dazu nöthigt, die Gegenstände dieser rechtlichen Herrschaft als selbstständige Sachen zu betrachten, so rechtfertigt es sich, das Bergwerkseigenthum als eine Art des Sacheigenthums zu bezeichnen.

93) Die von Wachler, Kommentar S. 148 aufgestellte Ansicht, daß für Verträge über Theilung von Grubenfeldern oder über den Austausch von Feldestheilen das Gesetz betreffend die Zerstückelung von Grundstücken und die Gründung neuer Ansiedelungen vom 24. Mai 1853 (G.S. S. 241) Anwendung finde und daß deshalb der Veräußerungsvertrag über den Feldestheil in den sechs östlichen Provinzen gültig nur vor dem Gerichte aufgenommen werden könne, welches das Hypothekenbuch über das Bergwerk zu führen hat; beruht auf einem Irrthum. Nach §. 52 finden auf das Bergwerkseigenthum hinsichtlich der Veräußerung, der Verpfändung und des Arrestes nur die allgemeinen gesetzlichen Vorschriften Anwendung, welche in dieser Beziehung für das Grundeigenthum gelten. Zu diesen allgemeinen Vorschriften gehört aber das angeführte Gesetz vom 24. Mai 1853 nicht.

94) „Für die reale Theilung des Feldes eines Bergwerks in zwei oder mehrere selbstständige Felder, sowie für den Austausch von Feldestheilen zwischen angrenzenden Bergwerken — zwei Fälle, welche nur selten einzutreten pflegen — ist, abweichend von den allgemeinen Rechtsgrundsätzen, sowohl nach dem Gesetze vom 12. Mai 1851 als auch nach dem französischen Bergwerksgesetze die Bestätigung der Bergbehörde erforderlich. Diese Beschränkung der Dispositionsbefugniß des Bergwerkseigenthümers muß beibehalten werden, weil Letzterer den auf der Verleihung beruhenden Rechtstitel seines Bergwerks nicht einseitig abändern darf, und weil außerdem öffentliche, namentlich bergpolizeiliche Interessen concurriren." (Motive S. 56.)

94a) Dies ist der Fall, wenn durch die Veränderung der Feldesgrenzen entweder der Abbau eines Feldestheiles unmöglich gemacht wird, oder die Rücksichten der Sicherheitspolizei verletzt werden. Der erste Fall wird, da niemand zu seinem eigenen Nachtheile die Feldesgrenzen verändern wird, vorzugsweise da eintreten können, wo verschiedene Personen oder Gewerkschaften in demselben Felde auf verschiedene Mineralien beliehen sind. Fallen hier die Grenzen der Steinkohlengruben mit den Eisensteingruben — um ein Beispiel zu gebrauchen — zusammen, so würde ein Austausch zwischen Feldestheilen der Steinkohlengruben, auch wenn er

Hypothekengläubiger und andere Realberechtigte, sowie privilegirte Gläubiger des Rheinischen Rechts, welche durch die Feldestheilung oder durch den Feldaustausch an ihren Rechten verkürzt zu sein glauben, können ihre Befriedigung vor der Verfallzeit verlangen, soweit dies die Natur des versicherten Anspruches gestattet. Dieses Recht muß bei Vermeidung des Verlustes desselben innerhalb der im §. 46 bestimmten Frist geltend gemacht werden. Die Bestätigung wird unter Beobachtung des Verfahrens ertheilt, welches sich aus der Anwendung der §§. 42, 45 und 49 auf die vorstehenden Fälle ergiebt [95]).

Bei dem Austausche von Feldestheilen geht das Recht der erwähnten Gläubiger und anderen Realberechtigten mit der Bestätigung der Bergbehörde ohne weiteres auf den zu dem belasteten Bergwerke hinzutretenden Feldestheil über, wogegen der abgetretene Feldestheil von der dinglichen Belastung befreit wird [96]).

---

an sich zweckmäßigere Grenzen für den Abbau der Flötze schaffte, doch das öffentliche Interesse verletzen können, falls nicht ein gleicher Feldesaustausch zwischen den congruenten Eisensteingruben stattfindet. Die Baugrenzen würden nämlich für die verschiedenen Mineralien verschiedene und dadurch der Abbau eines Feldestheiles vielleicht unmöglich gemacht werden. Der zweite Fall würde eintreten können, wenn nach erfolgtem Abbau über der Stollensohle oder über der ersten Tiefbausohle eine Veränderung der Feldesgrenzen für den Bau in den tieferen Sohlen vorgenommen werden soll; eben so wie es im gegebenen Falle gefährlich und deshalb unzulässig sein würde, die Zwischenwände des Erdgeschosses in einem Gebäude wegzunehmen und zu verlegen, nachdem bereits in den obern Stockwerken die Zwischenwände über denjenigen des Erdgeschosses aufgeführt sind.

95) „Von einer Bestimmung des Antheilsverhältnisses, welches bei der Consolidation in Betracht kommt, kann bei der abweichenden Beschaffenheit der vorliegenden Fälle keine Rede sein, weshalb auch über ein Einspruchsrecht der Realberechtigten nach Art des §. 46 hier nichts zu bestimmen ist. Dagegen muß auch in den vorliegenden Fällen den Realberechtigten ihre seitherige Befugniß erhalten bleiben, schon vor der Verfallzeit nach näherer Vorschrift des §. 47 Befriedigung zu verlangen. Damit von dieser Befugniß rechtzeitig Gebrauch gemacht werden kann, ist die im §. 45 vorgeschriebene Bekanntmachung auch hier am Platze. Außerdem werden die Realberechtigten durch die aus dem Gesetze vom 12. Mai 1851 übernommene Bestimmung im letzten Satze des §. 51 vor Verkürzung ihrer Rechte sicher gestellt." (Motive S. 56.)

Aus dem in der Anmerkung 90 Gesagten ergiebt sich, daß die Bestätigung, falls die Realberechtigten von der Befugniß des §. 51 Gebrauch gemacht haben, nicht ertheilt werden darf, bevor die Befriedigung des Realgläubigers erfolgt resp der Subhastationsprozeß beendigt ist. Es bleibt indeß dem Realgläubiger überlassen, zur Wahrnehmung seiner Rechte dem Oberbergamte von der erfolgten Anstellung der Hypothekar-Klage Nachricht zu geben.

96) Es fragt sich, welche Wirkung die bloße Abtretung eines Feldestheiles

§. 52.

Auf das Bergwerkseigenthum finden hinsichtlich der Veräußerung, der Verpfändung und des Arrestes, sowie der Privilegien des Rheinischen Rechts die allgemeinen gesetzlichen Vorschriften Anwendung, welche in dieser Beziehung für das Grundeigenthum gelten[97]).

Wegen übermäßiger Verletzung, insbesondere wegen Verletzung über die Hälfte können Verträge über Veräußerung von Bergwerken oder Kuxen nicht angefochten werden[98]).

§. 53.

Die allgemeinen gesetzlichen Vorschriften über die Führung der Hypothekenbücher und Rheinischen Hypothekenregister, die Subhastation, den Concurs und die Rangordnung der Gläubiger sind auch für das Bergwerkseigenthum maßgebend, soweit nicht im gegenwärtigen Gesetze etwas Anderes bestimmt ist. (§§. 246 bis 249)[99]).

---

ohne den Eintausch eines correspondirenden Stückes auf die hypothekarische Belastung hat. Angenommen, das Feld A markscheide mit dem Felde B und der Eigenthümer des erstern Feldes trete seinem Nachbar ein Grenzstück C ab, welches vortheilhafter von dem Felde B abgebaut werden kann. Er erhalte jedoch sein Aequivalent nicht in einem ausgetauschten Feldesstücke sondern in einem Kaufpreise. Hier wird nach §. 95, Al. 3 ohne Zweifel der abgetretene Feldestheil C von der auf dem Felde A haftenden dinglichen Belastung frei. Ebenso gewiß nimmt er indeß künftig an der dinglichen Belastung des Feldes B theil, von welchem er forthin einen integrirenden Theil ausmacht.

97) Pertinenzien des Bergwerks sind solche Sachen, welche entweder äußerlich, oder ihrer Zweckbestimmung nach mit dem Bergwerke in dauernde Verbindung gebracht sind, ohne doch integrirende Bestandtheile des Berggebäudes zu sein, z. B. Gezähe, Instrumente, Grubenrisse, transportable Maschinen u. dgl. (A. L.R. Th. I, Tit. 2, §§. 42 ff. Code Nap. Art. 524 f.) Wegen der unbeweglichen Pertinenzien vergl. §. 60 und Anm. 102. Das französische Bergwerkgesetz vom 21. April 1810 rechnet im Art. 8 zu den Pertinenzien der Grube auch die zur Arbeit unter Tage verwendeten Pferde. Diese Bestimmung ist nicht mehr maßgebend. Es hängt vielmehr von der Beurtheilung des einzelnen Falles ab, ob dieselben als bleibend für den Betrieb des Bergwerks bestimmt anzusehen sind oder nicht.

98) Die Ausschließung der laesio enormis rechtfertigt sich in Beziehung auf das Bergwerkseigenthum dadurch, daß der Kauf von Bergwerken und Bergwerksantheilen wegen des schwankenden Werths derselben stets mehr oder weniger ein gewagtes Geschäft ist, und daß deshalb schon der §. 322, Th. II, Tit. 16 A. L.R. die laesio enormis ausgeschlossen hat, ein Gleiches aber auch neuerlich durch Art. 286 des Handelsgesetzbuchs in Ansehung der Handelsgeschäfte erfolgt ist.

99) Die Subhastations- und die Concursordnungen des preußischen und des rheinischen Rechtes finden mit den näheren Bestimmungen der §§. 247—249 unverändert auf die Bergwerke Anwendung. Dagegen bleiben nach §. 246 die be-

**Verordnung, betreffend die Einrichtung des Berghypothekenwesens in dem Herzogthume Westfalen, dem Fürstenthum Siegen, mit den Aemtern Burbach und Neuenkirchen (Freien und Hückenschen Grund) und den Grafschaften Wittgenstein-Wittgenstein und Wittgenstein-Berleburg vom 28 Februar 1845 (G.S. S. 100).**

Im §. 3 der Verordnung vom 31. März 1834 wegen Einrichtung des Hypothekenwesens in dem Herzogthum Westfalen, dem Fürstenthum Siegen mit den Aemtern Burbach und Neuenkirchen (Freien und Hückenschen Grund) und den Grafschaften Wittgenstein-Wittgenstein und Wittgenstein-Berleburg, und im §. 7 des Reglements für das zu Siegen errichtete Berggericht vom 13. Juli 1837 sind besondere Bestimmungen über die Einrichtung des Berg-Hypothekenwesens vorbehalten worden.

Wir verordnen nunmehr zur Erledigung dieses Vorbehalts auf den Antrag Unseres Staatsministeriums und nach vernommenem Gutachten Unseres Staatsraths, was folgt:

### I. Allgemeine Bestimmungen.

§. 1. Die allgemeine Hypotheken-Ordnung vom 20. Dezember 1783 und die darauf Bezug habenden spätern gesetzlichen Vorschriften, sollen in den im Eingange dieser Verordnung genannten Landestheilen auf Gegenstände des verliehenen Bergwerkseigenthums unter nachstehenden nähern Bestimmungen Anwendung erhalten.

§. 2. (fällt weg)[100].

---

sonderen Bestimmungen über die Einrichtung und Führung der Berghypothekenbücher in Kraft, auch nachdem diese Berghypothekenbücher zufolge der auf Grund des §. 246 zu erlassenden Königlichen Verordnung an die ordentlichen Gerichte übergegangen sein werden. Während also die Gesetze über die Einrichtung und die Competenz der Berghypotheken-Commissionen nur noch transitorische Geltung behalten haben (vergl. die Zusätze zu §. 246), sind die Verordnungen über die Führung der Berghypothekenbücher in ihren Bestimmungen über das Verfahren in Kraft geblieben und zwar als dauernde, nicht als transitorische Bestimmungen. Solche Verordnungen sind für die früheren Bergamtsbezirke Siegen, Bochum und Essen erlassen und zwar für Siegen in gesetzlicher Form durch die Verordnung vom 28 Februar 1845, für Bochum und Essen durch eine von dem Justizminister und dem Minister des Innern erlassene Instruction vom 21. September 1832. Es unterliegt indeß keinem Zweifel, daß auch diese Instruction unter den besondern Bestimmungen über die Führung des Berghypothekenbuches zu verstehen ist, welche nach §. 246 in Kraft bleiben sollen. Für die übrigen Bezirke, für welche keine besondern Verordnungen ergangen sind, finden die oben mitgetheilten Vorschriften analoge Anwendung.

100) Der §. 2 betrifft die Competenz des Bergamtes zu Siegen zur Füh-

§. 3. Das Berggegen- und Hypothekenbuch ist bestimmt für das im Bergamts-Bezirk Siegen [101]) verliehene Bergwerks-Eigenthum, namentlich:

1) die Bergwerke im engern Sinne d. h. die zur Gewinnung eines Minerales in bestimmten Grenzen angewiesenen Räume, Gruben, deren Gebäude unter und über Tage;
2) die Erbstollengerechtigkeit;
3) die Bergwasser, Wassergefälle und Wasserleitungen;
4) die Poch-, Wasch- und sonstigen Aufbereitungsanstalten mit den zu ihrem Betriebe erforderlichen Grundflächen und Gebäuden auf der Oberfläche, diese Anstalten mögen in Folge der Verleihung für sich, oder in Verbindung mit Gruben bestehen;
5) die gemeinschaftlichen (§§. 85 ff. Allg. Landrecht II, 16) und insbesondere die nach Vorschrift der Hütten- und Hammerordnung vom 25. Januar 1830 unter Staatsaufsicht im Zunftverbande besessenen gewerkschaftlichen Hüttenwerke im Lande Siegen. Zu den Hüttenwerken ist auch der Hüttenplatz mit den darauf stehenden Gebäuden zu rechnen [102]).

Die Grundstücke und Gebäude, welche zu dem unter Nr. 1 bis 5 bezeichneten Bergwerkseigenthum gehören, sind jedoch nur dann in das Berggegenbuch einzutragen, wenn der Beliehene sie eigenthümlich oder zu Erbzins- und Erbpachtrechten erworben hat.

---

rung des Berghypothekenbuches und ist durch §. 2 des Gesetzes vom 10. Juni 1861 (G.S. S. 425) aufgehoben. Vergl. §. 246.

101) Der frühere Bergamtsbezirk Siegen, welcher dem rechtsrheinischen Theile des jetzigen Oberbergamtsbezirkes Bonn entspricht, zerfällt in zwei Rechtsgebiete. In dem einen, dem Bezirk des Appellationsgerichtes zu Arnsberg gilt die Allgemeine Hypothekenordnung vom 20. Dezember 1783 zufolge der Verordnung vom 31. März 1834 und nur für diesen Theil ist die Verordnung vom 28. Februar 1845 erlassen. Der andere Theil gehört dem Bezirke des Justizsenates zu Ehrenbreitstein an und in diesem Theile ist die Führung der Hypothekenbücher auch in Bezug auf die Bergwerke durch das Gesetz vom 2. Februar 1864 (G.S. S. 34) geregelt. Dieses Gesetz kennt die Einrichtung eines besonderen Hypothekenbuches nicht, sondern es schreibt die Eintragung der Hypothekenrechte an Bergwerken in das für alle Immobilien bestimmte Unterpfandsbuch vor. Bei der Verpfändung von Bergwerkseigenthum muß der Name des Bergwerks, die Gemeinde, in welcher dasselbe belegen ist, das Datum der Verleihungsurkunde, das verliehene Mineral und die Anzahl der verpfändeten Kuxe angegeben werden.

102) Nach dem Rescripte des Justizministers vom 28. Oct. 1861 an das Appellationsgericht zu Arnsberg sind die Hypothekenbücher über die Hüttenwerke und über die im §. 12 des Gesetzes vom 10 Juni 1861 bezeichneten Aufbereitungsanstalten (d. h. solche Aufbereitungsanstalten, die nicht von dem Eigenthümer eines Bergwerks zur Aufbereitung seiner Erz- oder Kohlengewinnung errichtet, also nicht Zubehör eines bestimmten Bergwerkes sind) an die ordentlichen Gerichte abgegeben, weil diese Werke durch §§. 6 und 12 des angeführten Gesetzes aus dem Ressort der Bergbehörden ausgeschieden sind.

§. 4. Ueber andere, als die im §. 3 erwähnten Besitzungen der Gewerkschaften, auch wenn diese Besitzungen mittelbar zum Bergbau oder Hüttenbetrieb dienen, z. B. Productenniederlagen, Magazinräume und Gebäude, Beamten- und Arbeiterwohnungen, verbleibt die Führung des Hypothekenbuchs den ordentlichen Gerichten[103].

Dasselbe gilt von den im Bezirke des Bergamts zu Siegen befindlichen Salinen- und Hammerwerken.

§. 5. Die Eintragung in das Berggegenbuch erfolgt nach der allgemeinen gesetzlichen Eintheilung eines jeden Bergwerkseigenthums in 128 Kuxe. Sie kann jedoch für die Gegenstände des bereits verliehenen Bergwerkseigenthums nach derjenigen Eintheilung stattfinden, nach welcher das Bergwerkseigenthum zur Zeit rechtmäßig besessen worden, insofern sich die Eintheilung in 128 Kuxe ohne Beeinträchtigung des Besitzes der Theilnehmer oder der Rechte eines Dritten nicht bewirken läßt.

Bei der Eintragung der in dem Fürstenthum Siegen und in den Aemtern Burbach und Neuenkirchen bestehenden Hüttenwerke soll die in der Hütten- und Hammerordnung vom 25. Januar 1830 bestimmte Eintheilung des Theilnahmerechts am Hüttenbetriebe nach Tagen und Stunden unverändert bleiben[104].

## II. Berichtigung des Besitztitels.

§. 6. Jeder Besitzer von verliehenem Bergwerkseigenthum (§§. 7 und 8) ist verpflichtet, seinen Besitztitel zu berichtigen, und soll dazu von Amts wegen angehalten werden[105].

---

103) Diese Bestimmung schränkt die unbeweglichen Pertinenzien des Bergwerkes auf die zum Grubenbetriebe unmittelbar erforderlichen Grundflächen und Gebäude ein. Die im §. 4 bezeichneten Realitäten werden daher auch nach erfolgter Uebergabe des Berg-Hypothekenbuches an die ordentlichen Gerichte (§. 246) nicht in diesem, sondern in dem Grund-Hypothekenbuche geführt.

104) Die Hüttentage und Stunden bezeichnen einestheils die ideelle Theilung des Eigenthums der Hütte, welches in eine bestimmte Anzahl (48 — 144) Erbtage zu je 24 Stunden zerfällt, andererseits die Theilnahme der Gewerken an der durch die Hütten- und Hammerordnung für jede Hütte limitirten Betriebszeit, welche nicht für gemeinschaftliche Rechnung benutzt wird, sondern unter die einzelnen Gewerken nach Tagen vertheilt ist.

105) Die Verpflichtung der Grundeigenthümer zur Berichtigung des Besitztitels, welche im Allg. Landr. Th. I, Tit. 10, §. 12 und in der Hypothekenordnung vom 20. Dezember 1783, Tit. 2, §. 49 ausgesprochen war, ist durch die Cabinetsordre vom 31. October 1831 (G.S. S. 251) suspendirt worden. Für die Bergwerke im früheren Bergamtsbezirk Siegen wird sie dagegen durch die obige Vorschrift aufrecht erhalten. Dasselbe bestimmt für die Bergamtsbezirke Bochum und Essen der §. 5 der Instruction vom 21. September 1832 (unten S. 160). Auch für die übrigen Bezirke, in welchen diese Verordnungen keine Geltung haben, ist durch die Entscheidung des Obertribunals vom 27. Februar 1844 (Entscheidungen Bd. 10, S. 113) angenommen, daß die Vorschriften der Cabinets-

§. 7. Eine jede Gewerkschaft hat die Verpflichtung:

1) ihr Bergwerkseigenthum (das generelle Eigenthum) unter Einreichung einer genauen Beschreibung desselben nachzuweisen;

2) die Grundstücke, welche nach §. 3 zur Eintragung in das Berggegenbuch geeignet sind, nach dem Katasterbuch zu bezeichnen und einen Auszug darüber aus der Grundsteuermutterrolle vorzulegen.

§. 8. Zur Eintragung des generellen Bergwerkseigenthums genügt, insofern dasselbe am Tage der Verkündung dieser Verordnung bereits erworben war, das Attest der Bergverwaltungsbehörde über die in Zeit von 10 Jahren erfolgte Bezahlung der Rezeßgelder oder der sonst üblichen bergrechtlichen Gefälle an den Staat[106]).

---

ordre vom 31. October 1831 auf Bergwerksantheile nicht Anwendung finden. Als Grund für diese Annahme ward der Satz aufgestellt, daß der Uebergang des Eigenthumes von Bergwerksantheilen nach §§. 325 und 327 Allg. Landr. Th. I, Tit. 16 von der Zuschreibung derselben im Gegenbuche abhängig sei. An Stelle dieses Satzes ist bekanntlich durch einen späteren Plenarbeschluß vom 7. Juli 1851 (Entscheidungen Bd. 21, S. 17) das Präjudiz aufgestellt, daß der Uebergang des Eigenthums durch die Besitzübergabe erfolge. Der Ausspruch, welcher die Cabinetsordre vom 31. October 1831 für nicht anwendbar erklärt, ist dagegen von dem Obertribunal nicht ausdrücklich zurückgenommen. Die Praxis der Berghypothekenbehörde hat auch bis jetzt an dem Zwange zur Besitztitelberichtigung festgehalten und mit Recht. Wenn nämlich auch die Zuschreibung im Berghypothekenbuche nicht den Uebergang des Eigenthumes bedingte, wie die Entscheidung vom 27. Februar 1844 annahm, so blieben doch die in den §§. 323 und 324 a. a. O. ausdrücklich ausgesprochenen Wirkungen dieser Zuschreibung in Bezug auf die Verpflichtungen des Gewerken gegenüber der Gewerkschaft zur Entrichtung der ausgeschriebenen Zubuße bestehen. Es blieb überhaupt neben der Bedeutung des Berggegenbuches als Hypothekenbuch der fernere Zweck dieser Einrichtung bestehen, wonach dasselbe als Gegenbuch für die Gewerkschaft, d. h. als maßgebender Ausweis für die innern rechtlichen Beziehungen zwischen der Gewerkschaft und ihren Mitgliedern diente. Dieser doppelte Zweck des Hypothekenbuches besteht noch fort für die vor dem 1. October 1861 constituirten Gewerkschaften, deren Kuxe nach §. 228 die Eigenschaft unbeweglicher Sachen behalten und für welche nach wie vor das Berghypothekenbuch als Gewerkenbuch im Sinne der §§. 103 ff. gilt. An der fortdauernden Verpflichtung zur Besitztitelberichtigung ist daher in Bezug auf die Bergwerksantheile des alten Rechtes wohl nicht zu zweifeln. Ob auch für die im Alleinbesitze befindlichen Bergwerke außerhalb des früheren Bergamtsbezirks Siegen eine solche Verpflichtnng besteht, läßt die Entscheidung vom 27. Februar 1844 unerörtert. Dafür spricht die bisherige Praxis, die Analogie des §. 6 der Verordnung vom 28. Februar 1845 und der Wortlaut der Cab.-Ordre vom 31. October 1831, welche nur in Bezug auf Grundstücke die Verpflichtung zur Besitztitelberichtigung suspendirt. Jedenfalls ist in dem bisher geltenden Rechtszustande durch das Allgem. Berggesetz nichts geändert, weil nach §. 246 die besonderen Bestimmungen über die Errichtung der Berghypothekenbücher in Kraft bleiben.

106) Die Rezeßgelder sind durch das Gesetz vom 20. October 1862 §. 2

Ist von Grundstücken [107]), welche nach §. 3 in das Berggegen- und Hypothekenbuch aufzunehmen sind, das Folium im Hypothekenbuche des Richters der Sache bereits angelegt worden, so muß deren Aufnahme die Extabulation bei diesem Hypothekenbuche nach §. 22, Tit. I der Hypothekenordnung vorangehen. Ist noch kein Folium angelegt worden, so muß der Besitztitel, sofern er sich nicht etwa aus der Verleihungsurkunde ergiebt, bei dem Bergamte nach den Vorschriften der Verordnung vom 31. März 1834 bescheinigt werden.

Die bei dem Richter der Sache angemeldeten oder bereits eingetragenen Hypothekenforderungen und sonstigen Realrechte sind bei Berichtigung des Besitztitels von Amts wegen in das Berggegen- und Hypothekenbuch einzutragen [107a]).

---

(G.S. S. 351) vom 1. Januar 1863 ab aufgehoben. Der Nachweis ist daher eintretenden Falles für die Zeit seit dem 1. Januar 1863 nur in Bezug auf die Entrichtung der Bergwerksabgabe und der Aufsichtssteuer zu führen, welche die einzigen noch übrigen bergrechtlichen Gefälle sind.

107) Zu der Verordnung vom 28. Februar 1845 ist eine Ausführungsinstruction v. 21. März 1845 (M.Bl. f. d. i. V. S. 77) erlassen, welche den §§. 3. u. 7. Folgendes bestimmt:

§. 3. Zubehörungen, welche nach § 4 des Gesetzes in das Hypothekenbuch der ordentlichen Gerichte gehören, sind beim Berggegenbuch wie Pertinenzien, die unter einer fremden Gerichtsbarkeit liegen, zu behandeln, d. h. es ist eine nachrichtliche Bemerkung auf dem Titelblatte des betreffenden Foliums in dem Berg-Hypothekenbuche erforderlich, welche unter das Verzeichniß der eigentlichen Zubehörungen mit angemessenem Zwischenraume gesetzt wird, etwa in der Art:

> Folgende Grundstücke, welche die Gewerkschaft besitzt, die aber nicht Bergwerkseigenthum sind, nämlich ꝛc. . . . gehören zum Hypothekenbuche des . . . . . Gerichts zu . . . . . .

Die auf solche Grundstücke contrahirten Schulden werden nicht in das Berg-Hypothekenbuch mit eingetragen. Wenn sich eine Verpfändung darauf mit erstreckt, so bleibt es den Interessenten überlassen, die Eintragung bei dem betreffenden Gerichte nachzusuchen, welches in seinem Hypothekenbuche den Besitztitel auf den Namen der Gewerkschaft mit dem Zusatze berichtigt, daß die Antheile der einzelnen Gewerke aus dem Berggegenbuche zu ersehen seien.

§. 7. Mit Rücksicht auf §. 8 des Gesetzes muß, sobald es auf Eintragung eines Grundstücks in das Berg-Gegen-Hypotheken-Buch ankommt, zur Verhütung doppelter Eintragung, der Richter der belegenen Sache jederzeit zuvor davon benachrichtigt und um Mittheilung eines Auszuges aus den Hypothekenregistern über die darauf angemeldeten Hypothekenforderungen und sonstigen Realrechte, sowie um Uebersendung der betreffenden Verhandlungen oder Ertheilung eines Attestes, daß keine Hypothekenforderungen und Realrechte angemeldet seien, ferner für den Fall, daß das Pertinenzstück irriger Weise schon ins gewöhnliche Hypothekenbuch eingetragen sein sollte, um Extabulation ersucht werden.

107a) Diese Instruction vom 21. März 1845 bestimmt in den §§. 4 u. 5:

Form und Einrichtung der Berggegen- und Hypothekenbücher.

§. 4. Das Berggegen- und Hypothekenbuch erhält in besonderen Bänden folgende Abtheilungen:

§. 9. Bei den alten Zechen und Hüttenwerken, d. h. solchen, wel-

I. die im Kreise Siegen gelegenen Hütten,

II die im Kreise Siegen gelegenen Bergwerke und Aufbereitungsanstalten,

III die im Herzogthum Westfalen und in dem Kreise Wittgenstein gelegenen Bergwerke, Hütten und Aufbereitungsanstalten.

Eine jede Zeche erhält darin nur ein Folium, auf dessen Titelblatt, außer der Beschreibung des generellen Eigenthums auch die zu derselben gehörenden nach §. 3 aufzunehmenden Pertinenzstücke nach der Bezeichnung im Flurbuche, einzeln, jedoch ohne Angabe des Titels der Gewerkschaft, aufzuführen sind.

Die Folien des Berggegenbuchs erhalten die in der Anlage A beschriebene Einrichtung; in denen für die Abtheilungen II und III wird jedoch unter Rubrica I die Columne für die Größe der Idealantheile nicht getheilt und erhält die Ueberschrift: Anzahl der Kuxen.

Die Bücher sind in dem Formate der Flurbücher dergestalt anzulegen, daß jedes Folium in der Regel vier Borgen stark wird. Name und Seitenzahl für Titelblatt und die einzelnen Rubriken sind nach Bedürfniß zu bestimmen.

Das Zusammenbinden der Folien unterbleibt so lange, bis die angelegten Folien einen mäßigen Band bilden.

Bei Besitzveränderungen, Belastungen oder Verpfändungen eines eingetragenen Antheils ist mit der Umschreibung und Eintragung im Berggegenbuche nach Vorschrift des §. 3 der Instruction für die Bergämter Bochum und Essen vom 21. September 1832 zu verfahren.

Außer dem Berggegenbuche sind noch folgende Bücher:

1) das in dem vorallegirten §. 3 der Instruction vom 21. September 1832 beschriebene Register über die auf den einzelnen Idealantheilen haftenden Schulden und Lasten und

2) ein alphabetisches Repertorium sämmtlicher Gewerke nach folgenden Kolumnen:

a) fortlaufende Nummer,

b) Namen der Gewerken,

c) Namen der Zechen und Hütten, woran derselbe betheiligt ist,

d) Kuxzahl, Hüttentage,

e) Band und Folium des Berggegenbuchs,

f) Anmerkungen,

anzulegen und beständig fortzuführen.

### Einrichtung der Berg-Hypothekenacten.

§. 5. Die Berg-Hypothekenacten sind nach Vorschrift des §. 4 der allegirten Instruction vom 21. September 1832 einzurichten. Außer den daselbst bezeichneten Acten ist jedoch noch für jede Zeche ein besonderes Generalvolumen für die das generelle Eigenthum, die Pertinenzstücke und die Schulden und Lasten der ganzen Zeche betreffenden Verhandlungen anzulegen und denselben ein besonderes Intabulationsblatt, in welchem das generelle Eigenthum nebst den Schulden und Lasten anzugeben ist, vorzuheften.

Die Berggegen- und Hypothekenbücher sind übrigens nebst der Hypothekenregistratur und den dahin gehörigen Dokumenten, in verschließbaren Schränken in dem Berggerichts-Locale aufzubewahren, und bleibt es dem Königl. Ober-Landesgericht und Oberbergamt überlassen, wegen zweckmäßiger Einrichtung der Registratur und der Acten nähere Anweisung zu ertheilen.

che am Tage der Verkündung dieser Verordnung bereits eintragungsfähiges

---

## Anlage A.

### Titelblatt.

(das im Fürstenthum und im Kreise Siegen, in der Gemeinde N. gelegene Bergwerk N. N.)

I. Beschreibung des generellen Eigenthums.

II. Zubehörungen des Bergwerks in der Gemeinde N.

| Nummer der Flur u. Parzelle | | Flur Abtheilung | Nähere Bezeichnung. | Flächen-Inhalt | | | Abschreibungen. |
|---|---|---|---|---|---|---|---|
| Sect. | Nr. | | | Morgen | Ruthen | Fuß | |
| | | | | | | | |

### Rubrica I

| Nummer. | | Namen der Gewerken. | Anzahl der Kuxe | Besitztitel. |
|---|---|---|---|---|
| Laufende | Primordial- | | | |
| | | | | |

Bergwerkseigenthum sind, ist jeder Besitzer eines ideellen Antheils verpflichtet:

1) die Größe seines Antheils genau anzuzeigen;

2) seinen Vorbesitzer zu nennen;

---

## Rubrica II

| Nummer | | Quantum | Beständige Lasten u. Einschränkungen des Eigenthums oder der Disposition. | Cessionen und Subinscriptionen. | | Löschungen. |
|---|---|---|---|---|---|---|
| Laufende | Primordial- | thlr. sgr. pf. | | Eintragung. | Löschung | |
| | | | | | | |

## Rubrica III

| Nummer. | | Quantum. | Schulden und andere Real-Verbindlichkeiten. | Cessionen u. Subinscriptionen | | | Löschungen |
|---|---|---|---|---|---|---|---|
| Laufende | Primordial- | thlr. sgr. pf. | | Quantum thlr. sgr. pf. | Eintragung | Löschung | |
| | | | | | | | |

3) den Rechtsgrund anzugeben, vermöge dessen das Eigenthum von dem Vorbesitzer auf ihn übergegangen ist, und
4) alle darauf Bezug habenden Dokumente und Beweismittel vorzulegen und anzugeben.

§. 10. Zur Eintragung des Besitztitels des sich meldenden Besitzers genügt es:

1) wenn derselbe die vor der Verkündung dieser Verordnung erfolgte Aufnahme in die Gewerkschaft oder auch nur die Ausübung von Theilnehmungsrechten, durch an Eidesstatt zu vernehmende Zeugen, durch Atteste öffentlicher Behörden oder durch beglaubigte oder sonst unverdächtige Privatdokumente bescheinigt;
2) wenn derselbe in gleicher Art bescheinigt, daß er vor dem Tage der Verkündung dieser Verordnung das Eigenthum aus einem, zur Erlangung desselben an sich geschickten, wenn auch in der Form mangelhaften Titel erworben hat. Sollte der hierdurch geführte Nachweis mangelhaft sein, so kann nach richterlichem Ermessen die Eintragung des Besitztitels gegen die von dem Besitzer abgegebene Versicherung an Eidesstatt, daß ihm kein gleich oder näher Berechtigter bekannt sei, erfolgen.

§. 11. In allen Fällen, der Besitzer mag vor oder nach der Verkündigung dieser Verordnung erworben haben, soll der Besitztitel berichtigt werden:

1) wenn der Besitzer in dem bei dem vormaligen Berggerichte zu Eslohe geführten Berggegenbuche bereits eingetragen war;
2) wenn derselbe das Bergwerkseigenthum in einer Subhastation erstanden oder darüber ein Präclusionserkenntniß ausgebracht hat;
3) wenn derselbe für sich und seinen unmittelbaren Vorbesitzer einen, der Form und dem Inhalte nach gültigen Titel nachweiset;
4) wenn derselbe zwar nur für sich einen, der Form und dem Inhalte nach gültigen Titel beibringt, zugleich aber durch an Eidesstatt zu vernehmende Zeugen, durch Atteste öffentlicher Behörden, oder durch beglaubigte oder sonst unverdächtige Privatdokumente bescheinigt, daß er und beziehungsweise sein Vorbesitzer sich in den letzten fünf Jahren in der ruhigen und ungestörten Ausübung des Rechts befunden haben.

Auch genügt es zu dieser Bescheinigung, wenn Jemand in den letzten fünf Jahren in den sogenannten Anschnitten als Gewerke aufgeführt ist.

§. 12. Kann der Besitztitel auf vorstehend bezeichnete Art (§§. 10 und 11) nicht nachgewiesen werden, der sich meldende Besitzer ist aber entweder:

1) von den, mindestens zur Hälfte an dem Werke betheiligten Gewerken, oder

2) von den Lehnträgern, den Deputirten oder den Hüttenschulzen [108]) als Mitgewerke anerkannt worden, so soll die Eintragung für ihn, auf Grund dieses Anerkenntnisses, gegen die Versicherung an Eidesstatt, daß ihm kein gleich oder besser Berechtigter zu dem in Anspruch genommenen Bergantheile bekannt sei, bewirkt werden.

§. 13. Bergwerke und Hütten oder Antheile an Bergwerken und Hütten, welche der Staat für eigne Rechnung betreibt, können, insofern sie nicht aus einem Privatrechtstitel erworben sind, in welchem Falle es bei den Vorschriften der §§. 10 bis 12 verbleibt, auf den Grund einer Bescheinigung der vorgesetzten Bergverwaltungsbehörde, daß der Staat sich im „Betriebe für eigne Rechnung befinde", für denselben in das Berggegenbuch eingetragen werden.

§. 14. Bei Berichtigung des Besitztitels auf den Grund des Erbrechts ist, wenn der Vorbesitzer in das bei dem Berggericht zu Esloha geführte Berggegenbuch eingetragen war, oder aus Gewährscheinen der Bergbehörde oder aus den Anschnitten sich ergiebt, und der Erbfall vor dem Tage der Verkündung dieser Verordnung statt gehabt hat, keine förmliche Erbeslegitimation erforderlich, sondern es genügt der Nachweis der ein gesetzliches Erbfolgerecht begründenden Verwandtschaft und die von dem Besitzer abgegebene Versicherung an Eidesstatt, daß ihm keine näheren oder gleich nahen Erben bekannt seien.

§. 15. Widersprüche gegen die Eintragung des solchergestalt (§§. 10 bis 14) legitimirten Besitzers können die Eintragung selbst nicht hindern, sondern begründen nur, in soweit sie bescheinigt sind, die Eintragung einer Protestation, und unterliegen demnächst der richterlichen Entscheidung.

§. 16. Antheile, auf welche Niemand einen begründeten Anspruch macht, werden sämmtlichen Gewerken gleichmäßig zugeschrieben.

§. 17. Da der Besitztitel der nach §. 3 in das Berggegen- und Hypothekenbuch gehörenden Gegenstände für die Besitzer von Amtswegen berichtigt werden soll, so werden alle diejenigen, welche vermeinen, daß ihnen entweder als Eigenthümern oder aus einem Lehnsverhältnisse, einer Substitution, oder sonst einem, das Eigenthum oder die freie Disposition der Besitzer beschränkenden Grunde, oder als Realberechtigten der II. Rubrik Rechte, die zur Eintragung in die Hypothekenbücher geeignet sind, zustehen, hierdurch aufgefordert, solche zeitig bei der Hypothekenbehörde anzumelden.

Es wird hierzu eine Frist bis zum 1. Juli 1845 bewilligt. Nach Ablauf derselben muß die Hypothekenbehörde den Vorschriften der §§. 7 bis 16

108) An die Stelle des Lehnträgers und der Deputirten tritt nach §. 117 des Allg. Berggesetzes der Repräsentant oder der Grubenvorstand.

gemäß mit der Berichtigung des Besitztitels vorschreiten[109]) und Jeder, der die Anmeldung seiner Realansprüche versäumt, hat es sich selbst beizumessen, wenn bis zur Nachholung seiner Anmeldung der eingetragene Besitzer in allen mit dritten Personen über das Bergwerkseigenthum geschlossenen oder zu schließenden Verhandlungen, nach Vorschrift des Allgem. Landrechts Th. I, Tit. 10, §§. 7 u. f. für den wahren Eigenthümer desselben angesehen wird.

---

109) Ueber das Verfahren bei der Berechtigung des Besitztitels bestimmt die Instruction vom 21. März 1845 im §. 6:

§. 6. Mit den eingehenden Anmeldungen und den, aus den bisherigen Contractbüchern zu entnehmenden Verhandlungen, welche zu dem Ende von Amts wegen durchgegangen werden müssen, sind für jede Zeche besondere Grundacten sofort anzulegen. Zu denselben gelangt:

1) ein Extract aus dem Berggegenbuche des vormaligen Berggerichts zu Eslohe, sofern die Zeche daraus hervorgeht und

2) ein Auszug aus den bisher geführten Hypothekenregistern über angemeldete Realrechte, oder eine amtliche Notiz, daß die Register dergleichen nicht enthalten.

In Beziehung auf die in den Kreisen Siegen und Wittgenstein gelegenen Werke sind die unter 2 erwähnten Auszüge oder amtlichen Notizen von den betreffenden Gerichten dieser Kreise zu erfordern, und rücksichtlich der in Grundstücken bestehenden Pertinenzien die Vorschriften des folgenden Paragraphen zu beachten.

Sodann sind aus den bergamtlichen Berechtsamsacten, wo solche vorhanden sind, Abschriften der, das angemeldete Eigenthum der Zechen betreffenden Urkunden anzufertigen und damit das vorstehend (§. 4) gedachte Generalvolumen anzulegen, von welchem aus demnächst der Lehnträger, Hüttenschulz oder Deputirte, an welche sich der Hypothekenrichter in dieser Beziehung lediglich zu halten hat, zur Einreichung:

1) einer Beschreibung des generellen Eigenthums,

2) eines Verzeichnisses der dazu gehörigen Grundstücke nebst einem Extract aus dem Flurbuche und der Grundsteuer-Mutterrolle, und

3) eines Verzeichnisses der Gewerken und deren Antheile

aufzufordern, und in Gemäßheit der Allerh. Cab.-Ordre v. 6. Octbr. 1833 zur Erledigung dieser Auflage und zur Berichtigung des generellen Eigenthums, so wie zur Bescheinigung des Besitztitels von den in Grundstücken bestehenden, zur Aufnahme in das Berg-Hypothekenbuch geeigneten Zubehörungen (§. 8 des Gesetzes) anzuhalten ist.

Das eingereichte Verzeichniß der Gewerken gelangt zu den Grundacten und ist demnächst die nähere Vorladung derselben zur Berichtigung des Besitztitels nach §. 9—13 des Gesetzes zu verfügen.

Zu den vorstehend gedachten Vorladungen sind lithographirte Formulare zu gebrauchen und darin speciell auszusprechen, was jeder Gewerke in dem Termine beizubringen habe, und welches Präjudiz ihn nach der Allerh. Cab.-Ordre vom 6. Oct. 1833 im Falle eines Ungehorsams treffe.

### III. Eintragung der Hypotheken und Realrechte.

§. 18. Bei Anlegung des Berggegen- und Hypothekenbuches sollen von Amts wegen berücksichtigt werden:

1) alle Hypotheken, über deren Anmeldung in Folge des im §. 22 des Patents vom 21. Juni 1824 und der Ordre vom 4. Februar 1828 geschehenen Aufrufs gerichtliche Recognitionen ertheilt worden sind,
2) sämmtliche nach §§. 8 bis 11 des Patents vom 21. Juni 1825 seit dem 1. Dezember 1825 entstandene Realrechte.

§. 19. Es ist dabei in nachstehender Art zu verfahren:

1) Bei jeder Besitztitelberichtigung muß der Realschuldenzustand:
   a) durch Vernehmung des Besitzers,
   b) durch Extracte aus den bisher geführten Registern über die angemeldeten Realrechte und Hypotheken, und
   c) durch Einsicht der denselben zu Grunde liegenden Anmeldungen und Dokumente

   festgestellt werden.
2) Jeder auf diese Weise ermittelte Realberechtigte und Hypothekengläubiger ist aufzufordern, die ihm ertheilte Recognition mit dem dazu gehörigen Dokumente zur Eintragung in das Berggegenbuch einzureichen.

Auch Erben, Cessionarien, Pfandinhaber und andere Betheiligte erhalten eine solche specielle Aufforderung, wenn ihr Rechtsanspruch zu den Grundacten angezeigt worden ist.

§. 20. Alle Inhaber von Recognitionen, welche ihre Rechtsansprüche zu den Grundacten nicht angezeigt haben, werden hierdurch aufgefordert, spätestens bis zum 1. Juli 1845 die Anmeldung nachzuholen.

§. 21. Wer der ergangenen Aufforderung (§§. 19 u. 20) nicht genügt, behält zwar:

a) seine Rechte gegen die Person seines Schuldners oder dessen Erben und kann sich auch an das ihm verhaftete Bergwerkseigenthum halten, insofern solches noch in den Händen dieses Schuldners oder dessen Erben sich befindet, er geht aber
b) in Beziehung auf alle übrige Realberechtigte, deren Hypotheken- und andere Realansprüche eingetragen worden, seiner Vorzugsrechte verlustig; verliert
c) in Beziehung auf jeden Dritten, der im redlichen Glauben an die Richtigkeit des Berggegen- und Hypothekenbuches nach der Anlegung des letzteren das Bergwerkseigenthum erworben hat, sein Realrecht und haftet endlich
d) für jeden, mit dem Dokument späterhin gemachten Mißbrauch und für

jeden hierdurch und aus der Nichtbefolgung der an ihn ergangenen Aufforderung entstehenden Schaden.

§. 22. Jeder zur Einreichung der ertheilten Recognition aufgeforderte Realberechtigte ist verpflichtet, das Bergwerkseigenthum, auf welches sein Recht eingetragen werden soll, genau anzugeben.

Waltet gegen die Identität desselben mit dem im Dokumente verpfändeten kein Zweifel ob, oder erkennt der Besitzer diese Identität an, so begründet die erhaltene Recognition einen Anspruch auf Eintragung des Rechts selbst.

Entstehen Zweifel über die Identität, die sich nicht sofort beseitigen lassen, die Identität aber ist wahrscheinlich, so wird dadurch jedenfalls die Eintragung einer Protestation begründet.

Eine mangelhafte oder vorläufige Recognition über zwar bescheinigte, aber nicht sofort liquid zu machende Realansprüche begründet ebenfalls einen Anspruch auf die Eintragung einer Protestation zur Erhaltung des Vorrechts.

§. 23. Allen vor dem 1. Dezember 1825 entstandenen, binnen der vorgeschriebenen Frist angemeldeten Realrechten gebührt bei der Eintragung die Priorität vor den später erworbenen, mit Vorbehalt der näheren Bestimmung ihrer Rangverhältnisse unter sich, welche festzustellen oder im Fall eines Streits durch richterliche Entscheidung feststellen zu lassen, den Interessenten überlassen bleibt. Die seit dem 1. Dezember 1825 entstandenen Realrechte werden nach Zeitfolge ihrer Anmeldung eingetragen.

§. 24. Realforderungen, die bei einer Subhastation, einem Concurs- oder Liquidationsprozeß ausgefallen, präcludirt oder durch Zahlung getilgt sind, werden nicht weiter berücksichtigt.

Behauptet der Besitzer, daß das Realrecht auf andere Weise aufgehoben worden sei, so muß er diese Aufhebung sofort darthun. Kann er dies nicht, so ist die Eintragung der Forderung und zugleich in der Colonne „Cessionen" die Eintragung des Widerspruchs, sofern derselbe bescheinigt ist, zu bewirken.

§. 25. Allen Inhabern bereits angemeldeter Titel zu Hypotheken- und Realrechten, welche ungewiß darüber sind, ob die von ihnen angemeldeten Titel auch wirklich in die Hypothekenregister aufgenommen worden sind, und daher besorgen, bei der nach §§. 18 u. f. vorzunehmenden Feststellung des Schuldenzustandes unbeachtet zu bleiben, bleibt es überlassen sich die Hypothekenregister vorlegen zu lassen, und erforderlichen Falls die Nachtragung in dieselben oder die Ertheilung vollständiger Recognitionen anderweit in Antrag zu bringen. Auch steht es ihnen frei, durch schriftliche Eingaben sich die Berücksichtigung bei der Anlegung des Foliums zu sichern. Es muß jedoch diese Eingabe enthalten.

eine genaue Bezeichnung des verhafteten Bergwerkseigenthums, die Namen der gegenwärtigen Besitzer desselben,

die Angabe des Titels und des Datums der früheren Anmeldung; endlich muß derselben eine Abschrift der erhaltenen Recognition beigefügt werden.

§. 26. Bei allen die erste Regulirung des Berggegen- und Hypothekenbuches, namentlich auch die Feststellung des Schuldenzustandes betreffenden Verhandlungen genügt die Vernehmung des Ehemannes, und es kann nach dessen Erklärung die Eintragung erfolgen, wenn auch das Bergwerkseigenthum zum gemeinschaftlichen Vermögen der Eheleute oder zum eingebrachten Vermögen der Frau gehört.

Wollen Verwandte in auf- oder absteigender Linie, Schwiegereltern, Schwiegerkinder und Geschwister einander vertreten, so ist zu ihrer Legitimation eine außergerichtliche, nur vom Pfarrer oder Ortsvorstande beglaubigte Vollmacht des Vertretenen hinreichend. In allen diesen Fällen ist den solchergestalt Vertretenen der Gewährschein unmittelbar zuzustellen.

## IV. Verfahren bei künftigen Besitzveränderungen vor angelegtem Folium.

§. 27. Bis zur wirklichen Anlegung des Foliums kann vom Tage der Verkündung dieser Verordnung an, ein Realrecht an Bergwerkseigenthum auch nach Vorschrift der Verordnung vom 16. Juni 1820 erworben werden.

Nach Anlegung des Foliums treten statt der obigen Bestimmungen die Hypothekenordnung und die darauf Bezug habenden späteren gesetzlichen Vorschriften in volle Kraft.

## V. Anlegung des Foliums für neue Zechen und Hüttenwerke.

§. 28. Bei Anlegung des Hypothekenfoliums für neue Zechen und Hüttenwerke ist die Legitimation der Interessenten nach §. 265, Tit. 16, Th. II des Allgem. Landrechts zu beurtheilen.

§. 29. Zur Erleichterung der Interessenten wird den Verhandlungen, welche zur Eintragung der bisher erworbenen Eigenthums-, Hypotheken- und Realrechte in das neu anzulegende Berggegenbuch erforderlich sein werden, die Stempelfreiheit bewilligt, und soll außerdem eine von Unsern Ministern der Finanzen und der Justiz zu bestimmende Ermäßigung der in der Gebührentaxe vom 23. August 1815 bestimmten Gebührensätze eintreten.

## Instruction für die Königl. Bergämter zu Bochum und Essen, wegen Einrichtung und Bearbeitung des Berghypothekenwesens vom 21. September 1832 (Jahrb. Bd. XL, S. 226).

§. 1. Zuvörderst dienen auch hier die über das Hypothekenwesen im

Allgemeinen ergangenen Gesetze und Verordnungen, besonders aber alle über die Einrichtung desselben, namentlich in den Publicationspatenten vom 9. September 1814 und 22. Mai 1815, in der Instruction vom 30. Mai 1815, in der Verordnung vom 25 Mai 1818, und in dem Circular vom 6. Juli 1818 erlassenen Vorschriften und Anweisungen, ingleichen die in der Provinzial-Bergordnung vom 29. April 1766, in dem Allgemeinen Landrecht Th. II, Tit. 16, in dem Edikte vom 21. Februar 1816 und in der Cabinetsordre vom 19. Dezember 1816 enthaltenen, das Berg-Hypothekenwesen betreffenden Bestimmungen zur Richtschnur.

(§. 2 fällt weg) [110]).

### Form der Berggegen- oder Hypothekenbücher und des Schuldenregisters.

§. 3. Bei der bisherigen formellen Einrichtung der Berggegen- oder Hypothekenbücher hat es überhaupt und namentlich in der Hinsicht auch fernerhin sein Bewenden, daß

1) jede Zeche nur ein Folium darin erhält, auf welchem das allgemeine Eigenthum nebst den auf der ganzen Zeche haftenden Lasten und Schulden, außerdem aber auch jeder Gewerke mit seinen Antheilen, ingleichen die von einzelnen Gewerken auf ihre Antheile contrahirten Schulden, sowie die darauf haftenden Lasten und Beschränkungen der Disposition eingetragen sind und daß

2) die darin vorkommenden Colonnen für die „fortlaufende“ und für „Primordial-Nummer“ beibehalten und in nachstehender Art benutzt werden.

Bei jeder Besitzveränderung eines eingetragenen Antheils eines Gewerken wird der Antheil des neuen Besitzers oder bei einer theilweisen Besitzveränderung jeder Antheil der neuen Besitzer, desgleichen der Restantheil des Vorbesitzers, unter einer neuen fortlaufenden Nummer in die Colunne „Primordial-“, die alte fortlaufende Nummer, d. h. welche der umgeschriebene Antheil oder Restantheil zuletzt hatte, zur Bezeichnung des nächsten Vorbesitzers eingeschrieben.

Der Name und Antheil des Vorbesitzers wird an seiner Stelle mit rother Dinte unterstrichen und darunter durch Verzeichniß der neuen fortlaufenden Nummer oder Nummern angedeutet, wo dieser Antheil sich zunächst ganz oder zersplittert wieder eingetragen findet.

Bei einer Belastung oder Verpfändung eines solchen Antheiles wird zu dessen Bezeichnung sowohl die neue fortlaufende als auch die Primordial-

---

110) Betrifft die aufgehobene Competenz der früheren Bergämter zur Führung des Berg-Hypothekenbuches. (Vergl. die Zusätze zu §. 246.)

Nummer in die hierfür bestimmten Colonnen der II. oder III. Rubrik dem Eintragungsvermerke gegenüber eingeschrieben.

Eben so ist das Register über die eingetragenen Schulden fortzuführen, welches außer der Ueberschrift „Name des Gewerken und Schuldners" folgende Colonnen enthält:

I. Name der Zeche, woran derselbe betheiligt ist; II. Kux-Anzahl; III. die im Berggegenbuche eingetragenen Schulden; IV. Folium; V. früherer Eigenthümer; VI. Schulden, die dieser hatte; VII. Anmerkungen.

Unter dem Ausdrucke: Schulden, sind jedoch alle eingetragenen Dispositionsbeschränkungen und Lasten mit zu verstehen und letztere also gleichfalls zu III. und IV. des Registers zu merken.

### Einrichtung der Berg-Hypothekenacten.

§. 4. Ueber jede einzelne Zeche sind, außer den bei dem Bergamte beruhenden Berechtsamsacten, noch besondere Hypothekenacten zu führen, welche außer den erforderlichen, allenfalls abschriftlich aus den Berechtsamsacten herüber zu bringenden Ausfertigungen hinsichtlich des generellen Eigenthums, die das spezielle Eigenthum betreffenden Erwerbungs- und Schulddokumente, nebst allen das Hypothekenwesen dieser Zeche betreffenden Verhandlungen enthalten und überhaupt ebenso vollständig gehalten werden müssen, wie dieses rücksichtlich der Grundacten im Allgemeinen vorgeschrieben ist.

Jedem solchen Hypotheken-Actenstück, wird außer einer gewöhnlichen Hypotheken-Tabelle (Intabulationsblatt) vorgeheftet:

1) ein Inhaltsverzeichniß, worin zur leichtern Uebersicht der jedesmaligen Besitzverhältnisse einer Zeche, wie bisher, folgende Rubriken:
   a) Name des die Eintragung suchenden Gewerken,
   b) verlangte Kux-Anzahl,
   c) Folium der ihn betreffenden Verhandlungen,
   d) Anmerkungen,

   insbesondere für die erfolgte Eintragung, auszufüllen und demnächst die wegfallenden Antheile oder Gewerke zu durchstreichen sind;
2) ein Verzeichniß der angemeldeten Schulden, welches, wie bisher:
   a) nach einer fortlaufenden Nummer,
   b) den Namen des Gewerken und Schuldners,
   c) den Betrag der Schulden,
   d) den kurzen Inhalt des Schulddokumentes,

   und außerdem
   e) in einer Rubrik für „Anmerkungen" das Folium der Acten, demnächst die wirkliche Eintragung, den Vermerk ins Schuldenregister

u. s. w. angiebt. Die angemeldeten Reallasten und Beschränkungen der Disposition sind darin gleichfalls aufzuzeichnen;

3) bei Zechen, welche schon im alten Berggegenbuche eingetragen gewesen, ein Extract aus diesem.

Die beim Bergamte zu Bochum bisher gehaltenen Collectivacten über die Berichtigung des Besitztitels eines an mehreren Zechen betheiligten Gewerken, so wie über die Schulden, welche gegen irgend einen Gewerken angemeldet worden, können beibehalten werden. Es ist jedoch strenge darauf zu halten, daß daraus die nöthige Notiz zu den betreffenden einzelnen Hypothekenacten gebracht und insbesondere die angemeldete Schuld nebst Folium der Schuldacten in das ad 2 gedachte Verzeichniß eingeschrieben werde.

### Berichtigung der Zechen von Amtswegen.

§. 5. Die in Gemäßheit des Landtags-Abschiedes vom 13. Juli 1827 ausgesprochene Suspension der Einwirkung der Gerichte in Absicht der Berichtigung des Besitztitels, wo nicht ausdrücklich von den Interessenten darauf angetragen wird (Circular vom 18. Dezember 1827, Arnsberger Amtsblatt 1828 S. 8) und eben so die diesfälligen Bestimmungen der Allerhöchsten Cabinetsordre vom 31. October 1831 (Ges.-Samml. S. 251) finden bei dem Bergwerkseigenthum keine Anwendung.

Hinsichtlich der stillliegenden Zechen des Märkischen Bergamtsbezirks bewendet es hingegen bei der neuesten Anordnung, daß in der Regel nicht eher, als bis das Hypothekenbuch der in Betrieb stehenden Zechen vollständig berichtigt worden, zur Berichtigung der nicht in Betrieb stehenden Gruben geschritten werden darf.

Ausnahmen von dieser Regel sind aus besonderen in jedem einzelnen Falle zu vermerkenden Gründen zulässig.

### Beschreibung und Eintragung des allgemeinen Eigenthums.

§. 6. Obgleich die Beschreibung des allgemeinen Eigenthums einer Zeche, ihrer Eintragung nicht nothwendig vorherzugehen braucht, so hat sich der Hypothekenrichter doch, bevor er einträgt, darüber zu vergewissern, daß der einzutragenden Gewerkschaft überhaupt ein bergrechtliches Eigenthum zustehe. Diese Berichtigung des allgemeinen Eigenthums zum Berggegenbuche kann außer dem Falle der Beleihung auch auf den Grund des 44jährigen Besitzes oder für die Rheinprovinz auf den Grund des bloßen Besitzes am 1. Januar 1815 oder vor diesem Zeitpunkt, sofern wegen dieses Besitzes seitens des Fiskus bis zum Schlusse des Jahres 1829 nicht geklagt worden (cfr. §. 11 des Rheinischen Landtags-Abschiedes vom 15. Juli 1829 und Gesetz vom 18. Dezember 1831 [Gesetz-Samml. 1832 S. 3]), endlich in den anderen Landestheilen auf den Grund des bloßen Besitzes im Normaljahre 1740, sofern in beiden Fällen die Grenzen des besessenen Bergwerkseigenthums gehörig feststehen, erfolgen, wobei die Zahlung der Rezeßgelder als eine Besitzhandlung anzusehen ist.

Die Eintragung der dem Berggegenbuche einzuverleibenden Beschreibungen des allgemeinen Eigenthums ist möglichst zu beschleunigen. Der diesfällige Entwurf ist von der Gewerkschaft und zwar von dem Lehnsträger [111]) zu liefern, worauf solcher durch die Hypothekenbehörde geprüft und im Fall der Uebereinstimmung mit den Berechtsamsacten oder sonstigen Belegen eingeschrieben, sonst aber unter Zuziehung des Lehnsträgers vorab rectifizirt wird. Die Einreichung eines solchen Entwurfs wird zunächst von dem Lehnsträger binnen einer angemessenen Frist mit der Warnung erfordert, daß sonst ein Beamter des Bergamts mit dieser Arbeit auf Kosten und Gefahr des Lehnsträgers gegen angemessene Remuneration beauftragt werden solle.

Der im letzten Falle durch den Beamten angefertigte Entwurf ist sodann von der Hypothekenbehörde nach vorheriger Prüfung dem Lehnsträger zur Erklärung über dessen Richtigkeit in einem anzuberaumenden Termine unter der Warnung mitzutheilen, daß im Falle des Nichterscheinens der Entwurf für richtig angenommen und hiernach die Eintragnng desselben ins Berggegenbuch erfolgen solle.

§. 7. Die in der Hypotheken-Ordnung Tit. II, §§. 51, 52 und im §. 12 der Instruction vom 30. Mai 1815 gedachte fiskalische Geldbuße wegen verweigerter oder verzögerter Besitztitel-Berichtigung kann von der Berghypothekenbehörde sofort festgesetzt und beigetrieben werden, ohne deshalb vorher im Namen des Fiskus gegen den säumigen Gewerken klagbar werden zu müssen. Gegen eine solche bergamtliche Strafresolution steht dem Verurtheilten nur der Weg der Beschwerde beim Ober-Bergamt [111a]) offen.

§. 8. Der Besitztitel ist nur für den, dessen Eigenthum aus den Erwerbungsdokumenten oder den Hypotheken-Acten hervorgeht, zu berichtigen.

Wenn die Gewerke in der dortigen provinziellen Gütergemeinschaft leben, bedarf es der Eintragung des Miteigenthums der Frau von Amts wegen nicht, und hat es bei der damit verknüpften uneingeschränkten Dispositionsbefugniß des Ehemannes auch hier sein Bewenden.

(§§. 9 bis 25 fallen weg) [112]).

---

111) Vergl. Anm. 108.

111 a) Jetzt bei dem Appellationsgerichte. Vergl. Zusatz zu §. 246.

112) Diese Paragraphen betreffen theils (§§. 9—21) die erste Anlegung des Berg-Hypothekenbuches und sind, da diese in beiden Bezirken vollendet ist, hier weggelassen, theils (§§. 22—25) haben dieselben aufgehobene Gesetzesvorschriften (Besitzunfähigkeit der Beamten, Caducirung ꝛc.) zum Gegenstande.

### Werth.

§. 26. Obgleich eine Colonne für den Werth des Bergantheils im Berggegenbuche nicht vorhanden, so ist doch bei käuflichen Ueberlassungen der Preis des betreffenden Bergantheils nachrichtlich in den Eintragungsvermerk mit aufzunehmen.

### Eintragung in der zweiten und dritten Rubrik.

§. 27. Die Eintragungen in der zweiten und dritten Rubrik unterliegen sowohl in materieller als formeller Hinsicht bis auf die im §. 3 bemerkten Eigenthümlichkeiten hinsichtlich der fortlaufenden und Primordial-Nummer und des Schulden-Registers, im übrigen den diesfälligen, allgemeinen Vorschriften.

Wenn jedoch eine und dieselbe Schuld oder Reallast auf mehrere in einem Bande eingeschriebene Bergantheile eingetragen werden soll, so ist der dem Eintragungsbefehl zu inserirende Eintragungsvermerk nur bei einem Antheil vollständig abzufassen (§. 156, Tit. II Hyp.-O.), hinsichtlich der übrigen dagegen nur der verpfändete Antheil, der Name des Schuldners, des Gläubigers und der Betrag der Schuld nebst einer Verweisung auf dasjenige Folium, wo jene vollständige Eintragung vorkommt, darin aufzunehmen.

### Protestationen.

§. 28. Alle Protestationen ohne Unterschied, welche bei Bearbeitung des Berg-Hypothekenwesens zur Sprache kommen, können von der Berg-Hypothekenbehörde, auch ohne vorherige Requisition des Realrichters, verfügt werden.

### Extabulation einer Zeche.

§. 29. In allen Fällen, wo eine ganze Gewerkschaft in Gemäßheit der gesetzlichen Vorschriften, z. B. wegen nicht bezahlter Rezeßgelder, wiederholten Raubbaues durch Verfahrung, ihres Bergwerkseigenthums verlustig wird, erfolgt die Extabulation der Zeche auf den alleinigen Grund der diesfälligen, zu den Hypothekenacten zu befördernden bergamtlichen Verfügung und zwar durch einen in die Augen fallenden Vermerk auf dem Titelblatte.

Dasselbe geschieht auf den Grund einer glaubhaften Notiz des Bergamts über den gänzlichen Abbau. Auf eine gleiche Anregung wird endlich die Caducirung einer ganzen Gewerkschaft auf die ganze Zeche im Berggegenbuche vermerkt (cf. §. 25).

### Umschreibung consolidirter Zechen.

§. 30. Bis zu den über die Consolidationen zu erwartenden näheren gesetzlichen Bestimmungen verbleibt es dabei, daß erst nach vollständig vollzogener Consolidationsurkunde die Umschreibung beim Berggegenbuche in der Art erfolgt, daß die consolidirte Zeche mit den vereinbarten Antheilen der einzelnen Gewerken an derselben, und mit den auf ihr und den einzelnen Antheilen haftenden Lasten und Schulden, auf ein neues Folium eingetragen, und dagegen jede einzelne der Vereinigung beigetretene Zeche gänzlich gelöscht wird.

Form des Gewähr- und Hypothekenscheins.

§. 31. Statt eines Hypothekenscheins über die Berichtigung oder Umschreibung des Besitztitels soll der bisher übliche Gewährschein [113]) auch fernerhin ertheilt werden.

Ueber die Eintragungen in der zweiten und dritten Rubrik sind die gewöhnlichen Hypothekenscheine [114]) zu ertheilen, in welchen jedoch der Berg-antheil, worauf eingetragen worden, durch Angabe des Namens der Zeche und der fortlaufenden Nummer dieses Antheils, desgleichen des Bandes und Folii des Berggegenbuches, wo er eingeschrieben steht, genau zu bezeichnen ist.

Wenn ein Gewerke an mehreren Zechen betheiligt ist, sind alle diese Antheile in Einem Gewährschein oder beziehungsweise Hypothekenschein zusammenzufassen und die etwa darauf haftenden Schulden hinterher zu vermerken, sofern nicht die Interessenten das Gegentheil wünschen (cf. §. 27).

## §. 54.

Der Bergwerkseigenthümer hat die ausschließliche Befugniß, nach den Bestimmungen des gegenwärtigen Gesetzes das in der Verleihungsurkunde benannte Mineral in seinem Felde aufzusuchen und zu gewinnen [115]), sowie alle hierzu erforderlichen Vorrichtungen un-

113) Gewährscheine werden nicht mehr ertheilt, sondern nur Hypothekenscheine pro informatione. Ges. v. 24. Mai 1853 §. 17; Erlaß des Justizministers vom 20. März 1854.

114) Jetzt die Hypothekenbuchs-Auszüge. Ges. v. 24. Mai 1853 §. 19.

115) Der vorläufige Entwurf, welcher dem Bergwerkseigenthume eine Gewerbeberechtigung, das sogenannte Bergbaurecht substituiren wollte, sah sich genöthigt, den Inhalt dieser neugeschaffenen ausschließlichen Gewerbegerechtigkeit zu definiren und führte als solchen in den §§. 56—57 folgende Rechte auf:

1) das Recht zur Ausbeutung des Mineralvorkommens in dem Felde;
2) das Recht zur Aufbereitung der gewonnenen Mineralien und zur Anlage der erforderlichen Anstalten;
3) das Recht zum Mitgebrauche fremder Grubenbaue und Bergwerksmaschinen (welches in das Allgem. Berggesetz keinen Eingang gefunden hat);
4) das Recht zur Anlage von Hülfsbauen im fremden Felde;
5) das Recht zur Benutzung fremden Grundeigenthums.

Dabei war übersehen, daß das Recht zur Aufbereitung der Mineralien ebenso wenig wie das Recht zur Gewinnung eine selbstständige Berechtigung ist, sondern lediglich aus dem Eigenthume an den gewonnenen Mineralien fließt, daß das Recht zur Aufbereitung der letztern und zur Anlage der erforderlichen Aufbereitungsanstalten durchaus nicht auf das verliehene Feld beschränkt ist, daß ebenso wenig der Bergwerksbesitzer die Anlage gleicher Aufbereitungsanstalten (z. B. von

ter und über Tage zu treffen[116]).

---

Kohlenwäschen) untersagen kann, die von Andern zur Aufbereitung ihrer Kohlen in seinem Felde errichtet werden. Es war ferner übersehen, daß die unter Nr. 3—5 aufgeführten Rechte nicht in dem Bergwerkseigenthume als solchem enthalten sind, sondern dem Bergwerkseigenthümer nur durch besondere Entscheidung der Behörden in soweit beigelegt werden, als die Ausübung dieser Legalservituten zur Betreibung seines Bergwerkes nothwendig erforderlich ist. So sachgemäß es ist, daß die Vorschriften über diese Legalservituten in dem vom Bergwerkseigenthume im Allgemeinen handelnden Abschnitte ihren Platz gefunden haben; ebenso irrig war es in diesen zufälligen Beschränkungen fremden Eigenthumes den wesentlichen Inhalt des Bergwerkseigenthumes zu suchen. Es zeigte sich so auch in den Consequenzen die Unhaltbarkeit der in dem vorläufigen Entwurfe angenommenen Definition des Bergbaurechtes und das Allgem. Berggesetz ist mit gutem Grunde im §. 54 wieder dahin zurückgekehrt, als Gegenstand dieses Rechtes die verliehenen Mineralien zu bezeichnen. Es läßt bei dieser Begriffsbestimmung die oben Anm. 2 und 92 berührte Controverse unentschieden, ob diese Mineralien als selbstständige Sachen und das Bergwerkseigenthum als ein Sacheigenthum an den Mineralien zu bezeichnen ist, oder ob die Mineralien integrirende Theile des Grund und Bodens und das Bergwerkseigenthum deshalb nur als eine Gerechtigkeit zur Gewinnung dieser Mineralien zu bezeichnen sei. Allein §. 58 läßt keinen Zweifel darüber bestehen, daß in jedem Falle der Gegenstand des Bergwerkseigenthums ein körperlicher ist: das in der Verleihungsurkunde benannte Mineral in seinem Felde. Man mag diesem Gegenstande die Eigenschaft selbstständiger Sachen versagen und das Bergwerkseigenthum zu den Gerechtigkeiten zählen, indem man annimmt, daß sein Object, die Lagerstätte, wegen ihres Zusammenhanges mit dem Grund und Boden nicht einer selbstständigen, sondern nur einer relativen Begrenzung fähig ist. In jedem Falle ist aber sein Inhalt von dem einer Gewerbeberechtigung weit verschieden. In jedem Falle bildet seinen Gegenstand nicht der Bergbau, sondern das Bergwerk.

Auch wenn das Bergwerkseigenthum als eine Gerechtigkeit betrachtet wird, steht dasselbe doch unter allen Gerechtigkeiten, selbst unter denen mit körperlichem Objecte, dem Sacheigenthume bei weitem am nächsten; denn der Gegenstand der rechtlichen Herrschaft des Bergwerkseigenthümers hat nicht, wie z. B. bei der Jagdgerechtigkeit, einen ganz unbestimmten täglich wechselnden Inhalt, sondern er besteht in den innerhalb des Feldes unveränderlich abgelagerten Mineralien, denen man das zum Begriffe der Sache erforderliche Merkmal der äußeren Unabhängigkeit versagen, keinesfalls aber die innere Selbstständigkeit absprechen kann.

Ist man dagegen berechtigt, wie in den Anm. 2 und 92 zu zeigen versucht ist, die Mineralien als körperliche Sachen und das Bergwerkseigenthum als ein Sacheigenthum an denselben zu behandeln, so gibt §. 54 den Inhalt dieses Eigenthumes in der schärfsten Weise dadurch wieder, daß er die einzig mögliche Ausübung desselben, nämlich die Gewinnung der Mineralien bezeichnet. Mit der Gewinnung der Mineralien wandelt sich das Bergwerkseigenthum in ein gewöhnliches Mobiliareigenthum an den losgelösten Erzen um und mit der vollständigen Gewinnung des verliehenen Minerals ist auch das Bergwerkseigenthum als solches consumirt.

116) Die Errichtung von Anlagen über Tage setzt, wenn der Bergwerks-

Diese Befugniß erstreckt sich auch auf die innerhalb des Feldes befindlichen Halden eines früheren Bergbaues[117]).

§. 55.

Auf Mineralien, welche mit dem in der Verleihungsurkunde benannten Mineral innerhalb der Grenzen des Feldes in einem solchen Zusammenhange vorkommen, daß dieselben nach der Entscheidung des Oberbergamts aus bergtechnischen oder bergpolizeilichen Gründen gemeinschaftlich gewonnen werden müssen, hat der Bergwerkseigenthümer in seinem Felde vor jedem Dritten ein Vorrecht zum Muthen[118]).

---

eigenthümer nicht zugleich Grundeigenthümer ist, die vorherige Grundabtretung nach den Vorschriften des fünften Titels (§§. 135 ff.) voraus. Zu Anlagen unter Tage ist dagegen der Bergwerkseigenthümer innerhalb seines Feldes ohne weiteres ermächtigt, auch wenn er dabei über Bestandtheile des Grund und Bodens disponirt, die nicht in seinem Bergwerkseigenthume begriffen sind. Er bedarf, um die Grenzen der verliehenen Lagerstätten mit unterirdischen Anlagen zu überschreiten, keiner vorherigen Ermächtigung des Grundeigenthümers oder der Behörde. Er ist nur verpflichtet, in Bezug auf die gewonnenen unverliehenen Mineralien und in Bezug auf die etwa dem Grundeigenthümer entzogenen Nutzungen die in den §§. 57 und 158 ff. bezeichneten Forderungen des Grundbesitzers zu erfüllen.

117) Die Bestimmung bezieht sich auf Halden, die von einem vor der Verleihung des Bergwerks betriebenen Bergbau herrühren und enthält eine positive Erweiterung des Bergwerkseigenthumes, welches sich seinem Begriffe nach nur auf die Mineralien erstreckt, welche auf ihrer natürlichen Lagerstätte anstehen (§. 15). Wegen der von den Knappschaftskassen nach der früheren Provinzialgesetzgebung an den alten Halden erworbenen Rechte vergl. Anm. 4 (S. 82).

118) „Aus bergtechnischen und bergpolizeilichen Gründen läßt sich das Gewinnungsrecht des Bergwerkseigenthümers nicht unbedingt auf das in der Verleihungsurkunde benannte Mineral beschränken. Mit Rücksicht auf das häufige Zusammenvorkommen der Mineralien stellt sich vielmehr die Nothwendigkeit heraus, unter gewissen Voraussetzungen das Recht des Bergwerkseigenthümers auch auf andere, in der Verleihungsurkunde nicht benannte Mineralien auszudehnen. Indem nämlich der eigentliche Zweck eines jeden rationellen Bergbauunternehmens auf die Ausbeutung eines oder auch wohl einiger bestimmter, in der Verleihungsurkunde benannter Mineralien gerichtet ist, bedarf der Bergwerkseigenthümer zur vollständigen Erreichung dieses Zweckes Schutz gegen Unternehmungen Dritter auf solche Mineralien, welche mit dem von ihm benutzten Mineral in einem derartigen Zusammenhange vorkommen, daß aus bergtechnischen und bergpolizeilichen Gründen nothwendigerweise eine gemeinschaftliche Gewinnung erfolgen muß. Wo diese Voraussetzungen vorhanden sind, legt deshalb der §. 55 dem Bergwerkseigenthümer ein Vorrecht zum Muthen bei, welches indeß dritten Muthern gegenüber binnen einer vierwöchentlichen Präclusivfrist ausgeübt werden muß. Auf diese Weise wird, ohne dem Bergwerkseigenthümer ein über den Zweck hinausgehendes Privilegium einzuräumen, doch der bestehende Bergbau in erster Linie berücksichtigt und die ungestörte, vollständige Ausübung des durch die Verleihungsurkunde gewährten Rechts ermöglicht.

Legt ein Dritter auf solche Mineralien Muthung ein, so wird dieselbe dem Bergwerkseigenthümer mitgetheilt. Letzterer muß alsdann binnen vier Wochen nach Ablauf des Tages dieser Mittheilung Muthung einlegen, widrigenfalls sein Vorrecht erlischt[119]).

---

Ob im concreten Falle die Mineralien in einem solchen Zusammenhange vorkommen, daß dieselben aus bergtechnischen oder bergpolizeilichen Gründen gemeinschaftlich gewonnen werden müssen, kann im Zweifelsfalle nur durch die Entscheidung der Bergbehörde festgestellt werden, welche allein zur Beurtheilung der maßgebenden Verhältnisse competent ist.

Im Gesetze selbst läßt sich hierüber eine für alle Fälle zutreffende Regel nicht aufstellen, und namentlich kann die Abgrenzung des Rechtes des Bergwerkseigenthümers nicht generell davon abhängig gemacht werden, ob die verschiedenen Mineralien auf der nämlichen Lagerstätte vorkommen oder nicht, zumal der Begriff der Lagerstätte ein sehr schwankender ist und in der Praxis zu bedenklichen Meinungsverschiedenheiten Anlaß gibt." (Motive S. 58.)

In dieser Ausführung der Motive ist ebenso wie in dem Texte des Gesetzes kein Zweifel darüber gelassen, daß das Vorzugsrecht zur Muthung nur in sofern stattfindet, als nach der Entscheidung des Oberbergamtes der im §. 55 vorausgesetzte Zusammenhang des Mineralvorkommens stattfindet. Nur auf Grund einer solchen Entscheidung würde eine Klage wegen der Ausübung dieses Vorzugsrechtes gegen einen dritten Muther angestellt werden können. Hat das Oberbergamt entschieden, daß kein solcher Zusammenhang stattfindet, so steht dem Bergwerksbesitzer gegen diese Entscheidung der Rechtsweg nicht zu, weil für die Entscheidung nach §. 55 bergtechnische und bergpolizeiliche Gründe maßgebend sind. Es ist deshalb nicht ganz klar, auf welche Fälle sich die im §. 36 vorgesehene Präclusion des Klagerechtes aus §. 55 beziehen soll. Hat das Oberbergamt das fragliche Mineralvorkommen bereits an einen dritten Muther verliehen, wie §. 36 voraussetzt, so hat es damit stillschweigend anerkannt, daß keine bergtechnischen und bergpolizeilichen Gründe der im §. 55 gedachten Art vorliegen. Der Bergwerkseigenthümer, in dessen Felde ein solches neues Mineralvorkommen anderweit verliehen ist, befindet sich gar nicht in der Lage auf Anerkennung seines Vorzugsrechtes gerichtlich klagen zu können, da dasselbe zunächst durch die Entscheidung des Oberbergamtes anerkannt werden muß. Er würde sich daher nur an das Oberbergamt wenden können mit dem Antrage, sein Vorrecht zum Muthen gemäß §. 55 anzuerkennen. Das Oberbergamt aber ist wieder nicht mehr in der Lage, diesem Antrage deferiren zu können, da es die einmal ertheilte Verleihung nur auf Grund einer richterlichen Entscheidung wieder aufheben kann (§. 35). Hiernach hätte es der im §. 36 ausgesprochenen Präclusion in Bezug auf das nach §. 55 dem Bergwerkseigenthümer zustehende Vorrecht zur Muthung auf Mineralien, die bereits anderweit verliehen sind, überhaupt nicht bedurft.

119) Das Vorrecht des Bergwerkseigenthümers zur Muthung erstreckt sich nach §. 55 auf die „innerhalb der Grenzen seines Feldes" in dem erwähnten Zusammenhange vorkommenden Mineralien. Die auf Grund dieses Vorrechtes eingelegte Muthung hat daher nothwendig das bereits verliehene Feld zum Gegenstande. Das Vorrecht kann nicht über diese Feldesgrenzen hinaus ausgedehnt werden. Andererseits kann die Muthung aus §. 55 auf den ganzen Umfang des verliehenen Feldes ausgedehnt werden, auch wenn derselbe das im §. 27 bestimmte Feldesmaximum übersteigt. Dies ist u. a. angenommen durch den Recursbescheid

Auf andere Mineralien, welche nicht in dem vorbezeichneten Zu-

vom 27. Oct. 1865 in Sachen der Schwefelkiesmuthung Rudolf im Oberbergamtsbezirk Dortmund.

Diese Entscheidung entspricht auch der in dem bisherigen rechtsrheinischen Bergrechte herrschenden Praxis. So ist z. B. durch den Erlaß vom 20. März 1860 an das Oberbergamt zu Breslau in Sachen der Muthung Am Einsiedel angenommen, daß der Eigenthümer eines gevierten Steinkohlenfeldes, welcher in seinem Felde einen Kupfererzgang findet, auf Grund dieses Fundes nicht ein gestrecktes Feld von 12 Maaßen, wie solches nach der damaligen Gesetzgebung auf Gängen verliehen wurde, sondern das Recht der Kupfererzgewinnung für den ganzen Umfang seines gevierten Feldes von 1200 Maaßen muthen könne. Ebenso bestimmt der Erlaß vom 15. Februar 1860 an das Oberbergamt zu Dortmund, daß die Gewerkschaft eines consolidirten Bergwerkes auf Grund eines in ihrem Felde gemachten Fundes die Berechtigung zur Gewinnung eines ihr früher nicht verliehenen Minerales für den ganzen Umfang ihres consolidirten Feldes muthen könne und motivirt diese Entscheidung wie folgt:

„Die Bestimmungen des Allg. L.R. §§. 156, 157 und des Gesetzes v. 1. Juli 1821 über die Feldesgröße finden nur auf die erste Verleihung des Bergwerks Anwendung. Ist ein Bergwerk einmal verliehen, so leidet es keinen Zweifel, daß das verliehene Bergwerkseigenthum ohne Rücksicht auf die Feldesgröße auf jedes andere später entdeckte Mineral ausgedehnt werden kann, welches auf derselben Lagerstätte oder innerhalb desselben Geviertfeldes vorkommt. Das Gesetz betrachtet es keineswegs als die Regel, daß innerhalb desselben Raumes verschiedene einander deckende Berechtsame auf verschiedene Mineralien bestehen. Es setzt vielmehr durchweg nur eine räumliche Begrenzung des Bergeigenthums und die Ausschließlichkeit des durch die Verleihung begründeten Eigenthums innerhalb des gewährten Feldes als Regel voraus.

Wenn also nicht bereits in Folge des Zusammentreffens mehrerer auf verschiedene Berechtsame gerichteter Muthungen zweierlei Bergwerkseigenthum in einem Raume begründet ist, muß die Entdeckung einer bisher noch nicht verliehenen Eisenerzlagerstätte in dem verliehenen Steinkohlenfelde den Zuwachs dieses neuen Fundes zu dem bereits verliehenen Bergwerke zur Folge haben, weil jede Verleihung virtuell alle dem Regal unterworfenen Mineralien umfaßt und nur actuell auf die wirklich gefundenen beschränkt ist. Es bedarf deshalb für die Ausdehnung der Berechtigung nur des Nachweises des gemachten Fundes und dieser Nachweis hat sich, da das Feld des Bergwerks bereits feststeht, nur auf das Vorkommen in diesem Felde zu beschränken, einerlei, ob es zulässig sein würde, dasselbe Feld auf Grund des neuen Fundes zu verleihen oder nicht.

Auch bei consolidirten Bergwerken genügt daher der Nachweis des neuen Fundes an einem Punkte des consolidirten Feldes, um in dem ganzen Bereiche des letztern das Recht der Gewinnung des neugefundenen Minerals zu erwerben, weil das consolidirte Feld ein ungetheiltes Ganzes bildet und nicht aus rechtlich ungleichartigen Theilen bestehen kann. Die Ansicht, daß der Besitzer des consolidirten Bergwerks die neugefundenen Eisenerze in jeder Hälfte des consolidirten Feldes besonders zu muthen und nach erfolgter Verleihung unter sich und mit dem Steinkohlenfelde zu consolidiren habe, widerspricht sowohl dem Geiste des Gesetzes, als auch der Natur der Sache, wonach eine und dieselbe Person nicht ein zwiefaches Bergwerkseigenthum in denselben Raumgrenzen haben kann."

sammenhange vorkommen, hat der Bergwerkseigenthümer kein Vorrecht[120]).

## §. 56.

Steht das Recht zur Gewinnung verschiedener Mineralien innerhalb derselben Feldesgrenzen verschiedenen Bergwerkseigenthümern zu, so hat jeder Theil das Recht, bei einer planmäßigen Gewinnung seines Minerals auch dasjenige des anderen Theils insoweit mit zu gewinnen, als diese Mineralien nach der Entscheidung des Oberbergamts aus den im §. 55 angegebenen Gründen nicht getrennt gewonnen werden können[121]).

---

120) Das Vorrecht zum Muthen erstreckt sich jedoch, wenn es ausgeübt wird, auf alle Mineralien der bezeichneten Gattung, welche in dem verliehenen Felde vorkommen. Wenn also das neuentdeckte Mineral (z. B. Eisen) in verschiedenen Ablagerungen vorkommt, von denen einige mit dem früher verliehenen Minerale (z. B. Kohle) in einem solchen Zusammenhange stehen, daß sie nicht für sich allein gewonnen werden können, während auf andern daneben, darüber oder darunter befindlichen Ablagerungen ein selbständiger Bau füglich unternommen werden kann, so liegt gleichwohl der Fall des §. 55 vor und das Vorrecht des beliehenen Steinkohlenbergwerksbesitzers erstreckt sich auf alle in seinem Felde vorkommenden Eisenerze.

121) Die Voraussetzung des §. 66 ist, daß von dem im §. 55 bestimmten Vorrechte zum Muthen kein Gebrauch gemacht worden ist, entweder weil das Oberbergamt die Aufforderung nicht erlassen hat, oder weil der ältere Bergwerkseigenthümer von seinem Vorrechte keinen Gebrauch gemacht hat, oder endlich weil beide Verleihungen vor dem Allgem. Berggesetze ertheilt worden sind. Hier gibt die Entscheidung des Oberbergamtes dem einen Bergwerkseigenthümer das Recht, die dem andern Beliehenen gehörigen Mineralien mit abzubauen. Es fragt sich, welchem von beiden Bergwerkseigenthümern dieses Recht zusteht, wenn beide dasselbe in Anspruch nehmen.

Nach §. 56 steht das bezeichnete Recht jedem Eigenthümer bei der planmäßigen Gewinnung seines Minerales zu. Es entscheidet daher der gemäß §. 67 eingereichte Betriebsplan und derjenige Bergwerksbesitzer ist zur Gewinnung der zusammenbrechenden Mineralien befugt, welcher zuerst den Betriebsplan für den Abbau der betreffenden Lagerstätten einreicht. Reichen beide Theile gleichzeitig den Betriebsplan ein und nehmen beide den Abbau der fraglichen gemischten Lagerstätten in Anspruch, so müssen sich beide über eine gemeinschaftliche Gewinnung vereinigen und, bis dies geschehen ist, bleibt der Abbau jedem Theile untersagt.

Ergibt sich bei der Prüfung des von dem einen Bergwerksbesitzer eingereichten Betriebsplanes (§. 67), daß bei der planmäßigen Mineralgewinnung auch die dem andern Bergwerksbesitzer gehörigen Mineralien mitgewonnen werden müssen, weil sie aus den in den §§. 55, 56 angegebenen Gründen nicht getrennt gewonnen werden können, so hat das Oberbergamt dieses bei der Prüfung des Betriebsplanes auszusprechen und beiden Theilen zu eröffnen. Es fragt sich, ob in diesem Falle der betreibende Bergwerksbesitzer verpflichtet ist, die Mineralien des andern Theiles auf dessen Verlangen mitzugewinnen und gegen Erstattung der Gewinnungs- und Förderungskosten herauszugeben, oder ob er die Mitgewinnung

Die mitgewonnenen, dem anderen Theile zustehenden Mineralien müssen jedoch dem letzteren auf sein Verlangen gegen Erstattung der Gewinnungs- und Förderungskosten herausgegeben werden [122]).

---

ablehnen und sich auf den Abbau seines Minerales beschränken kann, obgleich dadurch die spätere getrennte Gewinnung des andern Minerales unmöglich gemacht werden würde. Der richtigen Meinung nach ist in diesem Falle der nicht betreibende Bergwerksbesitzer berechtigt zu verlangen, daß entweder seine Erze gegen Erstattung der Kosten mitgewonnen werden, oder daß ihm die Gewinnung beider Mineralien überlassen werde.

Auch das Oberbergamt ist befugt, den einseitigen Abbau des einen Minerales gemäß §. 68 und §. 196 polizeilich zu untersagen, sofern dadurch die Sicherheit der Baue des andern in demselben Felde verliehenen Bergwerks gefährdet wird. Der betreibende Bergwerksbesitzer ist dann in der Lage, dieses polizeiliche Verbot dadurch zu beseitigen, daß er sich gemäß §. 56 zur Mitgewinnung des andern Minerals erbietet.

122) Die rechtlichen Beziehungen zwischen den Besitzern zweier Bergwerke, die in demselben Felde auf verschiedene Mineralien verliehen sind, werden durch die Vorschriften des §. 56 keineswegs erschöpft. So wird z. B. der betreibende Bergwerkseigenthümer unter Umständen in der Lage sein, auch das andere Mineral mitzugewinnen, ohne daß von einer gemeinschaftlichen Gewinnung im Sinne des §. 55 die Rede wäre, so z. B. wenn er mit seinen Schächten die Flötze des andern Bergwerksbesitzers durchsinkt. Auch in diesem Falle wird das letzte Alinea des §. 56 analoge Anwendung finden müssen.

Schwieriger sind die Fragen, welche entstehen, wenn durch sicherheitspolizeiliche Anordnungen der Betrieb des einen Bergwerks im Interesse des gegenwärtigen oder künftigen Betriebes des andern Bergwerks eingeschränkt wird. Und diese Schwierigkeiten steigern sich, wenn die auf verschiedenen Mineralien verliehenen Bergwerke mit ihren Feldesgrenzen nicht zusammenfallen, sondern sich durchschneiden, wenn z. B. in der nachstehenden Figur die von Linien umgrenzten

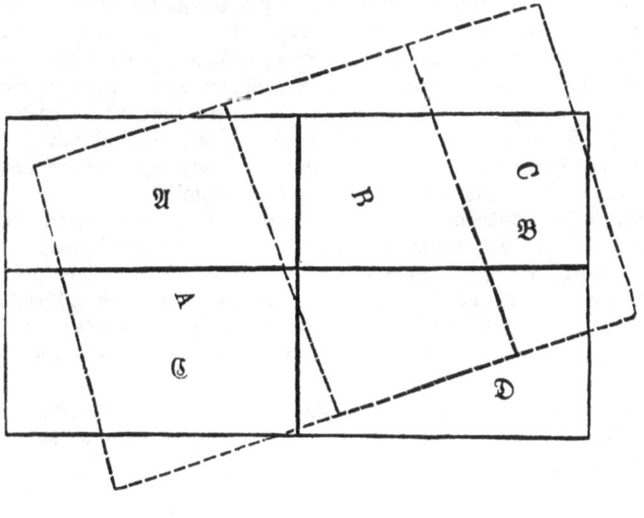

§. 57.

Der Bergwerkseigenthümer ist befugt, die durch den Betrieb

---

Steinkohlenfelder A. B. C D. von anders umgrenzten Eisensteinfeldern, den punctirten Feldern A. B. C. durchschnitten werden, wie dies in manchen Gegenden des Oberbergamtsbezirks Dortmund häufig der Fall ist. Die Regeln, welche in solchen Collisionsfällen entscheiden, sind einerseits die polizeiliche Einschränkung, welcher der Bergbau nach §. 196 in Rücksicht auf die Sicherheit der eigenen und der fremden Baue unterliegt, andrerseits die Priorität des Betriebes. Daher muß sich der zuerst betreibende Bergwerksbesitzer allen den Einschränkungen unterwerfen, welche zum Schutze des künftigen Bergbaues auf das ihm nicht gehörige Mineral nothwendig werden, wogegen der später Bauende den Beschränkungen unterliegt, welche der vorhandene alte Bau seinen Gewinnungsarbeiten auferlegt. Wollen beide gleichzeitig bauen, so kann die Bergbehörde die Aufstellung eines gemeinschaftlichen Betriebsplanes und unter Umständen auch einen gemeinschaftlichen Betrieb der für die Sicherheitspolizei wichtigsten Anlagen: der Wasserhaltung und der Wetterführung, verlangen.

Die Priorität der Verleihung ist für die Enscheidung der angeführten Collisionsfälle von keiner Bedeutung, da sich Eigenthumsrechte von ganz gleichem Werthe und Inhalte gegenüberstehen, unter denen eine Rangordnung nach dem Datum der Erwerbung nicht besteht. Die Regeln vom Alter im Felde, welche auch nach der früheren rechtsrheinischen Gesetzgebung auf den hier besprochenen Fall der Ueberdeckung von Geviertfeldern nicht Anwendung finden konnten, da sie ausschließlich das Zusammentreffen von Längenfeldern zum Gegenstande haben, sind in das Allgem. Berggesetz überhaupt nicht übergegangen. Auch die Bergbehörde hat daher bei ihren sicherheitspolizeilichen Anordnungen auf das Alter der verschiedenen Verleihungen nicht Rücksicht zu nehmen. Für sie ist einzig maßgebend die Regel, daß der zuerst Betreibende nicht weiter polizeilich beschränkt werden darf, als nothwendig ist, um den künftigen Abbau des andern Minerales möglich zu erhalten. Ergibt sich dabei die Nothwendigkeit, daß Flötztheile des einen Minerals — sogenannte Sicherheitspfeiler — zum Schutze des Baues auf das andere Mineral stehen bleiben müssen oder daß sonst die gegenwärtige Mineralgewinnung um der künftigen willen oder aber der künftige Bergbau durch den gegenwärtigen beschränkt werden muß, so entscheidet für die Anordnungen der Bergpolizeibehörde der größere volkswirthschaftliche Werth der einen oder der andern Gewinnung. Sie wird ihre Anordnungen so treffen, daß die Beschränkungen, die der gegenwärtige Bergbau erleidet, in jedem Falle aufgewogen werden durch die Vortheile, die der Schutz des künftigen Bergbaues verheißt.

Wo solche Ueberdeckungen der für verschiedene Mineralgewinnungen verliehenen Bergwerke häufiger vorkommen, wird die Bergbehörde durch generelle Anordnungen das gegenseitige Verhältniß derselben polizeilich regeln. Dies ist für den hier besprochenen Fall einer gegenseitigen Ueberdeckung von gevierten Steinkohlen- und Eisensteinfeldern dadurch geschehen, daß die Sicherheitspfeiler an den Markscheiden des Steinkohlenfeldes zugleich als die regelmäßigen Baugrenzen für den Eisenerzbergbau angeordnet worden sind.

Die Verordnung des Finanzministeriums vom 24. Februar 1839 (Achenbach, Bergpolizeivorschriften S. 82) bestimmt nämlich zur Verhütung von Wasserdurchbrüchen beim Tiefbau, daß:

des Bergwerks gewonnenen, nicht unter den §. 1 gehörigen Mineralien

„wo und wenn die Markscheide zweier Steinkohlengruben die Flötze unterhalb der tiefsten Stollensohle durchschneidet, an dieser Markscheide unterhalb der tiefsten Stollensohle ein Sicherheitspfeiler von einer durch das Bergamt nach genauer Erwägung der Localverhältnisse sachkundig zu bestimmenden Stärke auf beiden mit einander grenzenden Gruben, gleichweit von der Markscheide entfernt, stehen und unangetastet bleiben soll.“

Bei der Anwendung dieser Polizeivorschrift auf den oben angeführten Fall, wo in demselben Felde Steinkohlengruben und Eisengruben mit verschiedenen Markscheiden verliehen sind, ergibt sich nicht bloß aus dem Wortlaute, sondern auch aus dem sicherheitspolizeilichen Zwecke der angeführten Verordnung das Resultat, daß die Markscheiden der Steinkohlengruben und die an denselben stehen bleibenden Sicherheitspfeiler zugleich die Baugrenzen für die überdeckten Eisensteinfelder abgeben. Da nämlich die Verordnung vom 24. Februar 1839 die Erhaltung von Sicherheitspfeilern an den Markscheiden der Steinkohlengruben vorschreibt und als allgemeine sicherheitspolizeiliche Vorschrift nicht bloß die Kohlengrubenbesitzer, sondern auch die Betreiber der Eisenerzbergwerke verpflichtet, so müssen letztere die Markscheiden der Steinkohlengruben auch als die Grenzen ihres eigenen Bergbaues festhalten und in dem oben bildlich dargestellten Falle ihr Feld in getrennten Stücken abbauen. Eine Durchfahrung des Sicherheitspfeilers ist dabei nur mit ausdrücklicher Erlaubniß des Oberbergamtes zuläßig und diese wird nur unter der Bedingung gewährt, daß nach vollendetem Abbau der durchfahrene Sicherheitspfeiler durch Mauerung ersetzt und so der wasserdichte Abschluß wieder hergestellt wird.

Wollte man auch von dem Wortlaute der bestehenden Verordnung vom 24. Februar 1839 absehen und eine neue Lösung der gestellten Aufgabe, nämlich des sicherheitspolizeilichen Schutzes beim Abbau einander überdeckender Felder suchen, so würde diese immer nur so gefunden werden können, daß die bei der Verleihung des einen Minerals gezogenen Feldesgrenzen durchgehends auch für den Bau des andern Minerals maßgebend bleiben müssen. Denn nur auf diesem Wege kann der Zweck der Verordnung, die Bildung eines zusammenhängenden Netzes von Sicherheitspfeilern und der wasserdichte Abschluß jedes einzelnen Tiefbaues überhaupt erreicht werden.

Wollte man nämlich das Alter der Verleihung oder die Priorität des Grubenbaues für maßgebend erklären, so würde es an einem zusammenhängenden Netze von Sicherheitspfeilern ganz fehlen und die Bestimmung der Baugrenzen ganz dem Zufalle anheim gegeben sein. Würde z. B. ein Steinkohlenfeld von zwei ältern und zwei jüngeren Eisenerzfeldern überdeckt, so würde in der einen Hälfte des Grubenfeldes die Begrenzung der Eisenerzfelder, in der andern die eigene Markscheide als Baugrenze festgehalten werden müssen und die Möglichkeit eines zusammenhängenden Baues würde ganz ausgeschlossen sein. Ebenso in dem andern Falle, wenn von den vier überdeckenden Eisenerzfeldern zwei vor und zwei nach dem Steinkohlenfelde in Betrieb gesetzt werden.

Eine befriedigende Lösung solcher Conflicte ist übrigens nur dadurch zu erreichen, daß die Besitzer solcher einander durchkreuzender Felder sich innerhalb größerer, eine Anzahl von Feldern umschließender Grenzen zu einer gemeinschaftlichen Wasserhaltung vereinigen. Es ist mehrfach angeregt worden, eine Zwangspflicht

zu Zwecken seines Betriebes ohne Entschädigung des Grundeigenthümers zu verwenden.

Soweit diese Verwendung nicht erfolgt, ist der Bergwerkseigenthümer verpflichtet, die bezeichneten Mineralien dem Grundeigenthümer auf sein Verlangen gegen Erstattung der Gewinnungs- und Förderungskosten herauszugeben[123]).

§. 58.

Dem Bergwerkseigenthümer steht die Befugniß zu, die zur Aufbereitung seiner Bergwerkserzeugnisse erforderlichen Anstalten zu errichten und zu betreiben[124]).

§. 59.

Die zum Betriebe auf Bergwerken und Aufbereitungsanstalten (§. 58) dienenden Dampfkessel und Triebwerke unterliegen den Vorschriften der Gewerbegesetze.

Sofern zur Errichtung oder Veränderung solcher Anlagen[125])

---

zu einer solchen Vereinigung durch das Gesetz auszusprechen. Dieser Vorschlag hat indeß in dem Allg. Berggesetze keine Berücksichtigung gefunden.

123) „Um sein Ausbeutungsrecht ausüben zu können, muß der Bergwerkseigenthümer bei seinem Betriebe auch solche Mineralien mitgewinnen und zu den Betriebszwecken verwenden, welche nicht unter das Berggesetz gehören. Es ist dies ein nothwendiges Mittel zum Zwecke des Bergbauunternehmens. Das Bergrecht hat deshalb auch stets die Befugniß des Bergwerkseigenthümers hierzu anerkannt, ohne derselben einen Entschädigungsanspruch des Grundeigenthümers gegenüber zu stellen.

Streitig war aber beim Mangel gesetzlicher Vorschriften die Grenze dieser Befugniß. Der §. 57 stellt deshalb diese Grenze, der Natur der Sache und dem Zwecke gemäß, dahin fest, daß der Bergwerkseigenthümer vermöge des Rechts aus der Verleihung sich ohne Entschädigung des Grundeigenthümers diejenigen nicht unter den §. 1 gehörigen Mineralien aneignen darf, welche durch den Betrieb des Bergwerks gewonnen und zu Zwecken des Betriebes verwandt werden." (Motive, S. 58.)

In der Commission des Hauses der Abgeordneten wurde die Fassung dieses Paragraphen bemängelt, weil sie es zweifelhaft lassen könne, ob diese Befugniß des Bergwerkseigenthümers sich auch auf unentgeltliche Gewinnung von Versatzmaterialien erstrecke. Ein Amendement wurde nicht für nöthig erachtet, weil die Commission annahm, daß durch den Wortlaut des Entwurfes an dem herkömmlichen Rechte des Bergwerkseigenthümers, bei den bergbaulichen Arbeiten unter Tage Versatzmaterialien ohne Entschädigung für den Grundeigenthümer zu gewinnen, nichts geändert werden solle. Die Vertreter der Staatsregierung bestätigten diese Annahme. (Commiss.-Bericht S. 34.)

124) Zur Errichtung solcher Anlagen ist eine besondere Genehmigung nur in denjenigen Fällen erforderlich, in welchen die Gewerbegesetze (§. 59) eine besondere polizeiliche Genehmigung verlangen.

125) Unter diesen Anlagen sind nicht bloß die im §. 59 genannten Dampf-

nach den Vorschriften der Gewerbegesetze eine besondere polizeiliche Genehmigung erforderlich ist tritt jedoch an die Stelle der Ortspolizeibehörde der Revierbeamte und an die Stelle der Regierung das Oberbergamt.

Ueber die Zulässigkeit der Wassertriebwerke entscheiden das

kessel und Triebwerke zu verstehen sondern auch die im §. 58 benannten Aufbereitungsanstalten. Das Allg. Berggesetz hält in Betreff dieser Anstalten die in dem Gesetze vom 10. Juni 1861 (G.S. S. 425) §. 6 und §. 12 getroffene Unterscheidung aufrecht. Die Aufbereitungsanstalten werden als Zubehör der Bergwerke, folglich als der Berggesetzgebung und der Bergverwaltung unterworfen betrachtet, sofern sie zur Aufbereitung der eigenen Bergwerkserzeugnisse von dem Bergwerkseigenthümer errichtet werden. Die übrigen Aufbereitungsanstalten fallen ebenso wie sämmtliche Hüttenwerke in das Ressort der Gewerbepolizei. Dagegen finden die materiellen Vorschriften der Gewerbegesetze über die polizeiliche Genehmigung, die zu gewissen Anlagen erfordert wird, auf alle Aufbereitungsanstalten Anwendung, gleichviel ob sie zum Ressort der Regierungen oder der Bergbehörde gehören, nur daß im letzteren Falle nach §. 59 das Oberbergamt und der Revierbeamte bei dem Concessionsverfahren an Stelle der Regierung und der Ortspolizei treten. Dies ist in dem Ministerialerlasse vom 19. August 1861 welcher mit Ausnahme der citirten Gesetzesstellen noch unveränderte Geltung hat, wie folgt ausgesprochen

„Im Allgemeinen gehören Aufbereitungsanstalten, so wie Hüttenwerke, nach §. 12 des Gesetzes vom 10. Juni d. J. zum Ressort der Regierungen und unterliegen den Bestimmungen der Gewerbegesetze.

Von dieser allgemeinen Regel macht der §. 6 des Gesetzes hinsichtlich derjenigen Anstalten eine Ausnahme welche von Bergwerkseigenthümern zum Zwecke der Aufbereitung ihrer Erz- und Kohlengewinnung errichtet sind, indem er bestimmt, daß sie nicht, wie es nach §. 12 eigentlich der Fall sein müßte auch dem Regierungsressort angehören sondern unter der Aufsicht der Bergbehörde stehen sollen.

Diese Ausnahmebestimmung bezieht sich indeß allein auf das im §. 12 ausgesprochene Ressortverhältniß; hinsichtlich der weiteren Vorschrift des §. 12, daß Aufbereitungsanstalten überhaupt den Bestimmungen der Gewerbegesetze unterliegen sollen behält es dagegen auch bei den im §. 6 bezeichneten Anstalten sein Bewenden, wie der §. 7 des Gesetzes dadurch unzweifelhaft zu erkennen gibt, daß er die Gewerbegesetze, dem §. 12 entsprechend, auch für die ausnahmsweise dem Bergwerksressort überwiesenen Anstalten anwendbar erklärt und die Organe der Bergwerksverwaltung bezeichnet, welche dabei an die Stelle der in den Gewerbegesetzen bestimmten Behörden treten sollen.

Hiernach kommen, da durch §. 14 des Gesetzes vom 10. Juni d. J. alle zuwiderlaufenden gesetzlichen Vorschriften ausdrücklich aufgehoben sind, bei den Aufbereitungsanstalten und zwar sowohl bei den, dem Regierungsressort angehörigen, als bei den ausnahmsweise der Aufsicht der Bergbehörde überwiesenen, nur allein noch die Bestimmungen der Gewerbegesetze zur Anwendung. Wo diese eine polizeiliche Genehmigung zur Errichtung oder Veränderung erfordern, ist dieselbe von den competenten Behörden zu ertheilen; wo dies nicht der Fall ist, bedarf es einer solchen auch nicht.“

Oberbergamt und die Regierung durch einen gemeinschaftlichen Beschluß.

Gesetz vom 1. Juli 1861, betreffend die Errichtung gewerblicher Anlagen.

Wir Wilhelm, von Gottes Gnaden, König von Preußen rc. verordnen, mit Zustimmung beider Häuser des Landtages, für den ganzen Umfang der Monarchie, mit Ausschluß der Hohenzollernschen Lande, was folgt:

§. 1. Zu den gewerblichen Anlagen, welche einer besonderen polizeilichen Genehmigung bedürfen (§. 26 zu 1. der Allgemeinen Gewerbeordnung vom 17. Januar 1845), sollen für jetzt gerechnet werden.

I. Schießpulverfabriken, Anlagen zur Feuerwerkerei und zur Bereitung von Zündstoffen aller Art, Gasbereitungs- und Gasbewahrungsanstalten, Anlagen zur Bereitung von Braunkohlentheer, Steinkohlentheer und Koks, sofern sie außerhalb der Gewinnungsorte des Materials errichtet werden, Porzellan-, Fayence- und Thongeschirr-Manufacturen, Glas- und Rußhütten, Kalk-, Ziegel- und Gypsöfen, Anlagen zur Gewinnung roher Metalle und Röstöfen, Metallgießereien, sofern sie nicht bloße Tiegelgießereien sind, Hammerwerke, chemische Fabriken aller Art, Schnellbleichen, Firnißsiedereien, Stärkefabriken mit Ausnahme der Fabriken von Kartoffelstärke, Wachstuch-, Darmsaiten-, Dachpappen- und Dachfilzfabriken, Leim-, Thran- und Seifensiedereien, Knochenbrennereien, Kochereien und Bleichen, Talgschmelzen, Schlachthäuser, Gerbereien, Abdeckereien, Poudretten- und Düngpulverfabriken, imgleichen durch Wasser bewegte Triebwerke (Mühlen u. s. w.) jeder Art (§. 11).

II. Dampfkessel, sie mögen zum Maschinenbetriebe bestimmt sein oder nicht (§. 12).

Bei allen diesen Anlagen macht es keinen Unterschied, ob sie nur auf den eigenen Bedarf des Unternehmers oder auch auf Absatz an Andere berechnet sind.

§. 2. Zur Errichtung neuer Anlagen dieser Art (§. 1) ist die Genehmigung der Regierung erforderlich. Das Gesuch, welchem die zur Erläuterung erforderlichen Zeichnungen und Beschreibungen beigefügt werden müssen, ist bei dem Landrath, wenn die Anlage innerhalb eines Stadtbezirks errichtet werden soll, bei der Polizeibehörde desselben anzubringen [126].

---

126) Die von dem Handelsminister zur Ausführung des Gesetzes vom 1. Juli 1861 erlassene Instruction vom 31. August 1861 (Zeitschr. f. d. Berg-, Hütten- und Salinenwesen Bd. IX A S. 234 ff.) bestimmt zu §. 2:

„1. Aus dem Gesuche um Ertheilung der Genehmigung zu einer der im §. 1 des Gesetzes aufgeführten gewerblichen Anlagen muß der vollständige Name, der

§. 3. Diese Behörden haben, bei den im §. 1 unter I. genannten Anlagen, sofern sich gegen die Vollständigkeit der Vorlagen nichts zu erinnern

---

Stand und der Wohnort des Unternehmers, sowie der Gegenstand des Unternehmens ersichtlich sein.

2. Demselben sind in zwei Exemplaren beizufügen:
   A. eine Beschreibung der Anlage,
   B. eine Situationszeichnung,
   C. der Bauplan.

3. Aus diesen Vorlagen muß hervorgehen:
   I. a) die Größe des Grundstücks, auf welchem die Betriebsstätte errichtet werden soll;
   b) die Bezeichnung, welche dasselbe im Hypothekenbuche resp. im Kataster führt, und der etwaige besondere Name;
   c) die gleichartige Bezeichnung der Grundstücke, welche es umgeben, und die Namen der Eigenthümer derselben;
   d) die Entfernung, in welcher die zum Betriebe bestimmten Gebäude oder Einrichtungen von den Grenzen der benachbarten Grundstücke und den darauf befindlichen Gebäuden, sowie von den nächsten öffentlichen Wegen zu liegen kommen;
   e) die Höhe und die Bauart der benachbarten Gebäude, sofern zu der Betriebsstätte Feuerungsanlagen gehören.
   II. Die Lage, Ausdehnung und Bauart der Betriebsstätte der concessionspflichtigen Anlage, die Bestimmung der einzelnen Räume innerhalb derselben und deren Einrichtung, soweit dieselbe nicht beweglich ist.
   III Der Gegenstand der Fabrikation, soweit sie in der concessionspflichtigen Anlage geschieht, die ungefähre Ausdehnung des Betriebes und die dabei anzuwendende Methode. Bei chemischen Fabriken insbesondere ist die genaue Bezeichnung der zu gewinnenden Producte und des Hergangs der Gewinnung erforderlich.

4. Bei Anlegung von Wassertriebwerken ist eine Zeichnung der gesammten Stauvorrichtungen einschließlich der Gerinne und Wasserräder beizubringen. Einer Zeichnung des gehenden Werks bedarf es nicht, vielmehr genügt die Angabe der Bestimmung des Triebwerks und der Zahl und Art der anzulegenden Gänge.

Außerdem ist ein Nivellement erforderlich, in welchem dargestellt sein muß:
   a) das Längenprofil des zum Betriebe bestimmten Wasserlaufs resp. des Mutterbaches,
   b) eine Anzahl von Querprofilen derselben,

und welches soweit ausgedehnt werden muß, als die Wirkungen der anzulegenden Stauwerke reichen. Die Profile sind auf ein und dieselbe Horizontale zu beziehen und ist die letztere an einen unverrückbaren Festpunkt anzuschließen.

Es bedarf ferner der Angabe über die Höhe des gewöhnlichen, des niedrigsten und des höchsten Wasserstandes resp über die Wassermengen, welche der Wasserlauf in in der Regel führt, sowie der Ermittelung, welche Stauwerke ober- und unterhalb der projectirten Anlage zunächst derselben sich befinden.

In dem Situationsplane sind die Grundstücke, welche an den Wasserlauf stoßen, soweit der Rückstau reicht, mit der Nummer, welche sie im Hypothekenbuche oder Kataster führen oder mit dem Namen des zeitigen Eigenthümers zu bezeichnen.

findet, das Unternehmen mittelst einmaliger Einrückung in das Amtsblatt, in das Kreisblatt, wo ein solches besteht, und außerdem in der für polizeiliche Verordnungen am Orte vorgeschriebenen Art, zur öffentlichen Kenntniß zu bringen, mit der Aufforderung, etwaige Einwendungen gegen die neue Anlage binnen vierzehn Tagen bei der Ortspolizeibehörde anzubringen. Die Frist nimmt ihren Anfang mit Ablauf des Tages, an welchem das die Bekanntmachung enthaltende Amtsblatt ausgegeben worden, und ist für alle Einwendungen, welche nicht privatrechtlicher Natur sind, präclusivisch [127]).

---

5. Die Auftragung des Nivellements erfolgt in den Längen nach dem Maßstabe von $\frac{1}{5000}$ der wirklichen Länge und in den Höhen nach dem 24fachen Maßstabe, bei welchem $\frac{1}{2500}$ Ruthe 1 pr. Fuß darstellen. Bei den Situationsplänen für Wassertriebwerke ist der Maßstab von $\frac{1}{2500}$ der wirklichen Länge zu nehmen. Bei anderen Situationsplänen und bei den Bauzeichnungen ist ein Maßstab zu wählen, welcher eine deutliche Anschauung gewährt. Der Maßstab ist auf den Zeichnungen und Plänen einzutragen.

6. Nivellements und die dazu gehörigen Situationspläne sind von vereideten Feldmessern oder Baubeamten zu fertigen. Situationspläne für andere Anlagen, als Wassertriebwerke, sowie Bauzeichnungen, können von den mit der Ausführung betrauten Werkmeistern aufgenommen werden. In Betreff der Dampfkessel kommen die Bestimmungen des §. 2 des besonderen Regulativs vom heutigen Tage zur Anwendung.

Die Nivellementszeichnungen und Beschreibungen sind von demjenigen, welcher sie aufgenommen hat, und von dem Unternehmer zu vollziehen."

127) Die Instruction bestimmt zu §. 3:

„7. Die in dem §. 3 des Gesetzes angeordnete Prüfung der Vorlagen hat sich nur darauf zu erstrecken, ob dieselben den vorstehend unter 1 — 6 angegebenen Anforderungen entsprechen. Dies ist in Betreff der Bauzeichnungen und Nivellements von dem Local-Baubeamten, in Betreff der Beschreibung des Betriebes solcher Anlagen, welche gesundheitsschädliche Ausdünstungen verbreiten, von dem Kreisphysikus zu prüfen. Finden sich Mängel, so ist der Unternehmer zur Ergänzung auf kürzestem Wege zu veranlassen. Die erfolgte Prüfung ist von den prüfenden Beamten auf den Vorlagen zu bescheinigen.

8. Die Bekanntmachung, welche zu erlassen ist, wenn die Vorlagen vollständig sind, muß enthalten:

a) Namen, Stand, Wohnort des Antragstellers,
b) den Gegenstand des Unternehmens,
c) die Bezeichnung des Grundstücks, auf welchem dasselbe ausgeführt werden soll (3 I. b),
d) die im §. 3 des Gesetzes angegebene Aufforderung und Bezeichnung der Behörde, bei welcher die Einwendungen anzubringen sind,
e) die Verwarnung, daß die Frist für alle Einwendungen nichtprivatrechtlicher Natur präclusivisch sei;
f) den Hinweis, daß und wo die Beschreibungen, Zeichnungen und Pläne zur Ansicht ausliegen.

Nachdem die Bekanntmachung von den im §. 2 genannten Behörden demge-

§. 4. Werden keine Einwendungen angebracht, so hat die Regierung, sobald die Anzeige der Ortspolizeibehörde eingegangen ist, auf Grund der eingereichten Verhandlungen zu prüfen, ob die Anlage den bestehenden bau-, feuer- und gesundheitspolizeilichen Vorschriften entspricht, und ob dieselbe erhebliche Gefahren, Nachtheile oder Belästigungen für das Publicum herbeiführen könne, und danach die Genehmigung zu versagen, oder, unter Festsetzung der sich als nöthig ergebenden Bedingungen, zu ertheilen. Der Bescheid ist schriftlich auszufertigen und muß die festgesetzten Bedingungen enthalten[128]).

§. 5. Einwendungen privatrechtlicher Natur sind zur richterlichen Entscheidung zu verweisen, ohne daß von der Erledigung derselben die polizeiliche Genehmigung der Anlage abhängig gemacht wird.

Andere Einwendungen dagegen hat die Ortspolizeibehörde unter Zuziehung der Parteien vollständig zu erörtern. Demnächst sind die geschlossenen Verhandlungen mit beigefügtem Gutachten an die Regierung einzureichen[129]).

---

mäß zur Absendung an die Redaction des Regierungs-Amtsblattes und zur Aufnahme in das Kreisblatt, wo ein solches besteht, vorbereitet worden, ist das Concessionsgesuch mit einem Exemplar der Beilagen desselben und der Bekanntmachung unverzüglich an die Polizeibehörde des Orts, wo die Anlage ausgeführt werden soll, abzusenden, mit dem Auftrage, die besondere ortsübliche Bekanntmachung (Aushang, Ausruf) schleunigst zu veranlassen, und etwaige Einwendungen entgegenzunehmen. Dafür, daß von den Unterlagen des Projects während der ganzen 14tägigen Frist innerhalb der Dienststunden seitens der Interessenten Einsicht genommen werden kann, ist von der Ortspolizeibehörde Sorge zu tragen."

128) Die Instruction bestimmt zu §. 4:

„10. Werden innerhalb der Präclusivfrist, deren Beginn aus dem Amtsblatt zu entnehmen ist, Einwendungen nicht erhoben, so ist dies von der Ortspolizeibehörde zu bescheinigen und sind die Vorlagen mit dem Attest, daß und wie die örtliche Bekanntmachung erfolgt sei, der Regierung durch Vermittelung des Kreislandraths zu überreichen. Ist die Ortspolizeibehörde der Ansicht, daß die Anlage erhebliche Gefahren, Nachtheile oder Belästigungen für das Publicum herbeiführen könne, so hat sie dies und die Gründe dafür in dem Begleitsbericht anzuführen. Der Kreislandrath hat die Belagblätter über die Bekanntmachung im Amts- und Kreisblatt dem Bericht beizufügen und diesen mit seinen etwaigen Bemerkungen der Regierung einzusenden."

129) Die Instruction bestimmt zu §. 5:

„11. Die Einsprüche, welche schriftlich eingereicht werden, sind, sobald sie eingehen, mit einer deutlichen Angabe des Datums zu versehen.

12. Die Erörterung erfolgt in der Regel durch Verhandlung zu Protokoll in einem nahen Termine nach Ablauf der Präclusivfrist, zu welchem sowohl der Unternehmer als die Widersprechenden vorzuladen sind. Dem Ersteren ist mit der Vorladung Abschrift der Einsprüche mitzutheilen, oder sofern die letzteren zu Protokoll erklärt worden sind, Abschrift dieses Protokolls. Befindet der Unternehmer

12

**§. 6. Die Regierung hat hierauf das Gesuch nach Anleitung des §. 4 und mit Rücksicht auf die Erheblichkeit der auf angebliche Nachtheile, Gefahren und Belästigungen (§. 26, 1 der Allgemeinen Gewerbeordnung) gegründeten Einwendungen zu prüfen und nach dem Befunde die Genehmigung**

---

sich an demselben Orte, so genügt es, das Protokoll zur Einsicht offen zu legen und ihm dies bekannt zu machen. Die Verwarnung in der an den Unternehmer zu richtenden Vorladung ist dahin zu stellen, daß im Falle des Ausbleibens alle von den Widersprechenden angeführten Thatsachen für zugestanden würden erachtet werden. Hat der Unternehmer vor dem Termine eine schriftliche Beantwortung der Einsprüche überreicht, so gelten diejenigen Thatsachen für zugestanden, über welche er sich nicht erklärt hat.

Die Widersprechenden sind unter der Warnung zu laden, daß sie im Falle des Ausbleibens im Laufe der Instanz mit keinen Einwendungen gegen die von dem Unternehmer zur Widerlegung des Einspruchs angeführten Thatsachen würden gehört werden.

13. Erscheinen beide Theile, so ist zunächst eine gütliche Einigung zu versuchen. Gelingt der Versuch nicht, so sind die Erklärungen über die gegenseitigen Behauptungen zu Protokoll zu nehmen.

Zeugen und Sachverständige, welche zur Stelle gebracht werden, sind sofort zu vernehmen, sofern der Instruent die Vernehmung für erheblich erachtet, oder beide Theile darüber einig sind, daß sie erfolge. Dasselbe gilt von der Einnahme des Augenscheins, wenn die örtlichen Verhältnisse streitig sind.

Unter denselben Voraussetzungen kann auch ein neuer Termin zur Aufnahme derjenigen Beweise angesetzt werden, welche sofort nicht erhoben werden können.

Die Gestellung der Zeugen oder Sachverständigen, welche vernommen werden sollen, ist Sache der Partei, welche die Vernehmung beantragt. Der Termin ist am Schlusse der Verhandlung sofort anzuberaumen und den Parteien bekannt zu machen.

Auch schriftliche Gutachten können beigebracht werden; dieselben werden aber nur berücksichtigt, wenn sie von einem öffentlichen Beamten unter öffentlichem Siegel ausgestellt sind, oder wenn die Unterschrift beglaubigt ist.

Der Instruent ist befugt, die Verhandlungen, wo es ihm erforderlich scheint, dem Kreisphysikus und dem Kreisbaubeamten zur gutachtlichen Aeußerung mitzutheilen. Die Verhandlungen über Anlegung von Wassertriebwerken sind dem Letzteren stets zur Begutachtung vorzulegen.

14. Sind mehrere Widersprechende vorhanden, welche ein gleichartiges Interesse haben, so ist zur Vereinfachung des Verfahrens darauf Bedacht zu nehmen, daß sie einen gemeinschaftlichen Bevollmächtigten bestellen, welcher sie bei der weiteren Verhandlung zu vertreten hat. Soll derselbe auch zur Empfangnahme der Bescheide und zur Einlegung des Recurses oder zur vergleichweisen Einigung mit dem Unternehmer ermächtigt sein, so ist dies ausdrücklich zu erklären.

15. Auf Einwendungen privatrechtlicher Natur erstreckt die Erörterung sich nicht. Der Instruent hat dem Widersprechenden zu eröffnen, welche Einwendungen er dafür erachtet. Im Fall des Widerspruchs dagegen wird von der Regierung bei Entscheidung der Sache (§. 6 des Gesetzes) auch darüber befunden, ob der Einwand zum gerichtlichen Verfahren zu verweisen."

entweder zu versagen, oder unbedingt zu ertheilen, oder endlich bei Ertheilung derselben diejenigen Vorkehrungen und Einrichtungen vorzuschreiben, welche zur Abhülfe geeignet sind [130]).

§. 7. Der von der Regierung abgefaßte Bescheid ist sowohl dem Unternehmer als dem Widersprechenden durch die Ortspolizeibehörde zu eröffnen. Gegen den Bescheid steht der Recurs an die Ressortministerien offen. Derselbe muß binnen einer präclusivischen Frist von 14 Tagen, vom Tage der Eröffnung des Bescheides an gerechnet, bei der Polizeibehörde, durch welche die Publication erfolgt ist, angemeldet und gerechtfertigt werden. Die Rechtfertigungsschrift ist der Gegenpartei zur Beantwortung binnen vierzehntägiger, vom Tage der Behändigung laufender Frist mitzutheilen. Nach fruchtlosem Ablauf der einen oder anderen Frist sind die Verhandlungen ohne Weiteres zur Recursentscheidung einzureichen. Durch die Anmeldung des Recurses von Seiten desjenigen, welcher der Anlage widersprochen hat, wird die von der Regierung ertheilte Genehmigung bis zur Entscheidung der Ministerien suspendirt [131]).

---

130) Die Instruction bestimmt zu §. 6:

„16. In der von der Regierung zu treffenden Entscheidung sind die Widersprechenden namentlich aufzuführen. Der Tenor ist von den Gründen zu sondern. In dem Tenor ist auszusprechen, welche der Widersprechenden mit ihren Einsprüchen zurück, resp. zum gerichtlichen Prozesse zu verweisen, wie über den Antrag des Unternehmers entschieden wird, und wie die Kosten zu vertheilen.

Der Bescheid ist doppelt auszufertigen. In denselben ist die Belehrung über Einlegung des Rechtsmittels nach §. 7 des Gesetzes und, im Falle der Ertheilung der Genehmigung, die Bedeutung aufzunehmen, daß der Unternehmer erst durch Ertheilung der förmlichen Concessionsurkunde die Befugniß zur Errichtung der Anlage erhalte.“

131) Die Instruction bestimmt zu §. 7:

„17. Die Eröffnung des Bescheides erfolgt in der Regel zu Protokoll. Zu dem Termine sind der Unternehmer und der Widersprechende unter der Warnung zu laden, daß dem Ausbleibenden die Ausfertigung des Bescheides, oder wenn mehrere Widersprechende vorhanden sind, eine Abschrift des Tenors desselben jedem Einzelnen auf seine Kosten werde zugefertigt werden. In dem Termine ist der Inhalt des Bescheides zu verlesen, und die eine Ausfertigung desselben dem Unternehmer, die andere den Widersprechenden auszuhändigen. Wohnt der Unternehmer auswärts, und hat keinen Vertreter am Orte, so ist ihm die Ausfertigung des Bescheides gegen Behändigungsschein durch die Post zu übersenden. Unter gleicher Voraussetzung ist in gleicher Weise mit der Ausfertigung für den Opponenten zu verfahren. Sind deren mehrere ohne gemeinschaftlichen Bevollmächtigten, so ist die Ausfertigung Einem von ihnen zu übersenden. Die Uebrigen erhalten nur Abschrift des Tenors mit der Mittheilung, welchem der Opponenten die vollständige Ausfertigung zugegangen ist. An öffentliche Behörden geschieht die Eröffnung stets schriftlich.

18. Die Vorladung zu dem Instructionstermine (cfr. Art. 12) und zu dem

§. 8. An die Stelle der Polizeibehörde des Orts (§§. 2, 3, 4, 5, 7) tritt der Landrath, wenn der Unternehmer selbst die Polizeiobrigkeit ist oder die Ortspolizei zu verwalten hat.

§. 9. Die baaren Auslagen, welche durch die Bekanntmachung und das weitere Verfahren entstehen, fallen dem Unternehmer, diejenigen Kosten aber, welche durch unbegründete Einwendungen erwachsen, dem Widersprechenden zur Last.

Die Regierungen und Ministerien haben in den Bescheiden über die Zulässigkeit der neuen Anlage zugleich die Vertheilung der Kosten festzusetzen.

Nähere Bestimmungen über das formelle Verfahren sind durch besondere Instruction zu treffen, deren Erlaß dem Handelsminister vorbehalten bleibt.

---

Publicationstermine (Art. 17) erfolgt schriftlich; wenn mehrere der Geladenen an demselben Orte wohnen, durch Currende, an Auswärtige durch die Post gegen Behändigungsschein. Auf der Vorladung resp. Currende ist die richtig erfolgte Behändigung durch den damit beauftragten Boten zu bescheinigen. Die Behändigung der Recursschrift, welche in zwei Exemplaren einzureichen ist, an den Gegentheil erfolgt in gleicher Weise. Bei der Mittheilung durch Currende ist das Duplicat demjenigen zu belassen, an welchen die Currende zuletzt gelangt, und die geschehene Uebergabe zu vermerken. Den übrigen Betheiligten steht die Einsicht der Schrift bei diesem oder bei der Polizeibehörde frei. Auswärtigen Opponenten ist eine vollständige Abschrift der Recursschrift, für welche der Recurrent die Kosten zu tragen hat, zu übersenden. Die Mittheilung zur Beantwortung geschieht unter der Verwarnung, daß nach Ablauf der Beantwortungsfrist die Verhandlungen ohne Weiteres zur Entscheidung in der Recursinstanz würden eingereicht werden.

19. Nach geschlossenem Schriftwechsel oder fruchtlosem Ablauf der Beantwortungsfrist sind die Verhandlungen durch Vermittelung des Kreislandraths der Regierung und von dieser mit gutachtlichem Bericht den Ressortministern zu überreichen.

Bei Eröffnung des Recursbescheides ist in gleicher Weise zu verfahren, wie bei derjenigen des Bescheides erster Instanz. Es bedarf jedoch der Mittheilung einer Abschrift des Tenors an diejenigen Opponenten nicht, welche im Publicationstermine ausgeblieben sind.

20. Ist von den Widersprechenden Recurs nicht eingelegt, so hat die Polizeibehörde, welche den Bescheid publicirt hat, die Verhandlungen mit der Anzeige hiervon unverzüglich zurückzureichen. Sobald dies geschehen, oder wenn die Recursbeschwerde der Opponenten durch den Recursbescheid zurückgewiesen worden, ist von der Regierung nach Maßgabe der ergangenen Entscheidung die Concessionsurkunde auszustellen und dem Unternehmer zuzufertigen. In derselben sind die Beschreibungen, Zeichnungen und Pläne, welche der Ausführung zu Grunde gelegt werden sollen, ausführlich zu bezeichnen und damit, so weit als angänglich, durch Schnur und Siegel zu verbinden. Auf Karten, welche in dieser Art mit der Urkunde nicht verbunden werden können, ist die Zugehörigkeit zu derselben zu vermerken."

§. 10. Die polizeiliche Genehmigung zu einer der im §. 1 bezeichneten Anlagen bleibt so lange in Kraft, als keine Aenderung in der Lage oder Beschaffenheit der Betriebsstätte vorgenommen wird, und bedarf unter dieser Voraussetzung auch dann, wenn die Anlage auf einen neuen Erwerber übergeht, einer Erneuerung nicht. Sobald aber eine Veränderung der Betriebsstätte vorgenommen wird, ist dazu die Genehmigung der Regierung nach Maßgabe der §§. 2 ff., beziehungsweise des §. 12 nothwendig. Die Regierung kann jedoch auf Antrag des Unternehmers von der Bekanntmachung (§. 3) Abstand nehmen, wenn sie die Ueberzeugung gewinnt, daß die beabsichtigte Veränderung für die Besitzer oder Bewohner benachbarter Grundstücke oder das Publicum überhaupt neue oder größere Nachtheile, Gefahren oder Belästigungen, als mit der vorhandenen Anlage verbunden sind, nicht herbeiführen werde.

Diese Bestimmungen finden auch auf gewerbliche Anlagen (§. 1) Anwendung, welche bereits vor Erlaß der Allgemeinen Gewerbeordnung bestanden haben [132]).

§. 11. Bei den durch Wasser bewegten Triebwerken (Mühlen u. s. w.) jeder Art sind außer den Bestimmungen der §§. 1—10 die dafür bestehenden besonderen Vorschriften anzuwenden [133]).

---

132) Die Instruction bestimmt zu §. 10:

„21. Der Antrag auf Genehmigung einer Aenderung in der Lage oder Beschaffenheit der Betriebsstätte ist auch dann, wenn die Befreiung von dem Bekanntmachungsverfahren nachgesucht wird, bei den im §. 2 des Gesetzes bezeichneten Behörden einzureichen und von diesen mit gutachtlicher Aeußerung, vor welcher auf die Ortspolizeibehörde, sowie auf den Kreisbaubeamten und Kreisphysikus zurückgegangen werden kann, der Regierung einzusenden. Wird von der Bekanntmachung abgesehen, so ist die Genehmigung schriftlich zu ertheilen und mit der darüber ausgestellten Urkunde die Beschreibung und Zeichnung von der Aenderung, wie Art 20 vorgeschrieben, zu verbinden."

133) Die Instruction bestimmt zu §. 11:

„22. Ist über die Zulässigkeit von durch Wasser bewegten Triebwerken von der Regierung gemeinschaftlich mit dem Oberbergamt Beschluß zu fassen — §. 7 des Gesetzes, die Competenz der Oberbergämter betreffend, vom 10. Juni 1861, Ges.-Samml. S. 425 (jetzt §. 59 des Allg. Berggesetzes) — so ist das Concessionsgesuch bei der im §. 2 des Gesetzes vom 1. Juli 1861 bezeichneten Polizeibehörde einzureichen, und von dieser die Vorprüfung sowie die Bekanntmachung des Unternehmens nach Maßgabe des Gesetzes und der Artikel 7, 8 u. 9 dieser Instruction zu veranlassen. Werden Einwendungen erhoben, so hat der Revier-Bergbeamte dem Instructionstermine beizuwohnen und die Instruction gemeinschaftlich mit dem Commissar der Polizeibehörde zu leiten. Nach Abschluß der Instruction über erhobene Einwendungen, oder, wenn Einwendungen nicht erhoben sind, nach Ablauf der Präclusivfrist, werden die Acten von dem Kreislandrath dem Revier-Bergbeamten übersendet, und von diesem mittelst gutachtlichen Berichts

§. 12. Bei der Anlage von Dampfkesseln[134]) (§. 1, Nr. II) findet das in den §§. 3 — 9 vorgeschriebene Verfahren nicht statt. Die Regierung

---

dem Oberbergamte überreicht, welches sie demnächst mit seinem Votum der Regierung zugehen läßt. Das Resolut, resp. die auszufertigende Concession werden von beiden Behörden vollzogen. Die Publication liegt der Ortspolizeibehörde ob — §. 7 des Gesetzes vom 1. Juli 1861 — bei welcher auch das Rechtsmittel anzumelden und zu instruiren ist. Zur Recursentscheidung werden die Acten von der Regierung durch das Oberbergamt eingereicht."

134) Ueber das Verfahren bei der Anlage von Dampfkesseln ist im Anschlusse an die §§. 12 u. 14 des Gesetzes vom 1. Juli 1861 von dem Handelsminister ein Regulativ vom 31. August 1861 (Zeitschr. f. d. Berg-, Hütten- und Salinenwesen, Bd. IX, A, S. 240 ff.) erlassen, welches an die Stelle des ältern Regulatives vom 6. September 1848 und der zu demselben ergangenen Ergänzungen tritt. Durch einen Nachtrag vom 1. Dezember 1864 (Zeitschrift f. d. Berg-, Hütten- und Salinenwesen, Bd. XII, A, S. 209) sind die §§. 9 u. 14 des Regulativs durch abgeänderte Bestimmungen ersetzt. Es lautet mit diesen Abänderungen wie folgt:

Regulativ vom 31. August 1861,
betreffend die Anlage von Dampfkesseln.

Unter Aufhebung des Regulativs, betreffend die Anlage von Dampfkesseln, vom 6. September 1848 — Gesetzsamml. S. 221 — und der Nachträge zu demselben v. 19. Januar 1855 — Gesetzsamml. S. 32 — und v. 6. August 1856 — Gesetzsamml. S. 707 — wird auf Grund der §§. 12 u. 15 des Gesetzes, betreffend die Errichtung gewerblicher Anlagen v. 1. Juli 1861 für die Anlage von Dampfkesseln, es mögen solche zum Maschinenbetriebe oder zu anderen Zwecken dienen, das nachstehende anderweite Regulativ erlassen:

§. 1.

Dem Antrage auf Ertheilung der Genehmigung zur Anlage eines Dampfkessels (§. 2 des Gesetzes vom 1. Juli 1861) sind nachstehend genannte Zeichnungen und Beschreibungen in doppelter Ausfertigung beizufügen:

I. wenn die Anlegung eines feststehenden Dampfkessels beabsichtigt wird:

1) ein Situationsplan, welcher die zunächst an den Ort der Aufstellung stoßenden Grundstücke umfaßt, und in einem, die hinreichende Deutlichkeit gewährenden Maßstabe aufgetragen ist;

2) der Bauriß, wie er von dem Erbauer wegen Angabe der erforderlichen Räume geliefert wird, aus welchem sich der Standpunkt der Maschine und des Kessels, der Standpunkt und die Höhe des Schornsteins und die Lage der Feuer- und Rauchröhren gegen die benachbarten Grundstücke deutlich ergeben muß; hierzu kann den Umständen nach ein einfacher Grundriß und eine Längenansicht oder ein Durchschnitt genügen;

3) eine Zeichnung des Kessels in einfachen Linien, aus welcher die Größe der vom Feuer berührten Fläche zu berechnen und die Höhe des niedrigsten zuläßigen Wasserstandes über den Feuerzügen zu ersehen ist;

4) eine Beschreibung, in welcher die Dimensionen des Kessels, die Stärke*) und

---

*) Die Bestimmung der Starke des Materials bleibt nach §. 13 dem Verfertiger des Kessels überlassen. Er ist aber nach §. 1 Nr. 4 an die in der Beschreibung angegebene Stärke gebunden.

hat die Zulässigkeit der Anlage nach den bestehenden bau-, feuer- und gesundheitspolizeilichen Vorschriften, sowie nach denjenigen allgemeinen polizeilichen

---

Gattung des Materials, die Art der Zusammensetzung, die Dimensionen der Ventile und deren Belastung, sowie die Einrichtung der Speisevorrichtung und der Feuerung genau angegeben sind.

Die schriftliche Angabe über die Kraft und Art der Dampfmaschine, und welche Arbeit sie betreiben soll, genügt hiernach, ohne weiteres Eingehen in ihre Construction durch Zeichnungen.

Der Beibringung von Nivellementsplänen bedarf es nur dann, wenn dieselbe zum Zweck der Wahrnehmung allgemeiner polizeilicher Rücksichten, z. B. wegen des Abflusses des Condensationswassers, der Anlage von Wasserbehältern, Cisternen u. s. w. von der Regierung verlangt wird.

II Wenn die Anlegung eines Schiffs-, Locomotiv- oder Locomobil-Dampfkessels beabsichtigt wird:

eine Zeichnung und Beschreibung, wie vorstehend unter Nr. 3) und 4) angegeben.

Von den eingereichten Zeichnungen und Beschreibungen wird nach Ertheilung der Genehmigung zur Anlage ein Exemplar dem Antragsteller zu seiner Legitimation beglaubigt zurückgegeben, das andere aber bei der Ortspolizeibehörde aufbewahrt.

§. 2.

Die Prüfnng der Zulässigkeit der Anlage erfolgt nach Maßgabe der Bestimmung in §. 12 des Gesetzes vom 1. Juli 1861. Insbesondere sind im allgemeinen polizeilichen Interesse nachfolgende Vorschriften zu beachten, deren genaue Befolgung vor Ertheilung der Genehmigung zur Benutzung des Dampfkessels durch einen sachverständigen Beamten zu bescheinigen ist.

§. 3.

Unterhalb solcher Räume, in welchen sich Menschen aufzuhalten pflegen, dürfen Dampfkessel, deren vom Feuer berührte Fläche mehr als funfzig Quadratfuß beträgt, nicht aufgestellt werden.

Innerhalb solcher Räume, in welchen Menschen sich aufzuhalten pflegen, dürfen Dampfkessel von mehr als funfzig Quadratfuß feuerberührter Fläche nur in dem Falle aufgestellt werden, wenn diese Räume (Arbeitssäle oder Werkstellen) sich in einzeln stehenden Gebäuden befinden und eine verhältnißmäßig bedeutende Grundfläche und Höhe besitzen, und wenn die Kessel weder unter Mauerwerk stehen, noch mit Mauerwerk, welches zu anderen Zwecken, als zur Bildung der Feuerzüge dient, überdeckt sind.

Jeder Dampfkessel, welcher unterhalb oder innerhalb solcher Räume aufgestellt wird, in welchen Menschen sich aufzuhalten pflegen, muß so angeordnet sein, daß die Einwirkung des Feuers auf denselben und die Circulation der Luft in den Feuerzügen ohne Schwierigkeit gehemmt werden kann.

§. 4.

Soll ein Dampfkessel nicht in oder unter Räumen, in welchen Menschen sich aufzuhalten pflegen, aber in einer Entfernung von weniger als zehn Fuß von bewohnten Gebäuden aufgestellt werden, so muß er von der äußeren Wand der letzteren durch eine mindestens zwei Fuß starke Schutzwand getrennt werden, deren Höhe seinen höchsten Dampfraum um mindestens drei Fuß übersteigt. Diese

Bestimmungen zu prüfen, welche von dem Handelsminister über die Anlage von Dampfkesseln erlassen werden. Sie hat nach dem Befunde die Geneh-

Schutzwand kann in Holz oder Stein mit Füllung ausgeführt und durch die Umfassungswand des Kesselraums gebildet werden

§. 5.

Zwischen demjenigen Mauerwerk, welches den Feuerraum und die Feuerzüge des Dampfkessels einschließt (Rauchgemäuer) und den dasselbe umgebenden Wänden muß ein Zwischenraum von mindestens drei Zoll verbleiben, welcher oben abgedeckt und an den Enden bis auf die nöthigen Luftöffnungen verschlossen werden darf.

§. 6.

Die durch oder um einen Dampfkessel gelegten Feuerzüge müssen an ihrer höchsten Stelle mindestens vier Zoll unter dem im Dampfkessel festgesetzten niedrigsten Wasserspiegel liegen. Bei Dampfschiffkesseln von mehr als vier bis sechs Fuß Breite muß die Höhe des niedrigsten Wasserspiegels über den höchsten Feuerzügen mindestens sechs Zoll, bei solchen von mehr als sechs bis acht Fuß Breite, acht Zoll, und bei solchen von mehr als acht Fuß Breite mindestens zehn Zoll betragen.

Auf Rauchröhren finden die vorstehenden Bestimmungen in dem Falle keine Anwendung, wenn ein Erglühen des mit dem Dampfraum in Berührung stehenden Theiles ihrer Wandungen nicht zu befürchten steht.

§. 7.

Die Feuerung feststehender Dampfkessel ist in solchen Verhältnissen anzuordnen, daß der Rauch so vollkommen als möglich verzehrt oder durch den Schornstein abgeführt werde, ohne die benachbarten Grundbesitzer erheblich zu belästigen. Es sind zu dem Ende die nachfolgenden Vorschriften zu beobachten:

1. Die Schornsteinröhre zum Abführen des Rauches kann sowohl massiv, als in Eisen ausgeführt werden.
   a) Im ersteren Falle kann die Röhre in den Wänden eines Gebäudes eingebunden sein, oder ganz frei ohne Verband mit den Wänden innerhalb oder außerhalb des Gebäudes aufgeführt werden; die Wangen müssen aber eine der Lage und Höhe der Schornsteinröhren angemessene Stärke bekommen.
   b) Im zweiten Falle muß um die Röhre, in sofern die Aufstellung innerhalb eines Gebäudes und in der Nähe feuerfangender Gegenstände erfolgt, eine Verkleidung von Mauersteinen bis zur Höhe des Dachforstes in einer der Höhe angemessenen Stärke aufgeführt und eine Luftschicht von mindestens drei Zoll zwischen der Röhre und ihrer Umfassung belassen werden. In beiden Fällen müssen bei der Ausführung innerhalb eines Gebäudes, Holzwerk oder feuerfangende Gegenstände mindestens einen Fuß weit von den inneren Wandungen der Schornsteinröhre entfernt bleiben und durch eine Luftschicht von der letzteren getrennt sein.
2. Die Weite der Schornsteinröhre bleibt der Bestimmung des Unternehmers überlassen, dergestalt, daß die für sonstige Feuerungsanlagen hinsichtlich der Weite der Schornsteinröhren geltenden Vorschriften nicht zur Anwendung kommen.
3. Die Höhe der Schornsteinröhre bleibt ebenfalls der Bestimmung des Unternehmers überlassen und ist nöthigenfalls von der Regierung dergestalt festzu-

migung entweder zu versagen, oder unbedingt zu ertheilen, oder endlich bei

---

setzen, daß die benachbarten Grundbesitzer durch Rauch, Ruß u. s. w. keine erheblichen Belästigungen oder Beschädigungen erleiden. Treten dergleichen Belästigungen oder Beschädigungen, nachdem der Dampfkessel in Betrieb gesetzt worden ist, dennoch hervor, so ist der Unternehmer zur nachträglichen Beseitigung derselben durch Erhöhung der Schornsteinröhre, Anwendung rauchverzehrender Vorrichtungen, Benutzung eines anderen Brennmaterials oder auf andere Weise verpflichtet.

Auf Dampfschiffkessel und Locomotivkessel finden diese Bestimmungen keine Anwendung und auf Kessel von Locomobilen nur in dem Falle, wenn solche längere Zeit an einer bestimmten Stelle in Betrieb erhalten werden.

§. 8.

Jeder Dampfkessel muß mit mehr als einer der besten bekannten Vorrichtungen zur jederzeitigen zuverlässigen Erkennung der Wasserstandshöhe im Innern desselben, wie z. B. mit gläsernen Wasserstandsröhren oder Wasserstandsscheiben, mit Probirhähnen oder Schwimmern u. s. w. versehen sein. Diese Vorrichtungen müssen unabhängig von einander wirksam und es muß eine von ihnen mit einer in die Augen fallenden Marke des Normalwasserstandes versehen sein.

§. 9.

An jedem Dampfkessel muß ein Speiseventil angebracht sein.

Jeder Dampfkessel muß mit wenigstens zwei zuverlässigen Vorrichtungen zur Speisung versehen sein, welche unabhängig von einander, sei es durch die Dampfkraft des Kessels selbst, sei es durch eine andere Kraft in Betrieb gesetzt werden können und von denen jede für sich im Stande sein muß, das zur Speisung erforderliche Wasser zuzuführen. Mehrere zu einem Betriebe vereinigte Dampfkessel werden hierbei als ein Kessel angesehen. (Erlaß vom 1. Dezember 1864.)

§. 10.

Auf jedem Dampfkessel müssen ein oder mehrere zweckmäßig ausgeführte Sicherheitsventile angebracht sein, welche nach Abzug der Stiele und der zur Führung derselben etwa vorhandenen Stege für jeden Quadratfuß der gesammten, vom Feuer berührten Fläche im Ganzen mindestens die nachstehend bestimmte freie, zur Abführung der Dämpfe dienende Oeffnung haben, nämlich bei einem Ueberschuß der Dampfspannung über den Druck der äußeren Atmosphäre von

| | mehr als | | | | | | | | | | | |
|---|---|---|---|---|---|---|---|---|---|---|---|---|
| 0 bis ½ | ½ bis 1 | 1 bis 1½ | 1½ bis 2 | 2 bis 2½ | 2½ bis 3 | 3 bis 3½ | 3½ bis 4 | 4 bis 4½ | 4½ bis 5 | 5 bis 5½ | 5½ bis 6 | Atmosphären |
| 10,0 | 7,0 | 5,3 | 4,3 | 3,6 | 3,2 | 2,8 | 2,5 | 2,3 | 2,0 | 1,85 | 1,7 | □Linien freie Oeffnung. |

Wenn mehrere Kessel einen gemeinschaftlichen Dampfraum oder ein gemeinschaftliches Dampfabführungsrohr haben, von welchem sie nicht einzeln abgesperrt werden können, so genügt es, wenn darauf im Ganzen mindestens zwei dergleichen Ventile angebracht sind.

Die Ventile müssen gut bearbeitet und so eingerichtet sein, daß sie zwar beliebig geöffnet, aber nicht mehr belastet werden können, als die vorgeschriebene Spannung der Dämpfe erfordert. Sind zwei oder mehrere Ventile angeordnet

**Ertheilung derselben die erforderlichen Vorkehrungen und Einrichtungen vorzuschreiben.**

---

und besitzt eins derselben die im Vorstehenden festgesetzte freie Oeffnung zum Abführen der Dämpfe, so genügt es, wenn nur dies eine Ventil gegen unbefugte Belastung geschützt wird. Für das Ventil und den Belastungshebel muß eine Führung angebracht und bei beschränktem Dampfraum im Kessel eine Vorrichtung getroffen werden, durch welche beim Erheben des Ventils das Ausspritzen des Kesselwassers durch die Oeffnung verhindert wird.

Dampfschiffs-, Locomotiv- und Locomobilkessel müssen mindestens zwei Sicherheitsventile erhalten. Bei Dampfschiffkesseln muß dem einen Ventil auf dem Verdeck eine solche Stellung gegeben werden, daß die vorgeschriebene Belastung mit Leichtigkeit untersucht werden kann; liegt der Dampfraum unter dem Verdeck, so genügt es, wenn das eine Ventil von dem Verdecke aus leicht zugänglich ist.

§. 11.

An jedem Dampfkessel oder an den Dampfleitungsröhren muß eine Vorrichtung angebracht sein, welche den stattfindenden Druck der Dämpfe im Kessel zuverlässig angiebt (Manometer). Wenn mehrere Dampfkessel einen gemeinschaftlichen Dampfraum oder ein gemeinschaftliches Dampfrohr haben, von dem sie nicht einzeln abgesperrt werden können, so genügt es, wenn die Vorrichtung an einem Kessel oder an dem gemeinschaftlichen Dampfraum oder Dampfrohr angebracht ist. An Dampfschiffskesseln müssen zwei solche Vorrichtungen angebracht werden, von denen die eine im Maschinenraum im Gesichtskreise des Wärters, die zweite an einer solchen Stelle sich befindet, daß sie vom Verdeck aus leicht beobachtet werden kann.

Die Wahl der Construction für die Manometer ist freigestellt, es muß jedoch, um ihre Richtigkeit prüfen zu können, ein oben offenes Quecksilberröhren-Manometer (Controlmanometer) vorhanden sein, mit welchem jeder mit einem anderen Manometer versehene Dampfkessel in Verbindung gebracht werden kann.

Ist wegen besonderer örtlicher Verhältnisse eine Verbindung des Controlmanometers mit dem Dampfraume des Kessels nicht angängig, so kann ausnahmsweise das Controlmanometer, von dem Kessel entfernt, an einem geeigneten Orte aufgestellt werden, vorausgesetzt, daß das Controlmanometer mit der zur Erzeugung des Drucks erforderlichen Vorrichtnng versehen ist.

An allen Manometern, mit Ausschluß der Controlmanometer, muß die in der polizeilichen Genehmigung zur Benutzung des Dampfkessels zugelassene höchste Dampfspannung durch eine in die Augen fallende Marke bezeichnet sein.

§. 12.

Die Verwendung von Gußeisen zu den Wandungen der Dampfkessel, der Feuerröhren und Siederöhren ist ohne Ausnahme und ohne Unterschied der Abmessungen untersagt. Zu den Wandungen sind in dieser Beziehung nicht zu rechnen: Dampfdome, Ventilgehäuse, Mannlochdeckel, Deckel von Reinigungsluken und Rohrstutzen, letztere, sofern sie nicht von Kesselmauerwerk umschlossen oder vom Feuer berührt sind.

Die Verwendung von Messingblech zu den Wandungen der Dampfkessel ist gleichfalls untersagt, es ist jedoch gestattet, sich des Messingblechs zu Feuerröhren bis zu einem inneren Durchmesser von vier Zollen zu bedienen.

Bevor der Kessel in Betrieb genommen wird, ist zu untersuchen, ob die Ausführung den Bestimmungen der ertheilten Genehmigung entspricht. Wer

---

§. 13.

Um die Dampfkessel gegen das Zerreißen und Zerspringen durch den Dampfdruck zu sichern, darf zur Fertigung derselben nur gutes Material verwendet werden. Bei allen Dampfkesseln bleibt die Bestimmung der Stärke des Materials dem Verfertiger des Kessels überlassen. Derselbe hat dafür zu sorgen, daß die Wandstärke des Kessels, sowie der Siede- und Feuerröhren, beziehungsweise des Feuerkastens mit Rücksicht auf die etwa vorhandene Verankerung durch Stehbolzen, dem beabsichtigten Dampfdruck entsprechend, bestimmt, auch jedes Feuerrohr, dessen Durchmesser mehr als vier Zoll beträgt, durch eine angemessene Verstärkung gegen ein Zusammendrücken und Abreißen gesichert werde.

In allen diesen Beziehungen, sowie für die Zweckmäßigkeit der gewählten Construction ist der Verfertiger des Kessels verantwortlich.

§. 14.

Jeder Dampfkessel muß, bevor er eingemauert und ummantelt wird, nach Verschluß sämmtlicher Oeffnungen und Belastung der Sicherheitsventile mittelst einer Druckpumpe mit Wasser mit dem zweifachen Betrage des dem Drucke der beabsichtigten Dampfspannnng entsprechenden Gewichts geprüft werden.

Die Kesselwände und die Wände der Feuerzüge müssen dieser Prüfung widerstehen, ohne eine Veränderung ihrer Form zu zeigen und ohne undicht zu werden. Diese Druckprobe muß wiederholt werden:

a) nach Reparaturen, welche in der Maschinenfabrik haben ausgeführt werden müssen;
b) wenn feststehende Kessel an einer anderen Betriebsstätte aufgestellt werden. (Erlaß vom 1. Dezember 1864.)

§. 15.

An jedem Kessel muß der nach der polizeilichen Genehmigung zulässige Ueberschuß der Dampfspannung über den Druck der äußeren Atmosphäre, sowie der Name des Fabrikanten, die laufende Fabriknummer und das Jahr der Anfertigung in leicht erkennbarer und dauerhafter Weise angegeben sein.

§. 16.

Die im §. 12 des Gesetzes vom 1. Juli 1861 vorgeschriebene Untersuchung muß sich:

1. auf die vorschriftsmäßige Construction des Dampfkessels,
2. auf die gehörige Ausführung der sonstigen, in diesem Regulativ oder in der Genehmigungsurkunde enthaltenen Bestimmungen

erstrecken.

Die Untersuchung des Kessels muß vor dessen Aufstellung erfolgen und kann in der Fabrik, wo derselbe verfertigt worden, oder an dem Orte geschehen, wo er aufgestellt werden soll.

Die Untersuchung über die Ausführung der sonstigen Bestimmungen wird nach Aufstellung des Dampfkessels vorgenommen.

Beide Untersuchungen werden spätestens drei Tage nach geschehener Anzeige von der erfolgten Vollendung oder Ankunft des Kessels am Bestimmungsorte, beziehungsweise von der geschehenen Aufstellung desselben angestellt, und es werden

vor dem Empfange der hierüber auszufertigenden Bescheinigung den Betrieb beginnt, hat die im §. 177 der Allgemeinen Gewerbeordnung angedrohte Strafe verwirkt.

Die vorstehenden Bestimmungen gelten auch für Dampfkessel, welche zu anderen als gewerblichen Zwecken dienen.

§. 13. Die Regierungen sind ermächtigt, über die Entfernung, welche bei Errichtung von durch Wind bewegten Triebwerken von benachbarten fremden Grundstücken und von öffentlichen Wegen inne zu halten ist, durch Polizeiverordnungen Bestimmung zu treffen. Auf diese Verordnungen finden die Vorschriften des Gesetzes vom 11. März 1850 (Gesetzsamml. S. 388) Anwendung.

§. 14. Die §§. 27 — 38 der Allgemeinen Gewerbeordnung vom 17. Januar 1845, die Cabinetsordre, betreffend die Anlage und den Gebrauch von Dampfmaschinen vom 1. Januar 1831 (Gesetzsamml. S. 372) und die Cabinetsordre vom 27. September 1837, betreffend die Anwendung der Vorschriften der Cabinetsordre vom 1. Januar 1831 auf die Anlage und den Gebrauch von Dampfkesseln zu anderen Zwecken als zum Maschinenbetriebe (Gesetzsamml. S. 205), werden aufgehoben. Wo in den Gesetzen bisher auf eine der vorstehend bezeichneten gesetzlichen Vorschriften hingewiesen ist, finden fortan die Bestimmungen dieses Gesetzes Anwendung.

§. 15. Der Minister für Handel, Gewerbe und öffentliche Arbeiten ist mit der Ausführung dieses Gesetzes beauftragt.

## §. 60.

Der Bergwerkseigenthümer ist befugt, im freien Felde Hülfsbaue anzulegen[135]).

---

die hierüber zu ertheilenden Bescheinigungen spätestens in drei Tagen nach der veranstalteten Untersuchung ausgefertigt.

§. 17.

Sollen Dampfkessel, welche sich bereits im Gange befanden, als die Allerhöchste Cabinetsordre vom 1. Januar 1831 Gesetzeskraft erhielt, oder welche zwar erst später aufgestellt, vor ihrer Benutzung aber nach Maßgabe der zur Zeit ihrer Aufstellung bestehenden Vorschriften geprüft worden sind, an einem andereu Orte benutzt werden, so kann eine Abänderung ihrer Construction nicht gefordert werden. In allen anderen Beziehungen sind jedoch in diesen Fällen die in dem gegenwärtigen Regulativ getroffenen Bestimmungen zu beobachten.

135) Der §. 60 enthält eine positive Erweiterung des im §. 54 definirten Inhaltes des Bergwerkseigenthumes, indem er dem Bergwerkseigenthümer gestattet, auch außerhalb seines Feldes Anlagen zu machen, welche die Gewinnung des in seinem Felde anstehenden Minerales bezwecken. Solche Anlagen heißen Hülfsbaue, weil sie nicht eine Mineralgewinnung in dem Felde, in welchem sie betrieben werden, zum Zwecke haben dürfen (obgleich eine zufällige Mineralgewinnung dabei statthaben kann, §. 63); sondern nur die Mineralgewinnung innerhalb des

Dieselbe Befugniß steht ihm im Felde anderer Bergwerkseigenthümer zu, sofern die Hülfsbaue die Wasser- und Wetterlösung oder den vortheilhafteren Betrieb des Bergwerks, für welches die Anlage gemacht werden soll, bezwecken und der eigene Bergbau des Anderen dadurch weder gestört noch gefährdet wird[136]).

Der Hülfsbau ist Zubehör des berechtigten Bergwerks, beziehungsweise der berechtigten Bergwerke, wenn die Eigenthümer zweier oder mehrerer Bergwerke sich zur gemeinschaftlichen Anlage eines Hülfsbaues vereinigt und keine anderweitige Vereinbarung getroffen haben[137]).

---

verliehenen Feldes möglich machen oder erleichtern sollen, wie dies namentlich bei den außerhalb des Feldes zur Lösung desselben angesetzten Stollen der Fall ist.

136) Bei der Anlage des Hülfsbaues im fremden Felde nimmt die Befugniß des Bergwerksbesitzers den Charakter einer nothwendigen Servitut an, weil der Bergwerksbesitzer, in dessen Felde der Hülfsbau angelegt wird, dadurch eine Einschränkung in seinem Eigenthume oder in dem darausfließenden ausschließlichen Rechte zum Bergwerksbetriebe erleidet. Das frühere rechtsrheinische Bergrecht kannte eine noch viel ausgedehntere Legalservitut beim Bergbau, indem es jeden Bergwerksbesitzer auf Verordnung des Bergamtes verpflichtet, jeder andern Grube den Mitgebrauch seiner Schächte, Stollen oder Strecken gegen eine bergamtlich bestimmte Steuer zu verstatten (Allg. Landr. Th. II, Tit. 16, §. 345). Diese überaus weit gehemde gesetzliche Einschränkung des Bergwerkseigenthumes, welche dem linksrheinischen Bergrechte nicht bekannt war, ist mit Recht verlassen. Ebenso ist das hieher gehörige eigenthümliche Rechtsinstiut des ältern rechtsrheinischen Bergrechtes, die Erbstollengerechtigkeit aufgehoben, welche das ausschließliche Recht gab, von einem gewissen Punkte aus vorliegende Gruben mittelst eines Stollens zu lösen und für diese Lösung gewisse Abgaben (Neunter Stollenhieb, vierter Pfennig u. s. w.), von den gelösten Gruben zu erheben. Die Rechte der vor dem Allg. Berggesetze verliehenen Erbstollen sind nach §. 223 zu beurtheilen.

137) Diese Bestimmung setzt voraus, daß die mehreren Bergwerke nach §. 41 consolidirt werden, denn der Hülfsbau kann nicht zu verschiedenen Bergwerken in dem Verhältnisse eines Zubehörs stehen. Ist daher keine Consolidation erfolgt, so gehört der gemeinschaftliche Hülfsbau entweder zu dem einen Bergwerke, oder nach reellen Theilen zu den verschiedenen Werken (dies wird z. B. der Fall sein bei den verschiedenen Flügeln eines zur gemeinschaftlichen Lösung betriebenen Stollens), oder endlich der Hülfsbau ist trotz §. 60 eine selbständige Sache, an der die verschiedenen Bergwerksbesitzer nach ideellen Theilen als Miteigenthümer participiren. Er muß alsdann wie ein besonderes Bergwerk betrachtet und auf die Mitbetheiligten muß, wenn der Vertrag nicht etwas anderes besagt (§. 133), der vierte Titel des Allg. Berggesetzes (§§. 94—132) angewendet werden. Dies wird z. B. bei einem realiter ungetheilten Stollen der Fall sein, der nach Art der früheren Erbstollen zur gemeinschaftlichen Lösung einer Anzahl vorliegender Gruben getrieben wird.

Die gemeinschaftlichen Hülfsbaue, denen die österreichische und die französische Berggesetzgebung ein ganzes System eigenthümlicher Vorschriften widmen, sind in

§. 61.

Bestreitet der Bergwerkseigenthümer, in dessen Felde ein Hülfsbau angelegt werden soll, seine Verpflichtung zur Gestattung desselben, so entscheidet hierüber das Oberbergamt mit Ausschluß des Rechtsweges[138]).

§. 62.

Wird ein Hülfsbau in dem Felde eines anderen Bergwerkseigenthümers angelegt, so muß der Hülfsbauberechtigte für allen Schaden, welcher dem belasteten Bergwerke durch seine Anlage zugefügt wird, vollständige Entschädigung leisten.

§. 63.

Die bei Ausführung eines Hülfsbaues im freien Felde gewonnenen Mineralien (§. 1) werden als Theil der Förderung des durch den Hülfsbau zu lösenden Bergwerks behandelt.

Werden bei Ausführung eines Hülfsbaues im Felde eines anderen Bergwerkseigenthümers Mineralien gewonnen, auf welche der Letztere berechtigt ist, so müssen diese Mineralien demselben auf sein Verlangen unentgeltlich herausgegeben werden[139]).

§. 64.

Der Bergwerkseigenthümer hat die Befugniß, die Abtretung des zu seinen bergbaulichen Zwecken (§§. 54 bis 60) erforderlichen Grund und Bodens nach näherer Vorschrift des fünften Titels zu verlangen.

---

dem Allg. Berggesetze mit Recht lediglich der freien Thätigkeit und Vereinbarung der Grubenbesitzer überlassen. Es bedarf keiner Revierstollen, keiner irgend wie benannten Surrogate der Erbstollengerechtigkeit. Der Wetteifer der Concurrenz und der schaffende Gemeinsinn — das sind die Mittel, durch die dem Bergbau wirksamer als durch obrigkeitliche Bevormundung aufgeholfen werden kann.

138) Die Entscheidung des Oberbergamtes erstreckt sich nur auf die Verpflichtung des Feldesnachbarn zur Gestattung des Hülfsbaues, nicht auf die in den §§. 62, 63 bestimmten Verpflichtungen des Unternehmers gegen den Feldesnachbarn. Eine eigentliche Gegenleistung findet auch nicht statt. Die Anlage des Hülfsbaues muß vielmehr unentgeltlich gestattet werden. Erst für die bei der Anlage des Hülfsbaues zugefügten Schäden muß nach §§. 62, 63 Ersatz geleistet werden, welcher nöthigenfalls im Rechtswege zu verlangen ist. Der Beschluß des Oberbergamtes setzt indeß nicht bloß die Zulässigkeit des Hülfsbaues überhaupt, sondern auch wenn darüber Streit entsteht, den Umfang und die Richtung der auszuführenden Anlagen und die dabei zum Schutze des Feldesnachbarn zu treffenden Vorkehrungen fest.

139) Die unentgeltliche Herausgabe — abweichend von den Fällen der §§. 56, 57 — correspondirt mit der unentgeltlichen Gestattung des Hülfsbaues (vergl. Anm. 138).

## Zweiter Abschnitt.

## Von dem Betriebe und der Verwaltung.

### §. 65.

Der Bergwerksbesitzer ist verpflichtet, das Bergwerk zu betreiben, wenn der Unterlassung oder Einstellung des Betriebes nach der Entscheidung des Oberbergamts überwiegende Gründe des öffentlichen Interesses entgegenstehen [140].

Das Oberbergamt hat in diesem Falle die Befugniß, den Eigenthümer, nach Vernehmung desselben, zur Inbetriebsetzung des Bergwerks oder zur Fortsetzung des unterbrochenen Betriebes binnen einer Frist von sechs Monaten aufzufordern und für den Fall der Nichtbefolgung dieser Aufforderung die Entziehung des Bergwerkseigenthums nach Maßgabe des sechsten Titels anzudrohen.

### §. 66.

Der Bergwerksbesitzer ist verpflichtet, der Bergbehörde von der beabsichtigten Inbetriebsetzung des Bergwerks mindestens vier Wochen vorher Anzeige zu machen.

140) Es ist ein uralt überlieferter Grundsatz des deutschen Bergrechtes, daß der Besitzer eines Bergwerks verpflichtet sei, dasselbe ununterbrochen zu betreiben und zwar bei Verlust seines Eigenthumes. Diese Regel ist in einer Zeit entstanden, wo der Bergbau weniger Anforderungen an das Kapital, als an den Fleiß des Bergwerksbesitzers machte, der häufig von dem Besitzer selbst mit eigener Hand betrieben wurde. Als das in den Bergwerken angelegte Kapital größer wurde, hörte jedoch diese Norm bald auf, dem Gedeihen des Bergbaues förderlich zu sein. Sie schlug in das Gegentheil um, denn der Unternehmer, der das Kapital zum Bergbau hergab, verlangte mit Recht auch in derjenigen Zeit einen gesicherten Besitz zu behalten, wo der Betrieb des Bergwerkes vorübergehend eingestellt werden mußte. Er sträubte sich gegen die Vorschrift, welche ihn zum Betriebe zwang, während derselbe sich mit seinem Interesse nicht vertrug. Dennoch hielt die rechtsrheinische Gesetzgebung an diesem Grundsatze fest, während das französische Berggesetz vom 21. April 1810 im Art. 49 den Zwang zum Betriebe auf einen die öffentliche Sicherheit oder die Versorgung der Abnehmer beunruhigenden Bedarfsfall beschränkte. Den letztern Grundsatz hat auch das Allgem. Berggesetz angenommen und damit practisch wohl jeden Zwang zum Betriebe beseitigt, da schwerlich ein Fall vorliegt, wo das öffentliche Interesse den Betrieb des Bergwerks dringend gebietet, ohne daß es auch der Besitzer in seinem Interesse fände den Betrieb zu eröffnen. Denn das öffentliche Interesse sucht wie jedes andere seine Befriedigung durch das Angebot eines Preises zu erlangen, und dieses Angebot, wenn es dem Interesse des Bergwerksbesitzers entspricht, wird wohl ohne alle Ausnahme sicherer und rascher zur Befriedigung des öffentlichen Bedürfnisses führen, als das im §. 65 und in den §§. 155—160 vorgesehene Zwangsverfahren, dessen Dauer in der Regel ein Jahr übersteigen wird.

§. 67.

Der Betrieb darf nur auf Grund eines Betriebsplans geführt werden.

Derselbe unterliegt der Prüfung durch die Bergbehörde und muß der letzteren zu diesem Zwecke vor der Ausführung vorgelegt werden.

Die Prüfung hat sich auf die im §. 196 festgestellten polizeilichen Gesichtspunkte zu beschränken[141]).

§. 68.

Erhebt die Bergbehörde nicht binnen vierzehn Tagen nach Vorlegung des Betriebsplans Einspruch gegen denselben, so ist der Bergwerksbesitzer zur Ausführung befugt.

Wird dagegen innerhalb dieser Frist Einspruch von der Bergbehörde erhoben, so ist der Bergwerksbesitzer gleichzeitig zur Erörterung der beanstandeten Betriebsbestimmungen zu einem Termine vorzuladen[142]).

---

141) Die Ausführung des Betriebsplanes ist von der Bergbehörde auch dann zu untersagen, wenn sich ergibt, daß der projectirte Betrieb die Grenzen des verliehenen Feldes überschreitet. — Gesetz vom 26. März 1856 §. 3 (oben S. 85) — Recursbescheid des Handelsministers vom 18. November 1865.

142) Ueber das Verfahren bestimmt die Bonner Instruction für die Revierbeamten im §. 32:

„Der Revierbeamte hat den Betrieb eines Bergwerks nur auf Grund eines zu seiner Prüfung gelangten Betriebsplans zu gestatten.

Die Aufstellung des Betriebsplans und die Bestimmung des Zeitraumes, für welchen derselbe Geltung haben soll, ist lediglich Sache des Bergwerksbesitzers oder dessen Vertreters.

Sobald ein Betriebsplan vorgelegt ist, hat der Revierbeamte denselben nach den im §. 196 d. B.G. festgestellten Gesichtspunkten und nur nach diesen zu prüfen. Findet sich in dieser Beziehung nichts zu erinnern, so ist der Betriebsplan lediglich zu den Acten zu nehmen. Glaubt der Revierbeamte dagegen gewisse Betriebsbestimmungen beanstanden zu müssen, so hat derselbe gemäß §. 68 d. B.G. binnen der dort vorgeschriebenen vierzehntägigen Frist Einspruch gegen den vorgelegten Betriebsplan zu erheben und gleichzeitig den Bergwerksbesitzer (Repräsentanten) zur Erörterung der beanstandeten Betriebsbestimmungen zu einem baldigst, nöthigenfalls an Ort und Stelle abzuhaltenden Termine vorzuladen. Dem Vorzuladenden ist hierbei zu eröffnen, daß, bevor eine Verständigung erzielt, beziehungsweise ein Beschluß des Oberbergamts erfolgt sei (§. 68 d. B.G.), der Betriebsplan nicht zur Ausführung gebracht werden dürfe.

Führt die Terminsverhandlung nicht zu einer Verständigung, so hat der Revierbeamte unter Vorlegung des im Termine aufzunehmenden Protokolls, die Entscheidung des Oberbergamts einzuholen.

Das vorstehende Verfahren findet auf die Prüfung späterer Abänderungen der Betriebspläne ebenfalls Anwendung und ist unter Umständen auch dann noch,

Insoweit auf diesem Wege keine Verständigung erzielt wird, hat das Oberbergamt diejenigen Abänderungen des Betriebsplans, ohne welche derselbe nicht zur Ausführung gebracht werden darf, durch einen Beschluß festzusetzen[143]).

§. 69.

Die §§. 67 und 68 finden auch auf die späteren Abänderungen der Betriebspläne Anwendung.

Werden jedoch infolge unvorhergesehener Ereignisse sofortige Abänderungen eines Betriebsplans erforderlich, so genügt es, wenn dieselben binnen den nächsten vierzehn Tagen der Bergbehörde durch den Betriebsführer[144]) angezeigt werden.

§. 70.

Wird ein Betrieb den Vorschriften der §§. 67 bis 69 zuwider geführt, so ist die Bergbehörde befugt, nöthigenfalls einen solchen Betrieb einzustellen[145]).

---

zu beachten, wenn sofort erforderlich gewordene Abänderungen eines Betriebsplans erst nachher angezeigt werden. (§. 69 d. B.G.)

Von der Befugniß, einen den §§. 67 bis 69 d. B.G. zuwider geführten Betrieb einzustellen (§. 70 d. B.G.), hat der Revierbeamte vorzugsweise dann Gebrauch zu machen, wenn ein solcher gesetzwidriger Betrieb gemeingefährliche Folgen haben könnte. Dabei ist zu berücksichtigen, daß häufig nur die Einstellung einzelner Betriebspunkte erforderlich sein wird."

143) Gegen diesen Beschluß findet der Recurs an den Handelsminister statt, welcher nach §§. 191—193 binnen vier Wochen bei dem Oberbergamte eingelegt werden muß. Der Recurs hat keinen Suspensiveffect. Der beanstandete Betrieb muß folglich bis zur Entscheidung des Ministers ruhen, oder er darf doch nur mit den im Beschlusse des Oberbergamtes angeordneten Abänderungen geführt werden, weil bis zur Entscheidung des Ministers die stillschweigende oder ausdrückliche Genehmigung der Behörde fehlt, welche das Gesetz (§§. 67, 68) zur Ausführung des Betriebsplanes erheischt.

144) In den übrigen Fällen der §§. 66—74 müssen die Anträge von dem Bergwerksbesitzer oder dessen Bevollmächtigten, bei Gewerkschaften von dem Repräsentanten oder Grubenvorstande (§. 117) ausgehen. Im Falle des §. 69 ist dem Betriebsführer die Verantwortlichkeit für die Anzeige auferlegt, weil das Gesetz mit Recht annimmt, daß nicht in jedem Falle der Bergwerksbesitzer in der Lage sei den Betrieb seiner Grube so speziell zu überwachen, daß er von jeder Veränderung des Betriebsplanes innerhalb 14 Tagen Kenntniß erhielte. (Commiss.-Bericht d. Herrenhauses S. 31.)

145) Außerdem tritt nach §. 207 eine Geldbuße bis zu 50 Thlr. ein, welche im Wege des gerichtlichen Verfahrens verhängt wird (§. 209). Die Betriebseinstellung erfolgt durch den Revierbeamten (§. 189). Muß dieselbe erzwungen werden, so kann der Revierbeamte entweder seine Anordnung selbst zur Ausführung bringen, indem er den Zugang zu der Grube verschließt, den Gang der Maschinen hemmt und zugleich die zur Sicherstellung der Baue erforderlichen Vorkehrungen

§. 71

Will der Bergwerksbesitzer den Betrieb des Bergwerks einstellen, so hat derselbe der Bergbehörde hiervon mindestens vier Wochen vorher Anzeige zu machen.

Muß der Betrieb infolge unvorhergesehener Ereignisse schon in kürzerer Frist oder sofort eingestellt werden, so ist die Anzeige binnen längstens vierzehn Tagen nach erfolgter Betriebseinstellung nachzuholen.

§. 72.

Der Bergwerksbesitzer hat auf seine Kosten ein Grubenbild in zwei Exemplaren durch einen concessionirten Markscheider anfertigen und regelmäßig nachtragen zu lassen.

In welchen Zeitabschnitten die Nachtragung stattfinden muß, wird durch das Oberbergamt vorgeschrieben [146]).

Das eine Exemplar des Grubenbildes ist an die Bergbehörde zum Gebrauche derselben abzuliefern, das andere auf dem Bergwerke oder, falls es daselbst an einem geeigneten Orte fehlt, bei dem Betriebsführer aufzubewahren.

§. 73.

Der Betrieb darf nur unter Leitung, Aufsicht und Verantwortlichkeit von Personen geführt werden, deren Befähigung hierzu anerkannt ist.

§. 74.

Der Bergwerksbesitzer hat die zur Leitung und Beaufsichtigung

---

trifft, oder er kann seiner Verfügung durch executivische Zwangsmittel Folge geben, indem er einen Strafbefehl bis zur Summe von 100 Thlr oder vierwöchentlichem Gefängniß an den Bergwerksbesitzer oder an den Betriebsführer erläßt und vollstreckt. — (Verordnung vom 28. Dezember 1808, §. 48, Nr. 2. Gesetz über die Polizeiverwaltung v. 11. März 1850, §. 20. Vergl. Anm. zu §. 189.) Gegen die Betriebseinstellung findet nicht der Rechtsweg, sondern nur der Recurs an das Oberbergamt und an den Handelsminister statt (Gesetz v. 11. Mai 1842, §§. 1 ff.). Wird die Betriebseinstellung im Wege der Beschwerde als gesetzwidrig oder unzulässig aufgehoben, so bleiben dem Bergwerksbesitzer seine Gerechtsame nach den allgemeinen gesetzlichen Bestimmungen über die Vertretungsverbindlichkeit der Beamten vorbehalten (das. §. 6).

146) Das Oberbergamt zu Halle hat diese Fristen generell bestimmt. Nach der Bekanntmachung vom 11. September 1865 (Dr. Huyssen, Commentar S. 26) muß die Nachtragung bei unterirdisch bebauten Bergwerken, welche das ganze Jahr hindurch im Betriebe stehen, mindestens zweimal in jedem Kalenderjahre, bei allen übrigen Bergwerken jährlich erfolgen. „Der Revierbeamte kann bei einzelnen Bergwerken sowohl längere Fristen gestatten, als auch kürzere Zeiträume für die Nachtragung anordnen. Die Nachtragung muß jedesmal erfolgen, wenn der Betrieb auf länger als drei Monate eingestellt wird."

des Betriebes angenommenen Personen, wie Betriebsführer, Steiger, technische Aufseher 2c., der Bergbehörde[147]) namhaft zu machen.

Diese Personen sind verpflichtet, ihre Befähigung zu den ihnen zu übertragenden Geschäften nachzuweisen und sich zu diesem Zwecke auf Erfordern einer Prüfung durch die Bergbehörde zu unterwerfen[148]).

Erst nachdem letztere die Befähigung anerkannt hat, dürfen die genannten Personen die ihnen übertragenen Geschäfte übernehmen.

§. 75.

Wird der Betrieb von einer Person geleitet oder beaufsichtigt, welche das erforderliche Anerkenntniß ihrer Befähigung (§. 74) nicht besitzt, oder welche diese Befähigung wieder verloren hat[149]), so ist die Bergbehörde befugt, die sofortige Entfernung derselben zu verlangen und nöthigenfalls den in Betracht kommenden Betrieb so lange einzustellen, bis eine als befähigt anerkannte Person angenommen ist.

§. 76.

Die Personen, welche die Leitung oder Beaufsichtigung des Be-

---

147) Dem Revierbeamten (§. 189).

148) Der Nachweis der Befähigung muß für jede einzelne Anstellung geführt werden. Allgemeine Qualificationsatteste für Stellen einer gewissen Art werden nicht ertheilt Der Revierbeamte hat vielmehr die Fähigkeit des Betriebsbeamten in jedem Falle nach Maßgabe der ihm übertragenen Functionen, der größeren oder geringeren Ausdehnung und Gefährlichkeit des seiner Leitung übertragenen Bergbaues und nach Maßgabe der ihm vorgelegten oder bekannten Qualificationsbeweise zu beurtheilen, und nöthigenfalls den Beamten einer Prüfung zu unterwerfen.

149) Die Bergbehörde ist befugt, dem Betriebsbeamten die Anerkennung seiner Befähigung wieder zu entziehen, wenn derselbe Verstöße gegen die Regeln der Technik oder gegen sicherheitspolizeiliche Vorschriften begangen hat, welche die zur Erfüllung seiner Functionen erforderliche Fähigkeit oder Zuverlässigkeit in Frage stellen. Die Verfügung des Revierbeamten, durch welche die Entfernung eines mit seiner Genehmigung angestellten Grubenbeamten verlangt wird, kann im Wege des Recurses mit suspensiver Wirkung angefochten werden, weil der Verlust der Befähigung erst durch die endgültige Entscheidung des Oberbergamtes oder des Handelsministers eintritt. Eine gerichtliche Verurtheilung, derzufolge der Grubenbeamte zu einer Beschäftigung beim Grubenbetriebe unfähig erklärt würde — wie dies in Bezug auf Eisenbahn- und Telegraphenbeamte im Strafgesetzbuche §. 299 vorgesehen ist — findet nicht statt. Uebrigens kann der Revierbeamte die sofortige Entfernung eines mit seiner Genehmigung angestellten Grubenbeamten auch vor der endgültigen Entscheidung über den Verlust seiner Qualification verlangen, wenn dies zur Vermeidung einer dringenden Gefahr nothwendig ist (§. 199).

triebes übernommen haben[150]), sind für die Innehaltung der Betriebspläne, sowie für die Befolgung aller im Gesetze enthaltenen oder auf Grund desselben ergangenen Vorschriften und Anordnungen verantwortlich[151]).

## §. 77.

Dieselben sind verpflichtet, die Bergbeamten, welche im Dienste das Bergwerk befahren[152]), zu begleiten und denselben auf Erfordern Auskunft über den Betrieb zu geben.

---

150) Unter diesen Personen sind die in den §§. 73, 74 bezeichneten Betriebsführer, Steiger, technischen Aufseher zu verstehen. Unter denselben ist weder der Repräsentant der Gewerkschaft, noch der Grubenvorstand (§. 117) begriffen. Es fragt sich deshalb, wer bei einer Gewerkschaft für die Uebertretung der §§. 66—74 verantwortlich zu machen ist. Gegen die Gewerkschaft kann die Verfolgung nicht gerichtet werden, da die gerichtliche Untersuchung nur gegen Individuen, nicht gegen juristische Personen stattfindet (Präjudiz 141 des Obertribunals, Senat für Strafsachen II. Abtheilung Entsch. Bd. 30, S. 367). Ebensowenig können die einzelnen Gewerken verfolgt werden, da sie nicht Bergwerksbesitzer im Sinne der §§. 66 ff. sind. Die Anklage muß daher gegen den Repräsentanten oder das geschäftsführende Mitglied des Grubenvorstandes gerichtet werden, welchen nach §§. 123, 124 die Vertretung der Gewerkschaft gegenüber der Bergbehörde obliegt.

151) Die Verantwortlichkeit für die Uebertretungen der §§. 66, 67, 69, 71, 72, 73 u. 74, welche im §. 207 mit Geldbuße bis zu 50 Thlr. bedroht ist, trifft also in allen Fällen sowohl den Bergwerksbesitzer als die Betriebsbeamten (§§. 73, 74). Die von Dr. Huyssen (Commentar S. 27) aufgestellte Ansicht, daß das Gesetz dem Bergwerksbesitzer Pflichten auferlege, für welche der Betriebsbeamte unmöglich verantwortlich gemacht werden könne, scheint nicht richtig zu sein. Wenn der Bergwerksbesitzer es unterläßt, den Betriebsführer oder Steiger der Bergbehörde behufs Anerkennung seiner Qualification gemäß §. 74 namhaft zu machen, so trifft die Strafe des §. 207 nicht bloß ihn, sondern auch den Betriebsführer oder Steiger, welcher die Betriebsleitung übernommen hat, ohne daß vorher seine Befähigung von der Bergbehörde anerkannt war. Ebenso wenn der Betriebsführer die Ausführung eines Betriebsplanes übernimmt, ohne daß derselbe der Bergbehörde gemäß §§. 67, 68 vierzehn Tage vorher eingereicht ist. Die Strafe trifft indeß den Grubenbeamten nur insofern die strafbare Handlung oder Unterlassung von ihm oder unter seiner Leitung und Aufsicht begangen ist. Deshalb haftet nicht der Steiger für den Nachweis der Qualification des ihm vorgesetzten Betriebsführers oder für die rechtzeitige Nachtragung eines unter der unmittelbaren Aufsicht des Betriebsführers befindlichen Grubenbildes.

Wenn nach §. 76 mehrere Personen wegen derselben Uebertretung gerichtlich verurtheilt werden, so muß gegen jede derselben die Geldbuße festgesetzt werden, es genügt nicht, daß die Angeschuldigten solidarisch in eine Geldstrafe verurtheilt werden. (Goltdammers Archiv Bd. 2, S. 566) Bei einer Polizeiübertretung bedarf es der Feststellung eines bösen Vorsatzes oder auch nur einer Fahrlässigkeit nicht. Erkenntniß des Obertribunals, Senat für Strafsachen II Abth. vom 5. Januar 1854 (Oppenhoff, Strafgesetz S. 559, Nr. 3).

152) Diese Vorschrift ist dem Art. 24 des linksrheinischen Bergwerks-Poli-

§. 78.

Der Bergwerksbesitzer muß den mit Fahrscheinen des Oberbergamts versehenen Personen, welche sich dem Bergfache gewidmet haben, zum Zwecke ihrer Ausbildung die Befahrung und Besichtigung des Werkes gestatten.

§. 79.

Der Bergwerksbesitzer ist verpflichtet, in den dafür festgesetzten Zeiträumen und Formen der Bergbehörde die vom Handelsminister vorgeschriebenen statistischen Nachrichten einzureichen[153]).

---

# Dritter Abschnitt.

## Von den Bergleuten.

§. 80.

Das Vertragsverhältniß zwischen den Bergwerksbesitzern und den Bergleuten[154]) wird nach den allgemeinen gesetzlichen Vor-

---

zeidecrets vom 3. Januar 1813 entnommen. Man hat indeß davon Abstand genommen, die Uebertretung im §. 207 unter Strafe zu stellen, weil nach den bisherigen Erfahrungen ein Bedürfniß zu einer Strafandrohung nicht vorlag. Sollte die Befahrung der Grube oder die Begleitung durch einen Revierbeamten dem Revierbeamten oder dazu legitimirten Commissar des Oberbergamtes oder des Handelsministers verweigert werden, so müßte dieselbe durch executivische Strafbefehle (Verordnung v. 26. Dezbr. 1808 §. 48, Nr. 2) erzwungen werden.

153) Die statistischen Nachrichten sollen nach dem Erlaß vom 2. Januar 1857 bis zum 1. April jeden Jahres von den Oberbergämtern an den Minister eingereicht werden und folgende Angaben enthalten:

1. Menge der Production nach Maß und Gewicht,
2. Werth der Production,
3. Anzahl der Arbeiter, deren Frauen und Kinder.

Es ist zu wünschen, daß unsre Bergwerksstatistik durch die Angabe der Gewinnungskosten, namentlich der Arbeitslöhne, des Materialien- und insbesondere des Kohlenverbrauches, ferner durch Angabe der beschäftigten Maschinenkräfte, der erzielten Verkaufspreise u. dgl. ergänzt werde. Der Werth derartiger eingehender Mittheilungen für die betheiligte Industrie ist zu sehr einleuchtend, als daß Bedenken gegen die Veröffentlichung dieser Resultate seitens der Bergwerksbesitzer zu erwarten wären, zumal da dieselben schon seitens der beim Bergbau betheiligten Actiengesellschaften regelmäßig und nicht zum Nachtheile ihres Credits veröffentlicht werden.

154) Das Vertragsverhältniß zwischen den Bergwerksbesitzern und den Bergleuten gehört nach preußischem Civilrecht zu den Verträgen über Handlungen, nach gemeinem und nach französischem Rechte zu den Miethsverträgen. Man unter-

schriften [155]) beurtheilt, soweit nicht nachstehend etwas Anderes bestimmt ist.

Erlassen die Bergwerksbesitzer Arbeitsordnungen [156]) für ihre

scheidet zwei Arten des Vertrages über Arbeiten, nämlich die Dienstmiethe (locatio conductio operarum) und die Werksverdingung (locatio conductio operis) Beide Verträge sind dadurch unterschieden, daß bei der Werksverdingung der Unternehmer eine gewisse Wirkung seiner Arbeiten, z. B. die Abteufung eines Schachtes, gegen den bestimmten Preis verspricht, während bei der Dienstmiethe nur die auf Hervorbringung des unternommenen Werkes gerichteten Dienste versprochen werden, nicht aber ein bestimmter Erfolg dieser Arbeiten garantirt wird. Aus diesem Unterschiede entspringen die verschiedenen Regeln über die Erfüllung des Vertrages, über die Vertretung des Zufalles, über die Wirkungen der Uebergabe bei der Dienstmiethe und bei der Werksverdingung. (Vergl. Allg. Landrecht Th. I, Tit. 11, §§. 898—980. Code Napoléon Art. 1779—1799. L 24, l. 25, l. 36, Dig. XIX, 2.) Alle diese Verschiedenheiten lassen sich auf die Grundlage zurückführen, daß bei der Dienstmiethe nur die auf Hervorbringung eines bestimmten Werkes gerichteten Arbeiten, bei der Werksverdingung aber die Hervorbringung dieses Werkes selbst Gegenstand des Vertrages ist. Die Vermuthung spricht nach preußischem Rechte bei Verträgen mit Handarbeitern, also auch mit Bergleuten für die Dienstmiethe. Wenn also auch die Bezahlung des Arbeiters nicht im Tagelohne, sondern im Gedinge nach Klaftern, Ruthen oder einem andern Maße festgesetzt ist, so finden doch die Regeln der Dienstmiethe statt, sobald erhellt, daß nicht das Werk selbst verdungen ist, sondern das Gedinge nur als Maßstab für die Zahlung dient. (A. L.R. l. c. §. 906.) Auch der Gedingearbeiter kann daher noch vor Vollendung der verdungenen Arbeit im Wege der Kündigung gemäß §. 81 entlassen werden, wenn nichts anderes feststeht. Er haftet nicht für eine zufällige Zerstörung des Werkes vor der Vollendung. Er hat also, auch wenn der Schacht während der Abteufungsarbeit verbricht, den Lohn für die abgeteufte Lachterzahl zu fordern. Bei der Werksverdingung dagegen ist die Dauer des Vertrages von der Vollendung des Werkes abhängig. Der Unternehmer muß die zufällige Vernichtung des Werkes vor der Uebergabe tragen. Er verliert Arbeitslohn und Auslagen (A. L.R. l. c §. 960. Code Nap. Art 1790).

155) Der Arbeitsvertrag kann in der Regel mündlich geschlossen werden. Die schrifliche Form ist nach preußischem Civilrechte erforderlich, wenn der bedungene Arbeitslohn mehr als 50 Thlr. beträgt (Allg. Landrecht Th. I, Tit. 5, §. 131). Bei Verträgen auf bestimmte Zeit entscheidet die Summe des Arbeitslohnes während der Vertragsdauer. Bei Verträgen auf unbestimmte Zeit ist der Einheitssatz, also der jährliche Lohn, der Monats-, Wochen- oder Tagelohn maßgebend. Ist bei einem Lohnsatze über 50 Thlr. der Vertrag dennoch nicht schriftlich geschlossen, die Arbeiten sind aber geleistet worden, so muß der mündlich bedungene Lohn gezahlt werden (a. a. O. §. 165).

Nach französischem Rechte ist die Klagbarkeit der Lohnforderung von der schriftlichen Abfassung des Vertrages abhängig, wenn die eingeklagte Summe den Werth von 150 Franken übersteigt. Die schriftliche Urkunde muß in soviel Exemplaren ausgefertigt werden, als Parteien vorhanden sind. (Code Nap. Art. 1341, 1325.) Das gemeine Recht schreibt keine bestimmte Form für die Arbeitsverträge vor.

156) Die Arbeitsordnungen enthalten eine allgemeine Vertragsofferte,

Werke, so müssen dieselben gleichzeitig mit der Bekanntmachung auf dem Werke zur Kenntniß der Bergbehörde gebracht werden.

§. 81.

Das Vertragsverhältniß kann, wenn nicht ein Anderes verabredet ist, durch eine jedem Theile freistehende, vierzehn Tage vorher zu erklärende Kündigung aufgelöst werden [157]).

§. 82.

Vor Ablauf der vertragsmäßigen Arbeitszeit und ohne vorhergegangene Aufkündigung können Bergleute entlassen werden:

---

durch welche der Bergwerksbesitzer die Bedingungen feststellt, unter welchen er Arbeiter auf seiner Grube beschäftigen will. Die Bestimmungen derselben betreffen, entweder die wesentlichen und gewöhnlichen Bedingungen des Arbeitsvertrages z. B. die Dauer und die Zeit der Schichten, die Höhe des Schichtlohnes oder des Gedinges u. s. w., oder sie enthalten Nebenbestimmungen, welche die pünktliche Erfüllung des Vertrages sichern sollen, namentlich Conventionalstrafen. Diese Nebenbestimmungen sind es, an deren Kenntniß die Behörde ein Interesse hat, um nöthigenfalls unzulässigen Beschränkungen der persönlichen oder der Gewerbefreiheit entgegen zu treten. Das Gesetz vom 20. Mai 1860 verlangte im §. 3 die Bestätigung der Arbeitsordnungen durch die Bergbehörde. Damals war es daher nothwendig, die Festsetzungen über Lohn, Arbeitsdauer u. dgl. aus den Arbeitsordnungen auszuschließen, weil solche zum wesentlichen Inhalte des Arbeitsvertrages gehörige Bestimmungen nicht der Bestätigung durch die Bergbehörde unterliegen konnten. Der Erlaß vom 13. Februar 1861 (Zeitschr. f. d. Berg-, Hütten- u. Salinenwesen Bd. IX, S. 12) bestimmte deshalb, daß nur solche Bestimmungen in die Arbeitsordnungen aufgenommen werden sollten, „welche das öffentliche Interesse berühren, also die Vorschriften, welche das Verhalten der Bergleute bei der Arbeit gegen ihre Vorgesetzten und Mitarbeiter regeln und die Verletzung dieser Ordnung unter Strafe stellen." — Diese Beschränkung ist mit der Bestätigung der Arbeitsordnungen weggefallen. Es können in letztere alle Bestimmungen aufgenommen werden, welche den Inhalt des Arbeitsvertrages betreffen.

157) Für die Form der Aufkündigung gelten dieselben Formen wie für den Vertrag. Sie muß deshalb schriftlich erfolgen, sofern der Vertrag wegen der Höhe des Objectes schriftlich geschlossen werden müßte. Im andern Falle kann auch der ohne gesetzliche Nothwendigkeit schriftlich geschlossene Vertrag mündlich aufgekündigt werden. Die Aufkündigung muß seitens des Bergmannes an den Bergwerksbesitzer oder dessen Bevollmächtigten, bei Gewerkschaften an den Repräsentanten oder Grubenvorstand, oder an denjenigen Beamten gerichtet werden, welchen letztere mit Genehmigung der Gewerkschaft zur Abschließung von Arbeitsverträgen bevollmächtigt haben (vergl. Anm. zu §. 125). Bei der Berechnung der Frist zählt der Tag der Aufkündigung nicht mit. Der Bergwerksbesitzer und der Bergmann müssen also das Vertragsverhältniß noch 14 Tage lang nach diesem Tage fortsetzen, so daß der Arbeiter, welcher am 10ten kündigt, erst am 24ten Abends die Arbeit verlassen darf. Wegen der Bestrafung der Bergleute, welche ohne gesetzlichen Grund eigenmächtig die Arbeit verlassen, vergl. §. 18 des Gesetzes vom 21. Mai 1860 (unten Zusatz zu §. 92).

1) wenn sie eines Diebstahls, einer Veruntreuung, eines liederlichen Lebenswandels, groben Ungehorsams oder beharrlicher Widerspenstigkeit sich schuldig machen;
2) wenn sie eine sicherheitspolizeiliche Strafvorschrift bei der Bergarbeit übertreten;
3) wenn sie sich Thätlichkeiten oder Schmähungen gegen den Bergwerksbesitzer, dessen Stellvertreter oder die ihnen vorgesetzten Beamten erlauben;
4) wenn sie zur Fortsetzung der Arbeit unfähig geworden oder mit einer ekelhaften Krankheit behaftet sind.

§. 83.

Vor Ablauf der vertragsmäßigen Arbeitszeit und ohne vorhergegangene Aufkündigung können Bergleute die Arbeit verlassen:
1) wenn sie zur Fortsetzung der Arbeit unfähig werden;
2) wenn der Bergwerksbesitzer oder dessen Stellvertreter sich thätlich an ihnen vergreift;
3) wenn er ihnen den versprochenen Lohn oder die sonstigen Gegenleistungen ohne genügende Veranlassung vorenthält.

§. 84.

Der Bergwerksbesitzer oder dessen Stellvertreter ist verpflichtet, dem abkehrenden Bergmanne ein Zeugniß über die Art und Dauer seiner Beschäftigung und auf Verlangen auch über seine Führung [158]) auszustellen, dessen Unterschrift die Ortspolizeibehörde kosten- und stempelfrei zu beglaubigen hat.

Wird die Ausstellung des Zeugnisses verweigert, so fertigt die Ortspolizeibehörde [159]) dasselbe auf Kosten des Verpflichteten aus.

Werden dem abkehrenden Bergmanne in dem Zeugnisse Beschul-

---

158) Der Bergwerksbesitzer ist nicht bloß auf Verlangen des Arbeiters verpflichtet, sondern auch ohne solches Verlangen berechtigt ein Urtheil über die Führung des Bergmannes in dem Zeugnisse abzugeben. Der Bergmann ist nicht berechtigt einen sogenannten „reinen" Abkehrschein zu verlangen. Es steht ihm nur frei gegen die ihm etwa zur Last gelegten Beschuldigungen die Entscheidung der Ortspolizeibehörde anzurufen.

159) Diese Bestimmung ist wie die §§. 80 ff. aus dem Gesetze vom 21. Mai 1860 (G.S. S. 201) entnommen. Während jedoch das letztere Gesetz im §. 7 die Entscheidung dem Berggeschwornen übertrug, setzt §. 84 an dessen Stelle die Ortspolizeibehörde. Da diese Behörde in vielen Fällen nicht im Stande sein wird, den Grund der erhobenen Beschuldigungen zu prüfen, z. B. wenn dem Bergmann Verstöße gegen die technischen Regeln der Bergarbeit zur Last gelegt werden, so ist sie darauf angewiesen, sich bei der Untersuchung der Vermittelung des Revierbeamten zu bedienen.

digungen zur Last gelegt, welche seine fernere Beschäftigung hindern würden, so kann er auf Untersuchung bei der Ortspolizeibehörde antragen, welche, wenn die Beschuldigung unbegründet befunden wird, unter dem Zeugnisse den Befund ihrer Untersuchung zu vermerken hat.

§. 85.

Bergwerksbesitzer oder deren Stellvertreter dürfen Arbeiter, von denen ihnen bekannt ist, daß sie schon früher beim Bergbau beschäftigt waren, nicht eher zur Bergarbeit annehmen, bis ihnen von denselben das Zeugniß des Bergwerksbesitzers oder Stellvertreters, bei dem sie zuletzt in Arbeit gestanden, beziehungsweise das Zeugniß der Ortspolizeibehörde (§. 84) vorgelegt ist[160]).

Cabinetsordre vom 6. April 1839, betreffend das Regulativ über die Beschäftigung jugendlicher Arbeiter in Fabriken. (Gesetzsammlung S. 156.)

Das mittelst Berichts des Staatsministerii vom 9. v. M. Mir überreichte, aus zehn Paragraphen bestehende Regulativ „über die Beschäftigung jugendlicher Arbeiter in Fabriken", entspricht einem längst gefühlten, von den Rheinischen Provinzialständen besonders hervorgehobenen Bedürfniß. Ich bestätige es deshalb hierdurch seinem ganzen Inhalte nach, lege ihm für alle Landestheile der Monarchie gesetzliche Kraft bei und weise das Staatsministerium an, sowohl das Regulativ wie diese Ordre durch die Gesetzsammlung zu publiziren.

Regulativ über die Beschäftigung jugendlicher Arbeiter in Fabriken vom 9. März 1839[161]).

§. 1. Vor zurückgelegtem neunten Lebensjahre darf niemand in einer Fabrik oder bei Berg-, Hütten- und Pochwerken zu einer regelmäßigen Beschäftigung angenommen werden.

§. 2. Wer noch nicht einen dreijährigen regelmäßigen Schulunterricht

---

160) Diese Vorschrift hat hauptsächlich den Zweck, das Interesse der Knappschaftsvereine (Tit. VII) zu wahren. Die Uebertretung derselben wird nach §. 207 bestraft. Die Geldbuße fließt nach §. 92 zur Knappschaftskasse.

161) Ueber die Beschäftigung von Frauen bei der Grubenarbeit enthält das Allg. Berggesetz keine Bestimmung. Das Oberbergamt zu Bonn hat für die linke Rheinseite eine Polizeiverordnung vom 9. Februar 1827 (Achenbach, Bergpolizei-Vorschriften S. 185) erlassen, welche bestimmt:

Art. 1. Frauenspersonen sollen von allen eigentlichen Grubenarbeiten in Schächten, Stollen und Strecken entfernt bleiben.

Art. 2. Ueber Tage können Frauenspersonen nur in Arbeit genommen werden auf den Halden, in den Erz-, Kohlen- und Materialien-Magazinen bei den Erzwäschen, keinesweges aber bei der Förderung oder bei irgend einer Art von Gruben- oder Aufbereitungsmaschinen.

genossen hat, oder durch ein Zeugniß des Schulvorstandes nachweiset, daß er seine Muttersprache geläufig lesen kann und einen Anfang im Schreiben gemacht hat, darf vor zurückgelegtem sechszehnten Jahre zu einer solchen Beschäftigung in den genannten Anstalten nicht angenommen werden.

Eine Ausnahme hiervon ist nur da gestattet, wo die Fabrikherren durch Errichtung und Unterhaltung von Fabrikschulen den Unterricht der jungen Arbeiter sichern. Die Beurtheilung, ob eine solche Schule genüge, gebührt den Regierungen, welche in diesem Falle auch das Verhältniß zwischen Lern- und Arbeitszeit zu bestimmen haben.

§. 3. Junge Leute, welche das sechszehnte Lebensjahr noch nicht zurückgelegt haben, dürfen in diesen Anstalten nicht über zehn Stunden täglich beschäftigt werden.

Die Ortspolizeibehörde ist befugt, eine vorübergehende Verlängerung dieser Arbeitszeit zu gestatten, wenn durch Naturereignisse oder Unglücksfälle der regelmäßige Geschäftsbetrieb in den genannten Anstalten unterbrochen und ein vermehrtes Arbeitsbedürfniß dadurch herbeigeführt worden ist.

Die Verlängerung darf täglich nur eine Stunde betragen und darf höchstens für die Dauer von vier Wochen gestattet werden.

§. 4. Zwischen den im vorigen Paragraphen bestimmten Arbeitsstunden ist den genannten Arbeitern Vor- und Nachmittags eine Muße von einer Viertelstunde und Mittags eine ganze Freistunde und zwar jedesmal auch Bewegung in freier Luft zu gewähren.

§. 5. Die Beschäftigung solcher jungen Leute vor 5 Uhr Morgens und nach 9 Uhr Abends, sowie an den Sonn- und Feiertagen ist gänzlich untersagt.

§. 6. Christliche Arbeiter, welche noch nicht zur heiligen Communion angenommen sind, dürfen in denjenigen Stunden, welche ihr ordentlicher Seelsorger für ihren Katechumenen- und Confirmanden-Unterricht bestimmt hat, nicht in den genannten Anstalten beschäftigt werden.

§. 7. Die Eigenthümer der bezeichneten Anstalten, welche junge Leute in denselben beschäftigen, sind verpflichtet, eine genaue und vollständige Liste, deren Namen, Alter, Wohnort, Eltern, Eintritt in die Fabrik enthaltend, zu führen, dieselbe in dem Arbeitslocal aufzubewahren und den Polizei- und Schulbehörden auf Verlangen vorzulegen.

§. 8. Zuwiderhandlungen gegen diese Verordnung sollen gegen die Fabrikherren, oder deren mit Vollmacht versehenen Vertreter durch Strafen von 1 bis 5 Thalern für jedes vorschriftswidrig beschäftigte Kind geahndet werden.

Die unterlassene Anfertigung oder Fortführung der im §. 7 vorgeschriebenen tabellarischen Liste wird zum ersten Male mit einer Strafe von 1 bis

5 Thalern geahndet; die zweite Verletzung dieser Vorschrift wird mit einer Strafe von 5 bis 50 Thalern belegt. Auch ist die Orts-Polizei-Behörde befugt, die Liste zu jeder Zeit anfertigen oder vervollständigen zu lassen. Es geschieht dies auf Kosten des Contravenienten, welche zwangsweise im administrativen Wege beigetrieben werden können.

§. 9. Durch vorstehende Verordnung werden die gesetzlichen Bestimmungen über die Verpflichtung zum Schulbesuch nicht geändert. Jedoch werden die Regierungen da, wo die Verhältnisse die Beschäftigung schulpflichtiger Kinder in den Fabriken nöthig machen, solche Einrichtungen treffen, daß die Wahl der Unterrichtsstunden den Betrieb derselben so wenig als möglich störe.

§. 10. Den Ministern der Medizinalangelegenheiten, der Polizei und der Finanzen[162]) bleibt es vorbehalten, diejenigen besonderen sanitäts-, bau- und sittenpolizeilichen Anordnungen zu erlassen[163]), welche sie zur Erhaltung

---

162) An die Stelle des Finanzministers ist der Handelsminister getreten.

163) Die Anweisung vom 18. August 1853, welche die Minister für Handel, der geistlichen Angelegenheiten und des Innern zur Ausführung des Gesetzes vom 16. Mai 1853 erlassen haben (Zeitschr. f. d. Berg-, Hütten- u. Salinenwesen Bd. II, A, S. 274), bestimmt in dieser Hinsicht unter II:

„Bei jeder Anstalt, welche dem Gesetz vom 16. Mai d. J. unterliegt, ist zu prüfen, ob dieselbe

A. in baulicher,

B. in sittlicher Hinsicht, und

C. in Beziehung auf die Art der Arbeit und deren Einfluß auf die Gesundheit

besondere Anordnungen bedarf.

Zu A sind die Bau- und Sanitäts-Beamten der Kreise und Bezirke zu beauftragen (§. 7 des Gesetzes vom 12. Februar 1850 — Gesetzsammlung 1850 S. 46) bei Gelegenheit ihrer amtlichen Reisen, unter Zuziehung der Polizeibehörden, die betreffenden Localitäten in Augenschein zu nehmen und demnächst der Königlichen Regierung dasjenige vorzutragen, was, in Berücksichtigung der Vorschriften des Gesetzes, zu Anzeigen oder Vorschlägen Anlaß bieten möchte.

Wenn hierbei mit Rücksicht auf die Fürsorge für die Erhaltung der Gesundheit der jugendlichen Arbeiter Aenderungen in schon bestehenden Localitäten für unerläßlich erachtet werden, so hat die Königliche Regierung für deren Ausführung in angemessenen Fristen, nöthigenfalls im Wege der administrativen Execution zu sorgen und nach Befinden der Umstände einstweilen die Beschäftigung der jugendlichen Arbeiter in solchen ungesunden Räumen zu untersagen. Als nothwendig erscheinen, so weit sie irgend ausführbar sind, besonders solche Einrichtungen, welche die Erhaltung reiner Luft in den Fabrikräumen und die Beseitigung schädlicher Einflüsse der Kälte oder Hitze bezwecken.

Mit besonderer Sorgfalt sind neue Baupläne dieser Art zu prüfen und nach den erforderlichen Anweisungen zu vervollständigen.

Bedarf eine Anlage, in welcher jugendliche Arbeiter beschäftigt werden sollen,

**der Gesundheit und Moralität der Fabrikarbeiter für erforderlich halten. Die hierbei anzudrohenden Strafen dürfen 50 Thaler Geld- oder eine diesem Betrag entsprechende Gefängnißstrafe nicht übersteigen.**

---

nach den Vorschriften der §§. 27 ff. der Allgemeinen Gewerbe-Ordnung einer polizeilichen Concession, so ist bei Ertheilung derselben auf den Inhalt dieser Anweisung Rücksicht zu nehmen.

Zu B ist zu prüfen, ob und welche besondere Gefahren nach der Natur der speziellen Verhältnisse in sittlicher Beziehung den in einer Anstalt beschäftigten jugendlichen Arbeitern drohen. Solchen Gefahren ist mit Energie entgegenzutreten. Im Allgemeinen sind hierbei folgende Rücksichten zu beobachten:

1) Die Beschäftigung der Kinder in Gemeinschaft mit Erwachsenen ist, wenn dies mit dem Fabrikbetrieb vereinbar ist, zu verhüten, oder doch so viel irgend möglich zu beschränken, jedenfalls aber, wenn sich dieselbe nicht vermeiden läßt, von den Fabrikanten sorgfältig zu beaufsichtigen. Insbesondere ist darauf zu sehen, daß, wo es sich irgend vermeiden läßt, Mädchen unter 16 Jahren nicht mit Knaben oder Männern gleichzeitig in denselben Räumen arbeiten; die Cigarrenfabriken und Buchdruckereien bedürfen hierbei besonderer Aufmerksamkeit.
2) Es darf nicht geduldet werden, daß, wo jugendliche Arbeiter genöthigt sind, der Entfernung von der elterlichen Wohnung halber, außerhalb der letzteren zu übernachten, in denselben Schlafräumen gleichzeitig Personen verschiedenen Geschlechts Aufnahme finden. Die Concession zur Vermiethung solcher Schlafstellen darf nach §. 49 der Allgemeinen Gerichtsordnung nur unbescholtenen und völlig zuverlässigen Personen ertheilt werden. Die Aufnahme jugendlicher Arbeiter darf nur unter Genehmigung ihrer Eltern oder Vormünder stattfinden.
3) Der Verkehr der jugendlichen Arbeiter auf dem Wege nach und von der Fabrik wird der besonderen Fürsorge und Ueberwachung der für jeden Ort zu bildenden Aufsichtsorgane zu empfehlen sein.
4) Die Auszahlung des Lohns an die jugendlichen Arbeiter, statt an ihre Eltern oder Vormünder, hat sich als ganz besonders sittenverderblich erwiesen, indem die ersteren dadurch, ihren Angehörigen gegenüber, frühzeitig eine Selbstständigkeit und mannigfache Gelegenheit zu Ausschreitungen gewinnen, die von den traurigsten Folgen sind. Wenn es nun auch nicht zulässig erscheint, jene unmittelbaren Zahlungen schlechthin zu verbieten, weil ein solches Verbot leicht umgangen werden könnte, so haben die Behörden doch, so viel es sich thun läßt, durch die örtlichen Aufsichtsorgane dahin zu wirken, daß die Fabrikbesitzer es sich selbst zum Gesetz machen, den Lohn nur den Eltern oder Vormündern oder den von diesen beauftragten erwachsenen Stellvertretern zu zahlen.
5) Die jugendlichen Arbeiter haben ihre Mahlzeiten, wo es die Räumlichkeit gestattet, nicht in den Arbeitslocalien, sondern in andern Räumen einzunehmen. Es ist darauf zu achten, daß dies unter gehöriger Aufsicht über Zucht und Sitte geschehe.

Ueberhaupt werden die Behörden es sich dringend angelegen sein lassen, die Entwickelung der sittlichen Zustände der ihrer Aufsicht befohlenen gewerblichen Anstalten möglichst zu fördern.

**Gesetz vom 16. Mai 1853, betreffend einige Abänderungen des Regulativs vom 9. März 1839 über die Beschäftigung jugendlicher Arbeiter in Fabriken.** (Gesetzsammlung S. 225.)

Wir Friedrich Wilhelm, von Gottes Gnaden, König von Preußen ꝛc. ꝛc. verordnen, unter Zustimmung der Kammern, was folgt:

§. 1. Die im §. 1 des Regulativs vom 9. März 1839 (Gesetzsammlung 1839 S. 158) erwähnte Beschäftigung jugendlicher Arbeiter ist vom 1. Juli 1853 an nur nach zurückgelegtem zehnten, und vom 1. Juli 1854 an nur nach zurückgelegtem elften, und vom 1. Juli 1855 an nur nach zurückgelegtem zwölften Lebensjahre gestattet[163a]).

---

Zu C muß sorgfältig erwogen werden, welche Beschäftigungen für jugendliche Arbeiter überhaupt nicht geeignet sind, und daher für letztere gänzlich verboten werden müssen, und welche Vorsichtsmaßregeln nöthig erscheinen, um den schädlichen Folgen zulässiger Beschäftigungen vorzubeugen. Die Königliche Regierung ist auf Grund des Gesetzes vom 11. März 1850 befugt, sowohl allgemeine, als specielle Anordnungen in dieser Beziehung zu erlassen.

Bei der Verschiedenartigkeit der Beschäftigungsweise, selbst für eine und dieselbe Art der Arbeit, lassen sich hierüber für alle Fälle gültige Vorschriften nicht ertheilen. Im Allgemeinen bemerken wir Folgendes:

1) Die Besitzer solcher gewerblicher Anstalten, in denen jugendliche Arbeiter beschäftigt werden, und in welchen der Betrieb Staub aufregt, oder die Arbeitsräume mit der Gesundheit nachtheiligen Stoffen erfüllt, sind anzuhalten, solche Vorkehrungen zu treffen, welche geeignet sind, die Circulation der frischen Luft zu sichern. Wo dies ausnahmsweise nicht ausführbar ist, oder wo die Verbesserung der Luft auf diesem Wege nicht zu erreichen ist, ist für die Ablösung der jugendlichen Arbeiter in angemessenen Zwischenräumen zu sorgen.

2) Die Beschäftigung solcher Arbeiter mit giftigen Stoffen ist nur insoweit zu gestatten, als, selbst bei Versehen aus Ungeschick oder Unvorsichtigkeit eine Gefahr für Gesundheit oder Leben nicht zu besorgen ist. In dieser Beziehung kann die Beschäftigung jugendlicher Arbeiter mit Handhabung gewisser Stoffe, namentlich giftiger Farben, ganz untersagt oder an bestimmte, genau zu controlirende Bedingungen und Vorschriften geknüpft werden.

3) Eine Beschäftigung jugendlicher Arbeiter in dauernd gebückter Stellung ist nicht ohne solche Vorkehrungen zu gestatten, welche einer Verkrümmung des Rückgrates oder sonstigen Nachtheilen für die Gesundheit möglichst vorbeugen.

Die Aufsichtsorgane haben sich von Zeit zu Zeit von der Beachtung der gegebenen Vorschriften zu überzeugen und der Königlichen Regierung über das Ergebniß der Revisionen Bericht zu erstatten."

163a) Der Ministerial-Erlaß vom 12. August 1854 (Zeitschr. f. d. Berg-, Hütten- und Salinenwesen Bd. II, S. 278) bestimmt in Bezug auf die Beschäftigung jugendlicher Arbeiter in den Bergwerken:

„Nach den bisherigen Erfahrungen ist bereits als feststehend anzunehmen, daß

§. 2. Vom 1. Oktober 1853 ab dürfen junge Leute unter sechszehn Jahren bei den im §. 1 des Regulativs gedachten Anstalten nicht weiter beschäftigt werden, wenn ihr Vater oder Vormund dem Arbeitgeber nicht das in §. 3 erwähnte Arbeitsbuch einhändigt.

§. 3. Das Arbeitsbuch[164]), welchem eine Zusammenstellung der,

---

jugendliche Arbeiter vor dem vollendeten 16. Lebensjahre in den Gruben (unter Tage) nicht ohne Nachtheil für ihre Gesundheit beschäftigt werden können.

Auch ist das sogenannte Haspelziehen und das Karrenlaufen auf ansteigenden Bahnen unter den Arbeiten über Tage als schädlich für dergleichen jugendliche Arbeiter zu bezeichnen.

Wir bestimmen daher auf Grund des §. 10 des Regulativs vom 9. März 1839 und des §. 10 des Gesetzes vom 16. Mai v. J., daß dergleichen Beschäftigungen nicht weiter geduldet werden sollen.

Sofern in dem dortigen Bezirk ein Anlaß hiezu vorliegt, ist diese Bestimmung durch das Amtsblatt bekannt zu machen, und die Uebertretung derselben auf Grund des Gesetzes vom 11. März 1850 mit Strafe zu bedrohen."

Beim Mansfeldischen und Sangerhäuser Kupferschieferbergbau ist die Beschäftigung jugendlicher Arbeiter unter Tage vom vollendeten 14. Lebensjahre ab durch den Erlaß vom 21. September 1856 gestattet. (Zeitschr. f. d. Berg-, Hütten- u. Salinenwesen Bd. IV. A, S. 13.)

164) Die Anweisung vom 18. August 1853 bestimmt unter IV:

„Die nach § 3 des Gesetzes vom 16. Mai d. J. von den Ortspolizeibehörden zu ertheilenden Arbeitsbücher hat die Königliche Regierung für ihren Bezirk anfertigen zu lassen und gegen Erstattung der Kosten an die betreffenden Unterbehörden zu vertheilen.

Hierbei ist Folgendes zu beachten:

1) Diesen Büchern ist eine Zusammenstellung der, die Beschäftigung jugendlicher Arbeiter Ihres Bezirks betreffenden allgemeinen und besonderen Bestimmungen vorzudrucken. Diese Zusammenstellung muß nicht nur die Vorschriften der §§. 1, 2, 3, 7 und 8 des Regulativs und der §§. 1, 2, 4, 5, 6, 7, 8 und 9 des Gesetzes materiell, unter Bezugnahme auf die Gesetzesstellen, wiedergeben, sondern auch diejenigen Polizeiverordnungen enthalten, welche die Königliche Regierung nach vorstehender Anweisung zu erlassen Sich veranlaßt finden wird.

2) Die Zusammenstellung ist außerdem in großem Druck in jeder Fabrik öffentlich an solchen Orten auszuhängen, wo sie Jedem, der die Arbeitslocalien betritt, in die Augen fällt.

3) Die Arbeitsbücher können, sobald die Ausfertigung derselben begehrt wird, dem Antragsteller zur Beschaffung der Ausfüllung der ersten, zweiten und dritten Rubrik durch die betreffenden Geistlichen und Schulvorstände (unter Beidrückung des Amtssiegels der letzteren), gegen Entrichtung der oben erwähnten Auslagen, jedoch ohne die Ausfertigung und Unterschrift der Ortspolizeibehörde, behändigt werden. Sind die bezüglichen Geistlichen und Schulvorstäme nicht am Ort, so müssen die Antragsteller zuvörderst die Materialien beschaffen, die die Ortspolizeibehörde in die Arbeitsbücher einträgt.

4) Die Rubriken 4 und 5 werden von der Ortspolizeibehörde ausgefüllt und

die Beschäftigung jugendlicher Arbeiter betreffenden Bestimmungen vorzudrukken ist, wird auf den Antrag des Vaters oder Vormundes des jugendlichen Arbeiters von der Ortspolizeibehörde ertheilt und enthält:

1) Namen, Tag und Jahr der Geburt, Religion des Arbeiters,
2) Namen, Stand und Wohnort des Vaters oder Vormundes,
3) das im §. 2 des Regulativs erwähnte Schulzeugniß,
4) eine Rubrik für die bestehenden Schulverhältnisse,
5) eine Rubrik für die Bezeichnung des Eintrittes in die Anstalt,
6) eine Rubrik für den Austritt aus derselben,
7) eine Rubrik für die Revisionen.

Der Arbeitgeber hat dieses Arbeitsbuch zu verwahren, der Behörde auf Verlangen jederzeit vorzulegen und bei Beendigung des Arbeitsverhältnisses dem Vater oder Vormunde des Arbeiters wieder auszuhändigen.

§. 4. Jugendliche Arbeiter dürfen bis zum vollendeten vierzehnten Lebensjahre täglich nur sechs Stunden bei den im §. 1 des Regulativs gedachten Anstalten beschäftigt werden; für dieselben genügt ein, in diese Arbeitszeit nicht einzurechnender dreistündiger Schulunterricht [165]).

das Arbeitsbuch wird sodann, von derselben unterzeichnet und untersiegelt, dem Antragsteller (dem Vater oder Vormund des Arbeiters) übergeben.

5) Alle Revisionen werden von den revidirenden Personen in die siebente Rubrik, welche mehrere leere Blätter enthalten muß, eingetragen, sobald diese Revisionen in Bezug auf die Beschäftigung oder den Schulbesuch des in Rede stehenden Kindes zu irgend einer Erinnerung Anlaß gegeben haben. Diese Erinnerungen selbst sind gleichfalls in die Bücher einzutragen.

6) Ueber die ertheilten Arbeitsbücher ist bei jeder Ortspolizeibehörde eine fortgehende Liste zu führen, welche das Datum der Ausstellung, den Namen des Arbeiters, seines Vaters oder Vormundes und die Bezeichnung des Arbeitgebers enthält.

7) Bei einem Wechsel des Arbeitsgebers ist die fünfte und sechste Rubrik nach den bescheinigten Angaben des Antragstellers von der Ortspolizeibehörde auszufüllen oder fortzuführen und das Betreffende in der Liste (Nr. 6) nachzutragen."

165) Die Anweisung vom 18. August 1853 bestimmt unter III

„Der Schulbesuch der jugendlichen Arbeiter ist in Gemäßheit des Gesetzes vom 16. Mai d. J. nunmehr folgendergestalt zu ordnen:

A. Die schulpflichtigen Kinder dürfen fortan täglich nur sechs Stunden beschäftigt werden und müssen täglich wenigstens drei Stunden Schulunterricht erhalten. Dieser Unterricht kann in besonderen, auf Kosten der Fabrikanten zu errichtenden Fabrikschulen oder in den öffentlichen Elementarschulen ertheilt werden, ist aber in beiden Fällen so zu regeln, daß für die am Vormittag arbeitenden Kinder der Unterricht Nachmittags, und für die Nachmittags arbeitenden der Unterricht Vormittags ertheilt wird. Die Anordnung der Zeit und Stunde bleibt im Uebrigen, je nach den speciellen örtlichen Verhältnissen, der Königlichen Regierung überlassen; jedenfalls muß aber dafür

Sollte durch die Ausführung dieser Bestimmung bereits bestehenden Anstalten die nöthige Arbeitskraft entzogen werden, so ist der Minister für Handel, Gewerbe und öffentliche Arbeiten ermächtigt, im Einvernehmen mit dem Minister der Unterrichtsangelegenheiten auf bestimmte Zeit Ausnahmevorschriften zu erlassen.

§. 5. Die nach §. 4 des Regulativs den jugendlichen Arbeitern zu gewährende Muße von einer Viertelstunde Vor- und Nachmittags wird auf je eine halbe Stunde festgestellt.

§. 6. Die im §. 5 des Regulativs auf 5 Uhr Morgens bis 9 Uhr Abends festgestellten Grenzen der Tagesarbeit werden auf 5½ Uhr Morgens und 8½ Uhr Abends bestimmt.

§. 7. Jede unter vorstehende Bestimmungen fallende Beschäftigung jugendlicher Arbeiter muß von dem Arbeitgeber zuvor der Ortspolizeibehörde angemeldet werden. In Betreff der, beim Erlaß dieses Gesetzes bereits beschäftigten Arbeiter ist diese Anmeldung binnen vier Wochen zu bewirken.

§. 8. Außerdem ist der Arbeitgeber verpflichtet, halbjährlich der Ortspolizeibehörde die Zahl der beschäftigten Arbeiter unter sechszehn Jahren anzuzeigen.

§. 9. Zuwiderhandlungen gegen die Vorschriften der §§. 1, 2, 4, 5

---

gesorgt werden, daß an die Fabrikschulen, dem Erlaß vom 9. October 1851 gemäß (Staatsanzeiger Nr. 114 S. 623), in jeder Beziehung dieselben Anforderungen gestellt werden, wie an die öffentlichen Schulen.

Ausnahmen von der Vorschrift des §. 4 können nach dem zweiten Alinea desselben zwar von uns bewilligt werden, sobald bereits bestehenden Anstalten durch die Ausführung dieser Bestimmung die nöthige Arbeitskraft entzogen werden würde. Diese Anträge werden aber stets wohl zu prüfen, und auch nur dann zu berücksichtigen sein, wenn die Fabrikbesitzer sich zur Einrichtung von Fabrikschulen auf ihre Kosten bereit erklären und die Unterrichtsstunden in diesen Schulen täglich der Fabrikarbeit vorangehen.

B. Für die aus der Schule entlassenen Kinder ist die Einrichtung von Nachhülfeschulen zu befördern. Es hat zwar nicht angemessen erscheinen können, einen gesetzlichen Zwang zur Einrichtung oder zum Besuch solcher Schulen einzuführen, da nur bei williger und eifriger Theilnahme und Mitwirkung der Arbeitgeber, der Eltern der arbeitenden Kinder und der Behörden ein gutes Gedeihen dieser Nachhülfeschulen zu erwarten steht; allein um so mehr muß seitens der Behörden der gute Wille der Betheiligten angeregt und der Segen ihnen vorgehalten werden, der für Alle aus der Förderung solcher Schulen erwachsen muß.

Was die Zeit betrifft, so ist auch für diese Schulen die Benutzung früher Morgenstunden sehr zu empfehlen, keinenfalls aber zu gestatten, daß sie an Sonn- und Festtagen während der Stunden des öffentlichen Gottesdienstes, es sei Vor- oder Nachmittags, gehalten werden. Die Königliche Regierung hat hierauf Ihr besonderes Augenmerk zu richten."

und 6 dieses Gesetzes werden nach dem ersten, Zuwiderhandlungen gegen die Vorschriften der §§. 3, 7 und 8 dieses Gesetzes nach dem zweiten Absatz des §. 8 des Regulativs vom 9. März 1839 bestraft.

Außerdem kann der Richter demjenigen, der binnen fünf Jahren für drei Uebertretungsfälle zu drei verschiedenen Malen, sei es nach den Bestimmungen dieses Gesetzes oder nach denen des Regulativs vom 9. März 1839 bestraft worden ist, bei einer ferneren Uebertretung der Vorschriften dieses Gesetzes oder des gedachten Regulativs die Beschäftigung junger Leute unter sechszehn Jahren auf eine bestimmte Zeit oder für immer untersagen. Sind in fünf Jahren sechs Uebertretungsfälle bestraft worden, so muß auf diese Untersagung, und zwar mindestens für die Zeit von drei Monaten, erkannt werden. Zuwiderhandlungen gegen ein derartiges gerichtliches Verbot werden mit Einem bis Fünf Thaler für jedes Kind und für jeden Contraventionsfall bestraft.

§. 10. Soweit das Regulativ vom 9. März 1839 in Vorstehendem nicht abgeändert worden, bleibt dasselbe in Kraft.

§. 11. Die Ausführung dieser Bestimmungen soll, wo sich dazu ein Bedürfniß ergiebt, durch Fabrikinspectoren als Organe der Staatsbehörden beaufsichtigt werden [166]).

Diesen Inspectoren kommen, soweit es sich um Ausführung der Vorschriften dieses Gesetzes und des Regulativs vom 9. März 1839 handelt, alle amtliche Befugnisse der Ortspolizeibehörden zu.

In welcher Weise sie eine stehende örtliche Aufsicht zu bilden, dieselbe zu unterstützen und zu leiten und mit der vorgesetzten Behörde einen fortgehenden Verkehr zu erhalten haben, werden die Minister für Handel, Gewerbe und öffentliche Arbeiten, der Unterrichtsangelegenheiten und des Innern bestimmen.

Die Besitzer gewerblicher Anstalten sind verpflichtet, die auf Grund dieses Gesetzes auszuführenden amtlichen Revisionen derselben zu jeder Zeit, namentlich auch in der Stadt, zu gestatten.

§. 12. Die im §. 11 erwähnten Departementschefs sind mit der Ausführung des Gesetzes beauftragt.

## §. 86.

Bergwerksbesitzer sind verpflichtet, die für sie beschäftigten Berg-

166) Die Anweisung vom 18. August 1853 bestimmt unter V, daß die Fabrikinspectoren auf Antrag der Regierung durch den Handelsminister ernannt werden sollen. Nach dem Erlasse vom 6. September 1854 (Achenbach, Bergpolizeivorschriften S. 170) erstreckt sich die Wirksamkeit der Fabrikinspectoren, wo solche ernannt sind, auch auf die Bergwerke. Sie sollen im Einverständnisse mit den Bergbehörden die zum Schutze und zum Wohle der jugendlichen Arbeiter zu ergreifenden Maßregeln treffen.

leute in baarem Gelde auszulohnen[167]). Sie dürfen denselben keine Waaren creditiren.

Dagegen können den Bergleuten Wohnung, Feuerungsbedarf, Landnutzung, regelmäßige Beköstigung, sowie die zur Bergwerksarbeit erforderlichen Werkzeuge und Betriebsmaterialien unter Anrechnung bei der Lohnzahlung verabfolgt werden.

Im Falle eines Nothstandes ist die Regierung befugt, durch einen Beschluß zu bestimmen, daß und welche Lebensmittel und Saatfrüchte den Bergleuten von den Bergwerksbesitzern unter Anrechnung bei der Lohnzahlung verabfolgt werden dürfen[168]).

§. 87.

Die Bestimmungen des §. 86 finden auch Anwendung auf Familienglieder, Gehülfen, Beauftragte, Geschäftsführer, Factoren und Aufseher der Bergwerksbesitzer[169]), sowie auf Gewerbetrei-

---

167) Die gegen das Trucksystem gerichteten Vorschriften der §§. 86—91 sind den §§. 10—15 des Gesetzes vom 21. Mai 1860 (G.S. S. 201) entnommen und den §§. 50—55 u. 75 der Verordnung vom 9. Februar 1849 (G. S. S. 93) nachgebildet. Die Auslohnung der Bergleute in baarem Gelde wird übrigens bereits in den älteren Berggesetzen übereinstimmend vorgeschrieben. (Vergl. z. B. Allg. Landrecht Th. II, Tit. 16, §. 213.)

168) Das dritte Alinea ist ein Zusatz der Commission des Herrenhauses, welcher für den Fall der Theuerung den Einkauf von Lebensmitteln und Saatfrüchten im Großen durch die Bergwerksbesitzer und den Wiederverkauf an die Bergleute unter Anrechnung auf den Lohn gestattet, unter der Voraussetzung, daß die Erlaubniß dazu von der Regierung des Bezirkes vorher ertheilt worden ist. Diese Abweichung von den allgemeinen Vorschriften gegen das Trucksystem (Verordn. v. 9. Februar 1849 §. 50) findet ihre Rechtfertigung darin, daß der Bergbau nicht wie die Fabriken vorzugsweise in den Städten und in deren Nähe betrieben wird, sondern auf dem platten Lande und häufig in abgelegenen Gebirgsgegenden, in welchen für den Fall eines Nothstandes weder von den Gemeinden, noch von öffentlichen Vereinen Abhülfe zu erwarten ist, wo die Bergleute nur von der Kapitalbeihülfe ihrer Arbeitgeber Schutz gegen die Theuerung und gegen die drohende Vernichtung ihres Wohlstandes erlangen können. In solchen Fällen würden die gegen das Trucksystem gerichteten Verbote der Anrechnung und Creditirung des Kaufpreises für die gelieferten Lebensbedürfnisse offenbar zum Nachtheile der Arbeiter ausschlagen; sie sollen daher in Bezug auf diesen bestimmten Fall durch einen Beschluß der Regierung außer Anwendung gesetzt werden. Da die Regierungen voraussichtlich Bedenken tragen werden, das Vorhandensein eines Nothstandes durch einen allgemeinen Beschluß und durch eine entsprechende Bekanntmachung öffentlich zu proclamiren, so werden sie vorziehen, die im §. 86 vorgesehene Ermächtigung auf Ansuchen jedes einzelnen Bergwerksbesitzers durch einen besonderen Beschluß zu ertheilen.

169) Unter den Bergwerksbesitzern sind hier ebenso wie im §. 82, Nr. 3 und im §. 83, Nr. 2 nur die Besitzer eines ganzen Bergwerks zu verstehen, nicht die Gewerken, mögen dieselben Mitglieder einer nach den Vorschriften des vier-

bende, bei deren Geschäft eine der erwähnten Personen unmittelbar oder mittelbar betheiligt ist.

§. 88.

Bergleute, deren Forderungen den Vorschriften der §§. 86 und 87 zuwider anders als durch Baarzahlung berichtigt sind, können zu jeder Zeit die Bezahlung ihrer Forderungen in baarem Gelde verlangen.

§. 89.

Verträge, welche den §§. 86 bis 88 zuwiderlaufen, sind nichtig. Dasselbe gilt von Verabredungen zwischen Bergwerksbesitzern oder ihnen gleichgestellten Personen einerseits und Bergleuten andererseits über die Entnehmung der Bedürfnisse dieser Letzteren aus gewissen Verkaufsstellen, sowie überhaupt über die Verwendung des Verdienstes derselben zu einem anderen Zwecke, als zur Betheiligung an Einrichtungen zur Verbesserung der Lage der Bergleute oder ihrer Familien (§. 86) [170].

§. 90.

Forderungen für Waaren, welche ungeachtet des Verbots den Arbeitern creditirt worden sind, können von den Bergwerksbesitzern und von den ihnen gleichgestellten Personen weder eingeklagt noch durch Anrechnung oder sonst geltend gemacht werden, ohne Unterschied, ob sie zwischen den Betheiligten unmittelbar entstanden oder mittelbar erworben sind; vielmehr fallen dergleichen Forderungen der Knappschaftskasse zu, welcher das betreffende Werk angehört.

§. 91.

Zuwiderhandlungen gegen die §§. 86 und 87 werden mit einer Geldbuße bis zu fünfhundert Thalern und im Unvermögensfalle mit verhältnißmäßiger Gefängnißstrafe bestraft. Im Wiederholungsfalle wird die Strafe verdoppelt.

Jede rechtskräftige Verurtheilung wird auf Kosten des Verurtheilten durch das Amtsblatt und andere öffentliche Blätter derjenigen Kreise, in welchen derselbe und der betheiligte Bergmann ihren Wohnsitz haben, bekannt gemacht.

§. 92.

Die auf Grund des §. 91, desgleichen die wegen Uebertretungen des §. 85 festgesetzten Geldstrafen fließen zu der im §. 90 bezeichneten Knappschaftskasse.

---

ten Titels organisirten Gewerkschaft, oder Miteigenthümer nach den Grundsätzen des alten Rechtes (§§. 227 ff.) sein.

170) Das Allegat des §. 86 ist ohne Bedeutung.

Gesetz, die Aufsicht der Bergbehörden über den Bergbau und das Verhältniß der Berg- und Hüttenarbeiter betreffend, vom 21. Mai 1860 (G.S. S. 201)[171].

§. 16. Bergwerkseigenthümer oder deren Stellvertreter, welche ihre Bergleute oder die Obrigkeit zu gewissen Handlungen oder Zugeständnissen dadurch zu bestimmen suchen, daß sie sich mit dem Eigenthümer eines anderen Bergwerks verabreden, den Bergwerksbetrieb einzustellen, oder die ihren Forderungen nicht nachgebenden Bergleute zu entlassen oder zurückzuweisen, ingleichen diejenigen, welche zu einer solchen Verabredung Andere auffordern, sollen mit Gefängniß bis zu Einem Jahre bestraft werden.

§. 17. Bergleute, welche entweder die Bergwerkseigenthümer, deren Stellvertreter oder die Obrigkeit zu gewissen Handlungen oder Zugeständnissen dadurch zu bestimmen suchen, daß sie die Einstellung der Arbeit oder die Verhinderung derselben bei einzelnen oder mehreren Bergwerken verabreden oder zu solcher Verabredung Andere auffordern, sollen mit Gefängniß bis zu Einem Jahre bestraft werden.

§. 18. Bergleute, welche ohne gesetzliche Gründe eigenmächtig die Arbeit verlassen oder ihren Verrichtungen sich entziehen, oder sich groben Ungehorsams oder beharrlicher Widerspenstigkeit schuldig machen, sind mit Geldbuße bis zu zwanzig Thalern oder verhältnißmäßiger Gefängnißstrafe zu bestrafen.

§. 19. Die auf Grund der §§. 7, 8, 15[172]) und 18 festgesetzten Geldstrafen fließen zu der im §. 14 bezeichneten Knappschafts-Vereinskasse[173]).

## §. 93.

Auf jedem Bergwerke ist über die daselbst beschäftigten Arbeiter eine Liste zu führen, welche die Vor- und Zunamen, das Geburtsjahr, den Wohnort, den Tag des Dienstantritts und der Entlassung, sowie das Datum des letzten Arbeitszeugnisses enthält.

---

171) Nach §. 244 ist das Gesetz v. 21. Mai 1860 mit Ausschluß der oben mitgetheilten §§. 16—19 aufgehoben. Diese Vorschriften sind den §§. 181, 182 und 184 der Allg. Gewerbeordnung vom 17. Januar 1845 (G S. S. 41) entnommen. Ueber die Aufhebung dieser Coalitionsbeschränkungen ist dem Hause der Abgeordneten in der letzten Session eine Gesetzvorlage gemacht, welche indeß nicht mehr zur Berathung gelangt ist.

172) Die §§. 7, 8 und 15 sind aufgehoben; §. 19 bleibt nach §. 244 des Allg. Berggesetzes nur soweit in Kraft, als er sich auf §. 18 bezieht. Die §§. 7, 8, 15 und 19 des Gesetzes vom 21. Mai 1860 sind übrigens in den §§. 84, 85, 91 und 92 des Allg. Berggesetzes wiedergegeben.

173) An die Stelle des in Bezug genommenen §. 14 ist der §. 90 des Allg. Berggesetzes getreten. Die Strafe des §. 18 fließt also zu derjenigen Knappschaftskasse, zu welcher das betreffende Werk, folglich auch der bestrafte Arbeiter gehört.

Die Liste muß der Bergbehörde auf Verlangen vorgelegt werden[174]).

# Vierter Titel.

## Von den Rechtsverhältnissen der Mitbetheiligten eines Bergwerks[175]).

### §. 94.

Zwei oder mehrere Mitbetheiligte eines Bergwerks bilden eine

174) Derartige Arbeiterlisten sind erforderlich, um die Befolgung der auf die Bergarbeiter, z. B. die jugendlichen Arbeiter, die Abkehrscheine 2c. bezüglichen Vorschriften überwachen und außerdem die Controle der Knappschaftsvorstände über die vorschriftsmäßige Anmeldung der Arbeiter ermöglichen zu können. Die Uebertretung des §. 93 wird nach §. 207 bestraft.

175) Die Bestimmungen des vierten Titels enthalten eine durchgreifende Umgestaltung des gewerkschaftlichen Rechtsverhältnisses, bei welcher zwar die eigenthümliche aus der Natur und dem Bedürfnisse des Bergbaues erzeugte Organisation der Gewerkschaft, wie solche sich in älteren deutschen Bergrechten durch Jahrhunderte entwickelt hat, im Wesentlichen unverändert beibehalten ist, dagegen die Formen der gewerkschaftlichen Verfassung und des gewerkschaftlichen Antheilrechtes gänzlich neugestaltet und mit dem Bedürfnisse des Verkehrs in Einklang gebracht sind. Das Allg Berggesetz hat auf diesem Gebiete nicht wie in den anderen Materien ein fertiges Product der früheren Einzelgesetzgebung zur Grundlage, sondern es schließt sich an bloße Vorarbeiten zur Verbesserung der gewerkschaftlichen Verfassung an, so daß die neugeschaffenen Formen und Regeln ihre practische Probe noch zu bestehen haben.

Der erste Vorschlag zu einer Reform des gewerkschaftlichen Rechtsverhältnisses ist von dem Geh. Oberbergrath Karsten ausgegangen, welcher bei den Berathungen über die Revision des Bergrechts von $18^{45}/_{46}$ in einem Votum vom 13. Juni 1845 (Protokolle S 69) folgende Sätze aufstellte:

„Die Berggesetzgebung muß sich den gesetzlichen Bestimmungen für andere gewerbliche Unternehmungen so weit anschließen, als die eigenthümliche Natur des Bergbaubetriebes es nur irgend zuläßt. Nur das Bergwerk selbst, oder die Grube ist als ein einziges und untheilbares Ganzes in dem Berghypothekenbuche als ein Immobile aufzuführen. — Der auf jeden Theilnehmer fallende Grubenantheil gehört zu dessen beweglichem Vermögen und muß jedem Besitzer zur freien ungehinderten Disposition verbleiben. — Daraus geht dann von selbst hervor, daß auf ein Bergeigenthum (auf eine Grube) nur durch den gemeinschaftlichen Beschluß aller Theilnehmer des Vertrages (insofern den Vorstehern nicht besondere Befugnisse beigelegt worden sind) solche Schulden contrahirt werden können, welche die Grube und deren Betrieb betreffen. Privatschulden blieben ganz ausgeschlossen, da jeder Betheiligte durch das ihm über

Gewerkschaft[176]).

die Größe seines Antheils an der Bergbau-Unternehmung auszustellende Document Gelegenheit erhält, Privatschulden zu contrahiren und seinen Gläubigern in derselben Art, wie durch sein übriges Vermögen, Sicherheit zu gewähren."

Dies war der erste Vorschlag zur Mobilisirung der Kuxe. Er fand indeß bei den Verfassern des Entwurfes von 1846 keinen Anklang. Auch in den beiden Entwürfen von 1848 und in dem letzten Entwurfe eines allgemeinen Berggesetzes, welcher im Jahre 1850 den Kammern vorgelegt wurde, hat seine Idee keine Berücksichtigung gefunden, da man es vorzog, die Schwierigkeit der Regelung der gewerkschaftlichen Antheilrechte durch Stillschweigen zu umgehen. Als dann der Versuch einer allgemeinen Reform des Bergrechtes in Preußen einstweilen aufgegeben wurde, begnügte man sich, durch das Gesetz über die Verhältnisse der Miteigenthümer eines Bergwerks vom 12. Mai 1851 (G.S. S. 265) die gewerkschaftliche Verfassung in den Vorschriften über die Beschlußfassung und die Vertretung der Gewerkschaften zu verbessern, während die bisherige Form des gewerkschaftlichen Antheilrechtes, die Immobiliarqualität der Kuxe unverändert beibehalten wurde. Dagegen fand die Mobilisirung der Kuxe Eingang in die neuen Berggesetze, welche in den Jahren 1851 und 1854 für das Königreich Sachsen und Oesterreich erlassen wurden. Beide enthalten übereinstimmend den Grundsatz, daß die Kuxe zu dem beweglichen Vermögen gehören, und daß ein gewerkschaftliches Bergwerkseigenthum nur als Ganzes eingetragen und belastet werden kann. Allein weder das sächsische Berggesetz vom 22. Mai 1851 (§§. 13 ff.) noch auch das österreichische Berggesetz vom 23. Mai 1854 (§§. 135 ff.) gab der neu geschaffenen Form des gewerkschaftlichen Besitzes eine hinlänglich ausgebildete Form, welche die bisherigen Einrichtungen des Berggegenbuches für den Verkehr und für die Benutzung des Realcredits zu ersetzen vermocht hätte. Für den preußischen Bergbau stellte sich der Mobilisirung der Kuxe die fernere große Schwierigkeit entgegen, daß eine hypothekarische Belastung der vorhandenen Kuxe in ausgedehntem Umfange, wenn auch mit geringem Nutzeffecte bestand. Es war deshalb nothwendig, bei der Einführung der Mobilisirung der Kuxe zugleich auf die Umleitung dieser bestehenden Hypothekenrechte in die neue Form des Pfandrechtes an dem Kuxscheine Bedacht zu nehmen.

Vorschläge in dieser Richtung wurden zuerst im Jahre 1857 von dem Herausgeber dieses Kommentars in einer Denkschrift an den damaligen Handelsminister, Hrn. v. d. Heydt, gemacht, mit welcher zugleich der Entwurf eines Gesetzes über die Rechtsverhältnisse der Gewerkschaften verbunden war. Diese Vorschläge wurden im Jahre 1858 veröffentlicht und gaben zu einer lebhaften Discussion Anlaß, welche in den Kreisen der Betheiligten von einer Anfangs ablehnenden Haltung zu einer allmählich wachsenden Theilnahme für die angeregte Reform führte. Aus dreijährigen Berathungen ging der Gesetzentwurf, die Mobilisirung der Kuxe betreffend, hervor, welcher im Januar 1861 dem Hause der Abgeordneten vorgelegt wurde, aber nicht zur Berathung im Plenum des Hauses gelangte, weil die weit auseinandergehenden Ansichten bei den Commissionsberathungen kein positives Resultat hoffen ließen.

Der vorläufige Entwurf zum Allg. Berggesetze (1863) schlug eine gänzlich verschiedene Richtung ein, indem er die bisherige Gestalt des gewerkschaftlichen Be-

Die Gewerkschaft kann ihre besondere Verfassung durch ein no-

---

sitzes, die Immobiliarqualität der Kuxe beibehielt und die gewerkschaftliche Verfassung auf wenige Bestimmungen über die Beschlußfassung reduzirte, das Uebrige der vertragsmäßigen Feststellung für jeden einzelnen Fall überlassend. Diese Vorschläge gingen aus der Anschauung hervor, daß die gewerkschaftliche Verfassung als solche veraltet und nicht mehr von dem Bedürfnisse des Verkehrs getragen sei, daß es den Gewerken überlassen werden müsse, sich in den Gesellschaftsformen des Civilrechtes oder des Handelsrechtes zu vereinigen und die durch die Zwecke des Bergbaues gebotenen besonderen Einrichtungen für jede einzelne Gewerkschaft durch vertragsmäßige Verabredungen festzusetzen. Sie fanden indeß fast allseitigen Widerspruch, weil die Betheiligten mit Recht in der ausgebildeten Verfassung der Gewerkschaft nicht eine Beschränkung, sondern eine wesentliche Erleichternng des Verkehrs erkannten. Das Allg. Berggesetz ist deshalb im vierten Abschnitte zu den Vorschriften des Gesetzes vom 12. Mai 1851 und zu den Vorschlägen des Gesetzentwurfes vom 22. Januar 1861 über die gewerkschaftliche Verfassung und über das gewerkschaftliche Antheilrecht zurückgekehrt. Nach den Uebergangsbestimmungen der §§. 227—240 finden jedoch die Vorschriften über die Personification der Gewerkschaft und die Mobilisirung der Kuxe auf die beim Eintritte der Gesetzeskraft des Allg. Berggesetzes im Besitze mehrerer Personen befindlichen Bergwerke nicht Anwendung. Die Mitbetheiligten dieser Bergwerke können die im vierten Titel enthaltene Gewerkschaft nur durch einen Mehrheitsbeschluß von drei Vierteln der Antheile und nur mit Einwilligung der Hypothekengläubiger — falls auf den gewerkschaftlichen Antheilen Hypotheken haften — annehmen. In Folge dieser Uebergangsbestimmungen wird die gewerkschaftliche Verfassung des neuen Rechtes nur bei einer geringen Zahl von Bergwerken Anwendung finden können, während bei der weit überwiegenden und wichtigeren Zahl der älteren Gewerkschaften das bisherige rechtsrheinische und linksrheinische Recht in Anwendung bleibt. Ein solcher Zustand ist auf die Dauer nicht haltbar. Das Bedürfniß des Verkehrs nach gleichartigen Normen für völlig gleichartige Rechtsverhältnisse wird über kurz oder lang dazu nöthigen, entweder die angestrebte Umgestaltung des gewerkschaftlichen Rechtsverhältnisses wieder aufzugeben oder sie auf sämmtliche Gewerkschaften zu erstrecken und nur die Ausnahme des §. 133, die anderweitige Regelung des Verhältnisses der Mitbetheiligten durch Vertrag oder sonstige Willenserklärungen zuzulassen. — Die Rechtsunsicherheit und die Belästigung des Verkehrs, welche aus dem dauernden Bestehen grundsätzlich verschiedener Normen für dasselbe Rechtsverhältniß je nach dem Datum seiner Entstehung nothwendig entspringen muß, wird sofort ersichtlich, wenn man z. B. unterstellt, daß die Tit. 2 u. 3 Buch I des Allgem. Deutschen Handelsgesetzbuchs nur auf die nach dem 1. März 1862 errichteten Handelsfirmen Anwendung finden sollten, oder daß die Preußische Hypothekenverfassung in das Gebiet des gemeinen Rechtes eingeführt werden sollte, jedoch mit Ausschluß der bereits mit irgend einer Hypothek beschwerten Grundstücke. Da überdies eine Revision der Bestimmungen des vierten Titels auf Grund der aus ihrer practischen Anwendung sich ergebenden Erfahrungen voraussichtlich in nicht zu langer Frist nothwendig werden wird, so darf man dann wohl auch der Beseitigung der erwähnten Uebergangsbestimmungen entgegensehen.

176) Die Gewerkschaft des deutschen Bergrechtes hat sich zwar auf der Grundlage der civilrechtlichen Erwerbsgesellschaft entwickelt. Es hat aber auf ihre Ent-

tariell oder gerichtlich zu errichtendes Statut regeln, welches der

---

wickelung, wie auf alle Institute des Handelsrechtes, das Bedürfniß des Verkehrs und die besondere Natur des Bergwerksbetriebes einen so bestimmendem Einfluß ausgeübt, daß das gewerkschaftliche Rechtsverhältniß von jeher durch characteristische Besonderheiten und durch wesentliche Abweichungen von den Regeln der gewöhnlichen civilrechtlichen Gesellschaft unterschieden worden ist. Wenn trotzdem das ältere rechtsrheinische Bergrecht die Gewerkschaft als eine bloße Unterart der Societät oder des Miteigenthums (obgleich von einer bloßen communio incidens bei einer Vereinigung zum Bergwerksbetriebe offenbar nicht die Rede sein kann) behandelte, so trat es hierdurch in Widerspruch mit den aus den Bedürfnissen des Verkehrs entwickelten und durch die Gesetzgebung längst anerkannten Regeln des gewerkschaftlichen Verhältnisses. Es ist auch nach dem älteren Rechte unzulässig, jedes einzelne der Gewerkschaft gehörige Vermögensstück, wie dies nach den Regeln der civilrechtlichen Gesellschaft oder der zufälligen Gemeinschaft geschehen müßte, nach ideellen Theilen unter den Gewerken getheilt zu denken, und jede gewerkschaftliche Forderung oder Schuld als unter den Gewerken von Rechts wegen getheilt anzunehmen. Die Gewerkschaft besitzt vielmehr als solche ein besonderes von dem Vermögen der einzelnen Gewerken rechtlich unterschiedenes gewerkschaftliches Vermögen, in Bezug auf welches sie unabhängig von dem Wechsel ihrer Mitglieder selbständige Rechte und Pflichten hat. Diese rechtliche Natur der Gewerkschaft wird in dem älteren Rechte durch die Annahme eines sogenannten Gesammteigenthums bezeichnet (Allg. Landrecht Th. II, Tit. 16, §§. 264 ff.) und unter dieser Bezeichnung ist nach der treffenden Ausführung von v. d. Bercken in der Zeitschrift für Bergrecht Bd. I, S. 87 ff. eine Personification des Bergwerks zu verstehen, welches als juristische Persönlichkeit und als Subject der gewerkschaftlichen Rechte und Verpflichtungen gedacht wird. Hiernach sind die Gewerken Miteigenthümer des Bergwerks und das Bergwerk selbst Träger des ganzen gewerkschaftlichen Vermögens.

Das Allg. Berggesetz setzt an die Stelle dieser Auffassung des älteren Rechtes die juristische Persönlichkeit der Gewerkschaft, welche alleinige Eigenthümerin des Bergwerks ebenso wie des übrigen gewerkschaftlichen Vermögens ist. Die practischen Folgen dieses Prinzipes, welches in dem Gesetze nicht ausdrücklich ausgesprochen ist, sind in den §§. 95—100 ausgedrückt.

Der wichtigste Unterschied zwischen der Auffassung des älteren und des neueren Rechtes tritt in der rechtlichen Natur des gewerkschaftlichen Antheilrechtes oder des Kuxes hervor. Der Kux ist nach altem Rechte ein ideeller Antheil des Bergwerks, mit dem ein entsprechender Antheil an dem im Gesammteigenthume befindlichen gewerkschaftlichen Vermögen verknüpft ist. Er erscheint äußerlich als ein ideeller Theil einer unbeweglichen körperlichen Sache, des Bergwerks, mit dem ein Antheil an einem Vermögensinbegriffe unzertrennlich verbunden ist. Durch die Veräußerung des ideellen Bergwerksantheils wird auch der Antheil an dem ganzen Inbegriffe der gewerkschaftlichen Rechte und Verpflichtungen übertragen. Mit der Verpfändung des ideellen Bergwerksantheils ist auch der Antheil an dem übrigen gewerkschaftlichen Vermögen verpfändet, weil das Pfandrecht durch den Verkauf des Kuxes realisirt wird, und bei diesem Verkaufe nicht bloß $\frac{1}{128}$ des eingetragenen Bergwerks, sondern zugleich der entsprechende Antheil an dem ganzen Inbegriff des gewerkschaftlichen Vermögens auf den Käufer übergeht

Zustimmung von wenigstens drei Viertheilen aller Antheile und der

---

Nach dem neuen Rechte wird das Bergwerk für die Gewerkschaft eingetragen und kann nur von ihr mit Hypotheken beschwert werden (§§. 97, 98). Der Kux stellt nicht mehr einen ideellen Antheil des Bergwerks vor, sondern einen Antheil an dem Inbegriff des ganzen gewerkschaftlichen Vermögens, in welchem das Bergwerk eingeschlossen ist. Er zählt zu den beweglichen Sachen und wird durch einen der Actie analogen Kuxschein für den Verkehr verkörpert, welcher durch Cession veräußert und durch Uebergabe verpfändet wird (§§. 101, 103, 105, 108). Das neue Recht unterscheidet also bei der Verpfändung das Bergwerk und die Kuxe als verschiedene Objecte, während nach älterem Rechte das Bergwerk nur durch Verpfändung der sämmtlichen Kuxe zur Hypothek gestellt werden kann und durch die Verpfändung der Kuxe zugleich das Bergwerk selbst belastet wird. Auf dieser mangelnden Unterscheidung zwischen dem Antheilrechte an dem gewerkschaftlichen Vermögen und den ideellen Theilen des Bergwerks beruht die Fehlerhaftigkeit der bisherigen Berghypothekeneinrichtung und das Ungenügende derselben für die Bedürfnisse des bergmännischen Realcredits!

Nach der bisherigen Hypothekenverfassung wurde die Verpfändung des Antheilrechtes auf dem Folium der Grube und zwar auf dem entsprechenden Theile der Grube eingetragen. Ebenso wurde die Verpfändung der ganzen Grube in der Form einer Hypothek auf sämmtlichen Kuxen, also auf den Antheilen der einzelnen Gewerken ingrossirt. Dieses Verfahren beruht auf der Voraussetzung, daß die Antheile der Gewerke einfache ideelle Theile des Bergwerks seien, und daß die Befugniß zum Verkaufe aller Kuxe der Befugniß das ganze Bergwerk zu verkaufen mathematisch gleich sei. Diese Voraussetzung ist aber handgreiflich falsch. Der Antheil eines Gewerken umfaßt nicht bloß den entsprechenden ideellen Theil der Grube, sondern auch den entsprechenden Theil von dem übrigen Vermögen der Gewerkschaft, einschließlich der Schulden. Das Gewerke kann seinen Antheil nicht ohne diesen ratirlichen Theil der gewerkschaftlichen Schulden verkaufen. Auch der Pfandgläubiger, welchem die Befugniß zum Verkaufe eines solchen Antheils eingeräumt ist, kann nicht das Antheilrecht an dem Activvermögen der Gewerkschaft für sich allein, sondern nur in Verbindung mit dem entsprechenden Schuldenantheile auf den Ankäufer übertragen. Der Adjudicatar des subhastirten Kuxes tritt wie in die Rechte, so auch in die Verbindlichkeiten der Gewerkschaft auf Höhe eines Kuxes ein.

Wenn also das Bergwerk einen Werth von 128000 Thlrn. hat, die Schulden der Gewerkschaft aber 32000 Thlr. betragen*), so beträgt der Verkaufswerth eines Kuxes $\frac{128000 - 32000}{128} = 750$ Thlr. Der Pfandgläubiger wird niemals im Stande sein, bei dem Verkaufe des Kuxes einen höheren Kaufpreis zu erzielen. Der Kux wird daher aufs Höchste einen Pfandcredit von 750 Thlrn.; sämmtliche 128 Kuxe aber, einzeln verpfändet, einen Pfandcredit von 96000 Thlrn. gewähren können. Der Werth des Bergwerks beträgt jedoch 32000 Thlr. mehr. Die Grube, als Ganzes verpfändet und verkauft, könnte also eine um ein Drittel höhere Realsicherheit gewähren. Umgekehrt, wenn die Gewerkschaft außer ihrem Bergwerke im Werthe von 128000 Thlrn. ein Vermögen in ausstehenden For-

*) Dem Verfasser ist eine Gewerkschaft bekannt, welche eine schwebende, nicht hypothekarisch versicherte Schuld von ca. 100000 Thlr besitzt.

Bestätigung des Oberbergamts bedarf [177]).

derungen, Eisenbahnactien und Betriebsmitteln, von 32000 Thlrn. besitzt, so wird der Werth eines Kuxes $\frac{128000 + 32000}{128} = 1250$ Thlr. betragen. Der Verkaufswerth und der Pfandcredit der einzelnen Kuxe wird also den der ganzen Grube um ein Viertel übersteigen. Die Gesammtheit der Antheile ist also ein von dem Körper der Grube ganz verschiedenes Vermögensobject. Eine Gewerkschaft, deren Vermögenslage ungünstig ist, kann in dem Körper ihrer Grube ein Pfandobject besitzen, dessen Werth den Gesammtwerth der Antheile weit übersteigt. Und der Gewerke, welcher bei einer an ausstehenden Forderungen reichen Gewerkschaft betheiligt ist, kann in diesem Antheilrechte eine weit erheblichere Realsicherheit gewähren, als die entsprechende Quote an dem Immobiliarwerthe des Bergwerks allein darstellt.

Die bisherige Hypothekenverfassung ignorirte diesen Unterschied gänzlich. Sie gab dem Gläubiger formell einen ideellen Theil des Bergwerks zum Pfande, und gestattete ihm doch nicht das Bergwerk selbst, sondern ein davon ganz verschiedenes Recht, das Antheilrecht des Gewerken zum Verkauf zu bringen. Wird aber zufällig, z. B. durch den Concurs der Gewerkschaft, das ganze Bergwerk, getrennt von dem übrigen Vermögen der Gewerkschaft, zum Verkauf gebracht, so kehrt sich, um das Maß der Verwirrung voll zu machen, das Verhältniß um. Der Pfandgläubiger, welcher seinerseits nur das Antheilrecht des Gewerken zum Verkauf bringen konnte, wird nun aus den Kaufgeldern des Bergwerks befriedigt, und erhält statt eines durch die ungünstige Vermögenslage der Gewerkschaft entwertheten Pfandes plötzlich ein wesentlich verbessertes Recht.

Dieser verworrene Rechtszustand hat nicht nur die Wirkung, daß er der Gewerkschaft die Verpfändung des ganzen Bergwerks für Zwecke des Bergbaues unmöglich macht. Er schmälert auch geradezu den Pfandcredit des Bergwerksvermögens überhaupt. Denn die Sicherheit eines Pfandes beruht zunächst auf der vollständigen Bestimmtheit des Gegenstandes, auf welchen sich die Verkaufsbefugniß des Gläubigers erstreckt. Unbestimmte Pfandrechte üben bei einem sehr geringen Werthe eine geradezu zerstörende Wirkung auf den Realcredit aus. Es ist aber ein unbestimmtes Pfandrecht, wenn der Gläubiger thatsächlich etwas Anderes zum Verkauf bringt, als was ihm nach dem Wortlaut des Hypothekenbuches haftet, wenn er statt eines Theiles einer bestimmten körperlichen Sache, den Antheil an einem aus Activen und Passiven zusammengesetzten Vermögen verkauft und wenn erst der zufällige Hinzutritt eines seinem Rechte ganz fremden Ereignisses (des Concurses) bewirken kann, daß er seine Befriedigung aus dem Werthe des Immobiles unverkürzt durch die gewerkschaftlichen Schulden erhält. Auch der Personalcredit der Gewerkschaft muß durch diese Unbestimmtheit leiden. Während nämlich die eingetragenen Antheilshypotheken für gewöhnlich die Sicherheit der gegen die Gewerkschaft gerichteten uneingetragenen Forderungen ganz unberührt lassen, weil dieselben auf jeden neuen Gewerken, auch auf denjenigen, welcher einen Antheil in der nothwendigen Subhastation ersteht, unverändert übergehen, treten für den Fall der Subhastation des ganzen Bergwerks, die persönlichen Schulden der Gewerkschaft plötzlich hinter sämmtliche Antheilshypotheken zurück. Der Erlös des Bergwerks und seiner Pertinenzien wird zur Befriedigung der Antheilshypothekengläubiger verwendet, und die Gläubiger der Gewerkschaft, welche bis

Die Bestimmungen der §§. 95 bis 110, 114 Absatz 2, und 123

---

dahin gewissermaßen ante omnes locirt waren, weil bei jeder Subhastation eines Antheils ihre Forderungen pro rata mit übernommen werden mußten, werden nun plötzlich an der letzten Stelle befriedigt.

Das Allg. Berggesetz beseitigt diese Widersprüche. Es giebt der Gewerkschaft das Recht, den Körper des Bergwerks abgesondert von dem übrigen gewerkschaftlichen Vermögen hypothekarisch zu verpfänden, und so den ganzen in dem Capitalwerthe der Bergwerke begründeten Realcredit ohne Abzug zu Gunsten des Bergbaues nutzbar zu machen. Neben dieser Befugniß der Gewerkschaft erhält der Gewerke die Möglichkeit, sein Antheilrecht durch Uebergabe des Gewährscheins zu verpfänden. So lange die Gewerkschaft von ihrer Befugniß nicht Gebrauch macht, oder soweit sie den Realcredit des Bergwerks nicht erschöpft, ist auch der Werth der Grube in der durch das Antheilrecht gewährten Realsicherheit begriffen.

Hat dagegen die Gewerkschaft diesen Realwerth durch hypothekarische Verpfändung absorbirt, so tritt an seine Stelle das hypothekarisch aufgenommene Capital, welches die Vermögenslage der Gewerkschaft und folglich den Werth des Antheilrechtes um eben so viel verbessert, als die hypothekarische Belastung beide verschlechtert. Mag also die Gewerkschaft von ihrer Befugniß zur hypothekarischen Verpfändung Gebrauch machen oder nicht, der Antheil des Gewerken behält in beiden Fällen denselben Realcredit, welchen er nach der gegenwärtigen Verfassung besitzt, nämlich bis zur Höhe desjenigen Werthes, welchen der aliquote Theil des gewerkschaftlichen Vermögens repräsentirt. Wenn eine Gewerkschaft zum Bau einer nothwendigen Anschlußbahn 20000 Thlr. hypothekarisch auf die Grube anleiht, so wird durch die Ausführung dieser Anlage, wenn sie richtig berechnet und sparsam ausgeführt wird, das Vermögen der Gewerkschaft und damit das Antheilrecht des Gewerken sicher eher verbessert als verringert. Die Schuld von 20000 Thlrn. wird durch ein Vermögensobject von gleichem oder gar höherem Werthe compensirt.

Es ist daher unrichtig, wenn behauptet wird, die Mobilisirung übertrage den Realcredit von dem Gewerken auf die Gewerkschaft und entziehe dem persönlichen Gebrauche des Ersteren, was er der Letzteren zulegt. Das Allg. Berggesetz verdoppelt vielmehr den Realcredit des Bergwerksvermögens, indem es der Gewerkschaft den vollen Immobiliarwerth des Bergwerks, dem Gewerken den vollen Werth seines Antheils zur Verpfändung überläßt. Die Ausübung der einen Befugniß kann auch die andere nicht stören, so lange die gewerkschaftlichen Anleihen wirklich im Interesse der Gewerkschaft, d. h. zur Verbesserung des gewerkschaftlichen Vermögens verwendet werden.

177) Die Gewerkschaft bedarf nicht wie die Actiengesellschaft nach §. 1 des Ges. v. 9. November 1843 (G.S. S. 341) nothwendig eines Statutes. Der Gesellschaftsvertrag wird vielmehr da, wo ein Statut nicht errichtet ist, durch die Vorschriften des Gesetzes ersetzt, welches alle wesentlichen Theile des Rechtsverhältnisses bestimmt. Sobald daher ein Bergwerk in den Besitz von zwei oder mehreren Personen übergeht, ohne daß das gewerkschaftliche Rechtsverhältniß nach §. 133 durch die Natur der Gemeinschaft oder durch ausdrückliche Festsetzung ausgeschlossen ist, so entsteht unter ihnen kraft des Gesetzes das gewerkschaftliche Rechtsverhältniß mit der durch das Gesetz geregelten Verfassung. Diese Verfassung kann durch das Statut abgeändert und ergänzt werden.

Gegen das von drei Vierteln der Antheile beschlossene Statut kann die Ent-

bis 128 dürfen durch das Statut nicht abgeändert werden[178]).

---

scheidung des Richters darüber ob der Beschluß zum Besten der Gewerkschaft gereiche, nach §. 115 nicht angerufen werden. Der Minderheit steht also ein ordentliches Rechtsmittel gegen diesen Beschluß nicht zu. Sie kann nur bei dem Oberbergamte gegen die Bestätigung des beschlossenen Statuts vorstellig werden.

Das Oberbergamt ist bei der Bestätigung des Statuts an keine ausdrückliche Vorschrift gebunden. Die Prüfung wird sich zunächst auf die Beobachtung der Gesetze also auf die formelle und materielle Gültigkeit der gefaßten Beschlüsse erstrecken, sodann auf diejenigen Bestimmungen, welche das öffentliche Interesse betreffen, und dahin gehört auch der etwaige Schutz gegen eine solche Kränkung der Interessen der Minderheit. So würde ohne Zweifel einem Statute die Bestätigung versagt werden müssen, welches der Minderheit gegen ihren Widerspruch das Stimmrecht in den Gewerkenversammlungen (§. 111) oder die Theilnahme an der Bestellung des Repräsentanten oder Grubenvorstandes (§. 118) entziehen wollte, während bei stillschweigender oder ausdrücklicher Zustimmung der Betheiligten es keinem Bedenken unterliegen würde daß durch das Statut die Verwaltung des Bergwerks einem oder mehreren Gewerken mit Ausschluß der übrigen übertragen wird. Strohn bemerkt hierüber in der Zeitschrift f. d. Berg-, Hütten- und Salinenwesen Bd. XIII. S. 172 „Die Bestätigung hat hauptsächlich den Schutz der Minorität gegen die Majorität zum Zweck; sie soll verhindern, daß die Majorität in das Statut Bestimmungen bringe welche nicht das gemeinsame Beste der Gewerkschaft sondern den Vortheil der Majorität auf Kosten der Minorität bezwecken. Die §§. 111 bis 121 lediglich mit Ausnahme des §. 114, Alinea 2, und des §. 117, können sämmtlich durch das Statut abgeändert werden. Eine Mehrheit von drei Viertheilen kann somit in das Statut die Bestimmung aufnehmen daß abweichend von §. 111 zur Fassung eines Beschlusses eine Gewerkenversammlung nicht nothwendig sei, daß nicht wie der §. 112 verordnet, zur Gültigkeit eines Beschlusses die Anwesenheit aller Gewerken oder die Angabe des zu verhandelnden Gegenstandes bei der Einladung zu einer Versammlung erforderlich sei, daß die im §. 115 gegen einen Gewerkschaftsbeschluß zugelassene Klage auf Aufhebung des Beschlusses eben so wenig als die Bildung eines Schiedsgerichts statthaft sein solle u. s. w. Daß diese Befugniß von der vielleicht in einer einzigen Hand befindlichen Dreiviertelmajorität zum Nachtheil der übrigen Gewerken mißbraucht werden kann ist klar, — einen solchen Mißbrauch zu verhüten, ist vornehmlich Grund und Zweck der Bestätigung."

178) Als die hauptsächlichsten Gegenstände der statutarischen Feststellung sind hiernach zu bezeichnen:

1) Zeit und Ort der Gewerkenversammlungen und die Form der Zusammenberufung,
2) die Art der Vertretung und die Legitimation der Vertreter abwesender Gewerken,
3) die Form der Abstimmung und des Protokolls,
4) die Vollmacht des Repräsentanten (Grubenvorstandes) und die der Entscheidung durch die Gewerkenversammlung vorbehaltenen Gegenstände,
5) bei der Bestellung eines Grubenvorstandes die Beschlußfassung im Vorstande und die Vertretung desselben beim Abschlusse von Geschäften durch eines oder mehrere Mitglieder

§. 95.

Die Gewerkschaft führt den Namen des Bergwerks, sofern sie nicht in dem Statut einen anderen Namen gewählt hat[179]).

§. 96.

Die Gewerkschaft kann unter ihrem Namen Rechte erwerben und Verbindlichkeiten eingehen, Eigenthum und andere dingliche Rechte an Bergwerken und Grundstücken erwerben, vor Gericht klagen und verklagt werden[180]).

---

6) die Wahlperiode des Repräsentanten oder der Mitglieder des Grubenvorstandes,

7) die Rechnungsführung und die Rechnungslegung,

8) die schiedsrichterliche Entscheidung über angefochtene Mehrheitsbeschlüsse (§. 115) und über sonstige Streitigkeiten zwischen der Gewerkschaft und ihren Mitgliedern,

9) die Liquidation des gewerkschaftlichen Vermögens im Falle der Auflösung der Gewerkschaft,

In dem Vereine für die bergbaulichen Interessen des Oberbergamtsbezirks Dortmund ist in der Sitzung vom 13. Januar d. J. ein von dem Hrn. Bergrath von der Heyden-Rynsch entworfenes Normalstatut für Gewerkschaften zum Vortrag gebracht, auf welches unten bei den §§. 106, 115, 117 u. 122 Bezug genommen ist.

179) Die Gewerkschaft des Steinkohlenbergwerks Hibernia führt also den Namen: „Die Gewerkschaft Hibernia" und wird unter diesem Namen in das Berghypothekenbuch eingetragen. Wenn die Gewerkschaft Handelsgeschäfte betreibt (Allg. Handelsgesetzbuch Art. 271, 272) so bildet dieser Name oder der im Statut angenommene Name zugleich die Firma der Gewerkschaft (a. a. O. Art. 15), unter welcher sie in das Handelsregister eingetragen wird.

180) Die Bestimmung des §. 96 soll nach §. 227 auf die bei Eintritt der Gesetzeskraft des Allg. Berggesetzes bereits bestehenden Gewerkschaften keine Anwendung finden. Allein die Gewerkschaften konnten schon nach der bisherigen rechtsrheinischen Gesetzgebung in der Person ihres Repräsentanten klagen und verklagt werden (Ges. v. 12. Mai 1851 §. 18, Nr. 15) und dies ist nach §. 119 auch künftig der Fall. Ebenso bestimmt sich auch der ordentliche Gerichtsstand der Gewerkschaften des alten Rechtes nach der Lage des Bergwerks als dem Hauptsitze ihrer geschäftlichen Thätigkeit. Die Doppelfrist zur Einlegung von Rechtsmitteln (Declaration v. 6. April 1839 Art. 13) kommt den Gewerkschaften des neuen Rechtes nicht zu statten, da sie nicht zu den privilegirten Corporationen gehören. Sie steht ihnen auch dann nicht zu, wenn unter den Gewerken sich bevormundete Personen befinden, weil nicht die einzelnen Gewerken, sondern die juristische Person der Gewerkschaft klagt oder verklagt wird.

Auch den Gewerkschaften des alten Rechtes wird in dem zuletzt angezogenen Falle die Doppelfrist zur Einlegung von Rechtsmitteln durch das Präjudiz 2266 des Obertribunals vom 23. December 1850 (Entsch. Bd. 20, S. 541) und durch das conforme Erkenntniß vom 5. Juli 1858 (Entsch. Bd. 39, S. 340) versagt, weil nach §. 18, Nr. 15 des Ges. v. 12. Mai 1851 der Repräsentant als dominus litis

Ihr ordentlicher Gerichtsstand ist bei dem Gerichte im dessen Bezirk das Bergwerk liegt [181]).

§. 97.

Das Bergwerk wird, soweit die Einrichtung des Hypothekenwesens dies gestattet, auf den Namen der Gewerkschaft in das Hypothekenbuch eingetragen [182]).

§. 98.

Das Bergwerk kann nur von der Gewerkschaft und nur als Ganzes mit Hypotheken und dinglichen Lasten beschwert werden [183]).

§. 99.

Für die Verbindlichkeit der Gewerkschaft haftet nur das Vermögen derselben [184]).

---

der für die Gewerkschaft zu führenden Prozesse zu betrachten sei. Da §. 119 des Allg. Berggesetzes nichts Anderes bestimmt, als §. 18 cit., so gilt ies Präjudiz auch noch gegenwärtig.

181) Wenn das Grubenfeld sich in zwei Gerichtsbezirke erstreckt oder wenn die Gewerkschaft mehrere Bergwerke in verschiedenen Bezirken besitzt so tritt ein doppelter Gerichtsstand ein, so lange nicht die Gewerkschaft durch da Statut Domizil in dem einen der beiden Gerichtsbezirke gewählt hat.

182) Im Berg hypothekenbuche (§. 246).

183) Zur Verpfändung oder dinglichen Belastung des Bergwerks ist nach §. 114 ein Mehrheitsbeschluß von drei Vierteln aller Antheile erfoderlich. Der §. 98 gilt nur für die Gewerkschaften des neuen Rechtes. Bei Bergwerken, die im Besitze von Gewerkschaften des alten Rechtes sind, ist nach §. 230 auch künftig eine Verpfändung und dingliche Belastung der einzelnen Kuxe im Berghypothekenbuche gestattet. Bergwerke, die sich im Besitze einer einzelnen Person befinden oder die gemäß §. 133 in ungetheilter Gemeinschaft oder von einer nach den Regeln des Civilrechts constituirten Gesellschaft besessen werden, können ebenfalls zu ideellen Antheilen verpfändet oder belastet werden, nur daß die ideellen Antheile im letztern Falle nicht nach Kuxen, sondern nach einfachen Brücher ($\frac{1}{2}$, $\frac{1}{3}$, $\frac{1}{4}$ ꝛc.) ausgedrückt werden. Wird ein solches Pfandrecht an dem ideellen Antheile eines solchen nicht gewerkschaftlichen Bergwerks durch nothwendigen Verkauf realisirt, so bildet der Adjudicatar mit den Besitzern der übrigen Idealantheile eine Gewerkschaft nach den Regeln der §§. 94 ff. Ist aber der nicht verkaufte Idealantheil ebenfalls mit Hypotheken belastet, so kann das gewerkschaftliche Rechtsverhältniß nicht eintreten, weil dasselbe nach §. 98 die ideelle Belastung des Bergwerks ausschließt. Hier tritt also der Fall ein, daß das gewerkschaftliche Rechtsverhältniß durch anderweitige Willenserklärung, nämlich durch die Hypothekenbestellung seitens des einen Betheiligten ausgeschlossen ist (§. 133) und es gelten die Regeln des civilrechtlichen Miteigenthums so lange, bis die zufällige Gemeinschaft durch die Theilungsklage oder durch Vertrag aufgehoben wird.

184) Dieser Grundsatz ist eine Consequenz der juristischen Persönlichkeit der Gewerkschaft. Er gilt indeß nach §§. 226 u. 227 auch für die Gewerkschaften des alten Rechtes, für welche unter der früheren Gesetzgebung die entgegengesetzte Meinung durch das Erkenntniß des Obertribunals vom 28. September 1854 an-

## §. 100.

Durch das Ausscheiden einzelner Mitglieder — Gewerken — wird die Gewerkschaft nicht aufgelöst. Auch können einzelne Gewerken nicht auf Theilung klagen[185]).

## §. 101.

Die Zahl der gewerkschaftlichen Antheile — Kuxe — beträgt hundert.

Durch das Statut kann die Zahl auf tausend bestimmt werden[186]).

Die Kuxe sind untheilbar[187]). Sie haben die Eigenschaft der beweglichen Sachen[188]).

---

genommen war, welches die Gewerken als persönlich verantwortlich für die Grubenschulden erklärte. Der Gläubiger der Gewerkschaft kann sich im Wege der Execution ebenso wie alle andern Forderungen so namentlich auch die von den Gewerken nach §§ 102 u. 129 zu entrichtenden Beiträge zur eigenen Einziehung überweisen lassen. Dies setzt indeß voraus, daß die Beiträge durch Gewerkenbeschluß ausgeschrieben sind, denn ohne einen Beschluß der Gewerkenversammlung können nach §§. 102 u. 129 Beiträge nicht gefordert werden. Wenn also auch nach §. 102 die Gewerken verpflichtet sind, die zur Erfüllung der Schuldverbindlichkeiten der Gewerkschaft erforderlichen Beiträge zu zahlen, so wird doch, wie die Hinweisung auf §. 129 ergiebt, diese Verbindlichkeit erst durch den Gewerkenbeschluß existent, welcher die Höhe der zu leistenden Beiträge bestimmt, und der Gläubiger hat kein Mittel, die Ausschreibung von Beiträgen zu seiner Befriedigung im Wege der Execution zu erzwingen.

185) Die Auflösung der Gewerkschaft durch Verkauf des ganzen Bergwerks kann nach §. 114 durch die Dreiviertel-Mehrheit beschlossen werden. Zur Verzichtleistung dagegen ist Einstimmigkeit erforderlich.

186) Nach §. 235 kann bei den Gewerkschaften des alten Rechtes, welche die Mobilisirung der Kuxe beschließen, die Zahl der Kuxe mit Genehmigung des Oberbergamtes auf 10000 bestimmt werden.

187) Geht ein Kux durch Erbschaft oder durch eine andere rechtsgültige Willenserklärung in das Eigenthum mehrerer Personen über, so haben dieselben zur Ausübung ihrer Rechte der Gewerkschaft gegenüber einen gemeinschaftlichen Bevollmächtigten zu bestellen. (Allg. Landr. Th. I, Tit. 5, §. 480. Tit. 17, §. 151.)

188) Der Kux des neuen Rechtes ist seiner Natur nach am nächsten der Actie verwandt. Er bildet den Maßstab für das Antheilrecht der Gewerken an der Verwaltung und Nutzung des gewerkschaftlichen Vermögens. Er stellt sich, von dem Begriffe des Ganzen gewissermaßen abgelöst, nicht als ein Bruchtheil, sondern als Verkehrseinheit dar und bildet als solche den Gegenstand selbständiger Rechte. Allein zwischen der Actie und dem Kuxe besteht der durchgreifende Unterschied, daß die Actie stets auf einen bestimmten Geldbetrag lautet (Allg. Handelsgesetzbuch Art. 273. Art. 210, Nr. 4), welcher die Einlage des Actionärs darstellt, wogegen der Kux keinen Nominalwerth, sondern nur einen aliquoten Theil ($\frac{1}{100}$, $\frac{1}{1000}$, $\frac{1}{10000}$) des gewerkschaftlichen Vermögens repräsentirt.

## §. 102.

**Die Gewerken nehmen nach dem Verhältniß ihrer Kuxe an dem Gewinne und Verluste Theil.**

Der mobilisirte Kux ist also kein courshabendes Papier. Der übertragbare Gewährschein repräsentirt weder ein bestimmtes nominelles Capital, noch auch eine fortlaufende Rente. Der Eigenthümer des Gewährscheins hat nicht wie der Actionär mit einer einmaligen Einlage das Recht erkauft, an den Erträgen des Bergwerks Theil zu nehmen, ohne zu weiteren Leistungen für dieses Unternehmen verbunden zu sein. Er hat für seinen Antheil ebensowohl Zubußen zu erlegen, als Ausbeute zu erheben. Der Gewährschein ist daher weder als Zahlungsmittel zu gebrauchen, noch auch eignet er sich überhaupt zu einem Börsenpapier, da von einem Course, d. h. von einem in Procenten des Nominalbetrages auszudrückenden Werthe, niemals die Rede sein kann. Der mobilisirte Kux ist also seinem Inhalte nach von dem hypothekarisch eingetragenen Kuxe überhaupt nicht verschieden. Er gewährt seinem Besitzer dieselben Rechte und er begründet ganz dieselben Verpflichtungen, wie der hypothekarisch eingetragene Antheil. Nur in den Formen der Uebertragung und der Verpfändung findet eine Veränderung statt.

Diese Erleichterung der Verkehrsformen ist von manchen Seiten als eine Gefahr für den Bergbau bezeichnet worden. Die Gegner der Mobilisirung der Kuxe behaupteten, daß die Kuxe durch die Ausgabe übertragbarer Gewährscheine in die den Actien eigenthümliche Bewegung gerathen und als Börsenpapier von Hand zu Hand gehen werden. Das Interesse, welches die Gewerken an das Bergwerk als ihre eigene Unternehmung knüpft, werde dann erlöschen. Der Kuxbesitz — jetzt ein dauerndes durch viele Generationen vererbtes Familienbesitzthum — werde dann in die Hände von Speculanten übergehen, denen die Kuxe nichts seien als Gegenstände der vorübergehenden Geldanlage und der Agiotage. Dann sei es aber um das Gedeihen und um die Blüthe des Bergbaues geschehen. Denn die Betheiligung am Bergbau müsse, um fruchtbringend zu sein, auf die Dauer berechnet und von einem sachlichen Interesse getragen sein. Das durch die Kanäle der Speculation leicht und reichlich fließende Capital fließe bei unvorhergesehenen Schwierigkeiten, denen der solideste Bergbau mehr als andere Industriezweige begegne, ebenso unaufhaltsam wieder ab. Während daher die Börsenspeculation erfahrungsmäßig bedeutende Capitalien in unsicheren und nutzlosen Unternehmungen vergeude, gebe sie in den Zeiten der Zubuße und der Krise die werthvollsten und vielversprechendsten Anlagen auf, um ihr Capital in anderen Unternehmungen anzulegen, die augenblicklichen Gewinn verheißen.

Allein während diese Anklage gegen das Eindringen der Börsenspeculation auf das Gebiet des Bergbaues im Angesichte des Ruins so großer unter glänzenden Erwartungen begonnener Unternehmungen, die durch falsche Berechnung und Leitung zu Grunde gegangen sind, mit einer gewissen Berechtigung erhoben wird, übersieht man ganz, daß sie keineswegs gegen die Erleichterung der Verkehrsformen, sondern gerade gegen die bisher bestandenen Verkehrsbeschränkungen zu richten ist, welche die neuen Bergwerksunternehmungen in die meistens unpassende Form der Actiengesellschaften und der Actiencommanditgesellschaften gedrängt und so der fieberhaften Speculation, die alles bewegliche und unbewegliche Vermögen in courshabende Papiere zu verflüchtigen strebt und mit diesen eingebildeten Wer-

**Sie sind verpflichtet, die Beiträge, welche zur Erfüllung der Schuldverbindlichkeiten der Gewerkschaft und zum Betriebe erforderlich sind, nach Verhältniß ihrer Kuxe zu zahlen (§§. 129. 130.)[189].**

---

then ein ruheloses Spiel treibt, den Eingang auf das Gebiet des Bergbaues verschafft haben.

Der mobilisirte Kux ist kein courshabendes Papier. Seine Form läßt keine Täuschung darüber zu, daß der Bergbau nicht wie die Staatsanleihen, wie die Eisenbahnunternehmungen und die Creditinstitute als ein Object der bloßen Capitalanlage ausgebeutet werden kann, daß er nicht bloß das Geld, sondern auch die Thätigkeit des Unternehmers in Anspruch nimmt. Denn der Gewährschein, in welchem der Capitalist seine Betheiligung an dem Bergwerke erwirbt, verheißt ihm nicht, wie die Actie oder der Kommanditantheil die Verzinsung seines Anlagecapitals; er giebt ihm nicht für eine einmalige Einlage die bequeme Vormundschaft eines Verwaltungsrathes, die verlockende wenn auch trügerische Hoffnung auf Dividenden und Coursgewinnste ohne eigene Thätigkeit. Er verweist ihn, statt auf die Börse, auf das Bergwerk und in die Gewerkenversammlung, um da seinen Antheil an den Sorgen und an der Verantwortlichkeit des gemeinsamen Geschäftsbetriebes zu nehmen und zu lernen, daß der Bergbau seine langsam reifenden Früchte nicht dem Capital allein gewährt, sondern nur in Verbindung mit der Intelligenz und der Ausdauer.

Dem Eindringen der unbeständigen und unverständigen Speculation wird also gerade die Mobilisirung der Kuxe wehren und vorzüglich dadurch wehren, daß sie durch die Erleichterung des Verkehrs mit den Kuxen die übermäßige Emission der Bergwerksactien und besonders die Bildung der so unsicheren Commanditgesellschaften beschränkt. Mit Recht bemerkt daher Karsten am Schlusse seines oben angeführten Votums (Protocolle S. 70):

„Gerade diese Einrichtung ist für das Gedeihen des Bergbaues ganz geeignet und wird alle Speculanten fern halten, denen es nur um hohe Zinsen von ihren Beiträgen zu thun ist, die aber weder die Absicht noch die Gelegenheit haben, sich um den günstigen Fortgang des Baubetriebes selbst und um die Verwerthung der gewonnenen Producte zu kümmern.“

189) Die Vorschriften, welche §. 102 über die Theilnahme der Gewerken an dem Ertrage und den Kosten des Bergwerksbetriebes giebt, stimmen mit den Grundsätzen des bisherigen rechtsrheinischen Bergrechtes überein. Sie enthalten die zweite wesentliche Verschiedenheit, durch welche sich das Rechtsverhältniß der Gewerkschaft von der Actiengesellschaft unterscheidet.

Bei der Actiengesellschaft findet nur eine einmalige Einlage des Actionärs statt. Das aus diesen Einlagen, also aus dem Nominalbetrage sämmtlicher Actien gebildete Grundcapital bildet zugleich den Maßstab für den an die Actionäre zu vertheilenden Ertrag des Unternehmens. Jede Vermehrung des Grundcapitals kommt als Geschäftsgewinn zur Vertheilung (sofern nicht die Bildung eines Reservefonds beschlossen wird). Eine Zurückzahlung aus dem Grundcapitale darf dagegen nur unter denselben Voraussetzungen, wie die der Auflösung der Actiengesellschaft stattfinden. Hierauf beruhen die Regeln von der jährlichen Bilanz und der Dividendenvertheilung.

## §. 103.

**Ueber sämmtliche Mitglieder der Gewerkschaft und deren Kuxe wird von der Gewerkschaft ein Verzeichniß — das Gewerkenbuch[190])**

---

„Diese Einrichtungen können indeß auf den Bergwerksbetrieb keine Anwendung finden. Der Bergbau erfordert ein nicht im Voraus zu berechnendes Capital. Er bedarf laufender Zuschüsse, da in jedem Stadium des Betriebes die Nothwendigkeit neuer Anlagen hervortreten kann.

Das Anlagecapital wandert in den laufenden Zubußen in die Grube und kehrt mit dem erzielten Gewinn in dem disponiblen Ertrage der geförderten Producte zurück, um vielleicht nach wenigen Jahren wieder als Zubuße in den Bau zu wandern. Dieser Umlauf kann sich während der Betriebszeit mehrmals wiederholen. Wollte man also für ein Bergwerk das während der ganzen Betriebszeit aufzuwendende Capital zum voraus aufbringen, so würde man das Mehrfache des wirklich erforderlichen Betriebscapitals in Vorrath halten müssen. Wollte man den disponiblen Erlös der Producte nicht eher vertheilen, bis die Bilanz einen Reingewinn nachweist, so würde man das für längere Zeit entbehrlich gewordene Betriebscapital ohne Noth zurückhalten. Außerdem wird die Ziehung der Bilanz in vielen Fällen illusorisch, weil der Werth der unterirdischen Anlagen lediglich von ihrer künftigen ungewissen Ertragsfähigkeit abhängt.

Für den Bergbau sind daher die aus dem Bedürfnisse erzeugten und durch Jahrhunderte bewährten Einrichtungen des gewerkschaftlichen Haushaltes: die periodische Zubußanlage, Verlagserstattung und Ausbeuteschließung, noch jetzt als die zweckmäßigsten zu bezeichnen." (Motive zum Gesetzentwurf, die Mobilisirung der Kuxe betreffend S. 18.)

Das Allgemeine Berggesetz hat über die Ausschreibung und Einziehung der von den Gewerken zu entrichtenden Zubuße in den §§. 120 und 129 bis 131 ausführliche Bestimmungen getroffen. Dagegen fehlt es an einer Vorschrift über die Vertheilung der Ausbeute ganz. Die Festsetzung hierüber bleibt also lediglich dem jedesmaligen Beschlusse der Gewerkschaft oder dem Statute (§. 94) überlassen. Der Unterschied zwischen der Erstattung des Verlages, d. h. der Zurückzahlung der geleisteten Beiträge aus dem disponiblen Erlöse und der nach erfolgter Verlagserstattung beginnenden Ausbeutevertheilung (Allg. Landr Th. II, Tit. 16, §. 298) ist für das neue Recht von keiner Bedeutung mehr. Er kommt jedoch noch für die Freikuxe an den vor dem 1. October 1865 verliehenen Bergwerken in Betracht, welchen nach §. 224 eine Realberechtigung auf den durch die bisherigen Gesetze bestimmten Ausbeuteantheil zusteht. Nach den bisherigen Gesetzen haben aber die Freikuxe, so lange die Zeche nur noch den Verlag erstattet, keinen Anspruch. Sie nehmen erst, wenn Ausbeute geschlossen wird, an der Vertheilung des Ertrages Theil (Allg. Landr. a. a. O. §§. 305, 306).

190) Das Gewerkenbuch wird nach §. 103 von dem Repräsentanten oder Grubenvorstande geführt. Bei den Gewerkschaften des alten Rechtes, welche die Mobilisirung der Kuxe gemäß §. 235 beschließen, erfolgt — sofern die Antheile einzelner Gewerken mit Hypotheken belastet sind, welche nach §. 236 in Pfandrechte an den mobilisirten Kuxen umgewandelt werden — die Führung des Gewerkenbuchs und die Ausfertigung der Kurscheine nach §. 239 durch die Hypo-

— geführt. Auf Grund desselben wird einem jeden Gewerken, welcher es verlangt, ein Antheilschein — Kuxschein — ausgefertigt.

Die Kuxscheine sind nach der Wahl des Gewerken über die einzelnen Kuxe oder über eine Mehrheit derselben auszustellen.

Die Kuxscheine dürfen nur auf einen bestimmten Namen, niemals auf den Inhaber lauten [191]).

thekenbehörde, welche das Hypothekenbuch über das Bergwerk selbst zu führen hat, also zur Zeit nach §. 246 durch die Berghypothekencommission.

Für die Einrichtung des Gewerkenbuches bei den Gewerkschaften wird sich das in der Anmerkung 191 unter A. mitgetheilte Formular empfehlen.

191) Die Kuxscheine unterscheiden sich in ihrer Einrichtung von den auf den Namen lautenden Actien dadurch, daß nicht über jeden Kux ein besonderer Kuxschein ausgefertigt wird, sondern nach Wahl des Gewerken über einzelne oder mehrere Kuxe; ferner dadurch, daß nicht von Rechtswegen über alle Kuxe Kuxscheine ausgefertigt werden, sondern nur wenn der Gewerke es verlangt.

Hierdurch wird die Einrichtung der Kuxscheine sowohl als des Gewerkenbuches complicirt. Da nämlich nach §. 105 die Umschreibung im Gewerkenbuche nur auf Vorlegung des Kuxscheines oder der Amortisationserklärung erfolgen darf — was natürlich nur in dem Falle gilt, daß der veräußernde Gewerke einen Kuxschein verlangt und erhalten hat — so muß der Buchführer aus dem Gewerkenbuche ersehen können, ob ein Kuxschein ausgefertigt ist. Ferner hat der Kuxschein über einen bestimmten Kux nicht wie die Actie einen bestimmten und unveränderlichen Inhalt, er kann vielmehr bald auf diesen Kux allein, bald in Verbindung mit einem oder mehreren anderen Kuxen lauten. So kann ein Gewerke, der einen Kux ererbt und dann vor und nach noch drei andere Kuxe dazu gekauft hat, sich nacheinander verschiedene Kuxscheine ausfertigen lassen, zunächst über den ererbten Kux allein, dann gegen Rückgabe desselben über die ererbte und die angekaufte Betheiligung zusammen, endlich vielleicht wieder über jeden einzelnen Kux gesondert, wenn ein Verkauf im Einzelnen beabsichtigt wird.

Bei dieser wechselnden Gestalt der Kuxscheine ist es nothwendig, über die ausgefertigten und cassirten Kuxscheine ein genaues Journal zu führen, damit die Aechtheit des vorgelegten Kuxscheines geprüft werden kann. Man bedarf also außer dem Gewerkenbuche eines Verzeichnisses der ausgefertigten Kuxscheine, aus welchem der Inhalt des über den Antheil zuletzt ausgefertigten Kuxscheines vollständig ersehen werden kann.

Um das über die Einrichtung dieser Bücher Gesagte zu erläutern, folgen hierunter Beispiele

A. des Gewerkenbuchs,
B. des Verzeichnisses der ausgefertigten Kuxscheine,
C. des Kuxscheines.

Die Erneuerung eines Kuxscheins ist nur gegen Rückgabe oder nach erfolgter Amortisation desselben zulässig.

A.

Gewer

der Gewerkschaft Caro

angelegt am

| 1. Stammnummern der Kuxe. | 2. Name, Stand und Wohnort der Gewerken. | 3. Umschreibung. a. | b. auf | c. am |
|---|---|---|---|---|
| 1. | Kaufmann Carl Goebel zu Dortmund. | 1 | Hauptmann Wilhelm Goebel zu Jülich. | 11. Juli 1866. |
| 2. | Kaufmann Carl Goebel zu Dortmund. | 2 | Eheleute Dr. med. Carl Stern und Ida geb. Goebel zu Werne. | 11. Juli 1866. |
| 3. | Kaufmann Carl Goebel zu Dortmund. | 3 | Referendar Hermann Goebel zu Hamm. | 11. Juli 1866. |
| 4. | Gutsbesitzer Otto Bigeleben zu Lünen. | 4 | | |
| 5. | Gutsbesitzer Otto Bigeleben zu Lünen. | 5 | | |
| 6. | Actiengesellschaft Vertigo zu Neustadt. | 6 | Banquier Marcus Silberstein zu Neustadt. | 7. Mai 1866. |
| 7. | Actiengesellschaft Vertigo zu Neustadt. | 7 | Banquier Marcus Silberstein zu Neustadt. | 7. Mai 1866. |
| 8. | Actiengesellschaft Vertigo zu Neustadt. | 8 | Banquier Marcus Silberstein zu Neustadt. | 7. Mai 1866. |
| 9. | Actiengesellschaft Vertigo zu Neustadt. | 9 | Banquier Marcus Silberstein zu Neustadt. | 7. Mai 1866. |
| 10. bis 100. | Professor Dr. Julius Becker zu Frankfurt. u. s. w. | 10 | | |

§. 104.

Die Kuxe können ohne Einwilligung der Mitgewerken auf

kenbuch

lus zu Brüninghausen

1. März 1866.

| 4. a. | 4. b. Umschreibung auf | 4. c. am | 5. a. | 5. b. Umschreibung auf | 5. c. am | 6. a. | 6. b. Umschreibung auf | 6. c. am | 7. Nummer des ersten Kuxscheins. |
|---|---|---|---|---|---|---|---|---|---|
| 1 | Kreisrichter Hermann Goebel zu Hamm. | 3. April 1871. | 1 | | | 1 | | | 1. |
| 2 | Kreisrichter Hermann Goebel zu Hamm. | 3. April 1871. | 2 | | | 2 | | | 1. |
| 3 | | | 3 | | | 3 | | | 1. |
| 4 | | | 4 | | | 4 | | | 2. |
| 5 | | | 5 | | | 5 | | | 2. |
| 6 | Banquier Otto Silberstein zu Neustadt. | 18. December 1870. | 6 | | | 6 | | | 3. |
| 7 | Banquier Otto Silberstein zu Neustadt. | 18. December 1870. | 7 | | | 7 | | | 3. |
| 8 | Rittergutsbesitzer Arthur Silberstein zu Dzieckowo. | 18. December 1870. | 8 | Wirthschaftsinspector Ernst Hager zu Dzieckowo. | 7. Juli 1872. | 8 | | | 3. |
| 9 | Rittergutsbesitzer Arthur Silberstein zu Dzieckowo. | 18. December 1870. | 9 | Gutsbesitzer Otto Biegeleben zu Lünen. | 3. Januar 1872. | 9 | | | 3. |
| 10 | | | 10 | | | 10 | | | 19. |

andere Personen übertragen werden.

---

# B.

## Verzeichniß
## der ausgefertigten Kurscheine
### von der Gewerkschaft Carolus zu Brüninghausen.

| 1. Laufende Nummer. | 2. Primordial-Nummer. | 3. Name des Besitzers. | 4. Stamm-nummer der Kuxe. | 5. Ausgefertigt am | 6. Cassirt am | 7. Der neue Kurschein ist eingetragen unter der Nummer |
|---|---|---|---|---|---|---|
| 1 | — | Carl Goebel | 1 bis 3 | 1. März 1866 | 11. Juli 1866 | 7 bis 9. |
| 2 | — | Otto Bigeleben | 4 bis 5 | 1. März 1866 | | |
| 3 | — | Actiengesellschaft Vertigo | 6 bis 9 | 1. März 1866 | 7. Mai 1866. | 6. |
| 4 | — | Hugo Werres | 11 bis 20 | 1. März 1866 | | |
| 5 | — | Carl Reinhold | 21 bis 100 | 1. März 1866 | 3. August 1872 | 17 bis 18 |
| 6 | 3 | Marcus Silberstein | 6 bis 9 | 7. Mai 1866 | 18. December 1870 | 10 bis 11 |
| 7 | 1 | Wilhelm Goebel | 1 | 11. Juli 1866 | 3. April 1871 | 12. |
| 8 | 1 | Eheleute Dr Stern | 2 | 11. Juli 1866 | 3. April 1871 | 13. |
| 9 | 1 | Hermann Goebel | 3 | 11. Juli 1866 | | |
| 10 | 6 | Otto Silberstein | 6 bis 7 | 18. December 1870 | | |
| 11 | 6 | Arthur Silberstein | 8 bis 9 | 18. December 1870 | 3. Januar 1872 | 14 bis 15 |
| 12 | 7 | Hermann Goebel | 1 | 3. April 1871 | | |
| 13 | 8 | Hermann Goebel | 2 | 3. April 1871 | | |
| 14 | 11 | Otto Bigeleben | 9 | 3. Januar 1872 | | |
| 15 | 11 | Arthur Silberstein | 8 | 3. Januar 1872 | 7. Juli 1872 | 16. |
| 16 | 15 | Ernst Hager | 8 | 7. Juli 1872 | | |
| 17 | 5 | Heinrich Reinhold | 21 bis 60 | 3. August 1872 | | |
| 18 | 5 | Mathilde Reinhold | 61 bis 100 | 3. August 1872 | | |
| 19 | — | Dr Julius Becker | 10 | 3. Januar 1873 | | |

Ein gesetzliches Vorkaufsrecht steht den Mitgewerken nicht zu.

---

C.

Kuxschein Nr. 6.

über vier Kuxe der in hundert Kuxe eingetheilten Gewerkschaft des Steinkohlen-Bergwerks Carolus in der Gemeinde Brüninghausen, Kreis Dortmund, Regierungsbezirk Arnsberg.

Im Gewerkenbuche ist als Eigenthümer der mit den Stammnummern 6. 7. 8 und 9 bezeichneten vier Kuxen eingetragen:

Der Banquier Marcus Silberstein zu Neustadt.

Urkundlich unter Siegel und Unterschrift ausgefertigt

Brüninghausen, den 7ten Mai 1866.

N N. Repräsentant.

Ueber den Gebrauch dieser Formulare ist das Folgende zu bemerken:

I. Zum Gewerkenbuche (Formular A).

1. Die Kuxe erhalten in der Kolonne 1. eine Stammnummer, durch welche die Identität jedes einzelnen Kuxes bestimmt wird. Mag also der Kux Nr. 9 zuerst mit den Kuxen 6 — 8, demnächst in Folge des Besitzwechsels mit den Kuxen 4 und 5 zu einem Antheile verbunden sein — seine Stammnummer läßt in jedem Falle unmittelbar erkennen, um welchen Kux es sich handelt und in welchem Vorbesitze er gewesen ist, während dies bei der gebräuchlichen Einrichtung der Gewerkenliste in der ersten Rubrik des Berghypothekenbuches nur auf einem verwickelten Wege durch Verfolgung der sogenannten Primordialnummer ermittelt werden kann. (Vergl. oben S. 150).

2 In der Kolonne 2 werden bei der ersten Anlegung des Gewerkenbuches bei sämmtlichen Kuxen die Namen der Eigenthümer eingetragen. Wenn die Kuxzahl durch das Statut auf 1000 oder 10000 festgesetzt wird (§. 101 §. 235), so kann man davon absehen, den Namen des Gewerken bei jedem Kuxe zu wiederholen und z. B. den Namen des Besitzers der Kuxe 1—100 nur einmal bei der Stammnummer 1. eintragen und von da ab bis zur Stammnummer 100 die Kolonne 2 durchstreichen, um anzuzeigen, daß die Kuxe 2—100 demselben Besitzer gehören. In diesem Falle ergiebt sich nur die Nothwendigkeit, bei theilweisen Veräußerungen nicht bloß den veräußerten Antheil, sondern auch den Restantheil in der Kolonne 3 vorzutragen.

3. Die Kolonnen 3 bis 6 dienen für die Umschreibungen und können nach dem Bedürfnisse beliebig oft wiederholt werden. Jede dieser Kolonnen hat drei Spalten, a, b und c In der ersten Spalte wird die Stammnummer der Kuxe wiederholt, in der zweiten der Name des neuen Besitzers bei der Stammnummer des Kuxes eingetragen, in der dritten der Tag der Umschreibung. Bei jeder Umschreibung wird der Name des austretenden Besitzers in der vorhergehenden Kolonne roth unterstrichen. Ist der Name des Besitzers in der zweiten Kolonne nicht bei jedem Kuxe wiederholt, sondern nur einmal für die Kuxe 1—100 vorgetragen, so muß bei einer Veräußerung der Kuxe 1—50 auch der Restantheil

§. 105.

Zur Uebertragung der Kuxe ist die schriftliche Form erfor-

von 51—100 bei der Umschreibung in der dritten Kolonne wieder vorgetragen werden, wie folgendes Beispiel zeigt:

| 1 | 2 | 3 a | 3 b | 3 c |
|---|---|---|---|---|
| 1 | Kaufmann Karl Goebel | 1 | Gutsbes Carl Schulte | 11. Juli 1866 |
| 2 | zu Dortmund von 1 | 2 | zu Werne von 1. | |
| u. s. w. | | u. s. w. | | |
| bis | | bis | | |
| 50 | | 50 | bis 50 | |
| 51 | | 51 | Kaufmann Carl Goebel | 11. Juli 1866 |
| 52 | | 52 | zu Dortmund von 51. | |
| u. s. w. | | u. s. w. | | |
| bis | | bis | | |
| 100 | bis 100 | 100 | bis 100 | |

4. Die Kolonne 7 dient zum Nachweise darüber, ob über den Antheil ein Kuxschein ausgefertigt worden ist. Sie verweist auf das Verzeichniß der ausgefertigten Kuxscheine Formular B und zwar auf die Nummer des ersten Kuxscheins, welcher über den betreffenden Kux ausgefertigt worden ist. Die Einrichtung des Formulars B gestattet alsdann mit Hülfe der letzten Kolonne in diesem Verzeichnisse den neuesten Kuxschein aufzusuchen.

Das so eingerichtete Gewerkenbuch weist nicht bloß den Namen des Gewerken für jeden einzelnen Kux und den ausgefertigten Kuxschein nach. Es gestattet auch ohne Weiteres die Uebersicht über den gegenwärtigen Bestand der Gewerkschaft, indem die Namen der zur Zeit vorhandenen Besitzer in ununterbrochener Reihe einander folgen.

II. Zum Verzeichnisse der ausgefertigten Kuxscheine (Formular B).

1. Die erste Kolonne enthält die laufende Nummer des Kuxscheins, die sich auf diesem wiederfindet und zur Individualisirung desselben dient. Die zweite Kolonne (Primordialnummer) wird nur in dem Falle ausgefüllt, daß ein zweiter Kuxschein an Stelle eines cassirten früheren Kuxscheines ertheilt wird. Sie enthält die Nummer des früheren Kuxscheines. Kolonne 3 enthält den Namen des Besitzers, für welchen der Kuxschein ertheilt wird, Kolonne 4 die Stammnummern der Kuxe, über welche der Kuxschein lautet, endlich Kolonne 5 das Datum der Ausfertigung. Die Kolonnen 1 bis 5 geben also den ganzen Inhalt des ausgefertigten Kuxscheines wieder.

2. Die Kolonnen 6 und 7 werden ausgefüllt, wenn der ausgefertigte Kuxschein nach §§. 103 n. 105 zur Cassation und Ausfertigung eines neuen Kuxscheins zurückgereicht wird. Kolonne 6 enthält das Datum der Cassation. Ist der Kuxschein verloren gegangen und amortisirt (§§. 102, 110), so wird das Datum des gerichtlichen Amortisationsurtheiles in der Kolonne 6 wie folgt, vermerkt:

„Amortisirt durch Erkenntniß vom 18. Dezember 1870."

3. Kolonne 7 verweist auf die laufende Nummer des neuen Kuxscheines (Kolonne 1). Bei der Cassation eines Kuxscheines wird derselbe in den Kolonnen 1—5 roth unterstrichen.

derlich [192]).

Der Uebertragende ist zur Aushändigung des Kurscheins und, wenn dieser verloren ist, zur Beschaffung der Amortisationserklärung auf seine Kosten verpflichtet.

Die Umschreibung im Gewerkenbuche darf nur auf Grund der Uebertragungsurkunde und gegen Vorlegung des Kurscheins oder der Amortisationserklärung erfolgen [193]).

§. 106.

Wer im Gewerkenbuche als Eigenthümer der Kuxe verzeichnet ist, wird der Gewerkschaft gegenüber bei Ausübung seiner Rechte als solcher angesehen [194]).

---

192) Die Uebertragung kann in Gestalt einer einfachen schriftlichen Cession des Kuxscheines vorgenommen werden.

193) Der Kuxschein muß nach §. 103 nicht bloß vorgelegt, sondern auch zurückgegeben werden, wenn ein neuer Kuxschein für den neuen Erwerber ausgefertigt werden soll.

194) „Nach Art. 183 und 223 des Handels-G.-B. werden bei der Commandit-Actien- und bei der Actiengesellschaft der Gesellschaft gegenüber nur diejenigen als die Eigenthümer der Actien angesehen, welche als solche im Actienbuche verzeichnet sind. Der §. 106 schließt sich hieran mit der Modification an, daß durch die Eintragung in das Gewerkenbuch nur die Legitimation zur Ausübung der Rechte des Kuxeigenthümers begründet wird. Diese Modification ist bei der Gewerkschaft deshalb nothwendig, weil der Gewerke, anders wie der Actionär, zu fortlaufenden Leistungen verpflichtet ist und der Anspruch der Gewerkschaft auf letztere nicht davon abhängig gemacht werden darf, daß der Gewerke sich in das Gewerkenbuch eintragen läßt." (Motive S. 75.)

Unter den Rechten des Kuxeigenthümers ist sowohl das Stimmrecht in den Gewerkenversammlungen (§. 111) als auch der Bezug der vertheilten Ausbeuten (§. 102) begriffen. Die Gewerkschaft ist also nicht verpflichtet und in Ermangelung einer besonderen statutarischen Bestimmung auch nicht berechtigt, die Legitimation des im Gewerkenbuche eingetragenen Gewerken zu prüfen, also bei den Gewerkenversammlungen oder bei der Zahlung der Ausbeute die Vorlegung des Kuxscheines zu verlangen.

Das oben (Anm. 168) angeführte Normalstatut enthält im §. 8 die offenbar zweckmäßige Bestimmung:

„Wer im Gewerkenbuche als Kuxeigenthümer verzeichnet ist, wird der Gewerkschaft gegenüber als solcher angesehen, so daß alle gewerkschaftlichen Rechtshandlungen mit demselben rechtsverbindlich sind, auch wenn er nicht mehr Eigenthümer des für ihn eingetragenen Antheiles sein möchte.

Zur Prüfung der Legitimation ist die Gewerkschaft berechtigt, jedoch nicht verpflichtet.

Der neue Erwerber eines Antheiles ist berechtigt, die Rechte des Letzteren auszuüben, sobald die Umschreibung des Antheiles bei der Gruben-Vertretung derart in Antrag gebracht ist, daß nach §. 7 die Umschreibung erfolgen kann."

§. 107.

Bei freiwilligen[195]) Veräußerungen von Kuxen bleibt der seitherige Eigenthümer derselben der Gewerkschaft für die Beiträge (§. 102) verpflichtet, deren Erhebung die Gewerkschaft beschlossen hat, bevor die Umschreibung der Kuxe im Gewerkenbuche gesetzlich (§. 105) beantragt ist[196]).

§. 108.

Die Verpfändung der Kuxe[197]) geschieht durch Uebergabe des

Man könnte die Frage aufwerfen, ob mit Rücksicht auf §. 94 Alin. 3 eine solche im §. 105 nicht vorgesehene Bestimmung getroffen werden könne. Sie enthält jedoch keine Abänderung des §. 105, sondern nur eine nähere Ausführung des in diesem Paragraphen ausgesprochenen Grundsatzes, daß die Gewerkschaft berechtigt ist, mit dem eingetragenen Gewerken als mit dem Eigenthümer der Kuxe zu verhandeln.

195) Durch eine Veräußerung des Kuxes im Wege der Execution wird hiernach der bisherige Eigenthümer sofort von der Verpflichtung für die beschlossenen Beiträge befreit. Diese Verpflichtung geht auch nicht auf den neuen Erwerber über, welcher nur für die nach der Erwerbung des Antheils beschlossenen Beiträge aufzukommen hat. Die Gewerkschaft kann also ihre Befriedigung nur aus dem Erlöse des Antheiles erhalten, und die Beiträge, welche aus diesem Erlöse nicht gedeckt werden, fallen aus. (Vergl. Anm. 198.)

196) Der seitherige Eigenthümer hat also ein wesentliches Interesse daran, daß die Umschreibung im Gewerkenbuche beantragt wird. Hat er seinen Kuxschein ausgehändigt, ohne daß die Umschreibrng beantragt ist, so bleibt er bis zur Umschreibung persönlich für die nach der Veräußerung ausgeschriebenen Beiträge verhaftet. Der neue Erwerber haftet ebenfalls für die nach der Veräußerung beschlossenen Beiträge nach §. 102. Beide werden von der persönlichen Verpflichtung befreit, wenn der Inhaber des Kuxscheins den letzteren gemäß §. 130 zum Verkaufe überreicht. (Strohn a. a. O. S. 173.)

197) Man hat behauptet, die Verpfändung der mobilisirten Kuxe werde durch die Befugniß der Gewerkschaft, das ganze Bergwerk zu belasten (§. 98), ganz illusorisch gemacht. Von anderer Seite ist die Besorgniß vor betrüglichem Mißbrauche und die Befürchtung ausgesprochen, daß die Gewerken zunächst ihre Antheile, demnächst aber zum Nachtheile der Antheilsgläubiger den Grubenkörper hypothekarisch verpfänden, den Erlös unter sich vertheilen und die Gewerkschaft auflösen könnten. Allein einem dolosen Mißbrauche ist nicht bloß diese, sondern jede andere Befugniß der Mehrheit ausgesetzt. Das Gesetz kann auch auf einem Gebiete, welches so wesentlich auf Vertrauen beruht und von Treu und Glauben beherrscht wird, wie der geschäftliche Verkehr und Credit, der Möglichkeit eines dolosen Mißbrauches nicht absolut vorbeugen. Allein es ist ein Irrthum, daß die Verpfändung des Grubenkörpers, falls sie zu Zwecken des Bergwerksbetriebes erfolgt, den Werth des verpfändeten Antheilrechtes verringere. Das gewerkschaftliche Vermögen und der Werth des Kuxes, der $\frac{1}{100}$tel dieses Vermögens darstellt, bleibt, wie oben (Anm. 176) ausgeführt ist, unvermindert, wenn demselben an Activis das hypothekarisch aufgenommene Capital oder die mit diesem Capitale hergestellte Anlage, an Passivis aber die hypothekarische Schuld in gleichem Betrage hinzutritt.

Kuxscheins auf Grund eines schriftlichen Vertrages[198]).

Sowenig also Eisenbahnactien dadurch aufhören ein sehr geeignetes Object der Verpfändung und des Realcredits abzugeben, daß die Actiengesellschaft ihr Grundvermögen verpfänden und sogar Obligationen emittiren kann, ebensowenig beeinträchtigt die Verpfändung des ganzen Bergwerks den Realcredit der Kuxe. Es muß sogar behauptet werden, daß die Vepfändung der Kuxe einen größeren Realcredit gewähren wird, als die bisherige hypothekarische Verpfändung der Bergwerksantheile, weil bei den häufigen und plötzlichen Schwankungen, welche der Werth der Kuxe erfährt, die Langsamkeit, mit welcher das Hypothekenrecht durch die Aufkündigung und Subhastation realisirt werden muß, die Sicherheit der Forderung häufig gefährdet. Diese Langsamkeit der Realisirung in Verbindung mit der Kostspieligkeit der Hypothekenbestellung ist offenbar die Ursache des sehr geringen Realcredits, welchen die Bergwerksantheile trotz ihres großen Capitalwerthes bisher erzielt haben. Der §. 108 beseitigt diese langsamen und kostspieligen Formen und gestattet die Verpfändung durch bloßen schriftlichen Vertrag, den Zwangsverkauf im Wege der Mobiliarauction (§. 109).

Diese Form der Verpfändung vereinigt also mit den Vorzügen der größten Leichtigkeit in der Bestellung und in der Realisirung des Pfandrechtes alle Vortheile der bisherigen hypothekarischen Verpfändung der Kuxe. Sie giebt den Gewerkschaften den vollen Genuß des ihnen bisher entzogenen hypothekarischen Credits des Grubenkörpers zurück, und erhält zugleich dem Gewerken den ungeschmälerten Besitz seines Antheilcredits, der ja nicht auf dem Realwerthe des Bergwerks allein, sondern auf der gesammten Vermögenslage der Gewerkschaft beruht und von dem vereinzelten Momente der hypothekarischen Belastung des Grubenkörpers allein unmöglich berührt werden kann.

Das Allg. Berggesetz befreit daher nicht nur den Gebrauch des in dem Bergwerksvermögen ruhenden Realcredits von den in der bisherigen hypothekarischen Eintragung der Kuxe begründeten kostspieligen schleppenden und trotz alles Formalismus dennoch unzureichenden Formen. Er verdoppelt auch die Quelle dieses Realcredits. Denn wenn es wahr ist, daß der richtige Gebrauch des Credits nicht eine Verschlechterung, sondern eine Bereicherung des Vermögens enthält, daß der Credit im Dienste der Industrie nicht consumirend, sondern geradezu productiv wirkt, so darf nicht bezweifelt werden, daß die Benutzung des Realcredits der Bergwerke durch die Gewerkschaften weder die Quelle einer leichtsinnigen Wirthschaft, einer Verarmung des Bergbaues werden, noch auch den Gebrauch desjenigen Realcredits hindern wird, welchen der Gewerke in seinem Antheile an dem gewerkschaftlichen Vermögen besitzt und ungeschmälert behalten wird.

198) Die hier vorgeschriebene Form der Verpfändung von Gewerkschaftsantheilen entspricht den Vorschriften der Verordnung vom 9. December 1809 (Ges.-Samml. S. 621) und des Code Napoléon Art. 2074 ff.

Es ist die Frage aufgeworfen, ob es zulässig sei, den einmal verpfändeten Kuxschein für eine neue Schuld zur zweiten und dritten Stelle zu verpfänden. Diese Frage muß nach preußischem Rechte verneint werden. Das preußische Recht kennt eine mehrmalige Verpfändung nur bei der Hypothek und zwar mit der Wirkung, daß jeder Pfandgläubiger befugt ist, beim Verfall seiner Forderung auf den Verkauf anzutragen. Das gemeine Recht, mit welchem das rheinische Recht übereinstimmt, gestattet die mehrmalige Verpfändung auch bei dem Faust-

## §. 109.

**Die Execution in den Antheil eines Gewerken wird durch Abpfändung seines Kuxscheins und Verkauf desselben im Wege der Mobiliarversteigerung [199]) vollstreckt.**

pfande, aber es räumt dem zweiten und jedem folgenden Gläubiger nicht die selbständige Verkaufsbefugniß ein. Nur der erste Gläubiger kann auf den Verkauf antragen, und dem nachstehenden Pfandgläubiger steht nur frei, durch Zahlung der ihm vorstehenden Schuld in das Recht des ersten Gläubigers einzutreten, um den Verkauf des Pfandes entweder abzuwenden oder zu beschleunigen.

Nach gemeinem und französischem Rechte ist also die Weiterverpfändung nach der Vorschrift des §. 108 möglich. An die Stelle des auszuhändigenden Kuxscheines tritt bei der zweiten und dritten Verpfändung die Aushändigung der Urkunde über die vorhergehende Verpfändung. Die Befugniß zur Weiterverpfändung hat übrigens nur einen geringen practischen Werth, weil der zweite Gläubiger den Zeitpunkt erwarten muß, in welchem es dem vorstehenden Gläubiger gefällt, sein Pfandrecht auszuüben, falls er nicht durch Befriedigung des ersten Gläubigers dessen Pfandrecht an sich bringen will.

In jedem Falle ist also der aus einer mehrmaligen Verpfändung zu ziehende Gewinn ein sehr zweifelhafter. Das Gesetz gestattet überdies die Verpfändung der Bergwerksantheile in beliebigen Abschnitten bis zu einem Kux hinab. Der Gewerke ist also in der Lage, immer nur diejenige Quote seiner Betheiligung zu belasten, die er zur Erreichung des gesuchten Credits nothwendig verpfänden muß. Es ist daher wohl für das preußische Recht kein hinreichendes Bedürfniß vorhanden, die mehrmalige Verpfändung des Gewährscheines zu gestatten. Wäre indeß ein solches Bedürfniß anzuerkennen, so würde die Einführung einer solchen mehrmaligen Verpfändung mit den Grundsätzen des §. 108 und mit der Verpfändung durch Uebergabe des Gewährscheines sehr wohl zu vereinigen sein.

199) Bei dem Verkaufe des Kuxscheines im Wege der Auction müssen aus dem Erlöse zunächst die Verkaufskosten, dann die rückständigen Beiträge des Gewerken bestritten werden. Erst der Ueberrest des Erlöses wird zur Befriedigung des Executionssuchers verwendet. Diese Regel, welche §. 131 für den Fall der Auction des Kuxscheines zum Zwecke der Beitreibung der ausgeschriebenen Beiträge giebt, muß für jeden Fall des Zwangsverkaufes gelten, weil

1) das dingliche Recht, welches §. 131 der Gewerkschaft rücksichtlich der ausgeschriebenen Beiträge an dem Kuxscheine einräumt, bei jedem Zwangsverkaufe wirksam werden muß,
2) weil nach §. 107 nur bei freiwilligen Verkäufen der bisherige Eigenthümer für die rückständigen Beiträge verhaftet bleibt, folglich beim Zwangsverkaufe nach dem arg. e contrario die Gewerkschaft ihre Befriedigung aus dem Erlöse finden muß.

Strohn bemerkt hierüber a. a. O. S. 173 f.:

„Den rückständigen Beiträgen steht aber nicht bloß ein dingliches Recht, sondern auch ein Vorrecht vor den übrigen Gläubigern des Gewerken zu, ohne Unterschied, ob mit den verkauften Kuxen ein Pfandrecht bestellt ist oder nicht. Die Worte des §. 131:

Aus dem gelösten Kaufpreise werden zunächst die Verkaufskosten und sodann die schuldigen Beiträge gezahlt,

§. 110.

Die Amortisation eines verloren gegangenen Kurscheins ist bei

---

lassen hierüber keinen Zweifel. Die Richtigkeit wird aber auch durch die Entstehungsgeschichte des §. 131 bestätigt. In dem von **Klostermann**, Bemerkungen, Berlin 1863, S. 81 u. ff., mitgetheilten Gesetzentwurf wegen Mobilisirung der Kuxen lautet der §. aa:

> Der Verkauf des Gewährscheins erfolgt nach Vorschrift des §. h.
>
> Aus dem gelösten Kaufpreise werden die Verkaufskosten und die rückständigen und laufenden Zubußen gezahlt. Der Ueberrest wird, soweit er nicht von Pfandgläubigern oder sonstigen Berechtigten beansprucht wird, den Gewerken ausgeantwortet. Ist der Antheil unverkäuflich, so wird derselbe auf Grund eines hierüber ausgestellten Attestes den anderen Gewerken nach Verhältniß ihrer Antheile in ganzen Kuxen, soweit dies aber nicht möglich ist, der Gewerkschaft als solcher im Gegenbuche zugeschrieben.

Dieser keinem Zweifel Raum lassende Entwurf bildet die Grundlage des §. 131 des Gesetzes. Die Wortfassung beider ist fast dieselbe, zumal da im Regierungsentwurfe hinter den Worten:

> Aus dem gelösten Kaufpreise werden zunächst die Verkaufskosten und sodann die schuldigen Beiträge gezahlt,

der Zusatz sich befand:

> Der Rest gebührt den etwaigen Gläubigern, und nur, was nach Befriedigung derselben übrig bleibt, kann der Gewerke in Anspruch nehmen.

Die Commission des Herrenhauses hat zwar diesen Zusatz für selbstverständlich erklärt und ihn deshalb gestrichen. (**Brassert's** Zeitschrift, Jahrgang VI, S. 335.) Dadurch ist jedoch offenbar an der Bedeutung des §. 131 ebenso wenig etwas geändert, als hat geändert werden sollen.

Nothwendig dürfte es hiernach sein, daß der die Execution vollstreckende Richter nach Analogie des §. 384 der Concursordnung vom 8. Mai 1855 die Gewerkschaft, auch wenn sie nicht Extrahentin ist, von der Execution benachrichtige, damit dieselbe ihre Rechte wegen etwaiger rückständiger Beiträge wahrzunehmen im Stande sei.

Die vorstehend entwickelten Grundsätze über die Dinglichkeit und das Vorrecht der rückständigen Beiträge kommen mit einigen durch die Natur des Gegenstandes hervorgerufenen Modificationen auch bei den auf der rechten Rheinseite **bestehenden, nicht mobilisirten** Bergwerken zur Anwendung. Der Gewerke der letzteren haftet somit für die schuldigen Beiträge (Zubuße) zwar persönlich, er kann aber nach §. 130 seine Verurtheilung und Execution dadurch abwenden, daß er unter Ueberreichung des Gewährscheins den Verkauf seines Antheils behufs Befriedigung der Gewerkschaft anheimstellt; er wird daher auch durch die nothwendige Subhastation seines Antheils seiner Schuld ledig. Bei einer freiwilligen Veräußerung bleibt er dagegen nach den §§. 107 und 232 für die Zubuße verpflichtet, deren Erhebung vor der Veräußerung beschlossen ist. Er wird aber frei von seiner Verbindlichkeit, wenn der spätere Erwerber in Gemäßheit des §. 130 den Verkauf veranlaßt oder wenn gegen denselben die Veräußerung im Wege der Subhastation erfolgt. Auch kann die Gewerkschaft gegen den späteren Erwerber die aus der Besitzzeit des früheren Besitzers schuldigen Beiträge zum Zweck der Subhastation der Kuxen einklagen, und steht den zur Zeit des Verkaufs rückstän-

dem ordentlichen Gerichte in dessen Bezirk das Bergwerk liegt, zu beantragen.

Der Antragsteller muß den Besitz und Verlust des Kurscheins glaubhaft machen.

Das Gericht erläßt eine öffentliche Aufforderung an den unbekannten Inhaber des Kurscheins binnen drei Monaten den Kurschein dem Gerichte vorzulegen mit der Verwarnung daß sonst der Kurschein werde für kraftlos erklärt werden.

Die Aufforderung wird dreimal in das Amsblatt den Staatsanzeiger und eine inländische Provinzialzeitung eingerückt. Es kann daneben auch die Bekanntmachung durch eine ausländische Zeitung angeordnet werden.

Wird von einem Inhaber der Kurschein vorgelegt so ist dem Antragsteller hiervon Kenntniß zu geben und ihm zu überlassen sein Recht gegen den Inhaber geltend zu machen.

Meldet sich Niemand so erklärt das Gericht den Kurschein für kraftlos.

§. 111

Die Gewerken fassen ihre Beschlüsse in Gewerkenversammlungen [200]).

Das Stimmrecht wird nach Kuxen nicht nach Personen ausgeübt.

§. 112.

Zur Gültigkeit eines Beschlusses ist erforderlich daß alle Gewerken anwesend oder unter Angabe des zu verhandelnden Gegenstandes zu einer Versammlung eingeladen waren [201]).

Einladungen durch die Post erfolgen gegen Post-Insinuations-Schein [202]).

---

digen Beiträgen außer der Dinglichkeit ein Vorrecht vor allen auf den Kuxen haftenden Hypotheken sie mögen vor oder nach dem die Erhebung der Beiträge anordnenden Beschlusse eingetragen sein, zu."

200) Die Abstimmung durch Circulare oder Briefwechsel ist hierdurch ausgeschlossen (Motive S. 76). Indeß unterliegt es keinem Zweifel, daß über Gegenstände welche der Beschlußfassung der Gewerkschaft vorbehalten sind durch einstimmige schriftliche Erklärung sämmtlicher Gewerken Bestimmung getroffen werden kann.

201) Die Einladung erfolgt nach §. 122 durch den Repräsentanten oder Grubenvorstand, eventuell auf Antrag der Eigenthümer von einem Viertel aller Kuxe durch den Revierbeamten.

202) Aus dem Postinsinuationsscheine geht weder Zeit und Ort der Versammlung, noch auch der Gegenstand der Verhandlung hervor, sondern nur die That-

Gewerken welche weder im Inlande noch in einem Deutschen Bundesstaate wohnen haben zur Empfangnahme der Einladungen einen Bevollmächtigten im Inlande zu bestellen. Ist dies nicht geschehen so reicht ein vierzehntägiger Aushang am Amtslokale des Revierbeamten aus.

Dasselbe gilt bei Gewerken deren Wohnort unbekannt ist.

§. 113.

Die Beschlüsse werden in der beschlußfähigen Gewerkenversammlung mit einfacher Stimmenmehrheit gefaßt[203]).

Beschlußfähig ist die erste Versammlung wenn die Mehrheit aller Kuxe vertreten ist[204]).

Ist die Mehrheit aller Kuxe nicht vertreten so sind sämmtliche Gewerken zu einer zweiten Versammlung einzuladen.

Die zweite Versammlung ist ohne Rücksicht auf die Zahl der vertretenen Kuxe beschlußfähig. Diese Folge muß indeß, wenn sie eintreten soll in der Einladung angegeben werden.

Ueber jede Gewerkenversammlung ist ein Protokoll aufzunehmen[205]).

---

sache der Behändigung eines von dem Repräsentanten abgesandten Schreibens. Dieser Nachweis genügt indeß nach §. 112 zum Beweise der Gültigkeit des Beschlusses. Dem Adressaten muß jedoch der Gegenbeweis offen gelassen werden, daß das behändigte Schreiben die Requisite des §. 112 Al. 1 nicht enthalten habe.

Es empfiehlt sich, durch das Statut bestimmte Termine für die regelmäßigen Gewerkenversammlungen festzusetzen und für die Berufung der außerordentlichen Versammlungen einfachere Formen der Einladung (Bekanntmachung durch ein öffentliches Blatt und einfache schriftliche Benachrichtigung) vorzusehen.

203) Bei Stimmengleichheit ist der Antrag abgelehnt. Nur bei den Wahlen entscheidet das Loos (§. 118). Der Vorschlag von Dr. Huyßen (Kommentar S. 36), auch in andern Fällen bei Stimmengleichheit das Loos oder Schiedsrichter entscheiden zu lassen, entspricht nicht den Regeln der Beschlußfassung durch eine Personenmehrheit. Eine Entscheidung durch das Loos kann nur da eintreten wo das Gesetz einen Beschluß verlangt und für keinen der möglichen Beschlüsse eine Mehrheit vorhanden ist, also bei Wahlen. In allen andern Fällen tritt die Regel ein in re communi prohibentis melior est conditio, d. h. es geschieht nichts. Liegen also zwei entgegengesetzte Anträge vor die beide einen positiven Inhalt haben, so sind bei Stimmengleichheit beide abgelehnt. Es ist nicht ersichtlich, wie bei genauer Beachtung dieser Regel ein wirkliches Dilemma eintreten könnte. Jedenfalls wird es kaum mit den Principien der gewerkschaftlichen Verfassung verträglich sein, daß der Ausspruch von Schiedsrichtern einen Vorschlag zur Ausführung bringen soll, der nicht die Mehrheit der Stimmen erhalten hat.

204) Die Vertretung der Gewerken durch Bevollmächtigte ist durch das Gesetz nicht beschränkt. Ueber die Führung der Legitimation, die an die schriftliche Form gebunden ist (Allg. L.R. Th. I, Tit. 13, §§. 8, 91), entscheidet die Versammlung.

205) In Ermangelung einer statutarischen Bestimmung ist die Vollziehung

§. 114.

Eine Mehrheit von wenigstens drei Viertheilen aller Kuxe ist erforderlich zu Beschlüssen, durch welche über den Gegenstand der Verleihung — Substanz des Bergwerks — ganz oder theilweise verfügt werden soll. Dies gilt insbesondere von den Fällen des Verkaufes, des Tausches, der Verpfändung oder der sonstigen dinglichen Belastung des Bergwerks, sowie der Ueberlassung der Ausbeutung gegen Entgelt (Verpachtung) [206]).

Zu Verfügungen über das verliehene Bergwerkseigenthum durch Verzicht oder Schenkung ist Einstimmigkeit erforderlich.

§. 115.

Binnen einer Präklusivfrist von vier Wochen vom Ablaufe des Tages, an welchem ein Gewerkschaftsbeschluß gefaßt ist, kann jeder Gewerke die Entscheidung des ordentlichen Richters, in dessen Bezirke das Bergwerk liegt, darüber, ob der Beschluß zum Besten der Gewerkschaft gereiche, anrufen und gegen die Gewerkschaft auf Aufhebung des Beschlusses klagen [207]).

Durch das Statut kann bestimmt werden, daß die Entscheidung dieser Frage in Streitfällen durch ein Schiedsgericht erfolgen, wie das Schiedsgericht gebildet und unter welchen Formen von demselben verfahren werden soll [208]).

---

des Protokolls durch den Repräsentanten oder den Grubenvorstand zu bewirken. Die Unterschrift der übrigen Gewerken ist nicht erforderlich, denn der Gewerkenbeschluß kommt durch die Abstimmung zu Stande, für welche es nicht der schriftlichen Form bedarf. Das Protokoll dient also bloß zum Beweise, ohne daß es die verbindliche Kraft des Beschlusses bedingt.

206) Die Abstimmung der Vertreter bevormundeter Personen bei der Beschlußfassung über die im §. 114 bezeichneten Gegenstände bedarf nicht der obervormundschaftlichen Genehmigung, da die Abstimmung in den gewerkschaftlichen Versammlungen ohne Rücksicht auf den Gegenstand der Beschlußfassung als ein bloßer Act der Verwaltung zu bezeichnen ist. Eine Verfügung über die Substanz des Antheilrechtes liegt nicht darin, weil nicht über die Kuxe des Minorennen, sondern über ein zum gewerkschaftlichen Vermögen gehöriges Object disponirt wird und weil der Abstimmende nicht selbst disponirt, sondern nur zu einem Beschlusse mitwirkt. Dies gilt auch für die Gewerkschaften des alten Rechtes.

207) Die Klage muß nach §. 119 gegen den Repräsentanten gerichtet werden. Ist der Repräsentant bei dem angefochtenen Beschlusse selbst in der Minderheit geblieben, so muß er die Gewerkschaft zur Wahl eines Substituten zur Führung des anhängigen Prozesses veranlassen.

208) Ueber dieses schiedsrichterliche Verfahren gibt das oben (Anm. 178) angeführte Normalstatut folgende Bestimmung:

Jeder Gewerke ist berechtigt, innerhalb einer Frist von 14 Tagen vom Ablaufe des Tages, an welchem ein Gewerkschaftsbeschuß gefaßt ist, schiedsrichterliche

Diese Bestimmungen finden auf einen in Gemäßheit des §. 94 gefaßten Beschluß keine Anwendung.

§. 116.

Durch die Anstellung der Klage auf Aufhebung des Gewerkschaftsbeschlusses wird die Ausführung desselben nicht aufgehalten.

Wird der Beschluß aufgehoben, so verliert derselbe erst von der Rechtskraft der richterlichen Entscheidung [208a]) an seine rechtliche

---

Entscheidung darüber anzurufen, ob der Beschluß zum gemeinsamen Besten der Gewerkschaft gereiche.

Die Provocation ist schriftlich, unter Benennung des für die Minorität erwählten Schiedsrichters, bei der Grubenvertretung einzureichen, widrigenfalls sie wirkungslos ist.

Für die Majorität hat die Grubenvertretung, oder, falls sich dieselbe in der Minorität befindet, der stärkste Betheiligte der Majorität, innerhalb vier Wochen nach Eingang der Provocation einen Schiedsrichter zu bezeichnen, widrigenfalls die Provocation für begründet erkannt wird; den Obmann ernennt das Königliche Oberbergamt.

Lehnt einer der Schiedsrichter seine Mitwirkung bei der Entscheidung eines Streitfalles ab, so entscheidet der andere Schiedsrichter und der Obmann allein.

Das Schiedsgericht verhandelt collegialisch, ist aber bei seinen Verhandlungen, außer der Anhörung der Parteien, an keinerlei Prozeßvorschriften gebunden.

Gegen seine Entscheidung findet kein Rechtsmittel, weder ein ordentliches, noch ein außerordentliches, Statt.

Die Kosten der Entscheidung fallen dem unterliegenden Theile zur Last.

208a) Der aufgehobene Beschluß wird nicht von Anfang an ungültig, sondern verliert erst von dem Tage der Rechtskraft des Urtheils seine rechtliche Wirksamkeit. Die Verfügungen, welche die Vertretung der Gewerkschaft auf Grund des aufgehobenen Beschlusses über das gewerkschaftliche Vermögen getroffen hat, bleiben bis zu diesem Termine in Kraft, d. h. sie bleiben gültig, soweit sie die bis zur rechtskräftigen Entscheidung geführte Vermögensverwaltung angehen. Betrifft also der Beschluß und der auf Grund desselben geschlossene Vertrag z. B. den Verkauf der Förderung, so bleibt das Kaufgeschäft nur in Betreff der bis zum Tage der Rechtskraft geförderten Producte in Kraft, ebenso der mit dem gewählten Repräsentanten abgeschlossene Vollmachtsvertrag, wenn die getroffene Wahl auf Grund des §. 116 durch richterliches Urtheil aufgehoben wird. Betrifft der Beschluß Verfügungen, die nicht in der Vermögensverwaltung begriffen sind, z. B. die Veräußerung von Grundstücken, so wird durch die Aufhebung des Beschlusses auch die getroffene Verfügung rückgängig gemacht. Diese Regeln folgen aus dem Grundsatze Resoluto jure concedentis resolvitur jus concessum und aus den Vorschriften, welche das Civilrecht über die Wirkung der auflösenden Bedingungen trifft (L. 41 pr Dig de rei vind VI, 6. L. 4 §. 3 D de in diem addict. XVIII, 2. L. 3 D. quib. mod. pignus XX, 6. Allg. Landrecht Th. I, Tit. 4, §§. 115 ff. Tit. 7, §. 172. Tit. 19, §. 33. Tit. 21, §§. 388 ff. Code Napoléon Art. 1183). Für das Preußische Recht ist jedoch zu berücksichtigen, daß bei der Erwerbung von dinglichen Rechten die Redlichkeit des Erwerbers, welchem von einer Anfechtung des gewerkschaftlichen Beschlusses nichts bekannt war, die Wiederaufhebung des ein-

Wirksamkeit[209]).

geräumten Rechtes ausschließt. (Allg. Landrecht Th. I, Tit. 11, §§. 264, 265, 270, 311.)

Die Materialien des Gesetzes enthalten über die Bedeutung des hier erörterten zweiten Alinea des §. 116, welcher seine vorliegende Fassung in der Commission des Herrenhauses erhalten hat, wenig. In dem Commissionsberichte des Hauses der Abgeordneten wird bemerkt (S. 59):

„Es entstand die Frage, ob dieser Satz so zu verstehen sei, daß das Verlieren der rechtlichen Wirksamkeit ex nunc oder ex tunc eintrete.

Die Herren Regierungscommissarien erklärten:

Die Anstellung der Klage auf Aufhebung des Gewerkschaftsbeschlusses solle nach Alinea 1 des §. 116 die Ausführung des Gewerkschaftsbeschlusses nicht aufhalten. Der Repräsentant oder Grubenvorstand werde deshalb auf der Grundlage des Gewerkschaftsbeschlusses mit der Ausführung desselben vorgehen können, ohne in Verantwortlichkeit zu treten. Wenn demnach das zweite Alinea für den Fall, daß der angerufene Richter den Beschluß aufhebe, bestimme, daß der Beschluß erst von Rechtskraft der richterlichen Entscheidung an seine rechtliche Wirksamkeit verliere, so könne es nicht zweifelhaft sein, daß das Aufhören der rechtlichen Wirksamkeit ex nunc zu verstehen sei.

Dem Bedenken, daß hieraus große Gefahr für den siegreichen Provocanten wie überhaupt für die Interessen der Minorität eines Bergwerks entstehen könne, wurde von mehreren Commissionsmitgliedern entgegengesetzt, daß Alinea 3 des §. 116 alle Beschlüsse über die Substanz des Bergwerks und über die Erhebung von Beiträgen von denjenigen Beschlüssen ausschließt, auf deren Ausführung die Klage der Minorität keinen Suspensiveffect ausübt. Der Kläger werde hierin genügenden Schutz finden. Auf der andern Seite könne auch nicht zugegeben werden, daß den wirthschaftlichen Bedürfnissen einer Bergwerkssocietät und des Bergbaubetriebes zuwider eine Minorität in die Möglichkeit gebracht werde, durch ihren Widerspruch die Thätigkeit der Gewerkschaft und deren Bergwerksbetrieb zu hemmen und die Organe der Gewerkschaft lahm zu legen."

Diese Ausführung steht mit der oben entwickelten Auslegung des Alinea 2 in keinem Widerspruch, wenn auch nicht bestimmt ausgesprochen ist, welche Wirkung die Aufhebung des Beschlusses ex nunc auf diejenigen Verfügungen habe, welche zwar vor der Aufhebung getroffen sind, aber nach diesem Zeitpunkte wirksam werden sollen. Ebensowenig giebt die frühere rechtsrheinische Praxis einen Anhalt zur Beantwortung dieser Frage. Der §. 9 des Gesetzes vom 12. Mai 1851 enthielt nur die ganz unbestimmte Vorschrift:

„Fällt der schiedsrichterliche Ausspruch verneinend aus, so darf wider den Willen auch nur Eines Betheiligten der Beschluß nicht ausgeführt werden."

Wollte man annehmen, daß die Aufhebung des Beschlusses nur insofern Wirkung habe, als nicht bereits über die Ausführung desselben Verträge mit dritten Personen geschlossen sind, so würde man zu offenbar perplexen Resultaten gelangen. Man würde annehmen müssen, daß ein auf die Amtsdauer von zehn Jahren erwählter besoldeter Repräsentant, dessen Wahl gemäß §. 116 als nicht zum Besten der Gewerkschaft gereichend aufgehoben wird, dennoch für die ganze Wahlperiode im Amte bleibe, falls er vor der rechtskräftigen Aufhebung des Beschlusses einen Dienstvertrag mit der bisherigen Grubenvertretung abschließt. Man würde

Diese Bestimmungen finden keine Anwendung, wenn der Beschluß die im §. 120 bezeichneten Gegenstände betrifft[210]).

§. 117

Jede Gewerkschaft ist verpflichtet[211]), einen im Inlande woh-

---

aber auch mit den Bestimmungen des Civilrechtes über die revocatio ex nunc in Widerspruch treten welche übereinstimmend dahin gehen, daß die Verfügungen des früheren Berechtigten nur bis zu dem Zeitpunkte Wirkung haben, mit welchem sein Verfügungsrecht aufgehoben wird. Die Anwendung dieser Regeln auf die Aufhebung eines Gewerkenbeschlusses läßt sich aber nicht anders machen, als indem man annimmt, daß der Mehrheit, welche den angefochtenen Beschluß gefaßt hat, mit dem Momente der rechtskräftigen Entscheidung die Verfügung über den Gegenstand des Beschlusses entzogen und auf die verneinende Minorität übertragen wird, deren Wille durch das richterliche Urtheil als maßgebend für die Gewerkschaft gesetzt wird.

209) Die Aufhebung des Beschlusses entzieht demselben die Rechtsverbindlichkeit nicht bloß in Ansehung desjenigen Gewerken, auf dessen Klage die Aufhebung erfolgt ist sondern gegenüber allen Gewerken. Wenn daher mehrere Klagen von verschiedenen Gewerken auf Aufhebung desselben Beschlusses eingelegt werden, so kann über dieselben nur durch ein und dasselbe Urtheil entschieden werden, da der Beschluß entweder allen Klägern gegenüber aufrecht erhalten oder mit gleicher Wirkung für alle aufgehoben werden muß.

210) In diesen Fällen, d. h. bei Verfügungen über die Substanz des Bergwerks und bei der Ausschreibung von Beiträgen hat also die Klage auf Aufhebung des Beschlusses die Wirkung, daß die Ausführung desselben aufgehalten wird und das Endurtheil macht den Beschluß von Anfang an (ex tunc) ungültig. Auch die suspensive Wirkung der Klage eines Gewerken tritt für alle Gewerken ein. Wenn also ein Beschluß wegen der Erhebung von Beiträgen seitens eines Gewerken angefochten wird, so kann derselbe auch gegen die übrigen nicht vor Ablauf der rechtskräftigen Entscheidung über jene Klage vollstreckt werden (§. 129).

Die Ausführung des gefaßten Beschlusses wird in den Fällen des §. 120 nicht erst durch die wirkliche Einlegung der Klage aufgehalten, sondern sie bleibt von Rechtswegen suspendirt, bis die vierwöchentliche Frist zur Einlegung der Klage verstrichen ist. Dies wird im §. 129 für die Erhebung von Beiträgen ausdrücklich anerkannt. Dasselbe muß aber für die Veräußerung, Verpfändung und dingliche Belastung, sowie für die Verpachtung des Bergwerks (§. 114) gelten. Der Hypothekenrichter darf auf Grund eines solchen Beschlusses keine Eintragung im Berghypothekenbuche verfügen bevor die vierwöchentliche Frist verstrichen ist, ohne daß eine Klage auf Aufhebung des Beschlusses bei dem Prozeßrichter eingelegt wäre. Er muß hierüber jedesmal Auskunft von dem ordentlichen Richter verlangen in dessen Bezirk das Bergwerk liegt. Würde er die bestellte Hypothek vor Ablauf der vierwöchentlichen Frist eintragen so würde der eingetragene Gläubiger durch Cession seines Rechtes die Rechte der Minorität vereiteln, da die spätere Aufhebung des Beschlusses demjenigen nicht entgegenstehen würde der das Pfandrecht auf den Glauben des Hypothekenbuches erworben hat.

211) Diese Verpflichtung besteht nach §. 134 auch für die Mitbetheiligten eines Bergwerks, welche keine Gewerkschaft bilden, falls nicht die Vertretung der-

nenden Repräsentanten zu bestellen und der Bergbehörde namhaft zu machen [212]).

Statt eines einzelnen Repräsentanten kann [213]) die Gewerkschaft jedoch einen aus zwei oder mehreren Personen bestehenden Grubenvorstand bestellen [214]).

---

selben durch die allgemeinen Gesetze geordnet ist (wie z. B. bei der ehelichen Gütergemeinschaft bei den verschiedenen Arten der Handelsgesellschaften).

212) Wird kein Repräsentant bestellt, so kann die Bergbehörde auf den an sie gerichteten Antrag eine Gewerkenversammlung zur Wahl eines Repräsentanten berufen (§. 122). Erfolgt auch kein solcher Antrag, so ist sie nach §. 127 befugt, die Gewerkschaft aufzufordern, innerhalb 3 Monaten einen Repräsentanten zu wählen und kann nach Ablauf dieser Frist einen interimistischen Repräsentanten bestellen.

213) Die Wahl eines Grubenvorstandes kann nur auf Grund eines vorher gefaßten Mehrheitsbeschlusses stattfinden. Findet bei der Abstimmung über die Frage, ob ein Repräsentant oder ein Grubenvorstand zu bestellen sei, Stimmengleichheit statt, so verbleibt es bei der gesetzlichen Regel und es wird zur Wahl eines Repräsentanten geschritten.

214) Die mehrern Mitglieder des Grubenvorstandes müssen bei Ausübung der in den §§. 119, 121, 122, 125 bestimmten Befugnisse in der Regel sammt und sonders handeln (Allg. Landr. Th. I Tit. 13, §§. 201, 207. Cap. 6 de procurator. in 6to), wenn nicht durch die ihnen ertheilte Legitimation (§§. 118, 119) oder durch das Statut eine Vertheilung der Geschäfte unter den Mitgliedern angeordnet ist. Das oben Anm. 177 angeführte Normalstatut enthält bezüglich der Geschäftsführung des Grubenvorstandes folgende Bestimmungen:

§. 27.

Die Gewerkschaft wird vertreten durch einen aus Mitgliedern bestehenden Grubenvorstand. Die Wahl der Mitglieder erfolgt nach Maßgabe des §. 22 für die Dauer von Jahren.

Scheidet ein Mitglied durch Tod, durch Niederlegung des Mandates, durch Kündigung des letztern seitens der Majorität der Antheile oder aus anderen Gründen während seiner Functionsperiode aus, so ergänzen sich die verbliebenen Mitglieder bis zur nächsten Generalversammlung aus der Zahl der Mitgewerke durch Cooptation. — Zur Legitimation des Vorstandes dient die Ausfertigung des notariellen oder gerichtlichen Wahlprotocolles.

§. 28.

Der Grubenvorstand faßt seine Beschlüsse nach collegialischer Berathung. Er ist beschlußfähig, wenn Mitglieder bei der Berathung anwesend sind.

Bei Stimmengleichheit der Mitglieder entscheidet die Stimme des Vorsitzenden.

§. 29.

Den Vorsitzenden und seinen Stellvertreter ernennt die Gewerkenversammlung. Der Vorsitzende leitet die Vorstandssitzungen. Er führt die Correspondenz und unterzeichnet in Gemeinschaft mit einem zweiten Mitgliede des Vorstandes alle Urkunden, in welchen eine Verpflichtung für die Gewerkschaft übernommen wird. Er ist berechtigt, alle Vorladungen und Zustellungen an die Gewerkschaft mit rechtlicher Wirkung in Empfang zu nehmen. Eide Namens der Gewerkschaft werden durch ihn geleistet.

Als Repräsentanten oder Mitglieder des Grubenvorstandes können auch Personen bestellt werden welche nicht Gewerken sind [215]).

§. 118.

Die Wahl erfolgt in einer nach §. 113 beschlußfähigen Versammlung durch absolute Stimmenmehrheit [216]). Ist eine solche bei der ersten Abstimmung nicht vorhanden so werden diejenigen beiden Personen welche die meisten Stimmen erhalten haben in die

§. 32.

Der Grubenvorstand führt die Verwaltung des gewerkschaftlichen Vermögens entweder in seiner Gesammtheit oder durch einzelne seiner für besondere Geschäftszweige delegirten Mitglieder, beziehlich durch die von ihm anzustellenden Beamten. Er ist ermächtigt, Substituten zu bestellen:

1) für den Empfang der bei der Post für die Gewerkschaft eingehenden Briefe, Geld- und Werthsendungen,
2) für den Abschluß einzelner bestimmter Rechtsgeschäfte,
3) für die Besorgung des Verkaufes der Bergwerksproducte, sei es im Wege der Anstellung von Agenten, sei es im Wege der Anstellung von Commissionären.

§. 33.

Der Vorstand hat einen Beamten anzustellen, welcher die Grubenkasse verwaltet, alle Einnahmen und Ausgaben bewirkt und darüber in der vom Vorstande vorzuschreibenden Weise Buch und Rechnung führt.

215) Frauen können nicht zu Repräsentanten bestellt werden, ebensowenig juristische Personen, weil die Absicht des Gesetzgebers offenbar dahin gegangen ist, der Gewerkschaft einen mit voller Handlungsfähigkeit versehenen Vertreter zu geben. Hätte er Frauen zu dieser Stellung zulassen wollen, so würde er ohne Zweifel die Bestimmungen des Handelsgesetzbuches Artt. 6—9 aufgenommen haben, welche hinsichtlich der Handelsfrauen die in der Civilgesetzgebung begründeten Einschränkungen der Handlungsfähigkeit ausschließen. Da dies nicht geschehen ist, so ist anzunehmen, daß das Gesetz die Worte, „einen Repräsentanten" im stricten Sinne gebraucht und nur Männer als Repräsentanten zuläßt.

Mitglieder des Grubenvorstandes können sowohl Frauen als auch juristische Personen sein. In diesem Falle wird nach §§. 202 u. 207 Allg. Landr. Th. I, Tit. 13 vermuthet, daß ihre Mitwirkung bei denjenigen Geschäften, welche außerhalb der Sphäre ihrer Handlungsfähigkeit liegen, nicht erforderlich sei. Bei der Wahl juristischer Personen zu Mitgliedern des Grubenvorstandes, die in der Praxis bei solchen Gewerkschaften zuweilen vorkommt, bei welchen Actiengesellschaften als Gewerken betheiligt sind, muß in der Legitimation des Grubenvorstandes (§. 118) das Erforderliche über die Vertretung dieses Mitgliedes aufgenommen werden.

216) Gegen die Wahl des Repräsentanten oder der Mitglieder des Grubenvorstandes kann nach §. 115 die Entscheidung des ordentlichen Richters darüber angerufen werden, ob die getroffene Wahl zum Besten der Gewerkschaft gereiche. Die entgegenstehende Entscheidung des Obertribunals vom 14. Dezember 1857 (Entscheidungen Bd. 37, S. 322) ist auf die Wortfassung der §§. 5 u. 6 des Gesetzes vom 12. Mai 1851 gestützt und findet in den entsprechenden Bestimmungen des Allgem. Berggesetzes (§§. 113, 114) keinen Anhalt.

engere Wahl gebracht [217]). Bei Stimmengleichheit entscheidet das Loos

Bei Ausmittelung der in die engere Wahl zu bringenden zwei Personen entscheidet im Falle der Stimmengleichheit ebenfalls das Loos.

Das Protokoll über die Wahlverhandlung ist notariell oder gerichtlich aufzunehmen [218]). Eine Ausfertigung desselben wird dem Repräsentanten oder dem Grubenvorstande zu seiner Legitimation ertheilt.

### §. 119.

Der Repräsentant oder Grubenvorstand vertritt die Gewerkschaft in allen ihren Angelegenheiten gerichtlich und außergerichtlich.

Eine Spezialvollmacht ist nur in den im §. 120 bezeichneten Fällen erforderlich [219]).

---

217) Dieser Wahlmodus, welcher bereits im §. 14 des Gesetzes vom 12. Mai 1851 vorgeschrieben war ist sehr unzweckmäßig und führt leicht zu Minoritätswahlen. Es empfiehlt sich, die Wahl durch das Statut so zu regeln, daß bei der engeren Wahl jedesmal nur diejenige Person ausgeschlossen wird, für welche die geringste Kuxzahl gestimmt hat.

218) Auch für das Wahlprotokoll gilt die oben aufgestellte Regel, daß die Unterschrift der an der Abstimmung theilnehmenden Gewerken zur Gültigkeit der Verhandlungen nicht erforderlich ist. Es genügt daß die Namen der anwesenden Gewerken und die Zahl der Kuxe, welche bei jedem einzelnen Wahlgange für die verschiedenen Personen gestimmt haben in das Protokoll aufgenommen wird. Außerdem muß durch das gerichtliche oder notarielle Protokoll auch die Beschlußfähigkeit der Versammlung, also wenn nicht alle Gewerken anwesend sind, die gehörig geschehene Vorladung auf Grund der von dem einladenden Repräsentanten oder im Falle des §. 122 Al. 3 von der einladenden Bergbehörde vorzulegenden Postinsinuationsscheine (§. 112) constatirt werden. Das Attest des Richters oder Notars daß die gehörig geschehene Einladung nachgewiesen ist, genügt zum Nachweise der Gültigkeit der Wahl. Der Repräsentant ist nicht verpflichtet, zu seiner Legitimation außer dem gerichtlichen oder notariellen Wahlprotokolle noch die Postinsinuationsscheine über die geschehene Einladung vorzulegen, da nach §. 118 Al. 3 die Ausfertigung dieses Protokolls allein zu seiner Legitimation ausreicht.

Andrer Meinung ist Lindig in der Zeitschr. f. Bergrecht Bd. VI S. 606 und Gedicke (daselbst S. 601), welcher sogar verlangt, daß aus dem Postinsinuationsscheine der wörtliche Inhalt der Einladung erhellen müsse. Die Herausgeber der genannten Zeitschrift (das. S. 604 607) halten dagegen das ausgefertigte Wahlprotokoll zur Legitimation des Repräsentanten für ausreichend und auch die Bergbehörde nicht für befugt, einen weiteren Nachweis für die Gültigkeit der Wahl zu verlangen.

219) Eine Specialvollmacht ist also nicht erforderlich zu den im Allg. Landrecht Th. I Tit. 13 §§. 99—109 bezeichneten Geschäften. Der Repräsentant ist insbesondere auch ohne Specialvollmacht befugt Sachen oder Gelder für die

Eide Namens der Gewerkschaft werden durch ihn geleistet [219a].

Beschränkt oder erweitert die Gewerkenversammlung die Befugnisse des Repräsentanten oder Grubenvorstandes, so müssen die betreffenden Festsetzungen in die Legitimation (§. 118) aufgenommen werden.

### §. 120.

Der Repräsentant oder Grubenvorstand bedarf eines besonderen Auftrages der Gewerkenversammlung [220]:

1) wenn es sich um Gegenstände handelt, welche nur von einer Mehrheit von wenigstens drei Viertheilen aller Kuxe oder nur mit Einstimmigkeit beschlossen werden können;

2) wenn Beiträge von den Gewerken erhoben werden sollen.

### §. 121.

Der Repräsentant oder Grubenvorstand führt das Gewerkenbuch und fertigt die Kuxscheine aus (§. 103) [221].

---

Gewerkschaft in Empfang zu nehmen. Die an die Gewerkschaft adressirten Geldbriefe sind daher von den Postanstalten an den Repräsentanten auszuhändigen (Erlaß v. 26. Februar 1864, Zeitschr. f. d. Berg-, Hütten- und Salinenwesen Bd. XII, S. 13). Er ist ferner befugt, Grundstücke und Gerechtigkeiten zu veräußern, da die Einschränkung des §. 120, Nr. 1 nach §. 114 sich nur auf Veräußerungen bezieht, welche den Gegenstand der Verleihung, also die Substanz des Bergwerks betreffen.

219a) Diese Bestimmung schließt die Anwendung der §§. 270—275, Tit. 10, Th. I der Allg. Gerichtsordnung aus, welche beim deferirten Eide dem Gegner das Recht geben, vier Mitglieder der Corporation zur Ableistung des Eides zu bezeichnen.

220) Dieser Auftrag kann sich nur auf den einzelnen Fall beziehen. Eine generelle Ermächtigung zu Verfügungen der im §. 114 bezeichneten Art, oder zur Ausschreibung von Beiträgen kann dem Repräsentanten nur durch das Statut (§. 94) ertheilt werden (§. 124).

221) Der Gesetzentwurf, die Mobilisirung der Kuxe betreffend, übertrug im §. 4 die Führung des Gewerkenbuches und die Ausfertigung der Kuxscheine dem Oberbergamte. Er schloß sich in dieser Bestimmung an das Allg. Handelsgesetzbuch an, welches in den Artt. 12 ff. und 86 ff. die Führung eines Handelsregisters bei dem Handelsgerichte anordnet, in welches in Beziehung auf Handelsgesellschaften:

1) Name und Wohnort jedes Gesellschafters,

2) Firma und Wohnsitz der Gesellschaft,

3) die Vertretung der Gesellschaft durch einzelne Gesellschafter oder Prokuristen eingetragen werden. Der Gesetzentwurf bestimmte folgerichtig im §. 1, daß auch das Statut der Gewerkschaft in das Gewerkenbuch einzutragen sei und er würde auch die Eintragung der Repräsentanten und Grubenvorstände angeordnet haben, wenn die Vorschriften über die Repräsentation der Gewerkschaft in den Bereich jenes Gesetzentwurfes gezogen worden wären.

Das Allg. Berggesetz schließt jede Mitwirkung der Staatsbehörden bei der Beurkundung des gewerkschaftlichen Besitzstandes aus. Es überläßt jeder Gewerk-

**Er ist verpflichtet, für die Führung der übrigen erforderlichen Bücher der Gewerkschaft Sorge zu tragen und jedem Gewerken auf Verlangen die Bücher zur Einsicht offen zu legen.**

---

schaft die erforderlichen Einrichtungen zu diesem Zwecke zu treffen. Nur in dem Falle, wenn Gewerkschaften des alten Rechtes nach §. 235 die Mobilisirung ihrer Kuxe beschließen, erfolgt die Führung des Gewerkenbuches und die Ausfertigung der Kuxscheine nach §. 239 durch die Berghypothekenbehörde, wenn und so lange die mobilisirten Kuxe noch mit Pfandrechten belastet sind, die an die Stelle seitheriger Hypotheken getreten sind. Diese Uebergangsbestimmung werden sich ohne Zweifel viele Gewerkschaften des alten Rechtes zu Nutze machen, indem sie durch Bestellung oder Conservirung irgend einer Antheilshypothek sich die großen Vortheile einer amtlichen Beglaubigung des Gewerkenbuches und der ausgefertigten Kuxscheine sichern. Es ist indeß nicht ersichtlich, weshalb das Allg. Berggesetz den nach dem 1. October 1865 constituirten Gewerkschaften diese Vortheile, diese fast unerläßlichen Bedingungen eines gesicherten Verkehrs und eines ausreichenden Realcredits für die Bergwerksantheile versagt hat. Die Motive (S. 78) berufen sich auf das Bedürfniß der Selbstverwaltung und der Verkehrserleichterung.

Ist es aber als eine Erleichterung für den Verkehr zu bezeichnen, wenn jede Gewerkschaft genöthigt ist, ihrem Gewerkenbuche und ihren Kuxscheinen ihr eigenes und besonderes Gepräge zu geben? wenn jeder Käufer eines Kuxscheines und jeder Pfandnehmer zuvor Nachforschungen über die Aechtheit des ihm präsentirten Schriftstückes anstellen muß? wenn ihm keine Bürgschaft gegen etwaige Irrthümer bei der Führung des Gewerkenbuches und bei der Ausfertiguug der Kuxscheine gewährt wird?

Das Handelsgesetzbuch überläßt allerdings bei den Actien, welche auf Namen lauten, die Führung des Actienbuches der Gesellschaft (Artt. 182, 233), so daß bei den Actiengesellschaften das Handelsregister keine Auskunft über die Person der Betheiligten giebt. Allein die Gewerkschaften sind keineswegs den Actiengesellschaften durchweg gleichzustellen. Unter den Tausenden der bestehenden Gewerkschaften sind verhältnißmäßig wenige, die ihren Kuxscheinen den marktgängigen Charakter zu geben vermögen, welchen die Actien durch ihren zahlreichen und häufigen Umlauf, durch den umfassenden, aber kostspieligen Verwaltungsapparat, unter dessen Verantwortlichkeit sie ausgefertigt werden, in der Regel genießen. Das Gewerkenbuch mancher kleineren Gewerkschaft würde das bisherige amtliche Gegenbuch ebensowenig ersetzen, als die Aufzeichnungen in der Familienbibel des Hausvaters die amtlichen Geburts- und Sterberegister ersetzen können. Während die Actiengesellschaften für einzelne größere Unternehmungen gegründet werden, bei denen die Zahl der Betheiligten und der häufige Besitzwechsel in dem engen Rahmen des amtlichen Handelsregisters nicht Platz findet und zur Einrichtung eines eigenen Actienbuches nöthigt, tritt das gewerkschaftliche Rechtsverhältniß, wie die offene Handelsgesellschaft von Rechts wegen überall da ein, wo zwei oder mehrere Personen sich zu einem Bergwerksbetriebe vereinigen. Es ist daher gerechtfertigt, die Verkehrsbeziehungen der Gewerkschaft mit denjenigen der offenen Handelsgesellschaft, nicht der Actiengesellschaft auf eine Linie zu stellen.

Die Selbstverwaltung der Gewerkschaften endlich steht mit der Führung des Gewerkenbuches in keinem Zusammenhange. Sie besteht in der unbeschränkten

§. 122.

Der Repräsentant oder Grubenvorstand beruft die Gewerkenversammlungen [222]).

Er muß, wenn das Bergwerk im Betriebe ist, alljährlich eine Gewerkenversammlung berufen und derselben eine vollständig belegte Verwaltungsrechnung vorlegen.

Der Repräsentant ist zur Berufung einer Gewerkenversammlung verpflichtet, wenn dies die Eigenthümer von wenigstens einem Viertheil aller Kuxe verlangen. Unterläßt er die Berufung, so erfolgt dieselbe durch die Bergbehörde auf den an sie gerichteten Antrag [223]).

---

Freiheit, ihre inneren und äußeren Angelegenheiten nach ihrem Ermessen zu ordnen. Wo es aber auf die Erfüllung bestimmter, durch das Gesetz gebotener Formen ankommt, wie bei der Führung des Gewerkenbuches und der Ausfertigung der Kuxscheine, da ist es die Aufgabe des Staates, die Erfüllung dieser Formen durch seine Behörden zu erleichtern und zu überwachen. Der Grundsatz, daß die Aufgabe der Behörden auf die Wahrnehmung des öffentlichen Interesses beschränkt bleiben muß, würde durch die amtliche Führung des Gewerkenbuches nicht im geringsten verletzt werden, da in der That dringende Rücksichten des öffentlichen Interesses für eine solche Einrichtung und gegen die Vorschrift des §. 121 sprechen.

Sollen daher die Vorschriften des vierten Titels über die gewerkschaftliche Verfassung practische Herrschaft gewinnen, sollen nicht bloß die vereinzelten Neubildungen von Gewerkschaften unter diese für sie unabwendliche Regel fallen, sondern auch die Gewerkschaften des alten Rechtes, wie der Gesetzgeber nach §. 235 beabsichtigt, allmählich zu dieser Form übergehen, so ist es wünschenswerth, daß die Gesetzgebung recht bald den versäumten Schritt nachhole und nach Art des Handelsregisters eine amtliche Buchführung über die Zusammensetzung und die Repräsentation der Gewerkschaften, sowie über die von der gesetzlichen Regel abweichenden statutarischen und vertragsmäßigen Normen der einzelnen Gewerkschaften einführt, an welche sich dann als nothwendige Folge die amtliche Ausfertigung der Kuxscheine anschließt — mit einem Worte, daß die Ausnahmebestimmung des §. 239 zur gesetzlichen Regel erhoben wird.

222) Die Berufung ist ordnungsmäßig geschehen, wenn alle zur Zeit der Einladung im Gewerkenbuche eingetragenen Gewerken gehörig geladen sind (§§. 103, 112). Wird nach erfolgter Einladung die Umschreibung eines Kuxes im Gewerkenbuche beantragt, so wird dadurch die Berufung nicht ungültig und die von der Mehrheit der Antheile besuchte Gewerkenversammlung nicht beschlußunfähig. Dies ist namentlich für die Fälle der §§. 229 und 239 von Wichtigkeit, in welchen das Gewerkenbuch nicht von dem Repräsentanten geführt wird, wo demselben mithin nicht Gelegenheit gegeben wird, dem beim Gewerkenbuche oder beim Berggegenbuche angemeldeten neuen Erwerber nachträglich von dem anberaumten Termine Kenntniß zu geben.

223) Der Antrag ist nach §. 189 an den Revierbeamten zu richten, welcher die Vorladung erläßt. Die Vorladung erfolgt in den Fällen der §§. 229 und 239 auf Grund des bei der Berghypothekenbehörde geführten Gewerkenverzeichnisses,

Zur Vornahme der Wahl eines Repräsentanten oder Grubenvorstandes oder zur Beschlußfassung über den Widerruf der erfolgten Bestellung kann die Bergbehörde auf den an sie gerichteten Antrag [224]) eine Gewerkenversammlung berufen [225]).

---

welches dem Revierbeamten auf sein Ansuchen zugefertigt wird. Wird dagegen das Gewerkenbuch nach §. 121 von dem Repräsentanten geführt, so muß der Revierbeamte dasselbe von dem Repräsentanten einfordern. Letzterer kann durch exekutivische Zwangsmittel zur Herausgabe angehalten werden. Die Bonner Instruction bestimmt über das Verfahren bei der Berufung von Gewerkenversammlungen durch den Revierbeamten Folgendes:

§. 49.

Berufung von Gewerksversammlungen in Angelegenheiten der Repräsentation.

„Wird gemäß §. 122 des B.G. die Berufung einer Gewerkenversammlung zur Wahl eines Repräsentanten oder Grubenvorstandes oder zur Beschlußfassung über den Widerruf der erfolgten Bestellung bei dem Revierbeamten beantragt, so hat derselbe dem Antrage in der Regel zu entsprechen, es sei denn, daß nach pflichtmäßiger Ueberzeugung des Revierbeamten eine genügende Veranlassung hierzu nicht vorliegt.

Da der Revierbeamte die Gewerkenversammlung nur zu berufen, nicht aber das Protokoll über deren Beschlüsse zu führen hat, letzteres vielmehr auch in diesen Fällen notariell oder gerichtlich aufgenommen werden muß (§. 118 des B.G.), so hat der Revierbeamte den Antragstellern bei der Vorladung zu eröffnen, daß es ihnen überlassen bleiben müsse, zur Aufnahme des Protokolles einen Notar oder richterlichen Beamten zum Termine zuzuziehen.

Daß der Revierbeamte der von ihm berufenen Gewerkenversammlung beiwohnt, ist nicht erforderlich, wird aber in der Regel sachgemäß sein.

In den Vorladungen ist auf die Bestimmungen des §. 113 des B.G. über die Beschlußfähigkeit der Gewerkenversammlung hinzuweisen.

Ist die erste Versammlung nicht beschlußfähig gewesen, so kann der Revierbeamte auf desfallsigen sofortigen Antrag eine Vorladung zu dem zweiten Termine vornehmen."

§. 50.

Berufung sonstiger Gewerkenversammlungen.

„Wird die Berufung einer Gewerkenversammlung unter den Voraussetzungen des §. 122 des B.G. bei dem Revierbeamten beantragt, so liegt dem Revierbeamten ob, die Gewerkenversammlung zu berufen und in den Vorladungen sowohl den Gegenstand der Beschlußfassung anzugeben, als auch auf die Bestimmungen des §. 113 des B.G. über die Beschlußfähigkeit der Gewerkenversammlung hinzuweisen."

224) Während in dem Falle des Al. 2 der Antrag von wenigstens einem Viertel aller Kuxe gestellt werden muß, kann der Revierbeamte im Falle des Al. 3 auf den Antrag eines einzelnen Interessenten die Wahlversammlung berufen. Dieser Antrag kann nicht nur von einem Kuxbesitzer, sondern auch von jedem Andern gestellt werden, der ein rechtliches Interesse an der Vornahme der Repräsentantenwahl hat. Dahin gehört insbesondere der Fall, wenn Jemand vor

§. 123.

Der Repräsentant ist berechtigt und verpflichtet, alle Vorladungen und andere Zustellungen an die Gewerkschaft mit voller rechtlicher Wirkung in Empfang zu nehmen.

Bestellt die Gewerkschaft einen Grubenvorstand, so muß ein Mitglied desselben mit dieser Empfangnahme beauftragt und in der Legitimation des Grubenvorstandes bezeichnet werden. Wenn dies nicht geschehen ist, so kann die Zustellung an jedes Mitglied des Grubenvorstandes erfolgen [226]).

§. 124.

Die Bestimmungen der §§. 120, 121 und 122 dürfen nur durch ein förmliches Statut (§. 94), diejenigen des §. 123 aber gar nicht abgeändert werden.

In keinem Falle darf dem Repräsentanten oder Grubenvorstande die Vertretung der Gewerkschaft bei den Verhandlungen mit der Bergbehörde, mit dem Knappschaftsvereine und mit anderen auf den Bergbau bezüglichen Instituten, sowie in den gegen sie angestellten Prozessen und die Eidesleistung in letzteren [227]) entzogen werden.

Gericht gegen die Gewerkschaft klagen will. Ist in diesem Falle kein Repräsentant bestellt, gegen welchen gemäß §. 119 die Klage gerichtet werden könnte, so kann die Bergbehörde auf Antrag des Klägers oder auf Requisition des Prozeßrichters eine Gewerkenversammlung zur Wahl des Repräsentanten berufen. Es bedarf dazu nicht der vorherigen Aufforderung an die Gewerkschaft, innerhalb 3 Monaten einen Repräsentanten zu bestellen, welche im §. 127 für den Fall vorgeschrieben ist, daß die Bergbehörde von Amts wegen, also ohne den Antrag eines Interessenten, die Bestellung eines Repräsentanten verlangt.

225) Die von der Bergbehörde ausgehenden Vorladungen zu Gewerkenversammlungen unterliegen dem Stempel für Ausfertigungen amtlicher Verfügungen nach dem Stempeltarif vom 7. März 1822. Welcher von den beiden in der erwähnten Tarifposition zulässigen Sätzen von 15 Sgr. oder 5 Sgr. in jedem Falle zu verwenden, ist von dem Revierbeamten mit Rücksicht auf den Werth des Bergwerks und den Umfang der Geschäfte des Repräsentanten, also besonders mit Rücksicht darauf zu bestimmen, ob das Bergwerk im Betrieb steht oder nicht. (Erlaß vom 12. Juli 1857, Zeitschr. f. d. Berg-, Hütten- und Salinenwesen Bd. V, S. 149.)

226) Diese Vorschrift bezieht sich nur auf Vorladungen und Zustellungen der Behörden. Zur Empfangnahme von Geldern und Sachen, also auch von Geldbriefen, ist nach Anm. 214 nur der Grubenvorstand in corpore befugt, wenn nicht die Gewerkschaft einem einzelnen Mitgliede hierzu Vollmacht ertheilt hat.

227) Wenn dem Repräsentanten die Befugniß entzogen ist, Klagen namens der Gewerkschaft einzulegen, so finden auf die Ableistung des der Gewerkschaft als Klägerin deferirten Eides die §§. 270 ff. Allg. Gerichtsordn., Th. I, Tit. 10 und für den Fall der §§. 133, 134 der §. 269 l. c. Anwendung.

§. 125.

Die Gewerkschaft wird durch die von dem Repräsentanten oder Grubenvorstande in ihrem Namen geschlossenen Rechtsgeschäfte berechtigt und verpflichtet [228]).

Es ist gleichgültig, ob das Geschäft ausdrücklich im Namen der Gewerkschaft geschlossen worden ist, oder ob die Umstände ergeben, daß es nach dem Willen der Contrahenten für die Gewerkschaft geschlossen werden sollte.

§. 126.

Der Repräsentant oder die Mitglieder des Grubenvorstandes sind aus den von ihnen im Namen der Gewerkschaft vorgenommenen Rechtshandlungen Dritten gegenüber für die Verbindlichkeiten der Gewerkschaft persönlich nicht verpflichtet.

Handeln dieselben außer den Grenzen ihres Auftrages oder

---

228) Dies gilt auch von denjenigen Rechtsgeschäften, welche der Repräsentant oder Grubenvorstand durch die von ihm bestellten Bevollmächtigten abschließt. Die Ansicht, daß der Repräsentant nicht befugt sei, sich durch Bevollmächtigte vertreten zu lassen, ohne daß ihm die Substitutionsbefugniß ausdrücklich beigelegt worden (Comm.Bericht d. Hauses d. Abgeordn. S. 60), war nach der bisherigen Gesetzgebung gerechtfertigt, da nach dem Gesetze vom 12. Mai 1851 §§. 13 u. 22 der Repräsentant als Generalbevollmächtigter der Miteigenthümer des Bergwerks fungirte. Nach dem Allg. Berggesetz ist er dagegen der Repräsentant der juristischen Persönlichkeit der Gewerkschaft. Er ist daher ebenso wie der Vorstand einer Actiengesellschaft oder wie der geschäftsführende Theilhaber einer Firma befugt, Bevollmächtigte der Gewerkschaft zu bestellen und diese Bevollmächtigten sind nicht Substituten des Repräsentanten, sondern unmittelbare Bevollmächtigte der Gewerkschaft. Niemand wird annehmen, daß der von einem Handlungsgesellschafter namens der Firma bestellte Mandatar als Substitut des Bestellers oder der von dem Vorstande einer Actiengesellschaft Bevollmächtigte als Substitut des Vorstandes zu betrachten sei. Ebensowenig aber verträgt sich diese Annahme mit den dem Handelsgesetzbuche durchaus nachgebildeten Vorschriften des Allg. Berggesetzes über die Repräsentation der Gewerkschaft. Der Repräsentant wird nirgend als der Bevollmächtigte der Gewerkschaft bezeichnet (vergl. Anm. 232). Die Functionen, welche das Gesetz ihm überträgt, sind so beschaffen, daß er weder thatsächlich noch rechtlich befähigt ist, sie sämmtlich in eigener Person wahrzunehmen. Er kann z. B. in Prozessen in der dritten Instanz, in Prozessen vor den rheinischen Landgerichten nicht anders als durch Vermittelung eines besonderen Prozeßbevollmächtigten für die Gewerkschaft auftreten. Er kann nicht in eigener Person mit jedem Arbeiter und mit jedem Käufer eines Scheffels Kohlen in eigener Person contrahiren. Die Befugniß, Bevollmächtigte für die Gewerkschaft zu bestellen, ist also zur Ausübung der Functionen des Repräsentanten nothwendig und es erscheint nicht gerechtfertigt, ihm diese Befugniß abzusprechen.

229) Die §§. 125, 126 sind den Artt. 230 u. 241 des Allg. Handelsgesetzbuches nachgebildet.

den Vorschriften dieses Titels entgegen, so haften sie persönlich, beziehungsweise solidarisch für den dadurch entstandenen Schaden[229]).

§. 127.

Die Bergbehörde ist befugt, eine Gewerkschaft aufzufordern, innerhalb drei Monaten einen Repräsentanten oder einen Grubenvorstand zu bestellen[230]).

Wird dieser Aufforderung nicht entsprochen, so kann die Bergbehörde bis dahin, daß dies geschieht, einen Repräsentanten bestellen und demselben eine angemessene, von der Gewerkschaft aufzubringende und nöthigenfalls im Verwaltungswege executivisch einzuziehende Belohnung zusichern.

Dieser interimistische Repräsentant hat die in den §§. 119 bis 123 bestimmten Rechte und Pflichten, insofern die Bergbehörde keine Beschränkungen eintreten läßt[231]).

§. 128.

Soweit der gegenwärtige Titel nichts Anderes bestimmt, sind die durch die Bestellung eines Repräsentanten oder Grubenvorstandes entstehenden Rechtsverhältnisse nach den allgemeinen Vorschriften über den Vollmachtsvertrag zu beurtheilen[232]).

---

230) Diese Aufforderung kann mit voller Wirkung an jedes beliebige Mitglied der Gewerkschaft gerichtet werden; es ist nicht nothwendig, daß dieselbe allen Gewerken zugestellt wird; denn die Verpflichtung, den Repräsentanten zu bestellen und der Behörde namhaft zu machen, ist bereits durch das Gesetz begründet (§. 117). Auch ist der Revierbeamte bei einer Gewerkschaft ohne Repräsentanten nicht in der Lage, sich bestimmte Kenntniß von der Zusammensetzung der Gewerkschaft zu verschaffen.

231) Die Legitimation (§. 118) wird in diesem Falle durch die Ausfertigung der Verfügung des Revierbeamten ersetzt. Sollen Beschränkungen in den Rechten und Pflichten des interimistischen Repräsentanten eintreten, so müssen sie in dieser Ausfertigung ausgedrückt sein.

232) Diese Bestimmung betrifft lediglich die durch die Bestellung des Repräsentanten entstehenden Rechtsverhältnisse, also den zwischen der Gewerkschaft und dem Repräsentanten geschlossenen Vertrag. Sie stimmt vollständig mit den Vorschriften des Allg. Landrechts Th. II, Tit. 6, §§. 131—135 über das Rechtsverhältniß zwischen der Corporation und ihren Repräsentanten überein. Es ist daher nicht zulässig, die Regeln des Vollmachtsauftrages auf die Stellvertretung der Gewerkschaft durch den Repräsentanten anzuwenden. Zwischen dem Repräsentanten und einem Bevollmächtigten besteht der im §. 136 A. L.R. II, 6 ausgedrückte Unterschied, welcher darauf beruht, daß der Repräsentant nicht das Organ eines fremden Willens, sondern selbst Urheber der Willensäußerungen der Gewerkschaft ist, unbeschadet der Befugniß der Gewerkenversammlung, für seine Geschäftsführung maßgebende Beschlüsse zu fassen, und unbeschadet seiner Verantwortlichkeit gegenüber der Gewerkschaft, für welche nach §. 128 die Vorschriften über den Vollmachtsvertrag maßgebend sind.

## §. 129.

Die Klage gegen einen Gewerken auf Zahlung seines durch Gewerkschaftsbeschluß bestimmten Beitrages kann nicht vor Ablauf der in dem §. 115 bestimmten Präclusivfrist von vier Wochen erhoben werden. Ist innerhalb dieser Frist von dem Gewerken auf Aufhebung des Beschlusses Klage erhoben worden (§. 115), so findet vor rechtskräftiger Entscheidung über dieselbe die Klage gegen den Gewerken nicht statt[233]).

Die Klage gegen den Gewerken kann nur bei dem ordentlichen Richter angestellt werden, in dessen Bezirk das Bergwerk liegt.

Das Verfahren über beide Klagen richtet sich nach den für schleunige Sachen bestehenden Vorschriften[234]).

---

233) Diese Vorschrift bestätigt die Anmerkung zu §. 120, daß sowohl der Betrag als der Zeitpunkt der zu leistenden Beiträge durch Gewerkschaftsbeschluß bestimmt werden muß und nicht der Bestimmung des Repräsentanten überlassen werden darf, denn gegen die von dem Repräsentanten auf Grund einer generellen Ermächtigung ausgeschriebenen Beiträge würde die Klage aus §. 115 nicht erhoben werden können. Wenn also §. 129 vorschreibt, daß vor Einlegung jeder Klage auf Zahlung von Beiträgen die Präclusivfrist des §. 115 verstrichen sein muß, so wird dadurch anerkannt, daß jeder Beitrag speciell durch Gewerkenbeschluß bestimmt sein muß.

234) Strohn bemerkt in der Zeitschrift f. d. Berg-, Hütten- u. Salinenwesen Bd. 13, S. 176:

„Das letzte Alinea des §. 129 des Regierungsentwurfs verordnete:

Auf beiderlei vorstehend bezeichnete Prozesse (nämlich sowohl wenn der Gewerke gegen Gewerkschaftsbeschluß die richterliche Entscheidung anruft, als wenn der Repräsentant auf Zahlung der Beiträge klagt), finden in den Landestheilen des Allgemeinen Landrechts und des gemeinen Rechts die für schleunige und einfache Sachen, und in den Landestheilen des französischen Rechts die für summarische Sachen gegebenen Prozeßvorschriften Anwendung.

Die Commission des Herrenhauses hat dieses Alinea dahin amendirt:

Das Verfahren über beide Klagen richtet sich nach den für schleunige Sachen bestehenden Vorschriften.

In Beziehung auf das Verfahren in den Landestheilen des preußischen Rechts entsteht hiernach der Zweifel, ob für die Appellation, Revision und Nichtigkeitsbeschwerde die kurze dreitägige Frist des §. 27 des Gesetzes vom 21. Juli 1846 Platz greift, — derselbe Zweifel, welcher in Beziehung auf die Concursordnung vom 8. Mai 1855, in der an mehreren Stellen, z. B. in den §§. 124, 195, 330, von der Verhandlung der Sache im schleunigen Prozesse geredet wird, sich herausgestellt hat. (Vergl. Striethorst's Archiv Bd. 27, S. 300.) Dafür läßt sich geltend machen, daß in den Motiven zu §. 131 (Brassert's Zeitschrift, Jahrgang 6, S. 162) auf den citirten §. 27 verwiesen ist. Indessen kann diesem Allegat allein kein entscheidendes Gewicht beigelegt werden, zumal da die Commission des Herrenhauses dem fraglichen Alinea, wie erwähnt, eine andere Fassung gegeben, und die Commission des Abgeordnetenhauses in ihrem Bericht ohne Wider-

§. 130.

Der Gewerke kann seine Verurtheilung und die Exekution dadurch abwenden daß er unter Ueberreichung des Kuxscheins den Verkauf seines Antheils behufs Befriedigung der Gewerkschaft anheimstellt[235]).

§. 131

Der Verkauf des Antheils erfolgt im Wege der Mobiliarversteigerung nach Vorschrift des §. 109.

Aus dem gelösten Kaufpreise werden zunächst die Verkaufskosten und sodann die schuldigen Beiträge gezahlt[236]).

---

spruch der Regierungscommissarien darauf aufmerksam gemacht hat, daß das im §. 27 der Verordnung vom 21. Juli 1846 für gewisse specielle Prozeßarten vorgeschriebene Verfahren nicht zur Anwendung komme. (Brassert's Zeitschrift a. a. O. S. 334.) Auch bilden die erwähnten kurzen Fristen eine Ausnahme von der sechs- und zehnwöchentlichen Frist, gegen welche Annahme die Vermuthung streitet.

Bis dahin, daß der höchste Gerichtshof über diese Frage judicando entschieden hat, wird es jedoch zweckmäßig sein, beide Fristen zu wahren, indem nicht bloß die erwähnten Rechtsmittel binnen sechs Wochen beim ersten Richter angemeldet und binnen zehn Wochen beim erkennenden Richter gerechtfertigt werden, sondern auch Beides binnen drei Tagen beim ersten Richter geschieht.

In Beziehung auf die Landestheile des gemeinen Rechts kann der fragliche Zweifel gar nicht erhoben werden, da der §. 77 der Verordnung vom 21. Juli 1849 nur von Wechselsachen redet, und die Motive nicht bloß lediglich die §§. 37 und 38 in Bezug nehmen, sondern auch die Commission des Abgeordnetenhauses den citirten §. 77 ausdrücklich für ausgeschlossen erklärt hat. (Brassert's Zeitschrift a. a. O. S. 162 u. 334.)

Das französische Recht hat für die summarischen Sachen keine abweichenden Fristen der Rechtsmittel."

235) Hat der Gewerke den Kuxschein verpfändet oder sich sonst desselben begeben oder hat er denselben veräußert, ohne die sofortige Umschreibung im Gewerkenbuche zu veranlassen (§. 107), so bleibt er für die eingeklagten Beiträge persönlich und mit seinem ganzen Vermögen verhaftet.

236) In der Regierungsvorlage schloß sich dem Alinea 2 folgender Satz an

> Der Rest gebührt den etwaigen Gläubigern und nur was nach Befriedigung derselben übrig bleibt kann der Gewerke in Anspruch nehmen.

Durch diesen Satz, welchen die Commission des Herrenhauses als selbstverständlich gestrichen hat wurde außer Zweifel gestellt daß den rückständigen Beiträgen ein Vorrecht vor allen andern Forderungen zusteht, auch solchen, für welche ein Pfandrecht oder ein Titel zum Pfandrecht an dem verkauften Antheile erworben ist. Obgleich nun dieser Satz in das Allg. Berggesetz nicht übergegangen ist, so kann doch nach dem zu §. 109 Gesagten kein Zweifel darüber bestehen, daß das Gesetz den rückständigen Beiträgen dieses Vorrecht beigelegt hat. Ein solcher Zweifel ist auch bisher nicht laut geworden. Nur darüber besteht eine Meinungsverschiedenheit ob dasselbe Vorrecht der Beiträge auch gegenüber den Hypotheken an Kuxen

Ist der Antheil unverkäuflich, so wird derselbe den anderen Gewerken nach Verhältniß ihrer Antheile in ganzen Kuxen[236a]),

---

des alten Rechtes besteht. Allein auch diese Frage muß bejaht werden, wie Strohn (a. a. O. S. 174) im Anschlusse an die oben (Anm. 199) mitgetheilte Ausführung überzeugend im Folgenden nachgewiesen hat:

„Nach dem §. 226 kommen die sämmtlichen Bestimmungen des IV. Titels auch bei den bestehenden rechtsrheinischen Bergwerken zur Anwendung, insofern sie nicht in den folgenden §§. 227 — 229 ausgenommen sind; zu diesen ausgenommenen Paragraphen gehören aber die oben erörterten §§. 99, 107, 130 und 131 nicht.

Freilich spricht der §. 107 von Beiträgen, deren Erhebung beschlossen ist, bevor die Umschreibung im Gewerkenbuche beantragt ist, und werden die nicht mobilisirten Kuxe nicht in das Gewerkenbuch eingetragen; der §. 131 verordnet ferner den Verkauf des Antheils im Wege der Mobiliarversteigerung nach Vorschrift des §. 109, eine Mobiliarversteigerung erscheint aber bei der Immobiliarqualität der nicht mobilisirten Kuxe ebensowenig zulässig, als die in demselben Paragraphen für den Fall der Unverkäuflichkeit verordnete Zuschreibung im Gewerkenbuche, da, wie erwähnt, Letzteres nur für die mobilisirten Kuxe bestimmt ist. Diese Bedenken sind indessen in den §§. 232 und 234 vorgesehen und im Voraus erledigt, indem dieselben an die Stelle der beantragten Umschreibung der Kuxe im Gewerkenbuche (§. 107) als Zeitpunkt des Uebergangs der Zubuße die Veräußerung der Kuxe und an die Stelle der Mobiliarversteigerung und der Zuschreibung im Gewerkenbuche (§. 131) die nothwendige Subhastation und die Zuschreibung im Hypothekenbuche gesetzt haben. Die §§. 232 und 234 liefern sonach einen ferneren Beweis für die Richtigkeit der aufgestellten Behauptung. Daß aber nach §. 234 der Verkauf im Wege der Subhastation erfolgen soll, regelt augenscheinlich nur das bei dem Verkaufe eintretende Verfahren, hat aber auf die Beantwortung der Frage, ob den Rückständen ein Vorrecht vor den Hypothekenforderungen zustehe und wie die Kaufgelder zu vertheilen seien, nicht den mindesten Einfluß. Andernfalls würde der §. 234 nicht bloß mit den erwähnten §§. 226 und 227, nach welchen der §. 131 auf die bestehenden Gewerkschaften Anwendung leidet, sondern auch mit sich selbst in Widerspruch treten, indem er mit den Worten:

„In den Fällen der §§. 130 — 132 erfolgt der Verkauf des Antheils im Wege der nothwendigen Subhastation“,

die Anwendbarkeit des §. 131 auf nicht mobilisirte Kuxe setzen, gleichzeitig aber durch die Worte:

„Im Wege der nothwendigen Subhastation“

ausschließen würde.

Hiernach erscheint auch die Bestimmung des §. 230:

Die einzelnen Gewerken können ihre Kuxe zur Hypothek stellen,

sowie die des §. 231:

Bei der Veräußerung und Verpfändung von Kuxen kommen die für Grundstücke gegebenen Bestimmungen zur Anwendung,

in Ansehung der vorliegenden Frage ohne alle Erheblichkeit, indem die Befugniß der Gewerken, ihre Kuxe zur Hypothek zu stellen, und die Art und Weise der Veräußerung und Verpfändung mit dem Vorzugsrecht der rückständigen Beiträge vor den eingetragenen Hypotheken nichts gemein haben.

Wie einerseits das Privilegium der Zubuße sich wohl rechtfertigen läßt, weil

soweit dies aber nicht möglich ist, der Gewerkschaft als solcher im Gewerkenbuche lastenfrei zugeschrieben [237]).

präsumtiv die Grubenschulden, zu deren Tilgung die Beiträge nothwendig, zum Nutzen des Bergwerks und somit auch der einzelnen zur Hypothek gestellten Antheile desselben verwandt sind, so würde andererseits in Ermangelung des in Rede stehenden Vorrechts der insolvente Gewerke durch Verhypothecirung seiner Kuxe im Stande sein, zum Nachtheil der übrigen Gewerken sich der Berichtigung der ihm obliegenden Beiträge zu entziehen; in Ermangelung einer die Rangordnung nach dem Tage der Ausschreibung der Beiträge und der Eintragung der Hypotheken regelnden Bestimmung könnte die Zubuße stets erst nach Befriedigung der Hypothekengläubiger zur Hebung gelangen.

Die Hypothekengläubiger sind auch keineswegs durch die in Rede stehende Bestimmung nachtheiliger gestellt, als dies bisher nach dem Allgemeinen Landrechte der Fall war, indem die Caducirung, welche in Gemäßheit der §§. 274 u. ff. II, 16 wegen der rückständigen Zubuße eintrat, nicht bloß den Gewerken seiner Kuxe verlustig machte, sondern auch den Untergang der Hypothekenrechte zur Folge hatte. (§§. 289 u. 331 a. a. O.)"

Uebrigens ergibt sich das Vorrecht der ausgeschriebenen Beiträge vor den Hypotheken an den Kuxen des alten Rechtes auch mit Nothwendigkeit daraus, daß ohne dieses Vorrecht jeder Gewerke sich in der Lage befinden würde, der Gewerkschaft das Object der Befriedigung dadurch zu entziehen, daß er den Antheil zu seinem vollen Werthe mit Hypotheken belastet. Er würde sich dann der Verurtheilung und Execution in Bezug auf die rückständigen Beiträge nach §§. 130 u. 234 dadurch entziehen können, daß er den Verkauf seines Antheils im Wege der nothwendigen Subhastation anheim stellt. Die Gewerkschaft aber würde sich nicht in der Lage befinden, von diesem Anheimstellen Gebrauch zu machen, weil sie aus der Subhastation des überschuldeten Antheiles ihre Befriedigung nicht zu erwarten hätte und folglich von dem Subhastationsverfahren nutzlose Kosten und außerdem nach §. 107 den gänzlichen Verlust ihrer Beitragsforderung zu besorgen haben würde.

236 a) Die Vertheilung der heimgefallenen Kuxe unter den Gewerken nach Verhältniß der Antheile ist nur in dem Falle möglich, wenn die sämmtlichen nicht heimgefallenen Antheile einen gemeinschaftlichen Divisor haben und die Summe der Quotienten der Zahl der heimgefallenen Kuxe gleich oder darin enthalten ist, wie in folgenden Beispielen:

1. A. (heimgefallen) 10 Kuxe; B 36, C 45, D 9 Kuxe — gemeinschaftlicher Divisor: 9 — Summe der Quotienten: 10.
2. A. (heimgefallen) 20 Kuxe; B. 32, C 48 Kuxe — gemeinschaftlicher Divisor: 16 — Summe der Quotienten: 5.

Eine Vertheilung nach einem abweichenden Verhältnisse kann nur mit Zustimmung sämmtlicher Gewerken stattfinden, da nicht durch Mehrheitsbeschluß über das Anrecht des Einzelnen verfügt werden kann.

237) Hierdurch tritt eine Verminderung der gesetzlich bestimmten Kuxzahl um ebensoviele Kuxe ein, als der Gewerkschaft zugeschrieben werden. Die zur Beschlußfähigkeit erforderliche Mehrheit der Kuxe (§. 113) beträgt also nicht mehr 51 Kuxe, sondern: $\frac{100 - x}{2} + 1$ Kuxe, wobei x die Zahl der für die Gewerkschaft eingetragenen Kuxe bedeutet. Dasselbe gilt von der Berufung einer Gewer-

§. 132.

Jeder Gewerke ist befugt, auf seinen Antheil freiwillig zu verzichten, wenn auf dem Antheile weder schuldige Beiträge noch sonstige Schuldverbindlichkeiten haften, oder die ausdrückliche Einwilligung der Gläubiger beigebracht wird, und außerdem die Rückgabe des Kurscheins an die Gewerkschaft erfolgt.

Der Antheil soll alsdann, sofern die Gewerkschaft nicht anderweitig über denselben verfügt, durch den Repräsentanten zu Gunsten der Gewerkschaft verkauft werden.

Ist der Antheil unverkäuflich, so findet die für diesen Fall im §. 131 getroffene Bestimmung Anwendung.

§. 133.

Die Bestimmungen der §§. 94 bis 132 kommen nicht zur Anwendung, wenn die Rechtsverhältnisse der Mitbetheiligten eines Bergwerks durch Vertrag [238]) oder sonstige Willenserklärung [239])

---

kenversammlung auf Antrag der Eigenthümer von einem Viertheil aller Kuxe (§. 122) und von der zur Beschlußfassung über die im §. 114 bezeichneten Gegenstände erforderlichen Mehrheit von drei Viertheilen aller Kuxe.

Handgreiflich falsch wäre die Annahme, daß für die auf den Namen der Gewerkschaft eingetragenen Antheile der Repräsentant in der Gewerkenversammlung die Stimme führe.

238) Durch Vertrag können die Mitbetheiligten eines Bergwerks jede nach den Grundsätzen des Civilrechts zulässige Form der Gemeinschaft eingehen, insbesondere auch die des Miteigenthums (A. L.R. Th. I, Tit. 17. Code Napoléon Artt. 1841 ff.). Wenn mit dem Bergwerksbetriebe zugleich Handlungsgeschäfte verbunden werden, so können auch die verschiedenen Formen der Handelsgesellschaft eingegangen werden.

In allen diesen Fällen kann das Bergwerk nicht bloß als Ganzes, sondern auch zu ideellen Theilen mit Hypotheken und dinglichen Lasten beschwert werden, denn das Verbot des §. 98 hat die Existenz einer Gewerkschaft zur Voraussetzung. Eine solche partielle hypothekarische Belastung äußert, wenn das unter den Mitbetheiligten bestandene Vertragsverhältniß sein Ende erreicht, dieselbe Wirkung wie in den oben (Anm. 183) gedachten Fällen. Nehmen wir an, A und B seien durch Gesellschaftsvertrag Miteigenthümer eines Bergwerks; jeder habe seinen Antheil verpfändet, der des A gelange jedoch zur nothwendigen Subhastation und werde dem C adjudicirt. Hier schließt die hypothekarische Belastung der Hälfte des A das gewerkschaftliche Rechtsverhältniß aus, bei welchem nach §§. 97, 98 das Bergwerk auf den Namen der Gewerkschaft eingetragen wird und nur von der Gewerkschaft und als Ganzes mit Hypotheken belastet werden kann. Da auch ein Vertrag zwischen A und C nicht besteht, so muß angenommen werden, daß „eine anderweitige Regelung durch sonstige Willenserklärung“ vorliegt, daß nämlich die Hypothekenbestellung des A auch nach Aufhebung des Gesellschaftsvertrages die Kraft behält, das gewerkschaftliche Rechtsverhältniß auszuschließen. Es tritt demnach ein Verhältniß der zufälligen Gemeinschaft nach den Regeln des Miteigenthums ein.

239) Namentlich durch Testament.

anderweitig geregelt sind. Ein solches Rechtsgeschäft bedarf zu seiner Gültigkeit der notariellen oder gerichtlichen Form. Die Urkunde über dasselbe ist der Bergbehörde einzureichen [240]).

Mitbetheiligte eines Bergwerks im Sinne des §. 94 sind nicht die Theilhaber an einer ungetheilten Erbschaft oder an einer sonstigen gemeinschaftlichen Masse [241]), zu welcher ein Bergwerk gehört.

§. 134.

In den Fällen des §. 133 muß, wenn die Mitbetheiligten eines Bergwerks nicht eine Gesellschaft bilden, deren Vertretung durch die allgemeinen Gesetze geordnet ist [242]), ein im Inlande wohnender Repräsentant bestellt und der Bergbehörde namhaft gemacht werden, widrigenfalls letztere nach §. 127 zu verfahren befugt ist.

Dasselbe gilt, wenn der Alleineigenthümer eines Bergwerks im Auslande wohnt.

Dieser Repräsentant hat diejenigen Geschäfte zu besorgen, welche im §. 124 als solche bezeichnet sind, die dem Repräsentanten oder Grubenvorstande einer Gewerkschaft niemals entzogen werden dürfen. Eine Abänderung ist auch hier unzulässig.

---

240) Wird die Urkunde nicht in der gehörigen Form beigebracht, so behandelt die Bergbehörde die Mitbetheiligten als eine Gewerkschaft.

241) Die hieher gehörigen Fälle sind außer der ungetheilten Erbschaft: die eheliche Gütergemeinschaft und die Concursmasse.

242) Bei den Actiengesellschaften, auf welche sich diese Bestimmung nach den Motiven der Regierungsvorlage zunächst beziehen soll, ist die Vertretung zwar nicht durch die allgemeinen Gesetze geordnet, sondern die Bestellung und Zusammensetzung des Vorstandes wird durch das Statut geregelt (Allg. Handelsgesetzbuch Ar. 209). Es ist indeß nicht zweifelhaft, daß nach der Absicht des Gesetzgebers der durch das Statut der Actiengesellschaft berufene Vorstand von Rechts wegen auch die Stelle des Repräsentanten in Bezug auf ihre Bergwerke vertritt.

# Fünfter Titel.

# Von den Rechtsverhältnissen zwischen den Bergbautreibenden und den Grundbesitzern[243]).

## Erster Abschnitt.

## Von der Grundabtretung.

### §. 135.

Ist für den Betrieb des Bergbaues und zwar zu den Gruben=

243) Das Bergwerkseigenthum enthält das Recht zur Gewinnung der verliehenen Mineralien in dem verliehenen Felde. Das Grundeigenthum dagegen enthält die totale und ausschließliche Herrschaft über das Grundstück. Es umfaßt alle erdenklichen Befugnisse, die an demselben ausgeübt werden können. Aus dieser Totalität der Herrschaft des Grundeigenthümers und aus dem Zusammentreffen der räumlichen Grenzen des Grundeigenthums mit denjenigen des Bergwerkseigenthums entsteht eine Collision beider Rechte. Es ist unmöglich, daß in demselben Raume zwei Personen ausschließlich befugt seien, die eine alle erdenkliche, die andere bestimmte Befugnisse auszuüben. Diese Collision bewirkt zunächst eine Beschränkung der Rechte des Grundeigenthümers, indem diejenigen Befugnisse, welche dem Bergwerkseigenthümer ausschließlich zustehen, also die Verfügung über die verliehenen Mineralien, seinem Rechte entzogen sind. Allein durch diese gesetzliche Beschränkung des Grundeigenthums wird die Collision beider Rechte nicht gehoben. Die Gewinnung der Mineralien ist der Natur der Sache nach nicht möglich, ohne eine Einwirkung auf die Oberfläche des Grundstückes und auf die darin neben den verliehenen Lagerstätten enthaltenen Substanztheile. Die Einwirkung muß also dem Bergwerkseigenthümer ebenfalls zustehen, so weit sie zur Ausübung seines Rechtes nothwendig ist. Und dieser Erweiterung seiner Befugnisse kann nicht eine gleiche generelle Einschränkung des Grundeigenthümers gegenüber stehen. Der letztere muß vielmehr neben dem Bergwerkseigenthümer berechtigt bleiben, auf die Oberfläche und auf die Substanztheile seines Grundstückes außer den verliehenen Lagerstätten beliebig einzuwirken, wenn nicht sein Recht vollständig aufgehoben werden soll. Hier entsteht also, indem an derselben Sache concurrirende Befugnisse von zwei Berechtigten ausgeübt werden, eine wahre Collision beider Rechte.

Das Allg. Berggesetz regelt diese Concurrenz so, daß der Bergwerkseigenthümer vorzugsweise und mit Ausschließung des Grundeigenthümers zu jeder Einwirkung auf das Grundstück befugt ist, welche zur Gewinnung der verliehenen Mineralien nothwendig wird, wogegen er verpflichtet ist, den Grundeigenthümer für jede solche Einwirkung, welche sich über die Grenzen der verliehenen Lagerstätten erstreckt, schadlos zu halten.

Diese Regel erhält jedoch eine verschiedene Anwendung, je nachdem der Bergwerksbesitzer die Oberfläche des Grundstücks zu seinen Anlagen benutzt, folglich den Grundeigenthümer von der Benutzung des Bodens gänzlich ausschließt, oder

bauen selbst, zu Halden-, Ablade- und Niederlageplätzen, Wegen,

---

nur durch seine unterirdischen Anlagen das Grundstück beschädigt und die Nutzung desselben schmälert. In dem ersten Falle bedarf der Bergwerksbesitzer eines besondern Rechtstitels zur Benutzung des Grundstücks. Er erlangt denselben, indem er die zeitweise oder dauernde Abtretung des Grundstücks zum Bergwerksbetriebe fordert. Bei den unterirdischen Anlagen dagegen bedarf er keiner Autorisation weder seitens des Grundbesitzers noch seitens der Behörde. Er ist nur verpflichtet, den Grundbesitzer für die Beschädigungen, welche das Grundstück durch den unterirdischen Bergbau erleidet, schadlos zu halten. Von dem ersten Falle — der Grundabtretung — handelt der erste Abschnitt, von dem zweiten — der Grundentschädigung — der zweite Abschnitt dieses Titels, während der dritte Abschnitt die nur äußerlich angeschlossenen Bestimmungen über das Verhältniß des Bergbaues zu den öffentlichen Verkehrsanstalten enthält.

Außer den gegenseitigen Verpflichtungen der Grundabtretung und der Grundentschädigung bestanden nach dem früheren Rechte noch andere Rechtsverhältnisse zwischen dem Grundbesitzer und dem Bergwerksbesitzer, welche in den verschiedenen Rechtsgebieten verschieden gestaltet, im Allgemeinen doch auf eine Theilnahme des Grundbesitzers an den Nutzungen des Bergbaues hinausliefen. Die rechtliche Grundlage dieser aufgehobenen Rechte des Grundeigenthümers war in den drei früheren Rechtsgebieten eine wesentlich verschiedene. Im Gebiete des gemeinen Bergrechtes wurde dem Grundbesitzer eine Theilnahme an den Nutzungen des Bergbaues in der Form des Grundkuxes nur statt der Grundentschädigung gewährt. Es war ihm entweder die Wahl zwischen der Geldentschädigung und dem Grundkuxe gelassen, zu welcher der Grundbesitzer nach erfolgter Verleihung durch den Lehenträger aufgefordert wurde, oder die Geldentschädigung war unbedingt ausgeschlossen und der Grundkux vertrat die Stelle jeder anderen Grundentschädigung. Der Grund- oder Erbkux wurde in beiden Fällen entweder in der Gestalt von vier Mitbaukuxen oder von einem Freikux gewährt.

Diese Regeln entsprangen aus der in den Zeiten der älteren Bergordnungen allgemein herrschenden Naturalwirthschaft. Im deutschen Mittelalter und bis in das achtzehnte Jahrhundert hinein beruhte das ganze System der Volkswirthschaft wesentlich auf einer Naturalausgleichung der zur Erzeugung der Werthe zusammenwirkenden Vermögens- und Arbeitskräfte. Der Gebrauch des Geldes war fast ausschließlich auf den Austausch der letzten fertigen Producte beschränkt. Die Dienstmiethe wurde regelmäßig in Bodennutzungen gewährt, die Grundpacht in Diensten und Bodenerzeugnissen geleistet. So wie nun beim Landbau nach den Regeln der Naturalwissenschaft der Gewinnantheil der verschieden zusammenwirkenden Capital- und Arbeitskräfte sich in Antheilen an dem Ertrage darstellte, ohne daß eine Zwischenausgleichung durch Arbeitslohn oder Pacht stattfand, so wurden auch beim Bergbau die mitwirkenden Leistungen des Grund- und Forstbesitzers in den Grund- und Holzkuxen, des Hüttenbesitzers in dem Hüttenzinse und des Münzinhabers in dem Schlagschatze durch aliquote Theile des Ertrages abgegolten, so daß eine Geldleistung kaum anders stattfand, als in dem aus den geförderten Erzen geschmolzenen und gemünzten Silber. In der ältesten Zeit des Bergbaues ist daher die Naturalentschädigung des Grundeigenthümers durch den Grundkux die allgemeine Regel.

Im vorigen Jahrhundert begann jedoch der Bergbau aus den gebirgigen

Eisenbahnen [244]), Canälen, Maschinenanlagen, Wasserläufen, Tei-

---

Erzdistrikten in die fruchtbaren Niederungen der Steinkohlenbecken herabzusteigen. Die steigende Bodenrente ließ die in dem älteren Rechte vorgesehene Naturalausgleichung durch den Ertrag der Grundkuxe ungenügend erscheinen. Mit der zunehmenden Parcellirung des Grund und Bodens und mit der Vergrößerung der Grubenfelder wuchs die Zahl der Fälle, in welchen andere Grundbesitzer als der mit dem Grundkux bedachte Besitzer des Fundgrubenareals von Beschädigungen durch den Bergbau betroffen wurden. Das Preußische Bergrecht nahm deshalb die Geldentschädigung des Grundbesitzers als Regel an. Die beiden Freikuxe des Grundbesitzers wurden jedoch beibehalten und zwar unbeschadet der dem Letztern zu gewährenden Geldentschädigung, so daß die Grundkuxe, ihrer eigentlichen Bedeutung entfremdet, den Charakter einer bloßen Reallast auf dem Bergwerkseigenthum annahmen. Nur bei den Steinkohlengruben im Gebiete der Kleve-Märkischen Bergordnung blieb eine Naturalausgleichung der Grundschäden in der Form der Tradde bestehen, welche der Besitzer des Förderschacht-Areals statt der Geldentschädigung wählen konnte. (Kleve-Märk. B.-O. Cap. XXX §. 3. Declaration vom 13. Septbr. 1776.)

Das linksrheinische Grundrecht ist von neuerem Ursprunge. Es verdankt seine Entstehung dem Berggesetze vom 21. April 1810 und dem Bestreben des Gesetzgebers, zwischen den beiden entgegengesetzten Systemen, zwischen der Bergbaufreiheit und dem Rechte des Grundeigenthümers an den bergmännisch zu gewinnenden Mineralien zu vermitteln. Obgleich das Gesetz vom 21. April 1810 die Bergbaufreiheit, d. h. die Unabhängigkeit des Rechtes zum Bergbau von dem Eigenthume am Grund und Boden, im vollsten Umfange anerkannte, so hielt dasselbe doch an der Fiction eines dem Grundbesitzer zustehenden Eigenthumsrechtes an den unverliehenen Lagerstätten fest, indem es die Regel des Art. 552 des bürgerlichen Gesetzbuches auch auf diese Lagerstätten, die Gegenstände des Bergwerkseigenthumes übertrug Um aber diese Fiction eines Eigenthumsrechtes zu retten und doch die Unabhängigkeit des Bergwerkseigenthumes aufrecht zu erhalten, mußte der Schein einer Expropriation zu Hülfe genommen werden. Das Berggesetz bestimmte daher in den Artt. 6, 17 u. 42, daß der Concessionsact das Eigenthumsrecht des Grundbesitzers an den verliehenen Mineralien gegen eine durch den Concessionsact festgesetzte Entschädigung aufhebt. Diese Entschädigung wird im Art. 6 als eine Theilnahme an dem Ertrage, im Art. 42 aber als eine bestimmte Summe charakterisirt. Es ist jedoch aus den Berathungen über das Berggesetz bekannt, daß der Gesetzgeber unter dem Grundrechte eine feste jährliche Rente verstand. Diese Rente wurde durch ein contradictorisches Verfahren zwischen dem Concessionssucher und den Grundbesitzern festgestellt, indem Ersterer in dem Concessionsgesuche einen gewissen Betrag des für jeden Morgen des Grubenfeldes zu zahlenden Grundrechtes anbot, Letztere aber ihre Einwendungen gegen die Höhe des offerirten Betrages im Wege der Opposition anbringen mußten, über welche demnächst durch den Concessionsact entschieden wurde.

Neben diesen verschiedenen Arten der immerwährenden Leistungen, welche das frühere Recht in den drei Rechtsgebieten dem Bergwerksbesitzer zu Gunsten des Grundeigenthümers auferlegte, gewährte das schlesische Provinzialrecht endlich dem Grundeigenthümer noch das Recht des Mitbaues zur Hälfte, vermöge dessen er an dem von dem Muther erworbenen Bergwerkseigenthume als Miteigenthümer zur Hälfte theilzunehmen berechtigt war.

chen, Hülfsbauen, Zechenhäusern, und anderen für Betriebszwecke bestimmten Tagegebäuden, Anlagen und Vorrichtungen[245]), zu

Diese Rechtsverhältnisse dinglicher Natur sind durch die §§. 224, 225 und 245 sämmtlich aufgehoben. Sie bestehen jedoch an denjenigen Bergwerken fort, an welchen sie vor dem 1. October 1865 erworben sind. Der Grundkux und das linksrheinische Grundrecht findet bei allen vor diesem Zeitpunkte verliehenen oder concessionirten Bergwerken statt, weil beide Rechte mit der Verleihung oder Concession des Bergwerks erworben wurden. In Bezug auf das Mitbaurecht gibt §. 225 die Regel an. In Bezug auf die Tradde endlich entscheidet der Tag, an welchem mit der Anlage des Förderschachtes begonnen ist.

244) Eine landesherrliche Concession nach den Vorschriften des Eisenbahngesetzes vom 3. November 1838 ist zu solchen Bergwerkseisenbahnen — vorausgesetzt, daß sie nicht zugleich dem öffentlichen Verkehre dienen sollen — nicht erforderlich. Dagegen unterliegt der Locomotivbetrieb der polizeilichen Genehmigung nach Vorschrift des Gesetzes vom 1. Juli 1861, §§. 1, 12 (oben S. 174).

245) Es ist die Frage aufgeworfen, ob die Grundabtretung zur Anlage von Wegen, Eisenbahnen und Canälen nur soweit verlangt werden kann, als diese Anlagen zur Gewinnung der Mineralien erforderlich sind, oder auch soweit dieselben nur den Absatz der Bergwerksproducte vermitteln sollen. Für die eingeschränktere Auslegung ist geltend gemacht worden, daß §. 64, welcher den allgemeinen Grundsatz der Grundabtretung zu bergbaulichen Zwecken ausspricht, zur Erläuterung desselben nur die §§. 54—60 allegirt, in denen nur von der Gewinnung und Aufbereitung der Mineralien die Rede ist. Der §. 64 verweist aber ferner auf die näheren Vorschriften des fünften Titels, und im §. 135 sind die Wege, Eisenbahnen und Canäle ohne eine andere Einschränkung als der Nothwendigkeit für den Betrieb des Bergbaues genannt. Daß nun zum Betriebe des Bergbaues nicht bloß die Gewinnung, sondern auch der Absatz der Mineralien gehört, bedarf nicht des Beweises. Noch bestimmter wird aber die Unrichtigkeit der einschränkenden Interpretation durch den früheren Rechtszustand widerlegt, welchen der Gesetzgeber im §. 135 nur genauer präcisiren, nicht abändern wollte.

Das frühere rechtsrheinische Bergrecht unterschied im §. 109 A. L.R. II, 16 und in der Declaration vom 27. October 1804 zwischen den zu dem Bergwerk selbst gehörigen Anlagen, welche die Gewinnung der Mineralien zum Zweck haben, und solchen Anlagen, welche zur Erleichterung des Absatzes mit dem Bergwerke verbunden sind. Es legte dem Grundbesitzer für den ersten Fall die unbedingte Verpflichtung zur Abtretung auf, für den zweiten Fall dagegen nur eine relative Verpflichtung, falls nämlich ihm nicht ein überwiegendes Interesse zur Seite steht. Auch das Verfahren war für beide Fälle verschieden geordnet, indem für den ersten Fall die Entscheidung der Bergbehörde allein, für den zweiten Fall dagegen in Gemeinschaft mit der Bezirksregierung übertragen war.

Diese Unterscheidung der zum Bergwerke selbst gehörigen und der zum Zwecke des Absatzes der Producte damit verbundenen Anlagen, welche auch das belgische Berggesetz vom 2. Mai 1837 gemacht hat, ist durchaus berechtigt. Bei den eigentlichen Bergwerksanlagen, wohin auch die Hülfsbaue, Maschinenanlagen und Halden, sowie die Verbindungswege zwischen diesen Anlagen und der nächsten öffentlichen Straße zu rechnen sind, bewegt sich der Bergwerksbesitzer lediglich in der Ausübung seines Eigenthumsrechtes durch Gewinnnng der Mineralien, welche

den im §. 58 bezeichneten Aufbereitungsanstalten[246]), sowie zu

eine entsprechende Einschränkung des Grundeigenthums nothwendig zur Folge haben muß. Bei den Anlagen dagegen, welche den weiteren Absatz der gewonnenen Producte erleichtern sollen, welche also entweder den Transport oder die weitere Verarbeitung der Mineralien bezwecken (Eisenbahnen, Kunststraßen und Canäle, Poch-, Wasch- und Hüttenwerke), ist die Grundabtretung nicht durch das Recht, sondern nur durch das Interesse des Bergwerkseigenthümers bedingt, dessen Beförderung die Rücksicht für das öffentliche Wohl gebietet. In dem ersten Falle tritt also die Grundabtretung unter den Gesichtspunkt der nothwendigen Servitut; in dem zweiten fällt sie unter den Begriff der Expropriation. Man hat indeß bei der Berathung des Allg. Berggesetzes ausdrücklich davon Abstand genommen, die aus dieser Unterscheidung folgende Verschiedenheit, welche das frühere Recht sowohl in Bezug auf das Verfahren, als in Bezug auf die materielle Beurtheilung beider Fälle der Grundabtretung statuirte, beizubehalten.

Der Commissionsbericht des Hauses der Abgeordneten bemerkt hierüber:

„Es konnte sich hierbei fragen, ob nicht nach Vorgang des Belgischen Bergwerksgesetzes vom 2. Mai 1837 zwischen den zum Betriebe des Bergwerks gehörigen Anlagen, und den Anlagen, welche die Verarbeitung und den Absatz der Producte bezwecken, ein Unterschied zu machen sei, und ob es etwa zweckmäßig sei, in Betreff der Expropriation für Anlagen der letzteren Gattung die Genehmigung generell durch das Gesetz zu ertheilen, oder ob, wie es das Belgische Gesetz thut, deren Nachsuchung für jeden einzelnen Fall vorzubehalten sei.

Die Commission verkannte nicht, daß vom rein juristischen Standpunkte aus das Expropriationsrecht bezüglich der ersteren Betriebszwecke sich als unmittelbare Ausübung des Bergwerks-Eigenthumsrechtes charakterisirt, was für die letztere Kategorie der Aufbereitungsanstalten und Absatzanlagen nicht anzuerkennen ist. Die mit dem Grundeigenthum entstehende Collision ist in dem ersten Falle, wie Klostermann in seinen Bemerkungen zum vorlaufigen Entwurf des Berggesetzes S. 107 treffend hervorhebt, eine Collision der Rechte, in dem zweiten Falle eine Collision der Interessen. Allein darüber war man allerseits einverstanden, und es entspricht nach der Ansicht der Commission vollständig der Natur der vorliegenden Verhältnisse und wirthschaftlichen Anforderungen, daß dem Bergbautreibenden die Möglichkeit nicht versagt sein darf, die Grundabtretung auch für Anlagen dieser zweiten Kategorie zu verlangen, sofern nur durch ein zweckmäßiges Verfahren sowohl dem öffentlichen Interesse des Staates, als dem Interesse des Grundeigenthümers Gelegenheit gegeben ist, sich geltend zu machen. Das in den weiter folgenden §§. 142 u. f. des Entwurfes vorgeschlagene Expropriationsverfahren entspricht diesem Postulate, und es war daher gegen die Bestimmung des §. 135 nichts zu erinnern."

Für das frühere linksrheinische Bergrecht ist durch ein Urtheil des Appellhofes zu Köln vom 30. Juli 1841 (Archiv f. d. Civil- und Crim.-Recht d. Rheinprovinzen Bd. 31, 1, S. 241) anerkannt, daß der Bergwerksbesitzer berechtigt ist, nicht nur für Betriebsanlagen, sondern auch für Abfuhrwege die Grundabtretung zu fordern. Endlich ist im Anschlusse an die frühere Jurisprudenz beider Rechtsgebiete und an die Materialien des §. 135 durch den gemeinschaftlichen Erlaß

Soolleitungen und Soolbehältern die Benutzung eines fremden Grundstücks [247]) nothwendig [248]), so muß der Grundbesitzer, er

des Handelsministers und des Ministers für die landwirthschaftlichen Angelegenheiten vom 28. Februar 1866 bestimmt, daß die Vorschrift des §. 135 sich auch auf solche Bergwerkseisenbahnen erstreckt, die dazu bestimmt sind, den Förderpunkt des Bergwerkes an eine öffentliche Eisenbahn anzuschließen und den Absatz der gewonnenen Bergwerksproducte auf der letztern zu ermöglichen.

246) Die Grundabtretung kann nur für die zur Aufbereitung der eigenen Producte bestimmten Anstalten verlangt werden. Zur Anlage von Hüttenwerken findet die Grundabtretung nicht mehr statt. Die Grenze zwischen den Aufbereitungsanstalten und den Hüttenwerken wird nach der Praxis der Verwaltungsbehörden dadurch bestimmt, daß auf den Aufbereitungsanstalten eine bloß mechanische Veränderung der Bergwerksproducte vorgenommen wird, während alle chemischen Processe zum Hüttenbetriebe gerechnet werden. Zu den Aufbereitungsanstalten gehören daher nicht Röstöfen, ferner nicht die im Gesetze vom 1. Juli 1861 im §. 1 erwähnten Theerschwelereien und Kocksöfen.

247) Darunter sind auch Privatflüsse begriffen. Ist also zur Anlage eines Canals die Benutzung eines Wasserlaufes nothwendig, so kann derselbe expropriirt werden. Ebenso kann im Wege des Grundabtretungsverfahrens die Benutzung eines Wasserlaufes zur Abführung der Grubenwasser, also die Gestattung der Vorfluth auch für das künstlich gehobene Grubenwasser verlangt werden; in diesen Fällen sind nach §. 99 des Allg. Landr. Th. I, Tit. 8 alle Adjacenten des Privatflusses unterhalb der beabsichtigten Anlage als Provocaten zuzuziehen.

Endlich kann auch eine Verlegung des Wasserlaufes zum Bergwerksbetriebe nothwendig werden, und in diesem Falle richtet sich das Verfahren sowohl gegen die Adjacenten des trocken zu legenden Flußbettes, als gegen die Eigenthümer des Areals, in welchem das künstliche Bette gegraben werden soll

248) Die Nothwendigkeit der Benutzung ist dargethan, wenn nachgewiesen ist, daß der abzutretende Grund und Boden zu der beabsichtigten Anlage nothwendig ist. Auf die Nothwendigkeit der Anlage selbst kommt es an und für sich nicht an. Erst wenn der Grundbesitzer Einwendungen erhebt, für deren Beurtheilung das überwiegende öffentliche Interesse maßgebend ist, müssen die entscheidenden Bergbehörden auch die Nützlichkeit und Nothwendigkeit der beabsichtigten Bergwerksanlage vom Standpunkte des öffentlichen Interesses zur Beurtheilung ziehen — keineswegs aber vom Standpunkte des Privatinteresses des Bergwerksbesitzers. Wenn die Grundabtretung zu einer Tiefbauanlage verlangt wird, so kann sie von dem Grundbesitzer nicht deshalb verweigert und von den Behörden nicht deshalb versagt werden, weil die Lösung an einem anderen Punkte des Grubenfeldes oder durch einen außerhalb des Feldes anzusetzenden Stollen zweckmäßiger erscheine. Der Bergwerksbesitzer selbst bleibt der alleinige Richter über die Zweckmäßigkeit seiner Anlagen und die Grundabtretung findet, soweit nicht Gründe des öffentlichen Interesses entgegen stehen, statt, wenn sie zu den von ihm beabsichtigten Anlagen nothwendig ist. Wenn also zur Anlage eines Haldensturzes Grund und Boden abgetreten werden soll, so kann zwar die Größe des verlangten Haldenplatzes bestritten und zum Beweise gestellt werden, nicht aber die Nothwendigkeit des Haldensturzes selbst.

sei Eigenthümer oder Nutzungsberechtigter, dasselbe an den Bergwerksbesitzer abtreten [249]).

§. 136.

Die Abtretung darf nur aus überwiegenden Gründen des öffentlichen Interesses versagt werden [250]).

Zur Abtretung des mit Wohn-, Wirthschafts- oder Fabrikgebäuden bebauten Grund und Bodens und der damit in Verbindung stehenden eingefriedigten Hofräume kann der Grundbesitzer gegen seinen Willen niemals angehalten werden [251]).

§. 137.

Der Bergwerksbesitzer ist verpflichtet, dem Grundbesitzer für die entzogene Nutzung [252]) jährlich im Voraus vollständige Entschädigung zu leisten und das Grundstück nach beendigter Benutzung [253])

249) Die Abtretung enthält außer dem Falle des §. 138 die Einräumung eines Gebrauches, dessen Umfang je nach dem Zwecke der Benutzung verschieden ist, aber durch diesen Zweck bestimmt begrenzt ist. Die Abtretung kann deshalb das Recht geben, das Grundstück auszuschachten (bei Schachtanlagen), es zu bebauen (bei Zechenhäusern). Die Benutzung kann in einer bloßen Wegegerechtigkeit bestehen, wie z. B. beim Mitgebrauch einer vorhandenen Fahrstraße als Abfuhrweg für die Producte, oder in einer anderen Grundgerechtigkeit, wie bei der Ableitung der Grubenwasser Sie kann endlich auch die Gestalt eines Untersagungsrechtes annehmen, wenn z. B. zur Dämpfung eines Grubenbrandes die Anlage von Steinbrüchen, oder zum Schutze der Grube gegen das Eindringen des Wassers die Beflößung einer Wiese untersagt werden soll.

In allen Fällen findet die Abtretung nur zu dem bestimmten Gebrauche statt, der für das Bergwerk nothwendig ist. So lange der Bergwerksbesitzer nicht das Eigenthum des Grundstücks erwirbt, ist er zu sonstigem Gebrauche desselben ohne den Willen des Grundbesitzers nicht berechtigt. (Vergl. m. Uebersicht 1860—63 S. 79 ff.)

250) Vergl. Anm. 13, S. 90. — Der Sinn des Satzes ist: „Die Abtretung kann gemäß §. 142 erzwungen werden, wenn nicht die Weigerung des Grundbesitzers durch überwiegende Gründe des öffentlichen Interesses unterstützt wird."

251) Auch die im §. 4, Al. 1 erwähnten öffentlichen Plätze, Straßen, Eisenbahnen und Friedhöfe sind als von der Grundabtretung unbedingt ausgeschlossen zu bezeichnen, da das Verbot der bloß vorübergehenden Schürfarbeiten von selbst das Verbot dauernder Bergwerksanlagen einschließt. Dagegen sind die im §. 4, Al. 2 erwähnten Gärten und der Umkreis von 200 Fuß um die Gebäude nicht von der Grundabtretung ausgenommen.

252) Unter der entzogenen Nutzung ist derjenige Ertrag zu verstehen, welchen das abgetretene Grundstück bisher gewährt hat oder dem Eigenthümer gewähren würde, falls die Bergwerksanlage, für welche die Abtretung erfolgt, nicht gemacht wäre. Der höhere Ertrag, welchen der Bergwerksbesitzer in Folge dieser Anlage aus dem Grundstücke bezieht, kommt nach §. 140 nicht in Anschlag.

253) Ist der Zeitpunkt der Zurückgabe nicht bei der Abtretung voraus be-

zurückzugeben[254]).

Tritt durch die Benutzung eine Werthsverminderung des Grundstücks ein, so muß der Bergwerksbesitzer bei der Rückgabe den Minderwerth ersetzen[255]). Für die Erfüllung dieser Verpflichtung kann der Grundbesitzer schon bei der Abtretung des Grundstücks die Bestellung einer angemessenen Caution von dem Bergwerksbesitzer verlangen. Auch ist der Eigenthümer des Grundstücks in diesem Falle zu fordern berechtigt[256]), daß der Bergwerksbesitzer, statt den Min-

---

stimmt worden, so kann der Grundbesitzer die Rückgewähr fordern, sobald das Grundstück nicht mehr zu demjenigen Zwecke gebraucht wird, für welchen es abgetreten ist, da der Bergwerksbesitzer nur ein eingeschränktes Gebrauchsrecht für diesen Zweck erworben hat. Der Bergwerksbesitzer ist also nicht befugt, auf einem Grundstücke, welches zur Gewinnung der anstehenden Braunkohlen durch Tagebau abgetreten ist, nachher ein Zechenhaus zu bauen. Er ist vielmehr nach erfolgter Gewinnung der Braunkohlen zur Rückgabe verpflichtet und muß eventuell von Neuem die Abtretung des Zechenhauses verlangen.

Dagegen ist der Grundbesitzer nicht befugt, so lange die Benutzung zu dem bestimmten Zwecke fortdauert, die Rückgabe aus dem Grunde zu verlangen, daß die Benutzung nicht mehr nothwendig sei. Die Beurtheilung der Frage, ob die Abtretung nothwendig ist, ist der richterlichen Beurtheilung nach §. 145 überhaupt entzogen. Sie kann auch nicht in der Form zur richterlichen Entscheidung gebracht werden, daß behauptet wird, die Grundfläche sei zu den bergbaulichen Anlagen nicht mehr erforderlich, weil sonst der Abtretungsbescheid der Verwaltungsbehörde, der Vorschrift des §. 4 cit. zuwider, sofort in dieser Form im Rechtswege angegriffen und aufgehoben werden könnte. Der Richter muß also Klagen auf Rückgabe des Grundstücks so lange als verfrüht zurückweisen, als noch die thatsächliche Benutzung für den in dem Grundabtretungsbescheide angegebenen Zweck fortdauert. Sollte der Grundbesitzer berechtigt sein, die Rückgabe des Grundstücks wegen der bloßen Entbehrlichkeit zu fordern, so müßte dem Grundeigenthümer eine Provocation auf Aufhebung des Abtretungsbescheides an die im §. 142 bezeichneten Verwaltungsbehörden gestattet sein. Da eine solche Provocation nicht vorgesehen ist, so findet die Rückforderung wegen bloßer Entbehrlichkeit bei dem zeitweise abgetretenen Grund und Boden nicht statt. Wegen des nach §. 141 an dem eigenthümlich abgetretenen Boden für den Fall der Entbehrlichkeit eintretenden Wiederkaufes vergl. Anm. 263 u. 265.

254) Zur Wiederherstellung in den vorigen Stand ist der Bergwerksbesitzer nicht verpflichtet. (Motive S. 85.)

255) Bei dem Ersatze des Minderwerthes und ebenso bei der eigenthümlichen Erwerbung des Grundstücks wird der Preis nach §. 9 Allg. Landr. Th. I, Tit. 11 nicht nach dem gemeinen sondern nach dem außerordentlichen Werthe geschätzt.

256) Das Wahlrecht des Grundbesitzers dauert so lange, als er sich nicht über den Ersatz des Minderwerthes in einem bestimmten Betrage mit dem Bergwerksbesitzer geeinigt hat. Die bloße Anstellung der Klage auf Ersatz des Minderwerthes enthält nicht die Ausübung des Wahlrechtes, falls nicht der geforderte Betrag der Entschädigung anerkannt oder zuerkannt wird. Ist dies nicht ge-

derwerth zu ersetzen, das Eigenthum des Grundstücks erwirbt[257]).

§. 138.

Wenn feststeht, daß die Benutzung des Grundstücks länger als drei Jahre dauern wird, oder wenn die Benutzung nach Ablauf von drei Jahren noch fortdauert, so kann der Grundeigenthümer verlangen, daß der Bergwerksbesitzer das Eigenthum des Grundstücks erwirbt[258]).

§. 139.

Wenn ein Grundstück durch die Abtretung einzelner Theile so zerstückelt werden würde, daß die übrig bleibenden Theile nicht mehr zweckmäßig benutzt werden können, so muß auch für letztere die jährliche Entschädigung (§. 137) auf Verlangen des Grundbesitzers[259]) von dem Bergwerksbesitzer geleistet werden.

Unter derselben Voraussetzung[260]) kann der Eigenthümer eines solchen Grundstücks verlangen, daß der Bergwerksbesitzer das Eigenthum des ganzen Grundstücks erwirbt.

§. 140.

Bei der zwangsweisen Abtretung oder Erwerbung eines Grundstücks zu einer bergbaulichen Anlage kommen diejenigen Werthserhöhungen, welche das Grundstück erst in Folge dieser Anlage erhält, bei der Entschädigung nicht in Anschlag.

§. 141.

Wegen aller zu Zwecken des Bergbaubetriebes veräußerten[261])

schehen, so kann der Grundbesitzer auch nach beendigtem Prozesse statt der zuerkannten Entschädigung die eigenthümliche Erwerbung des Grundstückes verlangen.

257) Dieser Antrag muß nach §. 142 in Form einer Provocation bei dem Oberbergamte und der Regierung angebracht werden, während der Anspruch auf Ersatz des Minderwerthes bei dem ordentlichen Richter anhängig gemacht werden muß.

258) Entweder im Wege der Einwendung gegen die Provocation des Bergwerksbesitzers, oder im Wege einer eigenen nachträglichen Provocation (§. 142).

259) Dieses Verlangen muß in dem über die Abtretung des Splißtheils eingeleiteten Verfahren gestellt und mit der Offerte verbunden werden, dem Bergwerksbesitzer auch die Benutzung des ganzen Grundstücks einzuräumen.

260) Und unter der fernern Voraussetzung, daß der Bergwerksbesitzer wegen eingetretener Werthsverminderung (§. 137) oder wegen der Dauer der Benutzung (§. 138) zur eigenthümlichen Erwerbung des Splißtheils verpflichtet ist.

261) Sowohl die durch freien Vertrag als die durch Expropriation für die im §. 135 bezeichneten Anlagen erworbenen Theile von Grundstücken unterliegen dem Wiederkaufe und dem Vorkaufe (§. 16 Ges. v. 3. November 1838), nicht aber solche Grundstücke, welche der Bergwerksbesitzer durch freien Vertrag zu andern Anlagen erworben hat (Arbeiterwohnungen, Koksöfen rc.), für welche ihm der Anspruch auf Grundabtretung nicht zusteht.

**Theile [262]) von Grundstücken findet ein Vorkaufs- und Wiederkaufsrecht statt, wenn in der Folge das Grundstück zu den Zwecken des Bergbaues entbehrlich wird [263]).**

**Das Vorkaufs- und Wiederkaufsrecht steht dem zeitigen Eigenthümer des durch die ursprüngliche Veräußerung verkleinerten Grundstücks nach denselben gesetzlichen Grundsätzen zu, welche in dieser Beziehung den Eisenbahngesellschaften gegenüber gelten.**

Gesetz über die Eisenbahn-Unternehmungen. Vom 3. November 1838 (G.S. S. 505).

§. 16. Hat die Gesellschaft ein nach §. 8 der Expropriation unterworfenes Grundstück, sei es durch Expropriation oder durch freien Vertrag erworben, so soll für dasselbe ein Anspruch sowohl auf Wiederkauf als auf Verkauf eintreten, wenn in der Folge entweder die Anlage dieser Eisenbahn aufgegeben oder zu ihren Zwecken entbehrlich wird.

§. 17. Den Anspruch auf Wiederkauf und Vorkauf hat der zeitige Eigenthümer des durch den ursprünglichen Erwerb (§. 16) verkleinerten Grundstücks [264]).

§. 18. Den Wiederkauf kann dieser Eigenthümer in solchem Fall zu jeder Zeit geltend machen. Bestreitet die Gesellschaft das Dasein der im §. 16 bestimmten Bedingungen, so tritt richterliche Entscheidung ein. Die

262) Die Frage, ob eine Theilung von Grundstücken bei der Erwerbung stattgefunden hat, ist nicht nach der thatsächlichen Bewirthschaftung der Grundstücke zur Zeit der Abtretung, sondern nach der rechtlichen Individualität der Grundstücke zu beurtheilen. Daher bilden in den östlichen Provinzen die geschlossenen Güter ein Ganzes im Sinne des §. 141 und jedes davon abgetretene Areal unterliegt dem Vor- und Wiederkaufe. Bei den Wandeläckern entscheidet die Eintragung auf dem Titelblatte des Hypothekenbuches, so daß jedes unter einer besondern Nummer dort aufgeführte Grundstück ein Ganzes für sich bildet. In den westlichen Provinzen ist der Grundsteuer-Kataster, welcher zugleich die Grundlage des Hypothekenbuches bildet, maßgebend, so daß jede Parzelle des Flurbuches als ein Ganzes anzusehen ist, auch wenn sie mit andern Parzellen desselben Besitzers zusammen bewirthschaftet wird.

263) Die Voraussetzung des Wiederkaufes ist die Entbehrlichkeit zu Zwecken des Bergbaues. Dabei kommt nicht in Betracht, zu welchem speziellen Zwecke das Grundstück ursprünglich abgetreten ist. Denn mit der Erwerbung des Eigenthumes hat der Bergwerksbesitzer das Recht zu jedem Gebrauche erworben. Der Wiederkauf findet also erst statt, wenn das Grundstück zu keinem bergmännischen Zwecke mehr gebraucht wird. — Der Vorkauf findet bei jedem Verkaufe statt. Auf die Entbehrlichkeit des Grundstücks kommt es dabei nicht an. Es kann also auch in der nothwendigen Subhastation geltend gemacht werden.

264) Ist der verbleibende Theil des Grundstücks abermals getheilt, so steht jedem der Besitzer der Trennstücke das Vor- und Wiederkaufsrecht zu. Sie müssen es im Falle einer Concurrenz gemeinschaftlich ausüben.

Gesellschaft kann von ihrer Seite den Eigenthümer auffordern, sich über die Ausübung dieses Rechtes zu erklären, und er verliert dasselbe, wenn er nicht binnen zwei Monaten diese Erklärung abgibt[265]). Bei dem Wiederkauf zahlt der Eigenthümer den ursprünglichen Kaufpreis nach Abzug der durch die bisherige Benutzung in dem Grundstücke entstandenen Werthsverminderung. Dagegen kann die Gesellschaft keine Verbesserungen in Anrechnung bringen, wohl aber die von ihr auf diesem Boden etwa errichteten Gebäude oder andere Anlagen hinwegnehmen.

§. 19. Der Vorkauf tritt ein, wenn die Gesellschaft das entbehrlich gewordene Grundstück anderweit zu verkaufen[266]) Gelegenheit findet. Sie hat diese Absicht, sowie den angebotenen Kaufpreis dem nach §. 17 berechtigten Eigenthümer anzuzeigen, welcher sein Vorkaufsrecht verliert, wenn er sich nicht binnen zwei Monaten[267]) darüber erklärt[268]). Unterläßt die Gesellschaft die Anzeige, so kann der Berechtigte seinen Anspruch gegen jeden Besitzer geltend machen[269]).

## §. 142.

Können die Betheiligten sich in den Fällen der §§. 135 bis 139 über die Grundabtretung nicht gütlich einigen, so erfolgt die Ent-

---

265) Man hat in der Zulassung des Rechtsweges über die Entbehrlichkeit einen Widerspruch gegen §. 145 A. B.G. gefunden, welcher den Rechtsweg über die Nothwendigkeit der Abtretung ausschließt. Allein die Entbehrlichkeit, welche §. 141 A. B.G. und §. 16 Ges. v. 3. Novbr. 1838 voraussetzen, ist nicht die Negation der im §. 135 vorausgesetzten Nothwendigkeit, sondern sie hat einen davon verschiedenen positiven Inhalt, nämlich den, daß das abgetretene Grundstück keine Verwendung zu Zwecken des Bergbaues mehr finden kann.

266) Der Vorkauf findet nur bei wirklichen Verkäufen, nicht aber bei andern Arten der Veräußerung, namentlich nicht bei der Schenkung, beim Tausche, oder bei einem aus Tausch und Kauf gemischten Geschäfte statt. Im Zweifelsfalle wird gegen den Kauf vermuthet (Allg. Landr. Th. I, Tit. 20, §. 575 ff.). Der Vorkauf ist ferner ausgeschlossen, wenn der Kauf unter einer Bedingung erfolgt, die nur der Käufer erfüllen kann, also z. B. wenn das Areal an einen Arbeiter der Grube unter der Bedingung der Ansiedelung auf dem Grundstücke, oder unter Eingehung eines längeren Arbeitsvertrages verkauft wird (a. a. O. §. 578).

267) Bei gerichtlichen Verkäufen im Bietungstermine (a. a. O. §. 616).

268) Er verliert das Vorkaufsrecht ebenso, wenn er sich ablehnend erklärt und zwar nicht bloß für den speciellen Veräußerungsfall, wie dies bei dem dinglichen Vorkaufsrechte der Fall ist (Präjudiz des Obertribunals 880 vom 5. Juni 1840), sondern endgültig. Nur wenn die Anzeige unterblieben ist, wird nach §. 19 das Vorkaufsrecht zu einem dinglichen.

269) Bei nothwendigen Subhastationen erfolgt die Anzeige durch die gemäß §. 384 der Concursordnung v. 8. Mai 1855 in das Subhastationspatent aufzunehmende Aufforderung zur Geltendmachung der nicht aus dem Hypothekenbuche ersichtlichen Realforderungen (a. a. O. §. 617).

scheidung darüber, ob, in welchem Umfange und unter welchen Bedingungen der Grundbesitzer zur Abtretung des Grundstücks[270]) oder der Bergwerksbesitzer zum Erwerbe des Eigenthums[271]) ver-

---

270) Die Entscheidung wird angerufen durch die Provocation des Bergwerks- oder Grundbesitzers, welche an die Regierung und an das Oberbergamt gerichtet, und welche in der Regel bei dem letztern eingereicht wird. Es ist zu unterscheiden: die Provocation des Bergwerksbesitzers auf Grundabtretung (§. 135) und die Provocation des Grundbesitzers auf Grunderwerbung (§§. 137—139). Die Provocation des Bergwerksbesitzers auf Grundabtretung muß enthalten:

1) den Namen und Wohnort der provocirten Grundeigenthümer und Nutzungsberechtigten,
2) die Bezeichnung des abzutretenden Areals nach Lage, Größe und Grenzen,
3) die Beschreibung der Anlage, zu welcher das Areal verwendet werden soll,
4) die muthmaßliche Dauer der Benutzung,
5) das Anerbieten einer bestimmten jährlichen Nutzungsentschädigung,
6) die Erklärung, daß die gütliche Einigung auf dieser Grundlage vergebens versucht ist.

Als Beilagen der Provocation werden nach der Praxis der Oberbergämter verlangt:

1) eine Situationszeichnung über das abzutretende Areal von einem concessionirten Markscheider oder Feldmesser angefertigt,
2) ein Project der beabsichtigten Anlage,
3) die Bescheinigung des Besitzes der Provocaten entweder auf Grund des Hypothekenbuches oder durch die Dorfgerichte (in den östlichen Provinzen) oder durch Auszüge aus der Mutterrolle des Grundsteuerkatasters (in den westlichen Provinzen).

271) Die Provocation des Grundbesitzers hat zur Voraussetzung, daß die Abtretung zur vorübergehenden Benutzung bereits auf Grund des §. 135 zwangsweise oder freiwillig erfolgt ist und entweder eine Werthsverminderung bei der Rückgewähr vorliegt (§. 137), oder die Benutzung über das dritte Jahr hinaus dauert (§. 138). Handelt es sich um eine noch nicht erfolgte Abtretung, welche länger als drei Jahre dauern soll, so muß der Grundbesitzer das Verlangen nach eigenthümlicher Erwerbung im Wege der Exception auf die Provocation des Bergwerksbesitzers anbringen.

Die Provocation des Grundbesitzers auf Grunderwerbung muß enthalten:

1) den Namen und Wohnort des Bergwerksbesitzers oder der Gewerkschaft (§§. 95, 96),
2) die Bezeichnung des abgetretenen Areals nach Lage, Größe und Grenzen,
3) den Zeitpunkt der zwangsweise oder freiwillig gemäß §. 135 erfolgten Abtretung zur vorübergehenden Benutzung,
4) den Capitalbetrag, für welchen die Abtretung angeboten wird,
5) die Erklärung, daß die gütliche Einigung ohne Erfolg auf dieser Grundlage versucht worden.

Beizufügen sind:

1) die Bescheinigung über den eigenthümlichen Besitz des Grundstücks,
2) die Ausfertigung des Beschlusses oder des Vertrages über die zwangsweise oder freiwillige Abtretung des Grundstücks zur vorübergehenden Benutzung.

pflichtet ist, durch einen gemeinschaftlichen Beschluß des Oberbergamts und der Regierung.

## §. 143.

Vor der Entscheidung müssen beide Theile[272]) gehört[273]) und die Verhältnisse durch Commissarien[273a]) der beiden entscheidenden Behörden an Ort und Stelle untersucht werden[274]).

---

272) Die Provocation auf Grundabtretung richtet sich gegen den Grundeigenthümer und gegen den etwaigen Nutzungsberechtigten. Gegen den Nutzungsberechtigten allein kann die Provocation mit voller Wirkung nur unter der Voraussetzung gerichtet werden, daß die Art und die Dauer der beabsichtigten Benutzung nicht über die Berechtigung des Nutzungsberechtigten hinausgeht. Die entscheidenden Behörden haben die Legitimation der Provocaten zwar zu prüfen. Wenn indeß der Beschluß (§ 144) in Folge einer unrichtig gestellten Provocation gegen einen Nichtbesitzer, oder gegen einen nicht vollständigen Besitzer ergehen sollte, so hat der Provocant sich diese Folge seines Versehens und die Unwirksamkeit des gefaßten Beschlusses selbst beizumessen. Ergiebt sich aus den Acten, daß außer dem Provocaten noch ein Nutzungsberechtigter oder ein Eigenthümer vorhanden ist, so ist dem Provocanten aufzugeben, seine Provocation auch gegen diesen zu richten.

Die Hypothekargläubiger haben ein Interesse an ihrer Zuziehung zu dem Verfahren, falls das verpfändete Grundstück einer bleibenden Deterioration durch die Benutzung zu bergbaulichen Zwecken ausgesetzt ist, oder falls diese Benutzung eine dauernde sein soll. In beiden Fällen wird der Werth des Pfandobjectes durch die Grundabtretung afficirt, da namentlich in dem zweiten Falle die Subhastation nur vorbehaltlich des für den Bergwerksbesitzer constituirten Nutzungsrechtes erfolgen könnte. Sie haben zwar weder das Recht, Cautionsbestellung für den Ersatz des Minderwerthes (§. 137), noch auch die eigenthümliche Erwerbung des Grundstücks (§§. 138, 139) zu verlangen und ihre Zuziehung zu dem Verfahren ist daher nicht nothwendig. Es empfiehlt sich jedoch, daß ihnen Gelegenheit zur Wahrnehmung ihres Interesses gegeben werde; daß mithin in allen Fällen, wo eine Deterioration oder eine dauernde Benutzung des Grundstücks in Frage steht, die Hypothekenbehörde um Auskunft über die eingetragenen Schulden und Lasten ersucht wird.

273) Die Anhörung des Provocaten erfolgt durch abschriftliche Mittheilung der Provocation und durch Vorladung zu dem an Ort und Stelle vor den Commissarien anberaumten Termine. Ein Schriftwechsel findet nicht statt. Doch steht den Provocanten frei, eine Exceptionsschrift zu den Acten einzureichen.

273a) Jede der beiden Behörden muß einen eigenen Commissar ernennen. Es können ständige Commissarien für die Grundabtretung ernannt werden (Motive S. 86).

274) Das Verfahren vor den entscheidenden Behörden und deren Commissarien zerfällt in folgende Theile:

1) Verfügung auf die Provocation. Wenn die Provocation vollständig und gehörig substantiirt befunden wird, so wird dieselbe den Provocaten mitgetheilt; die Commissarien werden ernannt und beiden Theilen bekannt gemacht. Diese Verfügung, sowie die sonstigen prozeßleitenden Verfügungen pflegen von dem Oberbergamte allein auszugehen.

2) Aufforderung zur Bezeichnung der Sachverständigen. Sie er-

Die Ermittelung der für die vorübergehende Benutzung des Grundstücks oder für die Abtretung des Eigenthums zu leistenden vollständigen Entschädigung, sowie der im §. 137 erwähnten Caution liegt beim Mangel einer gütlichen Einigung der Betheiligten ebenfalls den Commissarien ob.

Zu dieser Ermittelung sind Sachverständige zuzuziehen.

Jeder Theil[275]) ist befugt, Einen Sachverständigen zu bezeichnen. Geschieht dies binnen einer von den Commissarien zu bestimmenden Frist nicht, so ernennen letztere die Sachverständigen.

In jedem Falle können die Commissarien einen dritten Sachverständigen zuziehen.

## §. 144.

Der Beschluß, durch welchen die zwangsweise Abtretung oder Erwerbung eines Grundstücks ausgesprochen wird, muß das Grundstück genau bezeichnen, die dem Grundbesitzer zu leistende Entschä-

---

geht unter der Unterschrift beider Commissarien. Die Frist zur Erklärung muß in der Verfügung bestimmt und die Verfügung durch die Post insinuirt werden.

3) Vorladung zum Schlußtermine. Sie erfolgt durch beide Commissarien nach Ablauf der zu 2 gestellten Frist, oder nach erfolgter Bezeichnung der Sachverständigen. Vorgeladen werden Provocant und Provocaten, sowie alle sonstigen Interessenten, welche ihre Zuziehung zum Verfahren beantragt haben; ferner die bezeichneten Sachverständigen und der von den Commissarien zuzuziehende dritte Sachverständige. Die Vorladung des Provocanten erfolgt unter der Verwarnung, daß bei seinem Ausbleiben die Provocation als zurückgenommen betrachtet werde, die des Provocaten unter der Verwarnung, daß bei seinem Ausbleiben mit der örtlichen Untersuchung und mit der Erörterung des von ihm erhobenen Widerspruches ohne seine Zuziehung werde verfahren werden.

4) Der Schlußtermin, in welchem beide Theile mit ihren Erklärungen gehört und die Sachverständigen vernommen werden. Die Parteien können sich durch Bevollmächtigte vertreten lassen.

5) Der Beschluß auf die Provocation (§. 144).

Das Verfahren würde abgekürzt und vereinfacht werden, wenn die Verfügungen zu 1 u. 2 zusammengezogen würden, so daß das Oberbergamt in der Verfügung, welche das Verfahren einleitet, beide Theile zugleich aufforderte, die von ihnen bezeichneten Sachverständigen innerhalb einer bestimmten Frist den Commissarien namhaft zu machen. Allein es erscheint kaum zulässig bei der Bestimmung einer präclusivischen Frist von dem Wortlaute des Gesetzes abzuweichen, welches die Bezeichnung der Sachverständigen „binnen einer von den Commissarien zu bestimmenden Frist" verlangt.

275) Also auch Jeder von mehrern Provocaten. Die Provocaten sind nicht verpflichtet, sich über die gemeinschaftliche Ernennung eines Sachverständigen zu einigen, da die Entschädigungsfrage überhaupt für jeden Provocaten besonders beurtheilt und entschieden werden muß.

digung beziehungsweise Caution[276]) festsetzen und die sonstigen Bedingungen[277]) der Abtretung oder Erwerbung enthalten[278]).

§. 145.

Gegen den Beschluß des Oberbergamts und der Regierung steht beiden Theilen der Recurs an die betreffenden Ressortminister zu[279]). Derselbe muß nach näherer Vorschrift der §§. 192 und 193 bei dem Oberbergamte eingelegt werden. Gegen die Festsetzung der Entschädigung und der Caution findet der Recurs nicht statt[280]).

---

276) Die Caution wird nur auf den ausdrücklichen Antrag des Grundbesitzers festgestellt (§. 137). Dieser Antrag muß spätestens im Schlußtermine gestellt werden.

277) Unter diesen sonstigen Bedingungen sind zu verstehen

1) Einschränkungen in der Benutzung zu Gunsten des abtretenden Grundbesitzers
2) Anlagen, welche die Behörden im Interesse des Grundbesitzers für nöthig findet (Wege Ueberfahrten Einfriedigungen Vorfluth Anlagen)
3) der Zeitpunkt der Rückgewähr.

Diese Bedingungen auch wenn sie dem Provocanten positive Leistungen in Bezug auf die unter 2 bezeichneten Anlagen auferlegen bilden keinen Bestandtheil der festgesetzten Entschädigung. Gegen die Festsetzung solcher Bedingungen findet daher nicht der Rechtsweg, sondern der Recurs statt (§. 145).

278) Wenn die Beschlüsse der beiden entscheidenden Behörden divergirten, so trat nach §. 3 der Declaration vom 27 October 1804 die Entscheidung der vorgesetzten Ministerien ein. Diese Vorschrift durch welche der unterliegende Theil der Instanz verlustig ging, ist aufgehoben. Bei divergirenden Beschlüssen muß daher die Provocation als abgelehnt betrachtet werden und es steht dann dem Provocanten der Recurs an die beiden Ressortminister nach §. 145 offen. Dies schließt indeß nicht aus, daß die entscheidenden Behörden über eine principielle Meinungsverschiedenheit den Ausspruch ihrer vorgesetzten Minister vor der Entscheidung einholen. Handelt es sich dagegen um die Beurtheilung des concreten Falles allein, so muß die verneinende Meinung überwiegen.

279) Die betreffenden Ressortminister sind

1) der Handelsminister für das Ressort der Bergverwaltung (§. 187);
2) für das Ressort der Regierung entweder der Minister für die landwirthschaftlichen Angelegenheiten wenn es sich um ein landwirthschaftlich benutztes Grundstück handelt, oder, wenn die Nutzung eine gewerbliche ist abermals der Handelsminister. Im letzteren Falle ressortirt die Entscheidung von der vierten Abtheilung (Handel und Gewerbe) und der fünften Abtheilung (Bergbau) des Handelsministeriums.

280) 1) Der **Recurs** findet bei der Grundabtretung (§. 135) in Bezug auf die Verpflichtung zur Abtretung bei der Provocation auf Grunderwerbung (§§. 137 — 139) über die Verpflichtung zur eigenthümlichen Erwerbung statt.

2) Der **Rechtsweg** findet **neben dem Recurse** statt über die Verpflichtung zur Abtretung, wenn die Befreiung auf Grund des §. 136 Al. 2 oder eines speciellen Rechtstitels behauptet wird und über die Verpflichtung zur eigenthümlichen Erwerbung in allen Fällen.

Ueber die Verpflichtung zur Abtretung eines Grundstücks ist der Rechtsweg nur in dem Falle zulässig, wenn die Befreiung von dieser Verpflichtung auf Grund des zweiten Absatzes des §. 136 oder eines speciellen Rechtstitels [280a]) behauptet wird [281]).

§. 146.

Durch Beschreitung des Rechtsweges wird, wenn dieselbe nur wegen der Festsetzung der Entschädigung oder Caution erfolgt, die Besitznahme des Grundstücks [282]) nicht aufgehalten [283]), vorausgesetzt, daß die festgesetzte Entschädigung an den Berechtigten gezahlt oder bei verweigerter Annahme gerichtlich deponirt, desgleichen die gerichtliche Deposition der festgesetzten Caution geschehen ist [284]).

---

3) Der Rechtsweg mit Ausschluß des Recurses findet statt gegen die festgesetzte Entschädigung oder Caution. (Betrag und Zahlungsmodalitäten.)

280a) Privilegium, Verjährung, rechtskräftiges Urtheil und Vertrag. Eine vertragsmäßige Befreiung ist nicht vorhanden, wenn der Grundbesitzer das Grundstück von dem Provocanten gekauft oder gepachtet hat. Der Vertrag muß eine ausdrückliche Befreiung von der Pflicht der Grundabtretung enthalten, so z. B. wenn der Grundbesitzer beim Verkaufe eines Grundstückes an den Bergwerksbesitzer bedingt, daß eine weitere Grundabtretung von ihm niemals verlangt werde.

281) Wo der Rechtsweg nach der vorigen Anm. zu 2 neben dem Recurse stattfindet, kann die Klage entweder statt des Recurses angestellt und auf Aufhebung des Beschlusses gerichtet oder nach erfolgter Recursentscheidung auf Aufhebung der letztern gerichtet werden. Die Anstellung der Klage hält in diesem Falle, wie sich aus der Umkehrung des §. 146 ergiebt, die Vollstreckung des Abtretungsbeschlusses auf. Die Klage ist an keine Frist gebunden. Sie findet jedoch nicht mehr statt, wenn die festgesetzte Entschädigung gezahlt und angenommen ist.

282) Die Vollstreckung des Beschlusses über die Grundabtretung erfolgt durch die in erster Instanz entscheidenden Behörden auf Antrag des Provocanten. Letzterer muß die Quittung über die erfolgte Zahlung resp. Deposition der Entschädigung und der Caution beibringen. Zur Uebergabe des Grundstücks wird ein Termin vor einem Commissar der entscheidenden Behörden anberaumt und dazu der Provocant bei Vermeidung der fruchtlosen Terminskosten, der Provocat unter der Verwarnung geladen, daß bei seinem Ausbleiben die Uebergabe durch den Commissar werde bewirkt werden (Allg. Landrecht Th. I, Tit. 7, §. 60). Der Termin muß aufgehoben werden, wenn der Grundbesitzer eine Bescheinigung darüber beibringt, daß er auf Aufhebung des Beschlusses geklagt hat. Ueber die erfolgte Besitzübergabe wird ein Protokoll aufgenommen.

283) Hat der Grundeigenthümer im Wege der Exception die eigenthümliche Erwerbung verlangt, der Beschluß aber geht nur auf vorübergehende Abtretung des Grundstücks, so findet hierüber nach §. 145 der Rechtsweg statt und die Klage des Grundbesitzers hält nach §. 146 die Besitznahme des Grundstückes auf.

284) Die Regeln über die Vollstreckung des Beschlusses im §. 146 passen nur auf den Fall der Grundabtretung (§. 135), nicht auf den Fall der vom Grundbesitzer provocirten eigenthümlichen Erwerbung (§§. 137—139). In jenem Falle wird, wie §. 146 voraussetzt, der Beschluß durch Besitznahme des Grundstücks voll-

## §. 147.

Die Kosten des Expropriationsverfahrens hat für die erste Instanz der Bergwerksbesitzer 285), für die Recursinstanz der unterliegende Theil zu tragen 286).

---

streckt. Die Zahlung der festgesetzten Entschädigung bleibt dem Belieben des Provocanten überlassen, nur daß ohne vorherige Zahlung die Besitznahme nicht erfolgen kann. Bei der auf Antrag des Grundbesitzers erfolgenden eigenthümlichen Erwerbung, ist das Grundstück in der Regel schon im Besitze des Bergwerksbesitzers. Soweit dies nicht der Fall ist (§. 139), kann ihm dieser Besitz nicht aufgedrängt werden. Die Zahlung der festgesetzten Entschädigung kann auf Grund des Beschlusses nicht erzwungen werden, weil die Vollstreckung dieses Theiles des Beschlusses im §. 146 nicht vorgesehen ist und weil gegen denselben nach §. 145 der Rechtsweg ohne Einschränkung stattfindet.

Der Beschluß über die zwangsweise Grunderwerbung (§§. 137 — 139) ist daher gar nicht vollstreckbar. Es kann nicht einmal auf Grund eines solchen Beschlusses gegen den Bergwerksbesitzer geklagt werden. Der Grundbesitzer muß vielmehr, weil der Beschluß keine Rechtskraft erlangt, also auch nicht die actio judicati begründet, seinen Anspruch aus den §§. 137 — 139 von neuem begründen. Dennoch muß er vor Anstellung der Klage auf eigenthümliche Erwerbung des Grundstücks nach §. 142 zuvor die Entscheidung des Oberbergamtes und der Regierung einholen.

Dieser innere Widerspruch zwischen den §§. 142 und 145 — 146 ist eine Folge der von dem Herrenhause beschlossenen Abänderung des §. 145. Nach der Regierungsvorlage sollte der Rechtsweg in Bezug auf die Verpflichtung zur Erwerbung des Eigenthums nur zulässig sein, wenn die Befreiung auf Grund eines besondern Rechtstitels behauptet wird. Durch die Streichung dieses Satzes wurde die Bestimmung des §. 142, welche ein Administrativverfahren über diese Verpflichtung vorschreibt, überflüssig, sie wurde sogar schädlich, da sie die Parteien sowie die Behörden zu einem rechtlich ganz wirkungslosen Verfahren nöthigt. Es gilt von dieser Procedur dasselbe, was von der früher irrthümlich bestandenen Praxis galt, welche den Bergbehörden eine Cognition über die Schadloshaltung für zufällige Grundschäden vindicirte und die Zulassung der gerichtlichen Klage von einer vorherigen Festsetzung der Verwaltungsbehörde abhängig machte, die weder vollstreckbar noch klagbar war. (Vergl. m. Uebersicht S. 201. Fortsetzung 1860—63 S. 65.)

Anders verhält es sich, wenn der Grundbesitzer die Verpflichtung des Bergwerksbesitzers zur eigenthümlichen Erwerbung des Grundstücks nicht im Wege einer besondern Provocation, sondern im Wege der Exception gegen die auf vorübergehende Abtretung gerichtete Provocation des Bergwerksbesitzers geltend macht, was freilich nur geschehen kann, wenn von vorn herein feststeht, daß die Benutzung über drei Jahre dauern wird. In diesem Falle erhält der Ausspruch der entscheidenden Verwaltungsbehörden über die Verpflichtung zur eigenthümlichen Erwerbung dadurch Wirksamkeit, daß ihm die vorübergehende Abtretung versagt wird und er nach §. 146 zur Zahlung der Capitalentschädigung vor der Besitznahme des Grundstücks genöthigt ist.

285) Auch in denjenigen Fällen, in welchen der Grundbesitzer Provocant ist.

286) Bei den Verhandlungen über die Grundabtretung findet nach der Cab.

# Zweiter Abschnitt.

## Von dem Schadensersatze für Beschädigungen des Grundeigenthums[287]).

### §. 148.

Der Bergwerksbesitzer ist verpflichtet, für allen Schaden, wel-

---

Ordre vom 4. Mai 1833 (G.S. S. 40) Gebühren- und Stempelfreiheit statt. Die Kosten bestehen daher allein in den baaren Auslagen der Behörden.

287) Der Schadensersatz für Beschädigungen des Grundeigenthums durch den Bergbau correspondirt der Entschädigung für den zum Bergwerksbetriebe abgetretenen Grund und Boden. Beide Verpflichtungen des Bergwerksbesitzers sind vom wirthschaftlichen Standpunkte betrachtet durchaus gleichartig. Vom juristischen Gesichtspunkte betrachtet, sind sie dagegen wesentlich verschieden, indem die eine Obligation durch Vertrag begründet wird, die andere zu den Obligationen ohne Vertrag gehört. Die Vorschriften über die Grundabtretung begründen ein Recht des Bergwerksbesitzers zur Vertragschließung, welches entweder durch gütliche Einigung, also durch den Abschluß eines Kauf- oder Pachtvertrages ausgeübt wird, oder in Ermangelung der Einigung durch die Provocation auf einen Beschluß des Oberbergamtes und der Regierung, welcher den Kauf- oder Pachtvertrag vertritt. In beiden Fällen wird die Gegenleistung des Bergwerksbesitzers entweder durch Vertrag oder durch das die Stelle des Vertrages vertretende Urtheil der Verwaltungsbehörden oder der richterlichen Instanz festgestellt. Der Betrag der Gegenleistung, die Person des Berechtigten und des Verpflichteten stehen von vornherein fest. Bei den zufälligen Grundschäden ist eine vorherige Festsetzung der Schadloshaltung durch die Natur der Sache ausgeschlossen. Die Entschädigungsverbindlichkeit wird nicht durch einen vorher geschlossenen Contract oder Quasicontract, sondern unmittelbar durch das beschädigende Ereigniß bestimmt. Der Betrag des Schadens, die Person des Berechtigten und des Verpflichteten stehen also nicht vertragsmäßig fest, sondern sie müssen nach den allgemeinen Rechtsregeln bestimmt werden. Diese Bestimmung hat in dem früheren Bergrechte zu einer Anzahl von Controversen Anlaß gegeben, welche meist durch die Praxis der Gerichtshöfe, namentlich durch die Präjudizien des Obertribunals (vergl. Nr. 538, 1060, 1284, 1462, 1717, 2055, 2068 und 2153 der Präjudiziensammlung) erledigt worden sind. Die wichtigsten der in diesen Präjudizien aufgestellten Regeln sind in den §§. 148 — 151 zu gesetzlichen Normen erhoben. Die Vorschriften des früheren rechtsrheinischen Bergrechtes über die Grundentschädigung sind im Uebrigen bis auf die ganz unwesentlichen Abweichungen in den §§. 149, 150 unverändert beibehalten. Die Resultate der bisherigen landrechtlichen Jurisprudenz sind daher auch für das neue Recht von unverminderter Werthe. Vor allem aber ist es für die Anwendung und Auslegung der neuen Gesetzvorschriften ebenso unerläßlich als für das frühere Recht, den rechtlichen Character der Grundentschädigung an der Hand der älteren Jurisprudenz genau zu bestimmen, da jeder Irrthum über die Natur dieser Obligation zu irrigen Schlußfolgerungen führen muß, denen der Gesetzgeber nicht vorbeugen konnte, da seine Vorschriften nicht dazu bestimmt sind, einzelne Fälle zu entscheiden, sondern das Princip in seinen Hauptanwendungen zu fixiren.

cher dem Grundeigenthume oder dessen Zubehörungen durch den

---

In Bezug auf dieses Princip der Entschädigungsverbindlichkeit ist zunächst festzustellen, daß der rechtliche Grund derselben lediglich in der gesetzlichen Vorschrift liegt, daß weder ein Quasicontract noch eine unerlaubte Handlung dieser Verpflichtung zu Grunde liegt. Daß der Entschädigungsanspruch nicht an die Voraussetzungen einer unerlaubten Handlung geknüpft ist, wird im Anschluß an das frühere Urtheil des Obertribunals vom 16. März 1839 (Entscheid. Bd. IV, S. 354) im §. 148 ausdrücklich ausgesprochen in den Worten: ohne Unterschied, ob die Beschädigung von dem Bergwerksbesitzer verschuldet ist und ob sie vorausgesehen werden konnte oder nicht.

Allein mit derselben Bestimmtheit ist auch die Annahme eines quasicontractlichen Verhältnisses abzuweisen, welche in dem Plenarbeschlusse des Obertribunals vom 7. November 1849 (Entscheid. Bd. XVIII, S. 71) wie folgt widerlegt wird: „Der §. 112 A. L.R. II, 16 spricht nicht allein von der Entschädigung für Grundabtretungen, sondern zugleich von einer ganz anderen Entschädigung, die ihre Wurzel keinesweges in der Abtretung von Oberflächeneigenthum oder von Zubehörungen desselben an den Bergbauenden, auch zunächst nicht einmal in einem dem Bergbauenden zugewendeten Vortheil hat, deren eigentlicher Grund vielmehr immer nur in jener Absonderung und Bildung eines besonderen Bergwerkseigenthums im Gegensatz zum Grundeigenthum zu finden ist. Der Staat, indem er aus Gründen des allgemeinen Wohls und zur zweckmäßigen Gewinnung der Fossilien, diese der Disposition der Grundeigenthümer entzogen und das Recht zu deren Gewinnung nach einer ganz anderen Begrenzung festgestellt hat, sichert zugleich den Grundeigenthümern im § 112 a. a. O. ganz allgemein eine vollständige Entschädigung für alles zu, was sie durch den Bergbau verlieren. Der Bergbau, welcher dem Grundeigenthum die Wasser fast immer zu seinem eigenen Schaden entzieht, muß dennoch auch denjenigen Schaden ersetzen, der dem Grundeigenthum durch diese Wasserentziehung entsteht. Der Verpflichtungsgrund zu dieser Entschädigung liegt nicht in einer Verschuldung und auch nicht in einem unmittelbar zwischen den Bergbauenden und Grundeigenthümern geschlossenem Vertrage, sondern in der allgemeinen gesetzlichen Verpflichtung der Bergbauenden zur Tragung dieser Gefahr und dieses Schadens."

Der Schadensersatz für die zufälligen Grundschäden ist also eine bloße obligatio ex lege, durch welche der Gesetzgeber die unvermeidliche Collision zwischen der Ausübung des Grundeigenthumes und eines davon unabhängigen Bergwerkseigenthumes in demselben Raume auszugleichen beabsichtigt. Das Obertribunal bemerkt hierüber in dem angeführten Erkenntnisse vom 16. März 1839:

„Es kann nicht in Abrede gestellt werden, daß Bergwerke Gegenstand des Eigenthums sind und daß die Gewerkschaft, wenn der Bergbau nach den bestehenden Vorschriften betrieben wird, sich in der Ausübung ihres Rechtes, und zwar innerhalb der gesetzlichen Schranken, befindet. Hierbei kann es nun vorkommen, daß das Weitertreiben des Baues den Einsturz eines Gebäudes, einer Quelle rc. zur Folge hat, wo dies nach der reiflichsten Prüfung, allen geognostischen Erfahrungen gemäß, nicht zu befürchten war In einem solchen Falle kann allerdings von einem Versehen der Gewerkschaft nicht die Rede sein und ebensowenig von einer Bereicherung derselben mit fremdem Schaden. Aber auch dann würde von einer Verschuldung nicht die Rede sein können, wenn der Bergbauende bei der

unterirdisch oder mittelst Tagebaues geführten Betrieb des Berg=

---

Fortsetzung des Baues Ereignisse jener Art wirklich voraussieht, weil derselbe vom Gesetz in der Befugniß zur Förderung der Mineralien nicht der Einschränkung unterworfen ist, daß er inne zu halten verpflichtet sei, sobald durch den Weiterbau Schaden für das obere Grundeigenthum veranlaßt werde

Ebensowenig darf es aber auf der anderen Seite ein Zufall genannt werden, wenn die Versenkung der Erdoberfläche oder die Versiegung eines Quells die unmittelbare Folge des Grubenbaues ist. Kann auch ein solches dem Grundeigenthümer nachtheiliges Ereigniß möglicher Weise gegen alle Berechnung eintreten, so muß doch auch zugestanden werden, daß Wissenschaft und Erfahrung keine absolute Sicherheit für Berechnungen gewähren, die ein Unternehmen des Baues in einer bestimmten Richtung für den Grundeigenthümer unschädlich erscheinen lassen, daß also im Bereiche des Bergbaues für den Grundbesitz in einem gewissen Grade immer Gefahr droht."

Nachdem so das Vorhandensein einer Collision der Rechte nachgewiesen ist, in Folge deren der Bergwerkseigenthümer durch die bloße Ausübung seines Rechts innerhalb der gesetzlichen Schranken dem Grundeigenthümer die Benutzung seines gleich geltenden Rechtes entzieht oder schmälert, zieht das Obertribunal die weitere Folgerung, daß der Gesetzgeber, den Grundsätzen der Billigkeit gemäß, den Bergbautreibenden habe verpflichten müssen, den Grundeigenthümern für den ihnen solchergestalt verursachten Schaden aufzukommen.

In dem Plenarbeschlusse vom 18. April 1843 (Entsch. Bd. IX, S. 101) wird in Uebereinstimmung hiermit ausgeführt:

„Die allgemeinen Vorschriften über Schadensersatz können hier nicht entscheiden, da besondere Gesetze das Verhältniß zwischen dem Bergbauenden und den betreffenden Grundeigenthümern, sowie die Ansprüche der Letzteren auf Entschädigung bestimmen. Nach allgemeinen Grundsätzen des Rechts würde der ganze Bergbau auf fremdem Grund und Boden nicht zu gestatten, ein solcher Eingriff in das Privateigenthum vielmehr ganz unerlaubt sein. Wenn also dennoch die Befugniß zum Betriebe eines solchen Bergbaues ein Regal geworden ist, und vermöge des Regals weiter verliehen wird, so lassen sich die hierbei collidirenden Rechte nach jenen allgemeinen Grundsätzen nicht ausgleichen, sondern es muß darauf gesehen werden, wie sich diese widerstreitenden Verhältnisse durch Herkommen und besondere Gesetze gestaltet haben. Ein solches bestimmtes Gesetz liegt in dem §. 112 A. L.R. II, 16 vor."

Der Entstehungsgrund der Verpflichtung zum Schadensersatz liegt also in dem Gesetze und in der Thatsache der Beschädigung, mit welcher §. 148 diese Verpflichtung verknüpft. Diese Beschädigung ist zwar durch menschliche Thätigkeit herbeigeführt; sie ist aber weder beabsichtigt, noch kann sie dem Willen des Bergwerksbesitzers zugerechnet werden. Es ist daher unrichtig, wenn der Verpflichtungsgrund in einer Handlung des Bergwerksbesitzers gesucht wird, da doch dem verpflichtenden Ereignisse gerade die Kriterien abgehen, welche den Begriff einer Handlung im juristischen Sinne ausmachen. Der Eintritt einer Wasserentziehung ist eben so unabhängig von dem Willen des Bergwerksbesitzers als der Eintritt einer Haverei, um bei einem von dem Obertribunal gewählten Beispiele zu bleiben, von dem Willen des Rheders, obgleich beide durch ihre Thätigkeit die Gefahr des Ereignisses herbeiführen. Und in dieser Gefahr besteht eben die Last

werks zugefügt wird[288]), vollständige Entschädigung[289]) zu lei-

---

welche das Gesetz dem Bergwerksbesitzer auferlegt, dergestalt, daß er die Folgen des Ereignisses nicht nur in so weit zu tragen hat, als sie sein Eigenthum treffen, sondern daß er auch den Grundbesitzer für den die Oberfläche treffenden Nachtheil entschädigen muß.

288) 1. Andere Schäden, welche nicht Zubehörungen des Grundeigenthums, sondern bewegliche Sachen oder Personen betreffen, gehören nicht unter die Regel des §. 148. Der Bergwerksbesitzer hat für solche Schäden — auch wenn sie den Grundbesitzer treffen und durch den Bergwerksbetrieb, z. B. durch einen Tagebruch, verursacht sind — keinen Ersatz zu leisten, wenn ihm nicht eine unerlaubte Handlung zur Last fällt, welche ihn nach den allgemeinen Gesetzen zum Schadensersatze verpflichtet. Vergl. den Rechtsfall in Gruchot's Beiträgen Bd. II, S. 447.

2. Zum Tagebau ist in allen Fällen die Grundabtretung (§. 135) erforderlich. Allein auch der Tagebau kann eine mittelbare Beschädigung der anstoßenden Grundstücke zur Folge haben. Auf solche zufällige Beschädigungen der Nachbargrundstücke durch Tagebaue finden die §§. 148 ff. Anwendung.

3. Die Verbindlichkeit wird existent mit dem Augenblicke der Schadenszufügung. Ein Anspruch auf Kautionsbestellung für drohende Schäden findet nicht statt. Der Augenblick der Entstehung des Schadens entscheidet auch über die Person des Verpflichteten. Der Anspruch ist gegen denjenigen zu richten, welcher zur Zeit der vorgekommenen Beschädigung Besitzer des Bergwerks war. Auf den Zeitpunkt, in welchem der Betrieb geführt wurde, durch welchen die Beschädigung verursacht ist, kommt es dabei nicht an. Wenn also in einem außer Betrieb befindlichen Felde durch das Zusammenbrechen der vor fünfzig Jahren geführten Grubenbaue Tagebrüche entstehen, so ist der gegenwärtige Bergwerksbesitzer zum Schadensersatze verpflichtet, nicht der Rechtsnachfolger des Besitzers, von dem das Bergwerk vor fünfzig Jahren betrieben wurde Der Verpflichtungsgrund, aus welchem der Schadensanspruch entspringt, ist nicht die Handlung des Betriebes, sondern das dadurch bedingte Ereigniß der Beschädigung, und der Zeitpunkt des letztern ist also für die Person des Verpflichteten entscheidend. (Vgl. Anm. 286 und für das frühere linksrheinische Recht das Erkenntniß des Appell.hofes zu Köln vom 25. April 1849. Archiv f. d. Civil- u. Criminalrecht der Rheinprovinzen Bd. XLIV, 1, S. 159.)

289) Die Regeln, nach welchen die vollständige Entschädigung zu bemessen ist, sind in den §§. 7 und 79 ff. A. L.R. I, 6 zu suchen. Es gebührt dem Grundeigenthümer also für die zufälligen Grundschäden der Ersatz des gesammten Schadens und des entgangenen Gewinnes nach den allgemeinen gesetzlichen Regeln. Unter der Rubrik: „wie der Schadensersatz zu leisten", bestimmt aber das Allg. Landrecht Th. I, Tit. 6:

> §. 79. Wenn ein Schade geschehen ist, so muß alles so viel als möglich wieder in den vorigen Zustand gesetzt werden, welcher vor Anrichtung des Schadens vorhanden war.
>
> §. 82. Ist eine Sache ganz verloren gegangen, vernichtet oder unbrauchbar geworden, so muß der Beschädiger deren ganzen Werth vergüten.
>
> §. 89. Ist durch den Schaden der Werth der Sache nur vermindert wor-

sten[290]), ohne Unterschied, ob der Betrieb unter dem beschädigten

---

den, so muß derjenige Werth, welchen die Sache vor der Beschädigung gehabt hat, nach obigen Grundsätzen ausgemittelt und mit dem gegenwärtigen Werthe derselben verglichen werden.

§. 90. Die daraus sich ergebende Verminderung des Werthes muß der Beschädiger vergüten.

Das Gesetz gewährt also dem beschädigten Grundeigenthümer principaliter die Wiederherstellung des Grundstücks in den vorigen Zustand und eventuell den Ersatz des Werthes oder des Minderwerthes. Die Wiederherstellung kann nur „so viel als möglich" gefordert werden, das heißt so weit dieselbe physisch und ohne einen das Interesse des Besitzers übersteigenden Kostenaufwand möglich ist und so weit sie ohne Beeinträchtigung des dem Bergbauenden in den §§. 54—60 gewährten Privilegiums geschehen kann. Wenn also das auf einem Grundstücke entspringende Wasser durch den Schacht oder Stolln eines Bergwerks abgeleitet wird, so kann der Grundeigenthümer nicht die Einstellung des Bergbetriebes verlangen, weil der Bergwerksbesitzer nach §. 54 befugt ist, alle zur Gewinnung der verliehenen Mineralien erforderlichen Vorrichtungen zu treffen. Die Wiederherstellung ist also hier wenigstens für die Dauer des Bergwerksbetriebes nicht möglich und der Grundeigenthümer ist einstweilen auf die Forderung seines Interesses beschränkt. Ist dagegen die Beschädigung des Grundstücks von der Beschaffenheit, daß dasselbe ohne Nachtheil für den Bergbau wieder in den vorigen Stand gesetzt werden kann, wie z. B. bei den durch den Bergbau entstandenen Senkungen, so geht die Forderung des Grundeigenthümers auf diese Wiederherstellung.

Wenn statt der Wiederherstellung das Interesse geleistet werden muß, so besteht dasselbe bei dauernden Schäden in der Capitalentschädigung für den Minderwerth bei vorübergehenden Schäden, wie bei der Wasserentziehung durch einen Tiefbau in dem Ersatze der jährlich ausfallenden Nutzungen für so lange, bis die Wiederherstellung erfolgt. Ob in einem solchen Falle Cautionsleistung für die Wiederherstellung gefordert werden kann, erscheint zweifelhaft. Für die Bejahung derselben würde die Analogie des §. 137 sprechen. Wenn nämlich auch bei der Wasserentziehung durch den Tiefbau von einer Benutzung fremder Grundstücke zu Zwecken des Bergbaues nicht die Rede sein kann, so tritt doch für den Grundbesitzer derselbe Erfolg ein, indem ihm eine Nutzung des Bodens für die Dauer des Bergbaues entzogen wird, während es zweifelhaft ist, ob dieselbe nach Beendigung des Bergbaues unvermindert restituirt werden kann. Allein die allgemeinen Regeln vom Schadensersatze, welche für die Grundentschädigung maßgebend sind, begründen den Anspruch auf Cautionsleistung außer dem Falle des Arrestschlages nicht. Also muß angenommen werden, daß neben der jährlichen Entschädigung für zufällige Grundschäden bei vorübergehender Entziehung der Bodennutzung die Cautionsleistung für die künftige Wiederherstellung nicht gefordert werden kann.

Die frühere rechtsrheinische Praxis, nach welcher der Grundbesitzer niemals Wiederherstellung in den früheren Stand und niemals Ersatz des Minderwerthes, sondern nur eine jährliche Nutzungsentschädigung zu verlangen berechtigt sein sollte (vergl. m. Uebersicht S. 181 ff.), ist durch das Allg. Berggesetz beseitigt worden.

290) Die Regel des §. 9 Allg. Landr. Th. I, Tit. 11, nach welcher in allen Fällen eines durch die Gesetze begründeten nothwendigen Verkaufes auf den außerordentlichen Werth bei der Preisbestimmung Rücksicht zu nehmen ist (oben Anm. 253),

Grundstücke stattgefunden hat oder nicht [291]), ob die Beschädigung von dem Bergwerksbesitzer verschuldet ist, und ob sie vorausgesehen werden konnte oder nicht.

§. 149.

Ist der Schaden durch den Betrieb zweier oder mehrerer Bergwerke verursacht, so sind die Besitzer dieser Bergwerke gemein-

---

findet auf den Schadensersatz für zufällige Grundschäden keine Anwendung. Ebensowenig liegt einer der Fälle vor, in denen nach §§. 85—87 Allg. Landr. Th. I. Tit. 6 bei Beschädigungen der außerordentliche Werth ersetzt werden muß. Es ist daher nur der gemeine Werth zu ersetzen.

Bei der Berechnung des Minderwerthes und des Werthes der entzogenen Nutzungen kommen alle aus dem Boden und seinen Zubehörungen gezogenen Nutzungen in Betracht, mag das Grundstück zur Landwirthschaft, oder als Wohnung oder zu industriellen Zwecken gebraucht werden. Es findet in dieser Beziehung der in der Entscheidung des Obertribunals vom 11. März 1859 (Striethorst, Archiv Bd. XXXIII, S. 59) angenommene folgende Rechtsgrundsatz Anwendung:

> „Die dem Grundeigenthümer zu gewährende Entschädigung ist nicht ausschließlich auf die gewöhnliche Benutzung des Grundes und Bodens beschränkt; dieselbe umfaßt vielmehr auch den an Einrichtungen und industriellen Unternehmungen, welche mit dem Grundbesitz in Verbindung stehen, durch die Wasserentziehung verursachten Schaden,"

durch welchen das frühere abweichende Präjudiz 1462 verlassen ist.

Die weiteren Fragen, welche das letztere Präjudiz für die Schätzung des Interesses bei der Wasserentziehung aufstellt: ob das Interesse des Grundbesitzers in den Transportkosten des anderweit zu beschaffenden Wasserbedarfs, oder in dem Minderwachs des Grundstücks, oder in den Kosten einer neuen Brunnen- oder Maschinenanlage, Wasserleitung u. s. w. liege, lassen sich der Natur der Sache nach nur für den einzelnen Fall beantworten. Ihre Beantwortung ergibt sich indeß in jedem einzelnen Falle durch die einfache Anwendung der §§. 79, 82, 89 A. L.R. I, 6. Es muß also, so weit dies vernünftiger Weise möglich ist, das verlorene Wasser anderweit beschafft und eventuell der Geldwerth des aus dem Wasser zu ziehenden Gewinnes gewährt werden, und dieser letztere bestimmt sich entweder direct nach dem Gebrauchswerthe des Wasserbehälters, wenn dieser ein Vermögensobject für sich, sei es als Triebkraft, sei es als Brunnen, ausmacht, oder nach dem Minderwerthe des Grundstücks, wenn das Wasser nur als ein Bestandtheil des Grundstücks erscheint und dessen Ertragsfähigkeit bedingt. Einer besonderen Formel für das Interesse bei Grundschäden bedarf es nicht

Auch der Nutzungsberechtigte ist zur Klage wegen der ihm durch den Bergwerksbetrieb entzogenen Bodenbenutzungen legitimirt. (Präjudiz 2055.)

291) Diese Bestimmung beseitigt einen Zweifel, welcher für die frühere rechtsrheinische Jurisprudenz bereits in demselben Sinne durch den Plenarbeschluß vom 18. April 1843 (Präj. 1284) entschieden war, während für das frühere linksrheinische Recht das Gegentheil angenommen war. (Archiv f. d. Civil- u. Criminalrecht Bd. XLVII. 1, S. 126 Bd. XLVIII, 2, A, S. 49.)

schaftlich, und zwar zu gleichen Theilen [292], zur Entschädigung verpflichtet.

Im Verhältniß der Bergwerksbesitzer unter sich ist der Nachweis eines anderen Theilnahmeverhältnisses und der Anspruch auf Erstattung des Zuvielgezahlten nicht ausgeschlossen.

§. 150.

Der Bergwerksbesitzer ist nicht zum Ersatze des Schadens verpflichtet, welcher an Gebäuden oder anderen Anlagen durch den Betrieb des Bergwerks entsteht, wenn solche Anlagen zu einer Zeit errichtet worden sind, wo die denselben durch den Bergbau drohende Gefahr dem Grundbesitzer bei Anwendung gewöhnlicher Aufmerksamkeit nicht unbekannt bleiben konnte [293]).

---

292) Der Einwand eines andern Theilnahmeverhältnisses ist nicht gestattet Er begründet nur einen Anspruch auf Erstattung gegen den Mitverpflichteten. „Der Grundeigenthümer ist auch berechtigt, nur eine der mehrern Gewerkschaften, durch deren Bergwerksbetrieb ihm das Wasser entzogen ist, auf ihren Kopftheil in Anspruch zu nehmen." Erkenntniß des Obertribunals vom 30. Mai 1859. M. Uebersicht S. 176.

293) Der §. 150 hat die Frage zum Gegenstande, bis zu welcher Grenze der Bergwerksbesitzer für die Beschädigung neuer Anlagen innerhalb des verliehenen Grubenfeldes aufkommen muß. Das Allg. Landrecht verpflichtete im §. 116 b, Th. II, Tit. 16 den Grundbesitzer, wenn die künftige Beschädigung vernünftiger Weise vorausgesehen werden konnte, sich die Stelle, wo die Anlage ohne Gefahr geschehen kann, vom Bergamte anweisen zu lassen, widrigenfalls er zu keiner Entschädigung berechtigt sei. Diese Vorschrift bewährte sich als unpractisch, weil das Bergamt meist nicht in der Lage war, dem Grundbesitzer eine ungefährliche Baustelle anzuweisen. Die neueren deutschen Berggesetzgebungen versuchten andere Lösungen, theils nach dem im §. 116 b angenommenen Gesichtspunkte der Zurechnung der entstandenen Beschädigung, theils nach der Regel der Prävention.

Die Regel der Prävention ist in der größten Ausdehnung in dem österreichischen Berggesetze zur Anwendung gebracht. Nach §§. 106 und 107 dieses Gesetzes darf die obrigkeitliche Baubewilligung zu Gebäuden, Wasserleitungen und andern Anlagen innerhalb eines verliehenen Grubenfeldes nicht ertheilt werden, bevor dem Bergwerksbesitzer eine angemessene Frist zur Gewinnung der verliehenen Mineralien innerhalb des zum Bau bestimmten Raumes gestellt ist. Wird die Anlage ohne obrigkeitliche Baubewilligung errichtet, so ist der Bergwerksbesitzer für den entstehenden Schaden nicht verantwortlich.

Die Auffassung, welche dieser Bestimmung zu Grunde liegt, geht im Wesentlichen dahin, daß jeder der beiden Berechtigten, welche in der Ausübung ihres Bergwerks- und Grundeigenthums innerhalb derselben Oberflächengrenzen zusammentreffen, den Andern so weit ausschließt, als er durch seine Anlagen dem Gebrauche zuvorgekommen ist, welchen der Letztere von seinem Rechte machen kann. Soweit also das noch unverritzte Grubenfeld von dem Grundeigenthümer schon bebaut ist, darf der Bergwerksbesitzer nur gegen Entschädigung des Grundbesitzers zum Nachtheil solcher Anlagen von seinem Rechte Gebrauch machen. Soweit da-

Muß wegen einer derartigen Gefahr die Errichtung solcher Anlagen unterbleiben, so hat der Grundbesitzer auf die Vergütung der Werthsverminderung, welche sein Grundstück dadurch etwa erleidet, keinen Anspruch, wenn sich aus den Umständen ergiebt, daß die Absicht, solche Anlagen zu errichten, nur kund gegeben wird, um jene Vergütung zu erzielen[294]).

---

gegen unter dem unbebauten Grund und Boden bereits Bergwerksanlagen gemacht sind, darf der Grundeigenthümer nur auf eigene Gefahr die Oberfläche bebauen.

Noch nackter wurde der Grundsatz der Prävention in dem großherzoglich sächsischen Berggesetze vom 22. Juni 1857 aufgestellt, welches im §. 135 bestimmt, daß der Grundbesitzer keine Entschädigung erhalte, wenn die beschädigten Gebäude oder Anlagen jünger sind als die beschädigenden Grubenbaue. Dieselbe Bestimmung hatte der preußische vorläufige Entwurf von 1862 in seinem §. 130 aufgenommen.

Das königlich sächsische Berggesetz vom 22. Mai 1851 schloß sich dagegen im Princip dem Allg. Landrecht an und verordnete im §. 236, daß der Bergwerksbesitzer von der Verpflichtung zum Schadensersatz sich dadurch befreie, daß er den Unternehmer der neuen Anlagen „bei Zeiten" auf die zukünftigen Gefahren aufmerksam macht. Unterläßt der Grundbesitzer in Folge dessen den Bau, so muß der Bergwerkseigenthümer sofort die Werthsverminderung ersetzen, welche das Grundstück durch das Unterlassen der beabsichtigten Anlage erleidet.

Während die Bestimmungen des österreichischen und des großherzoglich sächsischen Gesetzes im höchsten Grade unbillig gegen den Grundbesitzer sind und sogar eine wirthschaftliche Gefahr für die Bodencultur in den Bergwerksdistrikten mit sich führen, ist in den Vorschriften des Allg. Landrechts und des königlich sächsischen Berggesetzes das an sich richtige Princip, daß der Schadensersatz durch das concurrirende Versehen des Erbauers der Anlage ausgeschlossen wird, in unzweckmäßiger Weise angewendet worden, da weder der Bergbehörde angesonnen werden darf, die Verantwortlichkeit für die künftig entstehende Gefahr auf sich zu nehmen, noch einer einseitigen Warnung des Bergwerksbesitzers die Wirkung beigelegt werden kann, daß die künftig entstehende Beschädigung der Fahrlässigkeit des Grundbesitzers zugerechnet wird.

Der §. 150 hat daher die Entschädigung zweckmäßiger Weise nur für den Fall ausgeschlossen, daß ein wirklich grobes Versehen bei der Errichtung der beschädigten Anlage obgewaltet hat. Es bleibt dem Bergwerksbesitzer unbenommen, durch eine rechtzeitige Warnung den Grundbesitzer auf die drohende Gefahr aufmerksam zu machen, und eine begründete Warnung begründet jedesmal ein grobes Versehen desjenigen, der sie mißachtet, da der Grundbesitzer durch eine solche Warnung mit der drohenden Gefahr bekannt gemacht ist und etwas, auf das er ausdrücklich aufmerksam gemacht ist, seiner Aufmerksamkeit nicht entgehen kann. War aber die Warnung unbegründet, war zur Zeit der Anlage keine Gefahr der Zerstörung vorhanden und ist dennoch durch einen unvorhergesehenen Zufall später eine Beschädigung durch den Bergbau eingetreten, so hat die unbegründete Warnung nicht den Erfolg, den Entschädigungsanspruch auszuschließen.

294) Die Umkehrung dieses Satzes ergiebt die Regel, daß der Grundbesitzer mit Ausnahme des im Al. 2 des §. 150 vorgesehenen Falles Anspruch auf Ent-

§. 151.

Ansprüche auf Ersatz eines durch den Bergbau verursachten Schadens (§§. 148, 149), welche sich nicht auf Vertrag gründen, müssen von dem Beschädigten innerhalb drei Jahren, nachdem das Dasein und der Urheber des Schadens zu seiner Wissenschaft gelangt sind, durch gerichtliche Klage geltend gemacht werden, widrigenfalls sie verjährt sind[295]).

---

schädigung hat, wenn die Bebauung des Grundstücks wegen der durch den Bergbau drohenden Gefahr der Zerstörung unterbleiben muß. Diese Regel würde an sich aus den allgemeinen Bestimmungen der §§. 137 und 148 nicht folgen, da weder eine Benutzung des Grundstücks für den Bergbau noch auch eine bereits vorhandene Beschädigung durch den Bergbau vorliegt. Sie entspricht indeß der natürlichen Billigkeit. Der Entschädigungsanspruch ist vorhanden, sobald der Grundbesitzer Anlaß zur Errichtung eines Gebäudes oder einer sonstigen Anlage hat und sobald die drohende Gefahr der Zerstörung durch den Bergbau nachgewiesen ist. Eine Warnung seitens des Bergwerksbesitzers braucht nicht vorzuliegen. Es fragt sich sogar, ob der Bergwerksbesitzer auf den Einwand aus dem ersten Alinea des §. 150 verzichten und dadurch die Entschädigungsforderung des Grundbesitzers beseitigen kann. Die Beantwortung dieser Frage hängt von der ferneren Frage ab, ob die Verzichtleistung auf den Einwand des §. 150 die Besitznachfolger des Bergwerkseigenthümers bindet. Beide Fragen müssen bejaht werden, da §. 150 eine gesetzliche Einschränkung des Grundeigenthums zu Gunsten des Bergwerks, eine Legalservitut in der Gestalt eines Untersagungsrechtes constituirt, auf welche vertragsmäßig verzichtet werden kann. Ein solcher vertragsmäßiger Verzicht constituirt zu Gunsten des bebauten Grundstücks eine Servitut ne aedes diruantur an dem Bergwerke, eine Servitut, welche zu der Legalservitut des §. 150 in demselben Verhältnisse steht wie die servitus fluminis non recipiendi zu dem gesetzlichen Vorfluthrechte

295) Der §. 151 entspricht der Declaration vom 31. März 1838 (G.S. S. 252), zu welcher der folgende Plenarbeschluß des Obertribunals vom 20. März 1846, Präjudiz 1846 (Entscheidungen Bd. XIII, S. 19) ergangen ist:

Die dreijährige Verjährung des Anspruchs auf Ersatz eines außerhalb dem Fille eines Contracts erlittenen Schadens trifft auch in den Fällen das ganze Recht, wo der aus einer Handlung entstehende dem Beschädigten bekannt gewordene Schaden so beschaffen ist, daß er, obwohl im wechselnden Umfange, sich auch in der Zukunft erneuert.

In den Gründen dieser Entscheidung wird (S. 25) Folgendes ausgeführt:

„Die Vorschriften der §§. 79—81, 82—84, 89, 90 u. 92 A. L.R. I, 6 ergeben klar, daß der Gesetzgeber dabei von dem Gesichtspunkte ausging, daß, sobald wirklich ein Schaden zugefügt worden, es immer auch sofort möglich sei, die Entschädigungsforderung den aufgestellten Grundsätzen gemäß zu substantiiren, und daß es in dieser Beziehung keinen Unterschied machen könne, ob die Folgen des entstandenen Schadens sich in die Zukunft hinaus erstrecken und sich also periodisch erneuern oder nicht. Denn entweder ist durch die beschädigende Handlung die Sache ganz unbrauchbar, oder in ihrem Werthe vermindert worden. Erstern Falls muß der Werth des unbrauchbar gewordenen Gegenstandes — mochte er nun in einer

## §. 152.

**Auf Beschädigungen des Grundeigenthums oder der Zubehörungen desselben durch die von Schürfern [296]) und Muthern ausgeführten Arbeiten finden die §§. 148 bis 151 ebenfalls Anwendung.**

---

jährlichen Revenue bestanden haben, oder eine Sache gewesen sein, die durch ihren Gebrauch fortdauernden Nutzen gewährte — nach den im Gesetze aufgestellten Grundsätzen ermittelt und vergütet werden. Letzteren Falls aber ist der Minderwerth der Sache in ihrem jetzigen Zustande nach den gesetzlichen Grundsätzen festzustellen, und darnach der Schadensersatz zu leisten. In beiden Fällen kann und muß die daraus gegen den Beschädiger entstandene Forderung binnen drei Jahren nach erlangter Wissenschaft von der eingetretenen Unbrauchbarkeit oder Werthsverminderung gerichtlich geltend gemacht werden, widrigenfalls der ganze Anspruch auf Schadensersatz verloren geht; und kann von einem Ersatze des jegliches Jahr entstandenen Verlustes nicht die Rede sein, da das Gesetz diese Art der Berechnung des Schadensersatzes nicht billigt."

Es ist auffallend, daß dieser Plenarbeschluß durch einen Rechtsfall veranlaßt worden ist, in welchem es sich um die Versiegung einer Quelle und eines Teiches handelte, während nach den Präjudizien 538 und 1462 dem Grundeigenthümer in diesem Falle doch nur der Ersatz des jegliches Jahr entstandenen Verlustes zustand. Allein es ist jedenfalls nicht gestattet, den angeführten Plenarbeschluß von seinen Gründen zu trennen und ihn auf Fälle anzuwenden, in welchen nicht beim Eintritte der ersten Beschädigung sofort actio nata in Bezug auf den ganzen künftig entstehenden Schaden vorhanden ist. Dies ist z. B. bei einer Wasserentziehung durch Tiefbau, auf welche das Präjudiz 1846 mit Unrecht von der Praxis angewendet wird, offenbar nicht der Fall. Das Wasser wird an jedem Tage von Neuem ausgepumpt. Es hängt von der Regenmenge, von dem Fortschritte der unterirdischen Strecken ab, auf welches Niveau das Wasser in den über der Tiefbausohle liegenden Behältern sinken wird. Wenn der Bergbau für eine Zeitlang eingestellt wird, hört auch die Wasserentziehung für so lange auf. Die Beschädigung ist also täglich neu und actio nata nur für die Vergangenheit, nicht für die Zukunft vorhanden. Die Verjährung kann also auch nur den Ersatz des vergangenen Schadens, nicht des zukünftigen treffen.

296) Diese Vorschrift ist auf das Schürfen auf fremdem Grund und Boden zu beschränken. Der Grundeigenthümer, welcher die im § 1 bezeichneten Mineralien auf ihren natürlichen Ablagerungen aufsucht (§. 3), übt nur sein Grundeigenthum aus und ist für die dadurch entstehenden Folgen niemandem verantwortlich. Das entgegengesetzte Präjudiz 2068b des Obertribunals:

> „Auch der Schürfer auf eigenem Grund und Boden ist denjenigen, welche durch seine Schürfarbeiten beschädigt worden, insbesondere benachbarten Grundbesitzern, denen dadurch das Brunnenwasser entzogen wird, zur Entschädigung verpflichtet,"

hatte die Regel des früheren preußischen Bergrechts zur Voraussetzung, daß der Grundeigenthümer nicht kraft seines Eigenthums, sondern nur kraft einer besonderen Schürferlaubniß zu schürfen berechtigt ist. Auf Grund des heutigen Rechts kann der obige Grundsatz nicht Anwendung finden. (Vergl. m. Uebersicht S 170.)

# Dritter Abschnitt.

## Von dem Verhältnisse des Bergbaues zu öffentlichen Verkehrsanstalten[297].

### §. 153.

Gegen die Ausführung von Chausseen, Eisenbahnen, Canälen

297) Der dritte Abschnitt behandelt die Collision zwischen dem Bergbau und den aus dem Straßen- und Postregale des Staates abgeleiteten Gerechtigkeiten, welche die Vermittelung des öffentlichen Verkehrs zum Gegenstande haben. Die Collision entsteht dadurch, daß der Bergbau die Erdoberfläche, auf welcher diese Verkehrsanstalten betrieben werden, beschädigt und dadurch den Betrieb der letztern stört oder gefährdet. Die Lösung dieser Collision kann nur in dem Sinne erfolgen, daß der Bergbau eine Beschränkung insoweit erleidet, als zur Vermeidung von Verkehrsstörungen und Gefahren nothwendig ist. Dem Gesetzgeber blieb nur übrig, zu entscheiden, welche Entschädigung dem Bergwerksbesitzer für diese Einschränkungen zu Theil werden solle. Unter der früheren Gesetzgebung war diese Entschädigungsverbindlichkeit in beiden Rechtsgebieten bestritten und die Meinungen über die Auslegung der zur Anwendung kommenden Gesetzesvorschriften sehr getheilt.

Das Allg. Landrecht enthielt keine besondere auf den vorliegenden Collisionsfall bezügliche Bestimmung, sondern nur die allgemeine Vorschrift des Th. II, Tit. 16:

> §. 82. Jeder Beliehene muß sein Bergwerkseigenthum den Grundsätzen der Bergwerkspolizei gemäß benützen und kann sich dabei der Aufsicht und Direction des Bergamtes nicht entziehen.

Diese Vorschrift enthielt eine allgemeine Einschränkung des Bergwerkseigenthumes, welche jede specielle Anlage zur Gewinnung der verliehenen Mineralien von der Gestattung der Bergbehörden abhängig machte und eine Collision mit den oben erwähnten Gerechtigkeiten des öffentlichen Verkehrs von vornherein unmöglich machte. Durch das Gesetz vom 21. Mai 1860, die Aufsicht der Bergbehörden über den Bergbau und das Verhältniß der Bergarbeiter betreffend, wurde an die Stelle des §. 82 cit. folgende Bestimmung gesetzt:

> §. 1. Der Bergwerkseigenthümer ist bei dem unter der Aufsicht der Bergbehörde stehenden Bergbau der Einwirkung derselben auf die Gewinnung und Benutzung der Mineralien fortan nicht weiter unterworfen, als zur Wahrung der Nachhaltigkeit des Bergbaues, der Sicherheit der Baue, der Oberfläche im Interesse des Privat- und öffentlichen Verkehrs, des Lebens und der Gesundheit der Arbeiter erforderlich ist.

Diese Vorschrift hält die früher bestandene gesetzliche Einschränkung des Bergwerkseigenthumes durch die Einwirkung der Bergbehörde nur in beschränktem Umfange aufrecht, jedoch namentlich insoweit aufrecht, als zum Schutze der Oberfläche im Interesse des öffentlichen Verkehrs erforderlich ist.

Auf die Einschränkungen, welche der Bergbau durch die gesetzliche Bestimmung des §. 1 cit. erleidet, finden die §§. 1, 2 A. L.R. Th. I, Tit. 22 und das zum Gesetz erhobene Gutachten des Staatsministeriums vom 16. Novbr. 1831 (G.S. S. 256) Anwendung, wonach die Entschädigungspflicht des Staates nur dann ein-

und anderen öffentlichen Verkehrsmitteln, zu deren Anlegung dem

---

tritt, wenn ein in seinen Eigenthumsrechten gesetzlich nicht beschränkter Besitzer durch besondere Anordnung für den einzelnen Fall in der Benutzung seines Eigenthums beschränkt wird, nicht aber wenn dieser Benutzung auf Grund einer gesetzlichen Einschränkung seines Eigenthums Schranken gesetzt werden. (Vergl. die Entscheidungen des Obertribunals v. 9. März 1839 und v. 15. November 1850, Entscheid. Bd. XVII, S. 374; Bd. XX, S. 101.) Nach der früheren rechtsrheinischen Gesetzgebung schloß also die gesetzliche Einschränkung, welcher das Bergwerkseigenthum durch §. 1 des Gesetzes vom 21. Mai 1860 unterworfen ist, jeden Entschädigungsanspruch des Bergwerksbesitzers für die zum Schutze der Oberfläche im Interesse des öffentlichen Verkehrs polizeilich angeordneten Beschränkungen aus.

Diese Ansicht, welche der Herausgeber an verschiedenen Orten (Zeitschr. f. d. Berg-, Hütten- u. Salinenwesen Bd. IX, S. XIII. Zeitschr. f. Bergrecht Bd. III, S. 108. M. Uebersicht 18$^{60}/_{63}$ S. 71 ff.) ausgesprochen hat, ist von zwei verschiedenen Seiten her angegriffen worden. Ebmeier (Zeitschr. f. Bergrecht Bd. II, S. 71 ff.) und das Appellationsgericht zu Hamm in dem Erkenntnisse v. 10. October 1861 (das. Bd. III, S. 102) behaupten, daß die gesetzliche Einschränkung des Bergwerkseigenthumes zum Schutze der Verkehrsanstalten nicht erst durch §. 1 des G. v. 21. Mai 1860 begründet werde, sondern auf dem besondern Abhängigkeitsverhältnisse des Bergbaues vom Staate beruhe, welches jede Entschädigung für die vom Staate angeordneten Einschränkungen des Bergwerksbetriebes ausschließe, auch wenn dieselben durch besondere Anordnungen im Interesse des gemeinen Wohles oder im Interesse eines Dritten getroffen würden. Das Appellationsgericht folgert diesen Satz aus demselben Abhängigkeitsverhältnisse und aus der unkörperlichen Natur des Bergwerkseigenthumes (§§. 1, 2, 6, 82 u. 108 A. L.R. II, 16.) Wäre die Folgerung in dieser Allgemeinheit richtig, so würde das Bergwerkseigenthum allerdings in Bezug auf die polizeilichen Verfügungen des Staates jedes Rechtsschutzes entbehren. Die Vorschriften des A. L.R. Einl. §§. 74 u. 75; Th. I, Tit. 8, §§. 29—31 und der Verfassungsurkunde Art. 9 würden dann unter allen Rechten auf das Bergwerkseigenthum allein keine Anwendung finden.

Allein diese Consequenz folgt weder aus der Annahme, daß das Bergwerkseigenthum ein unkörperliches Recht zur Besitznahme der Fossilien sei, welche überdies nicht zutrifft, noch aus der Unterwerfung des Bergbaues unter die Grundsätze der Bergwerkspolizei, und unter die Oberaufsicht des Staates. Die Unverletzlichkeit des Eigenthums gilt nicht bloß von dem Sacheigenthume (dominium rerum) im engeren Sinne, sondern von allen Vermögensrechten. Die §§. 82 u. 108 a. a. O. ferner, welche den Bergbau ohne alle Einschränkung der Einwirkung der Bergbehörde unterwarfen, sind durch §. 1 des Ges. v. 21. Mai 1860 unzweifelhaft aufgehoben, welcher diese Einwirkung nur noch für gewisse Fälle aufrecht erhält.

Untersucht man nun ferner, ob der Bergbau einer gesetzlichen Einschränkung zum Schutze des Oberflächeneigenthums im Allgemeinen unterliegt, so ergiebt sich, daß dies nicht der Fall ist. Nach §§. 109—116$^{b}$ A. L.R. Th. II, Tit. 16 muß der Grundeigenthümer sich jede Beschädigung, welche sein Grundstück durch den Bergbau erleidet, gefallen lassen, und er ist nach §. 112 nur berechtigt, für die verlorene, sowie für die abgetretene Bodenbenutzung Entschädigung zu fordern. Wenn also die Bergpolizei zum Schutze irgend eines Grundstückes

Unternehmer durch Gesetz oder besondere landesherrliche Verordnung

---

die Gewinnung verliehener Mineralien verbietet oder beschränkt, so beruht diese Beschränkung nicht auf gesetzlicher Anordnung, sondern auf besonderer Bestimmung für den einzelnen Fall. Der Staat ist also nach §. 31 A. L.R. Th. I, Tit. 8 verpflichtet, dafür zu sorgen, daß der Bergwerkseigenthümer für den entgangenen Gewinn schadlos gehalten werde. Weil aber die Gewinnung der verliehenen Mineralien nach §. 112, Th. II, Tit. 16 mit der Verpflichtung zum Ersatze der dadurch an dem Grundstücke entstehenden Beschädigungen verknüpft ist, so besteht der entgangene Gewinn nur in dem Ertrage, welcher aus der untersagten Gewinnung der Mineralien gezogen werden kann, nach Abzug der Schadloshaltung für die damit verbundene Beschädigung des Grundstückes. Der Entschädigungsanspruch wird daher nur zu begründen sein, wenn der durch das polizeiliche Verbot entzogene Gewinn größer ist, als der durch das Verbot verhinderte Schaden. So lange daher die Bergpolizei sich darauf beschränkt, ihrer Aufgabe gemäß nur die überwiegenden Interessen des Grundbesitzes gegen Benachtheiligung durch den Bergbau zu schützen, wird jeder Entschädigungsanspruch des Bergwerksbesitzers durch den Mangel eines wirklichen Verlustes ausgeschlossen sein. Eine gesetzliche Einschränkung des Bergwerkseigenthümers zur Sicherstellung der Oberfläche, welche den Entschädigungsanspruch des Bergwerksbesitzers von Rechts wegen, nicht erst im Wege der Exception ausschließt, läßt sich aber nur aus §. 1 des Ges. v. 21. Mai 1860 und nur in dem durch diese Vorschrift festgestellten Umfange, nämlich „im Interesse des Verkehrs", als vorhanden nachweisen.

Das Vorhandensein dieser gesetzlichen Einschränkung des Bergbaues zum Schutze des öffentlichen Verkehrs ist dagegen von der andern Seite bestritten worden. Veith (die Entschädigungsverbindlichkeit der Eisenbahngesellschaften dem Bergwerkseigenthümer gegenüber, Berlin 1864) führt aus, der §. 1 cit. wende lediglich die allgemeinen Grundsätze von der Polizeigewalt des Staates auf den Bergwerksbetrieb an. Er erwähne nur die Befugnisse der Bergpolizei und die Fälle, in denen der Bergbehörde das Recht zustehen soll, als Polizeibehörde einzuschreiten. Die Beschränkungen, welche der Bergwerkseigenthümer durch die auf Grund dieser Vorschrift von der Bergbehörde erlassenen Verfügungen zur Sicherheit der Oberfläche am Verkehrsinteresse erleide, stellten sich hiernach nicht als gesetzliche Einschränkungen, sondern als polizeiliche Beschränkungen dar, welche für den einzelnen Fall aus Rücksichten des öffentlichen Wohles angeordnet werden und für welche nach §§. 74, 75 der Einleitung und nach §§. 29—31, Th. I, Tit. 8 Allg. Landrechts Entschädigung gewährt werden müsse. (a. a. O. S. 39 ff. S. 54 f. S. 72.)

Der Herausgeber hält auch gegenüber den scharfsinnigen Ausführungen der zuletzt angeführten Schrift an seiner früheren Ansicht fest. Er ist jedoch in der Lage, seine frühere Argumentation in einem nicht unwesentlichen Punkte berichtigen zu müssen. Wenn früher gesagt wurde (Zeitschrift f. Bergrecht Bd. III, S. 110), daß der §. 82 Allg. Landrecht Th. II, Tit. 16 nur die allgemeinen Grundsätze der Polizeihoheit des Staates auf den Bergwerksbetrieb anwende, nicht aber eine besondere gesetzliche Einschränkung des Bergwerkseigenthumes enthalte, so steht diese Annahme mit der weiteren Ausführung allerdings in Widerspruch. Enthielte §. 82 cit. keine gesetzliche Einschränkung, so würde auch §. 1 des Ges. v. 21. Mai 1860, welcher an Stelle des §. 82 getreten ist, keine Einschränkung

das Expropriationsrecht beigelegt ist, steht dem Bergbautreibenden

des Bergwerkseigenthumes enthalten. Denn §. 1 cit. sollte nicht dem Bergbau eine neue Beschränkung auferlegen, sondern ihn von früher bestandenen Einschränkungen befreien.

Es muß jedoch zugegeben werden, daß §. 82 cit. wirklich eine besondere Abhängigkeit des Bergbaues von der Staatsgewalt bedingte und daß die früher von dem Herausgeber bekämpfte Ansicht Ebmeier's nur darin fehlging, daß diese unlimitirte Abhängigkeit noch als fortbestehend angenommen wurde, ungeachtet §. 82 cit. bereits durch das Gesetz v. 21. Mai 1860 aufgehoben und die gesetzliche Einschränkung des Bergwerkseigenthumes durch §. 1 a. a. O. auf ein geringeres festbegrenztes Maß zurückgeführt worden war. Daß §. 82 cit. nicht bloß die allgemeine Regel von der Polizeihoheit auf den Bergbau anwendete, sondern der Bergbehörde eine viel weiter gehende, ja eine unbegrenzte Einwirkung auf den Bergbau gab, wird durch das in der Einleitung S. 62 Gesagte bewiesen. Die Staatsbehörde war sogar befugt, den Betrieb eines Bergwerks aus vermeintlichen Gründen des öffentlichen Wohles oder im Interesse der bereits im Betrieb befindlichen Werke ganz zu verhindern. Daß solche Anordnungen, überhaupt die auf Grund des §. 82 cit. von der Bergbehörde getroffenen Betriebsdispositionen niemals als polizeiliche Verfügungen im Sinne des Gesetzes vom 11. Mai 1842 betrachtet worden sind, daß dem von solchen Verfügungen Betroffenen nicht verstattet wurde, einen Entschädigungsanspruch im Rechtswege geltend zu machen, ist wohl unzweifelhaft. Ebenso bestimmt ist in den Motiven zu §. 1 des Gesetzes vom 21. Mai 1860 (Commissionsbericht des Hauses der Abgeordneten — Zeitschrift f. Bergrecht Bd. I, S. 375) die Absicht ausgesprochen, die früher bestandene Einschränkung des Bergwerksbetriebes durch das Directionsprincip auf gesetzlichem Wege zu beseitigen. Dies geschah in der Weise, daß nach §. 1 der Bergwerkseigenthümer der Einwirkung der Bergbehörde auf die Gewinnung und Benutzung der Mineralien fortan nicht weiter unterworfen blieb, als zur Wahrung der Nachhaltigkeit des Bergbaues und zur Sicherheit der Baue, der Arbeiter und des Verkehrs auf der Oberfläche nothwendig ist.

Die früher bestandene Einrichtung wurde also in diesem Umfange aufrecht erhalten, und nur der Umstand, daß früher eine weitere Beschränkung gemäß §. 82 cit. bestand, nöthigt dazu, aus §. 1 cit. das Fortbestehen einer gesetzlichen Einschränkung des Bergwerkseigenthumes in gewissem Umfange zu folgern, während allerdings, wie Veith mit Recht erinnert, die Einführung einer neuen gesetzlichen Einschränkung aus dem Ausdrucke des §. 1 nicht zu folgern ist.

Dagegen läßt sich das Vorhandensein einer gesetzlichen Einschränkung des Bergwerkseigenthumes in dem durch §. 1 cit. bestimmten Umfange nicht deshalb in Abrede stellen, weil der Schutz der im §. 1 bezeichneten polizeilichen Zwecke im concreten Falle erst durch besondere polizeiliche Anordnungen erreicht wird. Denn diese Anordnungen enthalten nur Anwendungen des Gesetzes auf den bestimmten Fall, nicht aber besondere auf Grund der Polizeihoheit verhängte Beschränkungen des Bergwerkseigenthumes. In ähnlicher Weise wie §. 1 cit. den Bergbau zum Schutze des öffentlichen Verkehrs, beschränkt das Gesetz vom 1. Juli 1861 (oben S. 174) gewisse gewerbliche Anlagen zum Schutze der Anwohner und der Nachbargrundstücke gegen Gefahren und Belästigungen durch den Gewerbebetrieb. Auch diese unzweifelhafte Einschränkuug des Bergwerkseigenthumes gelangt im concreten

ein Widerspruchsrecht nicht zu [298]).

Vor Feststellung der solchen Anlagen zu gebenden Richtung sind

---

Falle erst durch besondere Anordnungen der Polizeibehörde zur Anwendung, welche die Bedingungen des Gewerbebetriebes mit Rücksicht auf diese gesetzliche Einschränkung regeln. Gleichwohl ist der gewerbtreibende Grundeigenthümer unzweifelhaft nicht befugt, für die ihm nach §. 4 des Gesetzes vom 1. Juli 1861 auferlegten Bedingungen und Beschränkungen eine Schadloshaltung auf Grund der §§. 74 und 75 der Einleitung zum Allg. Landrecht zu fordern. Ebensowenig würde es einem Bergwerksbesitzer einfallen, für die zum Schutze des Lebens oder der Gesundheit der Arbeiter ihm auferlegten Beschränkungen des Betriebes Entschädigung zu fordern. Aber ebenso wie ihm das Gesetz vom 21. Mai 1860 im §. 1 die Verpflichtung auferlegte, die zur Sicherheit der Arbeiter nöthigen Vorkehrungen nach näherer Anordnung der Polizeibehörde zu treffen; ebenso verpflichtete es ihn, die erforderlichen Vorkehrungen zum Schutze des Verkehrs auf der Oberfläche zu treffen.

Diese ausführliche Erörterung des früher bestandenen Rechtes ist durch die Uebergangsbestimmung des §. 155 nothwendig geworden, welche für alle vor dem 1. October 1865 verliehenen Bergwerke das bisherige Recht aufrecht erhält.

Das Allg. Berggesetz läßt über das Vorhandensein der gesetzlichen Einschränkung des Bergbaues zu Gunsten der öffentlichen Verkehrsanstalten keinen Zweifel, obgleich es sie ebenfalls im §. 153 nur stillschweigend voraussetzt. Es schließt die Entschädigungsforderung des Bergwerksbesitzers, soweit nicht die Veränderung der Anlagen älterer Bergwerke in Frage kommt, im §. 154 vollständig aus.

298) Dieser Satz hat, sowie er gefaßt ist, keinen juristischen Inhalt. Er verneint etwas, das Niemandem — auch ohne diese Verneinung — einfallen würde zu behaupten. Ein Widerspruchsrecht gegen die Ausführung von Chausseen, Eisenbahnen und Canälen auf Grund einer durch Gesetz oder landesherrliche Verordnung verliehenen Gerechtigkeit, steht an sich Niemandem zu, am wenigsten dem Bergwerksbesitzer, in dessen Rechtskreis durch diese Anlage an und für sich nicht eingegriffen wird. Der Unternehmer, welcher auf angekauftem oder expropriirtem Grund und Boden eine Chaussee oder eine Eisenbahn anlegt, erwirbt durch den Ankauf des Grund und Bodens allein die unbeschränkte Befugniß zu jeder darauf zu errichtenden Anlage. Der Bergbau ist ja nicht ein Nutzungsrecht an Grund und Boden, sondern der Gegenstand eines selbstständigen Bergwerkseigenthumes, welches zu der Chaussee- oder Eisenbahnanlage weder gebraucht noch verwendet wird.

Um das Alinea 1 des §. 153 zu verstehen, muß man den folgenden Satz als stillschweigend gedacht vorausschicken:

> Der Bergwerksbesitzer, in dessen Felde eine Chaussee, eine Eisenbahn oder ein Canal oder andere öffentliche Verkehrsmittel, für deren Anlage das Expropriationsrecht gewährt ist, angelegt sind, muß bei seinem Betriebe diejenigen Vorkehrungen treffen, welche zum Schutze dieser Anlagen nothwendig sind.

Erst im Anschluß an diese stillschweigende vorausgesetzte Bestimmung erhält der §. 153 einen Sinn, nämlich den, daß der Bergwerksbesitzer trotz dieser Einschränkung, welche er durch die Anlage erleidet, nicht berechtigt ist, derselben zu widersprechen, und die vorherige Expropriation seines Bergwerkseigenthumes zu verlangen; daß er vielmehr nur darüber gehört werden soll, wie die Anlage mit möglichst geringem Nachtheil für seinen Betrieb auszuführen sei.

diejenigen, über deren Bergwerke dieselben geführt werden sollen, seitens der zuständigen Behörde[299]) darüber zu hören, in welcher Weise unter möglichst geringer Benachtheiligung des Bergwerkseigenthums die Anlage auszuführen sei.

§. 154.

War der Bergbautreibende zu dem Bergwerksbetriebe früher berechtigt[300]), als die Genehmigung der Anlage (§. 153) ertheilt ist, so hat derselbe gegen den Unternehmer der Anlage einen Anspruch auf Schadensersatz. Ein Schadensersatz findet nur insoweit statt, als entweder die Herstellung sonst nicht erforderlicher Anlagen in dem Bergwerke oder die sonst nicht erforderliche Beseitigung oder Veränderung bereits in dem Bergwerke vorhandener Anlagen nothwendig wird[301]).

Können die Betheiligten sich über die zu leistende Entschädigung nicht gütlich einigen, so erfolgt die Festsetzung derselben nach Anhö-

---

299) Die Vernehmuug des Bergwerksbesitzers erfolgt seitens derjenigen Behörde, welche die Richtung der Anlage feststellt, also bei Bergwerksstraßen, Eisenbahnen und Canälen, zu welchen die Grundabtretung gemäß §. 135 verlangt wird, durch das Oberbergamt und die Regierung, in den übrigen Fällen durch den Handelsminister. Die unterlassene Zuziehung hat keine rechtlichen Folgen. Sie befreit weder den Bergwerksbesitzer von der gesetzlichen Einschränkung, noch bedingt sie einen weiteren Entschädigungsanspruch, als §. 154 für den Fall der geschehenen Zuziehung gewährt. Es liegt also im Interesse der Bergwerksbesitzer, darüber zu wachen, daß ihre Anhörung nicht unterbleibt, und sich zu diesem Zwecke auch unaufgefordert mit ihren Anträgen an die Regierung oder das Oberbergamt zu wenden.

300) Ueber die frühere Berechtigung entscheidet der Tag der Verleihung des Bergwerks.

301) Der Anspruch auf Schadensersatz tritt ein, sobald die Veränderung der Anlagen oder die Herstellung neuer Anlagen zum Schutze des Bahnkörpers (der Chaussee oder des Canals) polizeilich angeordnet oder sonst nothwendig wird.

302) Dieser Paragraph, welcher aus einem Antrage der Commission des Herrenhauses hervorgegangen ist (Commissionsbericht S. 61), hält die Controversen des früheren Rechtes für die weit überwiegende Mehrzahl der Fälle aufrecht, denn die Zahl der vor dem 1. October 1865 verliehenen Bergwerke wird voraussichtlich keine sehr erhebliche Vermehrung durch neue Verleihungen erfahren. Der §. 155 würde daher im practischen Resultate den §. 154 für die große Mehrzahl der Fälle aufheben, wenn wirklich die bisherigen Gesetze einen weitergehenden Entschädigungsanspruch, als den im §. 154 bestimmten, zuließen. Dies ist indeß nach dem in Anm. 297 Gesagten nicht der Fall.

Die Praxis der Gerichtshöfe stimmt in der überwiegenden Mehrheit mit der vorstehenden Auffassung überein, wie die nachstehende, aus dem Commissionsbericht des Hauses der Abgeordneten entnommene Uebersicht ergiebt:

„Im Gebiete des Allgemeinen Landrechts hat das Appellations-

rung beider Theile und mit Vorbehalt des Rechtsweges durch einen Beschluß des Oberbergamts, welcher vorläufig vollstreckbar ist.

§. 155.

Wenn Bergbautreibende, welche vor Eintritt der Gesetzeskraft des gegenwärtigen Gesetzes [302]) zu dem Bergwerksbetriebe berechtigt

---

gericht zu Hamm durch das Erkenntniß vom 10. October 1861 und das Obertribunal durch die Erkenntnisse vom 28. März 1862 und 20. März 1863 den Entschädigungsanspruch des Bergwerksbesitzers verneint. (Vergl. Entscheidung. des Obertribunals Bd. 48, S. 368. Striethorst, Archiv, Bd. 49, S. 121. Brassert, Zeitschrift, Bd. 3, S. 103 und Bd. 4, S. 246.)

In Uebereinstimmung hiermit steht die Obertribunals-Entscheidung vom 23. September 1859 (Striethorst, Archiv, Bd. 35, S. 95).

Das Appellationsgericht zu Ratibor hat durch das Erkenntniß vom 30. December 1861 die Entschädigungsfrage bejaht; dieses Appellationserkenntniß ist durch das soeben angeführte Obertribunals-Erkenntniß vom 20. März 1863 vernichtet.

Ein Erkenntniß des Obertribunals vom 3. November 1854 hat zwar in einem andern Falle die Magdeburg-Leipziger Eisenbahn zur Entschädigung verurtheilt, und auf dieses nur die Verpflichtung in quali beruhende Erkenntniß bezieht sich die demnächstige Obertribunals-Entscheidung vom 2. Mai 1862 über die Ermittelung des Quantums. Allein dieses Präjudicat ist für die vorliegende Frage nicht von Bedeutung, weil es sich dort um andere thatsächliche Voraussetzungen handelte *).

In dem Rechtsgebiete des französischen Rechts hat der französische Cassationshof durch seine beiden, in einer und derselben Prozeßsache ergangenen Entscheidungen vom 18. Juli 1837 und 3. März 1841 die Entschädigungsfrage bejaht, während in derselben Proceßsache der Appellhof von Lyon und der Appellhof von Dijon die Entschädigungsfrage verneinten. (Vergl. Veith a. a. O. S. 41. Sirey, récueil des lois etc. vol. de 1837 I. pag 664 sqq., vol. de 1841 pag. 259.)

Der Justizsenat zu Ehrenbreitstein hat für den Bereich des Gemeinen Rechts durch das nicht abgedruckte Erkenntniß vom 2. November 1864 (in Sachen der Gewerkschaft J. W. Buderus Söhne gegen die Köln-Mindener Eisenbahn) in Uebereinstimmung mit dem Kreisgericht zu Wetzlar die Entschädigungsfrage verneint.

Wie Achenbach in der Zeitschr. f. Bergr. Bd. 4, S. 337 mittheilt, ist die französische Praxis und Doctrin, namentlich Bury, allgemein der Ansicht, daß die Entschädigungsfrage zu verneinen sei.

Das Resultat läßt sich also dahin zusammenfassen, daß mit Ausnahme einer einzelnen abweichenden Entscheidung eines preußischen Appellationsgerichts und zwei einzelnen abweichenden, vor zuletzt 24 Jahren ergangenen Entscheidungen des französischen Cassationshofes, sowie mit Ausnahme eines neueren deutschen Schriftstellers (Veith), sowohl die Praxis als die Doctrin gegenwärtig darin übereinstim-

---

*) Vergl. m. Bemerkungen zu diesem Erkenntnisse in der Zeitschrift f. Bergrecht Bd. 3, S. 110.

waren, Entschädigungsansprüche erheben, welche über den ihnen nach §. 154 zu gewährenden Schadensersatz hinausgehen, so ist über diese Ansprüche nach den bisherigen Gesetzen zu entscheiden.

---

men, daß der oben bezeichnete Entschädigungsanspruch dem Bergwerksbesitzer nicht zustehe."

Es ist kaum zu erwarten, daß die Gerichtshöfe von ihrer bisherigen ziemlich constanten Auslegung der bisherigen Gesetze wieder abgehen werden, nachdem auch der Gesetzgeber bei der Codification des Bergrechtes sich derselben Auffassung in Bezug auf die bestehende gesetzliche Einschränkung des Bergbaues zu Gunsten der öffentlichen Verkehrsanstalten angeschlossen hat.

Für den Fall, daß die Existenz dieser gesetzlichen Einschränkung nach der bisherigen Gesetzgebung nicht anerkannt wird, würde dagegen in den Fällen des §. 155 die weitere Frage zu entscheiden sein, welche Entschädigung der Bergwerksbesitzer für die polizeilich angeordneten Vorkehrungen zum Schutze der das Grubenfeld durchschneidenden Verkehrsstraßen zu fordern berechtigt ist. Diese Frage würde dahin zu beantworten sein, daß ihm außer dem Kostenaufwande für diese Vorkehrungen, der im Falle des §. 154 allein zu ersetzen ist, auch der entgehende Gewinn, also namentlich der Ertrag der Sicherheitspfeiler, welche zum Schutze des Bahnkörpers stehen bleiben müssen, vergütet werden muß. Bei der Berechnung dieses Gewinnes würde aber, wie oben (S 289) bemerkt ist, der Schadensersatz in Anrechnung gebracht werden müssen, den der Bergwerksbesitzer für eine etwaige Zerstörung der Verkehrsstraße durch Wegnahme der anstehenden Sicherheitspfeiler leisten müßte.

Diese Einwendung wird in den meisten Fällen den Anspruch des Bergwerksbesitzers auf Ersatz des entgangenen Gewinnes beseitigen. Man hat demselben auf zweifache Weise zu begegnen versucht. Zunächst dadurch, daß man nicht das polizeiliche Verbot des Abbaues der Sicherheitspfeiler, sondern schon die Eisenbahnanlage, welche ein solches Verbot nothwendig macht, als den Eingriff in die Rechte des Bergwerkseigenthümers bezeichnet, für welchen Entschädigung verlangt wird. Nach Veith (a. a. O. S. 58 ff.) soll der Grundbesitzer nicht berechtigt sein, das Grundstück in der Art zu benutzen, daß dadurch die Gewinnung der darunter befindlichen Mineralien in irgend einer Weise mittelbar oder unmittelbar verhindert wird. Diese Auffassung von dem Verhältnisse collidirender Rechte, welche auch von Koch (Commentar zum Allg. Landrecht Anm. 18 zu §. 28, Th. I, Tit. 8) vertheidigt wird, steht mit der allgemein angenommenen im Widerspruche. Nach der gemeinen Meinung ist jeder Berechtigte befugt, von seinem Rechte Gebrauch zu machen, ohne auf das des Anderen Rücksicht zu nehmen. (Qui suo jure utitur, neminem laedit.) Ausnahmen von dieser Regel können nur durch das positive Gesetz bestimmt werden. Auch eine solche Ausnahme ist behauptet worden auf Grund des §. 116 b Allg. Landrecht Th. II, Tit. 16, wonach der Grundeigenthümer wegen der an neuen Anlagen durch den fortgehenden Bergbau entstehenden Schäden zu keiner Vergütung berechtigt ist, wenn die Ausdehnung des Bergbaues bis zu diesen Anlagen vernünftiger Weise vorausgesehen werden konnte und er gleichwohl unterlassen hat, sich von dem Bergamte die Stelle anweisen zu lassen, wo die Anlage ohne Gefahr gemacht werden kann. Diesem Gesetze ist dann von der anderen Seite der §. 4 des Eisenbahngesetzes vom 3. November 1838 entgegen-

# Sechster Titel.

# Von der Aufhebung des Bergwerkseigenthums [303]).

## §. 156.

Wird amtlich festgestellt, daß ein Bergwerkseigenthümer die nach Vorschrift des §. 65 an ihn erlassene Aufforderung zur Inbetriebsetzung des Bergwerks oder zur Fortsetzung des unterbrochenen Betriebes nicht befolgt hat, so kann das Oberbergamt die Einleitung des Verfahrens wegen Entziehung des Bergwerkseigenthums [304])

---

gesetzt worden, nach welchem die Richtung der Bahnlinie von dem Handelsministerium festgesetzt wird. Und es scheint richtig zu sein, daß der Eisenbahngesellschaft ein Verstoß gegen §. 116 b cit. nicht zur Last gesetzt werden kann, wenn sie ihrer gesetzlichen Verpflichtung gemäß die von dem Handelsminister vorgeschriebene Bahnlinie innehält.

Die Replik aus §. 116 b wird aber auch bei allen nach dem 1. October 1865 angelegten Verkehrsstraßen durch §. 153 Al. 2 des Allg. Berggesetzes beseitigt, da jetzt die Richtung der Verkehrsstraßen nach Anhörung des Bergwerksbesitzers von der zuständigen Behörde festgesetzt wird. Anstatt der im §. 116 b cit. vorgesehenen Anweisung des Bergamtes tritt also jetzt bei der Anlage der Verkehrsstraßen die Festsetzung der zuständigen Behörde ein und dem Unternehmer, welcher diese Festsetzung inne hält, kann nicht zur Last gelegt werden, daß er die im §. 116 b vorgesehene Anweisung versäumt habe.

Das Resultat dieser Erörterung ist, daß dem Anspruche des Bergwerksbesitzers auf Ersatz des durch die Einschränkung des Betriebes entgangenen Gewinnes, wenn er überhaupt in den Fällen des §. 155 für zulässig erachtet wird, mit Erfolg der Einwand engegengestellt werden kann, daß durch diese Betriebsbeschränkungen ein größerer Schaden vermieden worden sei, welchen eventuell der Bergwerksbesitzer hätte tragen müssen.

Die übrigen Controversen, welche sich an den im Vorstehenden erörterten Anspruch auf den Ersatz des entgangenen Gewinnes anknüpfen, insofern derselbe in den Fällen des §. 155 nach den bisherigen Gesetzen beurtheilt werden soll, sind in der angeführten Schrift von Veith einer ebenso eingehenden als überzeugenden Kritik unterzogen worden, deren Resultate durchweg als maßgebend bezeichnet werden dürfen.

303) Die Aufhebung des Bergwerkseigenthums kann unfreiwillig durch Entziehung desselben (§§. 156—160) oder freiwillig durch Verzicht, und letzterer wiederum in Bezug auf das ganze Bergwerk (§. 161) oder auf Theile desselben (§. 162) erfolgen. Der gegenwärtige Titel bestimmt die Voraussetzungen und Formen für diese Fälle.

Ueber die Aufhebung der Erbstollenrechte vergl. §. 223.

304) „In den rechtsrheinischen Landestheilen trat bisher der unfreiwillige Verlust theils nach einzelnen Bergordnungen, theils nach dem Allgemeinen Landrechte in nicht weniger als neun Fällen ein: wegen Nichtbetriebes, Nichtzahlung

durch einen Beschluß aussprechen[305]).

des Receßgeldes, Nichzahlung der Zubuße, Verweigerung des Vermessens, scheinweiser oder betrüglicher Zuschreibung von Bergwerksantheilen, wegen Raubbaues, Beschädigung fremder Grubengebäude, betrüglicher Beseitigung von Lochsteinen, Erbstufen 2c., wegen Eingehung gesetzwidriger Pachtverträge über Bergwerke.

Anerkanntermaßen lag in diesem Rechtszustande einer der hauptsächlichsten Gründe, weshalb über Unsicherheit und ungenügende Creditfähigkeit des Bergwerkseigenthums geklagt wird. Die gänzliche Umgestaltung dieser Materie entspricht deshalb nicht nur den volkswirthschaftlichen Rücksichten, sondern auch der Rechtsforderung, das Bergwerkseigenthum nicht weiter zu beschränken, als durch überwiegende Gründe des öffentlichen Interesses geboten ist.

Nachdem der Betriebszwang in dem seitherigen Umfange beseitigt und im §. 65 auf den Fall beschränkt ist, wo dem Nichtbetriebe überwiegende Gründe des öffentlichen Interesses entgegenstehen, hat das Berggesetz auch den Grundsatz der Unwiderruflichkeit des verliehenen Bergwerkseigenthums nur in Beziehung auf diesen einen Fall zu modificiren. Wie nämlich schon bei §. 65 hervorgehoben wurde, widerspricht es der allgemeinen Bergbaufreiheit und dem hierauf beruhenden öffentlichen Interesse, wenn ein Bergwerkseigenthümer sein Bergwerk trotz der unter den Voraussetzungen und Formen des Gesetzes an ihn erlassenen Aufforderung zur Inbetriebsetzung nicht betreibt. Diese Verletzung des öffentlichen Interesses muß deshalb durch Entziehung des Bergwerkseigenthums beseitigt werden." (Motive S. 93.)

305) Das Verfahren wegen Entziehung des Bergwerkseigenthumes zerfällt in sechs Theile:

1) die Aufforderung an den Bergwerkseigenthümer zur Inbetriebsetzung (§. 65),
2) der einleitende Beschluß des Oberbergamtes (§. 156),
3) die Opposition des Bergwerksbesitzers im Wege der gerichtlichen Klage (§. 157),
4) die Provocation der Hypothekengläubiger und Realberechtigten zur Verfolgung ihres Rechtes im Wege der nothwendigen Subhastation (§. 158),
5) das Subhastationsverfahren, sofern dasselbe von einem Gläubiger, einem Realberechtigten oder dem Bergwerkseigenthümer in Antrag gebracht wird,
6) der Beschluß des Oberbergamtes wegen Aufhebung des Bergwerkseigenthumes.

Die Fristen des Verfahrens betragen zusammengenommen 9 Monate und 4 Wochen, falls weder gegen den einleitenden Beschluß Recurs ergriffen oder gerichtliche Klage erhoben, noch auch die gerichtliche Subhastation seitens eines Interessenten beantragt wird. Im andern Falle verlängert sich die Summe noch um den Betrag der Fristen des Recursverfahrens (§. 192), des ordentlichen Civilprocesses und des Subhastationsverfahrens. Während des Laufes dieser sämmtlichen Fristen kann der Bergwerksbesitzer durch die Wiederaufnahme des Betriebes den Verlust des Bergwerkseigenthumes (nur nicht die etwa eingeleitete Subhastation) abwenden (vergl. Anm. 309). Das Verfahren wird daher voraussichtlich selten eingeleitet werden und noch seltener zur Aufhebung des Bergwerkseigenthums führen, so lange noch ein Bergwerkseigenthümer vorhanden ist. Ist dagegen das Bergwerk derelinquirt, ohne daß die im §. 161 vorgeschriebene Form beobachtet, so kann das in den §§. 156 ff. vorgeschriebene Verfahren zur Aufhebung des Bergwerkseigenthums mit Erfolg angewandt werden, um die anderweitige Verleihung des Bergwerks möglich zu machen (vergl. Anm. 313).

§. 157.

Der Bergwerkseigenthümer ist befugt, binnen vier Wochen vom Ablaufe des Tages, an welchem ihm der Beschluß, beziehungsweise der Recursbescheid (§. 191) zugestellt ist, bei dem Gerichte, in dessen Bezirk das Bergwerk liegt, gegen das Oberbergamt auf Aufhebung des Beschlusses zu klagen[306]). Geschieht dies nicht, so ist das Einspruchsrecht erloschen.

§. 158.

Erhebt der Bergwerkseigenthümer keinen Einspruch oder ist derselbe rechtskräftig verworfen, so wird der Beschluß von dem Oberbergamte den aus dem Hypothekenbuche oder den Rheinischen Hypothekenregistern ersichtlichen Gläubigern und anderen Realberechtigten zugestellt und außerdem durch das Amtsblatt der Regierung, in deren Bezirk das Bergwerk liegt, unter Verweisung auf diesen und den folgenden Paragraphen, zur öffentlichen Kenntniß gebracht.

§. 159.

Jeder Hypothekengläubiger oder sonstige Realberechtigte, sowie jeder privilegirte Gläubiger des Rheinischen Rechts ist befugt, binnen drei Monaten vom Ablaufe des Tages, an welchem der Beschluß zugestellt, beziehungsweise an welchem das die Bekanntmachung enthaltende Amtsblatt ausgegeben worden ist, behufs seiner Befriedigung die nothwendige Subhastation des Bergwerks bei dem zuständigen Richter auf seine Kosten zu beantragen, vorbehaltlich der Erstattung derselben aus den Kaufgeldern.

Wer von diesem Rechte binnen der angegebenen Frist keinen Gebrauch macht, hat bei der demnächstigen Aufhebung des Bergwerkseigenthums das Erlöschen seines Realanspruchs zu erleiden (§. 160).

Auch der seitherige Eigenthümer des Bergwerks kann innerhalb jener Präclusivfrist von drei Monaten die Subhastation auf seine Kosten beantragen[307]).

§. 160.

Wird die Subhastation nicht beantragt, oder führt dieselbe nicht

306) Die Klage kann auf den Mangel einer der gesetzlichen Voraussetzungen der Einleitung des Verfahrens (§§. 65, 156) gestützt werden; außerdem etwa noch auf ein Privilegium, welches den Besitzer von der Verpflichtung des §. 65 befreit. Die Inbetriebsetzung des Bergwerks nach Ablauf der gemäß §. 65 gestellten Frist begründet nicht die Klage auf Aufhebung des Verfahrens, sondern nur den Antrag auf Einstellung desselben bei dem Oberbergamte (vergl. Anm. 309).

307) Die auf Antrag des Eigenthümers erfolgende Subhastation hat nicht die Wirkungen der nothwendigen Subhastation.

zu dem Verkaufe des Bergwerks[308]), so spricht das Oberbergamt durch einen Beschluß[309]) die Aufhebung des Bergwerkseigenthums[310]) aus.

Mit dieser Aufhebung erlöschen alle Ansprüche auf das Bergwerk, von welcher Art sie auch sein mögen[311]).

## §. 161.

Erklärt der Eigenthümer eines Bergwerks vor der Bergbehörde[312]) seinen freiwilligen Verzicht[313]) auf dasselbe, so wird mit

---

308) Wird das Bergwerk im Subhastationsverfahren verkauft, so ist damit der Zweck des Verfahrens — die Inbetriebsetzung des Bergwerks — natürlich noch nicht erreicht. Das Oberbergamt muß vielmehr gegen den neuen Eigenthümer nöthigenfalls dasselbe Verfahren eröffnen, indem es zunächst die Aufforderung zur Inbetriebsetzung an ihn erläßt.

309) Der Bergwerkseigenthümer kann den Antrag auf Einstellung des Verfahrens an das Oberbergamt richten, wenn er der Auffordernng zur Inbetriebsetzung nach erfolgter Einleitung des Verfahrens genügt hat. Das Oberbergamt kann diesem Antrage stattgeben und wird demselben stattgeben, wenn ihm der Beweis geführt wird, daß der Betrieb des Werkes nicht bloß zum Scheine und um der Form zu genügen, sondern in solcher Weise in Angriff genommen ist, daß dadurch den öffentlichen Interessen, welche die Inbetriebsetzung fordern (§. 65), genügt wird. Denn in diesem Falle ist dem Zwecke des Verfahrens genügt, während die Aufhebung des Bergwerkseigenthumes das Gegentheil, nämlich die Wiedereinstellung des Betriebes zur Folge haben würde.

310) Die Aufhebung des Bergwerkseigenthums durch Beschluß des Oberbergamtes hat nicht die Wirkungen der bloßen Dereliction, sondern das Bergwerk geht als besondere Sache mit allen daran klebenden Rechten unter. Die unter dem aufgehobenen Bergwerke begriffenen Mineralien kehren wieder in das Verhältniß der unverliehenen Mineralien (§. 1) zurück. Mit einem Worte, das Bergwerk fällt ins Freie und das Mineralvorkommen kann von Neuem verliehen werden (§§. 14, 16), sei es mit der alten, sei es mit veränderter Begrenzung.

311) Betrifft die Aufhebung ein Bergwerk, welches nach gestrecktem Felde verliehen und von einem gevierten Felde umschlossen ist, so erlangt der Eigenthümer des Geviertfeldes nach §. 219 ein Vorzugsrecht auf die Vereinigung des gestreckten Feldes mit seinem Geviertfelde.

312) Die Erklärung vor der Bergbehörde ist an keine Form gebunden. Sie kann durch eine schriftliche Eingabe oder mündlich zu Protokoll erfolgen.

313) Die Dereliction eines Immobiles kann nach §. 12 Allg. Landrecht Th. II, Tit. 16 schon dadurch erfolgen, daß der Eigenthümer das Grundstück verläßt und dabei seinen Willen, sich desselben begeben zu wollen, ausdrücklich oder stillschweigend äußert. Wenn nun auch eine stillschweigende Aufgabe des Eigenthums bei Bergwerken kaum zu constatiren sein würde, da an fristenden Gruben oft Menschenalter hindurch keine Besitzhandlung vorgenommen wird, ohne daß gleichwohl der Eigenthümer daran denkt, sein Eigenthumsrecht aufzugeben, so kann doch jedenfalls die Dereliction durch ausdrückliche Erklärung erfolgen, ohne daß diese vor der Bergbehörde abgegeben wird. Es treten in diesem Falle die gewöhnlichen civil-

dieser Erklärung nach §. 158 ebenso verfahren, wie mit dem dort bezeichneten Beschlusse [314]).

Die den Hypothekengläubigern und anderen Realberechtigten, sowie den privilegirten Gläubigern des Rheinischen Rechts im §. 159 eingeräumte Befugniß steht denselben auch in diesem Falle zu, und hinsichtlich der Aufhebung des Bergwerkseigenthums finden die Bestimmungen des §. 160 ebenfalls Anwendung.

§. 162.

Nach §. 161 ist auch dann zu verfahren, wenn der freiwillige Verzicht auf das Bergwerkseigenthum nur einzelne Theile eines Feldes betrifft [315]).

§. 163.

Bei jeder Aufhebung eines Bergwerkseigenthums darf der bisherige Eigenthümer die Zimmerung und Mauerung des Grubengebäudes nur insoweit wegnehmen, als nach der Entscheidung der Bergbehörde nicht polizeiliche Gründe entgegenstehen [316]).

§. 164.

Die Kosten, welche durch das im gegenwärtigen Titel angeord-

rechtlichen Wirkungen ein, d. h. nur das Eigenthum des Derelinquenten wird aufgehoben, alle dinglichen Rechte an dem Bergwerke dagegen bleiben bestehen. Das Bergwerk wird zur herrenlosen Sache, zu deren Erwerbung der Staat nach §§. 8 ff. A. L.R. II, 16 vorzugsweise berechtigt ist. Die Wirkung des §. 160 Al. 2 tritt in Folge einer solchen bloßen Dereliction nicht ein. Die an dem Bergwerke bestehenden dinglichen Rechte werden erst durch das gemäß §. 161 eingeleitete Verfahren aufgehoben.

Wenn der derelinquirende Bergwerkseigenthümer unterläßt, seinen Verzicht vor der Bergbehörde zu erklären, so kann er nach §. 13 A. L.R. II, 16. zur bestimmten Erklärung darüber aufgefordert werden, ob er sich seines Eigenthumes begeben wolle. Diese Aufforderung wird auf Anstehen des Fiskus durch den Richter erlassen und nach Ablauf der gestellten Frist wird, wenn keine Erklärung erfolgt, nach §. 14 das derelinquirte Bergwerk dem Fiskus als herrenloses Gut zugeschlagen.

Will dagegen die Behörde nicht das Eigenthum des Bergwerkes für den Fiskus erwerben, sondern dasselbe anderweit an den ersten Muther verleihen, so muß sie gegen den Eigenthümer das Verfahren wegen Aufhebung des Bergwerkeigenthumes von Amtswegen gemäß § 65, 156 ff. einleiten.

314) Die Bekanntmachung durch das Amtsblatt muß auch dann erfolgen, wenn im Hypothekenbuche keine Gläubiger und Realberechtigten eingetragen sind, damit die Aufhebung des Bergwerkseigenthumes auch gegen die unbekannten Realprätendenten wirksam wird.

315) In diesem Falle sind die Hypothekengläubiger und Realberechtigten nach §. 159 befugt, die Subhastation des g a n z e n Bergwerks auf ihre Kosten zu beantragen.

316) Die Uebertretung dieser Vorschrift wird nach §. 207 mit Geldbuße bis zu 50 Thlr. bestraft.

nete Verfahren bei der Bergbehörde erwachsen, hat der Bergwerkseigenthümer zu tragen.

---

# Siebenter Titel.

## Von den Knappschaftsvereinen[317]).

### §. 165.

Für die Arbeiter aller dem gegenwärtigen Gesetze unterworfenen

---

317) Die Gefahren, welche beim Bergwerksbetriebe Leben und Gesundheit der Arbeiter bedrohen, und die dauernde Lebensgemeinschaft, welche durch die Eigenthümlichkeit der bergmännischen Arbeit unter den Bergleuten geschaffen wird, haben schon in früher Zeit zur Bildung von Genossenschaften zur gegenseitigen Unterstützung, d. h. zur Versicherung gegen die Gefahren des gemeinschaftlichen Berufes Anlaß gegeben. Man findet diese Einrichtung schon in den ältesten Quellen des deutschen Bergrechtes, namentlich in den Constitut. juris metall. Wenzeslai II vom Jahre 1300 (der sogenannten Kuttenberger Bergordnung) erwähnt.

Nach der früheren rechtsrheinischen Gesetzgebung waren die Knappschaftskassen Institutenkassen unter der Verwaltung der Bergbehörden. Die Einnahmen bestanden in Beiträgen der Knappschaftsgenossen, welche durch das Statut jeder Knappschaft geregelt wurden, und in Beiträgen der Bergwerksbesitzer, welche zwei Kuxe für die Knappschafts- und Armenkasse frei bauen mußten (Allg. Landr. Th. II, Tit. 16, §. 134). Die Leistungen der Knappschaftskasse erstreckten sich vorzugsweise auf die Unterstützung der Invaliden und der Hinterbliebenen verstorbener Knappschaftsgenossen. Die Fürsorge für erkrankte Bergarbeiter war durch das Gesetz für die ersten 4 — 8 Wochen der Krankheit dem Bergwerksbesitzer auferlegt. Erst bei längerer Dauer der Krankheit ging die Verpflegung des Kranken auf die Knappschaftskasse über (a. a. O. §§. 214 — 216).

In den linksrheinischen Landestheilen war durch das Decret vom 3. Januar 1813 Art. 15, 16 den Bergwerksbesitzern die Pflicht auferlegt, für die ärztliche Behandlung der erkrankten Bergleute zu sorgen. Die Fürsorge für sonstige Unterstützungen und insbesondere die Bildung von Knappschaftsvereinen war der freien Vereinigung der Betheiligten überlassen.

Auch in den rechtsrheinischen Landestheilen waren vor dem Jahre 1855 nicht sämmtliche Bergleute zu Knappschaftsverbänden vereinigt. Die 53 Knappschaftskassen, welche nach der Zeitschr. f. Berg-, Hütten- und Salinenwesen Bd. II, S. 90 im Jahre 1852 bestanden, zählten zusammen 56,462 ständige und unständige Mitglieder, während die Zahl der Bergleute und Salinenarbeiter in demselben Jahre 68,300 betrug (das. Bd. X, Supplem. S 5, 60). Diese 53 Knappschaftskassen hatten ein Capitalvermögen von 1,291,400 Thlr. und eine Einnahme von 448,000 Thlr., wovon 228,200 Thlr. (50%) durch die Mitglieder, 156,000 Thlr. (35%) durch die Werksbesitzer und der Rest durch die Capitalzinsen und zufällige Einnahmen aufgebracht wurde. Die Ausgaben betrugen 408,000 Thlr., davon: 72,900 Thlr. Kurkosten, 167,600 Thlr. Krankengelder (wovon nur 33,500 Thlr.

Bergwerke und Aufbereitungsanstalten, desgleichen für die Arbeiter

---

aus den Knappschaftskassen, 134,000 Thlr. aber von den Werksbesitzern bezahlt wurden) und 181,900 Thlr. Pensionen an Invaliden, Wittwen und Waisen.

Durch das Gesetz vom 10. April 1854 (G.S. S. 139) wurde die Einrichtung der Knappschaftsvereine für den ganzen Umfang der Monarchie obligatorisch. Sie erhielten eine corporative Verfassung, in welcher die Arbeiter und die Werksbesitzer mit gleichen Rechten an der Verwaltung theilnehmen. Die Einrichtung wurde ursprünglich auch auf die Hüttenwerke und auf sämmtliche Aufbereitungsanstalten erstreckt. In Folge des Gesetzes über die Kompetenz der Oberbergämter vom 10. Juni 1861 schieden indeß die Besitzer und Arbeiter der Hüttenwerke und der selbstständigen Aufbereitungsanstalten auf ihren Antrag aus den Knappschaftsvereinen aus (§. 13), soweit sie nicht vorgezogen haben, freiwillig darin zu verbleiben.

Seit dem Jahre 1854 sind zahlreiche Knappschaftsvereine neugegründet. Die Zahl der Vereine belief sich im Jahre 1862 nach der Zeitschr. f. Berg-, Hütten- und Salinenwesen Bd. XII, S. 218 auf 77 mit 126,510 ständigen und unständigen Mitgliedern und 2880 Werksbesitzern. Das Capitalvermögen der 77 Vereine betrug 2,250,000 Thlr., wozu an sonstigem Vermögen (Grundstücken, Lazarethen ꝛc.) noch 554,000 Thlr. kommen. Die Einnahme betrug 1,155,900 Thlr., wovon 570,800 Thlr. (49%) durch Beiträge der Mitglieder, und 452,700 Thlr. (39%) durch die Werksbesitzer aufgebracht wurden. Die Ausgaben betrugen 1,079,000 Thlr. und vertheilten sich mit 241,500 auf die Kurkosten, mit 189,500 Thlr. auf die Krankengelder und mit 474,000 Thlr. auf Pensionen für Invaliden, Wittwen und Waisen. Der Umfang und die Wirksamkeit der Knappschaftsvereine hat sich also seit 1852 ungefähr verdoppelt.

Das Allg. Berggesetz hat im Tit. 7 die durch das Gesetz v. 10. April 1854 eingeführte Organisation der Knappschaftsvereine in ihren Grundzügen beibehalten und nur wenige Abänderungen eingeführt, welche bezwecken, das Knappschaftsinstitut auf der jetzigen Grundlage weiter fortzubilden und zu entwickeln und zur Beseitigung einiger Lücken ergänzende Bestimmungen zu treffen. Die getroffenen Abänderungen verfolgen, wie die Motive S. 96 bemerken, wesentlich die Richtung, den Knappschaftsvereinen eine freiere Stellung der Aufsichtsbehörde gegenüber zu geben, die Verwaltung noch mehr in die Hand der Vorstände zu legen, die Bergbehörde consequent auf die Geschäfte zu beschränken, welche durch das staatliche Aufsichtsrecht bedingt sind, und außerdem die Bildung besonderer Krankenkassen (vergl. Anm. 326) zu ermöglichen. — Die Rücksichten, welche es rechtfertigten, daß die Behörde an der schwierigen ersten Einrichtung des Knappschaftswesens und der Reorganisation der bereits vor Erlaß des Knappschaftsgesetzes vom 10 April 1854 bestehenden Knappschaftsvereine einen mehr ins Einzelne gehenden Antheil nahm und häufig die Initiative ergriff, sind nicht mehr zu nehmen, seitdem die Vereine ins Leben getreten sind, die Verwaltungen sich in geordnetem Gange befinden und die Betheiligten, namentlich die Vorstände, sich mit der neuen Einrichtung vertraut gemacht haben. Die Aufsichtsbehörde kann deshalb in die Stellung zurücktreten, welche ihr als solcher dem Bergwerksbetriebe und seinen Instituten gegenüber vorbehalten ist.

Abweichend vön den seitherigen Grundsätzen ist demgemäß die Aufstellung des Statuts für neu zu gründeude Knappschaftsvereine den Betheiligten überlassen und nur die amtliche Bestätigung vorbehalten; Abänderungen bestehender Statuten sind

der Salinen sollen Knappschaftsvereine bestehen[318]), welche den Zweck haben, ihren Theilnehmern und deren Angehörigen nach näherer Bestimmung des Gesetzes Unterstützungen zu gewähren.

Sind mit den vorbezeichneten Werken zugleich Gewerbsanlagen verbunden, welche nicht unter der Aufsicht der Bergbehörde stehen, so können die bei diesen Gewerbsanlagen beschäftigten Arbeiter auf den gemeinschaftlichen Antrag der letzteren und der Werksbesitzer durch den Knappschaftsvorstand in den Knappschaftsverein aufgenommen werden.

Die Knappschaftsvereine erlangen durch die Bestätigung ihrer Statuten die Eigenschaft juristischer Personen[319]).

§. 166.

Die bereits bestehenden Knappschaftsvereine bleiben in Wirksamkeit. Der gegenwärtige Titel findet jedoch auch auf sie Anwendung. Ihre Statuten sind mit den Vorschriften der §§. 170, 176 und 181 bis 186 in Uebereinstimmung zu bringen.

---

in allen Fällen von einem hierauf gerichteten statutenmäßigen Beschlusse der Betheiligten abhängig gemacht, den Vorständen ist die Leitung der Wahl der Knappschaftsältesten, die Annahme der Beamten und Aerzte des Vereins, die Abschließung der Verträge mit denselben und mit den Apothekern, der Erlaß der Dienstinstruction ꝛc selbstständig überlassen, desgleichen den Vorständen ohne regelmäßige Mitwirkung der Behörde die Revision und Dechargirung der Vereinsrechnungen zugewiesen, und andererseits das Aufsichtsrecht des Staates gesetzlich dahin präcisirt, daß die Bergbehörde die Beobachtung der Statuten und namentlich die statutenmäßige Verwaltung des Vereinsvermögens zu überwachen hat. Zur Erreichung dieses Zweckes ist die sachgemäße Einrichtung beibehalten, wonach besondere Commissarien der Behörde für die Knappschaftsvereine ernannt werden, ohne jedoch wie seither die Gültigkeit der Vorstandsbeschlüsse von deren Anwesenheit in den Sitzungen des Vorstandes abhängig zu machen. Außerdem ist den Vorständen gesetzlich zur Pflicht gemacht, der Aufsichtsbehörde die Einsicht der Protocolle, Kassenbücher und Rechnungen, sowie die Vornahme von Kassenrevisionen zu gestatten, damit die Behörde in der Lage erhalten wird, das Aufsichtsrecht wirksam ausüben zu können.

Als Aufsichtsbehörden sind die Oberbergämter, welchen hierbei die Revierbeamten als ausführende Organe dienen werden, und zwar in der Weise hingestellt, daß dieselben auch die seither dem Handelsminister vorbehaltenen Functionen zu übernehmen haben. Es entspricht dies der gegenwärtig den Oberbergämtern angewiesenen Stellung und dem Gegenstande dieses Aufsichtsrechts.

318) Ueber die Aufbereitungsanstalten vergl. Anm. 245ª zu §. 135.

319) Die Knappschaftsvereine gehören zu den Corporationen des öffentlichen Rechtes, auf welche die Bestimmungen der §§. 25 — 202 Allg. Landrecht Th. II, Tit. 6 Anwendung finden. Sie haben Anspruch auf die im Art. 13 der Declaration v. 6. April 1839 festgesetzte Doppelfrist zur Einlegung von Rechtsmitteln. In der Correspondenz mit der Aufsichtsbehörde genießen sie Portofreiheit.

Die Besitzer und Arbeiter der Hüttenwerke und der dem gegenwärtigen Gesetze nicht unterworfenen Aufbereitungsanstalten, welche bereits einem Knappschaftsvereine angehören, scheiden auf ihren gemeinschaftlichen Antrag aus dem Vereine aus.

§. 167.

Die Bestimmung der Bezirke, für welche neue Knappschaftsvereine gegründet werden sollen, hängt zunächst von dem Beschlusse der Betheiligten ab. Kann hierüber eine Einigung nicht erzielt werden, so entscheidet das Oberbergamt nach Anhörung der Werkbesitzer und eines von den Arbeitern zu wählenden Ausschusses.

§. 168.

Alle in dem Bezirke eines bereits bestehenden oder neu gegründeten Knappschaftsvereins belegenen[320]) Bergwerke, Aufbereitungsanstalten und Salinen (§. 165) und die auf denselben beschäftigten Arbeiter sind dem Vereine nach näherer Bestimmung des Statuts beizutreten berechtigt und verpflichtet[321]).

Berechtigt zum Beitritt sind auch die Werksbeamten, sowie die Verwaltungsbeamten des Knappschaftsvereins.

§. 169.

Für jeden neu gegründeten Knappschaftsverein haben die Werksbesitzer unter Mitwirkung eines von den Arbeitern zu wählenden Ausschusses ein mit dem Gesetze in Uebereinstimmung stehendes Statut aufzustellen. Dasselbe unterliegt der Bestätigung des Oberbergamtes, welche nur versagt werden darf, wenn das Statut den gesetzlichen Bestimmungen zuwiderläuft.

Wird das Statut nach vorgängiger Aufforderung nicht innerhalb Jahresfrist vorgelegt, so hat das Oberbergamt dasselbe aufzustellen[322]).

320) Nur die im Betrieb befindlichen Werke gehören dem Knappschaftsvereine an, wie aus §§. 175, 176 hervorgeht.

321) Jeder Arbeiter auf einem der im §. 165 bezeichneten Werke ist gesetzlich verpflichtet dem Knappschaftsvereine beizutreten, wenn er die statutarischen Bedingungen der Mitgliedschaft erfüllt (§. 168). Das Recht der Theilnahme kann durch das Statut von gewissen Bedingungen abhängig gemacht werden, wie z. B. eine gewisse Dauer der Beschäftigung, der Besitz der bürgerlichen Ehrenrechte. Diese Bedingungen müssen indeß so beschaffen sein, daß dadurch nicht ganze Klassen von Arbeitern ausgeschlossen werden, weil dies der Absicht des §. 165 zuwider laufen würde. Die Aufgabe der Arbeit auf den zum Vereine gehörigen Werken hat nicht den Verlust der Mitgliedschaft zur Folge (vergl. Anm. 330), wohl aber der Eintritt in einen andern Knappschaftsverein. Die theilnehmenden Arbeiter zerfallen in vollberechtigte und minder berechtigte Mitglieder (vergl. §. 171).

322) Die Frist läuft vom Tage der Aufforderung. Die §§. 167 und 169

## §. 170.

Zu allen Abänderungen[322a]) von Knappschaftsstatuten ist erforderlich, daß dieselben von den Betheiligten nach den hierüber in das Statut aufzunehmenden näheren Bestimmungen beschlossen werden und sodann die Bestätigung des Oberbergamtes nach Maßgabe des §. 169 erlangen.

## §. 171.

Die Leistungen, welche jeder Knappschaftsverein nach näherer Bestimmung des Statuts seinen vollberechtigten Mitgliedern[323]) mindestens zu gewähren hat, sind:

1) in Krankheitsfällen eines Knappschaftsgenossen freie Kur und Arznei für seine Person[324]),

---

lassen sich nicht streng juristisch construiren. Einmal ist es rechtlich unmöglich, daß die Bezirke der neuen Knappschaftsvereine von den Betheiligten bestimmt werden, da die Betheiligung ja nach §. 168 von dem Bezirke abhängt. Die Bezirke können also in allen Fällen nur von der Behörde bestimmt werden und §. 167 enthält nur die Instruction für das Oberbergamt, die Besitzer und Arbeiter der in dem projectirten Bezirke belegenen Werke vor der definitiven Feststellung des Bezirkes zu convociren und die Begrenzung eventuell nach den Beschlüssen dieser Versammlung zu modificiren.

Sodann fehlt streng genommen die rechtliche Möglichkeit, daß die Betheiligten eines neugegründeten Knappschaftsvereines kraft der ihnen durch §. 169 beigelegten Autonomie ein Statut aufstellen, da das Gesetz keine Bestimmung darüber enthält, in welcher Form und nach welchen Regeln die Werksbesitzer und die Arbeiter in Angelegenheiten des Knappschaftsvereines Beschluß fassen und ihre Vertreter wählen, sondern in beiden Rücksichten ausdrücklich auf das Statut verweist (§§. 170, 179 ff.), welches im Falle des §. 169 ja erst festgestellt werden soll. In beiden Rücksichten muß also die Initiative der Behörde eintreten und wenn sie die nach den von ihr festgesetzten Formen gefaßten Beschlüsse durch die Bestätigung des aufgestellten Statutes sanctionirt, so kann die Rechtsverbindlichkeit des zu Grunde liegenden Corporationsschlusses später nicht angefochten werden, weil das Gesetz keine maßgebende Norm für die Feststellung des ersten Statutes giebt.

322a) Abänderungen der Statuten können nur nach den übereinstimmenden Beschlüssen der Mehrheit der Werksbesitzer und der Mitglieder erfolgen. Es ist nicht zulässig, im Statut einen andern Modus der Abänderung festzustellen. Rescr. v. 26. März 1866.

323) Zur Erlangung der vollberechtigten Mitgliedschaft erfordern die Statuten übereinstimmend,

1) daß der Arbeiter eine gewisse Zeit hindurch dem Vereine als Mitglied angehört,
2) ein gewisses Lebensalter nicht überschritten hat,
3) von allen Gebrechen und Krankheitsanlagen frei ist, die eine vorzeitige Invalidität befürchten lassen.

324) Die freie Kur und Arznei wird durch die von dem Vereine bestellten Medicinalpersonen gewährt. Die Mitglieder sind nicht berechtigt, sich dieselbe anderweit auf Kosten des Vereines zu beschaffen. Deshalb ruht nach den übereinstim-

2) ein entsprechender Krankenlohn bei einer ohne eigenes grobes Verschulden entstandenen Krankheit[325]),
3) ein Beitrag zu den Begräbnißkosten der Mitglieder und Invaliden,
4) eine lebenslängliche Invalidenunterstützung bei einer ohne grobes Verschulden eingetretenen Arbeitsunfähigkeit[326]),
5) eine Unterstützung der Wittwen auf Lebenszeit, beziehungsweise bis zur etwaigen Wiederverheirathung,
6) eine Unterstützung zur Erziehung der Kinder verstorbener Mitglieder und Invaliden bis nach zurückgelegtem vierzehnten Lebensjahre.

Für die Mitglieder der am wenigsten begünstigten Klasse sind mindestens die unter 1 und 2 genannten Leistungen und, wenn sie bei der Arbeit verunglücken[327]), auch die unter 3 und 4 genannten zu gewähren.

§. 172.

Für die Leistungen unter 1, 2 und 3 des §. 171 oder für einzelne derselben können nach dem gemeinschaftlichen Beschlusse der Werksbesitzer, der Knappschaftsältesten und des Knappschaftsvor-

menden Vorschriften der Statuten diese Berechtigung, wenn das Mitglied sich aus dem Vereinsbezirke entfernt.

325) Die Gewährung des Krankenlohnes ist nach den Statuten der meisten Knappschaftsvereine auf eine gewisse Zeitdauer (6 Wochen bis 6 Monate) beschränkt. Ist nach Verlauf dieser Zeit die Krankheit noch nicht beendigt, so erhält das erkrankte Mitglied bis zu seiner Wiederherstellung die seinem Dienstalter entsprechende Invaliden-Unterstützung.

326) Die Invalidenunterstützung fällt fort, wenn das Mitglied wieder arbeitsfähig wird. Das Mitglied tritt alsdann wieder in die Zahl der activen beitragspflichtigen Mitglieder (§. 174) ein. Dies ist auch dann der Fall, wenn das Mitglied nur zu bestimmten Arbeitsleistungen fähig befunden wird und für diese Verrichtungen dauernde Beschäftigung findet, wenn z. B. ein invalider Häuer als Kohlenmesser angestellt wird. Es kommt nicht darauf an, daß der Arbeiter die Fähigkeit zu allen Grubenarbeiten und die von allen Gebrechen freie Gesundheit wieder erlangt hat, welche das Statut für die erste Aufnahme als Mitglied des Knappschaftsvereines verlangt. (Rescript des Handelsministers vom 14. November 1865 an das Oberbergamt zu Halle.)

327) Der Unglücksfall muß den Tod oder die Arbeitsunfähigkeit zur unmittelbaren Folge haben. Ist der Erfolg nur ein mittelbarer, welcher aus dem Unfalle erst in Verbindung mit einem spätern davon unabhängigen Ereignisse entspringt, so ist nicht anzunehmen, daß das Mitglied bei der Arbeit verunglückt sei, so namentlich in dem Falle, wenn eine an sich ungefährliche Verletzung dadurch zum tödtlichen Ausgange geführt wird, daß der Arbeiter versäumt, ärztliche Hülfe zu suchen und sich durch zweckwidriges Verhalten eine lebensgefährliche Erkrankung zuzieht. (Rescript des Handelsministers an das Oberbergamt zu Bonn v. 15. Januar 1860.)

standes besondere Krankenkassen [328]) auf sämmtlichen [329]) zu einem Knappschaftsvereine gehörigen Werken, und zwar auf jedem einzelnen Werke oder gruppenweise auf mehreren, eingerichtet werden.

Die für die Krankenkassen nach Vorschrift des §. 169 aufzustellenden Statuten unterliegen der daselbst erwähnten Bestätigung.

Die Beaufsichtigung der Krankenkassen gehört zu den Obliegenheiten des Knappschaftsvorstandes. In den Statuten des Knappschaftsvereins sind die näheren Bestimmungen hierüber, sowie über die bei der Abzweigung der Krankenkassen eintretende Herabsetzung der Beiträge zur Hauptkasse zu treffen.

§. 173.

Die Ansprüche der Berechtigten auf die Leistungen der Knappschafts- und der Krankenkassen können weder an Dritte übertragen, noch auch mit Arrest belegt werden.

§. 174.

Sowohl die Arbeiter als auch die Werksbesitzer haben zu den Knappschafts- und den Krankenkassen Beiträge zu leisten.

§. 175.

Die Beiträge der Arbeiter sollen in einem gewissen Procentsatze ihres Arbeitslohnes oder in einem entsprechenden Fixum bestehen [330]).

---

328) Diese Einrichtung gewährt ein wirksames Mittel gegen verstellte Krankheiten, da die Arbeiter sich innerhalb des engereren Kreises einer einzelnen Belegschaft leichter controliren können. Da ferner durch die Beiträge zu den Krankenkassen nur die laufenden Kurkosten ꝛc. aufgebracht werden, folglich die Beiträge nach dem Maße der aufgewandten Kosten steigen und fallen, so erhalten die Mitglieder einen in die Augen fallenden Beweis davon, daß Sparsamkeit im Arzneiverbrauch in ihrem eigenen Interesse liegt. Es wird also durch diese Einrichtung der in vielen Vereinen noch vorherrschenden unnützen Arzneiverschwendung entgegengewirkt.

329) Es sind Zweifel darüber entstanden, ob die Einrichtung besonderer Krankenkassen auf sämmtlichen zu einem Vereine gehörigen Werken getroffen werden muß oder ob §. 172 gestattet, einzelne Werke in Bezug auf die Krankenpflege abzuzweigen, während die übrigen Belegschaften in der unmittelbaren Krankenpflege des Hauptvereines bleiben. Die Aufsichtsbehörde hat sich für die letztere Annahme, als die minder beschränkende Auslegung, ausgesprochen. Bei einer solchen Abzweigung einzelner Werke tritt natürlich eine Herabminderung der von den betreffenden Belegschaften und Werksbesitzern zu entrichtenden Beiträge, welche zwischen den Betheiligten und dem Hauptvereine vereinbart und gemäß §. 172, Al. 3 durch das Statut des Knappschaftsvereines festgesetzt werden muß, ein.

330) Auch bei Festsetzung fixer Beiträge finden nach den statutarischen Bestimmungen verschiedene Abstufungen nach dem Arbeitergrade statt. Außerdem ist sowohl der Procentsatz als der feste Beitrag verschieden bemessen für die vollberech-

Die Beiträge der Werksbesitzer sollen mindestens die Hälfte des Beitrags der Arbeiter ausmachen [331]).

§. 176.

Die Werksbesitzer sind bei Vermeidung des gegen sie selbst zu richtenden Zwangverfahrens verpflichtet, für die Einziehung und Abführung der Beiträge ihrer Arbeiter aufzukommen.

Auch haben die Werksbesitzer ihre Arbeiter regelmäßig an den durch das Statut festzusetzenden Zeitpunkten bei dem Knappschaftsvorstande anzumelden.

Unterbleibt die Anmeldung, so ist der Vorstand befugt, die Zahl der Arbeiter, für welche die Beiträge zur Knappschaftskasse eingezogen werden sollen, nach seinem Ermessen zu bestimmen oder bei dem Oberbergamte den Erlaß eines Strafbefehls gegen den säumigen Werksbesitzer in Antrag zu bringen [332]).

§. 177.

Alle Beiträge zur Knappschaftskasse wie zu den Krankenkassen

---

tigten und die minder berechtigten Mitglieder (§. 171). Wo besondere Krankenkassen (§. 172) errichtet sind, tragen die minder berechtigten Mitglieder nur zu diesen Krankenkassen bei, sofern sich ihre Ansprüche auf diejenigen Leistungen beschränken, deren Gewährung durch die Krankenkassen erfolgt.

Wenn Knappschaftsmitglieder die Arbeit auf den Werken des Vereines verlassen, ohne aus dem Vereine auszuscheiden, so tritt an die Stelle des Procentsatzes vom Arbeitslohne ein durch das Statut bestimmter Feierbeitrag. In der Regel ruht während derselben Zeit nach statutarischer Bestimmung der Anspruch auf die Benefizien Nr. 1 und 2 des §. 171.

331) Es ist nicht nothwendig, daß die Beiträge der Werksbesitzer in Procenten des von ihren Arbeitern geleisteten Beitrages ausgedrückt werden. Sie können auch wie bei dem Oberschlesischen Vereine in einem Fixum nach der Arbeiterzahl ausgedrückt werden, wenn nur im Resultate der Gesammtbeitrag der Werksbesitzer der Hälfte des Beitrages der Arbeiter gleich kommt. Die Bestimmung der Beiträge nach der Kopfzahl der Arbeiter ohne Rücksichten auf die Verschiedenheit der von den verschiedenen Arbeiterklassen gezahlten Beiträge hat den Vortheil, daß die Werksbesitzer kein pecuniäres Interesse dabei haben, ob ihre Belegschaft aus vollberechtigten, also höher besteuerten, oder minder berechtigten Mitgliedern besteht, daß sie also nicht versucht sind, die Annahme minder berechtigter Arbeiter zu begünstigen und den rechtzeitigen Eintritt der Mitglieder in die vollberechtigte Klasse zu erschweren, wodurch das Gedeihen des Vereines beeinträchtigt werden würde.

332) Dies ist der einzige Fall, in welchem das Allg. Berggesetz auf die Executivgewalt der Bergbehörden (Verordn. v. 28. Dezember 1808 §. 48 und Ges. v. 2. März 1880 §. 20, Zusatz zu §. 202) Bezug nimmt, während bei den polizeilichen Anordnungen nach §§. 208, Al. 2 an die Stelle des für jeden Fall nach §. 48 cit. besonders zu erlassenden Strafbefehles die allgemeine Strafandrohung des §. 207 treten soll.

können, auf vorgängige Festsetzung durch das Oberbergamt, im Wege der Verwaltungs-Execution eingezogen werden[333].

Durch Beschreitung des Rechtsweges wird die Execution nicht aufgehalten[334].

§. 178.

Die Verwaltung eines jeden Knappschaftsvereins erfolgt unter Betheiligung von Knappschaftsältesten durch einen Knappschaftsvorstand[335].

§. 179.

Die Knappschaftsältesten werden von den zum Vereine gehörigen Arbeitern und Beamten in einer durch das Statut bestimmten Zahl aus ihrer Mitte gewählt.

Auch den invaliden Arbeitern und Beamten kann die Wählbarkeit durch das Statut beigelegt werden[335a].

Die Knappschaftsältesten vertreten die Knappschaftsmitglieder bei der Wahl des Vorstandes und haben im Allgemeinen das Recht und die Pflicht, einerseits die Befolgung des Statuts durch die Knappschaftsmitglieder zu überwachen und andererseits die Rechte der letzteren gegenüber dem Vorstande wahrzunehmen[336].

---

333) In den östlichen Provinzen nach der Verordnung vom 30. Juli 1853 (G.S. S. 909), in der Provinz Westfalen nach der Verordnung vom 24. November 1843 (G.S. S. 351), in der Rheinprovinz nach der Verordnung vom 30. Juni 1845 (G.S. S. 444), in Neuvorpommern und Rügen nach der Verordnung vom 1. Februar 1858 (G.S. S. 85). Das Oberbergamt hat die Behörde oder den Beamten zu bestimmen, von welchem das Zwangsverfahren vollstreckt werden soll, da den Knappschaftskassen selbst keine bestimmten zur Ausführung der Execution dienenden Beamten zugeordnet sind. (Vergl. §. 2 der vier angeführten Executionsordnungen.)

334) Der Rechtsweg findet nicht bloß über die Verpflichtung an sich und die möglichen Einreden, sondern auch über die von dem Oberbergamte festgesetzte Höhe des Beitrages statt.

335) Der Knappschaftsvorstand ist Repräsentant der juristischen Persönlichkeit des Vereines, nicht ein bloßer Generalbevollmächtigter. Er ist deshalb befugt, seinerseits Bevollmächtigte für einzelne Geschäfte sowohl als Generalmandatare des Vereins zu bestellen, ohne daß ihm hierzu die Substitutionsbefugniß beigelegt zu werden braucht. (Allg. Landrecht Th. II, Tit. 6, §§. 114 ff., §§. 147 ff. Rescript des Handelsministers v. 21. Februar 1866 an das Oberbergamt zu Breslau.)

335a) Das active Wahlrecht kann ihnen hiernach nicht beigelegt werden. Uebrigens kann sowohl das Wahlrecht als die Wählbarkeit durch das Statut an besondere Voraussetzungen (Alter, vollberechtigte Mitgliedschaft rc.) geknüpft werden.

336) Die Knappschaftsältesten sind zugleich die Vertreter der Mitglieder aus dem Arbeiterstande in den Generalversammlungen zur Wahl des Knappschaftsvorstandes und zur Abänderung der Statuten (§. 170), die ausführenden Beamten

Das Statut oder eine besondere Instruction (§. 181) regelt ihre Dienstobliegenheiten.

§. 180.

Die Mitglieder des Knappschaftsvorstandes werden nach näherer Bestimmung des Statuts zur einen Hälfte von den Werksbesitzern, beziehungsweise von den Repräsentanten, und zur anderen Hälfte von den Knappschaftsältesten je aus ihrer Mitte oder aus der Zahl der Königlichen oder Privat-Bergbeamten [337]) gewählt.

§. 181.

Der Knappschaftsvorstand vertritt den Verein nach Außen, leitet die Wahlen der Knappschaftsältesten, erwählt die Beamten und Aerzte des Vereins, schließt die Verträge mit denselben, sowie mit den Apothekern ab, erläßt die erforderlichen Instructionen, verwaltet das Vermögen des Vereins und besorgt alle übrigen ihm durch das Statut übertragenen Geschäfte.

§. 182.

Die jährlich zu legenden Rechnungen müssen nach vorgängiger Prüfung durch den Vorstand den Knappschaftsältesten und den Werksbesitzern zur Einsicht und etwaigen Erklärung offen gelegt werden, bevor der Vorstand dem Cassenbeamten die Entlastung ertheilt [338]).

§. 183.

Die Oberbergämter haben die Beobachtung der Statuten und insbesondere die statutenmäßige Verwaltung des Vermögens zu überwachen [339]).

---

des Vorstandes gegenüber den Knappschaftsmitgliedern und die Vertreter der einzelnen Knappschaftsmitglieder gegenüber dem Vorstande. Sie vereinigen offenbar heterogene und häufig unverträgliche Functionen.

337) Auch die Privatbergbeamten sind wahlberechtigt, ohne Mitglieder des Vereins zu sein, dem sie übrigens nach §. 168 beitreten können.

338) Eine vorherige Prüfung durch das Oberbergamt, wie solche durch das Gesetz v. 10. April 1854 §. 7 vorgeschrieben war, findet nicht mehr statt.

339) Der Knappschaftsvorstand kann von der Aufsichtsbehörde nicht bloß nach §. 184 an der Fassung statutenwidriger Beschlüsse verhindert, sondern auch zu positivem Handeln angehalten werden, wenn er die Erfüllung der ihm statutenmäßig obliegenden Verpflichtungen (z. B. Einberufung von Generalversammlungen, Unterbringung der Capitalien, Offenlegung der Rechnung) versäumt. Gegen die Entscheidung des Oberbergamtes findet der Recurs an den Handelsminister gemäß §. 191 statt. Der Rechtsweg ist zwar nicht gegen die Aufsichtsbehörde zulässig. Handelt es sich jedoch um vermögensrechtliche Ansprüche der Vereinsmitglieder, welche der Vorstand der Entscheidung der Aufsichtsbehörde entgegen nicht anerkennt, so steht ihm frei, als Kläger gegen die Empfänger aufzutreten. Die Aufsichtsbe-

§. 184.

Zur Ausübung dieses Aufsichtsrechts ernennt das Oberbergamt für jeden Knappschaftsverein einen Commissar.

Derselbe ist befugt, allen Sitzungen des Knappschaftsvorstandes, welche ihm zu diesem Zwecke mindestens drei Tage vorher anzuzeigen sind, beizuwohnen und jeden statutenwidrigen Beschluß zu suspendiren. Von einer solchen Suspension muß er dem Oberbergamte sofort Anzeige machen[340]).

§. 185.

Der Knappschaftsvorstand ist jederzeit verpflichtet, dem Oberbergamte und dessen Commissar auf Verlangen die Einsicht der über seine Verhandlungen zu führenden Protokolle, der Cassenbücher und der gelegten Rechnungen, sowie die Revision der Casse zu gestatten.

Auch hat derselbe dem Oberbergamte die zur Statistik des Knappschaftswesens erforderlichen Nachrichten zu geben.

§. 186.

Beschwerden über die Verwaltung des Vorstandes sind bei dem Oberbergamte und in der weiteren Instanz bei dem Handelsminister anzubringen[341]).

---

# Achter Titel.

## Von den Bergbehörden[342]).

§. 187.

Die Bergbehörden sind[343]):

---

hörde ist berechtigt, ihren Entscheidungen durch executivische Zwangsmaßregeln gegen die Mitglieder des Vorstandes Folge zu geben (vergl. Zusatz zu §. 202). Die etwa verhängten Executivstrafen treffen die Vorstandsmitglieder persönlich, nicht das Vermögen des Vereines.

340) Auf diese Anzeige muß eine ausdrückliche Entscheidung des Oberbergamtes darüber erfolgen, ob der suspendirte Beschluß als statutwidrig vernichtet, oder die Suspension aufgehoben werden soll.

341) Die Entscheidungen der Aufsichtsbehörde über vermögensrechtliche Ansprüche der Knappschaftsgenossen gegen den Verein sind nicht vollstreckbar. Die Behörde muß den Beschwerdeführer, falls der Vorstand sich ihrer Entscheidung nicht fügt, zum Rechtswege verweisen, falls sie nicht etwa veranlaßt ist, die Befolgung ihrer Entscheidung indirect auf dem in der Anm. 339 bezeichneten Wege zu erzwingen.

342) Der Organismus der Bergbehörden war schon nach der ältern rechtsrheinischen Gesetzgebung aus den drei Abstufungen der Revierbeamten, Bergämter und der Ministerialinstanz zusammengesetzt. Das Bergamt führte nach der Schle-

die Revierbeamten,
die Oberbergämter,
der Handelsminister.

---

sischen und Magdeburg-Halberstädtischen Bergordnung den Namen Oberbergamt, während die Kleve-Märkische Bergordnung und das Allg. Landrecht die Bezeichnung: Bergamt gebrauchten. Wenn nun auch der Sprachgebrauch in der Bezeichnung der Provinzial-Bergbehörde in den verschiedenen Provinzen ein verschiedener war, so war doch die sachliche Einrichtung überall dieselbe und es bestanden ursprünglich weder in Schlesien und Magdeburg dem Oberbergamte untergeordnete Bergämter, noch in Westfalen über dem Bergamte ein Oberbergamt. Zu Ende des vorigen Jahrhunderts wurde indeß zuerst in Schlesien, dann auch im Magdeburgischen eine solche Zwischenstufe eingeschoben, indem unter den Oberbergämtern mehrere Bergämter für die Localverwaltung errichtet wurden, welchen die Revierbeamten als unselbständige Gehülfen beigegeben blieben. Später wurde auch in Westfalen ein Oberbergamt den bis dahin selbständigen Bergämtern vorgesetzt. Da alles dies ohne ein Gesetz durch bloße Ministerialverfügungen geschah, so entstand nun eine bemerkenswerthe Ungewißheit über die Zuständigkeit der Behörden, da Niemand zu sagen wußte, ob in einem bestimmten Falle das Bergamt oder das Oberbergamt competent sei. Dazu kam eine starke Neigung zur Centralisation der Verwaltung, in Folge deren die Ministerialinstanz alle wichtigen Geschäfte an sich zog und in erster und letzter Instanz entschied, so z. B. die Ertheilung der Verleihungen, welche nach dem Allg. Landrechte und den Provinzial-Bergordnungen dem Bergamte resp. dem Oberbergamte übertragen war.

Auf der linken Rheinseite war seit dem Jahre 1816 ebenfalls die viergliedrige Organisation, bestehend aus dem Ministerium, dem Oberbergamte, den Bergämtern und den Revierbeamten an die Stelle der durch das Decret vom 18. November 1810 vorgesehenen dreifachen Abstufung der Bergbehörden, bestehend aus dem Minister mit dem General-Bergwerksingenieur, dem Präfecten mit dem Oberingenieur und den Unteringenieuren, getreten. Die Mängel jener an sich unzweckmäßigen und mit den gesetzlichen Vorschriften nicht im Einklange stehenden viergliedrigen Organisation wurden beseitigt durch das Gesetz vom 10. Juni 1861 (G. S. S. 425), welches die Bergämter aufhob und nur eine Art collegialischer Bergbehörden als Provinzialinstanz zwischen den Revierbeamten und dem Minister bestehen ließ, nämlich die Oberbergämter.

Das Allg. Berggesetz schließt sich im Tit. 8 der durch jenes Gesetz geschaffenen Einrichtung an und ergänzt sie durch genaue Bestimmungen über die Grenzen zwischen der Competenz der Revierbeamten und der Oberbergämter. Zwischen diesen beiden Behörden sind nach §§. 189—190 die verschiedenen Geschäfte der Bergverwaltung vertheilt, während der Handelsminister ausschließlich als Aufsichts- und Beschwerde-Instanz figurirt.

343) Außer den drei im §. 187 genannten Behörden gehören auch die im §. 246 genannten Berg-Hypothekencommissionen und die Verwaltungen der Staatsbergwerke und Salinen, nämlich die Bergwerksdirection zu Saarbrücken, die verschiedenen Berginspectionen, Salzämter und Salinenverwaltungen zu den Bergbehörden. Auch ressortiren von der Abtheilung des Handels-Ministeriums für

§. 188.

Die Bezirke der Oberbergämter werden durch Königliche Verordnung [344]), diejenigen der Revierbeamten durch den Handelsminister festgestellt.

§. 189.

Die Revierbeamten [345]) bilden für die ihnen überwiesenen Berg-

---

Bergwesen die mit der Verwaltung der Staatshüttenwerke beauftragten Königlichen Hüttenämter, während der Betrieb der Privathüttenwerke unter der Aufsicht der Gewerbepolizeibehörden steht. Die Bergwerksdirectionen, Inspectionen, Salzämter, Salinenämter und Hüttenämter sind dem Oberbergamte untergeordnet, in dessen Bezirke sie ihren Sitz haben. Nur das Hüttenamt zu Wondollek ressortirt von der Regierung zu Gumbinnen.

344) Nach der Allerhöchsten Verordnung vom 29. Juli 1861 (G.S. S. 429) sind die Bezirke der Oberbergämter, wie folgt, bestimmt:

1. für das Oberbergamt zu Breslau die Provinzen Schlesien, Posen und Preußen,
2. für das Oberbergamt zu Halle die Provinzen Sachsen, Brandenburg und Pommern,
3. für das Oberbergamt zu Dortmund:
   a) die Provinz Westfalen, mit Ausnahme des Herzogthums Westfalen, der Grafschaften Wittgenstein-Wittgenstein und Wittgenstein-Berleburg, des Fürstenthums Siegen und der Aemter Burbach und Neunkirchen;
   b) von der Rheinprovinz die Kreise Rees, Duisburg und Essen, sowie die nördlich der Düsseldorf-Schwelmer Staatsstraße belegenen Theile der Kreise Düsseldorf und Elberfeld;
4. für das Oberbergamt zu Bonn:
   a) die Rheinprovinz mit Ausschluß der unter 3. b. bezeichneten Landestheile;
   b) von der Provinz Westfalen die unter 3. a. genannten, von dem Wirkungskreise des Oberbergamts zu Dortmund ausgeschlossenen Landestheile;
   c) die Hohenzollernschen Lande.

345) Die Revierbeamten werden aus der Zahl der Bergassessoren (Anm. 354) ernannt. Sie sind nach den ihnen („der Bergbehörde") durch das Allg. Berggesetz übertragenen Geschäften wesentlich Verwalter der localen Bergpolizei. In andern Geschäftszweigen (Verleihung, Grundabtretung, Knappschaftsverwaltung rc.) steht ihnen eine selbständige Competenz nicht zu. Sie handeln in diesen Geschäften nur im Auftrage des Oberbergamtes als dessen Commissarien. Dies gilt auch, wenn den Revierbeamten für ihr Revier die Annahme der Muthungen delegirt ist (§. 12), da eine Entscheidung über den Muthungsantrag ihnen auch in diesem Falle nicht zusteht. Wegen ihrer Befugniß zur administrativen Execution vergl. Zusatz zu §. 202 und Anm. 370.

Für die Revierbeamten des Oberbergamtsbezirks Bonn ist eine Dienstinstruction vom 29. September 1865 (Zeitschrift f. Berg-, Hütten- und Salinenwesen Bd. XIII, S. 250 ff.) erlassen; ebenso ist von dem Oberbergamte zu Dortmund eine Instruction für die Revierbeamten seines Bezirks vorbereitet und der Erlaß einer gleichen Instruction steht auch seitens der Oberbergämter zu Halle und Breslau in Aussicht.

reviere die erste Instanz in allen Geschäften, welche nach dem gegenwärtigen Gesetze der Bergbehörde obliegen und nicht ausdrücklich den Oberbergämtern übertragen sind.

Sie handhaben insbesondere die Bergpolizei nach Vorschrift des Gesetzes.

Auch gehört zu ihrem Geschäftskreise die Wahrnehmung der Rechte des Staates hinsichtlich der Bergwerksabgaben [346]).

§. 190.

Die Oberbergämter bilden die Aufsichts- und Recursinstanz für die Revierbeamten [347]).

Unter ihrer Aufsicht stehen die Markscheider [348]).

---

346) Vergl. die Zusätze zu §. 245.

347) Die Geschäfte, welche von den Oberbergämtern in erster Instanz wahrgenommen werden, sind: die amtliche Schürfermächtigung (§. 8); die Annahme und Instruction der Muthungen (§§. 12 ff., §§. 28 ff.); die Verleihung §§. 32 ff.; die Bestätigung der Consolidationsurkunden (§§. 41—49); die Bestätigung der Feldestheilung (§. 51); die Entscheidung über die Mitgewinnung (§§. 55, 56); die polizeiliche Genehmigung zu den gewerblichen Anlagen und Triebwerken (§. 59), zur Anlage von Hülfsbauen (§. 61); die Aufforderung zur Inbetriebsetzung (§. 65); die Abänderung des Betriebsplanes (§. 68); die Bestätigung des Statuts der Gewerkschaft (§. 94); das Grundabtretungsverfahren in Gemeinschaft mit der Regierung (§§. 142 ff.); die Festsetzung der Entschädigung für Vorkehrungen zum Schutze der Verkehrsanstalten (§. 154); das Verfahren zur Aufhebung des Bergwerkseigenthumes (§§. 156—162); die Aufsicht über die Verwaltung der Knappschaftsvereine (§§. 167—186); der Erlaß allgemeiner und besonderer Polizeivorschriften in den nicht dringlichen Fällen (§§. 197, 198); endlich alle Anordnungen, welche den ganzen Bezirk betreffen (§§. 17, 72, 78).

Sie sind ferner befugt zur Erhebung des Competenzconflictes (Gesetz vom 8. April 1847 §. 3), zur Entscheidung im Disciplinarverfahren gegen alle bei ihnen angestellten und ihnen untergeordneten Beamten mit Ausnahme der vom Könige ernannten Beamten, der Betriebsdirectoren der größeren Staatswerke und der Hauptrendanten der Oberbergamtskassen, welche vor den Disciplinarhof gehören (Ges. vom 21. Juli 1852 §§. 24—26; Staatsministerialbeschluß vom 23. August 1853 zu V). Wegen ihrer Executivgewalt vergl. Zusatz zu §. 202.

348) Das von dem Handelsminister auf Grund der §§. 53 u. 93 der Allg. Gewerbeordnung vom 17. Januar 1845 erlassene Allgemeine Markscheider-Reglement vom 25. Februar 1856 (Zeitschrift für Berg-, Hütten- und Salinenwesen Bd. IV, S. 27 ff.) verordnet über die Verrichtung und Bezahlung der Markscheider-Arbeiten:

I. Bestellung der Markscheider.

§. 1. Die Markscheider-Arbeiten bei den unter der Aufsicht der Bergbehörde stehenden Bergwerken, Hüttenwerken und Steinbrüchen dürfen nur von denjenigen Personen verrichtet werden, welche nach vorgängiger Prüfung von den Oberbergämtern als Markscheider bestellt und als solche vereidet sind.

§. 2. Die Oberbergämter dürfen nur solche Personen als Markscheider bestellen, von deren Unbescholtenheit und Zuverlässigkeit sie sich überzeugt haben.

Durch sie erfolgt die Prüfung und Concessionirung der letzte-

§. 3. Bei Ausfertigung der Bestallung hat das Oberbergamt in der Regel zugleich den Bergamtsbezirk zu bestimmen, in welchem der Markscheider seinen Wohnsitz zu nehmen hat, und zur Ausführung von Markscheider-Arbeiten so befugt, als auf Verlangen der Berg- und Hüttenwerksbesitzer oder der Bergbehörde verpflichtet ist, ohne ihm jedoch einen rechtlichen Anspruch auf die ausschließliche Verrichtung der Arbeiten in diesem Bezirke einzuräumen *).

§. 4. Markscheider, welche zwar geprüft, mit Bestallung versehen und vereidet sind, jedoch einen bestimmten Geschäftskreis noch nicht zugewiesen erhalten haben, dürfen nur im Auftrage oder mit besonderer Genehmigung des betreffenden Bergamtes Markscheider-Arbeiten verrichten.

§. 5. Der Markscheider ist für die Richtigkeit seiner Arbeiten nnd Angaben verantwortlich, und haftet für jeden Schaden, welcher durch Mängel oder Unrichtigkeiten derselben herbeigeführt wird.

§. 6. Derselbe ist zur strengsten Amtsverschwiegenheit verpflichtet; er darf die in seinen Händen befindlichen Pläne, Observationen oder sonstigen Zeichnungen und Notizen einen Unbefugten nicht einsehen lassen. Zuwiderhandlungen haben die Zurücknahme der Bestallung zur Folge (§. 8), und verpflichten überdies zum vollständigen Ersatz des den Betheiligten daraus entstandenen Schadens.

§. 7. Die Markscheider sind der Disciplin der Bergbehörde unterworfen, und können nach den Bestimmungen der §§. 19 und 21 des Gesetzes v. 21. Juli 1852 (Gesetz-Samml. S. 465) mit Ordnungsstrafen belegt werden. Dergleichen Strafen werden in erster Instanz von dem Director des Bergamts und in zweiter Instanz von dem Oberbergamte, unter Vorbehalt des Recurses an das Ministerium für Handel, Gewerbe und öffentliche Arbeiten, verfügt.

§. 8. Die nach §§. 1—4 ausgefertigten Bestallungen können nach Vorschrift der §§. 71—74 der allgemeinen Gewerbeordnung vom 17. Januar 1845 (G.S. S. 41) zurückgenommen werden.

§. 9. Die Bestallung eines Markscheiders, sowie der Wohnsitz desselben und der ihm angewiesene Bergamtsbezirk (§. 3) ist durch das Oberbergamt in dem betreffenden Regierungs-Amtsblatte bekannt zu machen, wie auch die Zurücknahme der Bestallung (§. 8).

II Verrichtung der Markscheider-Arbeiten.

§. 10. Die Geschäfte des Markscheiders bestehen in Aufnahmen und rißlichen Darstellungen zum Zwecke des ersten Angriffs und des Fortbetriebes der Werke, sowie der Begränzung und Sicherung des Bergeigenthums und der Zubehörungen desselben, insbesondere

a. in der Aufnahme von Schürf-, Muthungs-, Verleihungs-, Concessions- und Permissions-Rissen, Absteckung von Grubenfeldern, Setzung von Gränzmarken (Stufen oder Lochsteinen), von Stollenstufen u. s. w.;

b. in der Aufnahme von Grubenbauen und deren Darstellung in Grund- und Aufrissen nebst den erforderlichen Tageplänen, Durchschnitten u. s. w., sowie der Anfertigung der Grubenbilder;

c in den periodischen Nachtragungen der Grubenbilder;

d. in den Messungen in der Grube und über Tage, und Zulegung derselben,

*) Nach dem Erlasse vom 19. Februar 1862 (a. a. O. Bd. X, S. 224) wird dem Markscheider nur noch der Wohnort, nicht aber ein bestimmter Amtsbezirk angewiesen.

ren, sowie die Wiederentziehung ertheilter Concessionen.

behufs der Angabe von Schächten, Bohrlöchern, Stollen, Strecken und Durchschlägen aller Art, nebst diesen Angaben selbst;

e. in den Abwägungen von Tageröschen, Stollen und Stollenpunkten, Strecken und Bausohlen überhaupt;

f. in der Aufnahme und den Abwägungen zur Anlage von Wegen, Eisenbahnen, Wasserläufen und anderen Tagebauten, welche bei den unter Aufsicht der Bergbehörde stehenden Werken zur Ausführung kommen;

g. in der Aufnahme von den bei den Werken occupirten Grundstücken und der Berechnung der Flächen derselben, sowie in den Abwägungen von Wasserläufen, Gefällen u. s. w., behufs der etwaigen Entschädigungen.

§. 11. Aufgehoben.

§. 12. Die Oberbergämter haben nach den verschiedenen örtlichen Verhältnissen und nach den jedesmaligen Zwecken der Markscheider-Arbeiten in besonderen Instructionen zu bestimmen:

1) die Gegenstände der Aufnahme und rißlichen Darstellung;
2) das anzuwendende Maß, die Länge und Eintheilung, die Prüfung und Justirung der Schnüre und Meßketten;
3) die Winkel- und Nivellir-Instrumente, deren Größe, Eintheilung und Einrichtung, Revision und Justirung, Beobachtung der magnetischen Abweichungen;
4) die Vorrichtung der Markscheiderzüge, Gegen- und Wehrzüge;
5) die Nebenmessungen in der Grube und über Tage;
6) das Schlagen von Zeichen und Pfählen für die Controle oder Revision, sowie für die Nachtragungen;
7) die Buchung der Observationen, die Schema's für die Bücher und die Art der Berechnung der Sohlen und Saigerteufen;
8) das Zulegen der Züge, die Orientirung, Auszeichnung und Beschreibung der Pläne, die Zahl der Grund- und Aufrisse, das Format und die Vervielfältigung der Grubenbilder, auch die Aufbewahrung der verschiedenen Exemplare;
9) die je nach dem Zwecke der Risse anzuwendenden verjüngten Maßstäbe;
10) die Zeit und Art der Nachtragungen der Grubenbilder und anderer Pläne;
11) die Vermerkuug der Arbeiten und der Angaben des Markscheiders, sowie der von ihm dem Aufsichtsbeamten ertheilten Anweisungen in dem Zechenbuche des Werkes;
12) die Einrichtung der Observationsbücher, des Geschäftsjournals, sowie der Liquidationen über Gebühren, Diäten, Reisekosten und die zu erstattenden Auslagen;
13) die Zahl der Gehülfen (Kettenzieher, Anstecker u. s. w.) und die Schichtlöhne derselben.

Bei Nichtbefolgung der Bestimmungen dieser Instructionen kann der Bergamtsdirector gegen die Markscheider Geldstrafen bis 3 Thaler, das Oberbergamt dergleichen bis zur Höhe von 30 Thalern verhängen (§. 7).

§. 13. Sind Gegenstände aufzunehmen, über welche der Markscheider der Angaben anderer Personen bedarf, wie z. B. Markscheiderstufen, durchsetzende Gänge, Flötze, Sprung- und andere Klüfte, Erzmittel, Verdrückungen u. dgl. m.

Sie überwachen die Ausbildung derjenigen Personen, welche

in der Grube, oder Gränzen, Lochsteine, Ausgehende, zugefüllte Schürfe und Schächte u. s. w. über Tage, so hat derselbe von den betreffenden Aufsichtsbeamten über solche Gegenstände genaue Notizen einzuziehen, auch nöthigen Falles besondere Verhandlungen aufzunehmen, worin jene Angaben constatirt werden, um sich dadurch bei etwa später hervortretenden Unrichtigkeiten oder Unvollständigkeiten seiner Aufnahme und Inrißlegung gegen Verantwortlichkeit zu sichern.

§. 14. Werden bei einer rißlichen Darstellung, neben einer neuen Aufnahme, zugleich vorhandene Pläne benutzt, so hat der Markscheider zuvor die letzteren zu prüfen, auch auf seinen Rissen dasjenige, was von jenen Plänen übernommen ist, soviel als möglich kenntlich zu machen. Wenn sich hierin später Unrichtigkeiten herausstellen, so liegt dem Markscheider der Beweis ob, daß, und wie er die Richtigkeit der alten Pläne untersucht hat.

Wird dieser Beweis nicht genügend befunden, so trifft ihn dieselbe Verantwortlichkeit, wie bei Unrichtigkeiten einer eigenen Aufnahme.

III. Beaufsichtigung und Revision der Markscheider-Arbeiten.

§. 15. Die Arbeiten der nach §§. 1—4 bestellten Markscheider eines Bergamtsbezirks unterliegen der Aufsicht und Controle des hiermit ein für alle Mal beauftragten Bergamts-Markscheiders. Zu diesem Zweck ist dem letzteren von dem Oberbergamte eine besondere Instruction zu ertheilen, welche sich den Bestimmungen der im §. 12 erwähnten Instructionen anschließt.

Darin sind auch die Gränzen der zulässigen Differenzen je nach dem Zwecke der verschiedenen Arbeiten festzustellen. Im Allgemeinen soll hierbei als Regel gelten, daß

a. in grundrißlichen Darstellungen die Differenz in der horizontalen Länge höchstens 10 Zoll auf 100 Lachter, oder $\frac{1}{800}$;

b. die seitliche Abweichung einer Linie von 100 Lachtern Länge an ihrem Endpunkte nicht mehr als 15 Zoll*);

c. bei Nivelliments in der Grube, bei Anwendung des Gradbogens, die Höhendifferenz nicht über 1 Zoll auf 100 Lachter oder $\frac{1}{8000}$, dagegen bei Anwendung hydrostatischer Instrumente nicht über 1 Zoll auf 250 Lachter, oder $\frac{1}{20000}$ der horizontalen Länge betragen darf, und daß

d. bei Angabe von Schächten und Gegenörtern die Durchhiebe in der Regel genau aufeinander treffen müssen, in keinem Falle aber die Fehler mehr betragen dürfen, als die Hälfte der vorstehend unter a, b und c festgesetzten Differenzen.

§. 16. Wer bei der Richtigkeit der Markscheider-Arbeiten erweislich ein Interesse hat, wie, außer dem Auftraggeber, z. B. der Eigenthümer angränzender Bergwerke oder einzubringender Stollen, der Besitzer von Tagegebäuden in der Nähe der Baufelder oder ein anderer Oberflächeneigenthümer, kann eine Revision jener Arbeiten verlangen. Diese ist bei dem Bergamte des Bezirks zu beantragen, welches den controlirenden Markscheider (§. 15) zur Untersuchung der Sache beauftragt, und den Markscheider, welcher die bemängelte Arbeit ausgeführt hat, davon in Kenntniß setzt. Letzterem steht es frei, bei der Revision persönlich zu erscheinen oder einen anderen Markscheider zu seinem Vertreter zu bestellen. Im Falle des Ausbleibens wird mit der Revision dennoch vorgegangen.

*) Wird mit dem Theodoliten gearbeitet, so ist nur eine seitliche Abweichung von 5 Zoll gestattet (Erl. v. 26. April 1865).

sich für den Staatsdienst im Bergfache vorbereiten.

---

§. 17. Die Revision (§. 16) beginnt in der Regel mit der Einsicht und Prüfung der Observationsbücher, der Berechnung der Schnüre und Vergleichung mit den Zulagen, den Grundrissen und Profilen; erst dann, wenn dies nicht genügt, um vorgekommene Fehler festzustellen, ist zu den erforderlichen Nachmessungen durch Wehrzüge zu schreiten.

§. 18. Die Ergebnisse der Revision sind in einer Verhandlung ausführlich darzulegen. Diese Verhandlung ist, wenn der Markscheider, dessen Arbeit revidirt worden, oder ein Stellvertreter desselben anwesend ist, von dem einen oder anderen mit zu unterzeichnen, und dann von dem Revisor nebst den betreffenden Plänen, Observationen u. s. w. mit einem gutachtlichen Berichte dem Bergamte zu übergeben.

Findet das Bergamt die Differenzen von der Art, daß die Arbeit für ganz oder theilweise unbrauchbar zu erklären ist, so hat dasselbe darüber zu bestimmen, ob die Rectification der Arbeit durch den Markscheider, welcher sie ausgeführt hat, oder für seine Rechnung durch einen Anderen bewirkt werden soll, und ob derselbe überdies die Kosten des Revisionsverfahrens zu tragen hat.

Ergiebt sich dagegen, daß die Arbeit fehlerfrei, oder doch, daß die gefundenen Differenzen das zulässige Maß (§. 15) nicht übersteigen, so hat der Extrahent die Kosten der Revision zu tragen.

§. 19. Gegen die Entscheidung des Bergamtes (§. 18) kann sowohl der Markscheider, dessen Arbeit revidirt worden ist, als auch der Extrahent (§. 16) innerhalb vier Wochen nach der Zustellung der Verfügung bei dem Oberbergamte des Districtes den Recurs anbringen.

Dem Oberbergamte bleibt es überlassen, auf Grund der erhaltenen Vorlagen Entscheidung zu treffen, oder behufs derselben eine Superrevision durch einen zweiten Revisor, unter Zuziehung des ersten Revisors und des Markscheiders, welcher die Arbeit geliefert hat, zu veranlassen.

Durch den Recursbescheid des Oberbergamtes ist nicht nur über die Beschaffenheit der Arbeit, über die gegen die Richtigkeit der Revision erhobenen Einwendungen, und über die etwa nöthig werdende Rectification, Vervollständigung oder Neufertigung zu entscheiden, sondern auch in Betreff der sämmtlichen Kosten zu bestimmen, wem solche zur Last zu legen, resp. ob und wie sie zu repartiren sind.

Gegen diese Entscheidung findet eine weitere Berufung nicht statt.

§. 20. Wenn sich bei der gewöhnlichen Controle (§. 15) Unrichtigkeiten finden, welche die zulässigen Differenzen übersteigen, so hat der controlirende Markscheider solches dem Bergamte anzuzeigen, welches eine Revision der bemängelten Arbeit veranlaßt.

Die Bestimmungen der §§. 16—19 finden hierbei Anwendung.

§. 21. Stellt sich bei der Einbringung eines Schachtes, eines Ortes, oder bei anderen markscheiderischen Vermessungen und Angaben heraus, daß letztere unrichtig gewesen sind, so hat der betreffende Revierbeamte hiervon dem Bergamte Anzeige zu machen. Dieses läßt das Sachverhältniß, unter Zuziehung des Markscheiders, welcher die Angabe gemacht hat, untersuchen und feststellen. Die diesfälligen Verhandlungen werden dem betreffenden Werksbesitzer mitgetheilt, welchem es überlassen bleibt, seinen Anspruch auf Ersatz des ihm durch die unrichtige An-

Außerdem liegen den Oberbergämtern die denselben im gegen-

gabe erwachsenen Schadens gegen den Markscheider vor dem ordentlichen Richter zu verfolgen.

§. 22. In allen Fällen, wo nach §§. 18—21 die Unrichtigkeit einer Arbeit des Markscheiders erwiesen, wird derselbe — abgesehen von dem Falle richterlicher Entscheidung (§. 21) — das erste und zweite Mal in eine, nach der Größe des Fehlers zu bemessende Ordnungsstrafe genommen (§§. 7 u. 12).

Kommt ein solcher Fall mehr als drei Mal vor, oder werden überhaupt die Arbeiten eines Marscheiders so unrichtig und mangelhaft befunden, daß in Betreff der Zuverlässigkeit oder der Befähigung desselben begründete Zweifel entstehen, so sind die Arbeiten und die darüber gepflogenen Verhandlungen dem Oberbergamte zur Beschlußnahme darüber vorzulegen, ob das Verfahren wegen Zurücknahme der Bestallung (§. 8) einzuleiten sei.

### IV. Bezahlung der Markscheider-Arbeiten.

§. 23. Die Arbeiten der Markscheider werden entweder nach Gebührensätzen oder nach Diätensätzen bezahlt.

Hat zwischen dem Markscheider und demjenigen, welcher ihn mit Verrichtung der Arbeiten beauftragt hat, wegen der Bezahlung derselben eine rechtsgültige Einigung nicht stattgefunden, so gelten die nachfolgenden Bestimmungen (§§. 24 u. 35).

| | für Lachter | a. unter Tage | | b. über Tage | |
|---|---|---|---|---|---|
| §. 24. An Markscheidergebühren werden bei den nachstehend angegebenen Arbeiten berechnet*): | | Sgr. | Pf. | Sgr. | Pf. |
| 1. beim Ziehen mit dem Kompaß und Gradbogen, nach der flachen Schnurlänge . . . . . . . . . | 10 | 8 | — | 4 | — |
| 2. mit dem Kompaß allein, nach der flachen Schnurlänge . . . . . . . . . . . . . . | 10 | 6 | — | 3 | — |
| 3. mit dem Gradbogen allein, nach der flachen Schnurlänge . . . . . . . . . . . . . . | 10 | 6 | — | 3 | — |
| 4. beim bloßen Messen mit Schnurkette oder Lachtermaß<br>Unter Nr. 1—4 werden bei 20 Grad Neigung und darüb.r die doppelten Sätze berechnet. | 10 | 1 | — | — | 6 |
| 5. bei dem Abstecken von Linien in gewöhnlichem Terrain | 10 | — | — | 1 | — |
| 6. bei dem Abstecken von Linien in waldigem, bergigem oder sumpfigem Terrain . . . . . . . . . | 10 | — | — | 2 | — |
| 7. bei der Aufnahme mit Visirinstrumenten nach den Stationslängen . . . . . . . . . . . . | 10 | — | — | 2 | — |
| 8. für die Bestimmung eines wesentlichen Punktes durch zwei- oder mehrmalige Einschneidung . . . | — | — | — | 5 | — |

Unter Nr. 7 sind die Seitenabmessungen, und unter

*) Nach dem Erlasse v. 26. April 1865 treten folgende Gebühren für die Messungen mit dem Theodoliten und dem Nivellir-Instrumente hinzu:

13. A. Unter Tage:

a. Für die nöthigenfalls mehrere Male zu regulirenden Winkel-Bestimmungen für Fixirung der Festpunkte, sämmtliche Berechnungen, Eintragung der Observationen und Berechnung in die Observationsbücher und für Auftragung der einzelnen Stations- und Fixpunkte auf die Fundamental-Risse und die Reinzeichnung für jede Theoliten-Station 15 Sgr. Findet eine dauernde Festlegung der Stationspunkte nicht statt, so beträgt der Satz für jede Station 10 Sgr.

wärtigen Gesetze ausdrücklich übertragenen Geschäfte ob.

| | für Lachter | a. unter Tage Sgr. | Pf. | b. über Tage Sgr. | Pf. |
|---|---|---|---|---|---|
| Nr. 8 die Bestimmungen naher und unwesentlicher Punkte nicht zu berechnen. | | | | | |
| 9. bei dem Ablothen von Schächten (Saigerschnüre) . | 10 | 10 | — | 10 | — |
| 10. bei dem bloßen Messen der Schachtstiefen. . . . | 10 | 5 | — | 5 | — |
| 11. für die Angabe eines Ortspunktes, eines Schachtpunktes, einer Ortsstunde (Prahm), einer Markscheiderstufe und für jede andere derartige Angabe . . | — | 20 | — | 20 | — |
| Bloße Markscheiderzeichen sind nicht zu berechnen. | | | | | |
| 12. bei Nivellements mit hydrost. Instrumenten nach der abgewogenen Länge in günstigem Terrain . . . | 10 | — | — | 1 | — |
| dergl. in bergigem, waldigem oder sumpfigem Terrain | 10 | — | — | 2 | — |
| dergl., wenn die Längen nicht gemessen werden, für jeden abgewogenen Winkel*) . . . . . . | — | — | — | 3 | — |

In Fällen, wo nach dem Ermessen des Bergamtes bei der Aufnahme mit dem Kompaß (Nr. 1 und 2 unter a) mehrfach kürzere als 5 Lachter Schnüre genommen werden müssen, ist den Markscheidern gestattet, statt der Schnurlänge, die einzelnen Winkel, und zwar mit der Hälfte der obigen Sätze, zu 4 Sgr. und 3 Sgr. pro Winkel in Ansatz zu bringen.

Bei Anwendung anderer Instrumente zur Messung horizontaler Winkel, als des Kompasses, hat das Bergamt die Gebührensätze besonders festzustellen, oder zu bestimmen, daß die Arbeit nach Diäten (§. 30) liquidirt wird.

§. 25. Bei einem jeden Zuge werden die Längen, für welche gleiche Gebührensätze (§. 24) bestehen, zusammen gerechnet, und zur Rundung der Sum-

---

b. Für eine nach der besten Methode mittelst Maßstäben ganz sorgfältig auszuführende Längenmessung und für eine Controlmessung, nöthigenfalls unter Benutzung des Gradbogens, mit gleichzeitiger Aufnahme der Gebirgsschichten, des Fallens und der Mächtigkeit der Lagerstätten, der Störungen, der Strecken u. drgl. nebst den erforderlichen Kartirungen und Beschreibungen auf den Fundamental-Rissen und der Reinzeichnung für je $10^0$ 12 Sgr. Besteht der Zweck der Messung nur in der Ermittelung der Länge (wie z. B. bei Durchschlagsangaben), so beträgt der Satz für je $100^0$ 8 Sgr.

c. Für Nivellements mit dem Luftblasen-Niveau einschließlich Berechnung 2c., sowie einschließlich der Controlmessung für jede Station 8 Sgr.

B. Ueber Tage:

a. Bei Polygonmessungen für die Observirung der Winkel und für sämmtliche Berechnungen, Kartirungen, Eintragungen u. s. w. für jede Station 10 Sgr.

b. Für $10^0$ doppelt gemessene Länge 2 1/2 Sgr.

c. Bei Triangulationen, für das jedesmalige Anvisiren eines Punktes und Ablesen der Nonien 2 1/2 Sgr. Die Auswahl der Dreieckspunkte für die Triangulationen, die Berechnung der Dreiecke bez. der Coordinaten nebst der erforderlichen Kartirung wird nach Diäten bezahlt.

14. Beim Gebrauche des Stativ-Kompasses, sowie des Brathuhn'schen Visirinstruments gelten die unter Nr. 1 u 2 der Taxe für das Ziehen mit dem gewöhnlichen Markscheiderzeuge festgestellten Sätze. Eine Erhöhung auf das 1 1/2fache tritt ein, wenn bei dem Brathuhn'schen Instrumente die verschärfte Methode des Observirens angewendet wird.

15. Der Gebührensatz von 8 Sgr für $10^0$ gemessener Länge gilt auch für den Braunsdorff'schen (Lindig'schen) Stativ-Kompaß, einerlei, ob dabei der Gradbogen angewendet worden ist oder nicht. Es ist gestattet, die Stationslänge bis zu $20^0$ auszudehnen.

*) Für jede Station (Erl. v. 26. April 1865).

Innerhalb ihres Geschäftskreises haben die Oberbergämter die

---

men ist fallen zu lassen, was unter 5 Lachter bleibt, wogegen 5 Lachter und mehr für volle 10 Lachter zu rechnen sind.

In gleicher Art sind bei Nachtragungen der Grubenbilder u. s. w. die an einem Tage gezogenen Längen desselben Werthes zu summiren und abzurunden.

§. 26. Ist nach der Markscheider-Instruction (§. 12) eine Arbeit doppelt zu verrichten, wie in der Regel bei Schacht- und anderen Durchschlagsangaben, sowie bei wichtigen Nivellements geschehen muß, so werden Zug und Gegenzug berechnet. Für mehr als zwei Züge sind Gebühren nicht zu beanspruchen.

§. 27. Für die in §. 24 bestimmten Gebühren hat der Markscheider die nachfolgend angegebenen Gegenstände fertig und gehörig geordnet zu liefern:

### A. An Zeichnungen.

a. bei Schacht- und Durchschlagsangaben:

1) die Zulage des Zuges mit der vollständigen Auszeichnung, den Schnur- und Anweiselinien;

2) die Zulage des Gegenzuges, jedoch nur in den Linien der Schnüre (in der Regel auf einem Blatte mit No. 1). Ist mehr als zwei Mal gezogen, so sind die Zulagen ebenfalls abzuliefern, wenn auch eine Bezahlung nicht erfolgen kann (§. 26);

3) das zugehörige Profil oder nöthigenfalls mehrere dergleichen, gewöhnlich auf demselben Blatte.

b. bei Aufnahme neuer Grubenbilder, nach näherer Vorschrift des Oberbergamtes (§. 12) die Tagesituation und die nöthigen Grund- und Aufrisse.

Von jedem dieser Risse ist eine Originalzeichnung, welche als Fundamentalriß dient, und eine Reinzeichnung zu liefern.

c. bei bloßen Tagerissen, als Vermessungs-, Concessions- und anderen Situationsplänen:

1) ein Brouillon mit den Stationslinien und

2) eine Reinzeichnung;

d. bei Nivellementsrissen (Profilen):

1) ein Brouillon und

2) eine Reinzeichnung, beide mit eingeschriebenen Saigerhöhen;

e. Nachtragungen sind auf beiden Exemplaren der unter b, c und d angegebenen Risse vollständig einzuzeichnen.

### B. An Schriftstücken.

1) Die Observationsbücher in einer Reinschrift mit den berechneten und darin eingetragenen Sohlen und Saigerteufen (A: a, b, c und e) oder nur den Saigerteufen (d) mit Summirung der Längen (§. 25);

2) die nach §. 13 aufgenommenen Verhandlungen und erforderlichen Erläuterungen; im Falle von Flächen-Ermittelungen, wie z. B. von Grubenfeldern, von zu entschädigenden Bodenflächen u. dgl. m., auch

3) die Berechnung solcher Flächen, beziehungsweise in besonderen Vermessungsregistern.

§. 28. Vermessungen und Nivellements von anderen, als den in §. 24

bezeichneten Arten, oder Aufnahmen mit anderen, als den gewöhnlichen Markscheider= (Winkelmaß) Instrumenten werden, falls nicht darüber besonders bestimmt (§. 24), oder mit den Auftraggebern etwas Anderes vereinbart ist, nach Diätensätzen bezahlt.

In diesen Fällen ist auch die Anfertigung der Zeichnungen (§. 27, A) besonders, und zwar ebenfalls nach Diätensätzen zu berechnen.

§. 29. Bei Beschäftigung gegen Diäten muß der Markscheider täglich mindestens acht Stunden arbeiten.

Diese Beschäftigung ist sowohl in dem Geschäftsjournale des Markscheiders (§. 12, Nr. 12), als auch in dem Observationsbuche anzugeben, und zwar auch dann, wenn in letzteres keine gemessenen Längen, Höhen oder Winkel einzutragen sind, wie z. B. bei bloßen Abmessungen im Felde, beim Aufnehmen mit dem Meßtische, bei Zeichnenarbeiten u. drgl. m.

§. 30. Wenn bei der Ertheilung des Auftrages nicht besondere Bestimmungen gegeben oder vereinbart sind, so erhält der Markscheider sowohl für jeden Tag, an welchem er ohne Gebührenverdienst arbeitet (§. 29), als auch für jeden Reisetag, ohne Unterschied, ob an dem letzteren auch noch gearbeitet worden ist oder nicht, einen Diätensatz von zwei Thalern.

§. 31. Das Copiren von Plänen aller Art ist nach folgenden Sätzen zu vergütigen:

für ein Quadrat=Achtellachter oder 100 Quadratzoll des bezeichneten Raumes, wobei die Aufschrift in einer mäßigen und der Deutlichkeit entsprechenden Größe mitgerechnet wird, bei einem verjüngten Maßstabe

| | | | | | | | | | |
|---|---|---|---|---|---|---|---|---|---|
| von $\frac{1}{500}$ | bis $\frac{1}{1000}$ | der | natürlichen | Größe | — | Thlr. | 20 | Sgr. |
| über $\frac{1}{1000}$ | bis $\frac{1}{2000}$ | " | " | " | 1 | " | — | " |
| über $\frac{1}{2000}$ | bis $\frac{1}{4000}$ | " | " | " | 1 | " | 10 | " |

Copien, welche nach einem anderen, größeren oder kleineren, Maßstabe, als wonach das Original gefertigt ist, gezeichnet werden, sind nach dem Maßstabe der Copie und so zu berechnen, daß den obigen Sätzen ein Viertheil derselben zugesetzt wird.

Copien in einem noch kleineren Maßstabe, als demjenigen von $\frac{1}{4000}$ der natürlichen Größe, sind nach Diätensätzen (§. 30) zu bezahlen*).

§. 32. Sind Pläne theils nach vorhandenen Karten, theils nach neuen Aufnahmen anzufertigen, so wird die Uebertragung wie eine Copie (§. 31), und die neue Aufnahme wie eine Nachtragung (§. 26 A, e) berechnet.

§. 33. Markscheider erhalten an Reisekosten, einschließlich für die Fortschaffung der Instrumente, Karten u. s. w.:

a. bei Reisen auf Eisenbahnen und auf Dampfschiffen für die Meile 7 Sgr.

*) Der Erlaß vom 26. April 1865 bestimmt abändernd, daß Copien in verjüngtem Maßstabe künftig noch dem Maßstabe des Originals und zwar so zu berechnen sind, daß den bestehenden Satzen $1/4$ zugesetzt wird. Das Copiren auf Oelpapier oder durchsichtiger Leinwand wird mit $1/3$ des Satzes für das Copiren auf Zeichnenpapier berechnet. Bei der Berechnung der bezeichneten Fläche bleibt der nur mit Netzlinien bezogene Theil außer Ansatz; Titel und Maßstab eingerechnet. Für das Beziehen der Risse mit Netzlinien wird in Zukunft auf je 100 Quadratzoll Fläche: wenn die Entfernung der Linie 1 Zoll beträgt, 2 Sgr., wenn die Entfernung 2 Zoll beträgt, $1 1/2$ Sgr. vergütet.

§. 191

Gegen Verfügungen und Beschlüsse des Revierbeamten ist der Recurs an das Oberbergamt, gegen Verfügungen und Beschlüsse des letzteren der Recurs an den Handelsminister zulässig, insofern das Gesetz denselben nicht ausdrücklich ausschließt[349]).

§. 192.

Der Recurs muß binnen vier Wochen vom Ablaufe des Tages, an welchem die Verfügung oder der Beschluß zugestellt oder sonst bekannt gemacht worden ist eingelegt werden widrigenfalls das Recursrecht erlischt.

§. 193.

In den Fällen wo nach dem gegenwärtigen Gesetze ein Beschluß des Oberbergamts erforderlich ist desgleichen gegen Verfü-

---

6 Pf., und außerdem für jeden Zu- und Abgang nach und von der Eisenbahn 15 Sgr.,

b. bei Reisen, welche nicht auf Eisenbahnen oder Dampfschiffen zurückgelegt werden, für die Meile 20 Sgr.

§. 34. Werden den Markscheidern zu den Gruben- und Tagezügen geeignete Hülfsarbeiter nicht gestellt so können sie dieselben für Rechnung der Interessenten annehmen. Das Nähere hierüber sowie die Zahl solcher Arbeiter und die ihnen zu bewilligenden Lohnsätze bestimmt die §. 12 erwähnte Instruction.

§. 35. Für das zu den Karten u. s. w. verwendete Zeichnenpapier der besten Qualität sind für 100 Quadratzoll 2 Sgr., und wenn dasselbe auf Kattun oder Leinwand gezogen ist, 4 Sgr. zu vergütigen andere Auslagen für Zeichnen- und Schreibmaterialien jedoch nicht.

Ueber Buchbinder- und andere Handwerker-Arbeiten sind die Rechnungen beizubringen, nach denen die Erstattung erfolgt.

§. 36. Die Liquidation der Gebühren Diäten oder Auslagen ist auf den Antrag des Markscheiders oder desjenigen, für welchen Markscheider-Arbeiten verrichtet sind, von dem Bergamte festzusetzen. Dasselbe kann zur Durchsicht und Bescheinigung der Observationsbücher in Bezug auf die Uebereinstimmung mit der an den Rissen geschehenen Arbeit, insbesondere hinsichtlich der periodischen Nachtragung der Grubenbilder, ein für allemal einen Beamten beauftragen.

§. 37 Auch wenn in Folge einer Uebereinkunft zwischen dem Markscheider und dem Auftraggeber eine Liquidation der Gebühren, Diäten und Auslagen überhaupt nicht stattfindet, ist der Markscheider verpflichtet, die Observationsbücher vorschriftsmäßig zu führen, dieselben sorgfältig aufzubewahren und jederzeit auf Verlangen dem Bergamte oder einem von diesem beauftragten Beamten vorzulegen.

§. 38. Werden bei Revision der Liquidationen (§. 36) oder der Observationsbücher (§. 37) Fehler gefunden, welche nicht bloß calculatorische, sondern auf die Richtigkeit der Arbeiten von Einfluß sind, so hat das Bergamt im Wege der Untersuchung nach den Bestimmungen §§. 15—22 zu verfahren.

349) §. 145, Al. 1.

gungen, welche eine Entscheidung zwischen streitenden Parteien enthalten, muß der Recurs innerhalb der im §. 192 bestimmten Frist bei derjenigen Behörde eingelegt werden, von welcher die beschwerende Entscheidung getroffen worden ist. Durch Einlegung bei einer anderen Behörde wird das Recursrecht nicht gewahrt[350]).

In den Fällen, wo eine Gegenpartei vorhanden ist, wird derselben die Recursschrift zur Beantwortung binnen einer vierwöchentlichen, vom Ablaufe des Tages der Behändigung beginnenden Frist mitgetheilt. Geht innerhalb dieser Frist die Beantwortung nicht ein, so werden die Verhandlungen ohne Weiteres zur Recursentscheidung eingesendet[351]).

§. 194.

Die bei den Bergbehörden in Bergbauangelegenheiten erwachsenden Kosten[352]) können von denjenigen Personen, welchen dieselben nach dem gegenwärtigen Gesetze zur Last fallen, im Wege der Verwaltungsexecution eingezogen werden[353]).

§. 195.

Die Bergbeamten des Staates[354]), deren Frauen und unter

350) Das Recursrecht ist jedoch gewahrt, wenn die Behörde, bei welcher irrthümlich Recurs eingelegt ist, die Recursschrift dem Oberbergamte übersendet und dieselbe hier vor Ablauf der Frist präsentirt wird.

351) Verspätete Beantwortungen ebenso wie nachträgliche Ausführungen des Recurrenten, welche nach Ablauf der Frist eingehen, sind zurückzugeben.

352) Gebühren werden für die bei den Bergbehörden verhandelten Verwaltungssachen nicht erhoben. Die in Bergwerksangelegenheiten erwachsenden Kosten bestehen daher in baaren Auslagen und Stempelkosten.

353) Vergl. die in der Anm. 333 angeführten Verordnungen.

354) Für die Beamten der Bergverwaltung gelten neben der singulären Vorschrift des §. 195 die allgemeinen Staatsdienergesetze (Allg. L.R. Th. II, Tit. 10. Disciplinargesetz vom 21. Juli 1852). Die Qualification der technischen Bergbeamten wird durch eine besondere Vorbereitung erworben.

Nach den Vorschriften über die Befähigung zu den technischen Aemtern der Berg-, Hütten- und Salinenverwaltung vom 21. Dezember 1863 (Zeitschr. f. d. Berg-, Hütten- und Salinenwesen Bd. XII, S. 1 ff.) finden drei Prüfungen statt: die Eleven-, die Referendariats- und die Assessorprüfung — von denen erst die dritte die Qualification zur Anstellung als Revierbeamter oder als technisches Mitglied eines Oberbergamtes giebt (§. 2). Zum Eintritt in die Vorbereitung zum Staatsdienste wird das Zeugniß der Reife für die Universität oder das Abgangszeugniß von einer Realschule erster Ordnung erfordert (§. 3). Die Meldung erfolgt bei dem Oberbergamte (§. 4). Die Ausbildung zerfällt in 1. die einjährige Erlernung der practischen Handarbeiten, 2. ein dreijähriges Universitätsstudium, auf dessen Dauer der Besuch der Bergakademie zu Berlin und für die Dauer eines Jahres auch der Besuch der Bergakademien zu Freiberg und Clausthal angerechnet wird, 3. nach zurückgelegter Elevenprüfung die technische und geschäftliche Aus-

väterlicher Gewalt stehenden Kinder können im Verwaltungsbezirke der ersteren durch Muthung keine Bergwerke oder Kuxe erwerben.

Zu solchen Erwerbungen durch andere Rechtsgeschäfte unter Lebenden ist die Genehmigung des Handelsministers erforderlich[355].

---

# Neunter Titel.
# Von der Bergpolizei.

## Erster Abschnitt.
## Von dem Erlasse bergpolizeilicher Vorschriften.

### §. 196.

Der Bergbau steht unter der polizeilichen Aufsicht der Bergbehörden.

Dieselbe erstreckt sich auf[356])

---

bildung als Eleve (1 Jahr), sodann nach zurückgelegter Referendariatsprüfung als Referendar (2 Jahre) und endlich die dritte (Assessor-) Prüfung.

355) „Durch die Cabinetsordres vom 20. Januar 1806 und 2. November 1808 war den Bergbeamten, ihren Ehefrauen und unter väterlicher Gewalt stehenden Kindern der Besitz von Bergwerksvermögen unbedingt untersagt und dieses Verbot später auch auf die Betheiligung an Bergwerksactien ausgedehnt worden. Zur Aufrechterhaltung des Verbots in dieser Ausdehnung liegt kein Grund mehr vor, seitdem die Bergbehörde auf die staatliche Oberaufsicht über den Privatbergbau beschränkt ist. Gegenwärtig würden Collisionen zwischen den Amtspflichten und den Privatinteressen des Bergbeamten hauptsächlich nur noch bei der unmittelbaren Erwerbung von Bergwerkseigenthum zu befürchten sein, wenn demselben gestattet wäre, selbst oder durch seine nächsten Angehörigen innerhalb seines Verwaltungsbezirks Muthungen einzulegen und weiter zu verfolgen. Für diesen Fall ist deshalb das seitherige unbedingte Verbot im ersten Satze dieses Paragraphen aufrecht erhalten.

Das Vertrauen des Publikums in die Unparteilichkeit der Bergbeamten könnte unter Umständen aber auch erschüttert werden, wenn denselben unbeschränkt und unbedingt gestattet würde, innerhalb ihres Verwaltungsbezirks Bergwerke und Bergwerksantheile durch Kauf oder andere Rechtsgeschäfte unter Lebenden zu erwerben. Um diesem Uebelstande vorzubeugen, macht der zweite Satz des Paragraphen im Anschlusse an §. 138, Th. II, Tit 16 A. L.R. die Rechtsgültigkeit solcher Erwerbungen von der Genehmigung des Handelsministers abhängig.

Erwerbungen von Todes wegen sind dagegen einer solchen Beschränkung nicht unterworfen." (Motive S. 106.)

356) Die Gegenstände der Bergwerkspolizei sind im §. 196 nicht vollständig aufgezählt. Sie erstreckt sich ferner auf:

die Sicherheit der Baue[357]),
die Sicherheit des Lebens und der Gesundheit der Arbeiter,
den Schutz der Oberfläche[358]) im Interesse der persönlichen
Sicherheit[359]) und des öffentlichen Verkehrs[360]),

---

1) den Schutz des Eigenthums gegen unerlaubte Mineralgewinnungen (G. v. 26. März 1856, oben S. 84),
2) das Verbot der Beschäftigung jugendlicher Arbeiter unter 12 resp. 16 Jahren in den Bergwerken (oben S. 207 ff.),
3) das Verbot des Trucksystems (oben S. 210 f.),
4) das Verbot der verabredeten oder
5) der eigenmächtigen Arbeitseinstellung (oben S. 212),
6) die Sonntagsfeier auf den Bergwerken.

Bei den ersten beiden Gegenständen ist die Zuständigkeit der Bergbehörden wohl nicht in Frage zu stellen (vergl. Anm. 166). Ebenso versteht es sich von selbst, daß die Frage, welche Arbeiten als Notharbeiten am Sonntage zu gestatten sind? nur von den Bergbehörden beantwortet werden kann. Bei der übrigen Arbeiterpolizei kann auf Grund der §§. 84 und 86 die Znständigkeit der Ortspolizeibehörde angenommen werden, jedenfalls aber nur in Concurrenz mit der Zuständigkeit der Bergpolizei, da nach §. 196 der Bergbau unter der polizeilichen Aufsicht der Bergbehörden steht. Die folgende Aufzählung hat nicht den Zweck, die Competenz der Bergpolizeibehörden gegenüber der Ortspolizei zu begrenzen, sondern die Gegenstände der Sicherheitspolizei hervorzuheben, auf welche sich die folgenden Bestimmungen der §§. 197—202 beziehen, welche von den allgemeinen und besondern Anordnungen im sicherheitspolizeilichen Interesse handeln. Die übrigen im §. 196 nicht genannten Gegenstände der Bergpolizei geben zu solchen Anordnungen keinen Raum, und lassen nur eine repressive polizeiliche Thätigkeit zu.

357) Darunter sind nur die Grubenbaue verstanden. Die Bauten über Tage unterliegen der Aufsicht der Baupolizeibehörden. Zu dergleichen Bauten ist daher der Bauconsens der Ortspolizeibehörde einzuholen.

358) Gegen bloße Beschädigungen des Grundeigenthumes und seiner Zubehörungen, mit denen eine Gefahr für die persönliche Sicherheit oder den öffentlichen Verkehr und eine gemeinschädliche Einwirkung nicht verbunden ist (Tagebrüche, Wasserentziehung u. dgl.), wird ein polizeilicher Schutz nicht gewährt, weil der Bergwerksbesitzer zu einer solchen Einwirkung auf den Grund und Boden berechtigt und zum Ersatze des angerichteten Schadens verpflichtet ist (§. 148).

359) Wenn der Bergbau ein bewohntes Gebäude gefährdet, welches dem §. 150 zuwider zu einer Zeit errichtet ist, wo die durch den Bergbau drohende Gefahr der Zerstörung voraus gesehen werden mußte, so darf die Bergbehörde den Abbau der unter dem Gebäude anstehenden Mineralien nicht auf Grund des §. 196 untersagen, weil sie dadurch die Rechte des Bergwerksbesitzers kränken würde. Die persönliche Sicherheit der Bewohner muß vielmehr in diesem Falle dadurch gewahrt werden, daß durch Vermittelung der Ortspolizeibehörde die Räumung des an gefährlicher Stelle erbauten Hauses bewirkt wird (Erlaß des Handelsministers an das Oberbergamt zu Breslau v. 7. Juli 1858).

360) Vrgl. §§. 153—155.

den Schutz gegen gemeinschädliche Einwirkungen des Bergbaues[361]).

Dieser Aufsicht unterliegen auch die in den §§. 58 und 59 erwähnten Aufbereitungsanstalten, Dampfkessel und Triebwerke, sowie die Salinen.

§. 197.

Die Oberbergämter sind befugt, für den ganzen Umfang ihres Verwaltungsbezirks oder für einzelne Theile desselben Polizeiverordnungen über die im §. 196 bezeichneten Gegenstände zu erlassen[362]).

Die Verkündigung dieser Verordnungen erfolgt durch das Amtsblatt der Regierungen, in deren Bezirk dieselben Gültigkeit erlangen sollen[363]).

§. 198.

Tritt auf einem Bergwerke in Beziehung auf die im §. 196 bezeichneten Gegenstände eine Gefahr ein, so hat das Oberbergamt die geeigneten polizeilichen Anordnungen nach Vernehmung des Bergwerksbesitzers oder des Repräsentanten durch einen Beschluß zu treffen[364]).

---

361) Der Schutz gegen gemeinschädliche Einwirkungen wird in Bezug auf die in den §§. 58, 59 bezeichneten Anlagen durch das Concessionsverfahren nach dem Gesetze vom 1. Juli 1861 (oben S. 174) wahrgenommen, in welchem die Bedingungen und Vorkehrungen zur Vermeidung gemeinschädlicher Folgen zum voraus festgestellt werden. In Bezug auf die diesem Gesetze nicht unterworfenen Anlagen findet nur die Repression gegen bereits vorhandene Gefahren statt. Der Fall einer gemeinschädlichen Einwirkung des Bergbaues ist vorhanden, wenn der Schaden sich an solchen Gegenständen ereignet, die abgesehen von ihrem etwaigen Vermögenswerthe vom Gesichtspunkte des öffentlichen Interesses einen nicht in Gelde zu schätzenden Werth besitzen (Gesundbrunnen, Friedhöfe, Denkmäler u. dgl.), ferner wenn die drohende Beschädigung so ausgedehnt ist, daß ihr Ersatz außer Verhältniß zu den Mitteln des Bergwerksbesitzers steht, oder wenn die schädliche Einwirkung in ihren Folgen die öffentliche Sicherheit oder den Nationalwohlstand gefährdet, z. B. wenn einer ganzen Stadt oder einem Dorfe das Wasser entzogen wird.

362) Die Befugniß der Oberbergämter zum Erlasse allgemeiner Polizeiverordnungen unterscheidet sich von der gleichartigen Befugniß der Regierungen (Gesetz über die Polizeiverwaltung vom 11. März 1850 G.S. S. 265) dadurch, daß die Verordnungen der Oberbergämter keine Strafandrohung enthalten. An die Stelle der speciellen Strafandrohung tritt die allgemeine Vorschrift des §. 208, welche die Uebertretung der gemäß §. 197 erlassenen Polizeiverordnungen mit Geldbuße bis zu 50 Thlr. bedroht.

363) Die Gültigkeit tritt nach §. 4 der Verordnung vom 28. März 1811 (G.S. S. 165) mit dem Anfange des 8. Tages vom Datum der Nummer des Amtsblattes ein, dieses Datum mit eingezählt.

364) Diese polizeilichen Anordnungen betreffen im Gegensatze zu §. 197 nur

§. 199.

Ist die Gefahr eine dringende, so hat der Revierbeamte sofort und selbst ohne vorgängige Vernehmung des Bergwerksbesitzers oder des Repräsentanten die zur Beseitigung der Gefahr erforderlichen polizeilichen Anordnungen zu treffen, gleichzeitig aber dem Oberbergamte hiervon Anzeige zu machen.

Das Oberbergamt hat die getroffenen Anordnungen durch einen Beschluß zu bestätigen oder wieder aufzuheben. Vorher ist die Vernehmung der genannten Personen nachzuholen [365]).

§. 200.

Die Bekanntmachung der auf Grund der §§. 198 und 199 getroffenen polizeilichen Anordnungen an den Bergwerksbesitzer oder den Repräsentanten erfolgt durch Zustellung des Beschlusses des Oberbergamts, beziehungsweise der Verfügung des Revierbeamten [366]).

---

einen einzelnen Fall. Sie verpflichten einen bestimmten Bergwerksbesitzer zu einer einzelnen Handlung oder Unterlassung. Auch diese speziellen Anordnungen enthalten in der Regel keine spezielle Strafandrohung, sondern nur die Hinweisung auf §. 208, welcher die Uebertretung der gemäß den §§. 198 und 199 getroffenen Anordnungen mit Geldbuße bis zu 50 Thlr. bedroht. Das Oberbergamt kann indeß in den geeigneten Fällen auch executivische Strafbefehle auf Grund des §. 48, Nr. 2 der Verordnung vom 28. Dezember 1808 (Zusatz zu §. 202) erlassen.

365) Bis zur erfolgten Aufhebung bleibt die Verfügung des Revierbeamten in Kraft (§. 201). Die Uebertretnng wird daher gemäß §. 208 bestraft, auch wenn nachträglich die Anordnung durch den Beschluß des Oberbergamtes aufgehoben wird.

Es ist nicht ersichtlich, aus welchem Grunde die in Fällen dringender Gefahr von den Revierbeamten getroffenen Anordnungen von Amtswegen einer nachträglichen Prüfung durch das Oberbergamt unterzogen werden sollen. Die Anordnungen des Revierbeamten werden in der Mehrzahl der Fälle Vorkehrungen betreffen, die nicht bleibender, sondern vorübergehender Natur sind. Das Oberbergamt wird sich dann nachträglich mit der rein theoretischen Frage zu beschäftigen haben, ob die Vorkehrung, die nicht wieder rückgängig gemacht werden kann, nothwendig war oder nicht. Wenn z. B. der Revierbeamte polizeilich anordnet, daß die in einem alten Bau angespannten Wasser zur Vermeidung des drohenden Durchbruches abgezapft werden, wenn er nach Löschung eines Brandes in der Zimmerung die Belegung für einen Tag untersagt, um zuvor die brandigen Wetter ausziehen zu lassen, wenn er die Auswechselung eines schadhaften Förderseiles anordnet, so soll in allen diesen und in vielen weit geringfügigeren Fällen der erfolgten Ausführung der Anordnung eine Procedur vor dem Oberbergamte nachfolgen und nach contradictorischer Verhandlung über die Aufrechterhaltung der getroffenen Anordnung Beschluß gefaßt werden. Dies ist weder practisch, noch der Selbstständigkeit und dem Ansehen der Revierbeamten förderlich. Wo es sich um bleibende Vorkehrungen von größerer Tragweite handelt, reicht offenbar das Recht des Bergwerksbesitzers zur Beschwerdeführung (§. 191) aus.

366) Die Zustellung muß gegen Insinuationsschein erfolgen, damit in dem Strafverfahren die erfolgte Bekanntmachung nachgewiesen werden kann.

Die Bekanntmachung an den Betriebsführer und die Grubenbeamten wird von dem Revierbeamten oder auf dessen Anweisung durch Eintragung in das Zechenbuch bewirkt [367]), welches zu diesem Zwecke auf jedem Bergwerke gehalten werden muß.

Soweit eine Bekanntmachung an die Arbeiter erforderlich ist, geschieht dieselbe auf Anweisung des Revierbeamten durch Vorlesen und durch Aushang auf dem Werke [368]).

§. 201.

In den Fällen des §. 199 muß mit der Ausführung der polizeilichen Anordnungen des Revierbeamten ohne Rücksicht auf die vorbehaltene oberbergamtliche Bestätigung oder Wiederaufhebung sofort begonnen werden.

Die Ausführung dieser Anordnungen wird durch Einlegung des Recurses nicht aufgehalten.

§. 202.

Werden die auf Grund der §§. 198 und 199 getroffenen polizeilichen Anordnungen nicht in der bestimmten Frist durch den Bergwerksbesitzer ausgeführt, so wird die Ausführung durch den Revierbeamten auf Kosten des Bergwerksbesitzers bewirkt [369]).

---

367) Die Verbindlichkeit der getroffenen Anordnung für die Betriebsführer und Grubenbeamten und die Strafbarkeit der Uebertretung hängt von der Thatsache der Eintragung in das Zechenbuch allein ab. Es ist nicht der Nachweis erforderlich, daß der angeschuldigte Beamte den Vermerk gelesen hat. Die Eintragung in das Zechenbuch — wenn sie nicht von dem Revierbeamten an Ort und Stelle persönlich vorgenommen wird — erfolgt auf Grund der Anweisung des Oberbergamtes oder des Revierbeamten, welche in dem Beschlusse oder der Verfügung an den Bergwerksbesitzer oder den Repräsentanten (§§. 198, 199) ausdrücklich enthalten sein muß. Unterläßt der Bergwerksbesitzer dieser ausdrücklichen Anweisung zuwider die Eintragung, so tritt die Strafe des §. 207 ein.

368) Beide Arten der Publication — das Verlesen und der Aushang — müssen neben einander stattfinden. Dagegen bedarf es zur strafrechtlichen Verfolgung der von einem Arbeiter begangenen Uebertretung nicht des Nachweises, daß er der Verlesung beigewohnt oder den Aushang gelesen hat. Die Verlesung geschieht vor der versammelten Belegschaft bei der Einfahrt oder der Löhnung. Der Aushang muß an einem der Belegschaft zugänglichen Orte (in der Kaue oder Zechenstube) erfolgen.

369) Die Nichtbefolgung der auf Grund der §§. 198 und 199 getroffenen polizeilichen Anordnungen ist durch §§. 207 und 208 unter Strafe gestellt. Da jedoch in vielen Fällen die öffentliche Sicherheit die unverzügliche Ausführung der polizeilichen Anordnungen nothwendig macht, so muß die Behörde ermächtigt sein, unabhängig von der strafrechtlichen Verfolgung der Zuwiderhandlung, die Befolgung ihrer Verfügungen in den geeigneten Fällen unmittelbar zu erzwingen. Von den gesetzlichen Zwangsmitteln, welche den Polizeibehörden zu diesem Zwecke nach

Gesetz über die Polizeiverwaltung vom 11. März 1850 (G.S. S. 265).

§. 20. Die den Polizeibehörden nach den bisherigen Gesetzen zustehende Executionsgewalt wird durch die vorstehenden Bestimmungen nicht berührt.

Jede Polizeibehörde[370]) ist berechtigt, ihre polizeilichen Verfügungen durch Anwendung der gesetzlichen Zwangsmittel durchzusetzen.

Wer unterläßt, dasjenige zu thun, was ihm von der Polizeibehörde in Ausübung dieser Befugniß geboten worden, hat zu gewärtigen, daß es auf seine Kosten zur Ausführung gebracht werde — vorbehaltlich der etwa verwirkten Strafe und der Verpflichtung zum Schadensersatze.

Verordnung wegen verbesserter Einrichtung der Provinzial-Polizei- und Finanzbehörden vom 26. Dezember 1808 (G.S. 1806—10 S. 464).

---

§. 48 der Verordnung vom 26. Dezember 1808 und nach §. 20 des Gesetzes vom 11. März 1850 zu Gebote stehen erwähnt der §. 202 nur das erste, nämlich die Ausführung auf Kosten des Verpflichteten. Das zweite Zwangsmittel die Verhängung von Geldstrafen bis zu 100 Thlr. oder vierwöchentlichem Gefängniß hat keine ausdrückliche Erwähnung gefunden weil die allgemeine Strafandrohung der §§. 207, 208 in der Regel die Anwendung solcher executivischen Strafbefehle überflüssig macht. Dies ist jedoch keineswegs immer der Fall. Wenn z. B. der Revierbeamte die Einstellung eines gefährlichen Betriebspunktes (wegen drohenden Wasserdurchbruches, wegen Verletzung des Sicherheitspfeilers u. dgl.) anordnet, so bietet die strafrechtliche Verfolgung unter Umständen keinen genügenden Schutz gegen die Uebertretung dieses Verbotes, weil vor der Erhebung der Anklage die Gefahr welche verhindert werden soll längst eingetreten sein kann. Ebensowenig kann der Revierbeamte seine Anordnung unmittelbar ausführen, ohne den Betrieb der ganzen Grube einzustellen was weder zur Erreichung des beabsichtigten Zweckes erforderlich, noch auch in der Regel ohne Gefahr für die Sicherheit der Baue sofort ausführbar ist. Das einzige Zwangsmittel welches dem Zwecke genügt, besteht daher in executivischen Strafbefehlen, durch welche dem Bergwerksbesitzer und nach Befinden dem Betriebsführer den Steigern und selbst den Arbeitern die Fortsetzung der gefährlichen Arbeit bei Vermeidung einer sofort zu vollstreckenden Geld- oder Gefängnißstrafe untersagt wird. Auch bei positiven Anordnungen ist häufig der Revierbeamte nicht in der Lage die Ausführung auf Kosten des Bergwerksbesitzers zu bewirken, so z. B. wenn er beim Auftreten schlagender Wetter den Gebrauch von Sicherheitslampen anordnet. Auch in diesen Fällen muß deshalb unter Umständen ein Strafbefehl auf Grund des §. 48, Nr. 2 der Verordnung vom 26. Dezember 1808 erlassen werden. Ueber die Frage, ob neben der Executivstrafe auch die Verurtheilung zu der in den §§. 207, 208 angedrohten Strafe erfolgen könne, vergl. Anm. 381

370) Auch der Revierbeamte ist nach §. 20 cit. zur Anwendung der gesetzlichen Zwangsmittel befugt. Er bedarf dazu in denjenigen Fällen, in welchen er nach §. 199 zur Abwendung einer dringenden Gefahr selbstständige Anordnungen zu treffen hat, nicht der Anweisung oder der Ermächtigung des Oberbergamtes.

§. 48. Bei Ausübung der ihnen verliehenen executiven Gewalt müssen die Regierungen zwar die in den Gesetzen vorgeschriebenen Grade beobachten, inzwischen sind dieselben befugt

1) in Fällen, wo die verlangte Verpflichtung auch durch einen Dritten geleistet werden kann, solches nach fruchtlos gebliebener Aufforderung des Verpflichteten für dessen Rechnung bewirken, sowie ferner bei Lieferungen, wo es nicht gerade auf einzelne im Besitze des Verpflichteten sich befindende Stücke ankommt, die zu liefernden Gegenstände für dessen Rechnung anzukaufen und in beiden Fällen den Kostenbetrag von ihm executivisch beitreiben zu lassen.

2) Strafbefehle können die Regierungen im Wege des executivischen Verfahrens bis zur Summe von hundert Thalern oder vierwöchentlichem Gefängniß erlassen und vollstrecken [371]).

3) Militairische Execution findet nur bei hartnäckigem Ungehorsam und wirklicher Widersetzlichkeit, nach fruchtlos gebliebener Civil-Execution und vorheriger Androhung statt.

Auch müssen die Regierungen vorher die Genehmigung der höheren Behörde nachsuchen oder derselben wenigstens gleichzeitig Anzeige machen, wenn bei der Sache Gefahr im Verzuge ist.

4) und 5) aufgehoben [372]).

Es versteht sich übrigens von selbst daß die Regierungen die Befugniß haben, zur Sicherstellung des zu erstattenden Kostenbetrages oder der Geldstrafe die nöthigen Vorkehrungen zu treffen [373]).

§. 203.

Sobald auf einem Bergwerke eine Gefahr in Beziehung auf

---

371) Die Bekanntmachung des Strafbefehles erfolgt nach Vorschrift des §. 200 A. B.G.

372) Die Vollstreckung der festgesetzten exekutiven Geldstrafe erfolgt gegenwärtig nach den Executionsordnungen vom 24. November 1843, vom 30. Juni 1845, vom 30. Juli 1853 und vom 1. Februar 1858 (vergl. Anm. 333).

373) Der Rechtsweg ist in Beziehung auf die polizeilichen Verfügungen der Oberbergämter und der Revierbeamten nur dann zulässig, wenn die Verletzung eines zum Privateigenthum gehörenden Rechtes behauptet wird und nur unter den nachfolgenden näheren Bestimmungen des Gesetzes v. 11 Mai 1842 (G.S. S. 192)

1) auf Grund eines speziellen Rechtstitels, welcher eine Befreiung von der polizeilich auferlegten Verpflichtung involvirt, mit voller jedoch nicht suspensiver Wirkung (§§. 2, 3),

2) ohne solche Befreiung nur über die zu leistende Entschädigung für den erfolgten Eingriff in das Privatrecht des Klägers (§. 4),

3) wegen gesetzwidriger oder unzulässiger Anordnungen findet die Regreßklage gegen den Beamten statt, sofern zuvor die Verfügung im Beschwerdewege von der vorgesetzten Verwaltungsbehörde aufgehoben ist (§. 6).

die im §. 196 bezeichneten Gegenstände eintritt, hat der Betriebsführer und im Verhinderungsfalle der denselben vertretende Grubenbeamte dem Revierbeamten Anzeige hiervon zu machen.

---

## Zweiter Abschnitt.

## Von dem Verfahren bei Unglücksfällen.

§. 204.

Ereignet sich auf einem Bergwerke unter oder über Tage ein Unglücksfall, welcher den Tod oder die schwere Verletzung einer oder mehrerer Personen herbeigeführt hat, so sind die im §. 203 genannten Personen zur sofortigen Anzeige an den Revierbeamten und an die nächste Polizeibehörde[374]) verpflichtet[375]).

§. 205.

Der Revierbeamte ordnet die zur Rettung der verunglückten Personen oder zur Abwendung weiterer Gefahr erforderlichen Maßregeln an[376]).

Die zur Ausführung dieser Maßregeln nothwendigen Arbeiter und Hülfsmittel hat der Besitzer des Bergwerks zur Verfügung zu stellen.

Die Besitzer benachbarter Bergwerke sind zur Hilfeleistung verpflichtet[377]).

---

374) An die Ortspolizeibehörde derjenigen Gemeinde oder des Gutsbezirks, in welchen das Bergwerk belegen ist.

375) Die Uebertretung wird nach §. 207 bestraft.

376) Auf diese Anordnungen finden die Vorschriften der §§. 199, 207, 208 Anwendung.

377) Die Uebertretung ist im §. 207 mit Geldbuße bis zu 50 Thlr. bedroht. Das Alinea 3 des §. 205 verpflichtet die Besitzer benachbarter Bergwerke zur Hülfeleistung bei den von dem Revierbeamten angeordneten Rettungsmaßregeln. Dr Huyßen (Kommentar S. 61) bemerkt mit Recht, daß in den Fällen, wo der Revierbeamte nicht schnell genug am Orte des Unglücks eintreffen kann, auch die Ortspolizei befugt ist, die Hülfe benachbarter Bergwerksbesitzer in Anspruch zu nehmen. Es findet in diesem Falle die Strafbestimmung des §. 340, Nr. 7 des Strafgesetzbuches vom 14. April 1851 Anwendung, welche lautet:

§. 340. „Mit Geldbuße bis zu fünfzig Thalern oder Gefängniß bis zu sechs Wochen wird bestraft:

7) wer bei Unglücksfällen oder bei einer gemeinen Gefahr oder Noth, von der Polizeibehörde oder deren Stellvertreter zur Hülfe aufgefordert, keine

§. 206.

Sämmtliche Kosten für die Ausführung der im §. 205 bezeichneten Maßregeln trägt der Besitzer des betreffenden Bergwerks, vorbehaltlich des Regreßanspruchs gegen Dritte welche den Unglücksfall verschuldet haben[378]).

## Dritter Abschnitt.

## Von den Uebertretungen bergpolizeilicher Vorschriften.

§. 207

Uebertretungen der Vorschriften in den §§. 4, 10, 66, 67, 69, 71 72, 73, 74, 80, 85, 93, 163, 200, 201 203, 204 und 205 werden mit Geldbuße bis zu funfzig Thalern bestraft[379]).

In den Fällen der §§. 67 und 69, sowie 73 und 74 tritt diese Strafe auch dann ein wenn auf Grund der §§. 70 und 75 der Betrieb von der Bergbehörde eingestellt wird.

---

Folge leistet, obgleich er der Aufforderung ohne erhebliche eigene Gefahr genügen kann."

Diese Strafbestimmung trifft nicht bloß die Bergwerksbesitzer, sondern auch die Arbeiter benachbarter Bergwerke überhaupt alle Personen, welche von dem Revierbeamten oder von der Ortspolizeibehörde zur Hülfsleistung aufgefordert werden.

Daß die Hülfe auch ohne polizeiliche Aufforderung gewährt werden soll und wird, bedarf nicht der Bemerkung. Die Strafbarkeit der Weigerung setzt aber nach §. 205 und §. 340 cit. eine polizeiliche Aufforderung voraus. Uebrigens liegt kaum eine Veranlassung vor, die strafrechtlichen Folgen einer solchen Weigerung zu discutiren, da bei Unglücksfällen in Bergwerken so bereite Hülfe seitens der Arbeiter wie seitens der Bergwerksbesitzer geleistet zu werden pflegt, daß den Polizeibehörden in der Regel nur die Aufgabe gestellt ist, die Rettungsarbeiten zu leiten und unbesonnenen und gefährlichen Rettungsversuchen zu wehren.

378) Die benachbarten Bergwerksbesitzer, welche Hülfe geleistet haben, müssen die aufgewendeten Kosten direct von dem Besitzer des betroffenen Bergwerks einziehen. Gegen den Staat oder gegen die Polizeibehörde, welche die Hülfsleistung angeordnet hat, findet kein Anspruch wegen dieser Kosten statt.

379) Das Strafgesetzbuch vom 14. April 1851 bestimmt im:

§. 335. „Das niedrigste Maß der Geldbuße ist zehn Silbergroschen, das höchste Maß derselben fünfzig Thaler An die Stelle einer Geldbuße, welche wegen Unvermögens des Verurtheilten nicht beigetrieben werden kann, soll Gefängnißstrafe treten. Die Dauer derselben soll vom Richter so bestimmt werden daß der Betrag von zehn Silbergroschen bis zu zwei Thalern einer Gefängnißstrafe von Einem Tage gleichgeachtet wird. Die Gefängnißstrafe darf auch in diesem Falle niemals die Dauer von sechs Wochen übersteigen."

§. 208.

Uebertretungen der von den Bergbehörden bereits erlassenen[380]), sowie der von den Oberbergämtern auf Grund des §. 197 noch zu erlassenden Polizeiverordnungen unterliegen der Strafe des §. 207.

Dieselbe Strafe findet bei Uebertretungen der auf Grund der §§. 198 u. 199 getroffenen polizeilichen Anordnungen Anwendung[381]).

§. 209.

Ueber die Uebertretungen der bergpolizeilichen Vorschriften (§§. 207 und 208) sind von dem Revierbeamten Protokolle aufzunehmen[382]).

Diese Protokolle werden der Staatsanwaltschaft zur Verfolgung übergeben[383]).

Die Entscheidung[384]) steht den ordentlichen Gerichten zu[385]).

---

380) Die Strafe des §. 207 tritt also an die Stelle der in den früheren Polizeiverordnungen angedrohten Strafen, gleichviel ob dieselben höher oder niedriger bemessen waren. Läßt die ältere Polizeiverordnung zwischen Geldbuße und Freiheitsstrafe die Wahl, so kann jetzt gleichwohl nach §. 207 nur noch auf Geldbuße und subsidiarische Gefängnißstrafe erkannt werden.

381) Wenn die Befolgung der Anordnung durch executivische Strafbefehle (Anm. 369) erzwungen ist, so findet wegen des Uebertretungsfalles, wegen dessen eine executivische Geldbuße oder Gefängnißstrafe festgesetzt ist, eine gerichtliche Verfolgung auf Grund des §. 208 nach dem Grundsatze ne bis in idem, nicht mehr statt.

382) Das aufzunehmende Protokoll muß nach §. 128 der Allg. Gerichtsordnung Th. I, Tit. 10:

1) das Datum und den Ort der Aufnahme, die Benennung sämmtlicher anwesenden Interessenten nebst einer deutlichen und vollständigen Erzählung der Verhandlung selbst enthalten;
2) muß erhellen, daß das Protokoll den Interessenten vorgelesen und von ihnen genehmigt worden ist;
3) muß dasselbe von den Parteien eigenhändig unterzeichnet oder mit den in ähnlichen Fällen statt der Unterschrift zugelassenen Zeichen (Kreuzen u. dgl.) bemerkt sein. Wenn die Unterschrift des Protokolles von einem der anwesenden Interessenten verweigert wird, so soll er über die Gründe der Weigerung vernommen und diese in das Protokoll aufgenommen werden,
4) muß der Revierbeamte bei seiner Unterschrift den Amtscharacter beifügen.

383) Die Geschäfte des Staatsanwaltes werden im Bezirke des Appellationsgerichtshofes zu Köln von dem Polizeicommissar oder dem Bürgermeister des Ortes wahrgenommen, in welchem das zuständige Polizeigericht seinen Sitz hat (Code d'instruction criminelle Art. 20), in der übrigen Monarchie von dem gemäß §. 28 der Verordnung vom 3. Januar 1849 (G.S. S. 14) für das betreffende Gericht ernannten Polizeianwalte.

384) Die vorläufige Straffestsetzung, welche den Revierbeamten als Polizeiverwaltern auf Grund des Gesetzes vom 14. Mai 1852 in den rechtsrheinischen Provinzen bisher zustand, findet nicht mehr statt.

385) Im Bezirke des Appellationsgerichtshofes zu Köln den die Polizeige-

Dieselben haben hierbei nicht die Nothwendigkeit oder Zweckmäßigkeit, sondern nur die gesetzliche Gültigkeit[386]) der von den Bergbehörden erlassenen polizeilichen Vorschriften zu prüfen.

---

# Zehnter Titel.

## Provinzialrechtliche Bestimmungen.

### §. 210.

In denjenigen Landestheilen, in welchen das unter dem 19.

---

richten, in der übrigen Monarchie den bei dem zuständigen Gerichte zur Verwaltung der Polizeigerichtsbarkeit ernannten Einzelrichtern (Einführungsgesetz zum Strafgesetzbuche vom 14. April 1851, Art. XIII, XIV).

386) Die gesetzliche Gültigkeit der allgemeinen Polizeiverordnungen (§§. 197, 208) ist nach den zur Zeit ihres Erlasses gültigen Regeln zu beurtheilen. Die Gesetzgebung hat in Bezug auf die Competenz zum Erlasse allgemeiner Strafvorschriften im Gebiete der Bergpolizei bis zum Erlasse des Allg. Berggesetzes mehrfach gewechselt:

1) Bis zum Erlasse des Gesetzes über die Polizeiverwaltung vom 11. März 1850 stand die Ausübung des im §. 6, Tit. 13, Th. II Allg. Landrechts gedachten Majestätsrechtes, allgemeine Polizeiverordnungen zu erlassen, verfassungsmäßig den Verwaltungsministerien zu, welche ermächtigt waren, polizeiliche Anordnungen und Strafbestimmungen innerhalb der Grenzen der polizeilichen Strafgewalt (Geldbuße bis zu 100 Thlr., Gefängnißstrafe bis zu 4 Wochen. — Verordnung vom 28. Dezember 1808 §. 48) zu erlassen und deren Erlaß von Seiten der Provinzialbehörden zu genehmigen (Staatsministerialbeschluß vom 7. Januar 1845, Justiz-Min.-Bl. S. 34). Die Gültigkeit der in dieser Periode erlassenen Strafvorschriften hängt also davon ab, daß sie von dem Verwaltungsminister oder unter Bezugnahme auf dessen Genehmigung erlassen sind. Die Publication erfolgte durch das Regierungsamtsblatt (Verordnung vom 28. März 1811, G.S S. 165).
2) Vom 11. März 1850 bis zum Erlasse des Gesetzes über die Competenz der Oberbergämter vom 10. Juni 1861 (G.S S. 425) war der Erlaß allgemeiner Strafvorschriften außer den Ortspolizeibehörden den Regierungen vorbehalten. Das Maximum der anzudrohenden Strafe betrug 10 Thlr. Geldbuße. Die Publication erfolgte durch das Regierungsamtsblatt (Gesetz vom 11. März 1850 §§. 5, 6, 11, 12). Nach dem Erlasse des Ministers des Innern vom 19. März 1856 sollten die Polizeiverordnungen über bergpolizeiliche Gegenstände von den Oberbergämtern gemeinschaftlich mit den betreffenden Regierungen erlassen werden.
3) Das Gesetz vom 10. Juni 1861 §§. 8—11 übertrug den Oberbergämtern die Befugniß zum Erlasse von allgemeinen Strafvorschriften in dem durch §. 9 bestimmten Gebiete der Bergpolizei in demselben Umfange, in welchem

April 1844 publizirte Provinzialrecht für Westpreußen Anwendung findet[387]), sind nur Steinsalz und Soolquellen den Bestimmungen des gegenwärtigen Gesetzes unterworfen.

Auf den Braunkohlenbergbau in diesen Landestheilen sollen jedoch der dritte Abschnitt des dritten Titels (von den Bergleuten), der siebente Titel (von den Knappschaftsvereinen) und der neunte Titel (von der Bergpolizei) Anwendung finden[388]).

Gesetz wegen Aufhebung des Preußischen Landrechts vom Jahre 1721 und der Instruction für die Westpreußische Regierung vom 21. September 1773 in den jetzt zur Provinz Pommern gehörenden vormals Westpreußischen Landestheilen, vom 4. August 1865.

Artikel I.

In folgenden zur Provinz Pommern gehörigen Landestheilen[389]):

1. in den Kreisen Lauenburg und Bütow,

---

die Regierungen dasselbe nach dem Gesetze vom 11. März 1850 besitzen. Die Publication erfolgte durch das Regierungsamtsblatt.

Für die Verbindlichkeit aller vor dem Allg. Berggesetze erlassenen bergpolizeilichen Vorschriften ist wesentlich, daß in denselben eine Strafandrohung enthalten ist, weil dieselbe nach der bisherigen Gesetzgebung zur strafrechtlichen Gültigkeit der Polizeiverordnungen nothwendig gehörte. Ist dies Requisit auch für die künftigen Bergpolizeiverordnungen weggefallen und tritt die allgemeine Strafandrohung des §. 207 an die Stelle der früher speziell angedrohten Strafen, so haben doch gleichwohl die früher ohne Strafandrohung von den Ministern und den Oberbergämtern erlassenen Instructionen und allgemeinen Vorschriften dadurch nicht den Character von Strafvorschriften erlangt, der ihnen bei ihrem Erlasse nicht beiwohnte.

387) Das Provinzialrecht für Westpreußen ist nach dem Publicationspatente vom 19. April 1844 §§. 1, 2 (G.S. S. 103) erlassen für diejenigen, jetzt zur Provinz Preußen gehörenden Landestheile, welche im Jahre 1806 zu Westpreußen gerechnet wurden, mit Einschluß des Thorner Kreises in seiner gegenwärtigen Begrenzung. Ausgenommen sind nach §. 2 die zu dem früheren Marienwerderschen landräthlichen Kreise gehörigen Landestheile, sowie die Stadt Danzig und deren Gebiet, wie solches im Jahre 1793 mit der Monarchie vereinigt worden. (Das ist das sogenannte alte Gebiet, verschieden von dem etwas größeren sogenannten neuen Gebiet, welches der Stadt Danzig in dem Tilsiter Frieden 1807 beigelegt wurde.)

388) Der achte Titel (von den Bergbehörden), insbesondere die §§. 191—193, ferner die §§. 66, 67, 69, 71, 72, 73 und 74 aus dem zweiten Abschnitte des dritten Titels finden ebenfalls Anwendung, weil solche in den Bestimmungen des siebenten und des neunten Titels in Bezug genommen werden.

389) In diesen Landestheilen gilt das Westpreußische Provinzialrecht von 1844 nicht. Sie sind daher unter der Bestimmung des §. 210 ursprünglich nicht begriffen, sondern letztere ist erst durch Art. III auf die im Art. I cit. aufgeführten Landestheile ausgedehnt worden.

2. den in den Kreisen Belgard, Dramburg und Neustettin belegenen Ortschaften, welche früher zu Westpreußen gehört haben,

werden:

a) das Preußische Landrecht von 1721,

b) die Instruction für die Westpreußische Regierung vom 21. September 1773,

soweit solche noch in Kraft sind, mit dem 1. October 1865 aufgehoben.

Artikel III.

I. Der im Artikel I angeordneten Aufhebung ungeachtet bleiben die nachfolgenden Bestimmungen des bisherigen Provinzialrechtes in nachstehender Fassung in Kraft:

1—7 (betreffen verschiedene Fälle der civilrechtlichen Occupation).

II. Die im §. 210 des Allgemeinen Berggesetzes vom 24. Juni 1865 für den Geltungsbereich des Provinzialrechtes für Westpreußen getroffenen Bestimmungen sind auch für die im Artikel I benannten Landestheile maßgebend.

§. 211.

Von den Bestimmungen des gegenwärtigen Gesetzes sind ausgenommen die Eisenerze[390])

1. in dem Herzogthum Schlesien und der Grafschaft Glatz[391]),
2. in Neuvorpommern und auf der Insel Rügen und
3. in den Hohenzollernschen Landen.

§. 212.

Die Besitz- und Rechtsverhältnisse bei Stein- und Braunkohlen:

1. in den vormals zum Königreiche Sachsen gehörigen Landestheilen der Provinz Sachsen, mit Ausschluß der Grafschaften Mansfeld und Barby, des Amtes Gommern und der standesherrlichen Gebiete der Grafen von Stolberg-Stolberg und von Stolberg-Roßla.

---

390) „Nach §. 1 sind künftig die Raseneisenerze allgemein von dem Berggesetze ausgeschlossen. Durch §. 211 wird außerdem in den näher bezeichneten Landestheilen, in welchen schon jetzt die Eisenerze nicht zu den Gegenständen des Bergregals gehören, dieser Rechtszustand aufrecht erhalten. Für das vormalige Herzogthum Schlesien und die Grafschaft Glatz beruht dieses Ausnahmeverhältniß auf Cap. I, §. 1 der Schlesischen Bergordnung vom 5. Juni 1769.

In Neuvorpommern und auf der Insel Rügen fehlen hinreichende gesetzliche Grundlagen für die Regalität der Eisenerze, weshalb dieselbe dort seitens des Staates nicht in Anspruch genommen wird.

Dasselbe Rechtsverhältniß besteht in den Hohenzollernschen Landen, wo insbesondere die Bohnerze einen nicht unwichtigen Gegenstand der Ausbeutung durch den Grundeigenthümer bilden.“ (Motive S. 114).

2. in den vormals zum Königreiche Sachsen gehörigen Landestheilen der Provinz Brandenburg, insbesondere in der Standesherrschaft Baruth und den Aemtern Jüterbogk, Dahme, Belzig und Rabenstein nebst enclavirten ritterschaftlichen Orten, sowie in den vormals zum Kreise Wittenberg gehörigen Ortschaften Blankensee und Stangenhagen,
3. in dem Markgrafenthum Oberlausitz,
4. in dem Markgrafenthum Niederlausitz, mit Einschluß der Herrschaft Sonnenwalde, sowie der Aemter Dobrilugk, Finsterwalde und Senftenberg,

sollen wie bisher aufrecht erhalten werden [392]).

§. 213.

Für die im §. 212 genannten Landestheile kommen der dritte

---

391) Auch auf manganhaltige Eisenerze findet in Schlesien keine Muthung statt, weil dieselben nur zur Eisenerzeugung, nicht zur Verwendung als Manganerze dienen können. Vergl. den Recursbescheid des Handelsministers vom 13. Januar 1862. (Zeitschr. f. Bergrecht Bd. III, S. 264.)

392) Die im §. 212 bezeichneten Landestheile zerfallen in zwei verschiedene Rechtsgebiete. In den unter 1 bezeichneten Landestheilen der Provinz Sachsen gelten die drei im §. 213 angeführten Provinzialgesetze und zwar das Mandat vom 19. August 1743 mit den durch das Regulativ vom 19. October 1843 eingeführten Abänderungen. In den nicht zur Provinz Sachsen gehörigen Landestheilen gilt das Mandat von 1743 (unverändert) und das Gesetz vom 1. Juli 1861, dagegen nicht das Regulativ von 1843. Der materielle Unterschied zwischen beiden Rechtsgebieten besteht hauptsächlich in folgenden Punkten:

1) Das Mandat von 1743 gewährt die Concession zum Kohlenbergbau auf fremdem Grund und Boden, sofern der Grundeigenthümer nach erfolgter Aufforderung durch Jahresfrist versäumt, den Bergbau selbst zu eröffnen. Das Regulativ von 1843 (§. 11) läßt die Concession zum Bergbau auf fremdem Grunde nur zu, wenn ein Mangel an Feuerungsmaterial die Aufnahme des Kohlenbergbaues für das allgemeine Beste nothwendig macht und der Grundeigenthümer die Aufnahme desselben nach erfolgter Aufforderung verweigert.
2) Das Mandat kennt keine zwangsweise Zusammenlegung der Kohlenfelder. Das Regulativ dagegen unterwirft den Grundeigenthümer diesem Zwange und überträgt der Bergbehörde für jeden Fall die Regulirung des Grubenfeldes und der Theilnahmerechte (§§. 9, 10).
3) Das Mandat macht die Aufnahme des Bergbaues von keiner Erlaubniß abhängig und unterwirft den Grundeigenthümer oder Concessionär keiner andern als der bloß polizeilichen Aufsicht der Bergbehörden. Das Regulativ schreibt dagegen die Einholung einer Erlaubniß zur Eröffnung des Betriebes vor (§§. 5, 6, 12) und unterwirft die letzteren einer umfassenden Einwirkung der Bergbehörde, welche indeß gegenwärtig durch §. 195 und §. 213 Allg. Berggeſ. auf die polizeilichen Gesichtspunkte beschränkt ist.

Abschnitt des dritten Titels, der siebente und der neunte Titel des gegenwärtigen Gesetzes in Anwendung [393]).

Das Mandat vom 19. August 1743, das Regulativ vom 19. October und 13. November 1843 und das Gesetz vom 1. Juni 1861 (Gesetzsamml. für 1861 S. 353 ff.) bleiben in Kraft [394]).

---

393) Vergl. Anm. 389.

394) Während alle übrigen provinzialrechtlichen Bestimmungen, welche neben den Vorschriften des Allg. Berggesetzes aufrecht erhalten bleiben, ihrem materiellen Inhalte nach in dieses Gesetz aufgenommen sind (§§. 210, 211, 214), ist hinsichtlich des sächsischen Provinzialrechtes allein auf die bisherigen im §. 213 bezeichneten Gesetze verwiesen. Der Grund hierfür liegt darin, daß die Regierung Bedenken trug, die Aufhebung dieser Provinzialgesetze ohne vorherige Anhörung der Provinzialstände aufzuheben, unter deren Beirath das Regulativ von 1843 erlassen worden ist. Die Revision dieser Gesetze nach vorheriger Vernehmung der Provinzialstände ist indeß bereits eingeleitet. Sie ist auch durch die sehr weitläuftige und mangelhafte Redaction der beiden Gesetze von 1743 und 1843 und durch ihren Inhalt, welcher zum großen Theile obsolet gewordene, aber keineswegs ausdrücklich aufgehobene Bestimmungen umfaßt, dringend geboten. Die noch anwendbaren Vorschriften über die Concession und die Bauerlaubniß lassen sich in wenigen Paragraphen wiedergeben. In allen übrigen Punkten aber kann, wie dies auch im §. 213 bereits in Bezug auf die Vorschriften über die Bergleute, die Knappschaftsvereine und die Bergpolizei geschehen ist, auf die den verliehenen Bergbau betreffenden Bestimmungen des allgemeinen Berggesetzes verwiesen werden.

Eine solche Revision der erwähnten Provinzialgesetze würde zugleich Gelegenheit geben, die erheblichen Beschränkungen, welchen der Grundeigenthümer bei der Ausübung seines Kohlenbaurechtes nach dem Regulative vom 19. October 1843 unterworfen ist, einigermaßen zu mildern. Nach §§. 6 und 7 des Regulativs ist die Bauerlaubniß von dem Nachweise abhängig, daß das Feld von einem hinreichenden Umfange ist und daß die Lagerungsverhältnisse der Kohlen von der Art sind, daß darauf ein nachhaltiger Bau auf eine zweckmäßige Weise mit Nutzen für den Eigenthümer geführt werden kann. Dieser Nachweis muß durch Versuchsarbeiten geführt werden, welche an den von der Bergbehörde bezeichneten Punkten auf Kosten des Eigenthümers geführt werden müssen. Ergeben diese Versuche, daß das Kohlenlager sich unter benachbarte Grundstücke erstreckt und daß der Abbau der Kohlen auf eine zweckmäßigere, den dabei betheiligten Interessenten vortheilhaftere Weise in dem Falle stattfindet, wenn solcher in einen gemeinschaftlichen Bau gefaßt wird, so wird die Zusammenlegung der Grundstücke zu einem gemeinschaftlichen Kohlenfelde von Amtswegen angeordnet (§§. 8 ff.), wobei die Theilnahmerechte auf Antrag der Interessenten durch die Bergbehörde festgesetzt werden.

Es mag sein, daß diese umfassende Fürsorge für den Vortheil der bergbautreibenden Grundeigenthümer in einer Periode der Kindheit des sächsischen Kohlenbergbaues nothwendig oder nützlich gewesen ist. Jetzt enthält diese Vormundschaft eine drückende Beschränkung für die Eigenthümer und eine unnöthige Belästigung für die Behörden. Ob ein Grundstück die zweckmäßige Lage und Gestalt für

**Mandat wegen Entdeckung derer im Lande befindlichen Steinkohlenbrüche. Und wie sich bey deren Aufnahme und Fortbau zu verhalten. Ergangen d. d. Dresden am 19. Augusti Anno 1743. (Codex Augusteus Bd. III, pag. 1379 ff. Brassert, Bergordnungen S. 473 ff.)**

Wir, Friedrich August ꝛc. König in Pohlen ꝛc., Hertzog zu Sachsen ꝛc., des Heil. Römischen Reichs Ertz-Marschall und Churfürst ꝛc. thun hiermit kund und zu wissen: Nachdem Wir in sichere Erfahrung gebracht, welchergestalt viele in Unserem Chur-Fürstenthum und denen demselben incorporirten auch anderen Landen hin und wieder befindliche Steinkohlenbrüche [394 a]) unentblößt und also ganz unnutzbar, zum Schaden und Nachtheil des Publici erliegen blieben, und Uns hiernechst die Ursachen, so hierzu Anlaß gegeben, worunter vornehmlich mit begriffen wie das wegen Erschrot- und Belegung deren

einen selbständigen Kohlenabbau besitzt, kann füglich der Beurtheilung des Eigenthümers überlassen bleiben, ebenso ob dasselbe mit größerem Vortheil zusammen mit einem Nachbargrundstücke abgebaut werden kann. Der Nationalwohlstand wird bei einem gelegentlichen Irrthume wahrscheinlich weniger einbüßen, als durch die kostspieligen und zeitraubenden Legitimationsführungen und Aufschlußarbeiten, welche der Ertheilung der Bauerlaubniß gegenwärtig vorhergehen. Wenn ferner mehrere Grundbesitzer sich freiwillig zum gemeinschaftlichen Abbau oder zur gemeinsamen Verpachtung ihrer Kohlenlager vereinigen, so wird in der Regel besser für die Leitung und für die Mittel des Betriebes gesorgt sein, als wenn durch Erkenntniß der Bergbehörde eine Zusammenlegung der Kohlenlager zwangsweise angeordnetet wird, deren Vortheile durch die Uneinigkeit über Tage in der Regel mehr als aufgehoben werden. Eine solche zwangsweise Vereinigung muß daher mindestens auf diejenigen Fälle beschränkt werden, wo ein Grundstück nur in Verbindung mit anderen Grundstücken abgebaut werden kann, sie darf nicht auf die Fälle ausgedehnt bleiben, wo ein gemeinschaftlicher Abbau nicht unbedingt nothwendig, sondern nur nach dem Ermessen der Bergbehörde vortheilhaft sein würde.

Für das Rechtsgebiet des Mandates vom 19. August 1743 endlich würde bei einer Revision des sächsischen Provinzialbergrechtes die durch §. 11 des Regulatives vom 19. October 1843 für die Provinz Sachsen bereits eingeführte Abänderung allgemein anzunehmen sein, wonach die Concession zum Bergbau auf fremdem Grund und Boden nicht für den Fall der bloßen Weigerung des Eigenthümers ertheilt, sondern auf die Voraussetzung beschränkt wird, daß die Aufnahme des Kohlenbergbaues durch Mangel an Feuerungsmaterial oder unverhältnißmäßige Theuerung desselben geboten ist.

394 a) Obwohl das Mandat von 1743 nur die Steinkohle nennt, so werden seine Bestimmungen doch gleichmäßig auf die Braunkohle angewendet (Brassert, Bergordnungen S. 474). Diese Interpretation beruht darauf, daß der Sprachgebrauch des vorigen Jahrhunderts nicht zwischen Steinkohlen und Braunkohlen unterscheidet, sondern die erstere Bezeichnung für den Gattungsbegriff beider Species gebraucht, welche durch die Namen Schwarzkohle und Braunkohle unterschieden werden. (Vergl. m. Uebersicht S. 14.)

Steinkohlen kein durchgängiges und hinlängliches Regulativum, wornach sich Baulustige eigentlich richten und halten könnten, vorhanden sey, auch unterschiedliche Grund-Besitzere, auf deren Güter Steinkohlen brechen, ob sie wohl solche selbst nicht baueten, doch andern auf ihren Grund und Boden hiernach zu schürfen, nicht gestatten wollten, mithin anderen das Feld sperrten, gehorsamst angezeigt worden; So sind Wir, auf unterthänigstes Suppliciren verschiedener Unserer Unterthanen, und besonders zum Besten des Publici, auch zu Nutz des an nöthigen Feuer-Holtz Gebruch leidenden Armuths allen bei dieser heilsamen und gemeinnützigen Sache bisher entstandenen Inconvenienzien abhelffliche Maaße zu geben, aus Landesväterlicher Sorgfalt genädigst gesonnen. Setzen und ordnen dahero, daß

1. Alle und jede Grundbesitzere, welche auf ihren Güthern noch zur Zeit nach Steinkohlen nicht graben, oder da solches ehedessen geschehen, doch ohne trifftige Ursachen den Steinkohlenbau wiederum unterlassen, hinführo solchen unermüdet an- und fortstellen, wiedrigenfalls aber, da sie solchen vorzunehmen nicht gesonnen wären, alsdann, wenn sich ein oder mehrere andere bei ihnen, auf ihren Grund und Boden, nach Steinkohlen einzuschlagen, angeben würden, gewärtig seyn und geschehen lassen sollen, daß diesen letzteren binnen einer Jahresfrist, von Zeit des Anmeldens, die hierzu nöthige Concession bei Unserem Cammer- und Berggemach, woselbst sich diesfalls zu melden, ertheilt werde[395]), inmaßen
2. Nach der erhaltenen Concession einem jeden frey stehen solle, nebst Annehmung so vieler Consorten, als er hierzu vor nöthig erachtet, bemerkte Steinkohlen entblösen, die benöthigten Stollen, Röschen und Kunstgezeuge treiben und vorrichten, auch was sonsten zum schwunghaften Forttrieb des Steinkohlenwerkes unumgänglich nöthig, anlegen zu dürfen. Wie aber dieses
3. Anderergestalt nicht als nach vorhergängiger, von Unserem Cammer- oder Berggemach erlangter Concession oder Bestimmung eines, bei ordentlicher ergiebiger Förderniß derer Steinkohlen oder erfolgten Ueberschusse leidlichen Canonis[396]) und gegen billigmäßige Abfindung mit

---

395) Die Concession wird nach der preußischen Behördenverfassung von dem Handelsminister ertheilt. Sie giebt nach §. 1 Ges. v. 1. Juni 1861 (unten S. 355) dem Commissionär eine Gerechtigkeit zur Kohlengewinnung in dem bestimmten Felde.

396) Unter dem Canon ist, wie §. 8 ergiebt, nicht eine an den Grundeigenthümer zu entrichtende Abgabe zu verstehen, sondern eine Abgabe an den Staat. In der einzigen Concession, welche unter preußischer Verwaltung auf Grund des Mandats von 1743 zum Kohlenbergbau auf fremdem Grunde ertheilt worden ist,

denen Grundbesitzern, oder gegen Ueberlassung eines gewissen Antheils von dem Steinkohlenwerk, wegen des an Feldern und Wiesen erleidenden Schadens geschehen kann; Also sollen auch

4. Die neuen Sucher die gemachten Schürffe, in welchen sie keine Steinkohle angetroffen, ohne Anstand auf ihre eigenen Kosten wieder zuzufüllen, und in vorigen Stand zu setzen, schuldig sein. Damit nun

5. Jedwedes zu Schürff- und Entblößung solcher Steinkohlen um desto mehr aufgemuntert werde; so befreyen Wir kraft dieses alle und jede Interessenten derer neuaufzunehmenden Steinkohlenbrüche von Einlegung einer Muthung bey denen Bergämtern, von Quatember- und Fristgeldern, und von allen übrigen bei dem Bergbau üblichen Abgaben und wollen selbige hiermit auf keine Weise beschwert wissen. Was auch

6. Die hierbey etwa fürfallenden Differenzien anbetrifft, so sollen solche, woferne sie nicht die Vorrichtung und Anstalt des Baues oder entstandenen Streit mit denen Feldnachbarn derer Gruben-Gebäude betreffen, jedesmahl von dem iudice ordinario jedes Orths entschieden werden, und behalten die sämmtlichen Bergbedienten und Arbeiter bey denen Steinkohlenwerken ihr ordentliches Forum nach wie vor; Dahingegen

7. Was die Differenzien des Berg- und Kohlenbaues selbst belanget, die Interessenten, ratione ihrer anzufangenden Baue und daß solche ordentlich vorgerichtet, und ohne Hindernisse vom Wasser und Wetter schwunghaft fortgetrieben werden mögen, zu ihren eigenen Nutzen lediglich nach der Vorschrifft des nechsten Berg-Ambts sich zu richten und zu achten haben, als weshalber Wir denen sämmtlichen Berg-Aemtern, damit sie alles ohne Verzug und Weitläuffigkeit veranstalten und entscheiden sollen, besondere Verordnung aus unserm Cammer- und Berg-Gemach zu ertheilen nicht ermangeln werden. Hiernechst wollen Wir

8. Aus besondern Gnaden diejenige welche, bereits vor Emanirung dieses Generalis, oder von einigen Jahren her in ihren Fundis Steinkohlen-Brüche gebauet und noch besitzen und bauen oder auch noch weiter auf solchen ihren Güthern erschürffen, und solche Steinkohlen binnen Jahr und Tag nach Disposition des Isten §phi ausfündig und rege machen wollen, bey ihren hergebrachten und eingeführten Gebrauch fernerhin ruhig und ohne Abforderung einigen Canonis außer der Accise und des Geleithes, wenn solche zeithero von ihnen entrichtet worden, lassen, sie auch darwieder keinesweges zu beeinträchtigen gestatten, in der zuverlässigen Hoffnung, daß sie ihres Orths auch alles das, was zur mehre-

---

(Hoffnung bei Sorau), ist ein solcher Canon nicht festgesetzt. Die Abgabe ist übrigens durch §. 3 des Gesetzes vom 20. October 1862 aufgehoben.

ren Auffnahme ihrer Steinkohlen-Brüche dienlich, nach ihren Vermögen, besten Fleißes anwenden werden.

9. (Verbot der Steinkohlenausfuhr) aufgehoben.

**Regulativ für den Betrieb und die Beaufsichtigung der Stein- und Braunkohlengruben in den ehemals zum Königreich Sachsen gehörigen Landestheilen der Provinz Sachsen, mit Ausschluß der Grafschaften Mansfeld und Barby, des Amtes Gommern und der standesherrlichen Gebiete der Grafen zu Stolberg-Stolberg und zu Stolberg-Roßla.** (G.S. v. 1861 S. 356.)

In den durch die Ueberschrift dieser Verordnung bezeichneten Landestheilen sind Stein- und Braunkohlen ein accessorisches Eigenthum des Grund und Bodens. Die Gewinnung derselben kann jedoch nur unter den nachfolgenden Bestimmungen stattfinden, und wo sie bereits stattfindet, nur nach diesen Bestimmungen fortgesetzt werden.

§. 1. Die Bergbaugewinnung der Stein- und Braunkohlen steht in technischer Beziehung unter der Aufsicht der landesherrlichen Bergbehörde, welche solche unter der Leitung des Oberbergamts der Provinz durch die Bezirksbergämter[397]) und die denselben untergeordneten Revierbeamten ausüben läßt. Alle Aufforderungen und Vorladungen, welche die Behörde in Bezug darauf, nach Maßgabe dieses Regulativs, an die Interessenten ergehen läßt, haben nur in dem Falle die daran geknüpften gesetzlichen Folgen, wenn deren Insinuation gehörig bescheinigt ist.

§. 2. Der Gesichtspunkt, wonach diese Aufsicht zu führen ist, beruht in der Vereinigung der besonderen Interessen des Besitzers mit dem allgemeinen Interesse des Staats am Bergbau, des augenblicklichen Gewinns mit der nachhaltigen Benutzung der sich nicht wieder erzeugenden Mineralien.

Der Grubenbau soll daher auf die zweckmäßigste Weise nach den Grundsätzen der Bergbaukunst, unter Beobachtung der Vorschriften der Bergpolizei geführt, und es sollen alle Mittel, welche Kunst und Erfahrung darbieten, angewendet werden, die Kohlen mit den wenigsten Kosten, auf eine wahrhaft haushälterische Weise so zu gewinnen, daß der Fortsetzung des Bergbaues daraus kein Nachtheil erwächst, die Aus- und Vorrichtungen demselben vielmehr zu Statten kommen.

---

397) Wo in dem Regulative das Bergamt genannt ist, tritt nach §. 1 des Gesetzes vom 10. Juni 1861 (G.S. S. 425) das Oberbergamt an seine Stelle. Die Aufsicht der Bergbehörden ist nach §. 213 und §. 196 A. B.G. nur noch eine polizeiliche. Die Bestimmungen des Regulatives, welche eine weiter gehende Einwirkung der Bergbehörden auf den Betrieb statuiren, sind daher aufgehoben (vergl. §§. 24, 25, §§. 28—32).

Dabei ist nicht der Vortheil einzelner Gruben allein zu berücksichtigen, sondern aller Gruben, welche auf derselben Lagerstätte bauen.

§. 3. Das Recht des Grundeigenthümers und des vollständigen Besitzers des Nutzungsrechts zur Gewinnung der unter seinem fundo anstehenden Kohlen beschränkt sich nicht auf den eignen Gebrauch; kann vielmehr an Andre abgetreten, veräußert, verpachtet, oder sonst darüber auf eine rechtsgültige Weise disponirt werden.

§. 4. Dem Gläubiger des Grundeigenthümers, welchem eine Hypothek auf das Grundstück im Allgemeinen, oder auch auf ein darunter befindliches Kohlenlager constituirt ist, steht das Recht nicht zu, dem Abbau desselben zu widersprechen; er ist mit seinen Ansprüchen auf den aus dem Abbau aufkommenden Ertrag beschränkt.

§. 5. Will der Grundeigenthümer oder der, auf welchen das Recht desselben zur Kohlengewinnung übergegangen ist, einen Bau darauf unternehmen, oder einen bereits begonnenen Bau darauf fortsetzen, so hat er zuvor dem Bergamte Anzeige zu machen und sich als Nutzungsberechtigten zu legitimiren.

§. 6. Das Bergamt hat hierauf an Ort und Stelle, mit Zuziehung des Grubeneigenthümers, resp. der Nutzungsberechtigten eine Besichtigung des Feldes vorzunehmen und zu untersuchen, ob dasselbe zu einem zweckmäßigen Abbau der Kohlen geeignet ist.

§. 7. Wenn sich bei dieser Besichtigung nach der Beurtheilung des Bergamts ergiebt, daß das Feld von einem hinreichenden Umfange ist, und daß die Lagerungsverhältnisse der Kohlen von der Art sind, daß darauf ein nachhaltiger Bau, auf eine zweckmäßige Weise, mit Nutzen für den Eigenthümer geführt werden kann, so steht der Ausübung dessen Nutzungsrechtes nichts entgegen, und ist derselbe in diesem Falle nicht verbunden, sich im Kohlenbergbau mit den Eigenthümern eines angrenzenden Kohlenfeldes zu vereinigen [398]).

Wenn es zur näheren Beurtheilung der Verhältnisse nach dem Ermessen des Bergamts weiterer Untersuchungen bedarf, so ordnet dasselbe diese auf Kosten des Eigenthümers an, indem es entweder diesem die Ausführung überläßt, oder ihn dabei, insofern er es wünscht, mit dazu geeigneten Bergarbeitern zu Hülfe kommt.

Insofern es dabei auf Abteufung von Versuchschächten, welche mehr als

---

398) Dies gilt für den Fall, daß der Grundeigenthümer die Bauerlaubniß zuerst nachgesucht hat. Ist ihm dagegen der Eigenthümer eines Nachbargrundstückes, welches nicht für sich allein abgebaut werden kann, mit diesem Antrage zuvorgekommen, so ist er dennoch verpflichtet, auf den gemeinschaftlichen Grubenbetrieb einzugehen (§. 9).

1 Lachter (80 Preußische Zoll) Teufe erhalten, oder auf Versuch=Stolln ankommt, ist der Eigenthümer verpflichtet, sich dazu gelernter Bergleute, welche ihm vom Bergamte überwiesen werden[399]), zu bedienen.

Nachdem die vom Bergamte angeordneten Versucharbeiten ausgeführt sind, hat der Eigenthümer dasselbe um Ansetzung eines definitiven Besichtigungstermins zu ersuchen.

§. 8. Wenn sich bei der ersten oder resp. bei der definitiven Besichtigung ergiebt, daß zu einem zweckmäßigen Abbau das dem Eigenthümer der Kohlen zustehende Feld nicht hinreicht, die Verhältnisse der Kohlenlagerung aber nach der Beurtheilung des Bergamts von der Art sind, daß eine weitere Erstreckung derselben unter der benachbarten Oberfläche eines oder mehrerer andrer Grundeigenthümer derselben, oder den darunter befindlichen Kohlen zu vermuthen, oder wenn diese weitere Erstreckung bereits durch einen darauf eröffneten Bau bekannt, oder wenn in dem einen oder dem andern Falle zu erwarten ist, daß der Abbau der Kohlen auf eine zweckmäßigere, für alle dabei betheiligten Interessenten vortheilhaftere Weise in dem Falle stattfindet, wenn solcher in einen gemeinschaftlichen Bau gefaßt wird, so fordert das Bergamt den oder die berechtigten Eigenthümer auf, sich binnen Monatsfrist darüber zu erklären, ob sie mit dem ersten Unternehmer zu der weiter erforderlichen, vom Bergamte anzuordnenden Untersuchung in Gemeinschaft treten, oder diese Untersuchung auf dem Felde, worauf ihnen das Kohlengewinnungs-Recht zusteht, selbst und auf ihre alleinige Kosten unternehmen wollen. In einem oder dem andern Falle bestimmt das Bergamt mit Rücksicht auf die Jahreszeit und auf den Umfang der Untersuchung die Frist, binnen welcher solche ausgeführt sein muß, und der oder die, welche diese Untersuchung unternommen haben, sind verpflichtet, dem Bergamte zu dem bestimmten Termine das Resultat derselben, wenn ein solches aber noch nicht gewonnen ist, die Hinderungsursachen anzuzeigen und eine letzte Nachfrist nachzusuchen, welche das Bergamt bis zur Hälfte der ersten zu bewilligen befugt ist.

Wenn ein benachbarter Eigenthümer sich auf die vom Bergamte an ihn erlassene Aufforderung binnen Monatsfrist nicht, oder wenn er sich dahin erklärt, die Untersuchung seines Feldes weder auf seine alleinige, noch auf gemeinschaftliche Kosten, nach der Anweisung des Bergamtes vornehmen zu wollen, so ist das Bergamt befugt, dem ersten Unternehmer einen Schurfschein auf das betreffende Feld zu ertheilen und der Eigenthümer desselben ist verpflichtet, demselben auf Vorzeigung dieses Schurfscheins das Schürfen und Bohren auf seinem Grund und Boden zu gestatten, der Unternehmer aber verbunden, sich mit demselben über die für die Benutzung der Oberfläche am

399) Eine Ueberweisung von Bergleuten findet nach §. 2 Ges. v. 21. Mai 1860 (G.S. S. 291) nicht mehr statt.

wenigsten hinderliche oder nachtheilige Zeit zur Ausführung der Versucharbeiten zu vereinigen, und denselben für allen ihm daraus erwachsenden Schaden vollständig zu entschädigen.

In so fern beide Theile sich über die Zeit der Arbeit und über den Betrag der Entschädigung nicht vereinigen können, steht ihnen die Provocation auf Entscheidung des Kreis-Landraths und von diesem der Recurs an die Regierung zu, mit Ausschluß richterlichen Erkenntnisses.

§. 9. Nach beendigter Untersuchung der benachbarten Felder setzt das Bergamt einen Termin zur Regulirung des Grubenfeldes an Ort und Stelle an, zu dem es alle dabei interessirte Grundeigenthümer resp. Kohlengewinnungs-Berechtigte vorladet. Nachdem das Bergamt sich und alle Interessenten mit den Resultaten der Versuch-Arbeiten auf sämmtlichen untersuchten Flächen bekannt gemacht, der Umfang des Kohlenfeldes, welches in einen zusammenhängenden Bau gefaßt werden kann, festgestellt und im Allgemeinen ermittelt und den Interessenten angegeben hat, wie dieses Feld nach den Lagerungsverhältnissen am zweckmäßigsten und für die Letztern am vortheilhaftesten in Angriff zu nehmen und abzubauen ist, sucht es die Vereinigung derselben zu einem gemeinschaftlichen Grubenbetriebe zu vermitteln und nimmt deren Erklärung darüber entgegen.

Hierbei sind mehrere Fälle zu unterscheiden:

Wenn einer der betreffenden Eigenthümer die Versuch-Arbeiten in seinem ihm eigenthümlichen Kohlenfelde auf seine alleinige Kosten übernommen und ausgeführt hat, und es ergiebt sich aus der Untersuchung nach der Beurtheilung des Bergamts, daß dieses Feld seinem Umfange und seinem Lagerungsverhältniß nach auf eine zweckmäßige Weise für sich allein abgebaut werden kann, so ist dieser Eigenthümer des Kohlenfeldes nur in dem Falle verpflichtet, auf den gemeinschaftlichen Grubenbetrieb in diesem seinem und dem benachbarten Kohlenfelde einzugehen [400]), wenn das letztere nach der Beurtheilung des Bergamts auf eine zweckmäßige Weise für sich allein nicht abzubauen ist; es steht ihm jedoch in diesem Falle frei, der Gemeinschaft nur mit demjenigen Theile desselben beizutreten, welchen das Bergamt für den zweckmäßigsten Abbau des benachbarten Kohlenfeldes nothwendig erachtet.

Wenn mehrere Eigenthümer sich zur Untersuchung ihrer Kohlenfelder auf gemeinschaftliche Kosten vereinigt haben, so sind sie verpflichtet, solche auch zu einem gemeinschaftlichen Grubenbetriebe in so weit herzugeben, als sie in

400) Vergl. Anm. 398. Das Polizei-Reglement, welches unterm 20. Decbr. 1854 für den auf Grund des Mandates von 1743 betriebenen Bergbau erlassen war, ist durch das Allg. Berggesetz zwar nicht aufgehoben, die Bestimmungen desselben sind indeß antiquirt und es ist der Erlaß einer neuen Polizeiverordnung auf Grund des §. 197 A. B.G. in Aussicht genommen.

einen zusammenhängenden Bau gefaßt werden können. Findet sich dabei, daß ein Theil des Feldes zu einem Separatbau geeignet ist, so steht es dem Eigenthümer frei, ob er auch mit diesem Theile der Gemeinschaft betreten oder darauf einen besonderen Abbau für seine alleinige Rechnung treiben will. Im ersteren Falle sind aber die übrigen Theilnehmer des gemeinschaftlichen Grubenbetriebes verpflichtet, auch diesen Separatbau mit in die Gemeinschaft aufzunehmen.

Wenn ein Eigenthümer sich wegen der Versuch-Arbeiten auf seinem Felde gar nicht oder nicht beitretend erklärt hat, und solche auf den Grund des vom Bergamte ertheilten Schurfscheins ausgeführt sind, so steht es demselben frei, dem gemeinschaftlichen Grubenbetriebe in dem Felde, welches das Bergamt zu einem Bau bestimmt, mit dem darin begriffenen Theile seines Feldes beizutreten; er ist aber in diesem Falle verpflichtet, dem oder denen, welche die Untersuchung seines Feldes übernommen oder ausgeführt haben, den vierfachen Betrag der Kosten, welche erweislich auf diese Untersuchung verwendet sind, nach Festsetzung durch das Bergamt zu bezahlen, um sie dadurch für das Risico zu entschädigen, die Untersuchungskosten bei ungünstigem Erfolge vergeblich aufgewendet zu haben.

Jeder Grundeigenthümer oder Kohlengewinnungs-Berechtigte, welcher nach den vorstehenden Bestimmungen verpflichtet ist, sein Kohlenfeld ganz oder zum Theil zum gemeinschaftlichen Bau herzugeben, hat sich entweder gleich in dem Termine oder spätestens innerhalb 3 Monaten vom Tage desselben zu erklären, ob er an dem Grubenbau selbst Theil nehmen will oder nicht.

In dem Falle, wo er seine Theilnahme daran verweigert, oder wenn er sich nicht binnen der bestimmten Frist erklärt, wird die Frage: ob ein gemeinsamer Bergbau stattfinden solle, durch Stimmenmehrheit der Interessenten nach der Größe des jedem Theilnehmer zugehörigen Areals am Grubenbau entschieden.

§. 10. Nachdem das in einen Grubenbau zu fassende Kohlenfeld durch das Bergamt bestimmt ist, läßt dasselbe einen Riß davon auf Kosten der Interessenten aufnehmen, überschlägt danach und nach der durch die vorhergegangene Untersuchung ermittelten Mächtigkeit der aus dem Felde jedes Eigenthümers nach und nach zu gewinnenden Kohlen-Inhalte und mit Berücksichtigung des mehr oder minder schwierigen und kostbaren Abbaues, das Werthsverhältniß der in den Feldern der verschiedenen Interessenten vorhandenen Kohlen, und fertigt denselben diese Ermittelung nebst dem Risse mit der Aufforderung zu, sich über die Theilnahme-Rechte der einzelnen Mitglieder der zu einem gemeinschaftlichen Bau vereinigten Bergbau-Gesellschaft an diesem Bau unter einander zu vereinigen und zu erklären, zugleich aus ihrer Mitte oder sonst einen oder mehrere Vorsteher zu erwählen und mit Vollmacht zu versehen, welche die Gesellschaft in den ferneren Verhandlungen mit dem Bergamte zu vertreten haben und solche demselben anzuzeigen. Zu dieser Anzeige bestimmt das Bergamt ihnen eine Frist von längstens 3 Monaten.

Wenn die Theilnehmer darauf antragen, setzt das Bergamt die Theilnahme-Rechte eines Jeden nach dem ermittelten Werthsverhältniß fest. Wenn die Anzeige binnen der bestimmten Frist nicht beim Bergamte eingeht, so beraumet das Bergamt einen Termin zur Regulirung der Theilnahme-Rechte und Erwählung des Vorstandes der Gesellschaft an, in welchem es mit Zuziehung und unter Mitwirkung des Landraths des Kreises die Vereinigung zu vermitteln sucht; im Entstehungsfalle setzt das Bergamt die Theilnahme-Rechte nach den vorher angegebenen Principien fest, nimmt die Einwendungen, welche die Interessenten dagegen machen, zu Protokoll und holt die Entscheidung des Oberbergamts ein; der Landrath bestimmt, bis die Wahl des Vorstandes durch die Interessenten erfolgt, einen interimistischen Vorstand. Den Theilnehmern steht gegen die Entscheidungen des Oberbergamts der Recurs an das vorgesetzte Ministerium binnen zehntägiger Frist, und nachdem sie diesen ergriffen, nur in dem Falle der Weg Rechtens gegen dessen Entscheidungen frei, wenn das Theilnahme-Verhältniß durch specielle Rechtsgründe bedingt wird.

§. 11. Mit Ausnahme des im §. 9 gedachten Falls kann ein Grundeigenthümer oder Besitzer des Kohlengewinnungs-Rechts wider seinen Willen weder angehalten werden, selbst nach Kohlen zu schürfen oder solches einem Andern zu gestatten, noch ein Grundeigenthümer oder Kohlengewinnungs-Berechtigter das ihm zugehörige Kohlenfeld ganz oder theilweise in Abbau zu nehmen und zu erhalten, oder einem Andern dessen Abbau zu gestatten, es sei denn, daß ein Mangel an Feuerungsmaterial oder eine unverhältnißmäßige Theuerung desselben die Aufnahme des Kohlenbergbaues für das allgemeine Beste nothwendig machen. Ob dieser Fall vorhanden ist, unterliegt nach vorgängiger Untersuchung durch die Ortsbehörde und Landräthe der Beurtheilung der Regierung, gegen deren Bestimmung nur der Recurs an die der Regierung und dem Oberbergamte vorgesetzten Ministerien[40]) binnen vierwöchentlicher Frist stattfindet.

In diesem Falle ist, nach Vernehmung zwischen der Regierung und dem Oberbergamte, der Grundeigenthümer mit dreimonatlicher Frist durch das Letztere zur Erklärung aufzufordern, ob er die Versuch-Arbeiten auf Kohlen, oder wo deren Vorkommen und Verhalten bereits bekannt, den Bau darauf nach den gesetzlichen Vorschriften selbst übernehmen, resp. fortsetzen will? In diesem Falle tritt das in den vorhergehenden Paragraphen vorgeschriebene

40.) Das Handelsministerium und das Ministerium des Innern.

weitere Verfahren ein. Wenn der Eigenthümer aber die Frage verneint, oder wenn er die geforderte Erklärung binnen der gestellten Frist nicht an das Oberbergamt abgiebt, so ist dasselbe befugt und verpflichtet, die Untersuchung durch das Bergamt zu veranlassen und die Kosten dazu vorzuschießen.

Wenn sich bei dieser Untersuchung ein bauwürdiges Kohlenlager findet und sich ergiebt, daß solches mit Vortheil abgebauet werden kann, so ist der Grundeigenthümer unter Mittheilung der Resultate der Untersuchung und der darauf verwandten Kosten, abermals zur Erklärung mit drei Monat Frist, aufzufordern, ob er den Abbau nach den gesetzlichen Bestimmungen für eigene Rechnung übernehmen und die vorgeschossenen Kosten erstatten will? Wenn er sich dessen weigert oder die Erklärung nicht abgiebt, so ist das Oberbergamt nach Ablauf der Frist befugt, die Concession zum Bau einem Baulustigen zu ertheilen, dem es freisteht, einen oder mehrere Theilnehmer in die Gemeinschaft aufzunehmen und sich mit denselben über deren Theilnahme-Rechte zu vereinigen. Unter mehreren Baulustigen gewährt die Priorität des Antrages das Vorrecht.

§. 12. Nachdem das Grubenfeld durch das Bergamt bestimmt und bei der Bergbau-Gesellschaft die Theilnahme-Rechte festgestellt und der Vorstand erwählt worden, wird dem allein stehenden Kohlenbauer, resp. der Bergbau-Gesellschaft, von dem Oberbergamte der Erlaubnißschein zum Betriebe der Grube ertheilt, der Concessionar und im Falle des §. 11 auch der Grundeigenthümer resp. Kohlengewinnungs-Berechtigte ist schuldig, vom Dato des Erlaubnißscheines, resp. der Concession an, binnen Jahresfrist den Betrieb zu beginnen, widrigenfalls das Oberbergamt einem andern darum Nachsuchenden die Concession dazu ertheilen kann.

§. 13. Wenn der concessionirte Bergbau ein Jahr lang ohne Erlaubniß des Oberbergamts außer Betrieb bleibt, so erlöschen die Rechte des Concessionars und im Falle des §. 11 auch die des Grundeigenthümers, resp. Nutzungsberechtigten, und es treten die frühern Verhältnisse wieder in Kraft.

§. 14. Jeder mit einem Erlaubnißschein oder einer Concession des Oberbergamts versehene Grubenbesitzer ist befugt, sich nach Anordnung der Bergbehörde durch eine offene Rösche und einen eignen Stolln, allein oder in Verbindung mit einem benachbarten Grubenbesitzer Wasser-Wetterlosung und Förderung zu verschaffen.

§. 15. Das Bergamt bestimmt den Ansatzpunkt der Rösche und des Stollns, die Hauptrichtung, das Ansteigen der Sohle, die Weite und Böschung der Rösche, die Höhe und Weite des Stollns und die Stollnlichtlöcher.

§. 16. Jeder Grundbesitzer, jeder Eigenthümer von Kohlenfeld und jeder Grubenbesitzer ist verpflichtet, das Durchtreiben einer solchen Rösche und eines solchen Stollns durch sein Grundeigenthum, resp. Kohlen- und Grubenfeld, so wie auch die Abteufung von Stollnlichtlöchern, nach Beurtheilung der Bergbehörde, zu gestatten.

Die dabei gewonnenen Kohlen fallen dem Eigenthümer ohne Vergütung zu, und außerdem ist der Grubenbesitzer, dessen Gruben zum Nutzen, der Rösche oder der Stolln betrieben wird, verpflichtet, den Grund-, resp. Kohlenfeld- und Grubenbesitzer, durch dessen Eigenthum solche geführt werden, für allen ihnen daraus erwachsenden Nachtheil vollständig zu entschädigen.

§. 17. Wer ohne Erlaubniß der Bergbehörde eine Grube, eine Rösche, einen Stolln, eine Strecke oder andere Oerter verstürzt oder verzimmert, muß solche in den vorigen Stand wieder herstellen.

§. 18. Wenn mehrere Kohlengruben nach der Beurtheilung des Bergamts durch eine gemeinschaftliche Rösche oder einen gemeinschaftlichen Stolln gelöst werden können, eine Vereinigung der Grubenbesitzer über den gemeinschaftlichen Betrieb der Rösche oder des Stollns aber durch Vermittelung des Bergamts nicht zu bewirken ist, so ist gleichwohl jede Rösche und jeder Gruben-Stolln verbunden, alle darauf fallenden Wasser anderer Kohlengruben aufzunehmen, und nicht nur jede Grube berechtigt, in ihrem Bau solche Einrichtungen zu treffen, daß ihre Wasser in die Rösche oder auf den Stolln der andern fallen oder gehoben werden, sondern es darf auch kein Gruben- und kein Kohlenfeldbesitzer den Durchlauf der Wasser anderer Gruben und die dazu nach der Beurtheilung des Bergamts nöthigen Vorrichtungen verwehren.

§. 19. In eben diesen Fällen (§. 18) steht es den Grubenbesitzern, welche die Rösche, resp. den Stolln zur Lösung ihrer Grube getrieben haben oder treiben, und den Eigenthümern der Kohlenfelder, welche von den Vorrichtungen betroffen worden, die erforderlich sind, um die Wasser anderer Gruben auf die Rösche, resp. den Stolln zu führen, frei, ob sie die Vorrichtungen, welche erforderlich sind, diese Wasser auf die Rösche, resp. den Stolln zu führen und in denselben mit aufzunehmen, soweit sie eines jeden Eigenthum berühren, nach den Anweisungen des Bergamts selbst ausführen, oder die Ausführung den Besitzern der Grube, zu deren Lösung solche gemacht worden, überlassen wollen. In beiden Fällen haben letztere die Kosten dieser Vorrichtungen, resp. zu erstatten und zu tragen, die dadurch gewonnenen Kohlen fallen dem Eigenthümer unentgeltlich zu und die Besitzer der Grube, welche der Lösung bedarf, sind verpflichtet, alle, welche durch die Anlage und Erhaltung der Vorrichtungen Nachtheil haben, vollständig dafür zu entschädigen.

§. 20. Jeder Grundeigenthümer muß gegen vollständige Entschädigung dem mit einem Erlaubnißscheine oder einer Concession des Oberbergamts versehenen Grubenbesitzer (§§. 11, 12) den Grund und Boden, zu Abraum, Berg- und Kohlenhalden, zur Anlage von Künsten und Maschinen, und zu den für die Grube nöthigen Tagegebäuden, so wie auch das zum Betriebe der Künste nöthige Wasser, so weit es nach der Bestimmung der Bergbehörde für den Grubenbau unentbehrlich ist, überlassen auch die nothwendigen Wege zur Abfuhre der Kohlen gestatten.

§. 21 Bei Streitigkeiten über die Verpflichtung zur Abtretung oder über den Vorzug darauf bei Collisionen mit einem andern Gewerbe, entscheiden darüber die Landes-Polizeibehörde und die Bergbehörde — zunächst der Landrath des Kreises und das Bergamt[402]) — gemeinschaftlich, mit Vorbehalt des Recurses an die ihnen vorgesetzten Behörden. Die Berufung auf gerichtliches Verfahren ist unzulässig.

§. 22. In Betreff der Entschädigung und deren Festsetzung, für die dem Grundeigenthümer durch den Betrieb der Grube verursachten Schäden, kommen dieselben Vorschriften zur Anwendung, welche bei dem Betriebe anderer Bergwerke und den dadurch verursachten Schaden gesetzlich zur Anwendung zu bringen sind.

§. 23. Die Grundeigenthümer oder Kohleneigenthümer, welche Kohlenfeld zum Bau hergeben (§§. 9, 11, 12), sie mögen an dem Bergbau Theil nehmen, oder nicht, erhalten als Entschädigung für die Kohlen-Gewinnung den zehnten Theil des reinen Ertrags vom Grubenbau und theilen sich darin nach Verhältniß des Kohlen-Inhalts ihres zum Bau hergegebenen Feldes (§. 10), die von dem reinen Gewinn übrig bleibenden $\frac{9}{10}$ verbleiben den Grubenbesitzern nach Verhältniß ihrer Theilnahme-Rechte. Es folgt daraus, daß, wenn der Umfang der Grube auf den Grundbesitz eines einzelnen Grundeigenthümers, oder, wenn er auf das Feld eines einzelnen Kohlen-Eigenthümers beschränkt ist, oder wenn sämmtliche davon betroffene Grund- oder Kohlen-Eigenthümer sich zum Betriebe der Grube vereinigt haben, das Verhältniß der Theilnahme-Rechte an die Kohlen-Entschädigung und an dem Gruben-Gewinne eines und dasselbe ist, und daß es der besondern Ermittelung und Feststellung der Kohlen-Entschädigung nur in den Fällen bedarf, wenn ein Grund- oder Kohlen-Eigenthümer die Theilnahme am Bergbau ausdrücklich oder stillschweigend verweigert (§§. 9, 11), oder sein Theilnahme-Recht durch Nichtbenutzung verloren hat (§. 12).

402) Auch hier ist das Oberbergamt an die Stelle des Bergamtes getreten (Anm. 370). Es entscheidet daher in Gemeinschaft mit dem Landrathe in erster Instanz. Der Recurs dagegen richtet sich unmittelbar an die beiden Ressortminister — den Handelsminister und den Minister für die landwirthschaftlichen Angelegenheiten.

In diesen Fällen ist der Grund- resp. Kohlen-Eigenthümer berechtigt, von den Grubenbesitzern den Nachweis des Gewinns durch eine von denselben, nach einer vom Bergamte vorgeschriebenen Form, richtig zu führende und ihm zur Prüfung vorzulegende jährliche Gruben-Rechnung zu fordern. In dieser Gruben-Rechnung müssen alle Einnahmen, welche die Grube vom Verkauf der Kohlen oder sonst bezieht, nachgewiesen und durch Förderungs- und Debits-Register justificiret werden, und es passiren darin alle belegte Ausgaben, welche die Untersuchung des Grubenfeldes, die Aufnahme, den Betrieb, den Debit und die Verwaltung der Gruben betreffen, alle Entschädigungen und alle Kosten, welche durch die Regulirung und Beaufsichtigung durch die landesherrlichen Behörden veranlaßt werden, dagegen weder Ausgaben für Kohlenfelds-Ankäufe, noch Zinsen. Die der Rechnung anzuhängende Ertragsberechnung muß den Gewinn oder Verlust der Grubenbesitzer für das betreffende Jahr ergeben; so lange sie im Verluste stehen, wird dieser dem Gewinn der Folgezeit abgerechnet, und nur erst vom reinen Gewinn erhalten die Grund- resp. Kohleneigenthümer $\frac{1}{10}$ als Kohlenentschädigung.

Wenn der betreffende Grund- oder Kohleneigenthümer sich in seinem Interesse in Bezug auf die ihm zustehende Kohlenentschädigung verletzt hält, so ist er befugt, auf Untersuchung der Grubenrechnung durch das Bergamt anzutragen und das Bergamt verpflichtet, solche zu übernehmen.

Die Kosten der Untersuchung trägt, wenn die Beschwerde richtig befunden wird, der Grubeneigenthümer, in andern Falle der, welcher auf Untersuchung angetragen hat. Beiden Theilen steht nach der Entscheidung des Bergamts der Rechtsweg offen.

§. 24. Jeder einzelne Grund- oder Kohlenfeldbesitzer, welcher, und jede Bergbaugesellschaft, welche die Erlaubniß oder Concession zum Bau einer Kohlengrube, vom Oberbergamte erhalten hat (§. 12), ist berechtigt, die Grube selbst, und so weit es den technischen Betrieb derselben nicht betrifft[403]) — ohne Einmischung der Bergbehörde zu verwalten und die Verhandlungen mit der letztern über die Betriebsangelegenheiten der Grube selbst zu führen. Dem Einzelnen steht es frei, sich zu diesem Zwecke einen Andern mittelst Vollmacht zu substituiren, die er dem Bergamte einzureichen hat; jede Grubengesellschaft muß dazu einen Vorstand erwählen. (§. 9.)

§. 25. Der specielle Betrieb der Grube muß durch einen Grubensteiger, dessen Qualification zu dieser Stelle von dem Bergamte geprüft und anerkannt ist, geführt werden. Der Grubenbesitzer, resp. dessen Bevollmäch-

403) Vergl. Anm. 397.

tigter, und bei Bergbaugesellschaften deren Vorstand ist befugt, ein Subject zu dieser Stelle dem Bergamte zu präsentiren, und dieses muß ihn in dem Falle bestätigen, wenn er sich bei der Prüfung dazu geeignet zeigt; im zweifelhaften Falle darf er nur probeweise angelegt werden. — —[404]).

§. 26. Das Bergamt stellt, nachdem das Feld der Grube bestimmt, der Grubenriß angefertigt, die Theilnahmerechte regulirt, der Vorstand gewählt und der Steiger bestellt worden, mit Zuziehung des Vorstandes, den allgemeinen Bergbauplan für die Grube fest, ordnet danach die Aus- und Vorrichtungsarbeiten an, schreibt den Betriebsplan für das laufende oder nächste Jahr vor, wobei das von dem Vorstande zu bestimmende Förderungsquantum, insoweit es die Verhältnisse der Grube verstatten, zum Anhalten dient, und instruirt den Steiger zu dessen Ausführung.

Die über den allgemeinen Bergbauplan mit dem Grubenvorstande und dem Steiger aufzunehmende Verhandlung wird von dem Bergamte unter Beifügung des auf Kosten der Bergbehörde anzufertigenden zweiten Exemplars des Grubenrisses, dem Oberbergamte zur Prüfung und Bestätigung eingereicht; den Betriebsplan für das erste, wie für die folgenden Jahre vollzieht das Bergamt allein. Beides, der allgemeine Bergbauplan, und der Betriebsplan, wird in ein Zechenbuch eingetragen, welches das Bergamt dem Grubenvorstande zufertigt. Dieses Zechenbuch wird unter der Aufsicht des Steigers in der Zechenstube aufbewahrt, und dient dazu, nicht nur die ferneren, bei den Generalbefahrungen festzustellenden jährlichen Betriebspläne, so wie diejenigen Abweichungen davon, deren Nothwendigkeit sich im Laufe des Jahrs nach dem Ermessen der Bergbehörde ergiebt, darin aufzunehmen, sondern auch die nähern Anweisungen, welche dem Steiger über die Ausführung ertheilt werden, und die Erinnerungen über dieselbe darin einzutragen, welches entweder durch den Bergbeamten, der die Befahrung hält, selbst, oder in dessen Gegenwart durch den Steiger geschehen muß[405]).

§. 27. Der jährlichen Generalbefahrung, bei welcher der Grubenbau revidirt, die Ausführung mit den Betriebsdispositionen des Bergamts verglichen und der Betriebsplan für das nächste Jahr entworfen wird, soll in der Regel außer dem Revierbeamten und dem Steiger ein Mitglied des Bergamts beiwohnen. Der Vorstand muß bei diesen Generalbefahrungen zugezogen und deshalb von dem Termine derselben bei Zeiten in Kenntniß gesetzt werden. Die von ihm vorgeschlagenen Betriebsdispositionen und seine Er-

404) Der übrige Inhalt dieses Paragraphen ist durch §. 196 A. B.G. aufgehoben.

405) Die Feststellung des Betriebsplanes und die Ueberwachung der Ausführung desselben erfolgt nur noch mit Bezug auf die im §. 196 festgestellten polizeilichen Gesichtspunkte.

innerungen gegen die Betriebsdispositionen der Bergbehörde müssen nicht nur sorgfältig geprüft, sondern auch in soweit berücksichtigt werden, als es mit dem Zweck und den Pflichten der der Bergbehörde obliegenden Bergpolizei und technischen Aufsicht (§§. 2, 28) verträglich ist.

Der Bergbeamte, welcher die Generalbefahrung abhält, ist verpflichtet, diese Vorschläge und Erinnerungen in die Generalbefahrungsverhandlung mit aufzunehmen, und, wenn er sich darüber mit dem Grubenvorstande nicht vereinigen kann, zur Entscheidung des Bergamts zu bringen. Von diesem steht dem Grubenvorstande, wenn er sich dabei nicht beruhigen will, der Recurs an das Oberbergamt und in letzter Instanz an das demselben vorgesetzte Ministerium frei, bei dessen definitiver Entscheidung er sich beruhigen muß[406]).

§. 28 und §. 29 aufgehoben[407]).

§. 30. Der Grubensteiger ist verpflichtet, den von der Bergbehörde festgestellten Betriebsplan und die ihm zu dessen Ausführung ertheilte Instruction genau zu befolgen. Bei wesentlichen Abweichungen davon, welche nicht durch die innern Verhältnisse der Grube gerechtfertigt erscheinen, ist der Revierbeamte befugt, ihn in eine Ordnungsstrafe bis zu 1 Thaler zur Knappschaftskasse des Bezirks zu nehmen, welche im Wiederholungsfalle vom Bergamte verdoppelt wird, wenn Erinnerungen und Strafen nichts fruchten; und bei offenbarer Widersetzlichkeit ist das Bergamt befugt, ihn unter Anordnung einer interimistischen Vertretung von seinem Posten zu suspendiren und mit Genehmigung des Oberbergamts zu removiren oder nach Umständen ganz zu entlassen[408]).

§. 31 aufgehoben[409]).

§. 32 — —[410]).

Der Debit der Kohlen, die Stellung der Verkaufspreise und die Erhebung und Controllrung der Verkaufseinnahmen ist dem Grubenbesitzer oder Vörstände lediglich überlassen. Wenn der Verkauf der geförderten Kohlen nach Tonnen geschieht, so muß dabei das gesetzmäßige Preußische Tonnengemäß angewendet werden und die Verkaufspreise müssen nach diesem Tonnenmaße bestimmt werden. Er ist dabei den allgemeinen gesetzlichen Vorschriften und der Controle der Landes-Polizeibehörden unterworfen.

§. 33. Die Führung der Grubenkasse und die Form und Anfertigung der Grubenrechnung ist dem Grubenbesitzer, resp. Grubenvorstand ohne Einmischung der Bergbehörde überlassen.

---

406) Vergl. Anm. 405.

407) Durch §. 196 A. B.G.

408) Der übrige Inhalt des §. 30 ist durch §. 196 A. B G. aufgehoben.

409) Durch §. 196 A. B.G.

410) Die beiden ersten Sätze sind durch §. 196 A. B.G. aufgehoben.

Es steht demselben frei, ob er solche selbst übernehmen, oder einem besonderen Rechnungsführer übertragen, wie er diesen anweisen controliren und für die Sicherheit der Verwaltung sorgen will.

Nur in dem Falle wenn der Grundeigenthümer oder Kohlen-Gewinnungs-Berechtigte nicht selbst am Bergbau Theil nimmt (§. 23) ist er[410 a]) an die Vorschriften gebunden, welche die Bergbehörde dann in Bezug auf die Controlirung des Debits, und auf die Form Anfertigung und Justification der Grubenrechnung ertheilt und nur in dem Falle, wenn ein solcher Grundeigenthümer, oder Kohlen-Gewinnungs-Berechtigte auf die Untersuchung der Rechnung durch das Bergamt anträgt, verpflichtet, demselben solche zu diesem Zwecke vorzulegen und jede darüber erforderliche Auskunft zu geben.

Der Grubenbesitzer, resp. Vorstand muß dafür sorgen daß es an den zu den bestimmten Betriebsausführungen erforderlichen Geldmitteln zur rechten Zeit nicht fehle insbesondere, daß der Steiger und die Grubenarbeiter das bedungene Lohn von 14 zu 14 Tagen richtig und in baarem Gelde ausbezahlt erhalten, wenn er mit dem, was dem Steiger und den vom Bergamte angenommenen Bergleuten an Lohn oder sonst zukommt über 4 Wochen in Rückstand bleibt, ist er der promptesten Execution in die Vorräthe der Grube unterworfen welche die Gerichte auf Requisition des Bergamts ohne alle prozessualische Weitläuftigkeiten zu verfügen verpflichtet sein sollen.

§. 34. Weder der Grundeigenthümer oder der Kohlen-Gewinnungs-Berechtigte noch der Concessionar (§§. 11 12) hat von dem Kohlen-Bergbau den er auf Grund dieses Regulativs betreibt Bergwerksabgaben an die Staatskassen zu entrichten auch sollen von denselben für die vom Staate übernommene Aufsicht, insoweit diese durch die Sorge für das allgemeine Beste hervorgerufen wird, weder Gebühren noch Kosten abverlangt werden.

Dagegen haben sie für die Untersuchung und Regulirung der Grubenfelder und der Theilnahme-Rechte (§§. 5—12), für die Markscheider-Arbeiten, ferner in allen Fällen, wo ihnen die Erledigung der Sache überlassen ist, so aber die Einwirkung der Behörden selbst provociren oder nothwendig machen (§§. 21, 23), oder wo sie solche durch Verletzung der gesetzlichen Vorschriften dieses Regulativs veranlassen, die Kosten zu tragen und nach dem Verhältniß des Interesses oder der Schuld eines Jeden, unter sich aufzubringen.

Berlin den 19. October 1843.

Der Minister für die Gesetzrevision. v. Savigny.

Der Finanzminister v. Bodelschwingh.

Ich genehmige das mit Ihrem Berichte vom 19. v. M. eingereichte hierbei zurückfolgende Regulativ für den Betrieb und die Beaufsichtigung der

410 a) Der Grubenbesitzer resp. Grubenvorstand.

Stein- und Braunkohlengruben in den ehemals zum Königreich Sachsen gehörigen Landestheilen der Provinz Sachsen mit Ausschluß der Grafschaften Mansfeld und Barby, des Amtes Gommern und der standesherrlichen Gebiete der Grafen zu Stolberg-Stolberg und zu Stolberg-Roßla und beauftrage Sie, den Staatsminister v. Bodelschwingh, dasselbe mit Meinem gegenwärtigen Befehle durch die Amtsblätter der genannten Provinz bekannt zu machen und vom 1. Januar 1844 an in Ausführung zu bringen.

Sanssouci den 13. November 1843.

Friedrich Wilhelm.

An die Staatsminister v. Savigny und v. Bodelschwingh.

Gesetz, betreffend die Anlegung von Hypothekenfolien für Gerechtigkeiten zur Gewinnung von Stein- und Braunkohlen in den vormals Königl. sächsischen Landestheilen, in welchen das Churfürstl. sächsische Mandat vom 19. August 1743 Gültigkeit hat. Vom 1. Juni 1861. (G.S. S. 353.)

Wir Wilhelm, von Gottes Gnaden, König ꝛc. verordnen für die vormals Königl. Sächsischen Landestheile, soweit in denselben das Churfürstl Sächsische Mandat vom 19. August 1743 Gültigkeit hat, mit Zustimmung beider Häuser des Landtages der Monarchie was folgt.

§. 1. Das Recht, auf dem Grundstücke eines Anderen, oder im Falle des §. 5 auf dem eigenen Grundstücke Stein- und Braunkohlen zu fördern, gehört zu denjenigen Gerechtigkeiten, welche in Gemäßheit des §. 14 Tit. I der Hypotheken-Ordnung vom 20. Dezember 1783 unter besonderer Nummer in das Hypothekenbuch eingetragen werden können.

§. 2. Für die Form der Verträge über den Erwerb, die Verpfändung und Veräußerung einer solchen Kohlenbaugerechtigkeit gelten dieselben Bestimmungen, welche in dieser Beziehung für Grundstücke zur Anwendung kommen.

§. 3. Verträge, durch welche eine Kohlenbaugerechtigkeit veräußert worden, können wegen behaupteter Verletzung über die Hälfte nicht angefochten werden.

§. 4. Zur Begründung des Antrages auf Anlegung eines Hypotheken-Foliums für die Gerechtigkeit zum Kohlenbau auf fremdem Grund und Boden sind dem Hypothekenrichter die Urkunden, welche dieses Recht begründen, außerdem, wo dies nach §. 7 des Regulativs vom 19. October und 10. November 1843 erforderlich ist, der Bauerlaubnißschein der Bergbehörde vorzulegen. Beruht die Berechtigung zum Kohlenbau auf einer von der Bergbehörde ertheilten Concession, so reicht die letztere allein zur Begründung des Antrages aus, wenn dieser von demjenigen gestellt wird, welchem die Concession ertheilt ist.

§. 5. Will der Eigenthümer des Grundstücks das ihm zustehende Recht des Abbaues der in demselben befindlichen Kohlen als eine selbstständige Gerechtigkeit besitzen, so ist auf Grund der hierüber von ihm gerichtlich oder notariell abgegebenen Erklärung und des ihm von der Bergbehörde ertheilten Erlaubnißscheins, sofern dessen Einholung nach §. 7 des Regulativs vom 9. October und 13. November 1743 erfolgen muß, für die Kohlenbaugerechtigkeit ein besonderes Hypothekenfolium anzulegen.

§. 6. Haften auf einem Grundstücke Lasten und Hypotheken, deren dingliches Recht sich auf die darin anstehenden Kohlen erstreckt, so kann ein Kohlenförderungsrecht erst alsdann von dem Folium des Grundstücks, in welchem die Kohlen sich befinden, abgeschrieben und auf ein besonderes Folium übertragen werden, wenn entweder nach Maßgabe des Ges. vom 3. März 1850 (Ges..Samml. S. 145) ein Unschädlichkeitszeugniß beigebracht, oder der Nachweis geführt ist, daß die eingetragenen Realinteressenten das Kohlenförderungsrecht aus der Pfandverbindlichkeit entlassen oder sich eine Vertheilung ihrer eingetragenen Forderungen unter Aufhebung der solidarischen Verpflichtung des Grundstücks und der Kohlenbaugerechtigkeit gefallen lassen. — Beruht das Kohlenförderungsrecht auf einer von der Bergbehörde ertheilten Concession (§. 4), so kann die Abschreibung desselben von dem Hypotheken-Folium des Grundstücks und die Anlegung eines besonderen Foliums für dasselbe zwar sofort erfolgen, es ist aber alsdann zugleich die dem Grundeigenthümer nach §. 3 des Mandats vom 19. August 1743 bez. §. 23 des Regulatives vom 19. October und 13. November 1843 für die Kohlen zu gewährende Entschädigung auf beiden Folien als Zubehör des Grundstücks von Amtswegen einzutragen.

§. 7. Wenn mehrere Besitzer von Kohlenförderungsrechten zu einem gemeinsamen Grubenbau zusammentreten, so ist — vorbehaltlich der Bestimmungen in den §§. 4—6 — auf den Antrag derselben der gemeinsamen Grube ein besonderes Hypothekenfolium beizulegen. Sind die Grundstücke, in welchen die Kohlen anstehen, in den Bezirken verschiedener Gerichte gelegen, so erfolgt die Bezeichnung des Gerichts, welches das Hypothekenbuch über die Gruben anzulegen und zu führen hat, nach Maßgabe der Vorschriften unter Nr. 4, Art. V, Ges. vom 26. April 1851 (G.S. S. 181). Mit dem Antrage auf Anlegung eines Hypothekenfoliums für eine gemeinsame Grube ist zugleich im Falle des §. 10 des Regulativs vom 19. October und 13. November 1843 ein Attest der Bergbehörde über die Theilnahmerechte der zum gemeinschaftlichen Bau vereinigten Kohlenförderungsrechte zu überreichen. Auf dem Titelblatte des Hypothekenfoliums sind sodann die zum gemeinschaftlichen Bau vereinigten Kohlenförderungsrechte unter besonderen Nummern mit Angabe des einem jeden derselben zustehenden Theilnahmerechts einzutragen.

Stehen zum gemeinschaftlichen Bau vereinigte Kohlenförderungsrechte Besitzern von Grundstücken zu, in welchen die abzubauenden Kohlen sich befinden, und sollen dieselben ein Zubehör dieser Grundstücke bleiben, so ist die Pertinenzeigenschaft der Kohlenförderungsrechte bei diesen auf dem Titelblatte des Foliums der Grube und bei Abschreibung der Gerechtigkeit von den Hypothekenfolien der Grundstücke auf letzteren die Zugehörigkeit der Kohlenförderungsrechte zu vermerken.

Sobald für eine Kohlengerechtigkeit oder eine gemeinsame Grube ein Hypothekenfolium angelegt worden, ist der Bergbehörde die Ausfertigung eines Auszuges in Betreff des Titelblattes und der ersten Rubrik des neuen Hypothekenfoliums kostenfrei zu ertheilen.

§. 8. Die zwangsweise Berichtigung des Besitztitels in Gemäßheit der Allerhöchsten Cab.-Ordre vom 3. October 1831 und 6. October 1833 findet nur bei solchen Kohlenbaugerechtigkeiten statt, welche von den Hypothekenfolien der Grundstücke, in welchen die Kohlen anstehen, bereits abgeschrieben und auf ein besonderes Folium oder dasjenige einer gemeinsamen Grube übertragen sind.

§. 9. Ist ein Kohlenfeld vollständig abgebaut und sind auf demselben Gebäude oder sonstige zur Grube gehörige unbewegliche Pertinenzien nicht mehr vorhanden, so hat die Bergbehörde den Hypothekenrichter hiervon in Kenntniß zu setzen. Der Hypothekenrichter schließt hierauf das Folium und löscht die auf demselben eingetragenen Forderungen, ohne daß es dazu der Beibringung der Schuldurkunden bedarf; desgleichen wird die nach §. 6 als Zubehör eingetragene Entschädigungsberechtigung vom Folium des Grundstücks wiederum abgeschrieben. Die Gläubiger werden von der Schließung des Foliums und der Löschung der Forderungen mit der Aufforderung benachrichtigt, behufs des auf dieselben zu setzenden Löschungsvermerks die Schuldurkunden einzureichen, widrigenfalls sie für jeden Mißbrauch, der mit den letzteren geschehen könne, verantwortlich bleiben.

§. 10. Die Schließung des Hypothekenfoliums, die Löschung der Hypotheken und die Einforderung der Schuldurkunden beziehungsweise die Abschreibung der Entschädigungsberechtigung nach Maßgabe des §. 9 findet auch alsdann statt, wenn die Bergbehörde den Hypothekenrichter benachrichtigt, daß die Concession und der im Falle des §. 11 des Regulativs vom 19. October und 13. November 1843 ertheilte Bauerlaubnißschein erloschen und einem Anderen nicht wieder ertheilt worden sei. Mit dieser Benachrichtigung hat die Bergbehörde, welcher zu diesem Behufe auf ihr Verlangen ein Hypothekenschein vom Hypothekenrichter kostenfrei zu ertheilen ist eine Bescheinigung darüber zu verbinden daß die auf die Kohlenbaugerechtigkeit eingetragenen Gläubiger von dem Erlöschen der Concession beziehungsweise des Bauerlaubnißscheins in Kenntniß gesetzt und vergebens aufgefordert sind, die Concession zur Fortsetzung des Baues nachzusuchen.

### §. 214.

In den linksrheinischen Landestheilen bleiben die Dachschieferbrüche die Traßbrüche und die unterirdisch betriebenen Mühlsteinbrüche auch fernerhin der polizeilichen Beaufsichtigung durch die Bergbehörde unterworfen[411]).

Auf dieselben finden der siebente und der neunte Titel des gegenwärtigen Gesetzes Anwendung.

---

411) „Während auf der rechten Rheinseite überall die Ortspolizeibehörde berufen ist den Betrieb der Steinbrüche soweit dieselben nicht particularrechtlich zum Bergregal gehören polizeilich zu beaufsichtigen machen die Artikel 81 und 82 des französischen Bergwerksgesetzes vom 21 April 1810 einen Unterschied zwischen den mittelst Tagebau und den unterirdisch betriebenen Steinbrüchen indem erstere unter die Aufsicht der gewöhnlichen Polizeibehörde letztere unter die Aufsicht der Bergbehörde gestellt werden. Außerdem sind aber die Bergingenieure durch die Instruction vom 3. August 1810 und durch Artikel 14 des Decrets vom 18. November 1810 angewiesen auch die mit Tagebau betriebenen Steinbrüche zu befahren und wegen des Betriebs derselben unter Berücksichtigung der Sicherheits- und Gesundheitsverhältnisse Anleitung zu geben.

In den diesseitigen Landestheilen des linken Rheinufers nehmen die Dachschieferbrüche die Traßbrüche und die unterirdisch betriebenen Mühlsteinbrüche wegen ihrer eigenthümlichen Betriebsweise der großen Anzahl und Ausdehnung der Betriebspunkte der Gefährlichkeit des Betriebes und der häufigen Unglücksfälle die Aufmerksamkeit der Polizeibehörde in erhöhtem Maße in Anspruch. Es sind deshalb für diesen Steinbruchsbetrieb besondere Bergpolizeiverordnungen erlassen worden deren Handhabung durch die Bergbehörde erfolgt.

Hierauf beruht die Vorschrift im ersten Satze dieses §.

Im nothwendigen Zusammenhange hiermit sind im zweiten Satze die Vorschriften des Berggesetzes über die Bergpolizei auf jenen Steinbruchs-Betrieb für anwendbar erklärt. Dasselbe war hinsichtlich der Vorschrift über das Knappschaftswesen zu bestimmen, weil auf Grund des Knappschaftsgesetzes vom 10. April 1854 auch für die erwähnten Steinbrüche Knappschaftsvereine eingerichtet sind." (Motive S. 115.)

Die Bestimmung des §. 214 steht übrigens mit Art. 81 u. 82 des Bergwerksgesetzes vom 21 April 1810 insofern nicht im Einklange als sie nur gewisse Arten der unterirdischen Steinbrüche der Aufsicht der Bergbehörde und den Titeln 7 und 9 des Allg. Berggesetzes unterwirft. Auf die im §. 214 nicht genannten unterirdischen Steingewinnungen, welche früher der Aufsicht der Bergbehörde unterlagen können diese Bestimmungen keine Anwendung finden.

# Elfter Titel.

# Uebergangsbestimmungen.

## §. 215.

Die Felder der bei dem Eintritt der Gesetzeskraft des gegenwärtigen Gesetzes eingelegten Muthungen und bestehenden Bergwerke sind nach Maßgabe desselben (§§. 26 ff.) auf den Antrag des Berechtigten, wenn sie gestreckte sind, in gevierte Felder umzuwandeln [411a]), und wenn sie gevierte Felder sind, bis zu der zulässigen

411a) „Wesentlich aus denselben Gründen, welche für die Beseitigung der gestreckten oder Längenvermessung bei künftigen Verleihungen sprechen (cfr. Bemerkungen zu §§. 26 und 27), rechtfertigen sich auch Vorschriften, deren Zweck dahin geht, die Umwandlung der bereits bestehenden Längenfelder in Geviertfelder zu gestatten und zu begünstigen, soweit dies unbeschadet der Rechte Dritter geschehen kann. Bereits in dem mehrerwähnten Entwurfe eines Gesetzes über die Bergeigenthumsverleihung und Bestimmung der Grubenfelder vom Jahre 1856 waren Vorschriften über die Feldesumwandlung enthalten, welche indeß nicht ins Leben getreten sind und sich auch nicht in allen Punkten als zweckentsprechend herausgestellt haben. Das Berggesetz hat deshalb geeignete Uebergangsbestimmungen über diesen für die weitere Entwickelung des bestehenden Bergbaues und die Sicherung seiner Besitz- und Rechtsverhältnisse äußerst wichtigen Gegenstand zu treffen. Die Vortheile der neuen Grundsätze über Größe und Begrenzung der Grubenfelder erlangen erst dadurch allgemeine Bedeutung, daß allmählich auch die bereits vorhandenen Längenfelder durch Umwandlung in Geviertfelder beseitigt werden.

Die §§. 215—218 haben den Zweck, diese Feldesumwandlung im allgemeinen Bergbauinteresse möglichst zu erleichtern, andererseits aber zu verhüten, daß dies nicht lediglich zu Gunsten einzelner Längenfelder und auf Unkosten vieler anderer solcher Felder geschieht. Die Gefahr, daß letzteres geschehen könne, besteht namentlich in denjenigen Revieren, wo der Gangbergbau in Feldern betrieben wird, welche nach den Bergordnungen nur eine geringe Ausdehnung haben und sich häufig in großer Anzahl und buntestem Gemisch auf einem beschränkten Terrain überdecken, durchkreuzen oder in verschiedenen Sohlen begrenzen. Hier würde der Besitzer eines völlig werthlosen Längenfeldes in der Lage sein, die Längenfelder der wichtigsten Bergwerke mit seinem Geviertfelde zu umspannen, wenn die Umwandlung ohne hinreichenden Schutz der übrigen Bergwerke gestattet wäre.

Es kommt deshalb darauf an, die Vorschriften über die Feldesumwandlung so zu treffen, daß dieselben nicht zum wirthschaftlichen Nachtheile des Bergbaues im Allgemeinen und zu Störungen der bestehenden Rechtsverhältnisse ausgebeutet werden können. Zu diesem Zwecke muß nicht allein die Feldesumwandlung möglichst vielen der bestehenden Längenfelder zugänglich gemacht, sondern auch verhütet werden, daß dieselbe nicht indirect durch Muthungen vereitelt wird, welche sich auf die neuen Vorschriften des Berggesetzes über die Größe und Begrenzung der Felder stützen.

Ausdehnung (§. 27) zu erweitern [412]).

Ein solcher Antrag gilt in Beziehung auf das begehrte freie Feld als Muthung [413]).

Bei consolidirten Bergwerken kann der Antrag für jedes einzelne Feld gestellt werden [414]).

Ein Erweiterungsantrag ist nicht mehr zulässig, wenn er nicht binnen sechs Monaten nach Eintritt der Gesetzeskraft dieses Gesetzes [415]) bei der zur Annahme von Muthungen befugten Bergbehörde (§. 12) gestellt worden ist.

§. 216.

Von dem durch einen Umwandlungs- oder Erweiterungsan-

---

Um zunächst den Bergwerkseigenthümer bei der Umwandlung seines Feldes gegen Chikanen jüngerer Muther zu sichern, ist seinem Antrage, soweit derselbe auf freies Feld Bezug hat und sich nicht aus Nachfolgendem eine Modification ergiebt, die rechtliche Bedeutung der Muthung beizulegen. Hierdurch wird namentlich das in dem Umwandlungsantrage begehrte Geviertfeld gegen Muthungen Dritter geschlossen (§. 19) und in Beziehung auf das neuhinzubegehrte Feld das Vorrecht des Alters erworben, während selbstverständlich an dem Alter des ursprünglich verliehenen Bergwerks nichts geändert werden darf und geändert wird." (Motive S. 116 ff.)

412) Die Erweiterungsanträge sind auf den Antrag der Commission des Herrenhauses zugelassen worden. Sie unterscheiden sich ihrer rechtlichen Wirkung nach von den Umwandlungsanträgen in folgenden Punkten:

1) Sie sind nur bis zum 31. März 1866 zulässig;
2) sie stehen im Falle der Collision den bis zum 31. März 1866 eingelegten Umwandlungsanträgen nach;
3) sie concurriren unter sich zu gleichen Rechten. Bei einer Collision mit andern Muthungen dagegen ist der Vorzug des Alters (§§. 24, 25) entscheidend;

während dagegen in Bezug auf die Umwandlungsanträge folgende Regeln gelten:

1) Sie sind auch nach dem 31. März 1866 gestattet, jedoch ohne das im §. 228 bestimmte Vorzugsrecht.
2) Die vor dem 1. April 1866 eingelegten Umwandlungsanträge gehen den Erweiterungsanträgen und den auf Grund des Allg. Berggesetzes eingelegten Muthungen vor.
3) Die nach dem 31. März 1866 eingelegten Umwandlungsanträge concurriren mit den auf Grund des Allg. Berggesetzes eingelegten Muthungen nach dem Vorrechte des Alters (§§. 24, 25).
4) Sie concurriren unter sich zu gleichen Rechten.

413) Auf denselben finden die §§. 12—21 und 26—38 Anwendung; der §. 25 aber nur mit der in den §§. 217 und 218 ausgedrückten Modificationen. Der Umwandlungsantrag enthält eine Verfügung über die Substanz des verliehenen Bergwerkes (§. 114), sofern nicht feststeht, daß das umzuwandelnde Längenfeld von dem begehrten Geviertfelde ganz umschlossen wird, daß es also weder im Streichen noch im Fallen über dasselbe hinausgeht.

414) In ein und demselben Schriftstücke.

415) Bis zum 31. März 1866.

trag (§. 215) begehrten Felde dürfen die gestreckten Felder anderer Bergwerke nur dann ganz oder theilweise umschlossen werden, wenn die Eigenthümer dieser Bergwerke auf eine desfallsige Aufforderung der Bergbehörde sich mit der Umschließung ihrer Felder ausdrücklich einverstanden erklären.

Tritt diese Voraussetzung nicht ein, so muß der Antragsteller sich eine entsprechende, nöthigenfalls durch einen Beschluß des Oberbergamts festzustellende Beschränkung des begehrten gevierten Feldes gefallen lassen.

§. 217.

Mehrere Umwandlungsanträge, welche auf das nämliche Feld gerichtet sind, begründen für jeden der Antragsteller ein gleiches Recht. Dasselbe gilt von mehreren Erweiterungsanträgen, welche auf das nämliche Feld gerichtet sind[416]).

Bei einer solchen Collision bildet, insoweit eine vertragsmäßige Einigung nicht zu erzielen ist, die Theilung in gleiche Theile die Regel[417]).

Das Oberbergamt ist jedoch befugt, bei der Verleihung von diesem Theilungsverhältnisse abzuweichen, insoweit sich dies für einen zweckmäßigen Betrieb als erforderlich darstellt.

§. 218.

Diejenigen Umwandlungsanträge, welche innerhalb sechs Monaten nach Eintritt der Gesetzeskraft dieses Gesetzes bei der zur Annahme von Muthungen befugten Bergbehörde (§. 12) eingehen, gewähren den auf Grund dieses Gesetzes eingelegten Muthungen und Erweiterungsanträgen gegenüber ein Vorzugsrecht auf das im §. 27 bestimmte Feld.

Von den gevierten Feldern der Muthungen, welche innerhalb dieser Frist eingelegt werden, dürfen die gestreckten Felder bereits bestehender Bergwerke ohne ausdrückliche Einwilligung der Eigenthümer auch dann nicht umschlossen werden, wenn seitens der letzteren keine Umwandlungsanträge gestellt sind.

§. 219.

Wird das Eigenthum eines Bergwerks, dessen gestrecktes Feld

---

416) Auf den Zeitpunkt der Präsentation der bis zum 31. März 1866 eingelegten Umwandlungs- und Erweiterungsanträge kommt es für die Beurtheilung der unter mehreren Umwandlungsanträgen oder unter mehreren Erweiterungsanträgen bestehenden Collision nicht an. (Zeitschr. f. Bergrecht Bd. VI, S. 610 ff.)

417) Ist eine reelle Theilung nicht ausführbar, so tritt eine Gemeinschaft zu ideellen Theilen ein.

von dem gevierten Felde eines anderen Bergwerks umschlossen ist[418]), nach dem sechsten Titel des gegenwärtigen Gesetzes aufgehoben, so hat der Eigenthümer des anderen Bergwerks, welchen die Bergbehörde von der Aufhebung in Kenntniß zu setzen hat, ein binnen vier Wochen nach dieser Bekanntmachung auszuübendes Vorzugsrecht auf die Vereinigung des gestreckten Feldes mit seinem gevierten Felde[418a]).

Die Vereinigung wird durch einen Nachtrag zur Verleihungsurkunde ohne weitere Förmlichkeiten ausgesprochen.

§. 220.

Den im Kreise Wetzlar auf Grund der §§. 156 und 157, Theil II, Titel 16 des Allgemeinen Landrechts mit gevierten Feldern verliehenen Bergwerken steht die ewige Teufe nach senkrechten Ebenen zu[419]).

§. 221.

Wer auf Grund einer vor dem Eintritt der Gesetzeskraft des gegenwärtigen Gesetzes eingelegten Muthung auf das Feld eines zu derselben Zeit bereits bestehenden Bergwerks oder auf Theile desselben ein Vorzugsrecht zu haben glaubt, muß letzteres innerhalb Eines Jahres, von jenem Zeitpunkte an, durch gerichtliche Klage gegen den Bergwerkseigenthümer verfolgen.

Wer von dieser Frist keinen Gebrauch macht, ist seines etwaigen Vorzugsrechts auf das Feld verlustig[420]).

---

418) Liegt das gestreckte Feld innerhalb verschiedener Geviertfelder, so hat jeder Eigenthümer eines dieser Geviertfelder Anspruch auf den innerhalb desselben belegenen Theil des gestreckten Feldes.

418a) Das Vorzugsrecht setzt voraus, daß das gestreckte und das gevierte Feld auf dieselben Mineralien beliehen sind.

419) Im Kreise und Bergreviere Wetzlar sind nach einer langjährigen Praxis die Verleihungen auf die flötzartigen Rotheisenstein-Lagerstätten nach gevierter Vermessung und zwar gemäß §§. 156 und 157, Th. II, Tit. 16 A. L.R. mit einer Fundgrube zu 42 Lachter ins Gevierte und 20 Maßen, jede zu 28 Lachter ins Gevierte ertheilt, indem diese Lagerstätten als solche angesehen wurden, deren Fallen im Allgemeinen weniger als 15 Grad beträgt. Es ist zwar schon nach der früheren Gesetzgebung anzunehmen, daß die Seitenbegrenzung dieser Geviertfelder in Folge des Gesetzes vom 1. Juli 1821 (Ges.-Samml. S. 106) mit der ewigen Teufe verbunden, mithin die Berechtigung des Beliehenen nicht auf die Fundlagerstätte beschränkt ist. Die dennoch hierüber entstandenen Zweifel soll die declarirende Vorschrift des §. 220 beseitigen. (Vergl. Motive S. 119.)

420) „Bei den §§. 35 und 36 ist auf das Bedürfniß hingewiesen, das künftig nach dem Berggesetze verliehene Bergwerkseigenthum gegen Ansprüche dritter Muther sicher zu stellen, zu welchem Behufe das dort angeordnete Publications- und Präclusionsverfahren eintreten soll. Das nämliche Bedürfniß besteht aber auch

§. 222.

Soweit das gegenwärtige Gesetz auf die bereits bestehenden Bergwerke überhaupt Anwendung findet, unterliegen den Bestimmungen desselben auch diejenigen Bergwerke, welche den seitherigen gesetzlichen Vorschriften gemäß auf Mineralien berechtigt sind, die der §. 1 dieses Gesetzes nicht mehr aufführt[421]).

§. 223.

Nach dem Eintritt der Gesetzeskraft des gegenwärtigen Gesetzes findet eine Verleihung von Erbstollenrechten nicht mehr statt[422]).

In Ansehung der bereits bestehenden Erbstollengerechtigkeiten, insbesondere auch der Aufhebungsarten, verbleibt es bei den Bestimmungen der seitherigen Gesetze[423]).

Im Gesetzesbereiche des Allgemeinen Landrechts bedarf es jedoch zur Befreiung eines Bergwerks von den Erbstollengebühren durch eine Wasserhaltungsmaschine einer besonderen Verleihung der Erbstollengerechtigkeit für diese Maschine nicht mehr; es genügt, wenn die sonstigen Bedingungen der Enterbung nach den §§. 468 ff., Theil II, Titel 16 des Allgemeinen Landrechts vorhanden sind.

---

für das gegenwärtig bereits verliehene Bergwerkseigenthum. Denn da dasselbe nach den Grundsätzen des rechtsrheinischen Bergrechts überall nur „älteren Rechten unbeschadet" verliehen ist, so entbehren die bestehenden Bergwerke jede rechtliche Sicherheit gegenüber solchen Muthern, welche auf das verliehene Feld oder auf Theile desselben Vorzugsrechte behaupten, jedoch aus irgend einem Grunde nicht geltend gemacht haben. Für die weit überwiegende Mehrzahl der Bergwerke kann zwar angenommen werden, daß derartige Collisionen nicht existiren, weil dieselben regelmäßig schon im Verleihungsverfahren zur Sprache kommen und ihre Erledigung finden; indeß hat doch die Erfahrung gelehrt, daß mitunter, namentlich aus älterer Zeit noch Ansprüche von Muthern auf verliehene Felder auftauchen, durch welche im guten Glauben unternommene Bergbauanlagen in ihrer Existenz bedroht werden.

Solchen die Sicherheit des Bergwerkseigenthums und das Vertrauen in bergbauliche Unternehmungen erschütternden Collisionen soll durch den §. 221 vorgebeugt werden." (Motive S. 119.)

421) Diese Bestimmung findet auch auf die vor dem 1. October 1865 eingelegten Muthungen Anwendung. Wird das Bergwerkseigenthum an einem nicht unter §. 1 A. B.G. begriffenen Minerale aufgehoben, so wird das bisher dem Bergwerkseigenthümer unterworfene Mineral von Rechtswegen zu einem Bestandtheile des Grundeigenthums, ohne daß es einer besondern Erwerbung seitens des Grundbesitzers bedarf.

422) Auch die vor dem 1. October 1866 eingelegten Erbstollenmuthungen können nicht mehr zur Verleihung gelangen, weil der §. 223 die Verleihung unbedingt untersagt. (Zeitschr. f. Bergrecht Bd. 6, S. 616.)

423) Vergl. die unten folgenden §§. 235, 247, 249, 252 Allg. Landrecht Th. II, Tit. 16.

Erbstollenrechte erwirbt eine solche Wasserhaltungsmaschine für sich nicht[424]).

Allgemeines Landrecht Theil II; Titel 16. §§. 221—252.

Besondere Pflichten der Stollner.

§. 221. Bei Verleihung eines Stollen zur Lösung fremder Zechen wird nur der Ort, wo er angesetzt und das Gebirge, in welches er getrieben werden soll, bestimmt[425]).

§. 222. Ein solcher Stollner ist befugt, seinen Stollen von dem in der Beleihung bestimmten Punkte in das daselbst benannte Gebirge zu treiben, und kann denselben nach Gefallen in mehrere Flügel theilen.

§. 223. In der Regel müssen alle Hauptstollen sohlig betrieben werden, wenn nicht in Absicht des Ansteigens der Wasserseigen besondere Abweichungen in den Provinzial-Bergordnungen bestimmt sind[426]).

§. 224. Der Stollner darf bei Verlust seines Stollenrechts ohne ausdrückliche Genehmigung des Bergamts[427]) seinen Stollen weder mit größerem Ansteigen noch auch die Wasserseige so treiben, daß in derselben Absätze oder Stufen (Gesprenge) bleiben[428]).

§. 225. Die Erlaubniß zu Gesprengen soll, außer besondern Umständen nur auf Flügelörter gegeben werden, die in einige wenige und zwar solche Gruben gehen, welche entweder des Stollens vorzüglich bedürfen oder wenige und höher liegende Erzanbrüche haben.

§. 226. Diese gegebene Erlaubniß wird vom Bergamte in den Bergbüchern angemerkt[429]).

---

424) Vergl. die unten folgenden §§. 468 ff. Allg. Landrecht Th. II, Tit. 16.

425) Weitere Bedingungen der Verleihung sind für nicht zugefügt zu erachten. Wenn also der Erbstollen nach der Verleihungsurkunde zur Lösung einer bestimmten Gruppe von vorliegenden Gruben verliehen ist, so hat der Erbstöllner gleichwohl das Recht, den Erbstollen über diese Grubenfelder hinaus gemäß §. 222 in das vorliegende Gebirge zu treiben. (Erlaß vom 11. Septbr. 1860 an das Oberbergamt zu Bonn.)

426) Die revidirten Bergordnungen gestatten ein Ansteigen von $\frac{1}{4}$ Lachter auf je hundert Lachter Länge (Kleve-Märk. B.O. Cap 14, Schlesische und Magdeburg-Halberstädt. B.O. Cap. 15; ebenso die Kursächsische Stollenordnung Art. 6).

427) An die Stelle des Bergamtes ist nach §. 1 des Ges. v. 10. Juni 1861 (G.S. S. 425) das Oberbergamt getreten. Ebenso in den Fällen der §§. 226, 229, 230, 232, 233, 235, 236, 240, 244, 245, 247 h. t.

428) Gesprenge sind auch in dem Falle unzulässig, wenn das nach der Provinzialbergordnung gestattete Maximum des Ansteigens nicht erreicht ist. Ein Gesprenge ist nur dann als vorhanden anzunehmen, wenn das abfließende Wasser über die vorhandene Stufe herabfällt. (Erkenntniß des Appellationsgerichts zu Ratibor vom 16. Februar 1865.)

429) Darunter ist nicht das Hypothekenbuch verstanden, sondern die Acten über die amtliche Befahrung der Erbstollen. (Schlesische B.O. Cap. 6, §. 3.)

§. 227. Das Feld des Stollners, in welchem er die daselbst zu brechenden Mineralien gewinnen kann, ist Fünf Viertel Lachter von der Wasserseige seines Stollens in die Höhe und Fünf Achtel Lachter in die Breite [430]), oder soweit der Stollen von dem Mundloche an geführt worden.

§. 228. Außer diesen Grenzen steht ihm kein Bergwerkseigenthum zu, als insofern er besonders damit beliehen ist [431]).

§. 229. Will der Stollner außer diesen Grenzen über, unter oder neben dem Stollen ausbrechen [432]), so muß er zuvörderst dazu vom Bergamte Erlaubniß erhalten, und letztere in die Bergbücher eingetragen werden [433]).

§. 230. Der Stollner hat das Recht, die Erlaubniß zum Ausbrechen und zu Lichtlöchern vom Bergamte zu fordern, wenn er außerdem durch Wettermangel oder durch beschwerliche Förderung an Forttreibung des Stollens gehindert würde [434]).

§. 231. Desgleichen wenn der Stollen in Gebäude kommt, die kein Tiefstes haben, welches die Tiefe der Stollensohle erreichet.

§. 232. Vor Ertheilung der Erlaubniß zu Lichtlöchern muß das Bergamt das Bedürfniß des Stollens durch Befahrung auf den Augenschein untersuchen.

§. 233. Hat der Stollner die Erlaubniß zum Auslenken und zu Lichtlöchern erhalten, so muß er dieselben, in Ansehung der Richtung und Weite, ganz nach Vorschrift des Bergamts und nie über die Weite eines Schachtes führen [435]).

---

430) Nach gemeinem Bergrechte beträgt die Stollenbreite nur $\frac{1}{2}$ Lachter. (Chursächs. Stollenordnung von 1749 Art. 3.)

431) Nach gemeinem Bergrechte tritt zu den Dimensionen des Stollens von $\frac{5}{4}$ und $\frac{5}{8}$ Lachter noch die Vierung von $3\frac{1}{2}$ Lachter ins Liegende und von $3\frac{1}{2}$ Lachter ins Hangende (a. a. O. Art. 14).

432) Darunter ist nicht der Ansatz von Flügelörtern verstanden, wozu es nach §. 222 keiner Erlaubniß bedarf, sondern der Fall einer Verlegung der Wasserseige oder des Stollenniveaus.

433) Vergl. Anm. 427 und 429.

434) Der Stollner ist nicht berechtigt, im verliehenen Grubenfelde einen Wetterort neben oder über dem Stollenorte fortzuführen. Er ist nur befugt, die Erlaubniß zu Lichtlöchern zu verlangen. (Erlaß an das Oberbergamt zu Dortmund vom 13. August 1865.)

435) Die Weite eines Schachtes ist weder gesetzlich bestimmt, noch nach technischen Regeln allgemein zu bestimmen. Die Dimensionen des Lichtloches dürfen nicht über das Bedürfniß der Wetterführung hinausgehen. Wenn über die Weite des anzusetzenden Lichtloches Streit entsteht, so entscheidet das Oberbergamt auf Antrag des Stollners oder des Grubenbesitzers. Eine Vorschrift von Amts wegen wird nicht mehr ertheilt.

§. 234. Der Stollner hat an den unverliehenen Gängen und Flötzen, die er gehörig überfährt, die Rechte des ersten Finders[436].

§. 235. Er ist bei Verlust seines Stolleneigenthums[437] verpflichtet, den Stollen nach irgend einer Richtung immer weiter zu treiben, wenn er nicht nach vorhergegangener Untersuchung von dem Bergamte Frist erhalten hat[438].

§. 236. Doch kann er sich im Eigenthum des Stollens erhalten, wenn er die anstehenden Stollenörter vom Bergamte verstufen läßt[439].

§. 237. Durch diese Verstufung wird des Stollners Befugniß zum Forttriebe des Stollens an diesem Orte aufgehoben, und er hat außer diesen Grenzen kein Recht.

---

436) In Beziehung auf die Frist zur Ausübung des von dem Stollner erworbenen Finderrechtes findet der §. 21 Anwendung.

437) Die §§. 235 — 249 betreffen den Verlust des Stolleneigenthums wegen unterlassener Forttreibung des Stollens. Der Verlust tritt ein durch die Freifahrung entweder von Amtswegen (§. 247) oder auf Antrag der vorliegenden Gruben oder eines neuen Muthers (§. 248). Da eine Muthung und Verleihung von Erbstollen nach dem Allg. Berggesetze §. 225 nicht mehr stattfindet, so besteht kein Zweifel darüber, daß die Freifahrung auf Antrag eines neuen Muthers nicht mehr stattfindet. Dagegen besteht eine Meinungsverschiedenheit darüber, ob die vorliegenden Gruben noch befugt sind, die Freifahrung zu verlangen, und ob die Freifahrung ohne solchen Antrag von Amts wegen erfolgen kann. Beide Fragen sind nach §. 225 des Allg. Berggesetzes zu bejahen. Die Annahme, daß die Verpflichtung zur ununterbrochenen Forttreibung des Stollens mit der Aufhebung des Betriebszwanges für Bergwerke (Allg. Landrecht Th. II, Tit 16, §§. 188 ff.) aufgehoben sei, steht mit §. 225 cit in Widerspruch. Der Stollner kann sich daher durch die Fristung oder durch die Verstufung vor dem Verluste der Erbstollengerechtigkeit schützen. Wenn der Stollen ohne Fristung und ohne Verstufung außer Betrieb gesetzt wird, so **kann** die Freifahrung von Amts wegen, und sie **muß** auf Antrag des Besitzers einer vorliegenden Grube erfolgen.

438) Die Fristung muß bei dem Oberbergamte nachgesucht werden. Ueber die Fristungsgründe bestimmt das Allg. Landrecht a. a. O.:

> §. 201. Wenn das Bergamt bei vorgängiger Untersuchung gefunden hat, daß wesentliche Hindernisse, die nicht aus einer Verschuldung des Beliehenen entstanden sind und die er nicht heben können, keine nutzbare Belegung der Zeche gestatten, so kann es demselben auf sein Gesuch eine Frist geben, bis zu welcher er der unterlassenen Benutzung ungeachtet bei seinem Rechte verbleibt.
>
> §. 202. Diese Frist, auch wenn sie auf bestimmte Zeit gegeben ist, muß das Bergamt zuvörderst dem Beliehenen aufkündigen, ehe ihm das Bergwerkseigenthum entzogen werden kann.

439) Die Verstufung ist nicht wie die Fristung von dem Ermessen des Oberbergamtes abhängig. Sie muß auf Antrag des Stollners erfolgen. Der Antrag wird bei dem Oberbergamte gestellt. Die Verstufung wird von einem Commissar des Oberbergamtes unter Zuziehung eines von dem Stollner zu gestellenden Markscheiders ausgeführt. An den Endpunkten der anstehenden Stollenörter werden

§§. 238 und 239 aufgehoben.

§. 240. Vorliegende Gruben, welche den Stollen von den verstuften Stollenörtern oder von der Markscheide der anliegenden Grube an, jede Grube in ihrem verliehenen Felde, unter ihre Gebäude führen wollen[440]), bedürfen keiner besonderen Belehnung, sondern sind bloß schuldig, ihr Vorhaben dem Bergamte anzuzeigen[441]).

§§. 241—243 aufgehoben.

§. 244. Unterläßt der Stollner den Stollen in vorliegende Gruben zu treiben: so sind diese Gruben und andere neue Muther berechtigt, bei dem Bergamte darauf anzutragen, daß der Stollen an diesem Orte verstuft werde[442]).

§. 245. Das Bergamt muß alsdann dem Stollner eine billige Frist zur Forttreibung des Stollens in die desselben bedürfenden Gruben vorschreiben, und wenn auch diese nicht innegehalten wird, mit der Verstufung verfahren[443]).

---

Markscheiderstufen in das Gestein eingehauen und diese Punkte auf dem Situationsrisse nach markscheiderischer Ermittelung aufgetragen.

440) Die Ausübung dieses Rechtes ist dadurch bedingt, daß der Stollen in das Feld der vorliegenden Grube eingeschlagen hat, oder daß der Besitzer der zwischenliegenden Grube sich bereit findet, den Stollen bis an die beiderseitige Markscheide fortzuführen.

441) Die Fortsetzung des verstuften Stollens, seitens der vorliegenden Grube, giebt dem Grubenbesitzer nicht die aus der Erbstollenbelehnung entspringenden Rechte. Er ist nicht befugt, den Stollen von seinem Felde aus in vorliegende Gruben weiter zu treiben.

442) Dieser Antrag kann nicht gestellt werden, so lange die gemäß §. 235 dem Stollner gewährte Betriebsfrist läuft.

443) Die Freifahrung des Stollens kann auf zweifache Weise erfolgen:

1) Wenn dem Stollner auf Antrag der vorliegenden Grube eine Frist zur Forttreibung des Stollens gesetzt ist (§. 245 h. t.), so befährt das Oberbergamt nach Ablauf dieser Frist den Stollen und constatirt, daß derselbe während der gestellten Frist nicht weiter getrieben worden ist. Zu diesem Zwecke muß bei Bestimmung der Frist zur Forttreibung (§. 245 h t.) das anstehende Stollenort markscheiderisch bestimmt werden. Bei dieser markscheiderischen Ermittelung muß der Erbstollner und der Eigenthümer der vorliegenden Grube zugezogen werden.

2) Außerdem kann der Stollen ohne vorherige Aufforderung zur Forttreibung freigefahren werden, wenn die allgemeinen Bedingungen der Freifahrung von Bergwerken nach den bisherigen Gesetzen erfüllt sind. Diese Bedingungen sind im Allg. Landrecht a. a. O. wie folgt bestimmt:

§. 188. Jede Bergwerksbeleihung geschieht unter der Bedingung, das überkommene Bergwerkseigenthum bei dessen Verlust zu dem beabsichtigten Endzwecke zu benutzen.

§. 189. Berggebäude müssen daher ununterbrochen fortgebauet, sowie

§. 246. Aus der Verstufung eines Stollenortes folgt noch nicht der Verlust des Rechts auf die übrigen unverstuft gebliebenen Stollenörter.

§. 247. Unterläßt der Stollner gänzlich den Stollen fortzutreiben, oder verstufen zu lassen: so befährt das Bergamt den Stollen, verstuft die anstehenden Stollenörter, und erklärt durch Bemerkung im Gegenbuche den Stollner seines Eigenthums für verlustig[444]).

§. 248 aufgehoben.

§. 249. Vorliegende Gruben und neue Muther sind befugt, um diese Freifahrung zu bitten[445]).

---

verliehene Schmiedestätten, Wasserläufe und dergleichen zu dem Zwecke angewendet werden, zu welchem sie verliehen sind.

§. 190. Außerdem fallen die Berggebäude, die Räume u. s. w., welche dem Grundbesitzer zum Bergbaue abgekauft worden, in das landesherrliche Freie, die nicht abgekauften Plätze aber zurück an den Grundeigenthümer.

§. 191. Zum Fortbaue der Gruben wird überhaupt beständige Belegung mit Arbeitern erfordert.

§. 192. Für gehörige Belegung ist nur Arbeit in der Grube zu achten, nicht aber die Arbeit über Tage, außer wenn Wasser zu gewältigen oder Wetter zu schaffen sind, oder Abraum nöthig ist.

§. 195. In Eigenlöhnerzechen muß wenigstens wöchentlich drei Tage, jeden Tag vier Stunden gearbeitet werden.

§. 198. Zum Verluste des Eigenthums wegen unterlassener Belegung wird erfordert, daß das Bergamt die Zeche in Einer Woche dreimal, oder bei Eigenlöhnern eine ganze Woche hindurch nicht gehörig belegt finde; über diese Freifahrung Registraturen aufnehme und in dem Bergbuche anmerke, daß die Zeche in das Freie verfallen sei.

Diese Vorschriften stimmen mit den Grundsätzen des gemeinen Bergrechtes und mit den Bestimmungen der älteren Provinzialbergordnungen überein. Abweichende Bestimmungen über die Freifahrung enthalten: die Kurkölnische Bergordnung im Th. III, Artt. 9, 10 und die revidirten Bergordnungen (Kleve-Märk. B.O. Cap. 7; Schlesische, Magdeburgisch-Halberstädt. B.O. Cap. 8).

444) Die Freierklärung wird von dem Oberbergamte in der Form eines Beschlusses ausgesprochen, nachdem zuvor der Stollner über seine etwaigen Einwendungen gehört worden. Gegen diesen Beschluß findet der Recurs an den Handelsminister gemäß §§. 191 ff. Allg. Berggeſ. statt. Nach Ablauf der Recursfrist oder nach erfolgter Bestätigung des Freifahrungsbeschlusses in der Recursinstanz, wird derselbe der Hypothekenbehörde behufs der Löschung des Erbstollens im Berghypothekenbuche zugefertigt. Die Freifahrung hat den Untergang der Erbstollengerechtigkeit zur Folge. Die im §. 190 h. t. erwähnten Zubehörungen des Stollens fallen indeß nicht in das landesherrliche Freie, weil es ein solches im Sinne des §. 190 cit. nicht mehr giebt.

In Bezug auf die Zimmerung und Mauerung findet die Vorschrift des §. 163 A. B.G. Anwendung.

445) Gegen die Freifahrung findet der Rechtsweg insofern statt, als der Stoll-

§. 250 und 251 aufgehoben.

§. 252. Der Stollner ist bei Verlust seines Eigenthums verpflichtet, den Stollen in solchem Zustande zu erhalten, daß er nicht verbricht[446]).

Allgemeines Landrecht Th. II, Tit. 16, §§. 383—471

Verhältnisse der Gruben gegen Stollen.

§. 383. Bei allem Ausbrechen im verliehenen Felde steht den Grubenbesitzern die Wahl zu, ob sie diese Arbeit selbst übernehmen wollen, oder das Bergamt[447]) dem Stollner dazu Erlaubniß geben soll.

§. 384. Die Erze und Mineralien, welche durch dergleichen Baue im verliehenen Felde gewonnen werden, gehören demjenigen, auf dessen Kosten der Bau geschehen.

§. 385. Lichtlöcher, welche mit Erlaubniß des Bergamtes im unverliehenen Felde getrieben werden, gehen bei Verleihung dieses Feldes zum Grubenbaue in das Eigenthum der Grubenbesitzer über[448]).

§. 386. Letztere sind aber verbunden, dem Stollner deren freien Gebrauch zu überlassen, und sie so lange gehörig zu unterhalten, als der Stollner derselben nach Erkenntniß des Bergamts benöthigt ist.

Allgemeine Stollenrechte.

§. 387 Jede Grube ist verbunden, jedem rechtmäßig beliehenen Stollner den Durchtrieb des Stollens durch ihre Gebäude zu verstatten[449]).

§. 388. Desgleichen den freien Gebrauch[450]) ihrer Schächte zur Ausförderung der Erze und Berge und zur Einhängung des Holzes und an-

ner den gelösten oder vorliegenden Gruben gegenüber das Fortbestehen seiner Erbstollengerechtigkeit und der daraus entspringenden Rechte im Wege der Klage geltend machen kann, falls er behauptet, daß die Freifahrung ohne gesetzlichen Grund stattgefunden habe. Eine Klage gegen das Oberbergamt auf Aufhebung der Freierklärung findet nicht statt.

446) Das Verbrechen des Stollens hat von Rechts wegen den Verlust der Erbstollengerechtigkeit zur Folge ohne daß es einer ausdrücklichen Freierklärung durch das Oberbergamt bedarf.

447) Vergl. Anm. 427

448) Die §§. 228, 383 385 und 381 h. t. ergeben, daß auch die im verliehenen Felde angelegten Lichtlöcher Eigenthum des Grubenbesitzers und Zubehörungen der Grube werden während dem Stollner nur eine Servitut zum freien Gebrauche derselben zusteht gleichviel ob das Ausbrechen von ihm selbst oder von dem Grubenbesitzer bewirkt worden ist.

449) Die Besitzstörungsklage findet daher gegen den Erbstollner, welcher das Recht des Durchtriebs ausübt, nicht statt. Erkenntniß des Obertrib. vom 27. Januar 1860 (Striethorst Archiv Bd. 36, S. 170).

450) D. h. den unentgeltlichen Gebrauch (Gesetzrevision, Pensum XI, S. 110. Kursächsische Stollenordnung von 1749 Art. 18, §. 2).

derer Bergmaterialien, wenn er sich dazu seines eigenen Kübels und Seils bedient.

§. 389. Jede Grube, welche so weit niedergebracht ist, daß ein angefangener Stollen ohne Unterbrechung in ihre Baue einschlagen kann, muß dem Stollner gestatten, in ihren Bauen anzusitzen, und dem Stollen mit einem Orte entgegenzugehen.

§. 390. Sie kann dies Ort selbst zutreiben, muß aber alsdann dem Stollner die durch den Stollenhieb gewonnenen Erze und Mineralien gegen Ersatz der Gewinnungskosten auf sein Verlangen überlassen, insofern er zum Stollenhiebe berechtigt ist[451]).

§. 391. Gruben, welche ihre Baue nahe bei einem schon vorhandenen Stollen führen, sind verbunden, nach Erkenntniß des Bergamts entweder die gehörigen Bergfesten stehen zu lassen[452]) oder auf eigene Kosten solche Vorrichtungen zu veranstalten, daß der Stollen vor Brüchen sicher gestellt werde.

§. 392. In Ansehung der Grubenschächte hat der Stollner auf seine Kosten durch Gerinne oder sonst solche Anstalten zu treffen, daß weder die Gruben in ihrem Baue gehindert werden, noch die Stollenwasser in die Tiefsten der Gruben fallen.

§. 393. Werden die Schächte erst nachher unter dem Stollen abgesunken, nachdem dessen Wasserseige schon an diese Orte gehörig nachgebracht war, so sind die Gruben verpflichtet, jene Anstalten auf ihre Kosten zu treffen.

§. 394. Jeder Stollen ist verbunden, alle Wasser auf seinen Stollen aufzunehmen, die darauf kommen.

§. 395. Jede Grube ist berechtigt, in ihren Bauen solche Einrichtungen zu machen, daß ihre Wasser auf den Stollen fallen oder gehoben werden.

§. 396. Keine Grube darf den Durchlauf der Wasser anderer Gruben auf den Stollen und die dazu nöthigen Vorrichtungen, Einlegung von Gerinnen u. s. w. verwehren.

§. 397. Sie darf aber verlangen, daß vom Stollner solche Anstalten getroffen werden, daß ihr Grubenbau dadurch kein Hinderniß leide.

§. 398. Jede dem Stollen vorliegende Grube ist befugt, des Stollners Erklärung zu fordern, ob er den Stollen in ihre Gebäude bringen will oder nicht.

§. 399. Erklärt der Stollner, daß er den Stollen nicht in die Gebäude der vorliegenden Grube bringen wolle: so kann diese den Stollenort verstufen lassen (§. 236 seq.).

§. 400. Will aber der Stollner den Stollen in die Gebäude der

451) Vergl. §§. 405—408 und §. 423 h. t.

452) Die Stärke des Stollenpfeilers wird durch polizeiliche Anordnung des Oberbergamtes gemäß §§. 197, 198 A. B.G. bestimmt.

vorliegenden Grube bringen, so kann diese gegen besonderen Beitrag der Kosten eine stärkere Belegung des Stollenorts zu dessen geschwinderem Forttriebe verlangen.

§. 401. Der Stollner hat alsdann die Wahl, ob er den Stollen auf eigene Kosten oder gegen die Beiträge der Gruben geschwinder forttreiben will.

§. 402. Nimmt er diese Beiträge an: so geben ihm in der Folge diese Gruben nur so lange die Hälfte der Stollengebühren, bis dadurch die Hälfte der erhaltenen Beisteuern ersetzt ist.

§. 403. Zechen, die inzwischen ins Freie gefallen und neuen Aufnehmern verliehen sind, können dem Stollner diejenigen Beiträge, welche die alten Gewerken zum Forttriebe des Stollens gegeben haben, nicht an den Stollengebühren kürzen.

§. 404. Außer diesen allgemeinen Stollenrechten erlangt der Stollner durch Erfüllung gewisser Erfordernisse das Recht, von den Gruben noch den Stollenhieb und das Neunte zu fordern.

## Stollenhieb.

§. 405. Der Stollenhieb ist das Recht des Stollners, die in den Grenzen des Stollen (§. 227) brechenden Erze und Mineralien zu gewinnen und in seinen Nutzen zu verwenden[453].

§. 406. Ein Stollner, der seinen Stollen im verliehenen Felde einer Grube in mehrere Flügelörter theilt, und in mehr als einem Flügelort beim

453) Der Stollenhieb beruht im unverliehenen Felde auf dem Bergwerkseigenthume, welches dem Stollner innerhalb der Grenzen des Stollens (§. 227 h. t.) an allen verleihbaren Mineralien zusteht. Dieses Bergwerkseigenthum unterscheidet sich von demjenigen des Feldesbesitzers (§. 39 A. B.G.) nur durch die Art seiner Begrenzung, indem es qualitativ gar nicht begrenzt ist, sondern alle verleihbaren Mineralien umfaßt, räumlich dagegen sich nicht über ein bestimmtes, auf der Oberfläche abgegrenztes Feld erstreckt, sondern der wechselnden Richtung des Stollens folgt. — Im verliehenen Felde steht dem Erbstollner kein Bergwerkseigenthum zu, sondern nur eine Servitut, kraft deren er die auf seinem Wege gewonnenen Erze sich anzueignen befugt ist. — Der Stollner hat nach §. 412 im verliehenen Felde die Wahl zwischen dem Stollenhiebe und dem vierten Pfennig. Stollenhieb und vierter Pfennig können als die vorläufigen Stollengebühren gegenüber den definitiven Stollengebühren: dem Neunten und dem halben Neunten, bezeichnet werden. Sie werden pendente conditione, nämlich so lange gewährt, als es ungewiß ist, ob der Stollen die Grube, in deren Feld er eingeschlagen hat, lösen wird. Ist die Lösung erfolgt, so fällt nun der Stollenhieb und vierte Pfennig gegen das Neunte oder halbe Neunte fort. Ist dagegen der Stollen durchgetrieben, ohne die Lösung nach Vorschrift des §. 423 bewirkt zu haben, so hört ebenfalls das Recht des Stollenhiebes und des vierten Pfennigs auf.

Stollenhiebe Erze findet, hat die Wahl, von welchem Flügelorte er die Erze zum Stollenhiebe nehmen will[454]).

§. 407. Die Erze, welche er von den übrigen Flügelörtern gewinnt, muß er der Grube auf ihr Verlangen gegen Ersatz der Gewinnungskosten überlassen.

§. 408. Hat aber die Grube mehr als ein Tiefstes und können die Wasser durch einen Stollenort nicht zugleich den übrigen Tiefsten abgeführt und weiter gebracht werden: so gebührt dem Stollner der Stollenhieb auch von den anderen Flügelörtern, welche er nach den übrigen Tiefsten treibt.

### Vierter Pfennig.

§. 409. Gruben, in deren verliehenem Felde wegen ermangelnder Anbrüche kein Stollenhieb ausgeübt werden kann, geben dem Stollner dafür den Vierten Theil (Vierten Pfennig) der Kosten, welche er von dem ersten Durchschlage in das Feld der Grube an, bis dahin, wo er es wieder verläßt, auf den Forttrieb des Stollens durch ihre Gebäude verwendet[455]).

§. 410. Dazu gehören auch die Kosten für Lichtlöcher und Durchschläge in die Grubenbaue.

§. 411. Hingegen werden dabei nur Steiger- und Arbeitslöhne, Bergmaterialien und Schmiedekosten, nicht aber die Kosten über Tage angerechnet.

§. 412. In allen Gruben, wo der Stollner zum Stollenhiebe berechtigt ist, hat er die Wahl, ob er den Stollenhieb oder den Vierten Pfennig fordern will[456]).

§. 413. Der Vierte Pfennig wird jederzeit erst auf Anforderung des Stollners, mithin nicht auf diejenigen Kosten gegeben, welche der Stollner vor der Zeit des geforderten Vierten Pfennigs aufgewendet hat.

§. 414. Es wird für eine stillschweigende Wahl des Stollenhiebes geachtet, wenn der Stollner den Vierten Pfennig nicht gefordert hat, und im Stollen Erze und Mineralien gewinnt[457]).

---

454) Er muß diese Wahl auf die Aufforderung des Bergwerksbesitzers treffen (§. 407 h. t.). Von der einmal getroffenen Wahl kann er nicht wieder abgehen.

455) Wenn der Stollen in mehrere Flügel getheilt ist, so kann der Erbstollner nur für einen derselben den vierten Pfennig fordern (§. 406 h. t.; Kleve-Märk. B.O. Cap. 2, 3; Schlesische B.O., Magdeb. B.O. Cap. 24).

456) Nach gemeinem deutschen Bergrechte hat der Erbstollner das Recht, den vierten Pfennig neben dem Stollenhiebe zu fordern (Kursächs. Stollenordnung v. 1749 Art. 13, §§. 2, 3). Nach den drei Revidirten Bergordnungen fällt dagegen das Recht des vierten Pfennigs fort, „sobald vor dem Stollort Erze oder Steinkohlen brechen und der Stollner den Stollenhieb genießt“ (Kleve-Märk. B.O. Cap. 23; Schlesische B.O., Magdeburg. B.O. Cap. 24).

457) Von dieser stillschweigenden Wahl kann der Erbstollner nicht zurücktre-

§. 415. Hat aber der Stollner anfänglich den Vierten Pfennig genommen, so ist ihm unverwehret, denselben während des Stollentriebs aufzukündigen und den Stollenhieb auszuüben.

§. 416. Gruben, welche dem Stollner den Vierten Pfennig geben, sind befugt von demselben die durch den Stollentrieb in ihrem Felde gewonnenen Erze und Mineralien gegen Ersatz der Gewinnungskosten zurückzufordern.

### Neunte.

§. 417. Das Neunte ist der Neunte Theil aller aus einer Zeche geförderten Erze und anderer Mineralien, welche der Zeche nach Abzug des landesherrlichen Zehnten verbleiben[458]).

Gesetz über die Besteuerung der Bergwerke vom 12. Mai 1851 (Gesetzsamml. S. 261).

§. 4. Auf den Betrag des Neunten, welchen Bergwerke an Erbstollen entrichten, bleibt die Herabsetzung des Zehnten (§. 1) ohne Einfluß; bei diesen Bergwerken ist auch ferner von der Geldeinnahme für Producte der zehnte Theil in Abzug zu bringen und nur von dem Reste der Stollen-Neunte zu zahlen[458a]).

§. 418. Das Neunte wird von allen denjenigen Erzen und Mineralien gegeben, die nach erfolgtem Durchschlage des Stollens[459]) in die vorge-

---

ten, wogegen er nach §. 415 h. t. befugt ist, statt des ausdrücklich gewählten vierten Pfennigs später den Stollenhieb zu wählen.

458) Der landesherrliche Zehnte ist durch die Gesetze vom 12. Mai 1851 und vom 20. October 1862 auf ein Procent herabgesetzt. Die Berechnung des Neunten ist jedoch dadurch nicht verändert. (Vergl. den Zusatz zu §. 417.)

458a) Das Neunte besteht also in einem Zehntel oder 10 % der geförderten Producte.

459) Die §§. 418 und 422 h. t. enthalten in ihrer Wortfassung einen Widerspruch, da §. 418 als Gegenstand des Neunten die nach erfolgtem Durchschlage über die Hängebank gestürzten Erze bezeichnet, während nach §. 422 das Neunte erst von der Zeit der Ankündigung an gefordert werden kann. Beide Vorschriften lassen sich auch nicht nach dem Vorschlage von Gräff (Handbuch des Preuß. Bergrechts S. 188, Anm. 3) dahin vereinigen, daß §. 422 nur für die Fälligkeit des Neunten maßgebend sei, denn §. 422 bestimmt vielmehr, von welchem Zeitpunkte an das Neunte gefordert werden kann. Man muß zur Beseitigung des anscheinenden Widerspruches auf die Quellen zurückgehen, aus welchen beide Vorschriften entnommen sind. Als solche giebt Thomas Wagner, aus dessen Vorschlägen beide Paragraphen hervorgegangen sind, für §. 418: den §. 18, Art. XI der Kursächsischen Stollenordnung von 1749, und für §. 422: Hertwigs Bergbuch s. v. Steuer §. 7 an (Brassert, Materialien S. 275, 276). Die Stollenordnung von 1749 bestimmt aber im §. 18 cit.:

> Auch bekommt der Stöllner von denjenigen Erzen, so vor gemachtem Durchschlag gewonnen, und über die Hängebank gestürzt sind, kein Neuntes.

schriebenen Orte der Zeche (§§. 423, 424)[460]) über die Hängebank gestürzt werden, wenn sie auch vorher in der Grube gewonnen worden sind.

§. 419. Der Stollner erhält das Neunte in Natur oder in Gelde, je nachdem der Landesherrliche Zehnte in Natur oder Gelde entrichtet wird[461]).

§. 420. Das halbe Neunte wird überall gleich dem ganzen Neunten berechnet[462]).

## Wassereinfallgeld.

§. 421. In allen denjenigen Fällen, da ein Stollen zum ganzen oder halben Neunten berechtigt ist, dieses aber wegen ermangelnder Anbrüche nicht gegeben werden kann, gebührt dem Stollner ein vom Bergamt zu bestimmendes Wassereinfall-Geld[463]).

---

Hertwig dagegen bezeichnet a. a. O. die Ankündigung nicht als maßgebend für die Fälligkeit, sondern für die Entstehung der Forderung. Hiernach ergiebt sich als Inhalt der §§. 418 und 422 Folgendes:

1) Zur Erwerbung des Neunten wird erfordert:
   a) der Durchschlag des Stollens in die vorgeschriebenen Orte (§§. 418, 423),
   b) die erfolgte Ankündigung mit Beweis (§. 422).
2) Das Neunte wird entrichtet von allen Erzen, die nach erfolgter Erwerbung des Rechtes, also nach Erfüllung der unter 1. a, b bezeichneten Voraussetzungen über die Hängebank gestürzt werden, auch wenn sie vorher in der Grube gewonnen sind.

460) Das Allegat des §. 424 ist ohne Bedeutung.

461) Die an Stelle des landesherrlichen Zehnten getretene Bergwerksabgabe wird jetzt von allen Bergwerken, mit Ausnahme der oberschlesischen Galmeigruben, in Gelde erhoben. Auch setzt §. 4 des Gesetzes vom 12. Mai 1851 (Zusatz zu §. 417 h. t.) die Erhebung des Neunten von der Geldeinnahme als Regel voraus.

462) Das halbe Neunte ist gleich einem Zwanzigstel oder 5% der geförderten Producte.

463) Das Wassereinfallgeld tritt ein, wenn die Voraussetzungen des Neunten oder des halben Neunten vorhanden sind, aber die Förderung, also das Object dieser Berechtigung fehlt. Andere Fälle, in denen ein Wassereinfallgeld entrichtet wird, sind in den §§. 438—441 erwähnt, nämlich die mittelbare Lösung einer Grube durch andere Gruben, verstufte und weitergetriebene Stollenörter und durch höher liegende Stollen. In diesen Fällen, welche den Art. 11, §§. 9, 18, Art. 18, §. 1, Art. 19, §§. 4, 7 und Art. 26, §. 1 der Kursächs. Stollenordnung von 1749 correspondiren, stellt das Wassereinfallgeld eine gleichartige aber mindere Berechtigung als das Neunte und das halbe Neunte dar. Dasselbe wird also nach gleichen Grundsätzen auf einen gewissen Procentsatz der Förderung bestimmt, der weniger als das halbe Neunte, also weniger als 5% betragen muß. In dem Falle des §. 421 h. t., welcher dem gemeinen Bergrechte ganz fremd ist, fehlt es aber an der Förderung, also an einem objectiven Maßstabe für das Wassereinfallgeld. Dieses besteht also in einer durchaus willkürlich vom Oberbergamte zu bestimmenden Abgabe. Die Festsetzung erfolgt auf Anrufen des Erbstollners und nach Anhörung des Grubenbesitzers. Gegen die Festsetznng des Oberbergamtes findet nach

§. 422. Neuntes und Wassereinfall-Geld erhält der Stollner erst von der Zeit an, da er seinen Anspruch mit Beweis des wirklich erlangten Rechts, Stollengebührnisse zu fordern, ankündigt[464]).

Erfordernisse zu den besonderen Stollenrechten[465]).

§. 423. Um dieser Gebührnisse (§. 405 seq.) theilhaftig zu werden, muß der Stollen

a) vom Bergamte gehörig verliehen[466]) und

b) gesetzmäßig betrieben[467]) sein;

c) mit der Wasserseige in diejenigen Tiefsten der Grube einkommen, wo

---

§. 191 A. B.G. der Recurs an den Handelsminister statt. Der Rechtsweg ist ausgeschlossen.

464) Vergl. Anm 459.

465) Ueber die besonderen Stollenrechte giebt v. d. Bercken in der Zeitschr. f. d. Berg-, Hütten- und Salinenwesen Bd. V, B. S. 61 folgende Uebersicht:

Die Erbstollengebühren sind dem steigenden Grade nach folgende:

A. Stollenhieb resp. vierter Pfennig.
B. Wassereinfallgeld.
C Stollensteuer.
D. Halbes Neunte.
E. Ganzes Neunte.

Als Erfordernisse zur Erlangung der Gebühren hat das Gesetz — §. 423 — für den Erbstollen folgende fünf Requisite aufgestellt; der Stollen muß nämlich:

1) gehörig verliehen (§. 424),
2) gesetzmäßig getrieben (§§. 424, 430, 431, 433),
3) in das verliehene Feld mit der Wasserseige eingeschlagen sein,
4) die Erbteufe haben (§. 428),
5) Wasser und Wetterlösung bringen.

Mit Rücksicht auf diese fünf Requisite lassen sich nun für die Gebührenberechtigung folgende Regeln aufstellen:

a) Die Requisite 1, 2 müssen in allen Fällen vorhanden sein;
b) bei den Gebühren A, B, C fehlt jedesmal eines der Requisite 3, 4, 5, aber es darf auch nur eines fehlen. [Beim Wassereinfallgelde fehlt das dritte Requisit, die unmittelbare Lösung (Anm. 463); bei der Stollensteuer das vierte, die Erbteufe (§. 444). Stollenhieb und vierter Pfennig werden so lange gewährt, als das fünfte Requisit, die Wasser- und Wetterlösung fehlt. Sie fallen weg, sobald der Anspruch auf das Neunte oder das halbe Neunte erworben wird];
c) bei D müssen alle fünf Requisite vorhanden sein,
d) bei E muß noch ein sechstes Requisit hinzukommen. Es muß nämlich der Stollen mit seiner Wasserseige an die gehörigen Orte der Grube, woselbst die Erzanbrüche stehen, gebracht oder mit denselben durchschlägig geworden sein (§§. 418, 425—427, 434).

466) Die Erbstollengerechtigkeit kann nicht durch Verjährung erworben werden.

467) Vergl. §§. 223, 224, 227 und 252 h. t.

die Baue auf anstehende Erzanbrüche geführt werden[468]);

d) daselbst die Erbteufe[469]) einbringen, und

e) den Gruben Wasser ab- und Wetter zuführen; mithin vom Mundloche bis an jede Grube in solchem Stande sein, daß die Wasser ohne Hinderung zum Mundloche auslaufen[470]).

§. 424. Unverliehene Stollen und solche, welche ohne Erlaubniß des Bergamts anders als nach Vorschrift der §§. 223—252 getrieben sind, haben kein Stollenrecht.

§. 425. Es ist nicht nöthig, daß der Stollen an den Orten, wo die Erzanbrüche sind, in dem tiefsten Punkte einkomme, wenn er sonst nur die Erbteufe einbringt[471]).

---

468) Die Voraussetzung zu c ist erfüllt, wenn der Stollen mit dem Hauptschachte durchschlägig wird. Ist der Hauptschacht noch nicht bis auf das Niveau der Stollensohle niedergebracht, so kann der Stollner nach §. 231 h. t. über sich brechen und dadurch die Bedingung zu c erfüllen.

469) Vergl. §. 428. Die Erbteufe muß überall da eingebracht werden, wo eins der besondern Stollenrechte ausgeübt werden soll. Der Erbstollen muß also nicht bloß an dem zu c bestimmten Orte die Erbteufe einbringen, um das Neunte zu erlangen. Er muß schon mit der Erbteufe in das Grubenfeld einkommen, um den Stollenhieb und den vierten Pfennig zu erlangen. An allen denjenigen Punkten, wo der Stollen die Erbteufe nicht einbringt oder verliert, ruhen die besondern Stollenrechte, mit den zu §§. 442—446 h. t. bestimmten Ausnahmen.

470) Vergl. §§. 392—397 und §. 430 h. t.

471) Der vorläufige Entwurf zum Allg. Berggesetze hatte im §. 219 die Bestimmung:

> Demselben (dem Erbstollner) steht kein Anspruch auf den Neunten oder halben Neunten von den unter seiner Stollensohle gewonnenen Mineralien zu.

Diese Beschränkung der Erbstollenrechte entsprach nicht dem bestehenden Rechte (Gräff, Preuß. Bergrecht S. 196), wie auch in den Motiven S. 192 wie folgt, anerkannt wurde:

> „Nach dem bestehenden Bergrechte gebührt dem Erbstollner der Neunte oder halbe Neunte nicht bloß von den über der Sohle seines Stollens, sondern auch von den unter derselben gewonnenen Mineralien, sofern er den gesetzlichen Erfordernissen Genüge leistet und namentlich auch den Besitzer des betreffenden Bergwerks in den Stand setzt, das Wasser auf den Stollen heben und ausgießen zu können. Der Bergwerksbesitzer ist alsdann zur Abgabe des Neunten oder halben Neunten von den unter der Stollensohle gewonnenen Mineralien selbst in dem Falle verpflichtet, daß er sich des Stollens zur Abführung der Wasser nicht bedient, sondern dieselben auf andere Weise zu Tage bringt."

Man hat die beabsichtigte Einschränkung später als einen unzulässigen Eingriff in erworbene Rechte fallen lassen und dadurch das aus §. 425 hervorgehende Recht des Erbstollners auf das Neunte von den unter seiner Stollensohle geförderten Erzen stillschweigend anerkannt.

§. 426. Ehe ein Stollen nicht an die gehörigen Orte (§. 423, c und 424) eingekommen ist, erhält er kein Neuntes.

§. 427 Ein Stollen, welcher einer ganzen Zeche Wasser ab- und Wetter zuführt, aber nur an die Orte der Grube getrieben ist, wo die Erzanbrüche stehen, erhält dennoch von dem ganzen Felde der Gewerkschaft das volle Neunte, soweit als es durchschlägig ist und von dem Stollen Wasser- und Wetterlosung geschieht[472]).

§. 428. Zur Erbteufe wird erfordert, daß der Stollen an den gehörigen Orten Zehn Lachter und eine Spanne[473]) tief einkomme[474]).

§. 429. Diese Teufe wird nicht von der oberen Einfassung des Schachtes (Hängebank), sondern vom Rasen nieder bis auf die Wasserseige des Stollens berechnet.

§. 430. Ein Stollen, dessen Mundloch nicht offen ist, so daß auf demselben nicht mehr ein- und ausgefahren werden kann, und dessen Wasserseige nicht gehörig reingehalten ist, so daß sich die Wasser dadurch zurückdämmen, erhält von den Gruben, wo dieses geschieht, so lange der Schade dauert[475]), keine Stollengebührnisse.

---

472) Diese Bestimmung, welche wegen ihrer überaus unklaren Fassung vielfach mißverstanden ist, enthält keine Modification, sondern nur eine weitere Erklärung des §. 423 c und des §. 426. Wenn nur der Stollen mit dem Hauptschachte durchschlägig geworden ist, so erhält er das volle Neunte von der im ganzen Grubenfelde umgehenden Förderung, soweit dasselbe durch ihn Wasser- und Wetterlosung erhält. Er braucht nicht erst die noch vorliegenden Maaßen zu durchfahren. Dieser Sinn ergibt sich als unzweifelhaft aus Art. 11, Nr. 11 der Kursächsischen Stollenordnung, woraus §. 427 h. t. entnommen ist.

Hat der Stollen, ungeachtet er mit dem Hauptschachte durchschlägig geworden ist, nicht das ganze Feld gelöst, ist noch ein zweites Tiefste vorhanden, welches besonders gelöst werden muß, so erhält er von der Förderung aus diesem zweiten Tiefsten nach §§. 435 ff. entweder gar keine Abgabe oder nur das halbe Neunte.

473) Die Spanne beträgt 10 Zoll.

474) Das Maß der Erbteufe stimmt mit dem gemeinrechtlichen überein (Kursächsische Stollenordnung von 1749 Art. 11, Nr. 11). Nach der Kurtrier. B.O. Art. 6, §. 1 beträgt die Erbteufe 14 Lachter nach der Kurkölnischen B.O. Th. VI, Art. 1 9½ Lachter. Bei der Entscheidung der Frage, ob die Erbteufe eingebracht ist, muß dasjenige Lachtermaß angewendet werden, welches zur Zeit der Verleihung des Erbstollens das landesübliche war. Es ist dagegen nicht richtig, wenn z. B. auf alle nach der schlesischen Bergordnung verliehenen Erbstollen, ohne Rücksicht auf die Zeit der Verleihung, das alte schlesische Lachtermaß angewendet wird. Die Maß- und Gewichtsordnung vom 16. Mai 1816 (G.S. S. 149), welche im §. 9 das Lachter auf 80 preußische Zoll bestimmt hat für alle später ertheilten Erbstollenverleihungen das kleinere Maß der schlesischen Bergordnung beseitigt.

475) Das bloße Verschlämmen des Stollens hat im Gegensatze zum Verbre-

§. 431. Jedoch schadet es dem Stollner nicht, wenn ihm sein Mundloch abgeht, und seine Wasser mit Genehmigung des Bergamts auf einem tiefern Stollen zu Tage auslaufen.

§. 432. Gruben, die sich des Stollens nicht zur Abführung der Wasser bedienen, werden dadurch nicht von Entrichtung derjenigen Gebührnisse befreiet, zu welchen der Stollner an seiner Seite berechtigt ist[476]).

§. 433. Ein Stollen, der gehörige Erlaubniß zu Gesprengen erhalten hat (§. 224), ist dadurch der Stollengebührnisse fähig[477]).

§. 434. Ein Stollen, der in das Feld einer Zeche eingeschlagen hat, der ganzen Zeche die Wasser ab- und Wetter zuführt, dessen Wasserseige aber noch nicht an die Orte gebracht ist, wo die Erzanbrüche stehen, erhält so lange nur das halbe Neunte, bis die Wasserseige diese Orte erreicht.

§. 435. Hat eine Zeche in zwei Tiefsten Erzbaue und hat der Stollner nur in eins derselben eingeschlagen: so bekommt er nur von diesem das Neunte.

§. 436. Benimmt er aber zugleich dem anderen Tiefsten die Wasser und schafft ihm Wetter, so gebührt ihm von diesem zugleich das halbe Neunte.

§. 437. Wenn ein Stollen in das Feld einer Grube gebracht ist, die Wasser aber nicht durch offene Durchschläge, sondern durch Klüfte oder Lotten darauf fallen: so erhält er bis zu erfolgtem gehörigen Durchschlage nur das halbe Neunte.

§. 438. Hat ein Stollen nicht in das verliehene Feld einer Grube eingeschlagen, führt ihm aber dennoch Wasser ab und Wetter zu: also daß die Wasser- und Wetterlosung mittelbar durch andere Gruben geschieht, so bekommt der Stollen von jener Grube ein Wassereinfall-Geld.

§. 439. Von allen Wassern, die durch verstufte und von andern weiter getriebene Stollenörter auf den Stollen fallen, wird gleichfalls dem Stollner von denjenigen, die solche Stollenörter getrieben haben, Wassereinfall-Geld entrichtet.

---

chen (§. 252 h. t.) nicht den Verlust der Erbstollengerechtigkeit, sondern nur ein zeitweises Ruhen der besonderen Stollenrechte zur Folge.

476) Sie werden jedoch nach §. 223 A. B.G. von den Erbstollengebühren befreit, wenn sie sich durch eine Wasserhaltungsmaschine lösen, welche dem Stollen gegenüber die Bedingungen der Enterbung (§§. 468 ff. h. t.) erfüllt.

477) Die Erlaubniß zu Gesprengen muß selbstverständlich ertheilt sein, bevor die Erhebung der Wasserseige stattgefunden hat (§. 224). Gesprenge, die ohne solche Erlaubniß stehen geblieben sind, machen den Erbstollen unfähig, Stollenrechte gegenüber den weiter vorliegenden Gruben zu erwerben. Sie haben jedoch nicht den Untergang derjenigen Stollenrechte zur Folge, welche durch den gesetzmäßig bewirkten Stollenbetrieb bis zum Orte des Gesprenges an den hinterliegenden Gruben bereits erworben sind.

§. 440. Aufgehoben.

§. 441. Auf gleiche Art giebt ein oberer Stollen dem niedern, der seine Wasser abführt und nicht von diesem enterbt ist, ein Wassereinfall-Geld.

§. 442. Kann ein Stollen die vorher in einer Zeche eingebrachte Erbteufe wegen Abfalls des Gebirges nicht weiterhin erhalten, so bekommt er von dem Theile, wo er die Erbteufe verloren hat, die halben Stollengebührnisse.

§. 443. Ist der Stollen vorher in der Erbteufe unter einem Schachte des Gebäudes eingekommen, und hat nach verlorener Erbteufe das Tiefste eines Zweiten Schachtes oder Gebäudes erreicht, führt auch am letzten Orte die Wasser wirklich ab: so kann er auch da, wo er keine Erbteufe einbringt, volle Stollengebührnisse fordern.

§. 444. Bringt ein Stollen in einer Zeche nirgend Erbteufe ein, führt ihr aber dennoch Wasser ab und Wetter zu: so ist er der gewöhnlichen Stollengebührnisse unfähig, erhält aber von dieser Zeche eine vom Bergamte zu bestimmende Stollensteuer[478]).

§. 445. Wenn Gruben durch einen Stollen an Kosten für die Aushebung der Wasser und Zuführung frischer Wetter beträchtlich ersparen und es entweder gar nicht oder nur mit beträchtlich höherem Aufwande möglich ist, den Stollen in einer solchen Teufe anzusitzen, durch welche er in der Grube Erbteufe einbringt, so kann demselben durch Verordnung des Bergamts, der fehlenden Erbteufe ungeachtet, volles Stollenrecht gegeben werden.

§. 446. Wenn Gruben sich mit Stollen, welche keine Erbteufe haben, wegen der Stollenrechte überhaupt vergleichen und die Verträge von dem Bergamte bestätigt werden[479]), so gelten sie auch gegen künftige Aufnehmer in das Freie gefallener Gruben.

§. 447. Gruben, welche dem Stollen, ob ihm gleich die Erbteufe fehlt, den Vierten Pfennig geben, gewähren ihm dadurch keine weiteren Stollengebührnisse; sind aber dafür befugt, zum Behufe ihres eigenen Grubenbaues auf dem Stollen anzusitzen.

## Von Wasserschlotten.

§. 448. Was vorstehend von dem Verhältnisse der Gruben gegen Stollen verordnet ist, findet auch in dem Falle statt, wenn Jemand Wasser-

---

478) Die Stollensteuer wird ebenso wie das Wassereinfallgeld (Anm. 463) bemessen. Beide können den ordentlichen Stollengebühren: dem Neunten und dem halben Neunten, als die außerordentlichen gegenüber gestellt werden.

479) Diese Bestätigung wird nach der gegenwärtigen Stellung der Bergbehörden (§. 196 A. B.G.) ohne materielle Prüfung des Inhaltes der Verträge ertheilt. Sie bekundet nur den rechtsgültigen Abschluß des Vergleichs.

strecken von und aus Kalkschlotten [480]) treibt, damit die Wasser in gehöriger Erbteufe den vorliegenden Zechen löset und die übrigen Erfordernisse des Stollners hat.

### Von Wasserhaltungsmaschinen.

§. 449. Ferner, wenn Gruben mittelst Feuer- oder Wasserhaltungsmaschinen getrocknet werden und Wetterlosung in ihre Gebäude gebracht wird [481]).

§. 450. Wer dergleichen Maschinen auf seine Kosten erbaut und unterhält, auch mit den aus dem Kunstschachte getriebenen Grund- oder Wasserstrecken die §. 428 sqq. bestimmte Erbteufe auf den gelösten Zechen einbringt und die übrigen Erfordernisse des Stollners hat, wird dadurch zu den §§. 405 — 423 bestimmten Stollengebühren, nach jedesmaliger Festsetzung des Bergamts, berechtigt.

§. 451. Das Neunte darf in diesem Falle nie weniger als den neunten und nie mehr als den fünften Theil der wirklichen Förderung nach Abzug des Landesherrlichen Zehnten betragen.

§. 452. Sollten auch entfernte und mit dem Kunstschachte nicht unmittelbar in Verbindung stehende Grubengebäude, durch abführende und dem Kunstschachte zuführende Klüfte erweisliche Wasserlosung erhalten: so sind sie zur Entrichtung des halben Neunten oder einer von dem Oberbergamte verhältnißmäßig festzusetzenden Beisteuer verbunden.

### Der Stollen unter einander.

§. 453. Das Verhältniß mehrerer zusammen treffender Stollen sowohl unter sich, als gegen die Grube, wird so, wie das Verhältniß eines

480) „Kalkschlotten sind Höhlen, die sich in Kalk- oder Gypsgebirgen befinden. Sie verschlingen das Wasser, und sind geeignet, durch Strecken, welche nach oder von der Grube dorthin getrieben werden, die Wasser derselben zu lösen." (Gräff, Preuß. Bergrecht S. 195.) Es unterliegt keinem Zweifel, daß die auf Grund des §. 448 durch Verleihung erworbenen Rechte als eine Art der Erbstollengerechtigkeit durch §. 223 A. B.G. aufrecht erhalten werden.

481) Die §§. 449—452 und §§ 468—471 sind bei der letzten Redaction des Allg. Gesetzbuches auf Anregung des schlesischen Oberbergamtes eingeschoben (Brassert, Materialien S. 332). Hieraus erklärt sich auch der Umstand, daß abweichend von dem sonstigen Sprachgebrauche des Allgem. Landrechtes im § 452 und im §. 471 das Oberbergamt statt des Bergamtes genannt wird. Es ist streitig, ob diese Vorschriften, welche gänzlich neues Recht enthalten, auf das Gebiet der Provinzialbergordnungen Anwendung finden konnten, in welchem dem Allg. Landrecht nur eine subsidiarische Geltung zustand. Im §. 223, Al. 3 A. B.G. wird die Anwendbarkeit der §§. 468 ff. h. t. für den ganzen Gesetzesbereich des Allg. Landrechts ausgesprochen und dadurch für die Zukunft diese Controverse beseitigt.

Stollens gegen jede Grube lediglich darnach bestimmt, mit welchen Eigenschaften sie in dem Felde jeder Grube zusammen treffen[482]).

§. 454. Zwischen mehreren Stollen, wovon nur einer nach den Erfordernissen des §. 423 gewisser Stollenrechte fähig ist, hat dieser jeder Zeit den Vorzug.

§. 455. Erlangt ein Stollen solche Vorzüge, durch welche den anderen ihre Rechte entzogen werden: so sind die andern nie zum Ersatze desjenigen gehalten, was sie vorher genossen haben.

§. 456. Einem Stollen, welcher zum Stollenhiebe oder Vierten Pfennig und zum ganzen Neunten vollkommen berechtigt ist, kann ein Zweiter Stollen nur durch Enterbung seine Stollengerechtigkeit entziehen.

## Von der Enterbung.

§. 457. Die Enterbung geschieht dadurch, daß der Zweite Stollen diejenigen Erfordernisse, durch welche Stollen des Stollenhiebes, oder Vierten Pfennigs, ganzen oder halben Neuntens fähig werden, Sieben Lachter tiefer als der obere Stollen erfüllt[483]).

§. 458. Diese Sieben Lachter werden senkrecht, von der Sohle des oberen Stollen auf die Sohle des untern, und zwar aus den Orten gemessen, wo Stollen nach den Gesetzen einkommen sollen (§. 423 und 427)[484]).

---

482) Die Concurrenz mehrerer Erbstollen, welche in das Feld derselben Grube einschlagen, äußert sich theils dadurch, daß der eine den andern von der Erwerbung der Stollenrechte ausschließt, theils dadurch, daß er ihm die bereits erworbenen Stollenrechte wieder entzieht. Es gelten für diese Concurrenz folgende Regeln:

1) Derjenige Erbstollner, welcher eines der besondern Stollenrechte zuerst erwirbt, schließt den andern von der Erwerbung des gleichen Rechtes aus;
2) die Entziehung der bereits erworbenen Stollenrechte kann nur durch die Enterbung §§. 457 ff. erfolgen.

Diese Regeln erleiden folgende Ausnahmen:

1) Zwei Stollen, die gegeneinander, d. h. aus verschiedenen Weltgegenden in das Grubenfeld getrieben werden, erhalten beide den Stollenhieb oder den vierten Pfennig, bis sie durchschlägig werden oder unter einander einkommen (§§. 460, 461).
2) Die Entziehung des Rechtes zum Stollenhiebe und vierten Pfennig tritt in den Fällen der §§. 460, 461 h. t. ohne die Bedingungen der Enterbung ein.
3) Das halbe Neunte wird ohne die Bedingungen der Enterbung entzogen, wenn der concurrirende Stollen zum vollen Neunten berechtigt wird (§. 464).
4) Wassereinfallgeld oder Stollensteuer werden ohne die Bedingungen der Enterbung entzogen, sobald ein anderer Stollen dieselben Wasser in mehrerer Tiefe abführt (§. 459).

483) Die Kursächs. Stollenordnung Art. 20 und die Kurköln. B.O. Th. VI, Art. 9 bestimmen die Enterbungsteufe auf 7 Lachter im hohen und 3½ Lachter im flachen Gebirge.

484) Vergl. Anm. 274.

§. 459. In allen Fällen, da ein Stollen Wassereinfallgeld oder Stollensteuer erhält, ist er deren verlustig, sobald ein anderer Stollen dieselben Wasser in einer mehreren Tiefe abführt.

§. 460. Zwei Stollen, die zugleich gegeneinander in eine Zeche getrieben werden, erhalten beide bis zum erfolgten Durchschlage den Stollenhieb oder Vierten Pfennig.

§. 461. Kommen sie unter einander ein und ist noch keiner an die gehörigen Orte gebracht, so entzieht der tiefere dem oberen den Stollenhieb und Vierten Pfennig.

§. 462. Wird der obere auf Verlangen oder mit Beiträgen der Zechen, in ihr Feld getrieben, so kann er durch einen Zweiten Stollen nur enterbt werden.

§. 463. Wenn ein oberer Stollen in den Fällen §§. 434, 436, 437 nur das halbe Neunte bekommt; der tiefere Stollen aber ohne alle solche Mängel eingekommen ist, so kann der niedere Stollen verlangen, daß das Bergamt dem oberen Stollen eine Frist vorschreibe, binnen welcher er, insofern ihn nicht unverschuldete Hindernisse abhalten, bei Verlust jenes halben Neunten den Mängeln abhelfen soll.

§. 464. In den Fällen des §. 434, 436, 437 entzieht derjenige Stollen dem andern das ganze oder halbe Neunte [485]), der eher zum vollen Neunten berechtigt ist.

§. 465. Wenn mehrere Stollen zugleich und in gleicher Tiefe, aber nicht gegen einander, in eine Zeche getrieben werden: so hat derjenige überall den Vorzug, der eher in das Feld der Gewerkschaft einschlägt [486]).

§. 466. Wenn nach obigen Vorschriften weder mehrere Tiefe, noch früheres Einschlagen in die Zeche entscheiden: so treten die Vorrechte des Alters ein.

§. 467. So oft ein Stollen dem anderen durch Enterbung oder sonst nach den Gesetzen, Stollenhieb, Vierten Pfennig oder Neuntes entzieht: so verbleibt demjenigen, der seine Rechte verliert, alles, was er vor der Zeit, da der andere ein Vorzugsrecht wirklich erlangte, durch den Stollenhieb an Erz gewonnen, am Vierten Pfennig erhoben und von den vorher über die Hängebank der Zechen gestürzten Erzen, an ganzen oder halben Neunten zu fordern hatte.

---

485) Die Worte: „das ganze oder halbe Neunte" enthalten einen sinnstörenden Fehler. Es muß heißen „das halbe Neunte" (Gräff, Preuß. Bergrecht S. 198, Anm. 2).

486) Der nachkommende Stollen erhält daher weder Stollenhieb, noch vierten Pfennig. Ueber die Erwerbung des Neunten oder halben Neunten dagegen entscheidet der Zeitpunkt der Lösung oder des Einkommens in das Tiefste (§. 423, c u. e).

Verhältniß der Wasserhaltungsmaschinen gegen Stollen.

§. 468. Was hier §. 453 sqq. von dem Verhältnisse der Stollen unter sich verordnet ist, findet auch zwischen Wasserhaltungsmaschinen und Stollen Anwendung.

§. 469. Durch solche Maschinen wird ein Stollen gleichfalls enterbt, wenn vermittelst derselben die Wasser sieben Lachter tiefer gehoben, und einer Grube dadurch in dieser Tiefe Wasser- und Wetterlosungen verschafft werden, auch die übrigen Erfordernisse zu Stollenrechten [487]) vorhanden sind.

§. 470. Die sieben Lachter werden von der Stollensohle bis an die Firste der aus dem Kunstschachte getriebenen Grund- oder Wasserstrecken gemessen.

§. 471. Wenn ein Stollen die Wasser der Feuermaschine abnimmt und fortführt: so erhält derselbe eine von dem Oberbergamte festzusetzende Stollensteuer oder Wassereinfallgeld.

§. 224.

Bei Bergwerkseigenthum, welches nach dem Eintritt der Gesetzeskraft des gegenwärtigen Gesetzes verliehen wird, findet ein Anspruch auf Freikuxe irgend einer Art nicht mehr statt [488]).

Den bereits vor diesem Zeitpunkte von Kirchen und Schulen, von dem Schlesischen Freikuxgelderfonds und von Grundbesitzern erworbenen Freikuxen steht nur eine Realberechtigung auf den durch die bisherigen Gesetze bestimmten Ausbeuteantheil an dem Bergwerke zu [489]).

---

487) Das Erforderniß der Verleihung der Erbstollenrechte ist durch §. 223, Al. 3 A. B.G beseitigt.

488) Die Freikuxberechtigung gehört dem früheren preußischen Bergrechte an Das gemeine Bergrecht kennt nur den Grundkux, welcher nach Wahl des Grundbesitzers entweder in vier Mitbaukuxen oder in einem Freikuxe gewährt wurde. Für die unter der früheren Gesetzgebung erworbenen Freikuxberechtigungen bleiben die unten mitgetheilten Regeln des Allg. Landrechts Th. II, Tit. 16, §§. 133, 134 und §§. 296 — 305 maßgebend mit den im §. 224 ausgesprochenen Modificationen. Die Frage, ob an einem Bergwerke noch die Freikuxberechtigung nach den bisherigen Gesetzen erworben ist, wird nach dem Zeitpunkte der Verleihung, nicht der Muthung entschieden.

489) Ueber die rechtliche Natur der Freikuxe bestanden Meinungsverschiedenheiten. Von der einen Seite wurden dieselben bloß als eine auf dem Bergwerke ruhende Reallast, als eine Realberechtigung auf einen aliquoten Antheil an dem Nutzungsertrage des Bergwerks, von der anderen Seite als Miteigenthumsantheile und die Freikuxberechtigten als Miteigenthümer des Bergwerks angesehen. (Vergl. m. Uebersicht S. 209 ff.)

Das Berggesetz hat den bestehenden Zweifel durch eine declaratorische Bestimmung beseitigt und die Freikuxe als eine Realberechtigung definirt.

Durch die nach §. 9 des Knappschaftsgesetzes vom 10. April 1854 erfolgte Aufhebung der beiden Freikuxe für die Knappschafts- und Armenkasse ist weder die Quote des Ausbeuteantheils der übrigen Freikuxberechtigten, noch die Zahl der gewerkschaftlichen Kuxe verändert worden [490]).

---

Der Ausbeuteantheil der Freikuxberechtigten wird nach den bisherigen Gesetzen, im Gebiete des Allg. Landrechts nach den oben mitgetheilten §§. 133, 134 und §§. 296—305 A. L.R. Th. II, Tit. 16. bestimmt.

490) Nach der bisherigen Kuxeintheilung wurden im Gebiete der Schlesischen und der Magdeburgischen Bergordnung 122 gewerkschaftliche und 6 Freikuxe, im Gebiete der Kleve-Märk. Bergordnung und des Allg. Landrechts 128 gewerkschaftliche und 6 Freikuxe unterschieden, die Zahl der anzulegenden Ausbeuteantheile folglich in dem einen Rechtsgebiete auf 128, in dem andern auf 134 bestimmt.

Es ist zweifelhaft geworden, welchen Einfluß die durch §. 9 des Knappschaftsgesetzes vom 10. April 1854 erfolgte Aufhebung der beiden knappschaftlichen Freikuxe auf die Zahl der gewerkschaftlichen Kuxe und auf die Ausbeuteantheile der bestehen gebliebenen Freikuxe ausgeübt habe. In den Motiven zu §. 17 des Gesetzentwurfs über Mobilisirung der Kuxe wurde hierüber Folgendes bemerkt:

„Nach einer Meinung würde im Bereiche der Cleve-Märkischen, der Schlesischen und der Magdeburgischen Bergordnung die Zahl der gewerkschaftlichen Kuxe auf 130 resp. 124 vermehrt sein, weil die citirten Bergordnungen bestimmen, daß die Ausbeute auf resp. 136 und 128 Kuxe geschlossen sein solle. Sei daher durch die neuere Gesetzgebung die Zahl der Freikuxe vermindert, so müsse, um die Zahl der gesetzlichen Kuxe festzuhalten, die Summe der gewerkschaftlichen Kuxe um ebensoviel sich vermehren. — Nach dem Landrechte seien dagegen auch künftig nur 128 gewerkschaftliche Kuxe anzunehmen, weil diese Bestimmung desselben von dem Knappschaftsgesetze nicht berührt werde, und weil nach dem Landrechte die Freikuxe nur nebenher bei der Vertheilung der Ausbeute in Betracht kommen. — Bei dieser Vertheilung müsse es dagegen von entscheidendem Einflusse sein, daß den 128 gewerkschaftlichen Kuxen nicht mehr 6, sondern nur 4 Freikuxe gesetzlich hinzutreten. Die Ausbeute könne demnach nur in 132 Theile getheilt werden, so daß der Ertragsantheil der Freikuxberechtigten sich auf $\frac{4}{132}$ erhöhe."

„Nach der anderen Ansicht wäre dagegen weder eine Vermehrung der Zahl der gewerkschaftlichen Kuxe in dem Bereiche der Provinzialbergordnungen, noch eine Erhöhung des Ausbeuteantheils der Freikuxberechtigten im Bereiche des Allg. Landrechts eingetreten. In den angeführten Bestimmungen der Bergordnungen sei nicht der Satz enthalten, daß die Zahl der gewerkschaftlichen Kuxe von der Zahl der Freikuxe abhängig sei und, zu derselben addirt, die Zahl 128 resp. 136 geben müsse. Die Schlesische und die Magdeburgische Bergordnung bestimmen im Cap. XXXI, §. 1 ausdrücklich, daß 122 Kuxe verzubußt und 6 Kuxe freigebaut werden sollen. Die Zahl der gewerkschaftlichen Kuxe sei also ebenso wie diejenige der Freikuxe an sich selbst bestimmt. Und wenn der Gesetzgeber diese beiden ungleichnamigen Ziffern summire und seine Bestimmung mit den Worten anhebe, daß „jede Gewerkschaft hinfüro in 124 Kuxe oder Portiones getheilt werden solle, wovon 122

Die Ablösung der Freikuxe bleibt der freien Vereinigung der Betheiligten vorbehalten[491]).

Allg. Landrecht Theil II, Titel 16, §§. 133, 134; §§. 296 — 305.

§. 133. Jedes verliehene Bergwerkseigenthum wird in hundert und acht und zwanzig Antheile oder Kuxe getheilt.

§. 134. Außer diesen[492]) werden zwei dem Grundherrn[493]) als Erbkux, auch wenn die Provinzialgesetze keine Ausnahme machen, zwei der

---

Kuxe verzubußt, 2 Grundkuxe u. s. w. freigebaut werden sollen," so sei von diesen drei Zahlenbestimmungen offenbar gerade die erste als die Summe der beiden folgenden Ziffern veränderlich, so daß durch die eingetretene Verminderung des einen Factors nicht der andere Factor wachse, sondern die Summe verringert werde. Die gesetzlich bestimmte Zahl der 122 gewerkschaftlichen Kuxe bleibe daher bestehen und der Ausbeuteantheil der beiden Freikuxberechtigten nach wie vor auf $\frac{2}{128}$ bestimmt. — Ebenso sei im Rechtsgebiete des Allg. Landrechts eine Vergrößerung dieses Ausbeuteantheils nicht eingetreten, da in Bezug auf die Kirchen- und Schulkuxe der §. 9 des Knappschaftsgesetzes ausdrücklich bestimme, daß die gesetzlichen Bestimmungen über dieselben nicht abgeändert werden."

Um diese namentlich bei den Hypothekenbehörden hervorgetretene Meinungsverschiedenheit für die Zukunft zu beseitigen, war bereits im §. 17 des vorerwähnten Gesetzentwurfes diejenige declarirende Bestimmung vorgeschlagen, welche im §. 224, Al. 3 enthalten ist. Eine solche Declaration war nothwendig nicht bloß zur Feststellung des Ausbeuteantheils der Freikuxberechtigten, sondern auch zur Feststellung der seitherigen Kuxeintheilung, welche in den Fällen der §§ 226 — 228 bestehen bleibt. Hierbei ist die obige zweite Meinung adoptirt und folglich für das Rechtsgebiet der Schlesischen und der Magdeburgischen Bergordnung die Zahl der gewerkschaftlichen Kuxe auf 122, für das Rechtsgebiet der Kleve-Märk. Bergordnung und für die Landestheile, in welchen das Allg. Landrecht als Principalrecht galt, auf 128 bestimmt worden. Die einzige Veränderung, welche demnach in Folge der Aufhebung der knappschaftlichen Freikuxe eintritt, ist die, daß die Ausbeuteantheile der 4 Freikuxe für Kirche und Schule und für den Grundeigenthümer nicht mehr dem auf 4 gewerkschaftliche Kuxe fallenden Ertragsantheile gleich sind, sondern daß erstere nach wie vor zusammen $\frac{4}{128}$ resp. $\frac{4}{134}$ der Ausbeute erhalten und der Ueberrest auf die 122 resp. 124 gewerkschaftlichen Kuxe vertheilt wird

491) Hierdurch ist die Ablösbarkeit der Freikuxe anerkannt, welche nach dem früheren Rechte hinsichtlich der Grundkuxe durch §. 118 Allg. Landrecht Th. II, Tit 16 ausgeschlossen war.

492) Die Schlesische B.O. und die Magdeb. B.O. Cap. 31 rechnen die sechs Freikuxe in die Zahl 128 ein und haben daher nur 122 gewerkschaftliche Kuxe (vergl. Anm. 490). Die gemeinrechtliche Kuxeintheilung stimmt mit der landrechtlichen überein.

493) Darunter ist der Grundeigenthümer zu verstehen. Vergl. m. Uebersicht S. 220 ff.

Kirche und Schule, unter deren Sprengel die Zeche liegt[495]), und ebensoviel der Knappschafts- und Armenkasse[496]) beigelegt.

§. 296. Wenn die Kosten des Betriebes ganz oder zum Theil noch durch Zuschüsse der Gewerken aufgebracht werden müssen, so wird eine solche Grube eine Zubußzeche genannt.

§. 297. Reicht das Einkommen aus den gewonnenen und verkauften Producten zur Bestreitung der Betriebskosten und zum weitern Fortbaue der Grube, so ist eine Freibauzeche vorhanden[497]).

§. 298. Eine Grube, bei welcher, nach Abzug der zum künftigen Betriebe erforderlichen Kosten, ein Ueberschuß verbleibt, heißt eine Verlagszeche, so lange aus diesem Ueberschusse noch die vorherigen Zubußen, und die zum Betriebe des Werkes, mit Genehmigung des Bergamts, etwa aufgenommenen Schulden nach und nach zurückgezahlt werden[498]).

§. 299. Eine Grube hingegen, welche nach wieder erstattetem Verlage, und nach Abzug der zum künftigen Betriebe nöthigen Kosten, einen reinen Ueberschuß abwirft, wird eine Ausbeutezeche genannt.

§. 300. Aufgehoben[499]).

§. 301. So lange noch kein hinreichender Kassenbestand, die Kosten des ferneren Baues wenigstens auf Ein Jahr zu bestreiten, vorhanden ist, findet weder Verlagserstattung, noch Vertheilung von Ausbeute statt.

§. 302. Auch soll eher keine Ausbeute vertheilt werden, als bis selbige wenigstens Einen Thaler auf jeden im Gegenbuche zugewährten Kux beträgt.

---

495) Für die Provinz Schlesien bestimmt die Kab. Ordre vom 9. März 1830 (G.S. S. 48), daß die Ausbeute der Freikuxe für Kirche und Schule „wie bisher geschehen, so auch ferner nicht der Kirche des Abbauortes besonders zu berechnen und zur Disposition zu stellen, sondern von den Behörden nach dem jedesmaligen Bedürfnisse für kirchliche und Schulzwecke auch vorzüglich zum Besten der Bergknappschaftsgenossen und deren Kinder ohne Unterschied der Confession auch an solchen Orten zu verwenden sei, wo der eigentliche Freibau jener Kuxe nicht stattgefunden hat." Die Erträge dieser Freikuxe fließen zu dem schlesischen Freikuxgelderfonds, welcher von dem Handelsminister und dem Cultusminister gemeinschaftlich nach dem Regulative vom 30. Januar 1865 (Zeitschr. f. d. Berg-, Hütten- und Salinenwesen Bd. XII, S. 295) verwaltet wird.

496) Die Freikuxe der Knappschafts- und Armenkasse sind durch §. 9 des Ges. vom 10. April 1854 (G.S. S. 139) aufgehoben.

497) Die Unterscheidung der Freibauzechen hat keine rechtliche Bedeutung mehr.

498) Der Verlag wird auch Rezeß genannt. Bei der Berechnung der Verlagserstattung kommen von den gezahlten Beiträgen keine Zinsen in Rechnung; von den Schulden der Gewerkschaft werden dagegen Zinsen berechnet, sofern solche gezahlt sind.

499) Die Festsetzung der Ausbeute durch die Bergbehörde war schon seit der

§. 303. Eine höhere Ausbeute können die Gewerken erst alsdann verlangen, wenn nach pflichtmäßigem Ermessen des Bergamts anzunehmen ist, daß mit solcher Vertheilung auch in der Folge, wenigstens Ein Jahr hindurch, fortgefahren werden könne.

§. 304. Uebrigens wird die Ausbeute unter sämmtliche Interessenten, nach Verhältniß der zu einer Zeche gehörenden Kuxe, mit Inbegriff der Freikuxe vertheilt.

§. 305. So lange hingegen eine Zeche nur noch den Verlag erstattet, haben die Freikuxe auf irgend einigen Vortheil keinen Anspruch.

§. 225.

Nach dem Eintritt der Gesetzeskraft des gegenwärtigen Gesetzes kann ein Recht auf Mitbau zur Hälfte[500]), wo solches bisher gesetz-

---

Einführung des Gesetzes über die Verhältnisse der Miteigenthümer eines Bergwerks vom 12 Mai 1851 (G.S. S. 265) obsolet geworden, obgleich dieses Gesetz im §. 18, Nr. 6 die Vorschrift des §. 300 h t. aufrecht erhielt. Jetzt ist dieselbe durch §. 196 A. B.G. aufgehoben Die Freikuxbesitzer müssen bei den ordentlichen Gerichten auf Rechnungslegung klagen, wenn ihnen die Ausbeute den §§. 302 — 304 h. t. zuwider vorenthalten wird.

500) Das Recht des Mitbaurechts zur Hälfte gehört ebenso wie der Grundkux in die Kategorie der gesetzlichen Theilnahmerechte des Grundeigenthümers an den Nutzungen des Bergbaus (Anm. 243). Es ist sogar seinem rechtlichen Inhalte nach mit den gemeinrechtlichen Mitbaukuxen (Anm. 488) vollständig gleichartig. Es unterscheidet sich jedoch von den gemeinrechtlichen Mitbaukuxen sowohl durch seinen wesentlich größeren Umfang, als auch durch die ganz verschiedene gesetzgeberische Grundlage. Während nämlich die Grundkuxe ihrem Ursprunge nach auf die Ausgleichung der durch den Bergbau entstehenden Grundentziehungen und Grundschäden zurückzuführen sind, tritt das Recht des Mitbaues zur Hälfte der Grundentschädigung und dem Erbkux als ein drittes selbstständiges Recht des Grundeigenthümers hinzu. Der Ursprung dieses dem Provinzialrecht angehörigen Rechtsinstituts (A. L.R. Th. II, Tit. 16, §. 224) datirt von dem Erlaß der revidirten Bergordnung für Schlesien und Glatz vom 5. Juni 1769. Durch dieses Gesetz wurden einerseits die früher bestandenen Grenzen des Bergregals auf die Steinkohlen ausgedehnt, andrerseits die Regalitätsrechte, welche die Rudolfinische Bergordnung von 1577 und die in Schlesien als subsidiäres Recht recipirten Böhmischen Bergwerksverträge von 1534 und von 1575 dem ritterschaftlichen Grundbesitz einräumen, zu Gunsten des Staates aufgehoben Anscheinend in der Absicht, diesen doppelten Eingriff in die Rechte der Grundeigenthümer minder fühlbar zu machen, wurde im Cap. I, §. 3 der Bergordnung von 1769 den „Grundherren" ein Vorzugsrecht zum Bergbau auf alle zum Regal gehörigen Mineralien vor fremden Muthern zugestanden. Da sich jedoch bald ergab, daß ein solches Vorzugsrecht mit der allgemeinen Bergbaufreiheit und mit dem Gedeihen des Bergbaus unverträglich sei, so wurde durch ein Rescript des Bergwerks- und Hüttendepartements vom 4. August 1770 bestimmt, daß das Vorzugsrecht des Grundherrn sich nur auf die Hälfte der Zeche erstrecken, die andere Hälfte aber dem er-

lich bestanden hat, nur noch alsdann in Anspruch genommen werden, wenn die Erklärung, mitbauen zu wollen, bereits vor jenem

---

sten Finder und Muther verbleiben solle. Dieses Rescript erhielt nachträglich die gesetzliche Sanction durch die Declaration vom 1. Februar 1790, welche bestimmt:

daß der erste Finder, wenn er auf die Fundgrube muthet, zur Hälfte derselben berechtigt sein, der Grundherr aber, daferne er es nach ergangener Aufforderung verlangt, zum Mitbau auf die andere Hälfte oder 61 Kuxe vorzüglich gelassen werden soll.

Ueber die Ausübung dieses Mitbaurechtes verordnete dieselbe Declaration:

daß von nun an jede Grundherrschaft, welche aufgefordert wird, sich über den von ihrem Rechte des Mitbaus zu machenden Gebrauch zu erklären, diese Erklärung binnen drei Monaten von dem Tage an, wo ihr die Aufforderung behändigt worden, bei dem Oberbergamte abzugeben schuldig sein solle, dergestalt, daß, wenn diese dreimonatliche Frist fruchtlos verstrichen ist, sie alsdann ihrer Befugniß zum Mitbau ipso jure und ohne daß es einer besonderen Präclusion oder eines Erkenntnisses darüber bedarf, verlustig, folglich der erste Finder und Muther sie dazu fernerhin wider seinen Willen zuzulassen nicht verpflichtet sein soll.

Die revidirte Bergordnung für Magdeburg-Halberstadt vom 7. Dezember 1772 nahm im Cap I, §. 3 die oben angeführte Vorschrift der Schlesischen Bergordnung mit der durch das Rescript vom 4. August 1770 eingeführten Modification ebenfalls auf und bestimmte, daß der Grundherr auf die Hälfte des gemutheten Bergwerks den Vorzug habe, 61 Kuxe aber dem Finder verbleiben sollen. Dieser Versuch einer Vermittelung zwischen dem Grundsatze der Bergbaufreiheit und dem Verfügungsrechte des Grundbesitzers stand in schroffem Gegensatze zu dem gesammten Systeme des Preußischen Bergrechtes, und wurde in die auf dem Grundsatze der uneingeschränkten Bergbaufreiheit beruhenden Bestimmungen der beiden revidirten Bergordnungen ganz unvermittelt eingefügt. Aus dieser unvermittelten Nebeneinanderstellung so ungleichartiger Rechtsbildungen mußten nothwendig zahlreiche Widersprüche und Zweifel hervorgehen; und es ist in der That fast jeder einzelne Punkt in der Theorie dieses Rechtsinstituts streitig geworden.

Diese Zweifel betreffen insbesondere die folgenden Streitfragen:

1) Ist das Mitbaurecht in denjenigen Theilen der Provinz Sachsen, welche unter Westfälischer Zwischenherrschaft gestanden haben, durch das Westfälische Decret vom 27. Januar 1809 aufgehoben?
2) Ist unter dem zum Mitbau berechtigten Grundherrn (Schlesische B.O. Magdeburg-Halberst. B.O. Cap. I. §. 3) der Grundeigenthümer oder der Gutsherr zu verstehen?
3) Wird das Mitbaurecht von den Eigenthümern sämmtlicher Grundstücke ausgeübt, über welche sich das Grubenfeld erstreckt, oder von den Eigenthümern des Fundgrubenareals, oder endlich von dem Besitzer des Fundpunktes?
4) Kann das Recht zum Mitbau vor eingelegter Muthung veräußert und von dem Grundstücke getrennt werden?
5) Geht das Recht zum Mitbau nach eingelegter Muthung auf den neuen Erwerber des Grundstücks über?

Das Mitbaurecht besteht aber nicht wie die Freikuxberechtigung (§. 224) oder

Zeitpunkte rechtzeitig abgegeben oder die dreimonatliche Frist zur Abgabe dieser Erklärung noch nicht abgelaufen ist[501]).

---

die Erbstollengerechtigkeit (§. 223) als ein bleibendes Rechtsverhältniß fort. Es wird durch seine Ausübung, die gesetzlich an eine bestimmte Frist gebunden ist, consumirt und verwandelt sich dann in ein gewerkschaftliches Antheilsrecht. Deshalb haben jene früher bestandenen Controversen nur insoweit noch ein practisches Interesse, als sie auf die Auslegung des §. 225 von Einfluß sind. Im Uebrigen kann auf die reichhaltige Literatur des früheren Rechtes über diesen Gegenstand verwiesen werden (Brassert in der Zeitschrift f. d. Berg-, Hütten- und Salinenwesen Bd. IV B. S. 10 ff. Gräff, das schlesische Mitbaurecht. Breslau 1860. M. Uebersicht S. 215 ff.).

501) Nach §. 225 wird der Anspruch auf das Mitbaurecht nur noch alsdann zugelassen, wenn die Erklärung, mitbauen zu wollen, bereits vor dem 1. October 1865 rechtzeitig abgegeben, oder die dreimonatliche Frist zur Abgabe dieser Erklärung noch nicht abgelaufen ist. In dem ersten Falle ist das Mitbaurecht bereits ausgeübt. In dem zweiten Falle wird die Ausübung desselben durch Abgabe der in der Declaration vom 1. Februar 1790 vorgeschriebenen Erklärung noch nach dem 1. October 1865 zugelassen. Dieser zweite Fall hat zur ausdrücklichen Voraussetzung, „daß die dreimonatliche Frist zur Abgabe dieser Erklärung noch nicht abgelaufen ist.“ Es wird dabei offenbar vorausgesetzt, daß diese Frist vor dem 1. October 1865 zu laufen begonnen habe und da dieselbe nach der Declaration vom 1. Februar 1790 von der Aufforderung durch die Bergbehörde zu laufen beginnt, so ergibt die einfache Wortinterpretation des §. 225, Al. 1, daß das Mitbaurecht nach dem 1. October 1865 nur insoweit ausgeübt werden kann, als vor diesem Tage bereits die Aufforderung zur Ausübung gemäß der Declaration vom 1. Februar 1790 an den Berechtigten erlassen ist.

Gegen diese Auslegung scheint das Alinea 2 desselben §. 225 zu sprechen, welches ausdrücklich die Verfolgung des Mitbaurechtes im Wege der gerichtlichen Klage in solchen Fällen zuläßt, in welchen die Aufforderung zur Geltendmachung unterblieben ist. Man könnte bei oberflächlicher Betrachtung beide Sätze des §. 225 zusammenziehen und folgende drei Fälle, in denen das Mitbaurecht noch nach dem 1. October 1865 in Anspruch genommen werden kann, unterscheiden:

1) wenn die Erklärung mitbauen zu wollen schon vor diesem Tage abgegeben ist;
2) wenn die Aufforderung vor diesem Tage erlassen, die dreimonatliche Frist zur Abgabe der Erklärung aber noch nicht verstrichen ist (Al. 1);
3) wenn die Aufforderung noch nicht erlassen ist (Al. 2).

Bei dieser Auslegung würde das Mitbaurecht in allen Fällen ausgeübt werden können, in welchen dasselbe vor dem 1. October 1865 nach den früheren Gesetzen erworben ist.

Allein, so angemessen eine solche Bestimmung erscheinen würde, so stimmt doch diese Auslegung mit dem Wortlaute des §. 225, Al. 2 keineswegs überein. Die gerichtliche Klage auf das Recht des Mitbaues zur Hälfte soll nicht etwa zugelassen werden, sofern die Aufforderung noch nicht erfolgt ist, sondern sofern die Aufforderung unterblieben ist. Es wird also vorausgesetzt, daß der Zeitpunkt, in welchem die Aufforderung ergehen konnte, bereits vor dem 1. October 1865 verstrichen ist, d. h. also, da die Aufforderung bis zur Verleihung ergehen konnte, daß das Bergwerk schon vor dem 1. October 1865 verliehen ist. Das Alinea 2 des §. 225 be-

**Alle Ansprüche auf das Recht des Mitbaues zur Hälfte, bezüglich deren die vorgeschriebene Aufforderung zur Geltendmachung unterblieben ist, müssen bei Vermeidung der Präclusion innerhalb Eines Jahres von dem vorbezeichneten Zeitpunkte an durch gerichtliche Klage geltend gemacht werden[502]).**

---

zieht sich also ausschließlich auf bereits unter der früheren Gesetzgebung verliehene Bergwerke, bei denen die vorgeschriebene Aufforderung zur Ausübung des Mitbaurechtes unterblieben ist. Wäre die Rede von bloß gemutheten Bergwerken, hinsichtlich deren die Aufforderung am 1. October 1865 noch nicht erlassen war, so würde der Gesetzgeber offenbar den nachträglichen Erlaß dieser Aufforderung angeordnet, nicht aber eine Frist zur Anstellung der Klage bestimmt haben.

Die Wortinterpretation des §. 225 ergibt daher, daß das Mitbaurecht nach dem 1. October 1865 nur ausgeübt werden kann

1) bei den gemutheten Bergwerken, wenn die Aufforderung vor dem 1. October 1865 erlassen war,
2) bei den vor diesem Tage verliehenen Bergwerken, wenn die Aufforderung vor der Verleihung unterblieben ist.

In den übrigen Fällen findet das Mitbaurecht nicht mehr statt. Wenn also ein solches Recht nach der früheren Gesetzgebung erworben war, die Aufforderung zur Ausübung desselben aber nicht vor dem 1. October 1865 erlassen ist, so ist das Recht nach §. 225 erloschen und die Ausübung desselben findet nach dem 1. October 1865 nicht mehr statt.

Dieses unzweifelhafte Resultat der Wortinterpretation wird noch durch folgende Erwägungen unterstützt:

Das Alinea 1 des §. 225 ist wörtlich dem §. 245 des Berggesetzentwurfes von 1850 entlehnt. Die Verfasser dieses Entwurfes theilten offenbar die damals noch unbestrittene Auffassung, daß das Mitbaurecht erst mit dem Erlasse der Aufforderung an den Berechtigten als ein selbständiges Recht erworben werde (Präjudiz des Obertribunals 2322 vom 24. November 1851, Entscheidungen Bd. 21, S. 385). Diese Ansicht ist seitdem mit Recht bekämpft und auch von dem Obertribunale nicht aufrecht erhalten worden. (Vergl. die Erkenntnisse vom 23. Juni 1854, Entsch. Bd. 28, S. 147, und vom 2. Mai 1859; Striethorst, Archiv Bd. 33, S. 170; M. Uebersicht S. 229.) Allein es ist nicht zu bestreiten, daß von dieser Auffassung ausgehend im §. 245 cit. und folglich im Alinea 1 des §. 225 nur diejenigen Fälle des Mitbaurechtes Erwähnung gefunden haben, in denen die Erklärungsfrist beim Eintritt des neuen Gesetzes lief, also die Aufforderung bereits früher erlassen war.

Der Gesetzgeber hat auch im §. 224 die Fortdauer der Freikuxberechtigung nicht davon abhängig gemacht, ob dieselbe vor dem 1. October 1865 erworben war, sondern von dem Tage der Verleihung, obgleich ohne Zweifel wenigstens der Grundkux bereits mit der Einlegung der Muthung erworben wurde.

Die hier vorgetragene Auslegung des §. 225 wird auch von den Herausgebern der Zeitschrift für Bergrecht Bd. 6, S. 627 und in der Schlesischen Zeitung 1866 Nr. 130, 1. Beilage vertheidigt, während die entgegengesetzte Meinung von Wachler (Commentar S. 296 ff.) behauptet wird.

502) Die Vorschrift des Alinea 2, deren Tragweite in der vorigen Anmerkung

§. 226.

Die Rechtsverhältnisse der bei dem Eintritt der Gesetzeskraft des gegenwärtigen Gesetzes in den rechtsrheinischen Landestheilen bestehenden Gewerkschaften sind, soweit es an vertragsmäßigen Verabredungen fehlt und nicht in den nachfolgenden §§. 227 bis 239 etwas Anderes bestimmt ist, nach den Vorschriften des vierten Titels zu beurtheilen.

§. 227.

Die §§. 94 bis 98, 101, 103, 105, 106, 108, 109 und 110 finden auf die bestehenden [503]) Bergwerke [504]) keine Anwendung [505]).

---

erläutert ist, hat folgende Veranlassung. Bis zum Jahre 1834 wurde von den schlesischen Gerichten und Bergbehörden der Gutsherr als berechtigt zur Ausübung des Mitbaurechtes an den auf den Rusticalstellen entdeckten Bergwerken angesehen. Durch das Präjudiz 45 vom 14. Februar 1834 stellte jedoch das Obertribunal den Grundsatz fest, daß unter dem Ausdrucke Dominium nicht die Gutsherrschaft, sondern der Eigenthümer der Rusticalstelle zu verstehen sei, diesem also das Mitbaurecht zustehe. (M. Uebersicht S. 221.) Dieser Praxis schlossen sich später die Bergbehörden an. Inzwischen waren zahlreiche Verleihungen erfolgt, bei denen nicht der Grundeigenthümer, sondern der Gutsherr zur Ausübung des Mitbaurechtes aufgefordert worden war. Da bei unterbliebener Aufforderung der Grundeigenthümer seines Mitbaurechtes nicht verlustig gehen konnte, sondern auch nach der Verleihung berechtigt blieb, dasselbe auszuüben, so entstanden nun zahlreiche Ansprüche solcher Rusticalstellenbesitzer auf den Mitbau an früher verliehenen Bergwerken und die Präclusion dieser Ansprüche bildet den Gegenstand des Al. 2, §. 225.

503) Der §. 227 enthält einen Redactionsfehler. Statt „bestehenden Bergwerke" muß es heißen: „im Besitze einer Gewerkschaft befindlichen Bergwerke", wie die Verbindung mit §. 226 unzweifelhaft ergibt. Die vor dem 1. October 1865 im Besitze eines Alleineigenthümers befindlichen Bergwerke fallen unter die Vorschriften der §§. 94 — 98 u. s. w., sobald sie nach dem 1. October 1865 in den Besitz mehrerer Personen übergehen.

504) Daß die Vorschriften über die rechtliche Natur der Gewerkschaft und des gewerkschaftlichen Antheilrechtes auf die bestehende Gewerkschaft keine Anwendung finden sollen, erscheint unzweckmäßig. Es liegt kein hinreichender Grund vor, die bestehenden Gewerkschaften von der Personifizirung, sowie von der Mobilisirung der Kuxe dauernd auszuschließen Es wird dadurch ein und derselbe Verkehrsgegenstand, je nach dem Alter seiner Entstehung ganz entgegengesetzten Rechtsregeln unterworfen. Die daraus entstehende Verwirrung (vergl. Anm. 175) wird in eine unabsehbare Ferne verlängert. Denn so wie gegenwärtig zahlreiche Bergwerke vorhanden sind, deren Verleihung bis zu zweihundert Jahren zurück datirt, so darf erwartet werden, daß die bis jetzt ertheilten Bergwerksverleihungen, durch welche für das Bedürfniß des Bergbaues mehrerer Jahrhunderte vorgesorgt ist, zum größeren Theile ein eben so hohes Alter erreichen werden. Die Mobilisirung der Kuxe wird daher für die nächsten Generationen nur für eine geringfügige Zahl von Bergwerken Anwendung finden und der bedeutendste und werthvollste Theil des gewerkschaftlichen Besitzes wird noch auf lange Zeit hinaus unter den Uebel-

## §. 228.

Die seitherige Kuxeintheilung bleibt bestehen [506]). Jedoch kann

ständen der gegenwärtigen Einrichtungen zu leiden haben, daher wird sich ohne Zweifel bald die Nothwendigkeit herausstellen, dem Gesetze rückwirkende Kraft beizulegen und in die bestehenden Privatrechte umgestaltend einzugreifen. Und dieser Eingriff ist nicht nur unvermeidlich sondern auch unbedenklich. Jedes Gesetz, welches die Umgestaltung eines ganzen Rechtsinstituts zum Gegenstande hat, muß diesen zwingenden Einfluß auch auf die bestehenden Privatrechte haben. So hat die frühere Agrargesetzgebung, so noch das Gesetz vom 2. März 1850, welches das Obereigenthum des Grundherrn, des Erbzinsherrn und des Erbverpächters aufhob, in die bestehenden Rechtsverhältnisse eingegriffen. Es bedarf nur schützender Uebergangsbestimmungen, welche die Interessen der Kuxbesitzer und der Hypothekengläubiger wahren und die Erschütterung des Realcredits durch eine zu plötzliche Umwandlung der Pfandrechte verhinderrn.

505) Die Vorschriften der §§. 94 — 98 u. s. w. sind nur insoweit für ausgeschlossen zu erachten, als dieselben neues Recht enthalten. Wo dagegen in diesen Paragraphen die Grundsätze des früheren gewerkschaftlichen Rechtes unverändert wiederholt werden müssen dieselben trotz der Vorschrift des §. 227 auch auf die Gewerkschaften des alten Rechts zur Anwendung kommen, da §. 227 nicht bezweckt, anerkannte Regeln des ältern Rechtes aufzuheben, sondern nur die Anwendung neuer Rechtsregeln auszuschließen. Dies gilt z. B. von der Bestimmung des §. 95 „Die Gewerkschaft führt den Namen des Bergwerks", ferner von der Vorschrift im §. 96 „Die Gewerkschaft kann unter ihrem Namen Rechte erwerben und Verbindlichkeiten eingehen — vor Gericht klagen und verklagt werden. Ihr ordentlicher Gerichtsstand ist bei dem Gerichte in dessen Bezirk das Bergwerk liegt." Diese Sätze entsprechen dem früher geltenden Rechte während der übrige Inhalt des §. 96, welcher den Gewerkschaften das Recht beilegt, Grundstücke und Bergwerke auf ihren Namen zu erwerben, auf die Gewerkschaften des alten Rechtes keine Anwendung findet. Wollte man in irrthümlicher Auslegung des §. 227 den Gewerkschaften des alten Rechtes die Befugniß absprechen, Verbindlichkeiten auf ihren Namen einzugehen so würde der §. 99 auch nicht auf sie Anwendung finden können. Ebenso kann die Gewerkschaft auch des alten Rechtes nur auf ihren Namen in der Person ihres Repräsentanten verklagt werden (§. 119), da der Repräsentant nur die Gewerkschaft, nicht die einzelnen Gewerken vertritt.

Ebenso gilt der im §. 106 ausgesprochene materielle Grundsatz auch in seiner Anwendung auf das über die Gewerkschaften des alten Rechtes geführte Hypothekenbuch, weil er mit den §§. 266, 267 Allg. Landrecht Th. II Tit. 16 übereinstimmt. Ueberhaupt muß bei der Beurtheilung des Rechtsverhältnisses der Gewerkschaften des alten Rechts auf die Vorschriften des Allg. Landr. a. a. O. §. 264 ff. zurückgegangen werden weil das Allg. Berggesetz sie zwar von den Vorschriften über die rechtliche Natur der neuen Gewerkschaft ausnimmt aber keine positiven Grundsätze über den Inhalt jenes Rechtsverhältnisses aufstellt. Es ist also bei den Principien der früheren Gesetzgebung verblieben, soweit dieselben nicht durch §§. 226 — 234 abgeändert worden sind.

506) Vergl. §. 133 A. L.R. II, 16 (Zusatz zu §. 224) und Anm. 492.

von jetzt an ein Kux nur noch in Zehntheile[507]) getheilt werden[508]).

---

507) Diese Regel gilt auch für die bereits vorhandenen Bruchtheile von Kuxen bei ihrer weitern Zerlegung. Ein Antheil von ½ Kux kann hiernach künftig nur noch in fünf Zehntheile zerlegt werden. Ein Antheil von $^{2}/_{8}$ Kux ist dagegen absolut untheilbar geworden.

508) Schon vor dem Erlaß des Allgemeinen Landrechts hatte sich mit dem steigenden Werthe der Bergwerke das Bedürfniß einer weiter gehenden Theilung, als in 128 Kuxe, geltend gemacht. Das Allgemeine Landrecht gab diesem Bedürfnisse nach; anstatt indeß eine neue kleinere Maßeinheit festzusetzen, behielt es im §. 133 a. a. O. die alte Eintheilung in 128 Kuxe bei und gestattete im §. 135, Theil II, Titel 16 die Theilbarkeit der Kuxe mit der Beschränkung, daß die Unterabtheilungen nicht unter einem Achtel betragen dürfen.

Diese Bestimmung, welche keinen bestimmten Theilungsmaßstab festsetzte, gab einer sehr weitgehenden Zersplitterung der Bergwerksantheile Raum, und veranlaßte die Entstehung so vieler ungleichnamiger und exorbitanter Bruchtheile, daß dadurch der Verkehr, insbesondere in den älteren Bergwerksdistricten der Provinz Westfalen in außerordentlichem Maße erschwert wird. Ueber den Umfang, welchen die Zersplitterung in Westfalen bereits angenommen hat, wird in der von dem Herausgeber im Jahre 1857 verfaßten Denkschrift über die Reform des Berghypothekenwesens Folgendes bemerkt:

„Welche Schwierigkeiten bei den verwickelteren Operationen, z. B. bei der Vereinigung mehrerer älteren Bergwerke zu einem Ganzen durch Consolidation aus der verschiedenen Belastung und Zersplitterung der Antheile entstehen, mag annähernd dadurch angedeutet werden, daß z. B. bei dem consolidirten Werke Altendorf die Betheiligung der meisten Gewerken wegen der verschiedenen Belastung ihrer Antheile an den Einzelbergwerken in zwei bis sieben Antheile zerlegt werden mußte, so daß z. B. der Gewerke N. unter:

Nr. 82 mit 7. $\frac{6.339.877.831.375}{6.701.394.124.800.}$ tel Kux

„ 83 „ $\frac{40.924}{2.073.600.}$ tel Kux

„ 84 „ $\frac{17.880}{2.073.600.}$ tel Kux

„ 85 „ $\frac{64.368}{2.073.600.}$ tel Kux

„ 86 „ $\frac{53.640}{2.073.600.}$ tel Kux

„ 87 „ $\frac{40.230}{2.073.600.}$ tel Kux

„ 88 „ $\frac{10.560}{2.073.600.}$ tel Kux

„ 89 „ $\frac{18.909}{2.073.600.}$ tel Kux

eingetragen ist.

Dieses Beipiel giebt zugleich eine Andeutung von der exorbitanten Ziffergröße der Bruchtheile, in welchen die Kuxe bei den älteren Bergwerken getheilt sind.

## Die Kuxe behalten die Eigenschaft der unbeweglichen Sachen.

Doch ist das Beispiel weder ein vereinzeltes, noch ein besonders auffallendes. Während nämlich bei dem Bergwerke Altendorf die größere Zahl der Antheile, wie die oben angeführten, mit Brüchen von 7 bis 13 Stellen im Nenner abschließt, gehen die Betheiligungen sämmtlicher Gewerken bei dem Bergwerke Ver: Kirschbaum und Neumark auf Bruchtheile von sechs bis neun und zwanzig Stellen aus, so daß z. B. der Antheil der Wittwe

$1.\frac{1.686.230.973.967.050.457.242.461}{1.754.921.632.718.409.858.743.040}$ Kuxe beträgt. Auch dieses Beispiel wird noch überboten bei den Bergwerken Ver: Brüderschaft, Einigkeit; Ruhrmannsbank; Louisenglück und Oberste Kuh, wo der größte Bruch 30 bis 37 Stellen, und bei dem Bergwerke Ver: Glückauf (Nr. 285 des Verzeichnisses B.), wo derselbe gar Neun und Vierzig Stellen im Nenner zählt. Ueberhaupt beläuft sich die Zahl der Bergwerke, bei welchen die Zahl der Stellen des größten Bruchs mehr als 20 beträgt, also weit über die Grenzen des Vorstellbaren hinausgeht, nach dem beiliegenden Verzeichnisse B beinahe zwanzig; die Zahl derjenigen, welche mit Brüchen von mehreren Millionen bis zu mehreren Trillionen im Nenner abschließen, auf mehr als funfzig; während Brüche von 2 bis 6 Stellen in allen denkbaren Größen und Abstufungen sich bei den Antheilen an fast sämmtlichen älteren Bergwerken vorfinden.

Wenn hiernach der Hypothekenrichter genöthigt ist, mit Zahlen zu operiren, welche der Astronom bei seinen verwickeltsten Berechnungen nicht gebraucht, und fortwährend der Hülfe eines Calculators bedarf, so erwächst ein noch viel größerer Nachtheil aus dieser subtilen Vertheilung für die gewerkschaftliche Verwaltung und für den Verkehr. Dieser Uebelstand ist deshalb derjenige, welcher die ersten und die lautesten Beschwerden des Bergbau treibenden Publikums hervorgerufen hat, die um so dringender erscheinen, als auch dieses Uebel in immer steigender Progression selbst seine gegenwärtigen Grenzen noch weit zu überschreiten droht. Während nämlich im Jahre 1792 der von dem Bergrichter Sack namhaft gemachte Bruchtheil von $\frac{88^{tel}}{189}$ Kuxe der Sieper und Mühler Gruben anscheinend die äußerste Grenze der Zersplitterung bildete, finden sich im Jahre 1830 nach dem angeführten Commissionsbericht des Geh.-Ober-Finanzraths Dr Skalley bereits Bruchtheile mit 16 Stellen im Nenner bei einem Bergwerke vor. Gegenwärtig finden sich schon bei mehr als 20 Bergwerken noch größere Bruchnenner, und wenn ein Nenner von 49 Stellen, wie bemerkt, jetzt die äußerste Grenze bildet, so ist eine weitere Steigerung für die nächste Zukunft mit Gewißheit vorherzusagen, wenn nicht die Ursache dieser schrankenlosen Bruchvertheilung gehoben und der Willkür in der Eintheilung der Kuxe Einhalt gethan wird.

Die Ursachen dieser maßlosen Zersplitterung der Kuxtheile liegen einerseits in der fortwährenden Zerschlagung der Antheile durch Erbtheilung, Theilverkäufe, Caduzirungen und Consolidationen, andererseits in dem Einflusse, welchen die bestehende Berghypothekeneinrichtung auf das Resultat dieser Theilungen ausübt. — Der Zweck der altherkömmlichen Kuxeintheilung war ursprünglich der, für alle Betheiligungsverhältnisse eine gleichförmige Maßeinheit, einen gemeinschaftlichen Nenner zu gewinnen, vermittelst dessen das Verhältniß der verschiedenen Betheiligungen zu einander und zum Ganzen in einfachen Zahlen ausgedrückt werden konnte.

## §. 229.

Die einzelnen Gewerken werden, soweit die Einrichtung des

---

Die Kuxeinheit bezeichnete daher ursprünglich die Grenze der Theilbarkeit des Bergeigenthums. Als später mit dem steigenden Werthe der Bergwerke sich das Bedürfniß einer weiter gehenden Theilung praktisch geltend machte und jene Schranke durchbrach, versäumte die Gesetzgebung eine neue kleinere Maßeinheit an die Stelle der Kuxe zu setzen und sanctionirte im §. 135, Tit. 16, Theil II Allg. Landrechts die Theilbarkeit der Kuxe. Die beigefügte Beschränkung: „daß die Unterabtheilungen nicht unter einem Achtel betragen dürfen", setzte keinen bestimmten Theilungsmaßstab fest, sondern ließ nach ihrer Wortfassung die Theilung in beliebige Quoten (z. B. $\frac{3\,\text{tel}}{17.}$ $\frac{9\,\text{tel}}{64}$ u. s. w.) zu, sofern nur der numerische Werth dieser Quoten ein Achtel überstieg. Berücksichtigt man nun, daß beispielsweise im Jahre 1820 der Antheil des Gewerken D. E. an der Grube Himmelskrone durch Intestaterbfolge auf 42 Enkel und Urenkel überging, von denen Einzelne zu $\frac{8\,\text{tel}}{277}$ an der Erbschaftsmasse betheiligt waren, daß der mit einem Familien-Näherrechte belastete Antheil des im vorigen Jahrhundert verstorbenen Peter Abraham Scherenberg an den Stock- und Scherenberger Gruben, im Jahre 1827 durch Intestatfolge bereits in 74 einzelne Antheile zersplittert war, so leuchtete ein, daß schon durch bloße Erbtheilungen eine große Anzahl ungleichnamiger Brüche entstehen konnte.

Die fruchtbarste Quelle für die Entstehung neuer und vielstelliger Bruchtheile aber bestand in der Vertheilung der wegen nicht entrichteter Zubuße caduzirten Antheile unter den übrigen Gewerken nach Verhältniß ihrer Betheiligung, welche durch die Provinzialbergordnungen (Schlesische Cap. XXXVIII, §§. 2, 3; Magdeburgische ibid.; Cleve-Märk. Cap. XXXVII, §§. 2, 3) als Regel vorgeschrieben war. Wenn also z. B. bei einer Gewerkschaft, die nur in ganze Kuxe getheilt war, drei Kuxe caduzirt und unter den Besitzern der übrigen Antheile vertheilt wurden, so wurde jeder Kux um $\frac{3}{125}$ vermehrt und jeder Antheil erhielt als Zuwachs einen Bruchantheil mit dreiziffrigem Nenner.

Wiederholte sich demnächst diese Operation bei demselben Bergwerke, so wuchs die Größe der Nenner in geometrischer Progression. Aehnliche Resultate entstehen bei der Consolidation mehrerer Bergwerke, bei welcher die Antheile der verschiedenen Gewerkschaften an dem consolidirten Bergwerke nach dem Werthe der einzelnen Bergwerke ermittelt und verhältnißmäßig bestimmt werden. So trat bei der Consolidation des vereinigten Bergwerks Hasenwinkel die Gewerkschaft Fortuna mit $13\frac{4}{7}\frac{7}{8}$ Kuxen, die Gewerkschaft Ver: Kirschbaum und Neumark mit $16\frac{5}{7}\frac{3}{8}$ Kuxen, die Gewerkschaften Johann Christoph und Hasenwinkel Himmelskrone Erbstolln zusammen mit $98\frac{4}{8}$ Kuxen ein. Die Ausführung einer solchen Consolidation veranlaßt mehr und weitläuftigere Berechnungen als die Ermittelung der Bahn eines Kometen. Wenn das Ergebniß derselben Bruchtheile mit der enormen Zahl von 30 bis 40 Ziffern im Nenner sind, so muß die Behörde dies nach dem Wortlaute des Gesetzes geschehen lassen, so lange die Betheiligung der einzelnen Gewerken nicht unter $\frac{1}{8}$ Kux sinkt. Sie ist auch nicht in der Lage, in solchen Fällen das Resultat der Berechnung zu vereinfachen, z. B. die Bruchtheile nur annähernd in

Hypothekenwesens dies gestattet, als Eigenthümer ihrer Kuxe in das Hypothekenbuch eingetragen[509]).

§. 230.

Die einzelnen Gewerken können ihre Kuxe zur Hypothek stellen.

Eine Verpfändung des ganzen Bergwerks durch Mehrheitsbeschluß (§. 114) ist nur dann zulässig, wenn die einzelnen Kuxe nicht mit Hypotheken belastet sind. Anderenfalls ist Einstimmigkeit erforderlich[510]).

§. 231.

Bei der Veräußerung und Verpfändung von Kuxen kommen die für Grundstücke gegebenen Bestimmungen zur Anwendung[511]).

---

Decimalbrüchen etwa bis zu 5 Stellen zu berechnen und den überschießenden, allerdings für die Praxis verschwindend kleinen Bruchtheil zu vernachlässigen, weil ein solches Verfahren bei öfterer Wiederholung dennoch erheblichere Abweichungen nach sich ziehen und die Summe der Kuxe im Laufe der Zeit bei der einen Gewerkschaft vielleicht auf circa 129 erhöhen, bei der anderen auf 127 vermindern würde. Wenn demnach die Consequenz der Hypothekeneinrichtung die Behörde zwingt, die entstandene, ungeheuerliche Brucheintheilung auf das Genaueste inne zu halten, so ist andererseits klar, daß die Durchführung dieser Consequenz ihre Grenze in der praktischen Möglichkeit findet. Wenn nach 20 bis 30 Jahren sich die Stellenzahl der größten Bruchnenner vielleicht auf 60 gehoben haben wird; wenn die Trillionen in den Hypothekenbüchern ebenso häufig sein werden, als jetzt die Millionen, so wird die Fortführung dieser Rechnung trotz aller Vermehrung der Arbeitskräfte zuletzt unmöglich werden. Und dieser Erfolg ist mit Gewißheit vorauszusehen, wenn die bedingenden Ursachen nicht beseitigt werden."

Um die weitere Steigerung dieses Uebelstandes zu verhüten, welchem bei den Gewerkschaften des neuen Rechtes durch die Untheilbarkeit der Kuxe vorgebeugt ist (§. 101), ist die Theilbarkeit der alten Kuxe durch §. 228 beschränkt worden.

509) Dies ist der Fall im Rechtsgebiete der Allg. Hypothekenordnung vom 20. December 1783 und des Gesetzes vom 2. Februar 1864 (G.S. S. 34)

510) Diese Bestimmung soll die Besitzer der unbelasteten Kuxe gegen eine ihnen nachtheilige Verpfändung durch Gewerkschaftsbeschluß schützen. Vergl. Strohn, Bemerkungen S. 30, von Rynsch in der Zeitschr. f. Bergr. Bd. 3, S. 202.

511) Diese Vorschrift entspricht dem Plenarbeschlusse des Obertribunals vom 7. Juli 1851 (Entscheid. Bd. 21, S. 10)·, durch welchen das folgende Präjudiz 2299 aufgestellt wurde:

„Der Uebergang des Eigenthums bei Bergwerksantheilen ist bei deren mittelbarer Erwerbung von der Zuschreibung im Berggegenbuche nicht abhängig, vielmehr sind dabei die allgemeinen Bestimmungen von der mittelbaren Erwerbung des Grundeigenthums überhaupt anwendbar."

In den Gründen dieses Beschlusses wird über das Requisit der Besitzübergabe Folgendes bemerkt:

„Was die behauptete Unmöglichkeit einer Naturaltradition beim Bergwerkseigenthum anbetrifft, so kann dieselbe nicht anerkannt werden. Selbst wenn

§. 232.

Der §. 107 findet mit der Maßgabe Anwendung, daß die Erhebung der Beiträge beschlossen sein muß, bevor der seitherige Eigenthümer der Kuxe dieselben veräußert hat[512]).

§. 233.

Soweit die bereits bestellten Repräsentanten und Grubenvorstände mit besonderen Vollmachten versehen sind, behält es bei denselben sein Bewenden[513]).

Im Uebrigen ist von der Anwendung der §§. 118 bis 126 und 128 auf diese Repräsentanten und Grubenvorstände nur die Bestimmung des §. 121 über die Führung des Gewerkenbuchs und die Ausfertigung der Kuxscheine ausgeschlossen.

§. 234.

In den Fällen der §§. 130 bis 132 erfolgt der Verkauf des Antheils im Wege der nothwendigen Subhastation[514]) und die Zu-

---

das Bergwerkseigenthum eine rein unkörperliche Sache wäre, so würde dennoch eine Uebergabe, möchte dieselbe auch nur durch eine dem §. 59, Tit. 7, Th. I des Allg. Landrechts entsprechende Willenserklärung möglich sein, juristisch gedacht werden können."

„Bei einzelnen Bergwerksantheilen mag es zweifelhaft sein, in welcher Art die Naturaltradition zu bewirken sei; allein es kann nicht angenommen werden, daß für diese besondere abweichende Grundsätze über den Uebergang des Eigenthums bei ihrer mittelbaren Erwerbung stattfinden. Die §§. 253 u. f., Tit. 16, Th. II des A. L.R. handeln von der mittelbaren Erwerbung des Bergwerkseigenthums überhaupt, nur die §. 258 bis 260 ebendaselbst enthalten einige erleichternde Bestimmungen bei der Uebertragung einzelner Bergwerksantheile; gelten daher bei der mittelbaren Erwerbung des Bergwerkseigenthums überhaupt die allgemeinen im Tit. 10, Th. I des A. L.R. enthaltenen Grundsätze, so kann auch bei der Uebertragung einzelner Kuxe keine abweichende Theorie zugestanden, es muß vielmehr in jedem Falle, in welchem es in Frage kommt, besonders beurtheilt werden, ob die gesetzlichen Erfordernisse der Tradition dargethan seien."

512) „Nach §. 323, Th. II, Tit. 16 A. L.R bleibt zwar der Verkäufer von Kuxen für die vor der „Zuschreibung" geschlossene Zubuße verhaftet; allein im §. 232 mußte der Zeitpunkt der Veräußerung als der entscheidende angenommen werden, weil eine „Zuschreibung" außerhalb des Bereiches der Preußischen Hypothekenverfassung nicht vorkommt." (Motive S. 127).

513) Soweit dies nicht der Fall ist, soweit also der Repräsentant lediglich mit der im §. 18 des Gesetzes vom 12. Mai 1851 (G.S. S. 265) bestimmten Vollmacht bestellt ist, ist nunmehr der Geschäftskreis des Repräsentanten nach den Bestimmungen des neuen Gesetzes (§§. 119 — 126) zu beurtheilen, welche seine frühere Competenz zum Theil erweitern (§. 119, Al. 2 gegenüber §. 19 Ges. v. 12. Mai 1851), theils einschränken (§. 120, Nr. 2 gegenüber §. 18, Nr. 5 Ges. v. 12. Mai 1851).

514) Ueber das Vorrecht der rückständigen Beiträge vergl. Anm. 236.

schreibung des unverkäuflichen Antheils im Hypothekenbuche, letzteres, soweit die Einrichtung des Hypothekenwesens dies gestattet[515]).

§. 235.

Durch einen von einer Mehrheit von wenigstens drei Viertheilen aller Kuxe gefaßten Beschluß kann, soweit nicht vertragsmäßige Verabredungen entgegenstehen, jede bereits bestehende Gewerkschaft sich denjenigen Bestimmungen des vierten Titels, welche nach §. 227 auf die bestehenden Bergwerke keine Anwendung finden, unterwerfen[516])

---

515) Die frühere Caduzirung (Allg. Landr. Th. II, Tit. 16, §§. 280 ff.) findet nach dem 1. October 1865 auch wegen der früher ausgeschriebenen Zubuße nicht mehr statt.

516) Strohn bemerkt in der Zeitschr. f. d. Berg-, Hütten- und Salinenwesen Bd. XIII B. S. 167 ff. zu §. 235 Folgendes:

„Die Frage liegt nahe, ob diese Befugniß sich auf die Annahme der Gesammtheit der im §. 227 ausgeschlossenen Bestimmungen beschränkt, oder ob auch einzelne derselben auf die bestehenden Gewerkschaften für anwendbar erklärt werden können.

Nach der in der Berliner Börsenzeitung Nr. 402 des gegenwärtigen Jahrganges enthaltenen Mittheilung aus Essen vom 26. August ist bereits in einer außerordentlichen Generalversammlung des Vereins für die bergbaulichen Interessen im Oberbergamtsbezirke Dortmund diese Frage zur Sprache gebracht und hat dieselbe eine verschiedene Beantwortung gefunden.

Die oben mitgetheilten Worte des §. 235, nach welchen jede bereits bestehende Gewerkschaft sich denjenigen Bestimmungen des IV. Titels, welche nach §. 227 auf die bestehenden Bergwerke keine Anwendung finden, unterwerfen kann, lassen jene Frage unentschieden, indem sie nur die Annahme der ausgeschlossenen unter gewissen Voraussetzungen für zuläßig erklären, ohne sich darüber zu verbreiten, ob diese Annahme die Totalität jener Bestimmungen umfassen müsse oder sich auf einzelne derselben beschränken könne. Auch die Vorschrift des Alinea 3 des §. 94 ist hier nicht entscheidend, indem daraus, daß die darin bezogenen §. 95 bis 110 von den künftig sich bildenden Gewerkschaften nicht durch das in demselben Paragraphen für zuläßig erklärte Statut abgeändert werden dürfen, noch nicht folgt, daß die bestehenden Gewerkschaften die auf sie nicht anwendbaren Paragraphen des Gesetzes nur als ein Ganzes und nicht theilweise annehmen können.

Die zu entscheidende Frage findet indessen in dem Inhalte der ausgeschlossenen Bestimmungen selbst ihre genügende Antwort. Der §. 96, nach welchem die Gewerkschaft unter ihrem Namen Rechte erwerben und Verbindlichkeiten eingehen und vor Gericht klagen und verklagt werden kann, die §§. 97 und 98, nach welchen das auf den Namen der Gewerkschaft in das Hypothekenbuch einzutragende Bergwerk nur von der Gewerkschaft mit Hypotheken und dinglichen Lasten beschwert werden kann, und endlich der §. 99, welcher für die Verbindlichkeiten der Gewerkschaft nur deren Vermögen für haftbar erklärt, lassen ungeachtet des Mangels eines ausdrücklichen Ausspruches nicht daran zweifeln, daß die Gewerkschaft des Berggesetzes eine juristische Person bildet, wie denn auch an mehreren Stellen der Motive die juristische Persönlichkeit der Gewerkschaft anerkannt ist. Aus der

und insbesondere die Kuxe auf die nach §. 101 zulässige Eintheilung

---

durch die bezogenen Bestimmungen des Gesetzes manifestirten juristischen Persönlichkeit der Gewerkschaft folgt aber die Sanction des §. 101, daß die Kuxe die Eigenschaft der beweglichen Sachen haben, mit derselben Nothwendigkeit, wegen welcher der §. 253, II. 16 A. L.R die Kuxe des alten Rechtes als Miteigenthumsrechte an einer unbeweglichen Sache, dem Bergwerke zum unbeweglichen Vermögen rechnet.

So unzweifelhaft aber das Bergwerkseigenthum zu den unbeweglichen Sachen gehört, so nothwendig mußte den gewerkschaftlichen Antheilen — Kuxen — des Berggesetzes die Mobiliarqualität beigelegt werden. Sie bestehen nicht, wie die landrechtlichen Kuxe, in einem Miteigenthume an dem Bergwerke, — die Gewerkschaft als juristische Person ist Alleineigenthümerin der Grube, — sondern in den, den einzelnen Mitgliedern der Gewerkschaft als solchen zukommenden Gesellschaftsrechten, vermöge deren die Gewerken zur Theilnahme an den Beschlüssen der Gewerkschaft und an der Ausbeute — in einem gewissen Verhältnisse — berechtigt sind. Die Bestimmung des §. 101, nach welcher die Kuxe die Eigenschaft der beweglichen Sachen haben, war daher eine aus dem Wesen der Gewerkschaft sich ergebende und von ihr untrennbare Folge. Die Persönlichkeit der Gewerkschaft ist das Primäre, die Mobiliarqualität der Kuxe das Secundäre, die unabweisbare Consequenz jener, und nur, weil die Personificirung weniger in die Augen fällt, als die Mobilisirung, ist es erklärlich, daß gewöhnlich lediglich von dieser die Rede ist. Die Vorschriften in den §§. 105 bis 110 über die Uebertragung, Eintragung ins Gewerkenbuch, Verpfändung, Mobiliarversteigerung und Amortisation sind aber augenscheinlich einerseits ebenso durch die Mobiliarqualität der Kuxe bedingt, als es andrerseits ohne sie an entsprechenden Vorschriften über die erwähnten Acte fehlen würde. Somit bilden die erörterten Bestimmnngen der §§. 96 bis 110 ein untheilbares systematisches Ganze, woraus von selbst die Unzulässigkeit ihrer Zerstückelung und die Nothwendigkeit der Annahme oder Verwerfung im Ganzen sich ergibt.

Unabhängig von dem Wesen der Gewerkschaft des Berggesetzes und der aus ihm folgenden Mobiliarqualität der Kuxe ist jedoch die im §. 101 angeordnete Decimaleintheilung, nach welcher die Zahl der Kuxe Hundert beträgt und durch das Statut auf Tausend erhöht werden kann. Es fragt sich deshalb weiter, ob nicht in Gemäßheit des oben erwähnten §. 235 die bestehenden Gewerkschaften durch einen Majoritätsbeschluß von drei Viertheilen aller Kuxe die Decimaleintheilung des §. 101 beschließen können, ohne sich den übrigen ausgeschlossenen Bestimmungen zu unterwerfen.

Die Beantwortung dieser Frage ist von großer Erheblichkeit. Bei vielen der vorhandenen Gruben ist es vielleicht dringendes Bedürfniß, die ins Ungeheuerliche gehenden Bruchtheile, wie die Motive des Gesetzentwurfs von 1860, betreffend die Mobilisirung der Kuxe, bezeichnend sich ausdrückten, durch Ausführung des Decimalsystems zu beseitigen, obschon wegen Mangels der Einwilligung der Hypothekengläubiger oder aus anderen Gründen die Mobilisirung nicht bewerkstelligt werden kann.

Jene Frage kann indessen nur verneint werden, indem die Worte des §. 235:

Und insbesondere die Kuxe auf die nach §. 101 zulässige Eintheilung mit

mit der Wirkung zurückführen, daß die neuen Kuxe die Eigenschaft

---

der Wirkung zurückführen, daß die neuen Kuxe die Eigenschaft der beweglichen Sachen haben,

unverkennbar Beides, die Decimaleintheilung des §. 101 und die Mobilisirung, als untrennbar hinstellen. Nicht bloß der Wortlaut beweist dies, sondern auch der Umstand, daß sonst die in Rede stehende Bestimmung überflüssig sein würde, was um so weniger angenommen werden kann, als das ganze Gesetz mit großer Correctheit und mit Vermeidung überflüssiger Zusätze abgefaßt ist.

Der Grund jener Bestimmung ist ohne Zweifel folgender: Dem Gesetzgeber mußte es wünschenswerth sein, die für die künftigen Gewerkschaften verordnete Verfassung auch bei den bestehenden Gewerkschaften immer mehr Raum gewinnen zu sehen. War nun schon durch die außer der einfachen Majorität (welcher bekanntlich späterhin das Herrenhaus eine Mehrheit von drei Viertheilen substituirte) erforderliche Abfindung oder Einwilligung der Hypothekengläubiger die Mobilisirung erheblich erschwert, so konnte in der für manche Gruben kaum länger entbehrlichen Zehntheilung des §. 101 ein Anreiz zur Mobilisirung erblickt werden. Hierauf deuten auch die Motive zu §. 235 hin, wenn es daselbst heißt:

Da die im IV Titel constituirte neue Form der Gewerkschaft zur Beförderung der allgemeinen Interessen des Bergbaues dient, so muß es für wünschenswerth erachtet werden, daß auch die bestehenden Gewerkschaften allmählich diese Verfassung in ihrem ganzen Umfange annehmen und insbesondere die vielen Unzuträglichkeiten beseitigen, welche mit der jetzigen Immobiliarqualität der Kuxe verbunden sind."

Strohn erörtert dann ferner die Frage, ob es gestattet sei, die Bestimmung des §. 94, Al. 2, betreffend die Errichtung eines Statuts durch einen gemäß §. 235 gefaßten Beschluß zu adoptiren, ohne sich den übrigen Vorschriften der im §. 227 angeführten Paragraphen zu unterwerfen Er bejaht diese Frage aus folgenden Gründen:

„Diese Befugniß steht mit der juristischen Persönlichkeit uud der aus ihr folgenden Mobiliarqualität der Kuxe in keiner nothwendigen Verbindung. Auch die bestehenden Gewerkschaften sind deshalb in Gemäßheit des §. 235 befugt, mit einer Mehrheit von drei Viertheilen aller Kuxe die Errichtung eines Statuts zu beschließen, wenn gleich dieselben die Personificirung und was dem anhängig ist, nicht belieben. Der §. 235 enthält keine Andeutung, daß, wie die Zehntheilung des §. 101, so auch das Statut des §. 94 für unzertrennlich von der Einführung der neuen gewerkschaftlichen Verfassung habe erklärt werden sollen.

Die Richtigkeit dieser Ansicht wird durch den §. 115 bestätigt. Nach ihm kann durch das Statut dem ordentlichen Richter ein Schiedsgericht substituirt und dessen Bildung, sowie das von demselben einzuhaltende Verfahren festgesetzt werden; der in Rede stehende Paragraph gehört aber nicht zu den im §. 227 ausgeschlossenen, er ist sonach auch auf die bestehenden Gewerkschaften anwendbar."

Dieser Ausführung ist unbedingt beizutreten. Es ist kein vernünftiger Grund vorhanden, anzunehmen, daß der Gesetzgeber den Gewerkschaften des alten Rechtes die statutarische Autonomie habe vorenthalten wollen. Die Zustimmung der

der beweglichen Sachen haben[517]).

Ist bei dem Eintritt der Gesetzeskraft dieses Gesetzes der Besitz der Kuxe einer Gewerkschaft dergestalt getheilt, daß der Zurückführung derselben auf die vorbezeichnete Eintheilung außergewöhnliche Schwierigkeiten entgegenstehen, so kann mit Genehmigung des Oberbergamts die Zahl der Kuxe auf zehntausend bestimmt werden.

Das Protokoll über die Gewerkenversammlung in welcher der Beschluß gefaßt wird ist notariell oder gerichtlich aufzunehmen.

Wenn auf gewerkschaftlichen Antheilen Hypotheken haften oder Privilegien des Rheinischen Rechts so darf ein solcher Beschluß nur dann ausgeführt werden, wenn diese Gläubiger entweder vorher abgefunden sind oder in die Ausführung ausdrücklich eingewilligt haben.

---

Hypothekengläubiger und Realberechtigten (§. 235, Al. 4) ist zu einem solchen Beschlusse nicht erforderlich, weil derselbe ihre Rechte nicht berührt.

517) Bei der Reduction der Kuxe auf die nach §. 101 zulässige Eintheilung werden in vielen Fällen überschießende Bruchtheile verbleiben. Wenn z. B. in einer Gewerkschaft des alten Rechtes A 20 Kuxe, B. 40 Kuxe C 32 Kuxe und D. 36 Kuxe besitzen, so erhält bei einer Reduction auf 1000 Kuxe A 156, B. 312, C 250 und D. 281 ganze Kuxe, so daß ein Kux übrig bleibt an dem A. und D mit je einem Viertel und B. mit der Hälfte participiren. Es entsteht also in Bezug auf diesen überschießenden Kux, welcher nach §. 101 untheilbar ist, eine zufällige Gemeinschaft zwischen A. B. und D. Für den gemeinschaftlichen Besitz eines solchen Kuxes gelten die in der Anm. 187 gegebenen Regeln.

Strohn a. a. O. S. 171 ist der Ansicht, daß die Majorität befugt sei, gemäß §. 235 zu beschließen daß „die in ganzen Tausendtheilen bez. Zehntausendtheilen nicht auszudrückenden Bruchtheile durch Zusammenwerfen derselben als Tausendtheile bez. Zehntausendtheile, im Wege der Mobiliarversteigerung verkauft und die Kaufpreise unter die Betheiligten (die Eigenthümer der verkauften zusammengeworfenen Bruchtheile) vertheilt; sofern sich aber kein Käufer findet, die unverkäuflichen Kuxe unter die Betheiligten in der Art verloost werden, daß die Zahl der den Betheiligten zuzutheilenden Loose möglichst nach ihrer Betheiligung sich richtet, der Gewinnende den ihm zugefallenen Kux ohne Vergütung erhält und die Kosten des Verfahrens von dem durch die Versteigerung bewirkten Erlöse entnommen, eventuell von den Gewinnenden nach Verhältniß ihrer Gewinne eingezogen werden." Seiner Ausführung ist darin beizutreten, daß die Majorität von drei Vierteln, wie sie die Personifizirung und Mobilisirung beschließen kann, so auch über die Ausführung des Beschlusses zu entscheiden competent ist. Zweifelhaft erscheint dagegen, ob die zwangsweise Aufhebung der unter den Besitzern der überschießenden Bruchtheile entstehenden Gemeinschaft die an sich kein Gegenstand eines gewerkschaftlichen Beschlusses ist, zur Ausführung des Beschlusses nothwendig gehört. Es dürfte genügen wenn die überschießenden Kuxe im Gewerkenbuche den Betheiligten in Gemeinschaft zugeschrieben werden, sofern keine Einigung über die Veräußerung derselben zu Stande kommt.

§. 236.

Soweit nicht etwas Anderes vereinbart ist, haften den seitherigen Hypothekengläubigern die neuen Kuxe, welche an die Stelle der verpfändeten Antheile treten, in der unter denselben durch ihre Hypothekenrechte begründeten Rangordnung als Pfand.

Wo nach der Einrichtung des Hypothekenwesens die auf den gewerkschaftlichen Antheilen haftenden Hypotheken und anderen Realansprüche in der zweiten und dritten Rubrik des Hypothekenfoliums eingetragen sind, werden dieselben von diesem Folium wörtlich in die Kuxscheine übertragen.

Die Löschung dieser Vermerke erfolgt nach den für die Löschung im Hypothekenbuche maßgebenden Vorschriften [518]).

§. 237.

Ist ein Antheil nach §. 236 mit Pfandrechten, welche an die Stelle seitheriger Hypotheken getreten sind, belastet, so wird der darüber ausgefertigte Kuxschein, sofern nur Ein seitheriger Hypothekengläubiger vorhanden ist, diesem ausgehändigt; sofern aber zwei oder mehrere solche Gläubiger vorhanden sind, für diese von der Hypothekenbehörde (§. 239) in Gewahrsam genommen und aufbewahrt [519]).

§. 238.

Der Verkauf von Kuxscheinen behufs Befriedigung seitheriger Hypothekengläubiger erfolgt im Wege der Mobiliarversteigerung (§. 109).

---

518) Was von der Löschung gilt, muß auch von der Cession und von der Verpfändung solcher umgewandelten Hypothekenrechte gelten, da das Gesetz offenbar nicht beabsichtigt hat, dem Gläubiger diese Verfügungen über sein Pfandrecht zu entziehen.

519) Die Aushändigung eines belasteten Kuxscheines an den Gewerken ist nicht zulässig, weil sonst dem Gläubiger die Realisirung seines Pfandrechts erschwert werden würde. Wenn nämlich der ausgegebene Kuxschein verkauft oder weiter verpfändet würde, so würde der Gläubiger zum Zweck der Verfolgung seines dinglichen Anspruchs den neuen Erwerber oder Pfandinhaber des Kuxscheins ermitteln müssen, um gegen ihn die dingliche Klage anzustellen, oder den Verkauf des Kuxscheins im Wege der Execution zu ermöglichen. Auf diese Weise wird allerdings dem Gewerken die weitere Verpfändung seines Bergwerksantheiles bis zur Tilgung der Hypothekenschulden entzogen. Allein dies läßt sich nicht vermeiden, ohne eine Kränkung der Rechte des Hypothekengläubigers herbeizuführen. Die Cession und Umschreibung der so belasteten Antheile erfolgt dagegen einstweilen ohne die Uebergabe und Production des Kuxscheins. Der Gläubiger aber ist befugt, die Pfandklage gegen den im Gewerkenbuche eingetragenen Gewerken zu richten.

Der Versteigerungstermin ist sämmtlichen aus dem Kuxscheine ersichtlichen Realberechtigten bekannt zu machen.

Durch den Verkauf erlöschen alle Realansprüche auf den verkauften Antheil.

Der gelöste Kaufpreis wird unter die Gläubiger nach der Rangordnung ihrer Forderungen vertheilt [520]).

§. 239.

Wenn und so lange in Folge der Ausführung eines unter den §. 235 fallenden Beschlusses Antheile einzelner Gewerken mit Pfandrechten, welche an die Stelle seitheriger Hypotheken getreten, belastet sind, erfolgt die Führung des Gewerkenbuchs und die Ausfertigung der Kuxscheine (§§. 103 und 121) durch die Hypothekenbehörde, welche das Hypothekenbuch über das Bergwerk selbst zu führen hat [521]).

§. 240.

In den Rechtsverhältnissen der Mitbetheiligten der bei dem Eintritt der Gesetzeskraft des gegenwärtigen Gesetzes in den linksrheinischen Landestheilen im Besitze mehrerer Personen befindlichen Bergwerke wird durch dieses Gesetz nichts geändert [522]). Jedoch finden die Bestimmungen des §. 134 auch auf diese Bergwerke Anwendung.

Durch einen von einer Mehrheit von wenigstens drei Viertheilen aller Antheile gefaßten Beschluß können die Mitbetheiligten eines solchen Bergwerks die im vierten Titel des gegenwärtigen Gesetzes (§§. 94 bis 132) enthaltene gewerkschaftliche Verfassung annehmen, soweit nicht vertragsmäßige Verabredungen entgegenstehen.

Der Beschluß ist notariell aufzunehmen.

§. 241.

Auf Fälle, in welchen vor Eintritt der Gesetzeskraft des gegen-

---

520) Auch hier kommt das Vorzugsrecht zur Geltung, welches nach Anm. 199 und 236 den rückständigen Beiträgen vor den eingetragenen Pfandrechten zusteht.

521) Das Gewerkenbuch wird in den Fällen des §. 239 nach §. 246 durch die Berghypothekencommission geführt und bei der künftigen Auflösung an das ordentliche Gericht abgegeben werden. Die Einrichtung des Gewerkenbuches wird in den Fällen des §. 239 im Wesentlichen mit der jetzigen Einrichtung des Foliums übereinstimmen müssen, welches über ein gewerkschaftliches Bergwerk im Berghypothekenbuche geführt wird. (Vergl. oben S. 150.) Ueber die Führung des Gewerkenbuches bei der Berghypothekencommission steht eine Instruction von Seiten des Justizministers und des Handelsministers in Aussicht.

522) Die Rechtsverhältnisse der Mitbetheiligten eines Bergwerks sind in dem Berggesetze vom 21. April 1810 ganz unberücksichtigt geblieben. Es gelten ausschließlich die Regeln des Civilrechtes.

wärtigen Gesetzes für den Betrieb des Bergbaues Grund und Boden eigenthümlich oder zur Benutzung abgetreten ist, kommen nicht die §§. 137 bis 141, sondern die bisherigen Gesetze zur Anwendung[523]).

# Zwölfter Titel.
## Schlußbestimmungen.

### §. 242.

Wo in diesem Gesetze eine Frist nach Monaten bestimmt ist, fällt der Ablauf der Frist auf denjenigen Tag des letzten Monats, welcher durch seine Zahl dem Tage des Anfangs der Frist entspricht.

523) Diese Vorschrift ist auf den Vorschlag der Commission des Herrenhauses eingeschaltet. Der Grundeigenthümer bleibt daher in Bezug auf den vor dem 1. October 1865 zur zeitweisen Benutzung abgetretenen Grund und Boden auf den Fortbezug der gemäß §. 113 Allg. Landrecht festgesetzten jährlichen Entschädigung für die entzogene Bodennutzung beschränkt, ohne daß er die eigenthümliche Erwerbung seitens des Bergwerksbesitzers in den Fällen der §§. 137—139 fordern könnte. Ebensowenig steht ihm an dem eigenthümlich abgetretenen Grund und Boden ein Vor- oder Wiederkaufsrecht zu, sofern nicht etwa ein Vorkaufsrecht aus §. 4 des Gesetzes, betreffend die Ablösung der Reallasten vom 2. März 1850 (G.S. S. 77), begründet werden kann.

Was den Zeitpunkt der Rückgewähr des zeitweise abgetretenen Areales angeht, so kann derselbe in dem Beschlusse über die Zwangsabtretung bestimmt sein und dann findet mit dem Eintritt dieses Termines die gerichtliche Klage auf Rückgabe statt. Dieser Zeitpunkt läßt sich indeß in den meisten Fällen nicht zum Voraus bestimmen, da die Dauer der Benutzung von dem ungewissen Fortgange des Bergwerksunternehmens abhängig ist. Die Dauer der Abtretung kann also, wie dies in den meisten Grundabtretungsbescheiden geschieht, in der Regel nur dahin bestimmt werden: so lange die zu errichtende Anlage zum Betriebe des Bergwerks nothwendig ist. Will also der Grundeigenthümer sein Rückforderungsrecht geltend machen, so kann dies nur dadurch geschehen, daß er die Entbehrlichkeit des abgetretenen Grundstückes für den Bergwerksbetrieb behauptet. Die Entscheidung über diese Bedürfnißfrage ist jedoch nach §. 4 der Declaration vom 27. October 1804 ebenso wie nach §. 145 des Allg. Berggesetzes der Cognition der Gerichte entzogen und den Verwaltungsbehörden übertragen. Der Gesetzgeber hätte also, um dem Grundeigenthümer einen wirksamen Rechtsschutz zu gewähren, auch dem Grundbesitzer die Provocation auf Rückgewähr des entbehrlich gewordenen Grundstückes in denselben Formen gestatten müssen, welche für die Provocation auf die Grundabtretung vorgeschrieben sind. Der Mangel einer solchen Vorschrift ist in eclatanter Weise hervorgetreten in dem in meiner Uebersicht S. 204 mitgetheilten Rechtsfalle.

Fehlt dieser Tag in dem letzten Monate, so läuft die Frist mit dem letzten Tage dieses Monats ab.

§. 243.

Das gegenwärtige Berggesetz tritt im ganzen Umfange der Monarchie mit dem 1. October 1865 in Kraft.

§. 244.

Mit diesem Zeitpunkte treten außer Kraft: die Provinzial-Bergordnungen, die §§. 6 und 69 bis 480 des sechszehnten Titels im zweiten Theile des Allgemeinen Preußischen Landrechts, das Gemeine Deutsche Bergrecht, die Declaration vom 27. October 1804, das Gesetz über die Verleihung des Bergeigenthums auf Flötzen vom 1. Juli 1821, das Gesetz über die Verhältnisse der Miteigenthümer eines Bergwerks vom 12. Mai 1851, das Knappschaftsgesetz vom 10. April 1854, das Gesetz über die Beaufsichtigung des Bergbaues und das Verhältniß der Berg- und Hüttenarbeiter vom 21. Mai 1860, mit Ausschluß der §§. 16, 17 und 18 und des §. 19, soweit derselbe sich auf §. 18 bezieht[524]), das Gesetz über die Competenz der Oberbergämter vom 10. Juni 1861, das linksrheinische Bergwerksgesetz vom 21. April 1810, das Decret über die Organisation des Bergwerkscorps vom 18. November 1810, das Bergwerks-Polizeidecret vom 3. Januar 1813 und alle übrigen allgemeinen und besonderen Gesetze, Verordnungen und Gewohnheiten über Gegenstände, auf welche das gegenwärtige Gesetz sich bezieht.

§. 245.

Für die Verwaltung der Bergbauhülfskassen bleibt das Gesetz vom 5. Juni 1863 — Gesetz-Sammlung Seite 365 — maßgebend.

Desgleichen wird an den Vorschriften über die Entrichtung, Ermittelung und Einziehung der Bergwerksabgaben durch das gegenwärtige Gesetz nichts geändert.

Die bisher von den Bergbehörden erlassenen Bergpolizeiverordnungen bleiben, soweit sie nicht mit dem gegenwärtigen Gesetze in Widerspruch stehen, in Kraft.

Gesetz wegen Verwaltung der Bergbauhülfskassen. Vom 5. Juni 1863 (G. S. S. 365).

Wir Wilhelm ꝛc. ꝛc. verordnen, mit Zustimmung beider Häuser des Landtages der Monarchie, was folgt:

---

524) Zusatz zu §. 92 (oben S. 212).

§. 1. **Die aus Beiträgen oder Gefällen der Bergwerksbesitzer gebildeten Bergbauhülfskassen**[525]**, nämlich:**

525) Unter dem Namen der Bergbauhülfskassen (Berggewerkschaftskassen, Schürfgelderkassen) sind in den verschiedenen Bergwerksdistricten aus gewissen Abgaben von der Production der Bergwerke gemeinnützige Fonds begründet worden, welche theils die Unterstützung einzelner Bergwerksunternehmer durch Darlehne, theils die Unterhaltung gemeinnütziger Anlagen (Bergschulen, Bergwerksstraßen u. dgl.) bezwecken. Solcher aus Beiträgen und Gefällen der Bergwerksbesitzer begründeter Bergbauhülfskassen waren sechs vorhanden, nämlich:

1) die Oberschlesische Steinkohlenbergbauhülfskasse,
2) die Niederschlesische Steinkohlenbergbauhülfskasse,
3) die Märkische Berggewerkschaftskasse,
4) die Essen-Werdensche Berggewerkschaftskasse,
5) die gewerkschaftliche Bergbauhülfskasse für den Niedersächsisch-Thüringischen District,
6) die Kamsdorfer Schürfgelderkasse,

von denen die zu 3 und 4 genannten jetzt unter dem Namen der Westfälischen Berggewerkschaftskasse vereinigt sind.

Die Westfälische Bergbauhülfskasse, welche zu denselben gemeinnützigen Zwecken gegründet ist, ist nicht aus Beiträgen der Bergwerksbesitzer, sondern theils aus der Märkischen Berggewerkschaftskasse, theils aus der Staatskasse dotirt worden.

Die Entstehung und die Verfassung der sechs genannten Bergbauhülfskassen beruht auf verschiedenen für jede dieser Kassen besonders ergangenen Gesetzesvorschriften. Auch die weitere geschichtliche Entwickelung ist bei jedem dieser Fonds verschieden gestaltet:

1) Die Oberschlesische und die Niederschlesische Steinkohlenbergbauhülfskasse sind hervorgegangen aus der im Jahre 1779 für die ganze Provinz Schlesien errichteten Steinkohlenbergbauhülfskasse, welche durch die auf Allerhöchsten Spezialbefehl erlassene und in den damaligen gesetzlichen Formen publicirte Verordnung vom 12. November 1779 die gesetzliche Sanction erhalten. Diese Verordnung bezeichnet als Zweck der Bergbauhülfskasse die allgemeine Beförderung des Steinkohlenbergbaues, mit dem Zusatze:

   daß nicht sowohl einer einzelnen Gewerkschaft oder Eigenlohnern damit zu helfen, als vielmehr dergleichen Anstalten zu treffen, von denen alle und mehrere Gewerkschaften Nutzen haben.

   Ueber die Höhe der zu leistenden Beiträge ist in der Verordnung keine Bestimmung getroffen. Sie wurden im Verwaltungswege und zwar nach der Quantität der von jeder Grube abgesetzten Steinkohlen bestimmt. Seit dem 1. April 1861 ist aber die Erhebung von Beiträgen nach dem Antrage der von den Contribuenten gewählten Vertretung ganz eingestellt worden.

   Durch die Cabinetsordre vom 30. April 1841 wurde die schlesische Bergbauhülfskasse in zwei besondere Kassen, für den oberschlesischen und den niederschlesischen Bergamtsbezirk, getrennt.

2) Die Märkische Berggewerkschaftskasse ist für die Bergwerke der Grafschaft Mark gegründet. Ihre Einrichtung läßt sich auf die Kleve-Märkische Bergordnung von 1542 zurückführen, welche im Cap. 41 bestimmte, daß das von den Bergwerken zu entrichtende Quatembergeld zu einer beson-

1) die Oberschlesische Steinkohlenbergbauhülfskasse,

2) die Niederschlesische Steinkohlenbergbauhülfskasse,

---

deren Kasse fließen soll, welche zur Besoldung der Geschworenen und zu „anderer gemeines Bergwerks Nothdurft“ verwendet werden soll.

Auch die Kleve-Märkische Bergordnung vom 29 April 1766 bestimmte im Cap 74, §. 1, daß an Quatembergeld soviel als zur Unterhaltung des Bergamts und auch sonst zum Behufe der Bergwerke erfordert wird, erhoben werden soll und zwar nach einer deshalb alle Jahre zu machenden Repartition.

Bei den Steinkohlenbergwerken sollte aber an die Stelle des Quatembergeldes ein Meßgeld von den verkauften Kohlen entrichtet werden.

Der aus dem Ertrage der Quatember- und Meßgelder gebildete Fonds führt nach Cap. 75, §. 4 den Namen der Berggewerkschaftskasse.

3) Die Essen-Werdensche Berggewerkschaftskasse wurde für die Bergwerke der ehemaligen Stifter Essen und Werden auf Grund der durch Patent vom 12. April 1803 in diese Landestheile eingeführten Kleve-Märkischen Bergordnung errichtet. Die Einnahmen dieser Kasse und deren Zwecke waren demnach dieselben, wie bei der Märkischen Berggewerkschaftskasse.

4) Die gewerkschaftliche Bergbauhülfskasse für den Niedersächsisch-Thüringischen Bezirk umfaßt die Bergwerke der Provinz Sachsen mit Ausschluß des früheren Kamsdorfer Bergamtsbezirkes und der Werke der Mansfeldischen Kupferschiefer bauenden Gewerkschaft und der fiskalischen Bergwerke. Ihre Einrichtung gründet sich auf das westfälische Decret vom 27. Januar 1809, welches in den Artt. 8 und 77 den Bergwerken eine Abgabe von 1 % beziehungsweise $\frac{2}{3}$ % von dem Bruttowerthe ihrer Production und den Salinen eine solche von 10 % der gegen den Voranschlag gemachten Ersparnisse in den Betriebsausgaben auferlegte.

Der aus diesen Abgaben gebildete Reservefonds sollte durch den Bergwerksminister zu Verbesserungen im Betriebe, zu Aufschluß- und Versuchsarbeiten und zur Ausbildung von Bergtechnikern verwendet werden. Nach der Beendigung der Fremdherrschaft wurde dieser Fonds unter dem Namen der Magdeburgisch-Halberstädtischen, später der Niedersächsisch-Thüringischen Bergbauhülfskasse der Verwaltung des Oberbergamtes zu Halle unterstellt. Die Werke des Kamsdorfer Bezirkes, für welche eine eigene Bergbauhülfskasse, die Kamsdorfer Schürfgelderkasse, bereits bestand, blieben ausgeschlossen, ebenso die Werke der Mansfeldischen Gewerkschaft, auf welche das Decret vom 27. Januar 1809 nach dem Rothenburger Vertrage keine Anwendung fand. Der Fiskus zog die von seinen Bergwerken und Salinen geleisteten Beiträge, soweit solche nicht verwendet waren, im Jahre 1839 zur Staatskasse ein und die seitdem nur aus den Beiträgen der Privatbergwerke dotirte Bergbauhülfskasse wurde seitdem als gewerkschaftliche Bergbauhülfskasse bezeichnet.

5) Die Kamsdorfer Schürfgelderkasse ist für den Bezirk des ehemaligen Bergamtes zu Kamsdorf, das früher sogenannte Neustädtische Bergrevier durch ein Rescript des Kurfürstlich Sächsischen Berggemachs vom 4. November 1767 begründet worden, welches den Kupfer-, Kobalt- und Eisenerzbergwerken bestimmte Abgaben vom Ctnr. resp. Fuder der Production zur Gründung einer Gewerkenkasse unter dem Namen der Neustädischen Schürfgelderkasse

3) die Märkische Berggewerkschaftskasse,

4) die Essen-Werden'sche Berggewerkschaftskasse,

5) die gewerkschaftliche Bergbauhülfskasse für den Niedersächsisch-Thüringischen District,

6) die Kamsdorfer (Neustädter) Schurfgelderkasse,

gehen mit dem 1. Januar 1864 in die Verwaltung der Besitzer der betheiligten Bergwerke über.

§. 2. Die Bergbauhülfskassen haben die Rechte juristischer Personen.

Die Verwaltung wird durch ein von den Besitzern der betheiligten Bergwerke festzustellendes Statut geregelt, welches den Bestimmungen dieses Gesetzes nicht zuwiderlaufen darf und der Bestätigung des Handelsministers unterliegt[526].

Die Verwendungen aus den Bergbauhülfskassen erfolgen, nach näherer Bestimmung des Statuts, zur Hebung und Beförderung des Bergbaues, sowie zur Unterstützung solcher Anlagen und Unternehmungen, welche allen oder mehreren Betheiligten zum Vortheil gereichen.

Die Erhebung von Beiträgen kann durch das Statut mit Genehmigung des Handelsministers angeordnet werden[527].

---

auferlegte, deren Zweck in der Gewährung von Vorschüssen an Bergwerksunternehmer und in anderen, dem allgemeinen Bergbau zu Statten kommenden Veranstaltungen bestehen sollte.

Die rechtliche Verfassung der sechs verschiedenen Bergbauhülfskassen stimmte nach dem Vorstehenden darin überein, daß sämmtliche Kassen unter der Verwaltung der Bergbehörde stehende Institute waren, deren Vermögen durch gesetzlich geregelte Beiträge und Abgaben der Bergwerksbesitzer aufgebracht ist und deren Zweck theils in gemeinnützigen Anstalten zur Beförderung des Bergbaues, theils in der Unterstützung einzelner Bergwerksbesitzer durch Darlehn bestand. Die Beiträge und Gefälle, welche von den Bergwerksbesitzern zur Dotirung dieser Kassen entrichtet wurden, sind in den Jahren 1847—1861 theils im Wege der Gesetzgebung, theils durch Verwaltungsverordnungen sämmtlich aufgehoben worden. Nach dem Wegfall dieser Beiträge reducirt sich die Verwaltung der Bergbauhülfskassen auf die Verwaltung des vorhandenen Capitalvermögens und auf die Verwendung seiner Erträge zu den stiftungsmäßigen Zwecken. Diese Verwaltung ist durch das Gesetz vom 5. Juni 1863 auf die betheiligten Bergwerksbesitzer übertragen worden, welchen für diesen Zweck eine corporative Verfassung gegeben ist.

526) Die festgestellten Statuten sind durch die Zeitschr. f. d. Berg-, Hütten- und Salinenwesen Bd. XIII, A S. 63—94 mitgetheilt. Das Statut der Oberschlesischen Bergbauhülfskasse datirt vom 20. Mai 1864, das Niederschlesische vom 10. Dezember 1863, das Niedersächsisch-Thüringische vom 7. Dezember 1863 und das Statut der Westfälischen Berggewerkschaftskasse — aus der Vereinigung der Märkischen und der Essen-Werdenschen Berggewerkschaftskasse entstanden — vom 16. Juni 1864.

527) Von dieser Ermächtigung ist bisher bei keiner der Bergbauhülfskassen Gebrauch gemacht.

Spätere Abänderungen des festgestellten Statuts, sowie die Beschlußfassung über Auflösung der Kasse, unterliegen der Genehmigung des Handelsministers.

§. 3. An den Bergbauhülfskassen sind alle Werke desjenigen Bezirks und derjenigen Kategorien betheiligt, für welche die Kasse gegründet ist[528]), ohne Rücksicht darauf, ob die Besitzer bereits einen Beitrag zu der Kasse geleistet haben, oder nicht. Das jedesmalige Stimmverhältniß wird nach dem Umfange, beziehungsweise dem Werthe der Production (§. 9) des letzten Jahres bestimmt, so jedoch, daß der Alleinbesitzer oder Repräsentant jedes im Betrieb befindlichen Werks mindestens Eine Stimme ausübt. Das Statut kann ein Maximum der Stimmenzahl festsetzen, welche von den Besitzern eines Werks geführt werden kann.

§. 4. Die Verwaltung der Bergbauhülfskassen erfolgt unter der Aufsicht des Oberbergamts durch einen Vorstand, welcher von den Alleinbesitzern und Repräsentanten der betheiligten Werke aus ihrer Mitte gewählt wird.

§. 5. Nach näherer Bestimmung des Statuts wird der Voranschlag der Einnahmen und Ausgaben jedes Jahres (Etat) von dem Vorstande aufgestellt und von der Generalversammlung der Betheiligten festgestellt.

Ebenso wird die Jahresrechnung vom Vorstande revidirt und von der Generalversammlung dem Vorstande und den Kassenbeamten die Decharge ertheilt.

Ueber das Stimmrecht der Betheiligten und den Umfang desselben entscheidet endgültig die Generalversammlung.

Der festgestellte Etat wird dem Oberbergamte eingereicht. Dasselbe ist befugt, alle statutenwidrigen Ansätze zu streichen, wogegen dem Vorstande binnen drei Wochen der Recurs an den Handelsminister offen steht.

§. 6. Durch das Statut können die im §. 5 den Generalversammlungen überwiesenen Functionen ganz oder theilweise dem Vorstande übertragen werden.

§. 7. Das Oberbergamt ernennt zur Ausübung des Aufsichtsrechts einen Commissar, welcher befugt ist, allen Sitzungen des Vorstandes und der Generalversammlung der Betheiligten beizuwohnen.

Zeit und Ort der Sitzung, sowie der Gegenstand der Berathung muß dem Commissar bei Strafe der Ungültigkeit der gefaßten Beschlüsse mindestens drei Tage vorher angezeigt werden. Der Commissar ist befugt, jeden statutenwidrigen Beschluß vor Schluß der betreffenden Sitzung zu suspendiren.

---

528) Die Bezirke und die Kategorien der betheiligten Werke sind im Anschluß an die ursprünglich bei ihrer Gründung getroffenen Bestimmungen durch die oben (Anm. 526) erwähnten Statuten von Neuem festgestellt worden.

Ueber die Aufrechthaltung der Suspension hat das Oberbergamt, welchem der Commissar sofort von derselben Anzeige zu machen hat, binnen zehn Tagen, unter Vorbehalt des Recurses an den Handelsminister, zu entscheiden.

§. 8. Der Vorstand ist jederzeit verpflichtet, dem Oberbergamte und dessen Commissar auf Verlangen die Einsicht der über seine Verhandlungen zu führenden Protokolle, der Kassenbücher und der gelegten Rechnungen, sowie die Revision der Kasse zu gestatten.

§. 9. Das Verhältniß, in welchem die Betheiligten bei der Feststellung des Statuts (§. 2) mitzuwirken haben, wird dahin bestimmt, daß jedes Werk, welches im Jahre 1862 in Förderung gestanden hat, Eine Stimme; wenn aber die Förderung in dem Bezirke:

1) der im §. 1 unter Nr. 1 und 2 bezeichneten Schlesischen Bergbauhülfskassen 100,000 Tonnen Kohlen,
2) der unter Nr. 3, 4 und 5 bezeichneten Kassen den steuerbaren Werth von 10,000 Thlr.,
3) der unter Nr. 6 bezeichneten Kamsdorfer Schurfgelderkasse den Werth von 1000 Thlr.

überstiegen hat, so viele Stimmen ausübt, als vorstehende Maßeinheit in der Förderung, oder in deren steuerbarem Werthe enthalten ist. Der überschießende Bruchtheil wird für voll gerechnet.

§. 10. Die Westfälische Bergbauhülfskasse wird mit dem 1. Januar 1864, vorbehaltlich der Rechte der Staatskasse und der Märkischen Gewerkschaftskasse auf das vorhandene Vermögen, aufgelöst.

§. 11. Die statutarischen und gesetzlichen Bestimmungen, welche in Bezug auf die im §. 1 aufgeführten Bergbauhülfskassen ergangen sind, insbesondere die Verordnung vom 12. November 1779 wegen Errichtung der Schlesischen Bergbauhülfskasse, Cap. LXXIV der revidirten Kleve-Märkischen Bergordnung vom 29. April 1766, das Kurfürstlich Sächsische Rescript vom 4. November 1767 und die Artt. 8 und 77 des Westfälischen Decrets vom 27. Januar 1809, welche als statutarische Bestimmungen für die §. 1, Nr. 5 benannte Kasse noch in Geltung sind, werden, insoweit sie gegenwärtigem Gesetze widersprechen, hierdurch aufgehoben.

§. 12. Der Minister für Handel, Gewerbe und öffentliche Arbeiten ist mit der Ausführung dieses Gesetzes beauftragt[529]).

## Allg. Landrecht Theil II, Titel 16, §§. 98 — 101.

§. 98. Von allen zum Bergwerksregale gehörenden Metallen und

529) Die Ausführungsinstruction des Handelsministers vom 19. Juni 1863 (Zeitschr. f. d. Berg-, Hütten- und Salinenwesen Bd. XI A. S. 67) regelt nur das Verfahren bei Feststellung der Statuten und ist also nur transitorischer Natur.

Mineralien, welche die Beliehenen gewinnen, gebührt dem Staate der Zehent[530]).

§. 99. Zu den Berggewinnungskosten dieser Metalle und Mineralien trägt der Staat wegen seines Zehenten nicht bei.

§. 100. Es muß also von Bergproducten, welche so, wie sie aus der Erde gebracht worden, ohne weitere Zurichtung verkauft werden können, der Zehent in Natur, oder das dafür gelösete Geld, ohne Abzug sofort entrichtet werden.

§. 102. Bei metallischen und mineralischen Werken hingegen, deren Producte durch Feuer oder andere Zurichtung erst verkäuflich gemacht werden müssen, trägt der Staat zu den Poch-, Wasch-, Hütten- und sonstigen Zubereitungskosten, nach Verhältniß seines Zehenten, mit bei[531]).

Gesetz über die Besteuerung der Bergwerke für den ganzen Umfang der Monarchie, mit Ausnahme der auf

530) Die Besteuerung der Bergwerke ist gegenwärtig auf einfache Grundsätze zurückgeführt. Sie besteht in einer Abgabe von zwei Procent der Bruttoproduction, welche nach dem abgeschätzten Werthe und falls derselbe erweislich niedriger ist, nach dem Erlöse der Producte in vierteljährlichen Raten erhoben wird. Diese Steuer zerfällt für die rechtsrheinischen Landestheile in zwei Bestandtheile, nämlich in die Bergwerksabgabe von 1 %, welche an die Stelle des früheren Zehnten getreten ist, und in die durch §. 8 des Gesetzes vom 12. Mai 1851 eingeführte Aufsichtssteuer von 1 %. Beide Abgaben unterscheiden sich dadurch, daß die Aufsichtssteuer von allen Bergwerken entrichtet wird, während von der Bergwerksabgabe diejenigen Bergwerke befreit sind, welche den Zehnten an einen Privatregalbesitzer entrichten. Diese einfachen Normen beruhen jedoch auf einer sehr zerstückelten Novellengesetzgebung, indem für die rechtsrheinischen Landestheile die oben mitgetheilten §§. 98—102 Allg. Landr. Th. II, Tit. 16 oder die entsprechenden Bestimmungen der Provinzialbergordnungen und die Gesetze vom 12. Mai 1851, vom 22. Mai 1861, vom 20. October 1862 und vom 17 Juni 1863 zur Anwendung kommen, während auf der linken Rheinseite neben dem Decrete über die Bergwerkssteuer vom 9. Mai 1811 und der Cabinetsordre vom 30. August 1820, welche beide nicht formell aufgehoben sind und in einzelnen Punkten Geltung behalten haben, die Verordnung vom 21. Januar 1857 und der §. 6 des Gesetzes vom 20. October 1862 Anwendung finden. Auf der linken Rheinseite hat der Gesetzgeber durch den §. 6 cit. eine Bruttosteuer an die Stelle der früheren Nettobesteuerung gesetzt, ohne die Gesetze über die Veranlagung der Steuer einer Revision zu unterziehen. Es fehlt daher in beiden Rechtsgebieten für manche Punkte des practisch geltenden Steuersystems an einer unzweifelhaften gesetzlichen Grundlage. Vieles ist nur im Wege der Instruction geregelt und eine Revision der Gesetzgebung über die Besteuerung der Bergwerke ist dringend nothwendig. Die jetzt zur Anwendung kommenden Instructionen für die rechte Rheinseite vom 29. Januar 1866 und für die linke Rheinseite vom 23. November 1864 sind unten in den Anm. 545 und 553 mitgetheilt.

531) Vergl. §. 2 Ges. v. 12. Mai 1851.

dem linken Rheinufer belegenen Landestheile. Vom 12. Mai 1351. (G.S. S. 261.)

Wir Friedrich Wilhelm ꝛc. verordnen, mit Zustimmung der Kammern, für den ganzen Umfang der Monarchie, mit Ausnahme der auf dem linken Rheinufer belegenen Landestheile, was folgt:

§. 1. Der Zehnte von dem Ertrage der Bergwerke wird, soweit derselbe nach den bestehenden Gesetzen in Geld oder in natura an den Staat zu entrichten ist, vom Anfange des dritten Rechnungs-Quartals 1851 an, auf den Zwanzigsten ermäßigt[532]).

§. 2. Bei der Berechnung des Zwanzigsten kommen die nämlichen Grundsätze, wie bisher bei der Ermittelung des Zehnten, zur Anwendung.

Bei Erzbergwerken trägt der Staat zu den Poch-, Wasch-, Hütten- und sonstigen Zubereitungskosten nach Verhältniß des Zwanzigsten bei[533]).

§. 3. Wo gegenwärtig statt des Zehnten eine feste Abgabe entweder nach bestimmten Sätzen von der Maß- oder Gewichtseinheit der Production oder in einem festen Jahresbetrage entrichtet wird, soll auf den Antrag des Bergwerksbesitzers der nach den Bestimmungen dieses Gesetzes (§. 2) zu berechnende Zwanzigste an die Stelle einer solchen Abgabe treten[534]).

§. 4. Auf den Betrag des Neunten, welchen Bergwerke an Erbstollen entrichten, bleibt die Herabsetzung des Zehnten (§. 1) ohne Einfluß; bei diesen Bergwerken ist auch ferner von der Geldeinnahme für Producte der zehnte Theil in Abzug zu bringen und nur von dem Reste der Stollen-Neunte zu zahlen.

§. 5. Aufgehoben[535]).

§. 6. Von demselben Zeitpunkte an sind alle übrigen, an den Staat bisher von Bergwerken entrichteten Abgaben aufgehoben, insbesondere:

1) die landesherrlichen Freikuxgelder (Kleve-Märkische Bergordnung vom 29. April 1766, Cap. 30, §. 1),
2) die Quatembergelder,
3) „ additionellen Quatembergelder,

---

532) Vergl. §. 1 Ges. v. 22. Mai 1861 und §. 4 Ges. v. 20. October 1862.

533) Instruction v. 29. Januar 1866 §§. 8, 10 (Anm. 545).

534) Durch das Gesetz vom 17. Juni 1863 §. 1 ist die Ermäßigung der vertragsmäßigen Abgaben der im §. 3 bezeichneten Art in das Ermessen der Verwaltung gestellt.

535) Durch §. 2 des Gesetzes vom 20. October 1862. Ueber die Frage, ob nach dem Erlasse des Gesetzes vom 12. Mai 1851 noch eine Freierklärung von Bergwerken, wegen Nichtzahlung des Rezeßgeldes (A. L.R. II, 16, §. 105), stattfinden konnte, und unter welchen Voraussetzungen vergl. m. Uebersicht 1860—63 S. 60.

4) die Meßgelder,
5) „ Gedingestuffengelder,
6) „ Fahrgebühren,
7) „ Rechnungs-Revisionsgebühren,
8) „ Aufsichts- und Directionsgebühren,
9) „ Gewerkschaftsgebühren,
10) „ Generalbefahrungs-Protokollgebühren,
11) „ Fristengebühren,
12) „ Ausstandsgebühren,
13) „ Zubuß-Anlagekosten,
14) „ Verpflichtungs- und Vereidigungsgebühren,
15) „ Bergschreibergebühren,
16) „ Attestations- und Holzattestgebühren,
17) „ Probir- und Probenahmegebühren,
18) „ Erzbesichtigungsgebühren,
19) „ Erztaxirungs-, Erzmeß- oder Erzwiegegebühren, und Gebühren für die darüber aufzunehmenden Protokolle,
20) „ Eisenstein-Meßgebühren,
21) „ Kobalt-Waagegebühren,
22) „ Kupfer-Verkaufsgebühren,
23) „ Kupfer-Verkaufsgelder,
24) „ Kupfer-Zählgelder.

§. 7. Die im §. 6 nicht namentlich aufgeführten festen Abgaben der mit Berechtigungstiteln von der Bergbehörde versehenen Hüttenwerke und Aufbereitungsanstalten werden auch noch ferner erhoben; ebenso die unter verschiedenen Namen bestehenden Abgaben von Steinbrüchen, Thongruben, Kalköfen ꝛc. oder anderen Gewinnungen von Mineralien, welche nicht Regalitätsgegenstände sind [536]).

Auch wird in den Gebühren für die unmittelbare Erwerbung von Bergwerkseigenthum [537]) und für die Berichtigung des Berghypothekenbuchs [538]) durch das gegenwärtige Gesetz nichts geändert.

§. 8. Von allen Bergwerken wird, wenn sie im Betriebe stehen und so lange daselbst ein Absatz von Producten stattfindet, statt der nach §. 6 aufgehobenen Abgaben eine Aufsichtssteuer entrichtet.

---

536) Vergl. §. 3 Ges. v. 20. October 1862.

537) Diese Gebühren sind aufgehoben durch das Gesetz wegen Aufhebung der in bergamtlichen Verwaltungsangelegenheiten zu entrichtenden Sporteln vom 21. Mai 1860 (G.S. S. 206).

538) Für diese Gebühren sind die Gesetze über den Ansatz und die Erhebung der Gerichtskosten maßgebend.

Diese Steuer beträgt Ein Prozent von dem Erlöse, beziehungsweise dem Werthe der Producte des Bergwerks zur Zeit des Absatzes der letzteren.

Bei Erzbergwerken werden die Poch-, Wasch-, Hütten- und sonstigen Zubereitungskosten von dem Erlöse, beziehungsweise dem Werthe der Producte in Abzug gebracht.

Bergwerksbesitzer, welche den Zwanzigsten in natura abführen[539], haben die Aufsichtssteuer auch von dem Werthe dieses Zwanzigsten, also von dem ganzen Werthe der Production und zwar in dem Maße, wie die letztere zur Abfuhr gelangt, zu entrichten.

§. 9. Bergwerke, welche zur Entrichtung von Neunten an einen Erbstollen verpflichtet sind, haben zwar die Aufsichtssteuer von ihrer ganzen Geldeinnahme für Producte zu zahlen, sind jedoch berechtigt, den auf den Stollen-Neunten fallenden Beitrag dieser Steuer dem Erbstollenbesitzer in Anrechnung zu bringen.

§. 10. Kommt bei einem vom Staate verliehenen Erbstollen eine Gewinnung von Mineralien vor, welche Gegenstände des Bergregals sind, so ist von dem Werthe dieser Mineralien die Aufsichtssteuer ebenso zu entrichten, wie bei anderen Bergwerken.

§. 11. Sowohl für den Zwanzigsten, als für die Aufsichtssteuer, oder für beide zugleich, kann von dem Handelsminister ein Abonnement bewilligt werden, und zwar entweder in festen Vierteljahrsbeträgen oder nach Sätzen, welche für die Maß- oder Gewichtseinheit der Producte festzustellen und nach dem wirklichen Absatze vierteljährlich zu entrichten sind. Solche Abonnements sind jedoch nur auf höchstens drei Jahre einzugehen[540].

§. 12. Hinsichtlich der Termine zur Abführung des Zwanzigsten und der Aufsichtssteuer, so wie hinsichtlich der Beitreibung von Rückständen finden überall die in Betreff des Zehnten gegebenen Vorschriften Anwendung.

§. 13. Alle von dem Staate abgeschlossenen Verträge über Bergwerksabgaben, so wie alle sonst auf gesetzliche Weise hinsichtlich der Bergwerksabgaben erworbenen Privatrechte und bestehenden Befreiungen von solchen Abgaben werden durch das gegenwärtige Gesetz nicht berührt[541].

Es bleiben demnach namentlich die zwischen dem Staate und den Mansfeld'schen Gewerkschaften abgeschlossenen Uebereinkünfte, so wie die bestehenden Abgaben-Freiheiten der Gruben des Grundes Seel- und Burbach in dem Bergamtsbezirke Siegen in unveränderter Geltung[542].

---

539) Die Erhebung der Bergwerksabgabe in Natur findet nur noch bei den Oberschlesischen Galmeigruben statt — Instruction vom 29. Januar 1866 §. 21 (Anm. 545).

540) Vergl. §§. 11 — 14 der Instruction v. 29. Januar 1866 (Anm. 545).

541) Vergl. das Ges. v. 17. Juni 1863.

542) Vergl. §. 5 Ges. v. 20. October 1862.

§. 14. Aufgehoben[543]).

§. 15. Mit der Ausführung des gegenwärtigen Gesetzes wird der Minister für Handel, Gewerbe und öffentliche Arbeiten beauftragt.

Gesetz, betreffend die Abänderung des §. 13. des Gesetzes über die Besteuerung der Bergwerke vom 12. Mai 1851. Vom 17. Juni 1863. (G.S. S. 462.)

Wir Wilhelm rc. verordnen, mit Zustimmung beider Häuser des Landtages der Monarchie, was folgt:

§. 1. Die auf Grund von Verträgen oder anderen speziellen Rechtstiteln an den Staat zu entrichtenden Bergwerksabgaben können auf den Antrag der Verpflichteten für die Folgezeit und bereits vom 1. Januar 1863 ab auf die im Gesetze vom 20. October 1862 festgesetzten Beträge ermäßigt werden.

§. 2. Bei denjenigen Bergwerken, von welchen der Staat in Gemeinschaft mit einem anderen Berechtigten den Zehnten, oder die an dessen Stelle getretene Bergwerksabgabe erhebt, soll der von Dritten an den Staat zu entrichtende Theil dieser Abgabe vom 1. Januar 1863 ab bis auf den der ursprünglichen Betheiligung des Staats an der Gesammtabgabe entsprechenden aliquoten Theil des durch das Gesetz vom 20. October 1862 bestimmten Prozentsatzes ermäßigt werden.

§. 3. Die zur Zeit bestehenden Bestimmungen, insbesondere der §. 13 des Gesetzes vom 12. Mai 1851 (Ges.-Samml. S. 261) werden, soweit sie den Vorschriften des gegenwärtigen Gesetzes zuwiderlaufen, hierdurch aufgehoben.

§. 4. Mit der Ausführung dieses Gesetzes wird der Finanzminister und der Minister für Handel, Gewerbe und öffentliche Arbeiten beauftragt.

Gesetz, betreffend die Ermäßigung der Bergwerksabgaben. Vom 22. Mai 1861. (G.S. S. 225.)

Wir Wilhelm rc. verordnen mit Zustimmung beider Häuser des Landtages, für den ganzen Umfang der Monarchie, mit Ausschluß der auf der linken Rheinseite belegenen Landestheile, was folgt:

§. 1. Der Zwanzigste vom Ertrage der Bergwerke soll, soweit er nach den bestehenden Gesetzen in Geld oder in natura zu den Staatskassen fließt, mit dem 1. Januar 1862 um ein Fünftheil und sodann vom 1. Ja-

---

543) Nach §. 14 entrichteten Bleierz- und Eisensteinbergwerke den Zwanzigsten und die Aufsichtssteuer nur in dem Falle, wenn neun Zehntheile von dem rechnungsmäßigen Werthe der Production den Betrag der rechnungsmäßigen Ausgabe desselben Jahres überstiegen. Diese bedingte Steuerbefreiung ist durch §. 5 des Gesetzes vom 20. October 1862 gleichzeitig mit der vollständigen Aufhebung der Abgaben vom Eisenerzbergbau und der Herabsetzung des Zwanzigsten auf 1 § beseitigt worden.

nuar jedes Jahres ab, in dessen Vorjahr diese Abgabe mit Hinzurechnung der Aufsichtssteuer (§. 8 des Gesetzes vom 12. Mai 1851) die Summe von Einer Million Thalern erreicht hat, um ein ferneres Fünftheil ermäßigt werden, bis er auf zwei Fünftheile des gegenwärtigen Betrages oder zwei von Hundert des Ertrages herabgesetzt ist.

Die nach dem 1. Januar 1862 eintretenden Ermäßigungen werden durch Königliche Verordnung verkündet [544]).

§. 2. Bei Feststellung und Erhebung der im §. 1 bezeichneten Abgabe findet das nämliche Verfahren statt, wie bei der Ermittelung des Zwanzigsten, nach Maßgabe des Gesetzes vom 12. Mai 1851.

§. 3. Mit der Ausführung des gegenwärtigen Gesetzes wird der Minister für Handel, Gewerbe und öffentliche Arbeiten beauftragt.

Gesetz, die Bergwerksabgaben betreffend. Vom 20. October 1862. (G. S. S. 351) [545]).

Wir Wilhelm ꝛc. verordnen, mit Zustimmung beider Häuser des Landtages der Monarchie, was folgt;

§. 1. Die bisher von den Eisenerz-Bergwerken an den Staat ent-

544) Das Gesetz vom 22. Mai 1861 ist durch §. 4 des Gesetzes vom 20. October 1862 aufgehoben. Das letztere Gesetz regelt jedoch nur den Procentsatz der Bergwerksabgabe und verweist im Uebrigen nicht direct auf das in Kraft verbliebene Gesetz vom 12. Mai 1851, sondern auf das aufgehobene Gesetz vom 22. Mai 1861, in dessen §. 2 dann die Hinweisung auf das Gesetz v. 12. Mai 1851 zu finden ist.

545) Zur Ausführung dieses Gesetzes ist von dem Handelsminister am 29. Januar 1866 die folgende Instruction, betreffend die Veranlagung und Erhebung der Bergwerksabgaben in den rechtsrheinischen Landestheilen, erlassen worden:

„Auf Grund des §. 15 des Gesetzes über die Besteuerung der Bergwerke vom 12. Mai 1851 und des §. 7 des Gesetzes, betreffend die Bergwerksabgaben vom 20. October 1862, wird hierdurch, unter Aufhebung der seitherigen entgegenstehenden Vorschriften über die Veranlagung und Erhebung der Bergwerksabgaben für die in den rechtsrheinischen Landestheilen belegenen Bergwerke, verordnet was folgt:

§. 1. Die nach §. 8 des Gesetzes vom 12. Mai 1851 zu erhebende einprocentige Aufsichtssteuer und die nach §. 4 des Gesetzes vom 20. Oktober 1862 zu erhebende einprocentige Bergwerksabgabe werden mit zusammen zwei Procent vom Werthe der abgesetzten Bergwerksproducte zur Zeit des Absatzes der letzteren berechnet und vierteljährlich erhoben.

§. 2. Als abgesetzt werden behandelt die verkauften, so wie die zum eigenen Gebrauche der Werke oder der Werksbesitzer abgegebenen und eben so die in Verkaufsmagazine abgefahrenen Bergwerksproducte. Werden bei Erzbergwerken die Producte für eigene Rechnung des Bergwerks aufbereitet, so ist der Absatz der aufbereiteten Bergwerksproducte maßgebend.

**richteten Abgaben sind vom 1 Januar 1863 an in der ganzen Monarchie aufgehoben.**

Die auf Stein- und Braunkohlenbergwerken zum eigenen Verbrauche für die Betriebseinrichtungen des Bergwerks abgegebenen Kohlen unterliegen der Versteuerung nicht Hierzu werden jedoch diejenigen Kohlen, welche als Theil des Lohns an Bergarbeiter oder Grubenbeamte oder im Bezirk des Oberbergamts zu Dortmund an die zur Tradde berechtigten Grundeigenthümer als Traddekohlen abgegeben werden nicht gerechnet.

§. 3. Die Feststellung der steuerbaren Producten-Quantitäten erfolgt nach Maß, Gewicht oder Stückzahl auf Grund von Absatzregistern, welche durch hierzu bestellte und vereidigte Productenaufseher zu führen und dem Revierbeamten zu jeder Zeit auf Erfordern zur Einsicht vorzulegen sind.

Die Bergwerksbesitzer und deren Repräsentanten sind verpflichtet, diejenigen Personen welche sie mit dem Vermessen Verwiegen oder Abzählen der Producte und mit der Führung der Absatzregister beauftragen, dem Revierbeamten namhaft zu machen. Diese Personen werden, wenn gegen deren Zuverlässigkeit begründete Ausstellungen nicht zu machen sind in der Regel durch den Revierbeamten dahin vereidigt

daß sie alle ihnen vermöge ihres Amtes als Productenaufseher auferlegten Pflichten nach ihrem besten Wissen und Gewissen genau erfüllen wollen.

Die Vereidigungsprotokolle sind von dem Revierbeamten dem Oberbergamte einzureichen. Von den auf Grund der seitherigen Vorschriften bereits bestellten und vereidigten Personen können die Geschäfte der Productenaufseher fortgeführt werden ohne daß es einer wiederholten Vereidigung bedarf.

§. 4. Den Productenaufsehern ist ein Abdruck der für dieselben vom Oberbergamte zu erlassenden Anweisung über die Führung der Absatzregister zur pünktlichen Befolgung unentgeltlich auszuhändigen. Für das Absatzregister hat das Oberbergamt ein Formular vorzuschreiben kann aber statt desselben auch die Benutzung eines anderen Formulars gestatten.

§. 5. Das Vermessen Verwiegen und Abzählen der Producte der Bergwerke beziehungsweise der Aufbereitungsanstalten, mögen dieselben zum Verkaufe oder zum eigenen Gebrauche der Werke oder der Werksbesitzer bestimmt sein, darf nur durch die zu diesen Geschäften bestellten und vereidigten Productenaufseher geschehen. Es ist untersagt Producte von den Bergwerken beziehungsweise von den Aufbereitungsanstalten abzufahren bevor dieselben von den vorbezeichneten Personen vermessen verwogen oder abgezählt sind.

§. 6. Bergwerksbesitzer oder deren Repräsentanten welche die Absatzregister entweder gar nicht oder durch andere als die dazu bestellten und vereidigten Personen führen lassen,

desgleichen Bergwerksbesitzer Repräsentanten und Productenaufseher welche die Vorlegung der Absatzregister auf Erfordern des Revierbeamten (§. 3) verweigern oder Producte von den Bergwerken oder Aufbereitungsanstalten abfahren lassen ohne daß dieselben von den hierzu bestellten Personen vermessen, verwogen oder abgezählt und in die Absatzregister eingetragen sind

ferner Productenaufseher welche das ihnen obliegende Vermessen, Verwiegen oder Abzählen der Producte oder die Eintragung in die Absatzregister unterlassen oder unrichtig vornehmen,

§. 2. Desgleichen ist vom 1. Januar 1865 an das Rezeßgeld (§. 5 des Gesetzes vom 12. Mai 1851) von allen übrigen Bergwerken aufgehoben.

---

können durch executivische Strafbefehle von dem Oberbergamte zur Erfüllung ihrer Verpflichtungen angehalten werden. Die unrichtige Führung oder die Fälschung der Absatzregister in betrügerischer Absicht unterliegt den in den allgemeinen Strafgesetzen angedrohten Strafen (§§. 247 u. f. des Strafgesetzbuches vom 14. April 1851, Gesetzsammlung S. 151).

§. 7. Die Feststellung des der Besteuerung zu Grunde zu legenden Werths der Producte erfolgt — insofern kein Abonnementsvertrag abgeschlossen ist, §. 11 ff. — auf Grund amtlicher Ermittelung.

Finden öffentliche Verkäufe der Producte statt, so sind die bei diesen Verkäufen erzielten Preise, abzüglich der von den Bergwerksbesitzern aufgewendeten Verkaufskosten, der Besteuerung zu Grunde zu legen.

In den übrigen Fällen wird der Werth der Producte der Regel nach durch ein Taxregulirungsverfahren (§§. 9 und 10) festgestellt. Hierbei sind die durchschnittlich am Haldenplatze zu erzielenden Preise zum Anhalten zu nehmen und bei Erzen der Gehalt derselben und die marktgängigen Metallpreise zu berücksichtigen.

Hält das Oberbergamt das Probiren der Erze zur Ermittelung des Werths derselben für erforderlich, so sind die Proben von dem Revierbeamten auf dem Bergwerke im Beisein der Productenaufseher oder der Bergwerksbesitzer oder deren Repräsentanten zu nehmen und an das Oberbergamt einzusenden, welches den Gehalt der Erze feststellen läßt.

§. 8. Bei Feststellung des Werths der Bergwerksproducte sind in Anrechnung zu bringen:

1) bei Bergwerken, deren Producte zur Erlangung höherer Preise oder größeren Absatzes nach einem zum Verkauf geeigneten Punkte gebracht werden, die Transportkosten;
2) bei Bergwerken, deren Producte für Rechnung des Bergwerks erst durch Aufbereitung oder durch Verhüttung verkäuflich gemacht werden müssen, die hierfür nach wirthschaftlichen Grundsätzen in Ansatz zu bringenden Kosten (Poch-, Wasch-, Hütten- und sonstigen Zubereitungskosten).

§. 9. Das Taxregulirungsverfahren findet jährlich im Laufe des ersten Quartals nach Anordnung des Oberbergamts revierweise oder gemeinschaftlich für mehrere Reviere statt und wird durch den Revierbeamten als ständigen Commissar oder durch einen besonders abgeordneten Commissar des Oberbergamtes geleitet.

Unter Zugrundelegung eines ihm von dem Oberbergamte mitzutheilenden Taxentwurfs hat der Commissar in dem zu diesem Zwecke abzuhaltenden Termine die Bergwerksbesitzer oder deren Repräsentanten über die der Besteuerung für das betreffende Jahr anzusetzenden Productenwerthe zu vernehmen.

Wird ein Einverständniß hierüber zwischen den Betheiligten und dem Commissar erreicht, so sind die vereinbarten Taxpreise in dem Taxentwurf zu notiren und durch beigesetzte Unterschrift der Betheiligten und des Commissars anzuerkennen, oder durch besondre protokollarische Verhandlung festzustellen. Kommt ein solches Einverständniß nicht zu Stande, so sind die Gegenvorschläge der Bergwerksbesitzer oder deren Repräsentanten unter kurzer Angabe der Gründe zu Protokoll zu nehmen.

Nach Einreichung der Terminsverhandlungen durch den Commissar hat das

§. 3. Vom 1. Januar 1863 an sind ferner die bisher nach Alinea 1 im §. 7 des Gesetzes vom 12. Mai 1851, so wie die von Kunstgezeugen,

---

Oberbergamt die Taxen festzusetzen und auszufertigen. Die Ausfertigung geht an den Revierbeamten, welcher dieselbe den Bergwerksbesitzern oder deren Repräsentanten, sie mögen in dem Termin anwesend gewesen sein oder nicht, bekannt zu machen hat.

Nimmt das Oberbergamt eine Abänderung der in Uebereinstimmung mit den Betheiligten von dem Commissar vorgeschlagenen Taxen vor, oder ist ein Einverständniß über die Taxen zwischen den Betheiligten und dem Commissar nicht erreicht, so sind die betreffenden Bergwerksbesitzer oder deren Repräsentanten bei Zustellung der festgesetzten Taxen mit motivirtem Bescheide zu versehen.

In beiden Fällen bleibt alsdann den Bergwerksbesitzern oder deren Repräsentanten überlassen, bei Einreichung der Gefällenachweisung (§. 15) an den Revierbeamten in glaubwürdiger Weise, nämlich durch Vorlegung der Absatzregister und Verkaufsbücher, der abgeschlossenen Lieferungsverträge oder ähnlicher Beweismittel, den wirklichen Erlös aus dem Verkaufe der Bergwerksproducte nachzuweisen, damit dieser, statt der festgesetzten Taxen, der Besteuerung zu Grunde gelegt werde. Wird ein solcher Nachweis nicht erbracht, so findet die Besteuerung lediglich nach den festgesetzten Taxen statt.

Wenn erst im Laufe des Jahres eine Feststellung des Productenwerths zum Zweck der Besteuerung erforderlich wird, z. B. bei neu in Betrieb gesetzten Bergwerken, so erfolgt dieselbe ebenfalls nach den vorstehenden Grundsätzen.

§. 10. Die nach §. 8 bei Feststellung des Werths der Bergwerksproducte in Anrechnung zu bringenden Kosten sind bei dem Taxregulirungsverfahren zu normiren und entweder bei Festsetzung der Taxen gleich mit zu berücksichtigen oder für die Maß-, Gewicht- oder Stückeinheit der steuerbaren Producte besonders festzusetzen.

Den Bergwerksbesitzern oder deren Repräsentanten, welche mit der durch das Oberbergamt erfolgten Festsetzung der vorbezeichneten Kosten nicht zufrieden sind, bleibt überlassen, diese Kosten in glaubwürdiger Weise (§. 9) am Schlusse eines jeden Quartals bei Einreichung der Gefällenachweisung (§. 15) nachzuweisen.

Wird der vorangegebene Nachweis nicht erbracht, so sind die im §. 8 bezeichneten Kosten lediglich nach der Festsetzung des Oberbergamts in Anrechnung zu bringen.

Ueber die Transport- und Zubereitungskosten (§. 8) können auch unabhängig von den Abonnements für die gesammte Steuer (§. 11) Abonnementsverträge nach der Maß- oder Gewichtseinheit der Producte auf mindestens ein Jahr und auf höchstens drei Jahre abgeschlossen werden. Für die Abschließung solcher Abonnementsverträge gelten die Bestimmungen im §. 14.

§. 11. Sowohl für die Bergwerksabgabe als für die Aufsichtssteuer oder für beide zugleich kann nach §. 11 des Gesetzes vom 12. Mai 1851 (Gesetzsammlung S. 261) von dem Handelsminister ein Abonnement bewilligt werden und zwar entweder in festen Vierteljahrsbeträgen, oder nach Sätzen, welche für die Maß-, Gewicht- und Stückeinheit der Producte festzustellen und nach dem wirklichen Absatze vierteljährlich zu entrichten sind.

Solche Abonnements sind jedoch nur auf mindestens ein Jahr und auf höchstens drei Jahre einzugehen.

Wasserrädern, Wassergefällen, Wassersäulen-Maschinen, Stollenwassern und Bergschmieden unter verschiedenen Namen an die Königlichen Bergbehörden entrichteten festen Abgaben aufgehoben.

---

§. 12. Die Abonnements der ersteren Art sind nur bei solchen Bergwerken anzunehmen, bei denen die Production überhaupt gering und eine erhebliche Vermehrung derselben, sowie eine erhebliche Steigerung des Werthes der Producte während der Abonnementszeit nicht wahrscheinlich ist.

Die Abonnements der zweiten Art können bei allen denjenigen Bergwerken eintreten, wo zwar eine stärkere Förderung, aber keine rasche Steigerung des Werths der Producte zu erwarten ist namentlich bei Stein- und Braunkohlenbergwerken.

Sind bei einem nach der Maß- Gewicht- oder Stückeinheit zu normirenden Abonnementssatze Pfennigbruchtheile nicht zu vermeiden, so dürfen keine anderen als Zehntheile angenommen werden. Bei Berechnung des Satzes nach dem durchschnittlichen Werthe wird ein halbes Zehntel und mehr als ein volles hinzugerechnet, dagegen ein kleinerer Theil fallen gelassen, wonach der Satz nur aus einer ganzen Zahl mit nicht mehr als einer Decimalbruchstelle bestehen kann.

Abonnements jeder Art können, wenn die Bedingungen, unter denen sie geschlossen sind, noch fortbestehen erneuert werden.

Bei Abschließung, beziehungsweise Erneuerung von Abonnements, ist darauf zu sehen, daß die dem Abonnement zu Grunde liegenden Preissätze dem wirklichen Werthe entsprechen.

Die nach §. 8 in Anrechnung kommenden Transport- und Zubereitungskosten sind bei den Abonnements mit zu berücksichtigen.

§. 13. Ein Abonnement nach der Maß- oder Gewichtseinheit kann auch in der Weise stattfinden, daß der Satz nicht nach der Production des Bergwerks selbst oder einer dazu gehörigen Aufbereitungsanstalt sondern nach einem für Rechnung des Bergwerks daraus hergestellten Hüttenproducte festgestellt wird. In diesem Falle sind auch die Verhüttungskosten (§. 8) zu berücksichtigen.

§. 14. Anträge auf Abschließung oder Erneuerung von Abonnements sind von den Bergwerksbesitzern oder deren Repräsentanten vor dem Beginn des Steuerquartals, mit welchem das Abonnement eintreten soll durchlaufend bei dem Revierbeamten an das Oberbergamt zu richten. Der Revierbeamte hat dem Antrage sein Gutachten beizufügen.

Findet das Oberbergamt einen Antrag auf Abonnement nicht annehmbar, so weist es denselben mit motivirtem Bescheide zurück. Gegen diesen Bescheid steht den Steuerpflichtigen der Weg der Beschwerde an den Handelsminister offen. Auf Besteuerung nach dem Abonnement hat indeß der Steuerpflichtige im Beschwerdefalle, wenn der Anfangstermin des beantragten Abonnements inzwischen eingetreten ist, keinen Anspruch.

Glaubt das Oberbergamt auf ein beantragtes Abonnement eingehen zu können, so tritt dasselbe mit dem Antragsteller in Unterhandlung und stellt die Punkte des Abonnements in einem schriftlichen Vertrage fest welcher dem Handelsminister zur Genehmigung einzureichen ist.

Die betreffenden Verhandlungen zwischen dem Oberbergamte und dem Antragsteller werden in der Regel durch den Revierbeamten geführt.

Die Abonnementsverträge unterliegen der Stempelsteuer nach Maßgabe des Gesetzes vom 7 März 1822 (Gesetzsammlung S. 57).

§. 4. Die in den rechtsrheinischen Landestheilen nach dem Gesetze vom 22. Mai 1861 (Ges. Sammlung S. 225) außer der Aufsichtssteuer von dem Bruttoertrage der Bergwerke an den Staat zu entrichtende Bergwerksabgabe von vier Prozent wird mit dem 1. Januar 1863 auf drei Prozent, mit dem 1. Januar 1864 auf zwei Prozent und mit dem 1. Januar 1865 auf Ein Prozent herabgesetzt.

---

§. 15. Das Oberbergamt hat für die Nachweisungen der Bergwerksabgaben Formulare vorzuschreiben, welche, außer Kolonnen für die abgesetzten, für die von der Besteuerung befreiten und die hiernach sich ergebenden steuerbaren Productenquantitäten, entsprechende Kolonnen für den der Besteuerung zu Grunde zu legenden Werth der Maß- oder Gewichtseinheit (oder einer gewissen Stückzahl), für den sich hieraus ergebenden Gesammtwerth der steuerbaren Producte, für die hiervon abzuziehenden Transport- und Zubereitungskosten und für den resultirenden Betrag der Steuer enthalten.

Nach den vom Oberbergamte vorgeschriebenen Formularen sind auf Grund der Absatzregister (§. 3) für jedes verflossene Quartal binnen vierzehn Tagen nach Quartalschluß die Nachweisungen der Bergwerksabgaben in zwei Exemplaren, vollständig ausgefüllt und berechnet, von den Bergwerksbesitzern oder deren Repräsentanten, so wie von den vereideten Productenaufsehern unterschrieben und in Bezug auf die abgesetzten Quantitäten als richtig bescheinigt, durch die Bergwerksbesitzer oder deren Repräsentanten mit den Absatzregistern bei dem Revierbeamten einzureichen. Geschieht die Einreichung nicht rechtzeitig, so kann der Revierbeamte dieselben auf Kosten der Säumigen abholen lassen und das Oberbergamt nöthigenfalls mit weiteren Zwangsmitteln im Wege executivischer Strafbefehle vorgehen.

§. 16. Die Controle über die Richtigkeit der eingereichten Nachweisungen liegt zunächst dem Revierbeamten ob, welcher sich bei seiner Anwesenheit auf den Bergwerken und den dazu gehörigen Aufbereitungsanstalten Ueberzeugung von der genauen und richtigen Führung der Absatzregister (§. 3) zu verschaffen hat.

Liegt gegründeter Verdacht vor, daß die Absatzregister in betrügerischer Absicht unrichtig geführt werden, so ist hiervon der Staatsanwaltschaft Anzeige zu machen und die gerichtliche Untersuchung und Bestrafung der Schuldigen zu veranlassen.

§. 17. Der Revierbeamte hat die Prüfung der Nachweisungen auf die Richtigkeit der in Ansatz gebrachten Quantitäten und der Sätze für die Werthe der Producte und für die Transport-, beziehungsweise Zubereitungskosten zu richten; nach vollendeter Prüfung und nöthigenfalls nach erfolgter Berichtigung hat der Revierbeamte beide Exemplare der Nachweisungen seines Reviers an das Oberbergamt einzureichen, während er die Absatzregister den Bergwerksbesitzern oder deren Repräsentanten zurückgiebt.

Das Oberbergamt prüft die Nachweisungen calculatorisch und hinsichtlich der Richtigkeit der der Besteuerung zu Grunde gelegten Sätze für den Werth der Producte, sowie für die Transport- und Zubereitungskosten.

Zu diesem Zwecke müssen in denjenigen Fällen, wo die Bergwerksbesitzer oder deren Repräsentanten die Beläge über den wirklichen Erlös aus dem Verkaufe der Bergwerksproducte (§. 9) oder über die wirklich aufgewandten Transport- und Zubereitungskosten (§. 10) dem Revierbeamten mit den Abgabennachweisungen eingereicht haben, diese Beläge dem Oberbergamte mit vorgelegt werden. Diesem

§. 5. Vom 1. Januar 1865 an hören alle seitherigen Befreiungen von der Aufsichtssteuer und der Bergwerksabgabe (§. 4) auf, soweit die=

---

bleibt es überlassen, unter Umständen die betreffenden Bücher und Papiere durch einen Commissar auf den Werken selbst zu prüfen.

Nach vorgenommener Prüfung und erforderlichen Falls nach Berichtigung übersendet das Oberbergamt die Duplikate der Nachweisungen unter Zurückgabe der etwa beigebrachten Beläge dem Revierbeamten. Der Letztere hat die Duplikate — event. unter Beifügung der Beläge — den betreffenden Bergwerksbesitzern oder deren Repräsentanten mit der Aufforderung zu insinuiren, den in der Nachweisung festgestellten Steuerbetrag binnen vierzehn Tagen an die bezeichnete Empfangskasse abzuführen.

Gleichzeitig hat das Oberbergamt für jedes Vierteljahr eine Gesammtabgaben=nachweisung über alle steuerpflichtigen Bergwerke aufzustellen, darauf das Attest zu setzen, daß die Beträge dieser Nachweisung genau mit der calculatorisch und hinsichtlich der der Besteuerung zu Grunde zu legenden Werthe, der abzuziehenden Transport= und Zubereitungskosten und den steuerbaren Productenquantitäten geprüften Specialnachweisungen der einzelnen Bergwerke und für diejenigen Bergwerke, für welche Abonnements nach festen Vierteljahrsbeträgen abgeschlossen sind, mit den in den betreffenden Abonnementsverträgen vereinbarten festen Beträgen übereinstimmen, dieselbe für executorisch zu erklären und der Kasse zur Vereinnahmung der Abgaben zuzustellen.

Das ganze Verfahren ist so zu regeln, daß der Abführungstermin vor das Ende des auf das betreffende Steuerquartal folgenden Quartals fällt.

§. 18. Reclamationen gegen die von dem Oberbergamte festgesetzte Bergwerkssteuer müssen gemäß §. 1 des Gesetzes vom 18. Juni 1840 über die Verjährungsfristen bei öffentlichen Abgaben (Gesetzsammlung S. 140) binnen drei Monaten, vom Tage der Zurückstellung des einen Exemplars der Abgabennachweisung an die Bergwerksbesitzer oder deren Repräsentanten (§. 17) an gerechnet, bei dem Handelsminister angebracht werden, widrigenfalls der Anspruch auf Rückerstattung erlischt.

§. 19. Die Zahlung des von dem Oberbergamte festgestellten Steuerbetrages darf durch die Reclamation (§. 18) nicht aufgehalten werden.

§. 20. Gehen die Steuern nicht zu der bestimmten Zeit (§. 17) ein, so erfolgt die Mahnung und executivische Beitreibung nach den maßgebenden Executionsvorschriften, und zwar für die Bezirke der Oberbergämter Breslau und Halle nach der Verordnung vom 30. Juli 1853 (Gesetzsammlung S. 909), für die Provinz Westfalen nach der Verordnung vom 30. Juni 1845 (Gesetzsammlung S. 444) und für die Rheinprovinz nach der Verordnung vom 24. November 1843 (Gesetzsammlung S. 351).

§. 21. Für die Ermittelung und Erhebung der an die Stelle der Naturalzehntabgabe getretenen Naturalbergwerksabgabe von 1 Procent des Bruttoertrags der Galmeibergwerke im Bezirk des Oberbergamts zu Breslau bleiben bis auf Weiteres die bisherigen Bestimmungen bestehen.

§. 22. In den Fällen, wo die Bergwerksabgabe (der Zehnte) von einem Privatregalbesitzer entweder allein oder in Gemeinschaft mit dem Staate erhoben wird, verbleibt es bei den bestehenden Einrichtungen.

§. 23. Die Feststellung und Erhebung der Steuern von den Bergwerken

selben nicht auf privatrechtlichen Titeln beruhen. Von demselben Zeitpunkte an unterliegt der Betrieb der Hüttenwerke ohne Unterschied der Steuer vom Handel nach dem Gesetze wegen Entrichtung der Gewerbesteuer vom 30. Mai 1820 und dem Gesetze vom 19. Juli 1861.

§. 6. In den linksrheinischen Landestheilen wird vom 1. Januar 1865 ab an Stelle der nach dem Bergwerksgesetze vom 21. April 1810 und dem Kaiserlichen Dekrete über die Bergwerkssteuern vom 6. Mai 1811 an den Staat zu entrichtenden proportionellen und festen Bergwerkssteuer nebst Zuschlagszehntel und Hebegebühr eine Bergwerkssteuer von zwei Prozent von dem Werthe der Producte des Bergwerks zur Zeit des Absatzes der letzteren, ausschließlich der Eisenerz-Bergwerke, erhoben[546]).

---

der mansfeldischen Kupferschiefer bauenden Gewerkschaft erfolgt nach der besonderen hierüber erlassenen Instruction.

Berlin, den 29. Januar 1866.

Der Minister für Handel, Gewerbe und öffentliche Arbeiten.

Graf von Itzenplitz.

546) Zur Ausführung des §. 6 ist von dem Handelsminister eine Instruction, betreffend die Veranlagung und Erhebung der Bergwerkssteuer in den linksrheinischen Landestheilen, vom 23. November 1864 (Zeitschr f. d. Berg-, Hütten- und Salinenwesen Bd XII. S. 210) erlassen, welche mit den §§. 1—20 der rechtsrheinischen Instruction vom 29. Januar 1866 im Wesentlichen übereinstimmt. Materiell abweichende Bestimmungen sind nur in den §§. 1, 10, 15 und 17 enthalten, welche statt der entsprechenden Paragraphen der rechtsrheinischen Instruction die folgenden Vorschriften enthalten:

§. 1. Die nach §. 6 des Gesetzes vom 20. October 1862 vom 1. Januar 1865 ab in den linksrheinischen Landestheilen zu erhebende Bergwerkssteuer wird mit zwei Procent vom Werthe der abgesetzten Bergwerksproducte zur Zeit des Absatzes der letzteren berechnet und vierteljährlich erhoben.

§. 10. Die nach §. 8 bei Feststellung des Werthes der Bergwerksproducte in Anrechnung zu bringenden Kosten sind bei dem Taxregulirungsverfahren zu normiren und entweder bei Festsetzung der Taxen gleich mit zu berücksichtigen oder für die Maß- oder Gewichtseinheit der steuerbaren Producte besonders festzusetzen.

Den Bergwerksbesitzern oder deren Repräsentanten, welche mit der durch das Oberbergamt erfolgten Festsetzung der vorbezeichneten Kosten nicht zufrieden sind, bleibt überlassen, diese Kosten in glaubwürdiger Weise am Schlusse eines jeden Quartals oder spätestens am Schlusse eines jeden Jahres bei Einreichung der Declarationen (§. 15) nachzuweisen.

Erfolgt dieser Nachweis erst am Jahresschlusse, so ist die Bergwerkssteuer für die drei ersten Quartale von dem Werthe der Producte ohne jeden Abzug zu berechnen, für das letzte Quartal aber der Betrag der nachgewiesenen Kosten des ganzen Jahres von dem Productenwerthe in Abzug zu bringen und die Bergwerkssteuer nur von dem Reste zu berechnen.

Wird der vorangegebne Nachweis nicht erbracht, so sind die im §. 8 bezeichneten Kosten lediglich nach der Festsetzung des Oberbergamts in Anrechnung zu bringen.

§. 7. Mit der Ausführung des gegenwärtigen Gesetzes wird der Finanzminister und der Minister für Handel, Gewerbe und öffentliche Arbeiten beauftragt.

Kaiserlich Französisches Decret v. 6. Mai 1811 [547]).

Art. 31. Die Grubenbetreiber, beliehene und nicht beliehene, welche die Begünstigung des Abonnements zu genießen wünschen, sollen innerhalb Monatsfrist, von der Veröffentlichung des gegenwärtigen Decrets an, für die Jahre 1811 und 1812, und für die späteren Jahre vor dem 15. April, ihr Anerbieten, welches durch ausführliche Begründungen unterstützt sein muß,

---

Ueber die Transport- und die Zubereitungskosten (§. 8) können auch Abonnementsverträge nach der Maß- oder Gewichtseinheit der Producte auf ein und höchstens auf drei Jahre abgeschlossen werden. Für die Abschließung solcher Abonnementsverträge gelten die Bestimmungen des §. 14.

§. 15. Auf Grund der Absatzregister §. 3 haben die Bergwerksbesitzer oder deren Repräsentanten über die Quantität der abgesetzten Producte*) für jedes verflossene Quartal binnen vierzehn Tagen nach Quartalschluß eine von dem Productenaufseher als richtig zu bescheinigende Declaration in zwei Exemplaren bei dem Revierbeamten einzureichen.

Geschieht die Einreichung der Declaration nicht rechtzeitig, so kann der Revierbeamte dieselben auf Kosten des Säumigen abholen lassen und das Oberbergamt nöthigenfalls mit weiteren Zwangsmitteln im Wege executivischer Strafbefehle vorgehen.

Das Oberbergamt hat für die Declarationen Formulare vorzuschreiben, welche außer Kolonnen für die abgesetzten, für die von der Besteuerung befreiten und die hiernach sich ergebenden steuerbaren Productenquantitäten, entsprechende Kolonnen für den der Besteuerung zu Grunde zu legenden Werth der Maß- oder Gewichtseinheit (oder einer gewissen Stückzahl), für den sich hieraus ergebenden Gesammtwerth, für die hiervon abzuziehenden Transport- und Zubereitungskosten und für den resultirenden Betrag der Steuer enthalten.

§. 17. Sobald dem Revierbeamten die Declarationen für das verflossene Quartal vorliegen (§. 15), hat derselbe die betreffenden, noch offen stehenden Kolonnen des einen Exemplars der Declaration, insbesondere hinsichtlich der festgestellten Werthsätze oder der vertragsmäßigen Abonnementsätze auszufüllen und hierauf die Berechnung des Steuerbetrages in der dafür bestimmten Kolonne zu gründen.

Die so ausgefüllten Declarationen sind nebst den unausgefüllten Exemplaren von dem Revierbeamten dem Oberbergamte einzureichen.

547) Die übrigen Bestimmungen des Decrets vom 6. Mai 1811 haben die frühere Nettobesteuerung zum Gegenstande, sind also durch §. 6 des Gesetzes vom 20. October 1862 aufgehoben. Der Art. 31 bildet dagegen noch jetzt die gesetzliche Grundlage für die Bewilligung von Bergwerkssteuer-Abonnements.

---

*) Nach der rechtsrheinischen Instruction werden sämmtliche Kolonnen der Declaration von den Bergwerksbesitzern vollständig ausgefüllt und berechnet, auch die Werthsätze und die sich ergebenden Steuerbeträge, so daß dem Revierbeamten nur die Prüfung der Declarationen obliegt.

auf dem Secretariat der Präfectur ihres Departements niederlegen [547 a]); es soll ihnen eine Empfangsbescheinigung darüber eingehändigt werden.

**Cabinetsorder vom 30. August 1820 [548]), das Verfahren bei der sogenannten verhältnißmäßigen Bergwerkssteuer in den Rheinlanden (links des Rheins) betreffend. (G.S. S. 167.)**

Auf Ihren Bericht vom 20. v. Mts, das bisherige Verfahren bei der Ausmittelung der sogenannten verhältnißmäßigen Bergwerkssteuern in den Ländern am Rheine, nach dem Bergwerksgesetze vom 21. April 1810 und nach dem Decrete vom 6. Mai 1811 betreffend, will ich aus den von Ihnen angeführten Gründen, zur Sicherstellung des Kasseninteresse, genehmigen, daß die genannten Bergwerksabgaben in ihrem bisherigen Betrage von fünf Prozent des reinen Ertrages einer Grube, fortan nicht mehr durch Abschätzung nach dem Betriebsetat, im Mai eines jeden Jahres, sondern erst am Schlusse desselben nach den darüber vorzulegenden vollständigen Rechnungen, ausgemittelt und erhoben, zur Erleichterung der Bergwerksbesitzer denselben aber Abschlagszahlungen im Laufe des Jahres nachgelassen werden sollen. Die Ausmittelung selbst geschieht unter der Direction des Berghauptmanns der Provinz, oder seines Stellvertreters, von einer Commission, welche von dem betreffenden Bergamtsdirector, von dem Bergbeamten und dem Rendanten, sowie von zwei Bergwerksbesitzern des Districts, welche unter sich zu wählen haben, gebildet werden soll. Die Entscheidung über die etwaigen Beschwerden über die Festsetzungen dieser Commission, liegt Ihnen, als Chef des Departements, ob, und die dazu erforderlichen Erörterungen geschehen durch die Oberberghauptmannschaft in dem Ihnen anvertrauten Ministerium.

**Verordnung zur Ausführung der Cabinetsorder vom 30. August 1829, die Abtragung der Bergwerkssteuern in der Rheinprovinz betreffend, vom 21. Januar 1857. (G.S. S. 85.)**

Wir Friedrich Wilhelm, von Gottes Gnaden, König von Preußen rc.

547 a) Der Antrag ist jetzt durch Vermittelung des Revierbeamten an das Oberbergamt zu richten. Instruction vom 23. November 1864 §. 14.

548) Die Cabinetsorder vom 30. August 1820 führte an Stelle des durch das Decret von 1811 angeordneten Einschätzungsverfahrens die Rechnungslegung über den steuerbaren Reinertrag ein. Ihre Bestimmungen sind durch §. 6 Gesetz vom 20. October 1862 aufgehoben. Dieses Gesetz bildet aber die Grundlage für die Verordnung vom 21. Januar 1857, welche Vorschriften über das Vermessen der Producte und über die Buchführung zum Zwecke der Steuerermittelung gibt. Diese Vorschriften sind durch §. 6 Gesetz vom 20. October 1862 nur insofern aufgehoben, als sie die Buchführung über die bei Ermittelung des steuerbaren Reinertrages in Betracht kommenden Ausgaben (Arbeitslöhne, Materialien) betreffen. Soweit sie dagegen die Ermittelung des Productionsquantums und des Erlöses betreffen, bleiben die Bestimmungen der Verordnung vom 21. Januar 1857 in Kraft.

verordnen zur Ausführung der Order vom 30. August 1820 (G.S. S. 167), die Abtragung der Bergwerkssteuern in der Rheinprovinz betreffend, was folgt:

§. 1. Die von den Bergwerksbesitzern zur Ermittelung der verhältnißmäßigen Bergwerkssteuer der Bergbehörde vorzulegenden Rechnungen müssen vollständige Angaben der Förderung, des Absatzes, der Productionskosten und der Verkaufspreise der Bergwerksproducte nach einem von der Bergbehörde vorgeschriebenen Schema enthalten und alljährlich innerhalb der von der Behörde zu bestimmenden Frist den Berggeschworenen des Reviers eingereicht werden.

§. 2. Auf jedem Bergwerke und auf jeder Aufbereitungsanstalt sind nach Vorschrift des Bergamts eingerichtete Bücher zu führen, in welche die geförderten, aufbereiteten und abgesetzten Producte nach Zahl, Maß oder Gewicht, die Verkaufspreise derselben, die gezahlten Arbeitslöhne, die angeschafften und verbrauchten Materialien täglich in fortlaufender Ordnung eingetragen werden.

§. 3. Die Bergwerksbesitzer und deren Repräsentanten sind verpflichtet, diejenigen Personen, welche sie mit dem Vermessen, Verwiegen oder Abzählen der Producte, und mit der Führung der im §. 2 vorgeschriebenen Bücher beauftragen, dem Bergamte namhaft zu machen und vor der Uebernahme ihrer Functionen durch den Friedensrichter ihres Wohnorts auf eigene Kosten dahin vereidigen zu lassen: „daß sie die Producte des Bergwerks (der Aufbereitungsanstalt) gewissenhaft vermessen (verwiegen, abzählen) und die Förderung, den Absatz und die Verkaufspreise der Producte, sowie (beziehungsweise) die gezahlten Arbeitslöhne und die angeschafften und verbrauchten Materialien vollständig und richtig in die dazu bestimmten Bücher eintragen wollen". Eine Ausfertigung des Vereidigungsprotokolls ist dem Bergamte einzureichen [549]).

§. 4. Die nach Vorschrift des §. 2 zu führenden Bücher sind von dem Berggeschwornen des Reviers mit fortlaufenden Seitenzahlen zu versehen, und müssen demselben jederzeit auf Erfordern zur Einsicht vorgelegt werden. Diejenigen Positionen der nach §. 1 zu legenden Jahresrechnung, welche Auszüge aus diesen Büchern enthalten, sind von den mit der Führung derselben beauftragten Personen als richtig und mit den Büchern übereinstimmend zu beglaubigen.

---

549) Die Instruction vom 23. November 1864 schreibt im §. 3 vor, daß die Vereidung der Productenaufseher durch den Revierbeamten vorgenommen werden soll und zwar nach der Formel:

daß sie alle ihnen vermöge ihres Amtes als Productenaufseher auferlegten Pflichten nach ihrem besten Wissen und Gewissen genau erfüllen wollen.

Es ist dabei anscheinend vorausgesetzt, daß die Verordnung vom 21. Januar 1857 nicht in Kraft verblieben sei.

§. 5. Das Vermessen, Verwiegen und Abzählen der Producte der Bergwerke und Aufbereitungsanstalten, mögen dieselben zum Verkaufe oder zum eigenen Gebrauche der Werke oder der Werksbesitzer bestimmt sein, darf nur durch die zu diesen Geschäften nach §. 3 angestellten und vereidigten Personen geschehen.

Es ist untersagt, Producte von Bergwerken und Aufbereitungsanstalten abzufahren, bevor dieselben von den vorbezeichneten Personen vermessen, verwogen oder abgezählt sind.

§. 6. Bergwerksbesitzer, deren Repräsentanten und die im §. 3 benannten Personen, welche die Vorlegung der in § 2 bezeichneten Bücher auf Erfordern des Berggeschwornen verweigern (§. 4), oder welche Producte von den Bergwerken oder Aufbereitungsanstalten abfahren lassen, ohne daß dieselben von den im §. 3 genannten vereidigten Personen vermessen, verwogen oder abgezählt und die im §. 2 erwähnten Bücher eingetragen sind (§. 5); ferner Bergwerksbesitzer oder deren Repräsentanten, welche die im §. 2 vorgeschriebenen Bücher entweder gar nicht führen, oder durch andere, als die dazu bestellten und vereidigten Personen führen lassen, oder welche die jährliche Rechnung (§. 1) innerhalb der bestimmten Frist entweder gar nicht, oder nicht vollständig einreichen, ferner die im §. 3 genannten Personen, welche das ihnen obliegende Vermessen, Verwiegen oder Abzählen der Producte oder die im §. 2 vorgeschriebenen Aufzeichnungen in die Bücher unterlassen, oder unrichtig vornehmen, sollen mit den im Art. 96 des Bergwerksgesetzes vom 21. April 1810 [549a]) angedrohten Strafen belegt werden.

§. 7. Die nach Vorschriften der §§. 1 und 4 von den Bergwerksbesitzern in gehöriger Form gelegten Rechnungen sollen bei der Ausmittelung des steuerbaren Ertrages als beweisend in Bezug auf die darin enthaltenen Angaben angenommen werden, so lange nicht eine Verurtheilung des Besitzers, des Repräsentanten oder einer der im §. 3 benannten vereidigten Personen wegen einer Contravention gegen die Bestimmungen der Verordnung erfolgt.

Wird die Rechnung innerhalb der bestimmten Frist überhaupt nicht oder nicht vollständig geliefert, oder ist der Besitzer, der Repräsentant oder eine der nach Vorschrift des §. 3 auf dem Bergwerke oder der Aufbereitungsanstalt angestellten Personen wegen einer im Laufe des Rechnungsjahres begangenen Contravention gegen die Bestimmungen dieser Verordnung verurtheilt, so erfolgt die Abschätzung des Werthes der Producte und der Productionskosten zur Ermittelung des steuerbaren Ertrages von Amtswegen.

§. 8. Die gegenwärtige Verordnung tritt mit dem 1. Januar 1858 in Kraft. Der Minister für Handel, Gewerbe und öffentliche Arbeiten ist mit der Ausführung derselben beauftragt.

---

549a) An die Stelle dieser Strafvorschrift ist nach §. 244 u. §. 208 A. B.G. der §. 207 A. B.G. getreten.

§. 246.

Die bisher von besonderen Berghypothekencommissionen geführten Berghypothekenbücher sollen an die ordentlichen Gerichte abgegeben werden.

Der Zeitpunkt dieser Abgebung und die Auflösung der Berghypothekencommissionen wird durch Königliche Verordnung bestimmt.

Die besonderen Bestimmungen über die Einrichtung und Führung der Berghypothekenbücher bleiben in Kraft soweit nicht eine Abänderung durch den §. 97 herbeigeführt wird [550]).

Gesetz, betreffend die Befugniß der Bergämter zur Führung des Berggegen- und Hypothekenbuchs und zur Aufnahme von Handlungen der freiwilligen Gerichtsbarkeit in den Landestheilen, in denen die Allgemeine Hypothekenordnung vom 20. December 1783 gilt. Vom 18. April 1855 [551]). (G.S. S. 221 f.)

Wir Friedrich Wilhelm, von Gottes Gnaden, König von Preußen rc. rc. verordnen, unter Zustimmung der Kammern, für diejenigen Landestheile, in denen die allgemeine Hypothekenordnung vom 20. December 1783 gilt, was folgt

§. 1 Die Führung des Berggegen- und Hypothekenbuchs für den

550) Vergl. oben S. 144 ff.

551) Zur Ausführung des Gesetzes vom 18. April 1855, betreffend die Befugniß der Bergämter zur Führung des Berggegen- und Hypothekenbuchs und zur Aufnahme von Handlungen der freiwilligen Gerichtsbarkeit, haben der Handelsminister und der Justizminister folgende Instruction v. 10. Juli 1856 erlassen

Artikel I.

Zu §. 1 des Gesetzes.

1 Das Gesetz vom 18. April 1855 beabsichtigt weder in Betreff der bisher ergangenen Vorschriften über die Eintragungen in die Berggegen- und Hypothekenbücher und das dabei zu beobachtende Verfahren noch auch hinsichtlich der Form dieser Bücher eine Abänderung eintreten zu lassen, vielmehr bleiben in beiden Beziehungen die bisher bestandenen Anordnungen und Instructionen auch ferner in Geltung.

2. Der Bergamtsjustitiarius hat die seiner Competenz durch das Gesetz überwiesenen Hypothekensachen ohne Vortrag bei dem Bergamte selbstständig und unter seiner alleinigen Verantwortlichkeit zu bearbeiten.

3. Zur Controle des Geschäftsbetriebes werden die von dem Justitiarius Namens des Bergamtes erlassenen Mandate und verfügten Ausfertigungen von dem Director des Bergamtes im Concept und in der Reinschrift mit vollzogen.

4. Ueber die bei dem Bergamt zur Bearbeitung gelangenden Hypothekensachen wird ein abgesondertes Geschäftsjournal geführt. Alle mit der Post oder sonst unter der Adresse des Bergamtes eingehenden versiegelten Schreiben eröffnet und

Bezirk eines Bergamts soll, wie bisher, bei dem Bergamte durch den Bergamtsjustitiarius erfolgen.

§. 2. Der Bergamtsjustitiarius ist befugt, Handlungen der freiwilli-

präsentirt der Bergamtsdirector; die protokollarischen Gesuche und die offen eingehenden Schriftstücke in Hypothekensachen werden von dem betreffenden Registrator präsentirt und unverzüglich zum Journal befördert.

Artikel II.

Zu §. 2 des Gesetzes.

1. Die nach den §§. 258, 259, Titel 16, Theil II A. L.R., resp. den correspondirenden Vorschriften der Bergordnungen, den administrativen Bergbeamten ertheilte Befugniß zur Aufnahme von Kaufverträgen über einzelne Kuxe oder Kuxantheile ist nicht weiter auszuüben.

2. Zur Aufnahme der in §. 2 des Gesetzes bezeichneten Handlungen der freiwilligen Gerichtsbarkeit sind alljährlich im Voraus bestimmte Tage und Stunden festzusetzen und durch Aushang oder in sonst üblicher Weise zur öffentlichen Kenntniß zu bringen. Der Justitiarius darf sich der Aufnahme solcher Anträge und Acte, gegen deren Gesetzlichkeit nichts zu erinnern ist, niemals entziehen; seine Competenz wird jedoch durch den Umfang des Bezirks desjenigen Bergamts begrenzt, bei welchem er zu fungiren hat. Unter dieser Beschränkung ist er befugt, insbesondere die nachfolgend erwähnten Handlungen der freiwilligen Gerichtsbarkeit aufzunehmen:

a) Verträge über die Bildung von Schürfgesellschaften und über die Ausführung von Schürfarbeiten mit den Arbeitern und Lieferanten;

b) Verträge über Muthungen, sowie über verliehenes oder concessionirtes Bergeigenthum, namentlich über eigentliche Bergwerke, Erbstollngerechtigkeiten, Poch-, Wasch- und sonstige Aufbereitungsanstalten, sowie über die zum Ressort der Bergbehörde gehörigen Hüttenwerke, desgleichen Verträge über Pertinenzgrundstücke und sonstige Zubehörungen des Bergeigenthums und deren Erwerbsverträge, welche sich zugleich auf andre Eigenthumsobjecte beziehen, darf der Justitiarius nicht aufnehmen;

c) Vernehmung der Gewerken behufs der Besitztitelberichtigung, Schuld- und Pfandverschreibungen, Cessionen eingetragener Forderungen, Quittungen und Löschungsbewilligungen, sowie alle sonstigen auf Eintragung in das Berggegen- und Hypothekenbuch bezüglichen Erklärungen und Anträge, soweit es sich bei diesen Acten lediglich um Bergeigenthum handelt. Auch zu den hierbei erforderlichen Vernehmungen zum Zwecke der Erbeslegitimation ist der Bergamtsjustitiarius befugt; dagegen steht ihm die Ertheilung von Erbeslegitimationsattesten nicht zu.

d) Consolidationsanträge und Verträge und deren Beglaubigung, Löschungs- und überhaupt alle Verträge, welche sich auf das Verhältniß mehrerer Gewerkschaften oder Bergwerksunternehmer gegen einander beziehen, desgleichen Verträge der Miteigenthümer eines und desselben Bergwerks unter einander;

e) Verträge der Bergwerksunternehmer, Repräsentanten und Grubenvorstände mit den gewerkschaftlichen Beamten (Dienstverträge) und mit den Arbeitern, Lieferungsverträge über Gegenstände des Bergbaubetriebes, sowie Vollmachten in Bergwerksangelegenheiten;

f) Verträge der Gewerkschaften der Bergwerksunternehmer mit den Grundeigen-

gen Gerichtsbarkeit, welche Gegenstände des Bergeigenthums und des Bergbaubetriebes in dem Bezirke des Bergamts (§. 1) betreffen, aufzunehmen, und zwar auch in denjenigen Fällen, in welchen solche Handlungen sonst von Notarien oder von Gerichten überhaupt, oder von dem Richter der Sache aufzunehmen sind.

Der Bergamtsjustitiarius hat bei diesen Geschäften die für die Gerichte geltenden Vorschriften zu beobachten.

Die von demselben aufgenommenen Verhandlungen haben die Wirkung der gerichtlichen Urkunden.

thümern über Abtretung von Grund und Boden zu bergbaulichen Zwecken und über Entschädigungsansprüche.

3. Die aufgenommenen Protokolle über Acte der freiwilligen Gerichtsbarkeit werden zu einem besonderen, bei jedem Bergamt über diesen Gegenstand anzulegenden Actenstück gebracht, und dort wird die Ausfertigung der Urkunden, sowie die Aushändigung der Ausfertigung oder deren Hinübergabe zu anderen Bergamtsacten, z. B. zu den Muthungs- oder Betriebsacten, verfügt. Steht jedoch ein aufgenommenes Rechtsgeschäft in einer solchen Beziehung zu dem Berggegen- und Hypothekenbuch, daß es bei den Grundacten unter allen Umständen einer beglaubigten Abschrift bedarf, z. B. weil in der Folge eine Eintragung daraus erfolgen soll, so wird die Urschrift der Verhandlung sofort zu den Grundacten genommen und dort das weiter Erforderliche wegen Ertheilung der Ausfertigung u. s. w. verfügt.

Die Ausfertigungen des Bergamts werden von dem Director und dem Justitiarius vollzogen.

### Artikel III.

### Zu §. 4 des Gesetzes.

1. Die von den Bergämtern zu erstattenden Berichte sind in den Fällen sub a des §. 4 des Gesetzes an das betreffende Appellationsgericht und an das Oberbergamt gemeinschaftlich, in den Fällen sub b aber nur an das Appellationsgericht zu richten, dem es überlassen bleibt, vor seiner Entscheidung die Aeußerung des betreffenden Oberbergamtes einzuholen.

2. Allgemeine Bestimmungen der Appellationsgerichte an die ihnen untergeordneten Gerichtsbehörden in Hypothekensachen sind, falls dadurch auch das Berggegen- und Hypothekenbuch berührt wird, nach vorangegangenem Benehmen mit den Königlichen Oberbergämtern auch den Bergämtern zur Kenntnißnahme und Nachachtung mitzutheilen.

Findet bei der gedachten Communication zwischen dem Appellationsgerichte und dem Oberbergamte eine Einigung nicht statt, so ist von ihnen im gemeinschaftlich zu erstattenden Berichte die Entscheidung der unterzeichneten Ministerien einzuholen.

### Artikel IV

### Zu §. 5 des Gesetzes.

Einer besonderen Sporteltaxe bedarf es nicht, da die für die Gerichte gegebenen Vorschriften zur Anwendung kommen. In dieser Beziehung wird lediglich auf die Gesetze vom 10. Mai 1851 und 9. Mai 1854 (Gesetzsammlung von 1851, S. 622, und von 1854, S. 273), sowie auf die Justizministerialinstruction vom 1. Juni 1854 hiermit verwiesen.

§. 3. Zur Anstellung als Bergamtsjustitiarius ist die Befähigung zum Richteramte erforderlich.

§. 4. In Bezug auf die in den §§. 1 und 2 bezeichneten Angelegenheiten gebührt

a) die Aufsicht und die Erledigung derjenigen Beschwerden, welche die Disciplin, den Geschäftsbetrieb oder Verzögerungen betreffen, zunächst dem Appellationsgerichte, in dessen Bezirk das Bergamt seinen Sitz hat, und dem dem letzteren vorgesetzten Oberbergamte, schließlich aber dem Justizminister und dem Minister für Handel, Gewerbe und öffentliche Arbeiten;

b) für andere Beschwerden ist das vorerwähnte Appellationsgericht die alleinige Beschwerdeinstanz.

§. 5. Hinsichtlich des Ansatzes und der Erhebung der Kosten für Geschäfte bei dem Berggegen- und Hypothekenbuch (§. 1) und für Handlungen der freiwilligen Gerichtsbarkeit (§. 2) kommen die für die Gerichte gegebenen Bestimmungen zur Anwendung.

§. 6. Der Justizminister und der Minister für Handel, Gewerbe und öffentliche Arbeiten haben die hiernach erforderlichen Instructionen und reglementarischen Anweisungen zu erlassen.

Gesetz, die Competenz der Oberbergämter betreffend, vom 10. Juni 1861. (G.S. S. 425.)

Wir Wilhelm, von Gottes Gnaden, König von Preußen ꝛc. verordnen, mit Zustimmung beider Häuser des Landtages der Monarchie, was folgt:

§. 1. Die bestehenden Königlichen Bergämter werden aufgehoben. Die ihnen durch die allgemeinen und provinziellen Gesetze beigelegten Befugnisse gehen auf die Oberbergämter über, soweit nicht im Folgenden ein Anderes bestimmt ist.

§. 2. In denjenigen Landestheilen, in welchen die Allgemeine Hypothekenordnung vom 20. December 1783 gilt, soll die Führung des Berggegenbuchs für den Bezirk eines Oberbergamts durch besondere Berghypothekencommissionen erfolgen [552]).

Die den Bergämtern durch das Gesetz vom 18. April 1855 (G.S. S. 221) übertragene Befugniß zur Aufnahme von Handlungen der freiwilligen Gerichtsbarkeit geht auf die Berghypothekencommissionen über.

---

552) Nach Art. IV des Allerhöchsten Erlasses vom 29. Juni 1861, betreffend die Ausführung der §§. 1 und 2 des Gesetzes vom 10. Juni 1861 (G.S. S. 429) ist für jeden Oberbergamtsbezirk eine Hypothekencommission errichtet, und zwar für den Bezirk des Oberbergamtes zu Bonn in Siegen, für die drei übrigen Bezirke am Sitze der Oberbergämter (Breslau, Halle, Dortmund).

Die Mitglieder der Berghypothekencommissionen müssen die Befähigung zum Richteramte besitzen.

An die Stelle des im §. 4 des Gesetzes vom 18. April 1855 bezeichneten Appellationsgerichts tritt für die Aufsichts- und Beschwerdeinstanz dasjenige Appellationsgericht, in dessen Bezirk die Berghypothekencommission ihren Sitz hat.

§. 247.

An die Stelle des §. 410 des Anhangs zur Allgemeinen Preußischen Gerichtsordnung und der Cabinetsordre vom 14. September 1834 (G.S. S. 169) treten bei der Subhastation von Bergwerken und Bergwerksantheilen folgende Bestimmungen:

1) Statt der Taxe wird von dem Revierbeamten eine genaue Beschreibung des Bergwerks angefertigt.
2) Bei Anberaumung des Bietungstermins und Bekanntmachung des Subhastationspatents finden die bei der Subhastation von Gegenständen von mehr als fünfhundert Thalern bis zu fünftausend Thalern an Werth vorgeschriebenen Förmlichkeiten Anwendung [553]).

§. 248.

Die Rheinische Subhastationsordnung vom 1. August 1822 (G.S. S. 195) erleidet bei der Subhastation von Bergwerken und Bergwerksantheilen folgende Abänderungen:

1) Nr. 2 und. 3 des §. 4 und die entsprechenden Bestimmungen unter Nr. 2 und 3 des §. 12 bleiben außer Anwendung.

   Es genügt eine von dem Revierbeamten angefertigte genaue Beschreibung des Bergwerks.
2) In allen Fällen ist der Bietungstermin (§. 13) auf drei Monate hinauszurücken und das Subhastationspatent unter den im §. 14, Nr. II vorgeschriebenen Förmlichkeiten bekannt zu machen.

Bei den auf Grund des sechsten Titels des gegenwärtigen Gesetzes einzuleitenden Subhastationen finden die §§. 2 und 3 jener Subhastationsordnung keine Anwendung [554]).

---

553) Der Bietungstermin wird auf drei Monate hinausgerückt und von Monat zu Monat durch Einrückung in den Anzeiger des Amtsblattes, sowie durch Aushang an der Gerichtsstelle bekannt gemacht (Verordnung vom 4. März 1834 §. 8).

554) „Die Rheinische Subhastationsordnung vom 1. August 1822 nimmt auf das Bergwerkseigenthum nicht besonders Rücksicht und paßt nicht in allen Punkten auf dasselbe. Zur Vermeidung von Inconvenienzien sind deshalb die modificirenden Vorschriften des §. 247 erforderlich.

§. 249.

Die besonderen Vorschriften über die Theilnahmerechte der Berggläubiger bei der Vertheilung der Kaufgelder und Revenüen von Bergwerken im Concurse und in der nothwendigen Subhastation sind aufgehoben.

Dagegen wird den Bergarbeitern in Beziehung auf die Rückstände aus dem letzten Jahre an Lohn und anderen Emolumenten das Vorrecht des §. 50 der Concursordnung vom 8. Mai 1855, und im Gebiete des rheinischen Rechts das Privilegium des Artikels 2101, Nr. 4 des bürgerlichen Gesetzbuchs beigelegt[555]).

---

Durch die Bestimmung unter 1. wird in Bezug auf die der Subhastation zu Grunde zu legende Beschreibung eine Uebereinstimmung mit der desfallsigen Vorschrift im §. 246 herbeigeführt.

Unter 2. werden die von dem Jahresbetrage der Grundsteuer abhängigen, auf das Bergwerkseigenthum aber nicht anwendbaren Unterscheidungen in den §§. 13 und 14 der Subhastationsordnung beseitigt.

Die Schlußbestimmung dieses Paragraphen rechtfertigt sich dadurch, daß in den Fällen, wo eine Subhastation behufs Entziehung des Bergwerkseigenthums nach dem sechsten Titel eingeleitet wird, von dem Zahlungsbefehle der §§. 2 und 3 der Subhastationsordnung nicht die Rede sein kann." (Motive S. 130.)

555) „Nach den §§. 63 und 402 der Concursordnung vom 8. Mai 1855 sollen die Theilnahmerechte der Berggläubiger bei der Vertheilung der Kaufgelder und Revenüen von „verliehenem" Bergwerkseigenthume im Concurse und in der nothwendigen Subhastation nach den bestehenden „besonderen" Vorschriften beurtheilt werden. Diese besonderen Vorschriften beschränken sich auf die in einigen älteren Bergordnungen, in den drei revidirten Bergordnungen (Cap. 84 resp 83, §. 10) und im §. 343, Th. II, Tit. 16 Allg. Landrechts enthaltenen Bestimmungen über die Rangordnung der Berggläubiger. Zum Theil bestehen indeß die dort aufgeführten privilegirten Forderungen nicht mehr; soweit dieselben aber noch in Betracht kommen, reicht es zur Sicherung der Gläubiger, namentlich auch des Fiskus bezüglich der Bergwerksabgaben aus, wenn bei Befriedigung derselben die allgemeinen Vorschriften über die Rangordnung der Gläubiger, insbesondere auch diejenigen der Concursordnung (§§. 46 ff. und 383 ff.) zur Anwendung kommen.

Letztere finden seit dem Gesetze vom 3. Februar 1864 (Ges. Samml. S. 40) auch im Bezirke des Justizsenats zu Ehrenbreitstein Anwendung. Im Bereiche des Rheinischen Rechts haben seither schon die allgemeinen Grundsätze desselben ausgereicht.

Nur zur Sicherstellung der Bergarbeiter, deren zweijährige Lohnrückstände gegenwärtig nach §. 343, Th. II, Tit. 16 Allg. Landrechts an erster Stelle zur Hebung kommen, bedarf es, wenn auch nicht der Aufrechterhaltung dieser von den Grundsätzen der Concursordnung abweichenden Spezialvorschrift, so doch einer Bestimmung, durch welche dasjenige Privilegium, welches den aus dem letzten Jahre rückständigen Löhnen der ländlichen Arbeiter durch §. 50 der Concursordnung gewährt ist, auch auf die Bergarbeiter ausgedehnt wird.

Für den Bereich des Rheinischen Rechts ist dagegen im Anschlusse an dasselbe

## §. 250.

An den Rechten der früher reichsunmittelbaren Standesherren, sowie derjenigen, welchen auf Grund besonderer Rechtstitel das

---

den Bergarbeitern ein ähnliches Privilegium, nämlich dasjenige des Artikels 2101 des bürgerlichen Gesetzbuches beizulegen, welches hiernach dem Lohne der Dienstboten für das verflossene und laufende Jahr zusteht." (Motive S. 131.)

556) Nach §. 106 Allg. Landr. Th. II, Tit. 16 konnte das Bergregal auf einen bestimmten District, oder auf ein gewisses Object von Privatpersonen erworben und besessen werden. Die Rechtsverhältnisse, welche auf Grund dieser Vorschrift entstanden sind, gründen sich theils auf spezielle staatliche Verleihung, theils auf gesetzliche Bestimmung. Kraft des Gesetzes steht das Bergregal den vormaligen unmittelbaren deutschen Reichsständen zu, wie §. 250 im Anschluß an die früheren Gesetze vom 21. Juni 1815 §. 5 und vom 30. Mai 1820 §. 23 bestimmt; ferner den Gutsherrschaften in der Oberlausitz, jedoch nur hinsichtlich der niederen Metalle auf Grund der durch Observanz recipirten böhmischen Bergwerksvergleiche von 1534 und 1575. (Vergl. m. Uebersicht S. 24.) Durch besondere Verleihung ist das Bergregal in Privatbesitz übergegangen

1) in der Herrschaft Myslowitz-Kattowitz in Oberschlesien,
2) in der Grafschaft Falkenstein in Sachsen,
3) in den Herrschaften Hardenberg und Oefte im früheren Herzogthum Berg (Regierungsbezirk Düsseldorf),
4) in der Standesherrschaft Wildenburg im Regierungsbezirk Coblenz.

Bloße Zehntrechte bestehen in der Standesherrschaft Beuthen in Oberschlesien am Bleierzbergbau und in der Herrschaft Broich im Reg.-Bezirk Düsseldorf am Steinkohlenbergbau. Von den früher reichsunmittelbaren Standesherrn haben die Fürsten von Wied, Solms-Braunfels und Solms-Lich das Recht des Bergregales an den Staat abgetreten. In den übrigen Bezirken ist die Ausübung des Privatregales durch besondere mit den Besitzern abgeschlossene Rezesse geregelt.

Das Privatregal umfaßt das Recht der Verleihung der Zehnterhebung und die Polizei. Das Recht der Bergwerksverleihung muß nach den Bestimmungen des Allg. Berggesetzes geübt werden. Doch steht nach den mit einzelnen Regalbesitzern abgeschlossenen Regulativen diesen ein Vorbaurecht vor fremden Muthern zu. Das Zehntrecht wird nach den vor dem 12. Mai 1851 bestandenen Gesetzen geübt, da die Herabsetzung des Zehnten durch die Gesetze vom 12. Mai 1851, vom 22. Mai 1861 und vom 20. October 1862 sich nur auf die an den Staat zu entrichtenden Abgaben bezieht. Indeß enthalten die mit den Regalbesitzern in der Provinz Westfalen geschlossenen Rezesse durchgehends die Clausel, daß der Regalbesitzer nicht befugt ist, höhere Abgaben vom Bergbau zu erheben, als nach der jeweiligen Gesetzgebung an den Staat entrichtet werden. Das Recht der Bergwerkspolizei wird unter der Aufsicht des Oberbergamtes durch dazu qualificirte Beamte geübt, welche die Competenz des Revierbeamten haben. In Ermangelung eines solchen Beamten tritt die Competenz der Staatsbehörden ein.

Die mit den Privatregalbesitzern abgeschlossenen Rezesse und Regulative sind durch die betreffenden Regierungsamtsblätter veröffentlicht und zwar unter folgenden Daten:

1) für die Herrschaft Myslowitz-Kattowitz vom 31. October 1857,

Bergregal in gewissen Bezirken allgemein oder für einzelne Mineralien zusteht, wird durch das gegenwärtige Gesetz nichts geändert.

Unbeschadet dieser Rechte unterliegt jedoch auch der Bergbau in jenen Bezirken den Bestimmungen des gegenwärtigen Gesetzes.

Die von den Berechtigten bestellten Bergbehörden bleiben in Wirksamkeit. Die Dienstinstructionen derselben sollen mit diesem Gesetze, soweit es nach dem Vorstehenden Anwendung findet, in Uebereinstimmung gebracht werden [556]).

Urkundlich unter Unserer Höchsteigenhändigen Unterschrift und beigedrucktem Königlichen Insiegel.

Gegeben Carlsbad, den 24. Juni 1865.

(L. S.) Wilhelm.

v. Bismark-Schönhausen. v. Bodelschwingh. v. Roon. Gr. v. Itzenplitz. v. Mühler. Gr. zur Lippe. v. Selchow. Gr. zu Eulenburg.

---

2) für die Grafschaft Stolberg-Wernigerode vom 1. April 1822,
3) für die Grafschaften Stolberg-Stolberg und Stolberg-Roßla vom 28. März 1836,
4) für die Herrschaft Rheda und die Grafschaft Limburg vom 22. August 1838,
5) für die Grafschaft Recklinghausen vom 28. April 1837,
6) für die Grafschaft Horstmar vom 23. November 1839,
7) für die Grafschaft Steinfurt vom 27. Juni 1861,
8) für die Herrschaft Hardenberg vom 2. December 1831,
9) für die Herrschaft Dülmen vom 11. December 1839,
10) für die Grafschaft Rheina-Wolbeck vom 17. Mai 1859,
11) für die Herrlichkeit Oefte vom 1. Februar 1825,
12) für die Grafschaft Wittgenstein vom 21. Januar 1833,
13) für die Grafschaft Berleburg vom 26. October 1831,
14) für die Standesherrschaft Wildenburg vom 17. Februar 1823.

# Chronologisches Register.

Abkürzungen:

B.O. Bergordnung. — C.O. Cabinetsordre. — E. Erkenntniß. — G. Gesetz. — Instr. Instruction. — R. Rescript. — V. Verordnung. — S. Seite.

Die eingeschalteten Gesetze und Verordnungen sind gesperrt gedruckt und die betreffenden Seitenzahlen mit fetter Schrift bezeichnet.

# Sachregister.

Druck von Fr. Frommann in Jena

Kolibri 360 GmbH
Ferdinand-Jühlke-Straße 7
99095 Erfurt, Deutschland
produktsicherheit@kolibri360.de